KRIMISTUNDE

KRIMI-STUNDE

23 KRIMINAL-
GESCHICHTEN
AUS ALLER WELT

GONDROM

Herausgegeben und bearbeitet
von Roland W. Fink-Henseler

Mit Illustrationen von E. de Beaumont,
Hâblot K. Browne (Phiz), Charles F. Daubigny,
Gustave Doré, William Hogarth, V. Jacobij,
Célestin Nanteuil, G. J. Pinwell, Félicien Rops,
Pierre G. E. Staal, Ignati St. Stschedrowski,
F. Walker und vielen anderen Künstlern

ISBN 3-8112-1551-5

Dänemark

Ein Schuß im Nebel

Das kleine, grüne Zimmer auf Stavnede war sichtlich zu dem Zweck eingerichtet, als Durchgang zu der übrigen Zimmerflucht zu dienen. Auf jeden Fall luden die kurzlehnigen Stühle, die längs des perlfarbigen Getäfels aufgestellt waren, nicht zu längerem Verweilen ein. Mitten an der Wand hing ein Hirschgeweih und machte auf eine helle Stelle aufmerksam, deren Form deutlich zeigte, daß hier einmal ein ovaler Spiegel seinen Platz gehabt hatte. Eine der Zacken trug einen breitrandigen Damenstrohhut mit langen seladongrünen Bändern. Rechts in der Ecke standen eine Flinte und eine durstige Calla; in der andern ein Bündel Angelruten, in eine der Schnüre war ein Paar Handschuhe eingeknüpft. Mitten im Zimmer stand ein kleiner runder Tisch mit vergoldetem Fuß; ein großer Strauß Farnkräuter lag auf der schwarzen Marmorplatte.

Es war spät am Vormittag. In einem großen und goldigen Strahl fiel das Sonnenlicht durch eine der oberen Scheiben und senkte sich grade auf die Farnkräuter; einige derselben waren saftig grün, die meisten waren welk, nicht trocken und zusammengeschrumpft; sie hatten ihre Form behalten, aber die grüne Farbe war einer Unendlichkeit von gelben und braunen Schattierungen gewichen, von dem zartesten Weißgelb bis zum kräftigsten Rotbraun.

Am Fenster saß ein Mann von ungefähr 25 Jahren und starrte auf jene lustigen Farben. Die Tür zum Nebenzimmer stand weit offen, und drinnen am Klavier saß eine schlanke, junge Dame und spielte. Das Klavier stand nahe am offenen Fenster, und die Brüstung war so niedrig, daß sie hinaus auf den Grasplatz und den Weg sehen konnte, wo ein junger Mann im stilvollen Reitanzug damit beschäftigt war, einen Schimmel zuzureiten. Der Reiter war ihr Bräutigam, Niels Byde hieß er; sie war die Tochter des Hauses. Der Schimmel da draußen gehörte ihr, und es war ein Vetter von ihr, der draußen im Vorzimmer saß, ein Sohn ihres Onkels, Gutsbesitzer Lind auf Begtrup, der arm und verschuldet gestorben war und von dem zeitlebens kein gutes Wort gesprochen worden war, was er auch nicht verdiente. Lind auf Stavnede hatte sich des Sohnes Henning angenommen und hatte die Kosten der Erziehung getragen, doch nur so einigermaßen, denn obgleich Henning sehr begabt war und viel Lust zu den Büchern hatte, wurde er doch vom Gymnasium genommen, sobald er konfimiert war, und kam dann wieder heim nach Stavnede, um die Landwirtschaft zu erlernen. Jetzt war er eine Art von Verwalter auf dem Gut, aber er hatte keine rechte Autorität, da der alte Lind es nicht lassen konnte, überall dreinzureden.

Seine Stellung war im ganzen genommen sehr unangenehm. Das Gut war schlecht instand, und es konnte nichts geschehen, um es aufzubessern, da es an Kapital fehlte. Es konnte nicht die Rede davon sein, mit den Nachbarn Schritt zu halten, wieviel weniger noch mit der Zeit. Alles mußte gehen, wie es seit Gott weiß wie lange gegangen war: soviel wie möglich für sowenig wie möglich. In schlechten Jahren mußten daher auch Äcker verkauft werden, damit man nur bares Geld zu sehen bekam.

Im ganzen war es eine recht traurige Tätigkeit für einen jungen Mann, um Zeit und Kräfte dafür einzusetzen: hierzu kam noch, daß der alte Lind sehr hitzig und unverträglich war; und da er Henning die obenerwähnten Wohltaten erwiesen hatte, glaubte er ihm durchaus gar keine Rücksichten schuldig zu sein. Er unterließ daher nie, sobald er heftig wurde, diesen hören zu lassen, was für ein verhungerter Junge er gewesen war, als er ihn zu sich nahm, und wurde er wirklich böse, dann ging er sogar so weit, daß er mit allerdings wahren, trotzdem aber schonungslosen Andeutungen über das Treiben seines Vaters kam.

Ein unverheirateter Onkel, der unten im Schleswigschen einen ausgedehnten Holzhandel betrieb, hatte öfter versucht, Henning zu sich zu nehmen, und dieser hätte das Leben auf Stavnede auch längst schon aufgegeben, wenn er nicht so verliebt in die Tochter gewesen wäre, daß er sich die Möglichkeit, an einem anderen Orte zu leben als sie, nicht denken konnte. Es war indessen keine glückliche Liebe. Agathe konnte ihn wohl leiden, sie hatten als Kinder zusammen gespielt, und was das betrifft auch als Erwachsene; als er jedoch eines Tages, vor einem Jahr ungefähr, sich ihr erklärt hatte, war sie sowohl ärgerlich wie bestürzt gewesen und hatte ihm gesagt, daß sie dies für einen unüberlegten Scherz halte und hoffe, er werde ihr keine Veranlassung geben, es für puren Wahnsinn zu halten, indem er in Zukunft noch einmal etwas Ähnliches andeute.

Die Sache war nämlich die, daß die entwürdigende Behandlung, welcher sie ihn stets ausgesetzt sah, und die er ertrug, und zwar aus Rücksicht auf seine Liebe zu ihr, ihn in ihren Augen wirklich herabgesetzt hatte, so daß sie ihn als zu einer niederen Kaste gehörend betrachtete, nicht niederer an Rang, oder weil er arm war, aber niederer an Empfindungen und Ehrbegriff.

Einige Zeit darauf kam die Verlobung mit Byde.

Was hatte Henning nicht in dem gegenwärtigen Vierteljahr gelitten! und doch blieb er; er konnte den Gedanken nicht aufgeben, sie zu gewinnen; er

hoffte, daß irgend etwas geschehen werde; ja, er hoffte eigentlich kaum, er phantasierte von merkwürdigen Begebenheiten, die eintreten und jener Verbindung ein Ende machen sollten, aber er erwartete nicht, daß seine Phantasien zur Wirklichkeit werden könnten, er brauchte sie nur als Vorwand zum Bleiben.
»Agathe!« rief draußen der Reiter und hielt sein Pferd vor dem offenen Fenster an: »Du siehst uns ja gar nicht an, und jetzt machen wir unsere Sache doch so hübsch.«
Agathe wandte ihren Kopf dem Fenster zu, nickte und sagte, indem sie weiterspielte: »Gewiß sehe ich Euch an, Ihr wärt da drüben am Schneeballbusch ja beinahe gefallen«, dann machte sie einige schnelle Läufe oben im Diskant.
»Los also! – Hopp!« und sie ging in eine lärmende Galoppade über.
Der Reiter aber blieb.
»Nun?«
»Sag mir, bleibst du den ganzen Vormittag dort am Klavier?«
»Ja.«
»Nun, dann will ich doch versuchen – ja, wir können wohl nach Hagestedhof hinüberreiten und zu Mittag wiederkommen?«
»Ja, wenn ihr euch beeilt; adieu, dicker Bläß, adieu Niels.«
Er ritt fort; sie schloß das Fenster und spielte weiter, aber nicht lange; – es war doch viel unterhaltender zu spielen, wenn er da draußen ritt und ungeduldig wurde.
Henning sah dem Fortreitenden nach. Wie er diesen Menschen haßte; wenn er nur nicht gewesen wäre... und sie paßten durchaus nicht für einander; wenn der Faden nur einen Knoten bekäme, damit sie sich einander zeigten, wie sie wirklich waren...
Agathe kam in das grüne Zimmer, sie summte die Melodie der Nokturne, die sie soeben gespielt hatte, und ging an den kleinen Tisch, um den Farnstrauß zu ordnen. Das Sonnenlicht fiel grade auf ihre Hände; sie waren groß und weiß und schön geformt. Henning war stets bezaubert von diesen hübschen Händen, und heute trug sie sehr weite Ärmel, so daß man den runden Arm bis zum Ellbogen hinauf sehen konnte; sie waren so üppig, diese Hände mit ihrer weichen Fülle, ihrer blendenden Weiße und den kräftigen Formen; und dann das feine, wechselnde Muskelspiel, die anmutigen Bewegungen – es war eine so niedliche, wogende Bewegung, wenn sie sich über das Haar strich. Wie oft hatten sie ihm nicht leid getan, wenn sie über die dummen Tasten springen und spannen mußten; dazu paßten sie gar nicht, sie sollten still im Schoß eines dunklen Seidenkleides liegen, mit großen Ringen geschmückt wie nackte Haremsweiber.

Wie sie so dastand mit den Farnkräutern beschäftigt, lag in ihrem Gesicht ein Ausdruck gleichgültigen Glücks, der Henning reizte. Weshalb mußte das Leben für sie so hell und leicht sein, für sie, die ihm jeden Lichtstrahl geraubt hatte? Wenn er sie aus dieser klaren Ruhe aufscheuchte, wenn er einen kleinen Schatten über ihren Weg jagte! Sie hatte ihm seine Liebe vor die Füße in den Staub geworfen und war darüber fortgeschritten wie über einen toten Gegenstand, wie wenn es nicht eine Menschenseele wäre, die sich sehnsuchtsvoll und glückverlangend in dieser Liebe krümmte und wand...

»Jetzt kann er bald in Borreby sein«, sagte er und blickte zum Fenster hinaus.

»Nein, er wollte nach Hagestedhof«, antwortete sie.

»Nun, das andere liegt ja nicht weit aus dem Wege.«

»Wie? Es ist doch nicht am Wege.«

»Nein, daß ist es eigentlich auch nicht – verkehrt er dort noch immer viel?«

»Wo?«

»In Borreby natürlich, beim Holzvogt.«

»Das weiß ich wirklich nicht. Was sollte er dort?«

»Ach, das ist wohl nur Gerede – du weißt, der hat die schönste Tochter.«

»Na, und?«

»Ja, lieber Gott! alle Männer sind doch nicht Mönche.«

»Spricht man denn etwas?«

»Ach, es wird ja über alle Menschen gesprochen, aber er könnte auch vorsichtiger sein.«

»Aber was sagt man denn? Was sagt man?«

»Na, Rendezvous und... das Gewöhnliche.«

»Du lügst, Henning! Das sagt kein Mensch, das alles reimst du dir zusammen.«

»Weshalb fragst du dann? – Welche Freude sollte ich übrigens daran haben, den Leuten zu erzählen, was für Glück er bei den Mädchen in Borreby hat!«

Sie ließ die Farne liegen und trat zu ihm. »Für so gemein hätte ich dich doch nicht gehalten, Henning«, sagte sie.

»Ja, Liebste, ich begreife, daß dich dies empört, es muß ja auch unangenehm für dich sein, daß er sich nicht einmal so viel Zwang auferlegt – wenigstens jetzt.«

»Pfui Henning! das ist niedrig und unwürdig von dir, aber ich glaube deine Lügen nicht.«

»Ich bin's ja nicht, der dies sagt«, sprach er und sah vor sich nieder, »ich habe ja nicht gesehen, wie sie sich küssen.«

Agathe beugte sich vor und schlug ihn verächtlich ins Gesicht.

Er wurde leichenblaß und sah sie mit einem Blick an, der halb der eines kranken Hundes, halb der eines beleidigten Mannes war. Agathe verbarg das

Gesicht in den Händen und ging an die geöffnete Tür. Hier blieb sie einen Augenblick stehen und stützte sich, als ob sie ohnmächtig wäre, und dann sah sie über die Schulter zu ihm hin und sagte kalt und ruhig: »Henning, ich sage dir, ich bereue nicht, was ich getan habe.«

Darauf ging sie.

Henning saß lange wie betäubt da; dann wankte er auf sein Zimmer und warf sich aufs Bett. Er widerte sich selbst an. Jetzt war alles zu Ende – das klügste, was er tun konnte, war, sich eine Kugel in den Kopf zu schießen; – leben – sich mit furchtsamen Blicken wie ein getretener Hund durchs Leben schleichen? – Nein! – Sie hatte ihn durch jenen Schlag zum Sklaven gestempelt, und sie hatte recht; einer solchen Niedrigkeit gegenüber war nichts anderes zu tun. Wie hatte er sie geliebt! – brennend – wahnsinnig; aber nicht wie ein Mann, wie ein Hund, – im Staube ihr zu Füßen wie vor einem Heiligenbild. Sie standen im Garten, sie schnitt ihren Namen in einen Baumstamm, der Wind spielte mit ihrem Haar, er stahl sich hin und küßte eine ihrer flatternden Locken und war tagelang glücklich; nein, seine Liebe hatte nie männlichen Mut und freudige Hoffnung gehabt; er war Sklave in allem, in seiner Liebe, seiner Hoffnung, seinem Haß. – Weshalb hatte sie nicht geglaubt, was er erzählt hatte, sondern blind auf Niels vertraut? Er hatte ihr nie etwas vorgelogen; dies war die erste niedrige Handlung, die er je begangen, und sie hatte das sofort gesehen! Es war, weil sie ihm nie etwas anderes zugetraut hatte, als was niedrig und gemein war. Sie hatte ihn nie verstanden, und um ihretwillen hatte er dies lange, kümmerliche Leben auf Stavnede ertragen, wo jeder Bissen Brot, den er in den Mund gesteckt hatte, ihm durch die Erinnerung, daß er eine Gnadengabe empfing, verbittert wurde. Er hätte wahnsinnig werden können bei dem Gedanken. Wie er sich haßte, seiner wahnsinnigen Geduld, seiner demütigen Hoffnung wegen. Er hätte sie morden können für das, wozu sie ihn gemacht hatte, und er würde sich rächen; sie sollte ihm die langen Jahre der Erniedrigung, die tausend qualvollen Stunden bezahlen. Rache für die verlorene Selbstachtung, Rache für seine sklavische Liebe und für den Schlag auf die Wange.

So wiegte er sich jetzt in Racheträumen wie ehedem in Liebesträumen, und er erschoß sich nicht und reiste auch nicht.

Zwei oder drei Tage später stand Henning vormittags mit Flinte und Jagdtasche im Garten. Wie er noch so dastand, kam Niels Byde geritten, ebenfalls zur Jagd ausgerüstet, und obgleich beide sehr wenig voneinander hielten, sprachen sie sich doch freundlich an und schienen sehr entzückt, daß es sich so glücklich traf und sie den Ausflug miteinander machen konnten. Sie gingen also zusammen zur »Rönne«, eine ziemlich große, heidebewachsene, niedere und flache Insel draußen an der Fjordmündung. Diese Insel war im

Herbst viel von Seehunden besucht, welche sich auf den niederen Sandbänken wälzten, die vom Strand aus ins Wasser schossen oder auf dem großen Geröll schliefen, das an der Landung lag. Und diesen Seehunden galt die Jagd. Als sie die Stelle erreicht hatten, ging jeder seinen eigenen Weg am Wasser entlang. Das graue neblige Wetter hatte viele Seehunde hereingelockt, und sie hörten einander gleichmäßig schießen. Später nahm der Nebel zu, und um die Mittagszeit lag er so dick über Insel und Fjord, daß es auf zwanzig Schritt Abstand nicht möglich war, Steine und Seehunde voneinander zu unterscheiden.

Henning setzte sich am Strand nieder und starrte in den Nebel hinein. Alles war still, nur ein leises, plätscherndes Geräusch vom Wasser und das ängstliche Pfeifen eines einsamen Strandläufers tauchten zuweilen aus der schweren, drückenden Ruhe auf.

Er war all dieser Gedanken müde, müde des Hoffens, müde des Hassens, krank vom Träumen. Hier still sitzen und schläfrig vor sich hinstarren, sich die Welt wie etwas vorstellen, das weit in der Ferne lag, wie etwas, das überstanden war, hier still sitzen und die Stunden eine nach der anderen hinsterben lassen, – das war Frieden, das war beinahe Seligkeit. Da klang ein Lied durch den Nebel, glücklich und jubelnd:

Im Mai da führ ich heim die Braut,
Eine Rose rot, eine Lilie traut,
He, Spielmann, spiel!
Dann soll der Wald sich schmücken grün,
Im Feld soll Blum' an Blume stehn,
Der Vollmond soll die Welt durchziehn,
Die Sonn' will strahlend heiß ich sehn.
Der Kuckuck ruft hinaus ins Land,
Daß ich mein goldnes Glück nun fand,
Doch die Sorge, die bleibt fein zu Haus.

Das war Niels Bydes klare Stimme. Henning sprang auf; wie ein Blitz schlug der Haß bei ihm ein; sein Auge brannte, er lachte heiser, dann legte er die Flinte an die Wange,

»Doch die Sorge, die bleibt fein zu Haus« klang es noch einmal; er zielte nach dem Ton im Nebel, die letzten Worte erstarben im Knall – dann war alles still wie zuvor.

Henning mußte sich auf die rauchende Flinte stützen, er hielt den Atem an, um zu horchen – nein, Gott sei Dank! es war nur das Plätschern des Wassers und der ferne Schrei aufgeschreckter Möwen. – Doch! da drinnen im Nebel jammerte etwas. Er warf sich auf die Erde, drückte das Gesicht ins Heidekraut und hielt sich die Ohren zu. Deutlich sah er das verzerrte Gesicht, die

krampfhaften Zuckungen der Glieder und das rote Blut, das unaufhaltsam aus der Brust strömte, Strom auf Strom, das bei jedem Herzschlag hervorbrach – es ergoß sich auf das braune Heidekraut, floß an den Blättern und Stengeln herab und sickerte zwischen den schwarzen Wurzeln ein.
Er erhob den Kopf und horchte: es jammerte noch, aber er hatte nicht den Mut hinzugehen, nein, nein! er riß das Heidekraut mit den Zähnen aus, wühlte mit den Händen in der lockeren Erde, wie um ein Versteck zu suchen, er wälzte sich wie ein Wahnsinniger hin und her, aber es war noch immer nicht vorbei, er hörte es noch immer jammern.
Endlich wurde es still. Er lag lange und horchte, dann kroch er langsam auf allen Vieren in den Nebel hinein. Es dauerte lange, bevor er etwas sehen konnte, dann fand er ihn endlich am Fuß einer kleinen Erderhöhung. Er war tot; der Schuß hatte ihn in die Herzgrube getroffen.
Henning nahm die Leiche in die Arme und trug sie quer über die Insel in das Boot, in dem sie gekommen waren; dann nahm er die Ruder auf und ruderte ans Land. Von dem Augenblick an, wo er die Leiche gesehen hatte, hatte seine Erregung sich gelegt, und eine stille, dumpfe Wehmut war an ihre Stelle getreten. Er dachte an die Vergänglichkeit des Lebens und wie schonend er jene zu Hause vorbereiten müsse.
Als er ans Land gekommen war, ging er zu einem Bauernhof, um ein Fuhrwerk zu bekommen. Der Mann fragte, wie das Unglück geschehen sei. Der Bericht bildete sich fast wie von selbst auf Hennings Lippen: Byde war draußen auf der Westseite mit der Flinte in der Hand über eine Anhöhe gekrochen; der Hahn mußte wohl nicht geschlossen gewesen sein, irgend etwas mußte sich drin verfangen haben, und der Schuß war losgegangen. Henning hatte dem Schuß angehört, daß sie nahe bei einander sein mußten und hatte Byde zugerufen; als er keine Antwort erhalten hatte, war er unruhig geworden, dem Knall nachgegangen und hatte ihn unterhalb einer Anhöhe gefunden; da war er aber bereits tot.
Er erzählte das alles in gedämpftem, ruhigem Ton, und hatte, solange er sprach, durchaus kein Bewußtsein seiner Schuld; als sie aber die Leiche auf den Wagen gelegt hatten und sie in das Stroh sank, fiel der Kopf auf die Seite und schlug mit einem dumpfen Laut gegen die Bretter, und da war Henning fast einer Ohnmacht nahe; als sie mit der Leiche über Borup nach Hagestedhof fuhren, wurde ihm übel.
Sein erster Gedanke, nachdem er die Leiche abgeliefert, war davonzulaufen, und nur mit der allergrößten Selbstüberwindung bezwang er sich zu bleiben, bis das Begräbnis vorüber war. In der Wartezeit kam eine fieberhafte Unruhe über ihn, etwas seltsam Schreckhaftes bemächtigte sich seiner Gedanken, welches bewirkte, daß sie an nichts bestimmtem festhalten konnten, sondern

vom einen zum andern flatterten. Dieses rastlose Wirbeln und Kreiseln, dem er nicht Einhalt zu tun vermochte, war nahe daran, ihn wahnsinnig zu machen, und wenn er allein war, begann er zu zählen oder er trällerte und schlug den Takt mit dem Fuß, um auf diese Weise gleichsam die Gedanken zu fesseln und nicht in den entsetzlichen, ermattenden Rundtanz hineingewirbelt zu werden.

Endlich kam das Begräbnis.

Tags darauf war Henning auf dem Weg zu seinem Onkel, dem Holzhändler, um diesen zu bitten, daß er ihm eine Anstellung in seinem Geschäft gebe. Er fand den Onkel in sehr gedrückter Stimmung. Seine alte Haushälterin war nämlich vor einem Monat gestorben, und in den letzten Tagen hatte er seinen Geschäftsführer wegen Veruntreuung verabschieden müssen. Henning war daher sehr willkommen. Er arbeitete sich mit Eifer in das Geschäft hinein, und nach Verlauf eines Jahres war er der Leiter desselben.

Vier Jahre später sind manche Veränderungen vorgegangen. Der Holzhändler ist tot, und Henning wurde als sein Universalerbe eingesetzt. Der alte Lind auf Stavnede ist auch zu seinen Vätern heimgegangen, hat das Gut aber so verschuldet hinterlassen, daß es verkauft werden mußte, und beim Verkauf ist so gut wie nichts für Agathe übriggeblieben. Stavnedes neuer Besitzer ist Henning, der den Holzhandel aufgegeben hat und zur Landwirtschaft zurückgekehrt ist. Auf Hagestedshof ist ein gewisser Klausen Niels Bydes Nachfolger geworden; er wird binnen kurzem Agathe heiraten, die jetzt im Haus des Pfarrers lebt. Sie ist noch hübscher als früher. Mit Henning ist es anders. Es ist ihm nicht anzusehen, daß er Glück gehabt hat. Er sieht beinahe alt aus; die Gesichtszüge sind scharf, der Gang matt, er geht gebeugt, spricht wenig und sehr leise; sein Auge hat einen seltsam matten Glanz bekommen, und sein Blick ist unruhig und wild. Wenn er sich allein glaubt, spricht er mit sich selbst und gestikuliert dazu. Die Leute in der Gegend glauben deshalb, daß er trinkt.

Aber das ist es nicht. Tag und Nacht, wo es auch ist, nirgends weiß er sich sicher vor dem Gedanken an den Mord von Niels Byde. Sein Geist und seine Fähigkeiten sind in dieser ewigen Angst dahingewelkt, denn wenn dieser Gedanke kommt, ist es nicht wie Reue oder dunkler Schmerz, sondern lebendige, flammende Angst, ein entsetzliches Delirium, wo der Blick sich verwirrt, so daß alles sich bewegt: strömend, triefend, seltsam rieselnd, und alles hat die Farbe gewechselt, es ist leichenblaß oder dunkel blutigrot. Und in all diesem Strömen ist ein Ziehen, als söge es aus allen Adern, als schöpfe es aus all den feinen Fäden der Nerven, und die Brust keucht in atemloser Angst, aber kein erlösender Schrei, kein erleichternder Seufzer kann sich einen Weg über die bleichen Lippen bahnen.

Solche Visionen sind die Folge des Gedankens, deshalb fürchtet er ihn, deshalb ist sein Blick unruhig und sein Gang so matt. Die Furcht ist es, die ihn entkräftet hat, und die Kraft, die ihm geblieben ist, lebt in seinem Haß. Denn er haßt Agathe, haßt sie, weil seine Seele in der Liebe zu ihr zugrunde gegangen ist, sein Lebensglück durch sie zerstört wie sein Frieden; aber am meisten haßt er sie, weil sie nichts ahnt von jener ganzen Welt von Qual und Elend, die sie geschaffen hat; und wenn er jetzt unter drohenden Gebärden mit sich selbst spricht, so ist es Rache, woran er denkt, Rachepläne, über die er sinnt. Aber er läßt sich nichts merken, er ist die Freundlichkeit selbst gegen Agathe, er bezahlt ihre Ausstattung, und später ist er ihr Führer vor den Altar, und seine Freundlichkeit kühlt sich auch nicht nach der Hochzeit ab: er half und riet Klausen in jeder Weise, und mehrere große Spekulationsgeschäfte, die ein ausgezeichnetes Resultat hatten, machten sie gemeinsam. Dann hörte Henning auf, aber Klausen hatte Lust fortzufahren, und Henning versprach, ihm mit Rat und Tat beizustehen. Das tat er auch. Er streckte ihm sehr bedeutende Geldsummen vor, und Klausen ging von einer Spekulation zur andern. Er gewann bei einigen, verlor bei mehreren, aber je mehr er spekulierte, desto eifriger wurde er. Ein sehr großes Unternehmen sollte ihn endlich zum reichen Mann machen. Dies erforderte mehrere große Auszahlungen, und Henning half ihm forwährend; die letzte stand aus, da zog Henning sich zurück. Die Aussichten schienen Klausen vielversprechend, und wenn er sich jetzt aus der Affaire zog, war er ruiniert, aber bezahlen konnte er nicht. Daher schrieb er Hennings Namen unter ein paar Wechsel; niemand würde Verdacht schöpfen, und der Gewinn würde bald kommen. Das Unternehmen mißglückte. Klausen war fast ruiniert. Der Verfalltag des Wechsels war beinahe herangerückt, das letzte mußte versucht werden, – da schickte er Agathe nach Stavnede. Henning war erstaunt, sie zu sehen, denn sie hatte erst vor kurzem einem Kind das Leben geschenkt, und das Wetter war rauh und regnerisch. Er führte sie in das grüne Zimmer, und sie erzählte ihm von der unglücklichen Spekulation und von den Wechseln.

Henning schüttelte den Kopf und sagte ruhig und milde, daß sie ihren Mann mißverstanden haben müsse, man schreibe den Namen anderer Leute nicht unter Wechsel, das sei nämlich ein Verbrechen, geradezu ein Verbrechen, welches das Gesetz mit Zuchthaus bestrafe.

Nein, nein, sie habe ihren Mann nicht mißverstanden, sie wisse, daß es ein Verbrechen sei, gerade deshalb müsse er helfen; wenn er nur keine Einsprache gegen die Unterschrift erhöbe, würde alles wieder gut werden.

Ja, dann müsse er ja den Wechsel bezahlen, und das könne er nicht; er habe so schon soviel Geld in Klausens Geschäft, daß er über seine Kräfte belastet sei. Er könne nicht. Sie weinte und bat.

Sie solle aber doch bedenken, daß er ungeheuer an Klausen verloren habe. Als sie ihm erzählt habe, daß das Unternehmen mißglückt war, sei ihm wirklich gewesen, als ob ihm jemand einen Schlag ins Gesicht versetzt habe, so überrascht und bestürzt sei er gewesen. Als er dies gesagt habe, sei ihm eingefallen, daß sie ihn einmal geschlagen habe, ob sie sich dessen erinnern könne. Nein?... es sei eines Tages gewesen, als er sie damit geneckt, daß Byde... ob sie sich wirklich nicht erinnern könne? Doch; sie habe ihn in liebenswürdigem Zorn auf die Backe geschlagen, auf diese Backe hier.
Ja, ob er denn nicht helfen könne?
Hier in diesem Zimmer war es. Ach, das war eine andere Zeit, eine merkwürdige Zeit. Er glaube auch, daß er einmal um sie angehalten habe, es käme ihm so vor. Gesetzt den Fall, daß sie ihn genommen hätte; aber es sei töricht, davon zu reden; nein, Byde war ein so schöner Mann; daß er so traurig ums Leben kommen mußte, der hübsche Bursche!
Ja, ja, aber gab es denn wirklich keinen Ausweg? Keinen?
Sie solle das mit den Wechseln nur nicht glauben; das habe Klausen ihr nur eingeredet, um aus ihm herauszulocken, ob er ihm nicht noch ein wenig helfen könne; das sei ein Kniff, Klausen war ja pfiffig, sehr schlau, sehr schlau.
Nein, es sei wirklich, wie sie sage. Käme sie mit einer abschlägigen Antwort zurück, so müßte Klausen nach Amerika flüchten; der Wagen, der ihn nach der Eisenbahnstation in Boer bringen sollte, war schon herausgekommen, als sie sich auf den Weg hierher machte.
Nein, das habe er von Klausen nicht geglaubt. Das sei ja der gemeinste Schurkenstreich! den Mann in Ungelegenheiten zu bringen, der ihm immer und immer wieder geholfen hatte. Er müsse sehr schlecht sein. Es sei empörend, auf diese Weise Unehre über die Frau und das unschuldige Kind zu bringen. Sie solle nur hören, was die Leute sagen würden! Arme Agathe! Arme Agathe!
Sie warf sich ihm zu Füßen und flehte: »Henning, Henning, hab Erbarmen mit uns!«
»Nein, und tausendmal nein, *mein* Name soll frei von Flecken bleiben; ich helfe keinem Verbrecher!«
Dann ging sie.
Henning setzte sich hin und schrieb an die Polizei in Boer, daß man Klausen wegen Wechselfälschung anhalten solle, wenn er sich auf der Eisenbahnstation zeige. Ein reitender Bote wurde mit dem Brief abgeschickt.
Am Abend hörte er, daß Klausen abgereist sei, am nächsten Tage, daß man ihn in Boer angehalten habe.
Agathe mußte sich zu Bett legen, als sie nach Hause kam; schwach wie sie

nach der kürzlich überstandenen Krankheit noch war, hatte sie die Anstrengung und die starke Gemütsbewegung nicht ertragen können. Die Nachricht, daß man Klausen angehalten hatte, brach sie vollständig. Die Krankheit nahm einen heftigen, fieberartigen Charakter an, und drei Tage später kam die Meldung nach Stavnede, daß sie tot sei.

Am Tage vor dem Begräbnis ging Henning nach Hagestedhof. Das Wetter war dunkel und neblig, das Laub fiel in Massen, in der Luft lag ein scharfer erdiger Geruch.

Man führte ihn in das Sterbezimmer, die Fenster waren mit weißen Tüchern verhängt, am Kopfende brannten ein paar Lichter. Der Blumenduft der vielen Kränze und der Geruch des Sargfirniß verbreiteten eine schwüle Atmosphäre.

Er wurde beinahe feierlich gestimmt, als er sie in der phantastischen, weißen Totenkleidung daliegen sah. Über das Gesicht war ein weißes Tuch gebreitet; er ließ es liegen. Die Hände waren über der Brust gefaltet; sie hatten ihr weiße Baumwollhandschuhe angezogen. Er nahm die Hand, zog den Handschuh ab und schob ihn in seine Brusttasche. Dann betrachtete er neugierig die Hand, bog die Finger und hauchte sie an, wie um sie zu erwärmen. Lange hielt er ihre Hand in der seinen; es wurde dunkler und dunkler im Zimmer; draußen nahm der Nebel zu. Dann beugte er sich auf ihr Antlitz herab und flüsterte: »Fahrwohl, Agathe. Ich will dir etwas sagen, bevor wir scheiden; ich bereue doch nicht, was ich getan habe«, dann ließ er ihre Hand los und ging.

Als er hinauskam, konnte er kaum die Scheune sehen, so dick war der Nebel. Er ging am Strand entlang nach Hause. – Jetzt war er gerächt, und dann! Was dann morgen? Und übermorgen?

Es war so still, nur ein leiser Laut vom Wasser da unten; – aber er konnte sein Herz nicht hören; es schlug doch, aber so matt, so matt, – wie? Das klang wie ein Schuß! und noch einer! Er schüttelte den Kopf, lächelte und murmelte: »nein, nicht zwei, nur einer, nur einer.« Er war so müde, aber ausruhen – er hatte keine Zeit zum ausruhen. Er blieb einen Augenblick stehen und sah sich um: es war nicht viel zu sehen, der Nebel bildete eine Mauer um ihn herum, Nebel oben, Nebel rund umher, unten Sand; in grader Linie lagen seine Fußspuren hinter ihm; mitten hinein in den Nebelkreis reichten sie, weiter nicht; er ging wieder ein wenig, nein, weiter als bis zur Mitte kamen sie nicht, aber hinter ihm, dort, wo er gegangen, da war ein Kreis seiner Fußspuren. – Er war doch sehr müde; es war der Sand, in dem das Gehen so schwer hielt – jeder Fußstapfen hatte etwas von seinen Kräften gekostet, ja, es war eine Reihe von Gräbern seiner entschwundenen Kräfte – und nach der andern Seite hin lag der Sand eben und glatt und wartete, – ein Schauer überlief ihn:

Jemand schreitet über mein Grab – jemand geht in meinen Fußspuren, es bewegt sich dahinten im Nebel wie Frauenkleider, da drinnen in dem weißen Nebel bewegt sich etwas Weißes. Wieder schritt er so kräftig zu wie er nur konnte. Seine Knie zitterten, es wurde ihm schwarz vor Augen, aber vorwärts mußte er, fort durch den Nebel, denn das da drinnen verfolgte ihn beständig. Es kam näher und näher, die Kräfte waren nahe daran, ihn zu verlassen, er schwankte von einer Seite auf die andere, seltsame Blitze fuhren an seinen Augen vorüber, scharfe, schneidende Laute klangen ihm im Ohr, der kalte Schweiß stand ihm auf der Stirn, seine Lippen öffneten sich vor Entsetzen; dann brach er im Sand zusammen. Und hervor aus dem Nebel kam es, formlos und doch erkennbar, schwer und langsam schlich es über ihn. Er versuchte, sich zu erheben, da packte es ihn mit feuchten, weißen Fingern an der Kehle...

Als Agathe am nächsten Tage begraben werden sollte, mußte das Gefolge eine Weile warten; aber aus Stavnede kam niemand, ihr das letzte Geleit zu geben.

Jens Peter Jacobsen

Deutschland

Marianne L.

Am Morgen nach einer höchst stürmischen Herbstnacht verbreitete sich in dem Städtchen V. das Gerücht, daß eine halbe Stunde unterhalb dieser Stadt ein totes Mädchen liege, welches die Maas diese Nacht ausgeworfen habe. – »Gott, wenn das unsere Marianne wäre«, jammerte die Witwe L., indem sie vier verkrüppelte menschliche Gestalten übersah, die bereits verzweifelnd die Hände rangen. »Was würde aus diesen Armen werden?« Und schon erzählte ein vorübergehender Bauer, der vom nächsten Ort kam, den Nachbarn, daß der vom Fluß ausgeworfene Leichnam mit Blut und Wunden bedeckt sei. Einer fragte nach der Kleidung der Unglücklichen, und die Unruhe der Witwe stieg zur Höllenangst, als diese Beschreibung, die der Bauer von dieser machte, der Kleidung ähnelte, die ihre Tochter den Tag zuvor getragen hatte. Trotz ihrer Lähmung und Kränklichkeit eilte nun die Arme nach dem Platz, wo der Leichnam lag. Eben bemächtigte sich das Gericht desselben. Besinnungslos stürzte die Alte neben diesem nieder, denn sie erkannte in diesem Augenblick ihre Tochter.

Das unglückliche Mädchen war die Tochter eines sehr rechtschaffenen und wohlhabenden Bandwirkers. Ihre Geburt hatte auf ihre Mutter so übel gewirkt, daß dieselbe krank wurde und mehrere Jahre in einem völlig hilflosen Zustand im Bett zubringen mußte. In der Folge war sie insoweit geheilt, daß sie das Bett verlassen konnte, sie blieb aber doch auf der einen Seite ganz und auf der anderen zum Teil gelähmt. In diesem Zustand gebar sie noch 4 Kinder, die sämtlich der Abdruck des elenden Zustandes der Mutter waren. Unter dieser traurigen Familienlast schwand das Vermögen, und der unglückliche Vater erlag dem Jammer seiner Lage.

Marianne war 13 Jahre alt, als ihr Vater starb. Die Natur schien an ihr verschwendet zu haben, was sie ihren Geschwistern entzogen hatte. Sie galt für das schönste Mädchen in der Stadt. Dabei hatte die Erziehung, die sie durch die Freigebigkeit einer Pate erhielt, ihren Geist und Herz gleich gut ausgebildet. Nach des Vaters Tod fing Marianne, die sich für die obgleich unschuldige Ursache des Unglücks der Familie hielt, an, Tag und Nacht zu arbeiten, um ihre Mutter und Geschwister, die schlechterdings außerstande waren zu arbeiten, durch den Verdienst ihrer Handarbeit zu ernähren. Dies gelang ihr über alle Erwartung. Die Familie darbte nie, obgleich die nötige

Pflege der unglücklichen verkrüppelten Geschöpfe manche schweren Ausgaben nötig machte. So hatte es sechs Jahre gedauert, und die Aussichten schienen sich für die unglückliche Familie zu verbessern, da Mariannes jüngere Geschwister nun insoweit herangewachsen waren, daß sie gleichfalls etwas verdienen konnten, als Marianne an einem Sonntag gegen Abend ausging, um, wie sie sagte, einen Spaziergang in der Allee vor dem Städtchen zu machen. Es war Nacht, und Marianne kam noch nicht nach Hause, die Familie suchte sie in der ganzen Stadt und auf allen Spaziergängen; da sie sie nicht fanden, beruhigten sie sich damit, daß Marianne, wie sie sonst öfters zu tun pflegte, zu einem zwei Stunden vor dem Städtchen auf dem Land wohnenden Verwandten gegangen sei, der dort eine Pachtung hatte und die Familie ansehnlich unterstützte. Nur die zweite Schwester meinte ängstlich, daß Marianne, wenn sie zu dem Vetter gegangen, es ihr gesagt haben würde. Aber auch diese beruhigte sich, als eine Nachbarin die Nachricht brachte, daß ihre Söhne Marianne gegen Abend in der Allee gesehen hätten, die nach dem Wohnort des Vetters führte und daß S., welchen die Familie als Mariannes begünstigten Liebhaber kannte, nebst dessen Bruder, der Kanonikus des dortigen Stifts ist, sie begleitet hätten. – Man schickte nun sogleich in das S.sche Haus, um sich zu erkundigen, ob Marianne wirklich nach O. gegangen sei, und die Verlegenheit der Familie vermehrte sich wieder, als der dahin geschickte Bote mit der Nachricht zurückkam, daß der junge S. Marianne nicht gesehen, dessen Mutter aber auf diese, als die Verführerin ihres Sohnes, heftig geschimpft habe.

Diese Erzählung teilte die unglückliche Mutter dem Gericht bei der Leiche ihrer Tochter mit, so wie sie sich nur von ihrer Ohnmacht erholt hatte. – Ein junger Mensch, der dies mit anhörte, trat bedenklich aus dem Kreise der Umstehenden, die alle gleiches Mitleid mit der Unglücklichen und gleicher Abscheu gegen die Tat beseelte, und bat den Richter um ein geheimes Gehör, indem er sich zugleich auf einige ebenfalls anwesende junge Leute berief, die denn der Richter ebenfalls auf der Stelle anhörte und dann den anwesenden Häschern strenge Befehle erteilte, die die neugierige Menge umsonst sich zu erforschen bemühte.

Der Körper der unglücklichen Marianne war nun gerichtlich untersucht, man fand ihn mit 17 Stichen durchbohrt, wovon jedoch nur einer tödlich war. Übrigens fand man Beweise einer von ihr gegen den Mörder geleisteten wütenden Gegenwehr. Fest hielt sie in der einen Hand ein Büschel blonder Haare, in der anderen einen Rockknopf. – Die Unglückliche wurde schwanger befunden.

Die Gerichte fingen sogleich die Untersuchung an. Die Söhne der Nachbarn, die wir oben erwähnten, hatten die Aussage, daß sie am Abend zuvor

Marianne mit dem jungen S. und dessen Bruder gesehen hätten, vor Gericht wiederholt, und die Häscher, welchen der Richter den Befehl gegeben hatte, auf die beiden S. in der Stille und ohne Aufsehen zu erregen, aufmerksam zu sein und sie nicht entfliehen zu lassen, brachten die Nachricht, daß der Kanonikus S. bei dem ersten entstandenen Lärmen aus V. abgereist sei. Hierauf lies nun der Richter den zurückgebliebenen jungen S. arretieren, dieser behauptete aber in dem ersten Verhör, das man sogleich mit ihm vornahm, er habe Marianne am Tag zuvor gar nicht gesehen.

Die drei Jünglinge, die bei der Leiche den Richter im Geheimen zu sprechen verlangt hatten, wurden nun nochmal förmlich gerichtlich vernommen. Sie konnten aber weiter nichts aussagen, als daß sie am vorhergehenden Tage ebenfalls die beiden S. mit Marianne gegen das Ende der Allee nach O. zu gehen gesehen, und daß nach einer Stunde die beiden S. hastig in die Stadt zurückgeeilt seien. Da diese zugleich ausgesagt hatten, daß der jüngere S. sogleich in ein Kaffeehaus, das am Ende der Vorstadt lag, gegangen sei, so wurde nun auch der Kaffeewirt und die dort damals zugegen gewesenen Personen vernommen.

Diese gaben an: Als S. in das Kaffeehaus gekommen, habe er im Vorhaus seine Hände und einige Stellen seiner Kleidung gereinigt, auch glaubten sie bemerkt zu haben, daß Hände und Kleidung mit Blut befleckt gewesen seien. Da der junge S. auf die Frage des Richters, wo er am Nachmittag und Abend der vollbrachten Tat gewesen, verschiedene Orte angegeben hatte, wo er, wie die deshalb eingezogene Erkundigung bewies, nicht gewesen war, so war derselbe allerdings mit schwerem Verdacht belastet. Er wurde daher verhaftet, und es fing ein Kriminalprozeß an, an welchem die ganze Gegend Anteil nahm, da dieser junge Mensch ihr Liebling gewesen war.

Wilhelm S. war der Sohn eines der reichsten und angesehensten Kaufleute im Land. Er hatte bei seinem Vater den Handel erlernt und eine Erziehung genossen, bei welcher man nichts gespart hatte. Einige Reisen in Frankreich und England hatten dazu gedient, seinen Geist auszubilden und ihn zu einem der angenehmsten Jünglinge zu machen, so wie er ohne Zweifel einer der schönsten war. – Eine Menge einzelner wohltätiger Züge sprachen für sein Herz, und man hatte ihn bisher allgemein für einen sehr edlen Jüngling gehalten. Zudem war es bekannt, daß die Tote seine Geliebte gewesen, an der er, des Zornes seiner Eltern ungeachtet, mit der leidenschaftlichsten Wärme hing. Bei der gerichtlichen Sektion des Leichnams der Gemordeten hatte sich gezeigt, daß diese schwanger war; und Wilhelm leugnete nicht, daß er der Vater dieser unglücklichen Frucht sei.

Um desto standhafter leugnete er, an dem Mord des Mädchens einigen Anteil zu haben. Zwar gestand er, als sein Arrest bereits ein Jahr lang gedauert hatte und seine Richter stärker in ihn drangen, weil alle Anzeigen gegen ihn waren, daß er zugegen gewesen, als Marianne gemordet worden; er schob aber die Schuld auf seinen entwichenen Bruder, dessen Flucht ihm bekannt geworden war, und gab an, er habe sich diesem so lange es seine Kräfte vermocht hätten, widersetzt. Nichts vermochte ihn, einen Teil der Tat auf sich zu nehmen, sowenig er auch imstande war, alle die vielfachen Widersprüche zu heben, die in seinen Aussagen lagen, und welche der Richter unablässig ihm vorhielt.

So hatte der Prozeß nahe an 3 Jahre gedauert, ohne daß die Richter Klarheit in der Sache erhalten hätten, und schon wollte man Wilhelm S., welchem für sein Geld die geübtesten und fähigsten Verteidiger zu Gebote standen, loslassen, als ein an sich äußerst unbedeutend scheinender Umstand die Wahrheit endlich in das hellste und klarste Licht setzte.
Der Actuarius des Gerichts, vor welchem die Untersuchung geführt war, kommt nach L., der ungefähr 10 Stunden von dem Ort der Untersuchung entfernten Hauptstadt. Dort geht er zufällig mit einem seiner Freunde, der ihn hierher begleitet hatte, an einer Trödlerbude vorbei, in welcher eine Menge getragener Kleidungsstücke dem Verkauf ausgesetzt und zum Beschauen aufgehängt waren. »Siehe da, der ganze Wilhelm S. wie ausgeplün-

dert«, rief des Actuars munterer Begleiter, indem er auf ein falbes Kleid, eine genähte Weste und ein paar hellgrüne Beinkleider deutete, welche etwas seitwärts in der Trödlerbude hingen. Man scherzte über den Einfall und ging endlich aus Mutwillen in die Bude, wo man die Kleidungsstücke und vorzüglich jene, welche die Neugierde der beiden Freunde gereizt hatten, betrachtete, und vergißt die Sache, so wie man sich aus der Bude entfernt.
Mehrere Wochen nachher kam der Gerichtsactuar ebenso zufällig in der Gerichtsrepositur an ein Fach, in welches man nichts bedeutende Kleinigkeiten, um sie aus dem Wege zu schaffen, durcheinanderzuwerfen pflegte. Ein kleines zusammengerolltes Papier fällt ihm entgegen; er entfaltete es, um zu sehen, was es enthalte; der Knopf und jener Büschel Haare, welche die unglückliche Marianne in den Händen gehalten, als der Fluß ihren Leichnam ausgespieen hatte, waren darin eingewickelt. Das Gericht hatte es bisher, über Dickleibigkeit, zu welcher die Untersuchungsakten herangewachsen waren, übersehen, daß dieser Knopf und Haarbüschel zu etwas mehr als zur Verstärkung des Beweises, daß die Unglückliche gewaltsam gemordet worden, dienen können, und so waren diese in Vergessenheit gekommen.
Als der Actuar des Knopfs ansichtig war, glaubte er sich dunkel zu erinnern, diese Garnitur Knöpfe irgendwo gesehen zu haben. Der Knopf war von der ausgezeichneten Art, wie man sie am Anfang der 1790er Jahre auf Mannskleidern trug, wo Gemälde und Figuren von Stroh, Moos u. dgl. hinter Glas, welches die äußere Knopfform festhielt, befestigt waren, und also schon um deswillen sehr kenntlich, weil jede Garnitur dieser teuren Knöpfe andere Vorstellungen enthielt. Nach langem Hin- und Hersinnen schien es dem Actuar, als habe er diese Knöpfe auf dem Kleid bemerkt, welches er zu L. in der Trödelbude gesehen, und von welchem damals sein Begleiter behauptet hatte, daß es einst Wilhelm gehört habe.
Der Actuar eilte, diese Bemerkungen dem Gericht vorzulegen. Sein Begleiter war vorgeladen, welcher angab, daß es ihm zwar durchaus eben so vorkomme, als wenn dieser Knopf zu der Garnitur jener Knöpfe gehöre, womit das bemerkte Kleid besetzt gewesen, daß er aber hierin sich einer genaueren Bestimmung enthalten wolle, weil ein Irrtum in einer so bedeutenden Sache von zu wichtigen Folgen sein würde.
Es war nun solgeich an das Gericht zu L. geschrieben, von welchem der Trödler, der das Kleid gekauft hatte, vernommen war. Dieser gab an, er habe es von einem Fremden gekauft, den er aber weder zu nennen, noch genau zu beschreiben wisse. Die Zeit, zu welcher er dasselbe gekauft zu haben angab, war etwa ein halbes Jahr nach dem unglücklichen Mord. Das Kleid war inzwischen an einen Friseur verkauft worden, der kurz zuvor aus L. hinweg, und der Angabe seiner Verwandten zufolge, nach Brüssel gereist war. Man

schrieb nun auch nach Brüssel, aber der Friseur, der mit vieler Mühe von den dortigen Gerichten ausfindig gemacht wurde, hatte das Kleid wieder an den Kammerdiener des Grafen D. verhandelt, der mit seinem Herrn nach Ungarn gereist war.
Nach einer Menge Hindernisse und unbeschreiblicher Arbeit kam endlich das Kleid, auf welches jetzt so viel anzukommen schien, an die Gerichte nach V. zurück. Glücklicherweise war es bisher wenig getragen worden, da der Kammerdiener des Grafen D. es dem Friseur weniger aus Bedürfnis, als um diesem seinen Landesmann aus einer Geldnot zu helfen, abgekauft hatte. Der Trödler beschwor nun zuerst, daß solches eben das Kleid sei, welches er an den Friseur verkauft habe, und der Freund des Actuarius, der solches zuerst zu L. in der Trödlerbude entdeckt hatte, und noch zwei andere, welche den jungen S. gleichfalls genau kannten, erkannten ohne Mühe dasselbe als ihm zugehörig und beschworen ihre Aussagen. Dies beschworen auch noch jene Zeugen, welche an dem Tag des Mordes diesen mit Marianne in der Allee gesehen, so wie jene, welche ihn damals des Abends auf dem Kaffeehaus gesehen hatte, daß Wilhelm an jenen Abend dieses Kleid getragen habe. – Man verglich nun den Knopf, welchen die tote Marianne in der Hand gehabt hatte, mit jenen, welche sich noch auf dem Kleid befanden, und nicht nur überzeugte der Augenschein auf den ersten Blick, daß derselbe zu dieser Garnitur gehörte, sondern es fehlte auch diesem Kleid genau vor der Brust ein Knopf, und die Spuren des Abrisses zeigten, daß solcher mit heftiger Gewalt abgerissen worden sein müsse.
Nun wurde der Verhaftete darüber vernommen, wie er an dem Tag des unglücklichen Vorgangs gekleidet gewesen wäre, und sorgfältiger hat sich noch keine Dame um die Toilette ihrer Feindin erkundigt, als es hier in der ernsthaftesten Sache von der Welt geschah. Zwar wollte Wilhelm hiervon anfänglich nichts wissen und fand die deshalb an ihn gestellten Fragen höchst drollig; als aber endlich der Richter ihm das Kleid und den abgerissenen Knopf vorlegte; als man den Büschel Haare, welchen die Ermordete in den Händen gehabt hatte, mit den Kopfhaaren des Inquisiten verglich und in Farbe und Beugsamkeit ähnlich fand, da verlor der Elende die Fassung, welche bis jetzt noch keinen Augenblick ihn verlassen hatte, da fiel er vor dem Gericht nieder und gestand den ganzen Umfang seiner Schuld.
Schon war der Elende, nachdem die arme Marianne sich ganz seiner Liebe geopfert, vom Genuß übersättigt, als diese ihm anzeigte, daß sie Mutter sei. – Ein wütender, ihm selbst unbegreiflicher Haß, sagte der Bösewicht, habe sich seiner gegen die Arme bemeistert, als sie ihm diese Nachricht mit all der Unschuld ihres reinen Herzens, vertrauend ohne Arg auf seine Redlichkeit und begeistert von dem jüngsten aller Gefühle, dem Muttergefühl, freudig

mitgeteilt habe. Wilhelms Eltern hatten eben zum Unglück für diesen, der ihr Liebling war, eine Heirat mit einem der schönsten und reichsten Mädchen in einer benachbarten Stadt projektiert und größtenteils in Richtigkeit gebracht. Da derselbe zuvor mit aller Wärme der Liebe an Marianne gehangen und die Eltern diese Liebe als ein Hindernis ihres Lieblingsplanes ansahen, so sparten sie nichts, um diesen ihren Sohn von seiner Liebschaft abzubringen, welches freilich bei dessen eingetretener Sinnesänderung überflüssig war. Indessen gossen doch die Invektiven und Verleumdungen, welche sich Wilhelms Mutter zu diesem Zweck gegen die unglückliche Marianne erlaubte, gleichwohl Öl in die Flamme und versetzten diesen in jenen Zustand der Raserei, in der es allein möglich war, eine so unnatürliche und schändliche Tat zu begehen. Hierzu kam noch, daß Wilhelm Marianne, um sie seiner Wollust zu opfern, in Gegenwart mehrerer Zeugen die Ehe versprochen hatte. Dies unglückliche Mädchen war also an sich schon ein Hindernis der Heirat Wilhelms und das um so mehr, da seine projektierte, die er jetzt heißer noch als ehedem Marianne liebte, erklärt hatte, daß sie, wenn sich das gehörte Gerücht bestätigte, nie den Verführer eines unglücklichen Mädchens heiraten werde. So vereinigte sich alles dahin zu wirken, daß der Haß des jungen Menschen gegen das ebenso unglückliche als unschuldige Hindernis seiner Wünsche zur Raserei anwuchs.

In dieser peinlichen Lage wandte sich Wilhelm an seinen älteren Bruder, einen Stiftsgeistlichen, der das Orakel des Hauses machte. Dieser niederträchtige Pfaffe war seiner Immoralität wegen überall als ein Ungeheuer gehaßt und geflohen. Seine Schlauheit war ebenso bekannt als sein kühner Unternehmungsgeist, und er war wegen beiden der Gegenstand allgemeiner Furcht. Dieser Unmensch hauchte den Gedanken von Mord in Wilhelms Seele, für welchen dieser in der Stimmung, in welcher er sich befand, nur zu empfänglich war. Für die Summe von 200 Dukaten, welche Wilhelm von seinem Taschengeld zurückgelegt hatte, erbot er sich sogleich, den Mord vollführen zu helfen, und er war es, der die Anstalten hierzu leitete. Nach diesen mußte Wilhelm die bedauernswürdige Marianne zu dem unglücklichen Spaziergang einladen. Man affektierte, als das harmlose Geschöpf erschien, Heiterkeit, sprach viel davon, daß durch die Vermittlung eben dieses boshaften Pfaffen Wilhelms Eltern nachgiebiger gegen dessen Heirat mit Marianne zu werden anfingen, und lockte so das arglose Mädchen an einen etwas abgelegenen und weniger besuchten Platz an dem Gestade des Flusses. Dort stieß das Ungeheuer von Priester von hinten zu mit einem Dolch nach der Unglücklichen, der aber, weil er nur die Schulter traf, zerbrach. In dem Augenblick, als Marianne schreiend sich umkehrte, zieht Wilhelm ein großes Taschenmesser, das er eigens zu diesem Gebrauch zuvor geschärft hatte, und gibt damit derselben mehrere Stiche. Diese fleht, ruft um Hilfe, beschwört ihre Mörder um Gnade, erinnert die Bösewichter an das schuldlose Geschöpf, das sich in ihrem Innern bilde, kämpfte gegen die Buben, bis sie endlich ermattet von der Anstrengung und dem Blutverlust unter der Menge von Wunden, welche die Barbaren mit kaltem Blut immer tiefer bohren, um, wie sie mit teuflischem Spotte sagen, das Lebendige zu treffen, zu Boden sinkt. Noch war sie nicht ganz tot und die Mörder bereits eine Strecke weit hinweggegangen, als es Wilhelm einfällt, daß es doch sicherer sei, den Leichnam in den Fluß zu werfen. Er kehrte daher um und findet, daß die Arme ihre letzten Kräfte zusammengefaßt und sich wieder aufgerafft hatte. – Mit dem empörenden Spott, daß sie sich von der gehabten Erhitzung abkühlen müsse, schleppt er die Halbentseelte an das Gestade und wirft sie in den Fluß. – Hier war es, wo Marianne die Verzweiflung und Todesangst neue Krafte lieh; sie faßte mit der einen Hand den Rockknopf ihres Mörders, der nachher dessen Verräter und ihr Rächer war, mit der anderen wühlte sie in dessen Haaren.

Am anderen Morgen hört der Pfaffe ein dunkles Gerücht, er geht, von Gewissensangst getrieben, das Ufer des Stromes hinab, er findet Mariannes Körper vom Wasser ausgespieen und schon von Leuten umgeben und flieht. – Man hat nachdem nichts weiter von ihm gehört, als daß er als Pfarrer in einer französischen Gemeinde bei Lyon angestellt war, und glaubt, daß er bei

den Füsilladen des Collot d'Herbois sein Ende gefunden habe. Wilhelm war verwegen genug gewesen zu bleiben, besonders weil er glaubte, im äußersten Fall alle Schuld auf seinen entwichenen Bruder schieben zu können.
Wilhelms Vater, durch einen Brief des entwichenen Pfaffen von dem ganzen Hergang unterrichtet und aufmerksamer als die Gerichte, hatte das fatale Kleid selbst nach L. gebracht und dort verkauft, um alles zu entfernen, was gegen seinen Sohn zeugen könne. Als er erfuhr, daß gerade diese Vorsicht dem Unglücklichen verderblich geworden, endete er durch einen Schlaganfall, ehe noch dessen Urteil erschien.
Wilhelm S. erhielt bald darauf sein Urteil. An dem Ort, wo er Marianne gemordet, wurde er mit glühenden Zangen gezwickt und dann lebendig gerädert. – Einfache Kreuze, in die dortstehenden Obstbäume eingeschnitten, bezeugen dem Wanderer den Ort, wo die schauerliche Geschichte sich zugetragen hat.

Christian Heinrich Spieß

Der Mord auf Schloß Boncourt

Der Brand des Schlosses

Es war eine rauhe, stürmische Dezembernacht. Dichte Schneemassen trieb der Wind vor sich her.

Auf der Landstraße flog ein Schlitten dahin.

Zwei Personen saßen in dem Schlitten: ein Bauer, der die Pferde lenkte, und ein in einen dicken Pelz gehüllter Mann, offenbar ein Reisender, wie der neben ihm liegende Koffer vermuten ließ.

Als sich nun die Straße durch dichten Tannenwald steil bergan zog, drang plötzlich durch die Bäume von der rechten Seite her ein greller Lichtschein auf den Weg.

Verwundert blickte der Kutscher nach der Seite, woher der Lichtschein kam. Der Schlitten hielt.

»Was gibt's? Warum fährst Du nicht weiter?« fragte der Mann im Schlitten, ohne aufzuschauen.

»Dort drüben scheint ein Feuer ausgebrochen zu sein.«

»Ist ein Gebäude in der Nähe?«

»Ja, Schloß Boncourt liegt kaum hundert Schritte weit im Wald.«

Der Reisende wurde aufmerksam.

»Schloß Boncourt? – Wer ist der Besitzer?«

»Eine alte Dame, Frau Madeleine de Lavergne.«

Der Reisende schien zu überlegen.

»Führt von hier aus ein Weg zum Schloß?« fragte er endlich.

»Jawohl! Wenige Schritte von hier zweigt ein breiter Fahrweg von der Landstraße ab.«

»Wir fahren zum Schloß!«

Der Kutscher hieb auf die Pferde ein, der Schlitten flog weiter, bog bald darauf in einen Seitenweg und hielt nach wenigen Minuten vor einem großen, altertümlichen Gebäude.

Jetzt konnte man den Lichtschein, der den Kutscher vorhin zum Anhalten bewogen hatte, ganz deutlich wahrnehmen. Er drang aus einem Fenster im ersten Stockwerk des Gebäudes. Man sah, wie dort die Flammen an den Vorhängen vor den Fenstern emporzüngelten.

Der Reisende war abgestiegen und auf das Haustor zugegangen. Er zog die Klingel.

Der schrille Ton einer Glocke ließ sich vernehmen, dann wurde es wieder still. Man hörte nichts als das Knistern und Prasseln der Flammen.

»Wer wohnt in dem Schloß?« fragte der Fremde.

»Die alte Frau mit ihrer Nichte, zuweilen auch der junge Herr, der Neffe der Frau de Lavergne, wenn er aus Paris zu Besuch herüberkommt.«
»Ist keine Dienerschaft im Hause?«
»Bei Nacht nicht. Frau de Lavergne ist sehr sparsam und lebt zurückgezogen. Ein Mädchen aus der Stadt bedient sie, doch schläft nicht im Schloß.«
»Wie weit ist es zur Stadt?«
»Zehn Minuten.«
»Gut! Fahre du dorthin und hole Leute. Ich will indessen versuchen, in das Haus einzudringen.«
Ein Peitschenknall. Der Schlitten setzte sich in Bewegung und verschwand im Wald. Der Reisende aber hüllte sich fester in seinen Pelz und ging forschend um das Haus herum. Die Fenster im Erdgeschoß waren vergittert, das aus massivem Eichenholz gefertigte Tor war verschlossen. Ein Eindringen in das Haus war von keiner Seite möglich. Doch halt! Im zweiten Stockwerk gerade über dem Zimmer, in welchem das Feuer wütete, zeigte sich in einem Fenster ein leichter Lichtschimmer.
Es mochte der Schein einer Nachtlampe sein, welche dort brannte.
Der Reisende bückte sich; er schien etwas auf dem Boden zu suchen.
Er hob einen Stein auf und schleuderte ihn gegen das Fenster. Die Fensterscheiben zersprangen klirrend – dann hörte man einen Schrei. Eine Gestalt erschien am Fenster und eine weibliche Stimme fragte: »Wer ist da?«
»Es brennt im Schloß; im ersten Stockwerk, gerade unter Ihrem Zimmer brennt es.«
»Mein Gott, das ist im Zimmer der Tante.«
»Öffnen Sie schnell das Haustor!«
»Ich habe den Schlüssel nicht.«
»Wo ist der Schlüssel?«
»Im Zimmer der Tante –«
»Dann eilen Sie hinunter und wecken Sie Ihre Tante.«
Das Mädchen verschwand vom Fenster, erschien aber sofort wieder.
»Ich kann das Zimmer nicht verlassen. Die Tür ist von außen geschlossen.«
»Wie war das möglich?«
»Ich weiß es nicht.«
»Was tun wir nun?«
Schellengeklingel und jenes schnarrende Geräusch, das ein Schlitten hervorbringt, der über fest gefrorenen Schnee fährt, ließ sich vernehmen, und zwischen den Bäumen hervor schoß ein eleganter leichter Schlitten auf das Haus zu und hielt vor dem erleuchteten Fenster.
Ein junger Mann, der allein in dem Schlitten saß, sprang heraus und trat auf den Reisenden zu.

»Was geht hier vor?«
»Wie Sie sehen, brennt es im Schloß.«
»Ach, Gustav, Du bist es?« rief das Mädchen von oben herab. »Schnell, schnell zu Hilfe! Es ist Feuer im Zimmer der Tante.«
»Im Zimmer der Tante? Bei Gott, das ist ihr Zimmer und die Flammen schlagen schon über den Fenstern zusammen. Mir nach, zu Hilfe!«
Er zog einen Schlüssel hervor und öffnete das Tor. Der Fremde folgte ihm. Der junge Mann schien in dem Schloß wohl bekannt zu sein. Er fand rasch die Treppe, die zum obern Stockwerk führte. Dichter Qualm wälzte sich herab, aber die beiden Männer drangen unerschrocken vorwärts und gelangten in einen Korridor.
»Hier ist es! Das ist der Tante Zimmer!«
Ein Druck auf die Türklinke und die Tür flog auf. Doch die Männer, welche eindringen wollten, prallten entsetzt zurück. Das Zimmer glich einem Flammenmeer; die Teppiche, die Möbel, die Vorhänge, alles stand in Flammen, stellenweise brannte schon die Holzvertäfelung der Wände und der Fußboden. Ein seitwärts an der Wand stehendes Himmelbett schien der Herd gewesen zu sein, von dem das Feuer ausging. Dichte Rauchwolken wirbelten dort in die Höhe. Ein Fenster war von der Gluthitze gesprungen und der durch das Öffnen der Tür entstandene Luftzug trieb den im Zimmer angesammelten Rauch auf den Flur.
Der junge Mann erfaßte die Hand des Fremden und zog ihn mit sich fort; durch den Korridor zu einer Treppe, die nach oben führte.
»Dort können wir nicht mehr helfen«, sagte er. »War meine Tante in dem Zimmer, als das Feuer ausbrach, dann ist sie jetzt tot, der Rauch muß sie erstickt, die Flammen sie verkohlt haben. Lassen Sie uns retten, was noch zu retten ist.«
»Marie!« rief er dann laut. »Marie, wo bist Du? Warum kommst Du nicht herunter?«
»Die junge Dame ist in ihrem Zimmer eingeschlossen.«
»Eingeschlossen? Wer schloß sie ein? Doch wir wollen sehen –«
Die beiden Männer eilten die Treppe empor und gelangten wieder in einen Korridor. Überall herrschte Totenstille. Die Tür, welche sie suchten, war verschlossen, der Schlüssel steckte von außen. Sie öffneten und traten in das Zimmer.
Es war das Schlafzimmer des jungen Mädchens, das mit ihnen vom Fenster herab gesprochen hatte. Eine Nachtlampe, dem Erlöschen nahe, brannte auf dem Tisch. Bei ihrem flackernden Schein erblickten die Eingetretenen eine auf dem Boden liegende Gestalt in leichtem Nachtgewand.
Es war Marie. Sie war ohnmächtig geworden.

Wärend sie die Ohnmächtige aufhoben und auf ihr Bett legten, näherten sich draußen laute Stimmen. Die Feuerwehr aus dem Städtchen kam, die der Kutscher des Fremden zu Hilfe gerufen hatte.

Verunglückt oder ermordet

Den vereinigten Bemühungen der Feuerwehr und der mit ihr herbeigeeilten Landleute gelang es bald, das Feuer zu löschen. Man drang in das Zimmer und fand auf dem verkohlten Bett die Leiche einer Frau, über und über mit Brandwunden bedeckt und bis zur Unkenntlichkeit entstellt.
Es war die Leiche der Frau de Lavergne. Man trug sie in ein Nebenzimmer und legte sie dort auf ein Sofa.
Bald kam der Polizeichef des Städtchens, den man von dem Brand benachrichtigt hatte. Er besichtigte die Brandstätte, überzeugte sich, daß das Feuer gelöscht sei, ging auch in das Nebenzimmer, warf einen flüchtigen, gleichgültigen Blick auf die dort liegende Leiche und verlangte dann, daß man ihm ein Zimmer anweise, in dem er ein Protokoll aufnehmen könne.
Das Mädchen, welches im Hause bediente, war auf die Nachricht vom Brand gleichfalls herbeigeeilt. Sie führte den Polizeichef ins Wohnzimmer, wo er mit seinem Schreiber an einem Tisch Platz nahm.
»Können Sie mir angeben, wie das Feuer entstanden ist?« fragte er das Mädchen.
»Ich wohne nicht im Schloß. In der Stadt entstand Feuerlärm und ich hörte, daß Schloß Boncourt brenne. Da eilte ich heraus, doch als ich hier ankam, war das Feuer schon gelöscht und man trug soeben meine gute Frau Madeleine als Leiche aus dem Zimmer.«
»Wer bewohnte das Schloß außer seiner Besitzerin?«
»Fräulein Marie, ihre Nichte. Vor einer Stunde ist auch der Neffe der gnädigen Frau angekommen.«
»Wo ist dieser jetzt?«
»Im oberen Stock, bei dem gnädigen Fräulein, das vor Schrecken die Besinnung verloren hat und –«
»Ersuchen Sie den Herrn, einen Augenblick herabzukommen«, unterbrach der Polizeichef den Redestrom des Mädchens. Dieses entfernte sich schluchzend und bald darauf trat der Erwartete ein.
»Entschuldigen Sie, mein Herr«, sprach der Beamte in höflichem Ton, »entschuldigen Sie, daß meine Pflicht mich zwingt, Sie in Ihrer Trauer um Ihre Verwandte zu stören und Sie um Beantwortung einiger Fragen zu ersuchen, die sich auf den Unglücksfall in diesem Hause beziehen.«
»Ich stehe zu Ihren Diensten.«

»Ihr Name, mein Herr?«
»Gustav de Lavergne.«
»Ihr Stand?«
»Ich bin Kaufmann.«
»Sie wohnen nicht hier im Schloß?«
»Nein. Mein Geschäft befindet sich in Paris, doch komme ich sehr oft zu Besuch nach Schloß Boncourt. Auch heute beabsichtigte ich, meine Tante zu besuchen. Geschäfte hatten mich in die Nähe von Boncourt geführt, und ich fuhr am Abend hierher. Der furchtbare Schneesturm, durch den alle Wege verweht wurden, verzögerte jedoch meine Ankunft, so daß ich erst nach Mitternacht hier eintraf, als das Feuer bereits große Dimensionen angenommen hatte.«
»Haben Sie keine Vermutung, wie das Feuer entstanden sein kann?«
»Meine Tante liebte es, im Bett noch zu lesen. Möglich, daß sie vergessen hat, die Lampe auszulöschen, daß diese umgestürzt und dadurch der Brand entstanden ist.«
»Sie sind verwandt mit Frau de Lavergne?«

»Ich bin ihr Neffe.«
»Und ihr Erbe?«
»Ich vermute es.«
»Außer der alten Frau war nur deren Nichte im Schloß anwesend?«
»Ja.«
»Wie entdeckte diese das Feuer?«
»Ein mir unbekannter Herr hatte den Feuerschein bemerkt und meine Cousine durch einen Steinwurf an's Fenster geweckt. Sie berieten eben, wie sie es anstellen sollten, um das Tor zu öffnen, als ich ankam.«
»Warum öffnete das Fräulein nicht?«
»Die Tür ihres Schlafzimmers war von außen verschlossen.«
»Ist der fremde Herr noch anwesend?«
»Ja.«
»Dann bitte ich, ihn rufen zu lassen.« Der Fremde kam.
»Ihr Name, mein Herr?« begann der Polizeichef das Verhör.
»Rechtsanwalt Charles Lafontaine aus Paris.«
Der Polizeichef verneigte sich bei diesen Worten leicht, wie grüßend. Der Name des Rechtsanwalts war auch in der Provinz wohl bekannt.
»Wie man mir mitteilt, entdeckten Sie zuerst das Feuer.«
»Ja.«
Und der Rechtsanwalt erzählte kurz, was wir im ersten Kapitel berichtet haben.
»Ich werde doch gezwungen sein, auch das Fräulein noch zu befragen«, sagte der Polizeichef, nachdem er den Bericht des Rechtsanwalts angehört hatte. »Wer konnte die Tür ihres Zimmers von außen verschlossen haben? Sie werden mir zugeben, daß dies den Verdacht wachrufen muß, daß das Feuer nicht durch Zufall entstanden ist.«
»Ach, was das anbetrifft«, unterbrach ihn Gustav de Lavergne, »kann ich Ihnen vielleicht befriedigende Auskunft geben. Meine Tante war eine sehr sorgsame Hausfrau, dabei aber, wie es in ihrem Alter häufig vorkommt, sehr vergeßlich. Sie pflegte des Abends stets selbst alle Türen zu verschließen und die Schlüssel dann in ihr Zimmer mitzunehmen. Das hat sie jedenfalls auch gestern getan und dabei auch wohl die Tür zum Zimmer meiner Cousine zugesperrt. Da die alte Frau stets spät sich zur Ruhe begab, schlief meine Cousine wahrscheinlich schon, als die Tante an ihre Tür kam, und merkte nicht, daß sie eingeschlossen wurde.«
»Das genügt mir. Frau de Lavergne ist wahrscheinlich nur ein Opfer ihrer eigenen Unachtsamkeit geworden, was ich lebhaft beklage, da mir wohl bekannt ist, wie viele Wohltaten sie insgeheim den Armen unserer Gegend zu erweisen pflegte.«

»Sie glauben demnach nicht, daß ein Verbrechen vorliegen könnte?« mischte sich der Rechtsanwalt in das Gespräch.
»Ein Verbrechen?« rief Gustav de Lavergne entsetzt. »Wer sollte es begangen haben? Meine Tante war in der ganzen Gegend beliebt und hatte keine Feinde. Und an Einbruch in räuberischer Absicht ist nicht zu denken. Das Schloß ist wohl verwahrt und das Tor auch tagsüber stets geschlossen.«
»Ich meinte nur«, erwiderte der Rechtsanwalt, »daß es vielleicht angezeigt sei, die Leiche einer näheren Besichtigung zu unterziehen.«
»Das wird geschehen«, sagte der Polizeibeamte, »ich habe übrigens die Leiche gesehen und bin überzeugt, daß der Tod durch Erstickung eingetreten sein muß. Der Gerichtsarzt aus der Stadt, der die gesetzlich vorgeschriebene Leichenschau vornehmen wird, muß jeden Augenblick eintreffen und wird wohl meine Annahme bestätigen.«
Der Gerichtsarzt kam, besichtigte die Leiche und erklärte dann, daß der Tod zweifellos durch Erstickung herbeigeführt worden sei.
»Nun werden Sie wohl nicht mehr in unserer friedlichen Gegend nach Räubern und Mördern forschen«, sagte der Polizeichef lächelnd zum Rechtsanwalt, als er sich darauf verabschiedete. »Bleiben Sie noch in unserer Stadt?« fügte er dann noch hinzu.
Dem Rechtsanwalt schien diese Frage nicht angenehm zu sein. Sein Blick schweifte zu Gustav de Lavergne hinüber, wie forschend, wie überlegend.
»Mich führen Geschäfte hierher«, sagte er endlich. »Ich dürfte wohl einige Tage verweilen müssen.«
»Dann wird mir gewiß noch das Vergnügen zuteil, Sie wiederzusehen«, entgegnete der Polizeichef, sich verneigend.
Damit trennte man sich.
Drei Tage später wurde die Leiche der Frau de Lavergne mit großem Pomp zur Erde bestattet. Ein Testament fand sich nicht vor. Gustav de Lavergne und Marie de Gontard, ihre einzigen Verwandten, waren daher auch ihre einzigen Erben. Gleich nach Beendigung der Trauerfeierlichkeiten reisten beide nach Paris ab. Schloß Boncourt blieb unbewohnt, öde und verlassen.

Ein Fährtensucher

Der Rechtsanwalt Lafontaine war in der Stadt geblieben. Er hatte im Hotel »Zum goldenen Löwen« ein Zimmer gemietet und war dann seinen Geschäften nachgegangen. Tagsüber war er wenig zu Hause. Er verkehrte viel in öffentlichen Lokalen, namentlich in solchen, wo sich viele Gäste einfanden, und es schien, als suchte er Bekanntschaften zu machen und, ohne daß es auffiel, über dies und jenes Erkundigungen einzuziehen.

Es war am Nachmittag nach jenem Tag, an dem Frau de Lavergne beerdigt wurde. Der Rechtsanwalt ging mit großen Schritten in seinem Zimmer auf und ab. Sein ganzes Äußeres verriet Ungeduld; er schien jemanden zu erwarten.

Auf dem Tisch lag ein Brief, den der Postbote am Morgen gebracht hatte. Sein Inhalt lautete:

»Mein Herr! Infolge Ihrer Mitteilungen habe ich sofort veranlaßt, daß die betreffenden Personen scharf beaufsichtigt und die nötigen Erhebungen gepflogen werden. In wenigen Stunden verläßt einer unserer geschicktesten Agenten, Louis Blance, Paris, um zu Ihnen zu kommen. Der Mann kennt alles, was sie mir mitgeteilt haben, und ich hoffe, daß es Ihren vereinten Nachforschungen gelingen wird, bald Licht in den dunkeln Vorfall zu bringen. Genehmigen Sie zc.«

Unterzeichnet war der Brief von dem Polizeipräfekten des Seine-Departements.

Der Inhalt dieses Briefes war es offenbar, der den Rechtsanwalt in so gewaltige Aufregung versetzte. Bald eilte er an's Fenster und blickte auf die Straße hinaus, wenn Schellengeläute das Nahen eines Schlittens verkündete; bald ergriff er wieder den Brief und las ihn zum zehnten Male, um dann seine Uhr zu ziehen und zu sehen, ob denn die Stunde noch nicht gekommen sei, in der der Mann, den er erwartete, nach seiner Berechnung eintreffen mußte.

Endlich vernahm er Schritte auf der Treppe, die sich dann seinem Zimmer näherten. Es wurde an die Türe geklopft und ein Kellner des Hotels trat ein mit der Meldung, daß ein fremder Herr angekommen sei, der den Herrn Rechtsanwalt zu sprechen wünsche.

»Bitten Sie den Herrn, sich herauf zu bemühen«, sagte der Rechtsanwalt hastig. »Ich erwarte ihn.«

Der Fremde trat in's Zimmer.

Es war ein Mann von mittlerer Größe, ungefähr vierzig Jahre alt, mit gebräunter Hautfarbe, schwarzen, stechenden Augen und krausem schwarzem Haar. Er war einfach aber elegant gekleidet; über seine Schulter hing eine kleine Ledertasche.

Der Rechtsanwalt ließ einen musternden Blick über den Eingetretenen schweifen.

»Ihre Ankunft ist mir bereits gemeldet, Herr Louis Blanc«, sagte er. »Ich erwartete Sie.«

Louis Blanc verneigte sich leicht. Aber er antwortete nicht. Er schien zu warten, daß der andere von dem zu sprechen beginne, was ihn hergeführt.

»Seit drei Tagen bin ich hier«, fuhr dieser fort, als er sah, daß er keine Antwort zu erwarten hatte. »Und ich schmeichle mir, behaupten zu können, daß Sie mit dem Resultat meiner dreitägigen Tätigkeit zufrieden sein werden.«

»Und Sie nicht minder mit der meinigen.«

Es waren die ersten Worte, welche Blanc sprach. Doch in diesen wenigen Worten lag so viel selbstbewußte Energie, daß der Rechtsanwalt verwundert aufblickte.

Die beiden Männer setzten sich.

»Es wird Ihnen jedenfalls bekannt sein«, nahm der Rechtsanwalt wieder das Wort, daß ich vor sechs Tagen einen Brief von Frau Madeleine de Lavergne erhielt, in dem sie mir mitteilt, daß sie 240000 Francs in barem Geld in ihrem Hause liegen habe und daß sie wünsche, mir dieselben persönlich zu übergeben, um für ihre nutzbringende Anlage zu sorgen.«

Der Polizeibeamte nickte leicht zum Zeichen der Bejahung; aber er sprach kein Wort. Er schien kein Freund vieler Worte zu sein.

Der andere fuhr fort:

»Der Name der Frau war mir nicht bekannt, doch eingezogene Erkundigungen bezeichneten sie als sehr reich. Ich reiste ab. Bei meiner Ankunft auf Schloß Boncourt fand ich das Schlafzimmer der Frau in Flammen und sah sie eine halbe Stunde später als verbrannte Leiche aus dem Zimmer tragen. Dies alles wissen Sie, denn es ist der Inhalt meines Briefes und der Grund, warum Sie hier sind.«

Der andere nickte wieder.

»Was Ihnen noch nicht bekannt ist, ist Folgendes: Das Verhältnis der Frau de Lavergne zu ihrem Neffen war seit einiger Zeit ein sehr gespanntes. Die alte Frau war sparsam, ihr Neffe ein Verschwender, der große Summen im Spiel und an der Börse verlor. Wiederholt hatte sie ihm mit bedeutenden Summen ausgeholfen, doch schließlich war ihre Geduld und Nachsicht zu Ende. Als Gustav de Lavergne vor einigen Tage abermals 20000 Francs von ihr verlangte, um eine Spielschuld zu decken, schlug sie sein Gesuch rund ab und alle seine Bemühungen, sie umzustimmen, blieben erfolglos. Sie schieden beide in sehr erregter Stimmung, nachdem Frau de Lavergne gedroht hatte, ihn zu enterben, wenn er sich nicht bessere und der Leidenschaft des Spiels entsage. Vierundzwanzig Stunden später war die alte Frau eine Leiche. Bares Geld wurde in ihrem Nachlaß nicht vorgefunden, obwohl nach ihrer eigenen Angabe 240000 Francs sich im Hause befanden.«

»Das sind die Momente«, schloß der Rechtsanwalt, »die in mir den Verdacht erst geweckt und dann zur Überzeugung gesteigert haben, daß Frau de Lavergne nicht ein Opfer ihrer eigenen Unachtsamkeit geworden ist, sondern daß sie ermordet worden ist, ermordet, um sich in Besitz des Geldes zu setzten, das sie im Hause hatte. Sehr zu bedauern ist, daß durch die Nachlässigkeit der hiesigen Polizei und das oberflächliche Vorgehen des Gerichtsarztes eine genaue Feststellung des Tatbestandes versäumt worden ist. Heute ist dies leider nicht mehr einzuholen –«

»Warum?«

Der Polizeibeamte warf diese Frage so unerwartet zwischen die Ausführungen des Rechtsanwaltes, daß dieser betroffen inne hielt.

»Warum? Weil man auf bloße Vermutungen hin nicht eine geachtete Familie dem Gerede der Leute aussetzen wird, weil –«

»Von der Haussuchung, welche wir vornehmen werden, braucht kein Mensch hier im Ort etwas zu erfahren.«

»Wieso?«

»Das Schloß ist unbewohnt?«

»Ja.«

»Dann werden wir demselben heute Nacht einen Besuch abstatten.«

»Wie wollen Sie aber in das Schloß gelangen? Das Tor ist verschlossen, die Fenster im Erdgeschoß sind vergittert.«

»Ich weiß das alles! Als ich vom Bahnhof hierher fuhr, ließ ich den Schlitten im Wald halten und ging zu Fuß nach dem Schloß. Ich mußte doch das Kampffeld, auf dem wir operieren werden, kennen, bevor ich zu Ihnen kam. Und ich sage Ihnen: heute nacht werden wir in das Schloß gelangen – das heißt wir, wenn Sie nämlich Lust haben, mich zu begleiten. Sonst werde ich allein die Untersuchung vornehmen.«

»Sie können auf mich zählen, ich begleite Sie, obgleich ich noch nicht einsehe, wie Sie in das Schloß gelangen wollen.«

»Wir haben seit einer Stunde wieder starken Schneefall und es ist anzunehmen, daß derselbe auch in der Nacht fortdauern wird. Dies ist für uns günstig, es wird unwillkommene Lauscher von dem ohnehin einsam gelegenen Schloß fernhalten. Um elf Uhr nachts wollen wir aufbrechen. Eine Gelegenheit, unbemerkt aus dem Hotel zu kommen, wird sich finden. Bis dahin gestatten Sie mir, daß ich mich zurückziehe, um mich durch einige Stunden Schlaf zu stärken. Wir haben heute nacht eine mühevolle, anstrengende Arbeit vor, und ich würde auch Ihnen raten, vorher einige Stunden zu ruhen. Schlag elf Uhr hole ich Sie ab.«

»Ich werde bereit sein.«

»Also auf Wiedersehen!«

Der Polizeibeamte verließ das Zimmer. Der Rechtsanwalt hörte noch, wie er draußen einen Kellner rief und ihm befahl, ihm ein Zimmer anzuweisen. Er sagte, daß er unwohl sei und heute nicht mehr gestört zu werden wünsche.

Auf der Fährte

Mit dem letzten Glockenschlag der elften Stunde klopfte der Polizeibeamte an die Tür.
»Wir werden das Hotel unbemerkt verlassen können«, sagte er. »Das Haustor ist nicht verschlossen. Lassen Sie uns aufbrechen.«
Die beiden gingen. Ungesehen verließen sie das Haus, durchschritten einige Straßen und befanden sich bald vor der Stadt.
Der Schneefall hatte gegen die Nacht zu noch an Intensität zugenommen. Schneemassen bedeckten den Weg und erschwerten das Fortkommen. Die beiden Männer schritten so rasch als möglich vorwärts. Als sie das Schloß erreichten und der Rechtsanwalt auf das Tor zuschreiten wollte, hielt ihn Louis Blanc zurück.
»Nicht hier!« sagte er. »Wir müssen auf einem anderen Weg hineinzugelangen suchen.«
Sie gingen um das Schloß herum und betraten den Garten, der an dasselbe grenzte. In der Mitte des Gartens stand ein kleines Lusthaus im Stil der Zeit Ludwig XIV. Die oberen Räume desselben waren in der letzten Zeit als Aufbewahrungsort für allerlei Hausgerät benützt worden, das entweder vollständig unbrauchbar war oder nur sehr selten benötigt wurde. Eine Leiter lehnte an der Mauer des Hauses.
»Nun helfen Sie mir die Leiter dorthin tragen, wo wir unsern Eintritt in das Schloß bewerkstelligen wollen«, sagte Blanc, indem er die Leiter an einem Ende faßte.
Die Männer trugen die Leiter zum Schloß und lehnten sie an ein Fenster des Zimmers, in dem die Flammen gewütet hatten.
Blanc stieg hinauf, griff mit der Hand durch die zersprungenen Fensterscheiben und öffnete das Fenster. Dann stieg er in das Zimmer.
»Nun folgen Sie mir«, rief er leise hinab.
Der Rechtsanwalt stieg hinauf.
»Die Leiter ziehen wir herauf. Der Zufall könnte einen einsamen Wanderer des Weges vorüberführen und die Leiter Verdacht erwecken. So! Jetzt wollen wir Licht machen und uns das Zimmer ein wenig besehen!«
Er zündete eine kleine Blendlaterne an.
Der Anblick, den das Zimmer bot, war ein trostloser, schaudererregender. Die von Rauch geschwärzte, stellenweise verkohlte Holzvertäfelung der Wände, die gleich langen Trauerfloren herabflatternden Reste der verbrannten Vorhänge – dies alles verlieh dem Zimmer bei der matten Beleuchtung der Lampe das Aussehen eines Sterbezimmers, in dem man sich nur vergebens nach der aufgebahrten Leiche umsah.

Drüben an der Wand lag ein Haufen verkohlter Bretter, über denen von der Decke herab verkohlte Stoffreste flatterten – die Reste des Lagers, auf dem man die Leiche gefunden hatte.
Louis Blanc trat an den Trümmerhaufen und stieß die Bretter mit dem Fuß auseinander.
Dann bückte er sich.
Er zog zwischen den Brettern einen unförmigen Gegenstand hervor, den er aufmerksam betrachtete.
»Sehr geschickt!« murmelte er. »Sehen Sie hier«, sagte er zu seinem Begleiter, »das vom Feuer stark beschädigte Fußgestell einer Lampe und hier auf dem Boden die Scherben der Glasglocke und des Lampenzylinders. Damit sollte die Geschichte von der umgefallenen Lampe bewiesen werden. Der Mörder war vorsichtig.«
Er leuchtete mit der Lampe auf den Boden und ging so langsam auf die Tür zu, die in den Korridor mündete. Der Boden war auf dieser ganzen Strecke verkohlt und wies nicht die geringsten Spuren auf, welche als Anhalt zu ferneren Mutmaßungen dienen konnten.
Die beiden Männer betraten den Korridor und Blanc versuchte, die Tür des Nebenzimmers zu öffnen. Sie war verschlossen. Doch er wußte Rat. Er zog unter seinem Paletot die kleine Ledertasche hervor, die er noch über die Schulter gehängt trug. Sie war seit dem Nachmittag bedeutend schwerer geworden. Er zog einen großen Bund Schlüssel und Dietriche aus der Tasche und machte sich daran, die Tür zu öffnen.
Gleich der dritte oder vierte Schlüssel, den er hervorholte, paßte, und sie traten ein.
Es war das Zimmer, in welchem nach dem Brand das Verhör der Hausbewohner stattgefunden hatte. Es bot nichts Auffallendes, und die beiden nächtlichen Inquisitoren setzten bald ihre Forschungen in der Reihe der angrenzenden Zimmer fort.
Das Glück schien ihnen nicht günstig zu sein. Sie hatten das letzte Zimmer erreicht und untersucht, ohne die Spuren gefunden zu haben, welche sie suchten.
»Und es ist doch ein Verbrechen verübt worden, ich behaupte es auch jetzt noch, obwohl wir keine Beweise dafür finden können«, rief der Rechtsanwalt, unwillig mit dem Fuß auf den Boden stampfend.
»Dort ist der Anfang der Beweise«, sagte Blanc kalt und ruhig wie immer und ließ dabei das Licht seiner Lampe auf die offene Tür fallen, auf welche er mit der Hand hinwies.
»In der Tat!«
Auf der hellpolierten Tür, an jener Seite, welche dem Nebenzimmer zuge-

kehrt war, sah man deutlich den Abdruck einer blutigen Hand.
Blanc war näher getreten und blickte sinnend auf die verräterische Spur, die der Verbrecher zurückgelassen hatte.
»In diesem Zimmer«, sprach er, »ist das Verbrechen nicht verübt worden, aber in dem angrenzenden. Der Mörder hat die Blutspuren überall sorgfältig entfernt, doch er hatte übersehen, daß solche auch an der Tür vorhanden waren. Die Tür öffnete sich hier herein. Sie war nur angelehnt, als der Mord vollbracht wurde. Der Mörder hat sie mit der noch blutigen Hand aufgestoßen, ohne die Türklinke zu fassen. Doch, was suchte er in diesem Zimmer? Er, der mit den Lokalitäten jedenfalls wohl vertraut war, mußte doch wissen, daß dieses Zimmer keinen Ausgang hat. Nun – Herr Rechtsanwalt – was meinen Sie, was er hier suchte?«
Blanc war plötzlich auffallend gesprächig und heiter geworden.
Den Rechtsanwalt mußte das plötzlich veränderte Wesen seines Begleiters überraschen.
Der Polizeiagent fuhr fort:
»In jenem Schrank bewahrte Frau de Lavergne ihr Geld und ihre Papiere. Nach vollbrachter Tat ist daher der Mörder in dieses Zimmer gestürzt, um sich seines Raubes zu versichern. Sein Spießgeselle mag inzwischen bei der Leiche Wache gehalten haben –«
»Sie glauben also, daß zwei Personen den Mord vollbracht haben?«
»Gestatten Sie mir, Sie auf verschiedene Einzelheiten aufmerksam zu machen. Um wieviel Uhr entdeckten Sie das Feuer?«
»Es mochte halb zwölf sein.«
»Zwanzig Minuten später kam die Feuerwehr, es war also um 12 Uhr das Feuer gelöscht. Um so verheerende Wirkungen in dem Zimmer auszuüben, muß das Feuer mindestens eine Stunde gewütet haben, ja selbst in dem Fall, daß die Mörder an mehreren Stellen zugleich gezündet haben. Es mußte also mindestens um elf Uhr angelegt worden sein. Um halb zehn hat die Bedienerin der alten Frau das Schloß verlassen, um zehn Uhr ist Fräulein Gontard zu Bett gegangen. Es blieb also, wie Sie sehen, wirklich kaum eine Stunde Zeit, um den Mord zu vollbringen und nachher die Spuren desselben wieder zu verwischen. In so kurzer Zeit konnte dies ein Einzelner nicht vollbringen. Er mußte einen Helfer haben.«
Der Rechtsanwalt hatte dagegen nichts einzuwenden. Der andere fuhr fort:
»Ich gehe noch weiter, ich sage: dieser Helfer war eine Frau.«
»Eine Frau?«
»Jawohl, eine Frau. Sie sahen es nicht, aber ich sah es gar wohl, daß im Nebenzimmer an einer Stelle frisch gescheuert ist. Treten Sie näher – hierher! Vergleichen Sie die Farbe dieser Parquetten mit der ihrer Umgebung. Hier

sind die Parquetten heller. Hier hat man die Blutspuren wegwischen müssen, denn hier, an dieser Stelle ist Frau de Lavergne ermordet worden.«
Der Rechtsanwalt wich scheu zurück. Ihm graute vor dem Mann, der alles sah und aus dem scheinbaren Nichts ein Gebäude aufführte, so kühn und verwegen und doch in seinen einzelnen Teilen so fest zusammenhängend und wohl begründet.
»Ich sage, daß eine Frau bei dem Mord zugegen war, denn nur eine solche konnte mit so minutiöser Genauigkeit die Reinigung des Fußbodens vollziehen, wie es hier geschehen ist. Der Mann hat von hier die Leiche über den Korridor in das Schlafzimmer getragen – die alte Frau war keine schwere Bürde, er bedurfte dazu keines Beistandes.«
»Woraus schließen Sie das?«
»Die Frau hat nur die Tür geöffnet. Auf dieser spiegelblank geputzten Türklinke werden Sie vergebens nach Spuren der blutigen Hand suchen, aber hier an der Tür selbst haben Sie eine neue Blutspur – die Leiche mag, als sie hinausgetragen wurde, die Tür berührt haben.«
»Wie erklären Sie aber das Eindringen der Mörder in das wohlverwahrte Schloß?«
»Nur gemach! Ihren Weg nachzuweisen wird leichter sein als die Auffindung dieser Spuren. Haben Sie die Kelleröffnungen nicht gesehen, durch welche Licht in die Keller des Schlosses fällt?«
»Ja, doch diese sind mit festen Eisenstäben verwahrt.«
»Alle bis auf eine. Als ich gestern das Schloß von außen besah, fiel mir die schiefe Stellung eines solchen Gitters auf. Ich faßte es an und es gab nach. Durch die Öffnung konnte bequem ein Mann sich durchwinden.«
»Ich staune!«
»Sie werden bald noch mehr staunen, denn wir werden nun in den Keller hinabsteigen und auch dort das Terrain untersuchen.«
Sie stiegen die Treppe hinab und gelangten in den Hausflur. Rechts von der Treppe war der Eingang zum Keller.
Im Keller des Schlosses waren große, gewölbte Räume. Etwa fünf Fuß über dem Boden befanden sich die vergitterten Öffnungen.
»Hier ist das zerbrochene Gitter«, sagte Blanc, behutsam näher tretend.
Er leuchtete mit der Lampe auf den Boden vor sich her. Ein Ausruf der Überraschung entfuhr ihm.
»Sehen Sie – hier und hier – und hier!«
In dem weichen Lehmboden waren deutlich die Abdrücke von Schuhen erkennbar. Der Polizeiagent beugte sich tief hinab, er schien die neuentdeckten Spuren mit den Augen verschlingen zu wollen.
»Hier ist der Abdruck eines Stiefels, der einem Mann gehört und hier der

Abdruck eines Frauenschuhs. Hier hat man die Kassette niedergesetzt, die die geraubten Papiere enthielt. Der Mann hat sich erst wieder zu der Öffnung hinausgeschwungen, dann hat die Frau ihm die Kassette hinaufgereicht.«

»Wie kam aber die Frau hinaus? Sie werden doch nicht behaupten wollen, daß eine Frau imstande sei, hier emporzuklettern?«

»Die Frau ist auch nicht hier hinausgegangen.«

»Wo denn?«

»Die Frau ist eben gar nicht hinausgegangen. Sie ist hier geblieben. Sehen Sie hier die Fußspur. Sie ist viel tiefer eingedrückt als die anderen. Der Mann hat sie verursacht, als er in den Keller herabsprang; wenn ihm die Frau gefolgt wäre, dann müßte auch ihr Fuß einen ähnlich tiefen Abdruck hinterlassen haben. Das ist aber nicht der Fall. Die Frau war bereits im Schloß.«

»Sie glauben, daß sie bei Tag hereingekommen und sich irgendwo verborgen gehalten hat?«

»Das hatte sie wohl nicht nötig. Doch lassen Sie uns jetzt das Zimmer des Fräulein Gontard aufsuchen. Es liegt im zweiten Stockwerk –?«

»Sie glauben doch nicht –?«

»Ich glaube gar nichts, ich überzeuge mich.« –

Das Zimmer des Fräulein Gontard wurde von Blanc in derselben Weise und ebenso rasch geöffnet wie das Zimmer im ersten Stockwerk.

Die Unordnung in dem Zimmer, die auf den Stühlen herumliegenden Kleidungsstücke und die geöffneten Schubladen der Schränke zeugten von der Eile, mit der die Abreise der Bewohnerin dieser Räume vor sich gegangen war.

Louis Blanc unterzog die Schränke einer genauen Untersuchung. Sie enthielten nur Wäsche und Putzgegenstände. Fräulein de Gontard hatte bei ihrer raschen Abreise nur das Notwendigste mitgenommen.

Der Schreibtisch bot eine bessere Ausbeute. Louis Blanc entnahm einem Schubfach ein Päckchen Briefe, deren Unterschrift: »Dein Gustav« lautete. Als er sie nach flüchtiger Durchsicht wieder an dieselbe Stelle legte, strahlte es wie Triumph aus seinen Augen.

Der Rechtsanwalt hatte sich auf dem Bettrand niedergelassen und beobachtete das Tun seines Gefährten mit ironischen Blicken.

»Die Briefe scheinen doch nicht so interessant zu sein, wie Sie glaubten«, sagte er nun. »Wenn Sie übrigens alles so genau durchsehen, dann sollten Sie doch auch den Papierschnitzeln ihre Aufmerksamkeit zuwenden, welche dort in der Ecke liegen.«

Louis Blanc bückte sich.

»Mein verehrter Herr Rechtsanwalt«, sagte er, nachdem er ein aufgehobenes Blatt Papier entfaltete und einen Blick in dasselbe geworfen hatte, »das sind keine Papierschnitzel, sondern das wertvollste corpus delicti, das das Glück uns in die Hände liefern konnte. Hier lesen Sie!«

Der Brief, den er dem Rechtsanwalt reichte, lautete:

»Liebe Marie! Nirgends sehe ich einen Ausweg aus dem Unglück, in das ich geraten bin. Ich bin daher entschlossen, zu dem äußersten Mittel zu greifen, von dem ich bereits zu Dir gesprochen habe, und ich rechne bestimmt auf deinen Beistand. Morgen abend treffe ich in Boncourt ein – bleibt die Tante allen meinen Bitten gegenüber bei ihrem Entschluß, mir nicht zu helfen, so sind die Würfel über Tod und Leben gefallen.

Dein Gustav.«

Der Rechtsanwalt gab schweigend den Brief zurück.

»Und wenn Sie sich dennoch irren? Wenn diese Worte eine andere Deutung zulassen, die Fräulein Gontard von aller Mitschuld freispricht?«

»Mein Herr, ich irre mich nicht, denn ich behaupte noch nicht, daß Fräulein Gontard die Mitschuldige des Herrn de Lavergne – ich wollte sagen: des Mörders ist. Aber ich sammle alles, was uns die Mittel verschaffen kann, eines Tages zu sagen: Sie ist die Mitschuldige. Zuviel ist mir bisher unklar, ja geradezu rätselhaft. Wer hat die Tür dieses Zimmers von außen verschlossen, wenn Fräulen Gontard es war, deren Fußspuren wir im Keller gesehen haben? Und wie kam die Mitschuldige des Verbrechers aus dem Hause, wenn sie nicht in demselben wohnte? Ich muß Sie zu einer nochmaligen Promenade in den Keller einladen, um dort die Aussage dieses Belastungs- oder Entlastungszeugen entgegen zu nehmen –«

Bei diesen Worten zog er unter dem Bett einen Damenschuh hervor und hob ihn triumphierend in die Höhe. – –

Im Keller angekommen, suchte Blanc die Fußspuren, welche er einer Frau zuschrieb. Er stellte den mitgebrachten Schuh auf einen der Abdrücke. Breite und Länge stimmten genau überein. Es war kein Zweifel mehr – die Fußspuren rührten von Fräulein Gontard her.

Aber wer hat sie im Zimmer eingeschlossen? War der Mörder, nachdem er die Kassette irgendwo in der Nähe untergebracht hatte, nochmals zurückgekehrt, um jene Vorsichtsmaßregel durchzuführen, welche jeden Verdacht von Fräulein Gontard ablenken sollte? Es wäre kühn, es wäre verwegen gewesen, da der Zufall jeden Augenblick eine Entdeckung des von außen gewiß schon sichtbaren Feuers herbeiführen konnte – aber blieb eine andere Möglichkeit übrig?

Der Rechtsanwalt hatte Marie Gontard gesehen; er hielt dieses sanfte, anspruchslose Mädchen einer solchen Tat, wie sie begangen haben sollte, nicht fähig. Aber die überzeugende Gewalt der Tatsachen begann ihn umzustimmen.

Louis Blanc war wieder ernst und schweigsam geworden. Er erklärte die Nachforschungen für beendet.
Auf demselben Weg, auf dem sie gekommen waren, verließen sie das Schloß, trugen die Leiter wieder an die Stelle, wo sie gestanden hatte und traten den Heimweg an.
Es war vier Uhr Morgens, als sie im Hotel ankamen.
Im Korridor verabschiedeten sie sich: der eine, um nach den Aufregungen und Anstrengungen der Nacht noch einige Stunden Ruhe zu suchen, – der andere, um einen ausführlichen Bericht an seinen Vorgesetzten zu schreiben, den er mit der am Morgen abgehenden Post nach Paris senden wollte.
Als der Rechtsanwalt um neun Uhr morgens in Blanc's Zimmer trat, fand er diesen schon vollkommen angekleidet. Er las einen Brief, den der Postbote gebracht hatte.
»Ich komme, mich zu verabschieden«, sagte der Rechtsanwalt. »Meine Abwesenheit von Paris hat schon länger gedauert, als ich bei meiner Abreise voraussetzte. Ein heute morgen eingetroffenes Telegramm ruft mich zurück, da dringende Geschäfte meine Gegenwart fordern. Ich muß daher auf das Vergnügen verzichten, an Ihrer Seite die Nachforschungen fortzusetzen, so groß auch das Interesse ist, das der Fall mir einflößt.«
Der Polizeiagent reichte ihm schweigend den Brief, den er in der Hand hielt. Der Brief war aus Paris und enthielt den Bericht über die Tätigkeit der Pariser Polizei. Diese war seit Blanc's Abreise nicht müßig gewesen. Sie hatte festgestellt, daß Gustav de Lavergne vor zwei Tagen eine Spielschuld im Betrag von 30000 Francs bezahlt hatte; sie wußte auch, daß er noch wenige Tage vorher diese Summe von Freunden zu leihen suchte, jedoch überall abgewiesen wurde; sie wußte, daß er die ganze Summe in Gold bezahlt hatte.
»Was werden Sie nun tun?« fragte der Rechtsanwalt.
»Es ist meine Pflicht, der hiesigen Behörde Bericht zu erstatten, und diese wird jedenfalls die Ausgrabung der Leiche anordnen. Sie wird feststellen, daß Frau de Lavergne ermordet worden ist; ob sie auch den Mörder finden wird – wer weiß das?«
»Sie zweifeln also wieder an Ihrer gestrigen Annahme?«
Der Agent gab keine direkte Antwort.
»Wenn ich einen Schluß ziehe«, sagte er, »ist er richtig. Nur in der Person des Mörders, nicht in den näheren Umständen der Mordtat kann ich mich irren.«
»Das durch Sie gesammelte Beweismaterial muß aber in den Augen eines jeden Richters Gustav de Lavergne als den Schuldigen erscheinen lassen.«
»Nur so lange, bis ich den wahren Schuldigen gefunden habe.«
»Zu dessen Auffindung ich Ihnen viel Glück wünsche«, sagte der Rechtsanwalt, indem er sich verabschiedete, um nach Paris zurückzureisen.

Vor Gericht

Die Leiche der Frau de Lavergne wurde ausgegraben und einer gründlichen Besichtigung unterzogen. Die Resultate waren geradezu überraschend. Der gewaltsame Tod durch Mörderhand wurde festgestellt, ein Dolchstich in den Hals und ein zweiter in die Brust hatten dem Leben der alten Frau ein Ende gemacht.

Eine Stunde später kam ein Telegramm mit einem Verhaftungsbefehl gegen Gustav de Lavergne und Marie de Gontard.

Sie wurden verhaftet.

Die nächste Schwurgerichtssitzung stand kurz bevor, und da es genug Beweismittel für die Schuld der Angeklagten gab, der Fall auch ziemlich klar lag, hoffte der Untersuchungsrichter, ihn noch in dieser Sitzung vor die Geschworenen bringen zu können, und betrieb die Untersuchung mit großem Eifer. Sie lieferte jedoch kein neues Resultat. Die Angeklagten blieben bei der Behauptung, daß sie unschuldig seien. Den Brief Gustav's an Marie, in dem davon die Rede war, daß die Würfel über Tod und Leben gefallen seien, wenn die alte Frau bei ihrer Weigerung beharre, deutete der Richter dahin, daß Gustav in diesem Falle die alte Frau töten wollte und sich dazu des Beistandes seiner Cousine versichert hatte. Gustav aber behauptete, er sei entschlossen gewesen, sich das Leben zu nehmen, wenn er das Geld von der Tante nicht erhielt, habe diesen Entschluß schon früher mündlich seiner Cousine mitgeteilt und nur noch einmal die Tante mit Bitten bestürmen wollen, wozu er sich in dem bewußten Brief den Beistand Maries erbat. Über die Zeit vor seinem Eintreffen auf Schloß Boncourt vermochte er aber nicht genau Rechenschaft abzulegen. Er war gegen Mitternacht in Boncourt eingetroffen, nachdem er die nur zwei Stunden entfernte Stadt M. kurz nach acht Uhr in seinem eigenen Schlitten, den er selbst lenkte, verlassen hatte. Er gab an, daß er bei dem dichten Schneefall in dem Gewirr von Feldwegen, welche er zu passieren hatte, den richtigen Weg verfehlt und erst nach langer Irrfahrt auf einem großen Umweg nach Boncourt gelangt sei. Diese Behauptung konnte wahr sein, sie hatte aber jedenfalls nicht mehr Anspruch auf Wahrscheinlichkeit als die Annahme des Richters, daß Gustav de Lavergne etwa um zehn Uhr in Boncourt eingetroffen sei, den Mord vollführt, sich hierauf mit der geraubten Kassette entfernt habe und erst wiedergekehrt sei, nachdem er den Raub in Sicherheit gebracht hatte. Betreffs des Geldes, mit dem er seine Schuld bezahlt hatte, gab er an, daß er die ganze Summe von der Tante erhalten habe, als er am Tage vor dem Mord in Boncourt gewesen und sie nochmals darum gebeten habe. Seine Ankunft an diesem Tag und nicht an dem darauffolgenden des Mordes habe er durch den vorliegenden Brief seiner Cousine angezeigt. Daß seine Tante eine so große Geldsumme im Hause hatte, wie der Rechtsanwalt Lafontaine angab, wußte er nicht, war vielmehr der Ansicht, daß ihm Frau de Lavergne alles gegeben habe, worüber sie im Augenblick verfügte.

Der Verteidiger der Angeklagten glaubte unter solchen Umständen ihnen nicht verschweigen zu dürfen, daß ihre Angelegenheit für sie sehr ungünstig stehe. Er selbst war von ihrer Unschuld überzeugt. Wenn er auch Gustav de Lavergne als leichtsinnig kannte, so hielt er ihn doch einer solchen Tat für nicht fähig und noch viel weniger die sanfte Marie Gontard, über welche alle Zeugen nur Gutes und Lobendes zu berichten wußten. Auf letzteren Umstand beabsichtigte er auch seine schwierige Verteidigung zu gründen und durch die Unvereinbarkeit einer solchen Tat mit Maries Charakter die Unwahrscheinlichkeit ihrer Schuld hervorzuheben.

So kam endlich der Tag der Gerichtsverhandlung heran.

Wir übergehen die einleitenden Fragen des Präsidenten des Gerichtshofes und das Verhör der Zeugen, durch deren Aussagen nur das festgestellt wurde, was den Lesern bereits bekannt ist.

Der Staatsanwalt erhielt das Wort zu seinem Schlußantrag.

Seine Rede war ein kleines Meisterstück. Die Umstände kamen ihm auch zustatten, die Schuld der Angeklagten schien zu klar zu sein, es war nur nötig, die einzelnen Beweismittel geschickt zusammenzufassen, wie es der Staatsanwalt tat. Er schilderte in grellen Farben das Laster des Spieles, dem der Angeklagte ergeben gewesen und das ihn unwiderstehlich von Stufe zu Stufe sinken ließ, bis seine Laufbahn mit einem Verbrechen endete. Seine nächste Verwandte, die Frau, der er unendlich viel verdankte, war das Opfer, und das Mädchen, das er liebte, wurde seine Mitschuldige, da sie nicht die Verräterin seines schwarzen Planes sein wollte, nachdem sie seine Mitwisserin geworden war und sich zu schwach fühlte, ihn von seinem Vorhaben abzuhalten.

Je größer der Eindruck war, den die Worte des Staatsanwalts auf das Publikum und auf die Geschworenen ausübten, desto mehr mußte es jeden Wunder nehmen, daß der Verteidiger der Rede gar keine Aufmerksamkeit schenkte und sich auf einen Brief konzentrierte, der ihm vor einigen Minuten überbracht worden war und der jedenfalls Mitteilungen von großer Wichtigkeit enthalten mußte. Als der Staatsanwalt nun geendet hatte, erhob sich der Verteidiger und sprach:

»Nach dem glänzenden Plädoyer des Herrn Staatsanwalts würde es für mich eine sehr schwere Aufgabe, ja vielleicht eine Unmöglichkeit sein, die Herren Geschworenen von der Unschuld meiner Klienten zu überzeugen, wenn ich nicht in der glücklichen Lage wäre, einen Zeugen für ihre Unschuld vorzuführen, dessen Erklärung jede fernere Verteidigung überflüssig macht, nämlich den wirklichen Mörder. In diesem Brief teilt mir ein Freund mit, daß der Mörder der Frau Madeleine de Lavergne gestern in Calais verhaftet wurde, und die beiliegende Abschrift des Protokolls seines ersten Verhöres, unterzeichnet von dem Polizeipräfekten von Calais und zur Übermittlung an den Herrn Präsidenten des Gerichtshofes bestimmt, enthält die Beweise seiner Schuld in seinem eigenen Geständnis. Indem ich diese Schriftstücke überreiche, stelle ich den Antrag, das Verfahren gegen meine Klienten sofort einzustellen und diese in Freiheit zu setzen.«

Diesen mit großer Ruhe vorgetragenen Worten folgte ein Moment ungeheurer Aufregung. Die Geschworenen erhoben sich von ihren Sitzen und blickten gespannt auf den Vorsitzenden, der das ihm übergebene Schriftstück durchblätterte und es endlich dem Staatsanwalt reichte.

»Es ist so, wie der Herr Verteidiger mitteilte«, sagte er.

Der Staatsanwalt vertiefte sich in die Lektüre. Nach wenigen Minuten der spannendsten Erwartung, während der Lärm auf der Zuschauertribüne so zunahm, daß sich der Vorsitzende genötigt sah, von seiner Glocke Gebrauch zu machen – reichte der Staatsanwalt das Aktenstück zurück.

»Unter solchen Umständen«, sprach sich erhebend der Vorsitzende, »ziehen Sie wohl die Anklage zurück.«

»Ich ziehe sie zurück.«

»Dann erkläre ich die Gerichtssitzung für geschlossen und erteile hiermit Befehl, die beiden Angeklagten Gustav de Lavergne und Marie de Gontard in Freiheit zu setzen.«

Wie aber war dies alles so schnell gekommen?

Louis Blanc, der Fährtensucher, dessen erste Entdeckungen, unrichtig benützt, zwei Unschuldige auf die Anklagebank gebracht hatten, hatte seine Nachforschungen fortgesetzt und endlich die richtige Fährte gefunden. Er traf noch an demselben Tag in Paris ein und die Beteiligten erhielten aus seinem Mund den näheren Bericht über seine Tätigkeit.

Als unbestreitbar sicher, so erzählte er, habe er angenommen, daß die Fußspuren im Keller mit dem Mord in Verbindung standen. Seine Aufgabe sei es nur gewesen, den Widerspruch in seinen ursprünglichen Annahmen zu lösen, daß der Mörder und die ihm helfende Frau Gustav und Marie nicht sein konnten, wenn diese nach geschehenem Mord und Sicherung der Beute von ihm in ihrem Zimmer sollte eingeschlossen worden sein. Er hatte schon in Schloß Boncourt gezweifelt, daß die Fußspuren von Marie herrührten, und eine von Marie im Gefängnis ganz ahnungslos gemachte Mitteilung hatte seine Zweifel vermehrt. Er hatte erfahren, daß das Mädchen, welches Frau de Lavergne bediente, wiederholt von Marie abgetragene Kleidungsstücke

und namentlich Schuhe erhalten hatte, und auf diese unscheinbare Tatsache baute er weiter. Wie er sich bald überzeugte, nicht mit Unrecht. Es gelang ihm, zu ermitteln, daß das Mädchen in einem sehr vertrauten Verhältnis zu einem gewissen Lafleur stand, der seit einiger Zeit verschwunden war, und er spionierte aus, daß sie von ihm Briefe erhielt und auch ihm schrieb. Lafleur wurde in Paris beobachtet, doch fand sich nichts, was Anlaß zu Verdacht geben konnte. Da reiste eines Tages das Mädchen plötzlich ab. Ihrem Hauswirt hatte sie gesagt, daß sie einige Wochen bei Verwandten im Süden zubringen wolle: Louis Blanc aber sah sie in den Eisenbahnzug steigen, der nach Paris fuhr, und er folgte ihr. Er verfolgte sie in Paris wie ihr Schatten, wich nicht aus ihrer Nähe, als sie mit Lafleur zusammentraf und gemeinsam mit ihm die Reise fortsetzte. Erst in Calais, als sie ein nach England abgehendes Dampfboot besteigen wollten, schritt er zu ihrer Verhaftung.
In einem Koffer, den sie mit sich führten, fand sich eine Kassette, die eine Summe von mehr als 200000 Francs in Goldstücken und Papieren enthielt, und über deren Erwerb sie keine Auskunft geben konnten. Als man sie des Mordes beschuldigte, gestanden sie nach kurzem Leugnen. Das Mädchen hatte sich am Abend im Schloß versteckt und war nicht in die Stadt nach Hause gegangen. Lafleur war später durch das Kellerloch eingedrungen und beide hatten dann, nachdem sie die Tür zum Zimmer des Fräulein Gontard verschlossen, damit diese nicht etwa herbeikäme, die alte Frau überfallen, welche noch wach war und sich in dem Zimmer aufhielt, in dem Blanc die Spuren auf dem Fußboden entdeckt hatte. Hierauf hatten sie die Leiche in das Bett getragen und das Feuer angelegt, in der Hoffnung, dadurch die Spuren des Verbrechens zu verwischen. Lafleur war, von dem Mädchen unterstützt, wieder auf demselben Wege fortgegangen, auf dem er gekommen war, das Mädchen aber im Schloß verborgen geblieben und hatte sich später unbemerkt unter die Leute gemischt, welche zum Löschen des Brandes erschienen.
Das war Louis Blanc's Bericht. Wir haben ihm nur noch weniges hinzuzufügen: Daß Blanc für seine Nachforschungen überreich belohnt wurde und daß wenige Monate später der Segen des Priesters zwei Glückliche für immer vereinte, Marie de Gontard und Gustav de Lavergne, der, geläutert durch die schweren Prüfungen der letzten Wochen, fortan ein neues, besseres Leben begann an der Seite der ihm in treuer Liebe ergebenen Gattin.

Jodocus Hubertus Donatus Temme

Die Marzipanliese

Zu Weßprim in Ungarn lebte in den ersten Jahrzehnten des 18. Jahrhunderts, kurze Zeit nach dem Abschluß des Szathmarer Friedens, ein Kaufmann namens Paul Horvath in Wohlstand und Fülle des Gedeihens. Er besaß vor den Toren der Stadt ein großes Haus mit tiefen Kellern und geräumigen Vorratskammern, die gleichwohl zur Aufbewahrung der Berge von Ballen, Fässern und Kisten, die sie aufnehmen sollten, oft kaum hinreichten; denn zunächst mit dem Umsatz von Tüchern beschäftigt, die er aus der Steiermark und Kärnten bezog, betrieb Horvath nebenbei auch einen ausgebreiteten Handel mit Wein und Getreide. Das Bestreben, sein Geschäft in Schwung zu bringen, und das Bedürfnis, vorteilhafte Handelsbeziehungen anzuknüpfen, hatte ihn in früheren Jahren genötigt, sich bald hier bald dort auf Märkten und Messen herumzutreiben und ihn nach Venedig, in das Deutsche Reich, bis nach Holland geführt, so daß die Erziehung seiner einzigen Tochter Crescenzia und die Verwaltung seines verwaisten Haushalts monatelang der alten Margit, einer Base seiner verstorbenen Frau, überlassen blieb. Später sah er sich dieser Anstrengungen überhoben; sein Ruf wie sein Wohlstand waren fest begründet, und Käufer wie Verkäufer, die er sonst hatte suchen müssen, pochten nun an seine Tür; mit Ausnahme einiger Tage, die er jährlich auf dem Michaelismarkt zu Ofen zuzubringen pflegte, mochte er nun in seinen eigenen vier Pfählen in Bequemlichkeit sein Geschäft betreiben, seine Tochter vom Kind zur blühenden Jungfrau heranwachsen sehen und in heiterer Behaglichkeit die dem Ungar angeborene Tugend der Gastfreundschaft so glänzend und freigebig üben, als Neigung und Klugheit ihm geboten; denn in jenen Tagen waren bei dem Mangel zureichender Verkehrsmittel und entsprechender Unterkunft die Handelsleute darauf angewiesen, in ihren Geschäftsfreunden auch Gastfreunde zu finden, und in dem Hause des reichen Horvath, unmittelbar an der Straße gelegen, die Ofen mit Grätz und Warasdin verbindet, fehlte es weder an häufigem Zuspruch noch an freundlichem Willkommen.

Eines Tages hatte Horvath einem seiner Gäste auf der Straße nach Stuhlweißenburg bis gegen Palota hin das Geleit gegeben und fuhr nun in seinem leichten einspännigen Wagen, dies und jenes erwägend, wieder seinem Wohnort zu. Er ließ eben vorsichtig und bedächtig, wie er war, sein Rößlein eine kleine Anhöhe im Schritt hinangehen und hüllte sich fester in seine Bunda – denn es war ein rauher Herbstabend, und aus der Richtung von Vörös-Bereny pfiff der Seewind scharf und schneidend vom Balaton herüber, – als er an der Einmündung eines Seitenwegs in die Hauptstraße einen jungen Menschen gewahrte, dessen Haltung auf den ersten Blick ebenso

entschieden tiefe Erschöpfung und Niedergeschlagenheit ausdrückte, als der Schnitt seiner abgenutzten und staubbedeckten Kleidung ihn als einen Nichtungar kundgab. Er saß hart am Weg auf einem halbversunkenen Grenzstein; neben ihm lag ein Knotenstock, ein kleines Bündel und sein Käppchen, während seine langen fahlblonden Haare, vom Herbstwind hin- und hergetrieben, die feinen, gefälligen Züge seines blassen, abgezehrten Antlitzes bald zeigten, bald verbargen und seine graublauen Augen wie in gedankenlosem Trotz trüb vor sich hinstarrten. – „Da, heb' auf, Junge!" rief Horvath, indem er in die Tasche griff und ihm ein Geldstück hinwarf. Der Bursche fuhr bei dem Anruf in die Höhe; seine erste Bewegung war auf Flucht gerichtet, die zweite ein hastiger Griff nach seinem Knotenstock; als er aber das Geldstück gewahrte, schien er sich wieder zurechtzufinden; er ließ den Stock niedergleiten und sank wieder auf den Stein zurück. „Zu wenig zum Leben und zu viel zum Sterben!" sagte er und schleuderte die vor ihm liegende Münze mit einem Fußstoß in den Staub der Straße hinaus. – „Eszem adta!" rief Horvath, indem er die Zügel anhielt, und fügte dann zornig in deutscher Sprache hinzu: „Ist Er ein Millionär? Oder ist Ihm kaiserliche Münze zu schlecht, um sie aufzuheben? Will Er Antwort geben, Landstreicher?" Der Jüngling wechselte die Farbe und schoß einen scheuen, stechenden Blick voll feindlichen Ingrimms nach dem Sprechenden; aber er schien Gründe zu haben, sich zurückzuhalten, denn er biß sich in die Lippen und versetzte nach einer Pause mit gepreßter Stimme: „Ich will kein Almosen! Ich will ein Unterkommen, ich will Arbeit finden!" „Pah, Arbeit", rief Horvath, „mit den feinen, zarten Händen! Was für Arbeit will Er damit verrichten?" Der Jüngling richtete sich empor und erwiderte mit verächtlichem Lächeln und dem sichtlichen Gefühl geistiger Überlegenheit, mit der Feder sei mehr Arbeit zu verrichten als mit der Holzaxt; er sei des Rechnens und der Buchführung kundig; er spreche und schreibe zwar nicht Ungarisch, aber Deutsch, Welsch und Latein und verstehe sich auch noch auf andere nützliche Dinge. Horvath hörte die zuversichtlichen Worte mit beifälligem Kopfnicken an und warf nach kurzem Besinnen die Frage hin, wie er heiße, was er bisher getrieben und ob er Zeugnisse seines Wohlverhaltens habe? Der Fremde stockte eine Weile, aber bald gesammelt berichtete er mit geläufiger Zunge, er heiße Franz Bauer, sei aus Wien gebürtig, habe dort bei einem Advokaten serviert, diesen aber verlassen, um sich in der Welt umzusehen; in Fünfkirchen sei er schwer erkrankt und durch Diebstahl seiner Zeugnisse und des besten Teils seiner Habe beraubt worden; gestern sei er über den Plattensee herübergekommen und sitze nun hier und wisse sich nicht Rat noch Hilfe. Horvaths Beifallnicken hatte sich während dieses Berichts mehrmals in ein bedenkliches Kopfschütteln verwandelt, aber das gefällige Äußere des Fremden schien seinen einfachen Sinn bestochen zu haben. „Gut", sagte er endlich, „ich will Ihm für heute Nacht Herberg geben und morgen, wenn sich zeigt, daß Er arbeiten kann und will, soll sich auch das Unterkommen finden! Sitz Er auf!" Und damit rückte er in die Ecke des Wagensitzes, ihm Platz zu machen. Der junge Mann bedachte sich einen Augenblick und musterte mißtrauisch scheu die offenen, ehrlichen Züge des Kaufmanns; dann warf er Bündel und Knotenstock in das Korbgeflecht am Hinterteil des Wagens und schwang sich an Horvaths Seite, der nun sein Rößlein die Anhöhe hinunter rasch auf Weßprim zutraben ließ.

Am nächsten Morgen, als Horvath dem jungen Mann zur Probe eine der vielen Rechnungen vorlegte, die zu seiner großen Verlegenheit durch den vor einigen Wochen erfolgten Tod seines Buchhalters in Unordnung geraten waren, zeigte sich bald, daß Franz Bauer den Verstorbenen nicht nur an

Richtigkeit der Auffassung, Gewandtheit und Scharfsinn, sondern auch an Kenntnissen weit übertraf, so daß Horvath sich auf der Stelle der Dienste des jungen Mannes zum Abschluß der unvollendeten Rechnungen und zur Aufarbeitung der in Briefwechsel und Buchführung erwachsenen Rückstände versicherte. Die Lösung dieser Aufgaben konnte beiläufig sechs Wochen in Anspruch nehmen; allein der Eifer, den Franz in der Erfüllung der übernommenen Pflichten bewährte, und die Leichtigkeit, mit der er die verwickeltsten Geschäfte gleichsam spielend bewältigte, ohne daß seine Arbeiten dabei an Gehalt und Genauigkeit auch nur im mindesten verloren hätten, machten ihn seinem Dienstgeber bald ganz unentbehrlich.

Schon nach Verlauf eines Monats schlug Horvath dem neuen Hausgenossen vor, die Stelle seines Vorgängers mit allen damit verbundenen Ehren und Genüssen bleibend einzunehmen, und legte ihm die Annahme seines Antrags so nahe, daß es dem jungen Mann ein Leichtes gewesen wäre, durch scheinbare Weigerung auch noch höheren Ansprüchen Geltung und Gewährung zu verschaffen. Allein Franz war zu klug, um für einen kargen Gewinn in der Gegenwart vielleicht für alle Zukunft an Gunst und Vertrauen verlieren zu wollen. Er nahm Horvaths Antrag als unverdiente Huld und Ehre demütig-dankbar an und pries sich hochbeglückt, fortan dauernd einem Hause angehören zu dürfen, dessen Mitglieder ihm insgesamt mit so freundlichem Wohlwollen, so herzlicher Teilnahme entgegenkämen.

Der Schreiber Ferencz, wie er nun nach seiner Beförderung genannt wurde, war wirklich in kürzester Zeit der Liebling aller Hausgenossen geworden. Schon in den ersten Tagen nach seiner Ankunft hatte er allmählich den menschenscheuen, argwöhnischen Trotz, mit dem er zuerst aufgetreten war, gegen eine stille, schüchterne Freundlichkeit und das rührende Bestreben vertauscht, jedermann in jedem Wunsch zuvorzukommen und allen Dienste zu leisten, ohne je welche für sich in Anspruch zu nehmen. Die Regentin des Hauses, die alte Margit, wußte er durch seine ungewöhnliche Frömmigkeit, durch die laute Anerkennung der Vortrefflichkeit ihrer Haushaltung, vor allem aber durch die dankbare Bereitwilligkeit einzunehmen, mit der er bei seinen häufig wiederkehrenden Augenleiden die unerschöpfliche Fülle ihrer Heilmittel über sich ergehen ließ; die Knechte des Hauses machte er sich durch kleine Geschenke, teils durch die Wärme geneigt, mit der er ihre Bitten um Urlaub oder Zulage bei ihrem Dienstherrn befürwortete; die Mägde aber bestach er durch freundliches Grüßen, bescheidenes Lobpreisen ihrer Reize und durch die schwermütig klagenden Töne, die er in schönen Mondnächten, am Brunnenrand hingelehnt, seiner Flöte zu entlocken wußte. Czenczi, die Tochter des Hauses war es, der er sich von allen zuletzt, aber nicht minder erfolgreich näherte.

Das erste Auftreten Ferenczs hatte einen abstoßenden Eindruck auf das siebzehnjährige, einfach schlichte Mädchen gemacht; es war ihr unheimlich in seiner Nähe, sie fürchtete sich vor dem starren Blick seines hellblauen Auges, aber die Lobeserhebungen des Vaters, das gefällige Äußere, das feine Wesen des jungen Mannes verwischten bald diesen ersten Eindruck; die Berichte der Mägde und der Base Margit von der Niedergeschlagenheit, dem sichtlichen Kummer des armen Schreibers gewannen ihm allmählich in demselben Maße ihre Teilnahme, als die von allen Seiten gepriesene Fülle seiner Kenntnisse ihre beneidende Bewunderung erregte. Bei allem Reichtum Horvaths war nämlich der Unterricht, den Czenczi in jenen Tagen in einer Landstadt Ungarns empfangen konnte, weit hinter den Wünschen des Vaters wie der Tochter zurückgeblieben; vor allem war ihre Kenntnis der deutschen Sprache äußerst mangelhaft, und diesen Umstand wußte Ferencz zu benutzen, um auch nach dieser Seite hin seine Stellung zu befestigen. Sein Anerbieten, ihr in seinen freien Stunden in dieser Sprache Unterricht zu erteilen,

wurde von Horvath mit Beifall, von Czenczi mit Entzücken angenommen, ja diese bestand darauf, ihrem Lehrer dafür die Elemente der ungarischen Sprache beizubringen. Der wechselseitige Unterricht begann und wurde von den jungen Leuten, die sich anfangs nur notdürftig verstanden, mit so ungewöhnlichem Erfolg fortgesetzt, daß Czenczi schon nach einigen Monaten der Base unter dem Siegel der Verschwiegenheit vertrauen konnte, daß die Braut des armen Ferencz ihn treulos verlassen und einen anderen geheiratet habe; daß er darüber verzweifelnd in die weite Welt gegangen und erst jetzt wieder so weit sei, der Stimme der Vernunft Gehör zu geben und Trost anzunehmen; ein Bericht, der, mit seltsamer Unruhe und häufigem Erröten vorgetragen, eine weltkundigere Zuhörerin als die alte Margit über die Person der Trösterin und die Art und Weise der Tröstung wohl kaum in Zweifel gelassen hätte.
Indessen hatten die raschen Fortschritte des Schreibers Ferencz in der Gunst der Hausgenossen dem Glücklichen im stillen einen Feind erweckt, der allmählich hervortretend ihn aus der siegreich eingenommenen Stellung wieder herauszudrängen oder ihm doch die Ausbeutung derselben bedeutend zu erschweren drohte. Dieser Feind war Antal, der Schaffner des Hauses. Sei es, daß Ferencz ihn zu geringer Aufmerksamkeit gewürdigt hatte, oder konnte Antal, aus der Marmorosch gebürtig und ein Ungar mit Leib und Seele, es nicht verschmerzen, dem verhaßten „Schwaben“ eine Stelle vertraut zu sehen, zu deren Übernahme er selbst früher sich unfähig bewiesen hatte, genug, er scheute keine Mühe, jedem Schritt des Schreibers nachzuspüren, und es gelang ihm auch mit dem Scharfblick des Hasses, Bemerkungen zu machen, die, vergiftet durch die Folgerungen des Argwohns und mit der Beredsamkeit der Mißgunst verbreitet, allerdings geeignet waren, seinem Gegner Verlegenheiten aller Art zu bereiten. Vor allem wußte Antal hervorzuheben, daß die Duplikate der Zeugnisse, die dem Schreiber zu Fünfkirchen gestohlen worden, von Wien nicht eintreffen wollten, wobei er nicht verfehlte, zugleich auf den seltsamen Umstand hinzuweisen, daß die heftigen Anfälle von Kopfgicht und Augenleiden, denen der Schreiber unterworfen war und die ihn jedesmals nötigten, sein Antlitz mit Binden und Schirmen aller Art zu umhüllen, ihn fast regelmäßig an den Tagen heimzusuchen pflegten, an denen Handelsfreunde des Herrn aus Steiermark und Kärnten im Hause zu Gast wären; ja, er behauptete, Beweise in Händen zu haben, daß Ferencz die Augenwässer, Salben und Kräutersäckchen der Base Margit, wie sehr er deren Heilkraft auch rühme, meist ungebraucht, wie er sie empfangen, beiseite werfe.
Aber auch noch von anderer Seite her bemühte sich Antal, indem er ganz unverhohlen sein Erstaunen, ja seine Entrüstung äußerte, daß ein so gewieg-

ter, weltläufiger Mann wie Herr Horvath seine einzige Tochter und Erbin mit einem von der Straße aufgelesenen, so ganz „unvorhergesehenen“ Menschen, wie der Schreiber wäre, stundenlang in einer Sprache verkehren lasse, die den übrigen Hausgenossen mehr oder weniger unverständlich sei; so viel wäre wenigstens gewiß, daß die Wangen Czenczis nach solchen Zusammenkünften mit dem schönsten Scharlachtuch in dem Warenlager ihres Vaters an Farbenpracht wetteifern könnten, während Ferencz, wenn er seine Schülerin verließe, nicht anders einhergehe, als sollte er nächstens Palatin oder gar König von Ungarn werden. Solche Äußerungen pflegte er mit häufigem Kopfschütteln und bedauerndem Achselzucken zu begleiten oder sie mit einigen Sprichwörtern als: „Der Bock tauge nicht zum Gärtner“, „Fette Bissen wären leicht verschlungen“ und „Gelegenheit macht Diebe“, zu beschließen, und so laut und so unablässig wiederholte er allerorten diese und andere Redensarten, daß sie endlich auch zu Horvaths Ohr drangen. Dieser jedoch, durch Antals Benehmen über alles Maß hinaus verletzt und aufgebracht, stellte sich mit höchster Entschiedenheit auf die Seite des verdächtigen Ferencz und wies laut und öffentlich alle gegen ihn gerichteten Beschuldigungen als schändliche Verleumdung von sich. Ferencz hatte seinem Dienstherrn in der Gegenwart zu schlagende Beweise seiner Uneigennützigkeit und Redlichkeit gegeben, als daß dieser an dessen Rechtlichkeit in der Vergangenheit hätte zweifeln können. Ebenso widersinnig erschien dem leichtsinnig gutmütigen, in das Wesen der Dinge selten tief eindringenden Mann die Annahme, seine Tochter könne sich mit einem solchen hergelaufenen wildfremden Menschen in einen Liebeshandel einlassen.

Weit entfernt, durch Entlassung des Schreibers jede Möglichkeit der Fortdauer eines solchen Verhältnisses abzuschneiden, besorgte er vielmehr, eben dadurch einesteils den von Antal verbreiteten Gerüchten einen Anschein von Begründung zu geben, andernteils sich selbst ohne Not eines vortrefflichen, nicht leicht zu ersetzenden Arbeitsgehilfen zu berauben. Um Czenczis Ruf vor Verleumdung sicherzustellen, erschien es ihm genügend, den jungen Leuten die Fortsetzung des wechselseitigen Unterrichts zu untersagen, und so unterbrach er eines Tags die Lehrstunde, wies den Schreiber dahin zurück, wohin er gehöre, nämlich in die Schreibstube zu seinen Büchern, verbot seiner Tochter allen ferneren Verkehr mit dem flötenspielenden Betteljungen, legte dem mit Entlassung bedrohten, in tiefster Zerknirschung um Gnade flehenden Antal ewiges unverbrüchliches Stillschweigen auf, und alles war abgetan. Die jungen Leute, die erst ganz vernichtet schienen, fanden sich, ehe man es erwarten konnte, in den ihnen aufgelegten Beschränkungen zurecht und gaben sich, wenn nicht heiter, doch gefaßt und ruhig; Antal knurrte und murrte innerlich, ballte die Fäuste in der Tasche und fletschte die Zähne gegen die Wand, und Horvath, dem keine Verdächtigung weiter zu Ohr kam, und der nichts Ungebührliches mehr bemerkte, ließ allgemach die Dinge, die er glücklich in das richtige Geleis gebracht zu haben glaubte, wieder ruhig nach wie vor ihren Gang nehmen.

So waren zwei Jahre verflossen; ein schöner Herbst lag über dem Lande, und in wenigen Tagen sollte der Michaelismarkt zu Ofen beginnen, den Horvath jährlich zu besuchen pflegte. Zwei Frachtwagen mit feinen Tüchern waren auch diesmal schon dahin abgegangen, und der Kaufmann gedachte ehestens seiner Ware nachzufolgen. Es war Mittag; den Schreiber hatte Horvath, Gelder einzukassieren, ins Kloster nach Bakony-Bel gesandt, und er selbst kramte unter Papieren und Warenmustern, als Antal, der Schaffner, in die Schreibstube trat und, die Anrede des Herrn erwartend, demütig an der Türe des Gemachs stehen blieb. Antal hatte vor einigen Wochen eine für seine Verhältnisse nicht unbedeutende Erbschaft gemacht und infolgedessen Herrn Horvath seine Dienste gekündigt, um in seiner Heimat selbst einen Kramladen zu eröffnen. Seine Dienstzeit war abgelaufen, das Wägelchen, das ihn heimwärts führen sollte, stand vor der Tür, und er war nun gekommen, Abschied von dem Mann zu nehmen, der ihm durch zehn Jahre ein mitunter ungebärdiger und auffahrender, aber bei alledem ein wohlwollender und freundlicher Herr gewesen. Horvath hatte die Feder weggelegt und war auf den nicht eben mehr jungen, aber von Kraft und Gesundheit strotzenden Burschen zugeschritten, der durch ein seltsames Zucken in seinen offenen Zügen und durch ein krampfhaftes Drehen des wohlgewichsten Schnurrbarts unverkennbar heftige innere Bewegung verriet. Als nun Horvath in gewohnter Gutmütigkeit die Hand auf seine breite Schulter legte, ihm für die guten Dienste, die er ihm geleistet, für Redlichkeit und Treue, die er ihm durch lange Jahre bewiesen, freundlich dankte und bedauerte, daß er trotz aller Abmachungen, statt in seinem Hause bessere Tage abzuwarten, sich in so mißlicher Zeit auf seine eigenen Beine stellen und sein Glück im Handel versuchen wolle, da rollten große Tränen über Antals braune Wangen. „Herr“, stieß er schluchzend heraus, „ich weiß, es kann mein Unglück sein, daß ich gehe, und gewiß werde ich's nirgends mehr so gut haben, als ich's bei Euch hatte, aber ich muß fort! Gott straft mich; weil ich zur Unzeit Ungebührliches ins Blaue hineinschwatzte, darf ich nun zur rechten Zeit das Notwendige nicht sagen, und zusehen kann ich auch nicht mehr, oder mir drückt es das Herz ab!“ „Was sieht Er denn“, rief Horvath, den die Erschütterung des Burschen anzustecken begann, „und warum muß Er es verschweigen?“ – „Ich muß! Ich muß!“ versetzte Antal, indem er sich mit der mächtigen Hand vor die Stirn schlug, „ich habe im Zorn meine Seele dem Teufel verschworen, wenn noch ein Wort über meine Lippen käme, das Einen hier

im Hause beträfe; ich darf nur eins", fuhr er fort, indem er die Hände faltete, „bitten, bitten darf ich Euch, macht die Augen auf und seht den Weg, den Ihr geht! Schafft Rat, da es noch Zeit ist! Denkt nach, warum der hübsche Kis Sandor zu jung und der wackere Barna Laßlo zu alt war, Euer Schwiegersohn zu werden! Denkt nach, nehmt Euer Herz in die Hand und Gott – segne Euch!" und damit küßte er schluchzend dem Herrn die Hände und den Saum des Kleides und fuhr zur Tür hinaus.
Horvath stand betroffen und von Staunen und ungewisser Angst wie gelähmt; als er, wieder zur Besinnung gekommen, Antal nacheilte, war dieser längst auf sein Wäglein gesprungen, hatte mit Zunge und Peitschenknall das Gespann angetrieben und flog, von Staubwirbeln umhüllt, in echt ungarischem rasendem Jagen der Heimat zu.
Spät am Abend desselben Tages, als die Dämmerung längst hereingebrochen war, kehrte der Schreiber Ferencz, in seinen Szür eingehüllt, einen schweren Geldsack unter dem Arm, von Bakony-Bel zurück. Die heller als gewöhnlich durch das Küchenfenster herleuchtende Flamme des Herdfeuers und ein ihm unbekannter Knecht, der ein Paar sichtlich ermüdete Rosse pfeifend im Hofe herumführte, damit sie langsam sich abkühlten, ließen ihn bald gewahren, daß ein Gast im Hause wäre. Er stand eine Weile unschlüssig unter dem Torweg; als er aber später den Burschen, die Pferde in den Stall weisend, ein lustiges „Schnadahüpfl" anstimmen hörte, stampfte er unmutig mit dem Fuß und wandte sich dann hastig einem dunklen Gang zu, der vom Torweg zur Küche führte. Das Rasseln und Klirren eines mächtigen Schlüsselbundes und trippelndes Pantoffelklappern verkündete ihm bald die Nähe der Base Margit, die er eben suchte und die er demütig mit einem Handkuß begrüßend um die Gefälligkeit ersuchte, den Geldsack an seiner Statt dem Herrn zu überbringen und ihm zu sagen, seine Aufträge seien ausgerichtet; denn ihn habe wieder sein Kopfrheuma gepackt, er fröstle und wolle zu Bett. „Ei, wo denkt Er hin, mein Sohn", versetzte die Alte. „Er will nicht zum Abendessen kommen, und wir haben Besuch, den Herrn Steidler, den reichen Hammerherrn aus Mürzhofen, der nach Ofen zum Markt will! Und ich sollte dem Herrn den Geldsack bringen und mich ausschelten lassen, wenn ich ihm die Auskünfte nicht geben kann, die er verlangt? Zu Bett gehen! Zu Tisch soll Er gehen und sich zusammennehmen, wie es einem jungen Burschen geziemt, das soll Er!" Auf diese und ähnliche Vorstellungen erwiderte Ferencz in kläglichem Ton, er leide heute mehr als je, er wolle lieber glühend Eisen anfassen, als nur den Kiefer bewegen, dabei träne sein Auge wie ein lecker Eimer und empfinde jeden Lichtstrahl wie einen Nadelstich! Die Alte aber meinte, er solle sich mit ihrem Wunderwasser waschen, den Kopf einbinden und den Lichtschirm nehmen, so werde es ihm nicht ans Leben gehen. Er

solle an das Gerede der Leute denken, und wie ungern eben darum der Herr sein Wegbleiben vom Tisch sähe, wenn Gäste da wären; zudem sei er mittags fortgewesen, und der Czenczi würde es leid tun, wenn sie auch am Abend ihn nicht sehen sollte! Sei es nun, daß diese letzte Rücksicht den jungen Mann überredete, oder gab Herr Horvath den Ausschlag, der eben, seinen Gast zu Tisch geleitend, am oberen Treppenrande vorbeikam und in den Flur hinabrief, was es gäbe, und ob der Schreiber noch nicht zurück wäre? Genug, er erwiderte auf den Anruf, er sei zurück und werde gleich Rapport erstatten! worauf er hastig in sein Stübchen sprang, um, wie er der Base Margit zuflüsterte, vorerst ihre ärztlichen Vorschriften zu befolgen.

Die Mahlzeit hatte bereits begonnen, als Ferencz, ein Tuch um die Backen geschlungen und einen Schirm über die Augen gezogen, in die Stube trat und sich dem Herrn des Hauses näherte, der das obere Ende eines Tisches in einer ernsteren und nachdenklicheren Stellung einnahm, als er sonst bei dem Empfang lieber Gäste zu zeigen pflegte. Horvath warf einen verdrießlichen Blick auf den Schreiber, nahm seinen Bericht mit stummen Kopfnicken

entgegen, winkte ihm, sich an seinen Platz am untern Ende der Tafel zu begeben und wandte sich dann wieder zu seinem Gast, während Czenczi mit einem Blick der Freude und des Bedauerns dem Verspäteten zunickte. Das Tischgespräch erging sich lange Zeit in Klagen über die mißlichen Ergebnisse der Ernte und in Vermutungen über den Einfluß derselben auf die Warenpreise des bevorstehenden Marktes, um sich dann den Witterungsverhältnissen zuzulenken, die einen regnerischen Hochsommer mit einem anhaltend schönen hellen Herbst zu vergelten versprachen. Diese Wendung des Gesprächs gab dem Gast Anlaß, auf die grundlos schlechten Wege zurückzukommen, die er von Steinamanger bis über Sarvar hinaus gefunden, und die ihm wenigstens zwei Stunden Aufenthalt verursacht hätten! „Übrigens", setzte der ganz verständige, nur etwas umständliche Mann hinzu, „übrigens hätten mich meine Schimmel doch noch vor dem Abenddunkel hierhergebracht, hätte ich nicht heute früh mit dem armen Sünder zu viel Zeit versäumt!" „Mit welchem armen Sünder?" fragte Horvath, und Steidler, die allgemein sich kundgebende Neugier zu befriedigen, berichtete nun in seiner breiten Redeweise, wie ein Tischlergeselle zu Steinamanger vor zwei Jahren seinen Meister erschlagen, aber allen Verdacht abzulenken gewußt, sich später auf die Wanderschaft begeben und auch sein gutes Fortkommen gefunden hätte, vor drei Wochen aber, von der nie ruhenden unerträglichen Folter des Gewissens getrieben, plötzlich nach Steinamanger zurückgekehrt wäre, um sich selbst als den Mörder seines Dienstherrn dem Gerichte zu überliefern, worauf er denn am heutigen Tag, bereuend und mit Gott versöhnt, zur höchsten Erbauung der tieferschütterten Menge sein Verbrechen auf der Richtstatt mit dem Leben gebüßt hätte.

Steidlers Bericht war nicht ohne Wirkung auf seine Hörer geblieben, dafür bürgte die tiefe Stille, mit der er aufgenommen wurde und die ihm folgte. Horvath war es, der sie zuerst unterbrach. „Ja", sagte er mit nachdrücklicher und bewegter Stimme, „Gott weiß jeden zu finden, und nichts", fuhr er fort, indem er einen ernsten und forschenden Blick auf die jungen Leute warf, „nichts ist so fein gesponnen, es kommt zuletzt ans Licht der Sonnen!" Der Eindruck, den diese ziemlich scharf betonte Bemerkung machte, war ein sehr verschiedener: auf Czenczis Wangen rief sie dunkle Röte hervor, Ferencz hingegen, der stumm und gleichgültig wie zuvor mit vor ihm liegenden Brotkrumen spielte, schien sie gar nicht zu beachten, während Herr Steidler nachdenklich den Kopf schüttelte und sie mit diesen Worten erwiderte: „Ja, die Leute sagen so! Aber es kommt nicht alles ans Licht der Sonne! Ich selbst weiß von einem Fall zu erzählen, von einer schauerlichen Mordtat, die sich vor etwa zweieinhalb Jahren begeben, ohne daß seither auch nur eine Spur des Mörders entdeckt worden wäre!" „Ei was", versetzte Horvath ärgerlich, denn ihm war, als sähe er die Lippen des Schreibers spöttisch zusammenzukken, „es ist nicht aller Tage Abend! und kann nicht eine Stunde entdecken, was zweieinhalb Jahre verschwiegen blieb? Wenn ihn auch die Menschen nicht erreichen, Gott weiß seinen Mann zu finden, dabei bleibe ich! Aber laßt uns doch die Geschichte hören, deren Ihr eben gedachtet! Noch ein Glas Somlyoer, werter Herr Steidler; dem Wein dürft Ihr trauen, er ist eigenes Baugut und vom besten Jahrgang, und nun gebt uns Eure Mordtat zum besten!" Horvath hatte während dieser Worte die Gläser gefüllt, und Steidler, der vergebens vorstellte, daß jener Vorfall an und für sich nicht besonders spannend und nur vielleicht für jene, welche die beteiligten Personen gekannt, merkwürdig wäre, fügte sich endlich dem Andringen seines freundlichen Wirtes und begann folgendermaßen seine Erzählung: „Ihr müßt wissen“, sagte Steidler, „daß mich meine Geschäfte mehr als einmal des Jahres nach Bruck führen, einem hübschen Städtchen, das einige Meilen von meiner Heimat am Zusammenfluß der Mürz und der Mur gelegen ist. Ich pflege dort beim Kreuzwirt Herberge zu nehmen und habe mich, seit Jahren ein Stammgast des Hauses, unter seinem Dach so wohl besorgt und aufgehoben gefühlt wie nur am eigenen Herd. Eines Tages, es mögen nicht ganz drei Jahre sein, gegen Abend ankommend, finde ich jedoch das Haus von oben bis unten erleuchtet, Gänge und Treppen von Menschen wimmelnd und vor dem Hause ein Gewirr ineinandergefahrener Wagen, daß ich nur mit Mühe an den Torweg gelangen konnte. ‚Kreuzwirt‘, sage ich absteigend, ‚Euer Haus sieht heute nicht anders aus als die leibhaftige Arche Noahs, da werde ich denn wohl rechtsum machen und im Brauhaus einsprechen müssen!‘ Der aber krummbuckelt und entschuldigt sich, die Schützengilde feiere heute unter seinem Dach einen Ehrenschmaus, dem ein Tanz folgen solle: die Stube, die ich gewöhnlich einnehme, diene als Bankettsaal, aber für mich hätte er immer Unterkunft; er würde mir, wenn ich es nicht übelnehmen wolle, eine hübsche Kammer im Hinterhaus einräumen, und an Aufmerksamkeit und schuldiger Rücksicht für meine Bequemlichkeit solle es nicht fehlen! Was war zu tun? Im Hause war ich einmal, und im Handumdrehen sah ich mich eine Hintertreppe hinauf in die verheißene Kammer geschoben, die denn auch wirklich ganz bequem und so abgelegen war, daß ich darin, ungestört von dem Gestampfe der Tanzenden und dem Geschwirre der Musik, ganz ruhig und behaglich die Nacht zubrachte.

Es war hellichter Tag, als ich erwachte, mich in die Kleider werfe und das Fenster öffne, um ein Viertelstündchen frische Luft zu schöpfen, wie dies im Sommer und Winter, bei Sonnenschein wie Schneegestöber mein Gebrauch ist. Das Fenster der Kammer ging in ein Gäßchen, das ich, so oft ich auch durch Bruck gekommen, niemals bemerkt, noch weniger betreten hatte. Mir gerade gegenüber lag ein altertümliches, wettergeschwärztes Haus mit hohem Giebel, und unter dem Spitzbogen der Haustür, zu der einige Stufen hinaufführten, sah ich zwei Personen in eifrigem Gespräch begriffen, deren Vertraulichkeit bei der großen Verschiedenheit ihres Alters und ihrer bürgerlichen Stellung meine Aufmerksamkeit erregte. Die eine der beiden Personen nämlich, ein junger Mann in zierlicher, blonder Stutzperücke, in einem anständigen braunen Tuchkleide und geflammten Seidenstrümpfen, gehörte unzweifelhaft zu den Honoratioren der Stadt, während das Frauenzimmer, das den Abschiednehmenden bis zur Haustür begleitet zu haben schien, in Tracht und Haltung nur wie eine gewöhnliche Bürgerfrau aussah. Sie war alt und überaus häßlich; die kleinen stechenden Augen und das spöttische Grinsen des zahnlosen Mundes gaben dem gelben runzligen Gesicht einen widerlich hämischen Ausdruck, den das wirre graue Haar, das unter der schwarzen Drahtflügelhaube hervorhing, nicht zu mildern vermochte. Die kleine hagere Gestalt war mit einem etwas abgenützten Kleid von schwarzem Kamelott und einem mit verschossenem Sammetband besetzten Halbmäntelchen von demselben Stoff angetan, aus dessen Armschlitzen ihre dürren Hände mit den gichtgekrümmten Fingern wie Adlerklauen hervorsahen. Dazu trug sie blauwollene schlechte Strümpfe, grobe Schuhe, Zinnschnallen, ein grellgelbes Halstuch und eine feuerfarbene Schleife auf der Drahthaube; kurz und gut, nur der Besen fehlte, so war die Hexe fertig."

„Ach, du dreieiniger Gott!" stöhnte Base Margit, indem sie sich bekreuzigte; Czenczi aber schlug die Hände vors Gesicht und rief: „Gott behüt' uns, mir ist, als sähe ich es vor mit stehen, das häßliche Weib!"

„Denkt Euch nun mein Erstaunen, werte Jungfer", fuhr Herr Steidler fort, „als ich plötzlich den jungen hübschen Mann die dürren, krummen Knochenfinger der Alten erfassen und mit einer Andacht und Inbrunst küssen sah, als wäre sie eine kaiserliche Prinzessin und der Ausbund aller Schönheit! Alle Wetter, sage ich zu mir selbst, mit welchem Halfter sind die zwei Leute zusammengekoppelt? Und da eben der Kreuzwirt mit der dampfenden Weinsuppe, meinem Frühstück, in die Stube tritt, winke ich ihn zu mir heran und frage ihn, wer die zwei wären. ‚Ei', sagte der, ans Fenster tretend, ‚das ist die Marzipan-Liese', und da ich neugierig wiederholte: Die Marzipan-Liese? berichtete er, die Alte wäre die Witwe eines reichen Lebküchlers, nach dessen Tod sie jedoch sein Geschäft aufgegeben, um ein minder süßes, aber bei weitem einträglicheres zu betreiben; sie leihe nämlich auf Pfänder, drücke ihren Schuldnern wucherische Zinsen ab, verkaufe ihnen Haus und Hof, und wenn die armen Leute dann ihre Hartherzigkeit verfluchten, pflegte sie zu sagen, wenn sie nur ihr Geld habe, das andere wäre ihr Marzipan, welcher Redensart sie denn auch ihren Spitznamen verdanke. Sie wäre nun an die Siebzig, besäße zwei Häuser zu Grätz und auch sonst noch Grundstücke, Weingärten und scheffelweise Geld, aber nicht Kind noch Kegel, und kein Mensch wisse, wem nach ihrem Tode all der Reichtum zufallen werde. ‚Und der junge Mann', sage ich darauf, ‚wer ist er, und macht er der Alten den Hof, und will er sie heiraten?' Worauf der Kreuzwirt lachte und meinte, die Alte wolle der nicht, nur ihr Geld; denn er wäre armer Leute Kind und hätte sich durch Fleiß und Geschicklichkeit, vorzüglich aber durch die Gunst der Weiber, emporgearbeitet, mit denen er als ein hübscher pfiffiger Bursche gar gut umzugehen wisse, so daß er jetzt Registrant im Magistrat und sehr beliebt bei Rat und Bürgerschaft wäre: nur der Herr Lamprechter, der Kaufmann auf dem Markt, sei ihm nicht grün, weil er der Nani, seiner einzigen Tochter, nachgehe, die um seinetwillen schon drei Freier und drunter den Syndikus der Stadt abgewiesen habe. – Da ich aber meine Frage wiederhole, was denn doch wohl der Herr Registrant mit der boshaften Alten wolle, sagte der Kreuzwirt: ‚Nun, er ist ihr Mietsmann, und seit er in ihr Haus gezogen, hätschelt und pflegt er die Alte, besorgt ihre Geschäfte, redet ihr in aller Weise zu Gehör, und alles das in der Hoffnung, sie werde ihm ein tüchtig Stück Geld hinterlassen, damit er nach ihrem Tode die Lamprechter Nani heiraten könne. Es solle auch', setzte der Kreuzwirt hinzu, ‚schon alles in Richtigkeit sein; ja, der Registrant behauptete sogar, er selbst habe der Alten auf ihr Verlangen den Entwurf zu einem Testament aufsetzen müssen, in dem sie ihn zu ihrem Universalerben erklärte; die Alte dagegen wolle es nicht Wort haben, sie lächle boshaft, wie sie pflege, wenn sie darüber zur Rede gestellt werde, und meine, es sei nicht alles Gold, was glänze; es gäbe wohl noch Tauben auf dem Dach, aber darum stäken sie noch nicht am Spieße, und manche Henne auf ihrem Ei wisse nicht, was sie ausbrüte, und dergleichen Dinge mehr, so daß im Grunde doch niemand recht wisse, welchen Ausgang die Geschichte nehmen werde!' – Während dieser und anderer Reden war im Gäßchen unten der Registrant seine Wege gegangen und der alte Drache in seine Höhle geschlüpft, und ich" –

Hier hielt der Erzähler inne, denn einer seiner Zuhörer hatte in dem Bestreben, sich leise zu erheben und seinen Stuhl recht unbemerkt zurückzuschieben, mehr Geräusch verursacht, als dies vielleicht bei minderer Vorsicht der Fall gewesen wäre. Es war der Schreiber Ferencz, der nicht wenig verwirrt schien, die allgemeine Aufmerksamkeit durch diese Störung so ausschließend auf sich gezogen zu haben. Erst auf den wiederholten Anruf Horvaths, was es gäbe, stammelte er die Entschuldigung hervor, auf dem Platz, den er bisher eingenommen, verletze das grelle Kerzenlicht seine leidenden Augen und er dächte sich daher in die dunkleren Räume der Stube zurückzuziehen.

„Geh' Er nur lieber gleich zu Bett; kranke Leute taugen nicht zu den Gesunden!" gab ihm Horvath rauh und hart zur Antwort, worauf aber Ferencz nach kurzem Besinnen mit unsicherer Stimme erwiderte, er wolle nichts von der anziehenden Erzählung des Herrn Steidler verlieren und daher, wenn es ihm vergönnt wäre, auf der Bank hinter dem Ofen Platz nehmen! –

„Auch gut, krieche Er hinter den Ofen", brummte Herr Horvath; gleich darauf aber Czenczis Erbleichen und Erröten, ihre besorgten Blicke, die

schlecht verhehlte Unruhe gewahrend, mit der sie den Bewegungen des Schreibers folgte, rief er, mit der derben Faust auf den Tisch hinschlagend, daß Flaschen und Gläser klirrten: „Kreuz – schwere Not! Rühre dich, Mädel! Das Glas des Herrn Steidler ist leer! Schenk ein und präsentiere ihm den Kuchenteller! Donnerwetter, paß auf!“ Während Czenczi zusammenfuhr und, so rauher Mahnung ungewohnt, zitternd die Aufträge des Vaters erfüllte, hatte dieser, seinen Unmut unter einer scherzenden Miene verbergend, sich wieder zu seinem Gast gewandt und ihn aufgefordert, nach dieser unliebsamen Unterbrechung den Faden seiner Erzählung wieder aufzunehmen.

„Liebwertester Freund“, begann Herr Steidler, „ich habe Euch wohl vorausgesagt, daß an jenem Vorfall, von dem ich Euch durchaus berichten sollte, nicht eben viel Merkwürdiges wäre; Ihr habt mir aber nicht glauben wollen; erstaunt also nicht, wenn ich an den Anfang meiner Geschichte statt ihrer Fortsetzung, die Ihr erwartet und begehrt, gleich unmittelbar ihr Ende knüpfen muß. Nachdem ich nämlich auf die Art und Weise, wie ich eben berichtet, die Marzipan-Liese und ihren Mietsmann kennengelernt hatte, ging ich meinen Geschäften nach und kehrte dann in meine Heimat zurück, ohne von jenen beiden weiter zu hören oder ihrer auch nur von ferne zu gedenken. Nach etwa sechs Wochen hatte ich wieder eine Geschäftsreise nach Bruck anzutreten, und diese Gelegenheit benützte ich, einen Freund auf einem von Bruck kaum eine halbe Stunde entfernten Hammerwerke zu besuchen; dort abgestiegen, wurde ich nicht mehr fortgelassen; ich mußte bei meinem Freunde übernachten und setzte erst ziemlich spät morgens meine Reise wieder fort.

Ich wußte, daß an jenem Tage zu Bruck der Wochenmarkt abgehalten werde und gedachte, von diesem Umstand zur Besorgung mancher notwendiger Einkäufe Nutzen zu ziehen; ich war daher nicht wenig erstaunt, als ich bei meiner Ankunft zu Bruck zwar den Marktplatz mit Waren aller Art bedeckt, aber weder Käufer noch selbst Verkäufer, nur einige Kinder und alte Weiber, die Waren zu behüten, zur Stelle fand. Vor dem Kreuzwirtshause angelangt, sah ich weder Hausknecht noch Kellnerin herzuspringen, noch schwenkte mir der Kreuzwirt sein grünes Sammetmützlein entgegen, dagegen bemerkte ich an der Ecke des Hauses einen Knäuel von Menschen, den immer neuer Zulauf vermehrte. Dies erregte meine Neugier; ich schritt auf das Gewimmel zu und hatte kaum einige Schritte getan, als ich den Kreuzwirt erkannte, der mir zuwinkte und schrie: ‚Hierher, nur hierher, kommt nur, Herr Steidler!‘ – ‚Kreuzwirt‘, sage ich, als ich ihn endlich erreicht hatte, ‚beißt Euch das Mäuslein, daß Ihr hier Maulaffen feil habt? Gibt's Feuer, oder ist sonst ein Unglück geschehen?‘ – Der aber, ganz erhitzt und verwirrt meiner Worte

nicht achtend, schnaubt mir entgegen, ‚Wollt Ihr sie sehen? Ich führe Euch hin, wenn Ihr sie sehen wollt!' – ‚Potz Hammer und Ambos!' rufe ich, ‚wer oder was ist denn zu sehen?' – ‚Was zu sehen ist?' war die Antwort, nun, die Marzipan-Liese, nach der Ihr letzthin fragtet! Kommt nur mit! Eben ist der Syndikus hinein und die Herren vom Rate!' – Und ohne mir weiter Auskunft zu geben, faßte er mich beim Arm, rief mit barscher Stimme der vorwärtsdrängenden Menge ein: ‚Platz da! Vorgesehen!' zu und zog mich, mit breiten Schultern und derben Fäusten mir Luft machend, in das Gäßchen hinein,

dessen ich früher gedachte, und das nun mit Menschen jeden Geschlechts und Alters so vollgepfropft war, daß nirgends auch nur ein Apfel hätte zur Erde fallen können.
Endlich hatten wir das Haus erreicht, waren die Eingangsstufen hinaufgestolpert und hatten uns durch den dunklen Hausflur an der steilen, finsteren Treppe vorbei durch mehrere Stuben des Erdgeschosses in ein kleines gewölbtes Gemach gedrängt, das, wie sich später auswies, die Schlafstube der Hausfrau war. Das erste, was mir hier in die Augen fiel, war die über einen Haubenstock gestülpte Drahthaube mit der feuerfarbenen Schleife; über der Lehne eines Stuhles hing das Kamelottkleid und das dazu gehörige Halbmäntelchen; die Besitzerin dieser Gewänder aber lag unfern von ihrer Bettsponde, nur notdürftig bedeckt, auf dem Boden; das dünne graue Haar hing aufgelöst um das runzlichte schwarzblaue Gesicht und den pergamentähnlichen Nacken, den, scharf ins emporquellende Fleisch gedrückt, das grellgelbe Halstuch umschlang, mit dem die Unglückliche nach kurzer, vergeblicher Gegenwehr erdrosselt worden war; dafür bürgten die starren blutunterlaufenen, gewaltsam aus ihren Höhlen herausgetriebenen Augen, der halboffene Mund, der sich zu einem gräßlichen Hohngelächter zu verzerren schien, und die verkrümmten Hände, die offenbar in dem vergeblichen Bestreben erstarrt waren, den erdrosselnden Knoten des gelben Halstuches zu lösen! Es war ein entsetzlicher Anblick! Als ich endlich imstande war, meine Blicke von dem furchtbaren Schauspiel abzuwenden, auf das ich lange voll Schaudern und Entrüstung hingestarrt hatte, gewahrte ich in einer Ecke des Gemachs mehrere mir bekannte ansehnliche Bürger der Stadt um einen stattlichen Herrn versammelt, der, an dem geöffneten Schreibtisch der Ermordeten sitzend, die darin enthaltenen Papiere durchmusterte, und den mir der Kreuzwirt als den Syndikus der Stadt und einen der Freier der Lamprechter Nani zu erkennen gab. Die Herren waren, der Leiche kaum mehr eingedenk, in ein leises, aber höchst lebhaftes Gespräch verwickelt, das, allmählich lauter werdend, durch einzelne Worte erkennen ließ, daß es sich um den Nachlaß der Ermordeten handelte. Dieser Umstand hatte mich zu der Frage veranlaßt, was denn mit dem Registranten, dem Mietsmann und mutmaßlichen Erben der Toten und dem glücklichen Nebenbuhler des Syndikus, geworden wäre, und der Kreuzwirt teilte mir eben halblaut mit, daß derselbe, mit der Versteigerung eines in der Laming in Gant verfallenen Anwesens beauftragt, schon seit sechs Tagen abwesend wäre, als sich ein immer zunehmendes Gewirre von Stimmen im Hausflur erhob, die ärgerlich abmahnend einen ungestüm Vorwärtsdringenden zurückzuweisen bemüht schienen. Gleichwohl drang der laute Ruf: ‚Ich muß hinein! Platz da! Ich muß sie sehen!' immer näher, bis zuletzt der Schwall der Menge plötzlich

sich teilte und verstört, geisterbleich, große Schweißtropfen auf der Stirn, ein junger Mann ins Gemach stürzte, in dem ich augenblicklich den Registranten wiedererkannte, von dem wir soeben gesprochen. Bei dem Anblick der Ermordeten bebte er zurück, rang die Hände und rief einmal über das andere: ‚O Jammer! O Entsetzen! O unglückseliger, grauenvoller Tag!' – Mittlerweile war der Syndikus, der sich beim Eintritt des jungen Mannes erhoben und ihn eine Weile von fern mit finsterem, fast feindlichem Blicke gemessen hatte, auf ihn zugeschritten und begann jetzt in langsam feierlichem Tone, in dem mir aber Hohn und Schadenfreude ganz deutlich durchzuklingen schienen: ‚Ja! beklage Er das gräßliche Ende seiner mütterlichen Freundin! Beklage und beweine Er sie, wie wir sie beklagen und beweinen, wie bald ganz Bruck dies edle Herz, diese vielverkannte Seele, diese Mutter der Armen, diese Zuflucht der Betrübten beklagen und beweinen wird! Denn, hört und beherzigt es, schätzbarste Anwesende, diese oft geschmähte und verleumdete, diese mit Schimpf und Hohn verfolgte, mit Spottnamen verunehrte Frau hat feurige Kohlen auf Euer Haupt gesammelt und ihr ganzes, großes Vermögen ungeteilt und ausschließend hiesiger Stadt zur Gründung eines Bürgerspitals und Waisenhauses in bester Form Rechtens letztwillig hinterlassen.' – Ein Murmeln und Flüstern des Staunens zog brausend durch die Versammlung, während der junge Mann eine Weile stumm und gedankenlos den Sprechenden anstarrte; als aber hier und dort in der Menge ein: Gott segne sie, ein: Ruhe sie in Frieden! laut wurde, als die erste stumpfe und mehr neugierige als erschütterte Menge plötzlich vom Drang des Dankgefühls hingerissen wie ein Mann sich auf die Knie warf und ein Gebet für ihre ermordete Wohltäterin anstimmte, da flammte in seinem Auge die Glut des feindlichsten Hasses auf, die, als sein Blick sich abwendend wieder auf die Leiche fiel, in den Ausdruck wahnsinniger Wut sich verwandelte; er knirschte mit den Zähnen, wühlte mit den Händen in seinem Haar, dann stieß er einen Schrei aus, der halb wie Schmerzgeheul, halb wie Gelächter der Verzweiflung erklang, taumelte, verdrehte die Augen und schlug im nächsten Augenblick leblos wie ein Stück Holz neben der Leiche hin!"

Herr Steidler, der in dem Bemühen, seinen Zuhörern die Eindrücke des vorlängst Erlebten recht anschaulich zu vergegenwärtigen, ungewöhnlich lebhaft geworden war, hielt hier inne, um sich zu sammeln und seine Erinnerungen für die Fortsetzung seiner Erzählung zu ordnen, als vom Ofen her, hinter dem schon lange schwere Atemzüge hörbar geworden, nun plötzlich ein dumpfes ängstliches Stöhnen wie das Röcheln eines Erstickenden erscholl. „Herr Jesus", jammerte Base Margit, „es spukt!" und verbarg das Gesicht in ihrer Schürze; Horvath war vom Stuhl aufgesprungen, Czenczi aber stürzte mit dem Angstschrei: „Um Gottes willen, was ist geschehen?" auf den Ofen zu. Noch ehe sie aber das mächtige grüne Kachelgebäude erreicht hatte, schwankte schon Ferencz, wie einer, dem die Knie brechend versagen, krampfhaft an das Gesimse des Ofens geklammert und daran sich forthelfend, hinter demselben hervor. Er war kreideweiß bis in die Lippen, seine Brust flog und arbeitete nach Luft: fieberhaftes Zittern durchlief seine Glieder und ließ seine Zähne hörbar aneinanderklappern. – Ihm sei todesübel geworden, es verlege ihm den Atem, ächzte er, aber es werde wohl vorübergehen, wenn er nur erst zu Bett wäre! – „Wasser, Wasser!" schrie Czenczi, „er stirbt! Hilfe!" und damit stürzte sie auf ihn zu und unterstützte den Schwankenden. Aber kaum, daß sie ihn berührt hatte, fühlte sie auch schon die schwere Hand des Vaters auf ihrer Schulter, die sie wie eine Flaumfeder fortdrehte, daß sie taumelnd in eine Ecke des Gemaches niedersank. – „Schickt sich das?" rief Horvath, dessen Grimm nur des zündenden Funken geharrt hatte, um aufzuflammen wie eine Pulvertonne; „ist's hierzulande Brauch, daß sittsame Mädchen sich nach Belieben den jungen Burschen an den Hals werfen? Gott's Donnerwetter! Ich will dich lehren, Dirne, was sich schickt!" – und damit erhob er die Hand; aber er besann sich und winkte die Base Margit heran: „Helft dem Burschen auf seine Stube", sagte er, „und macht fort! Ich bin des Gewinsels satt und will Ruhe haben!" – Margit gehorchte und entfernte sich mit dem halbohnmächtigen Ferencz, zu dessen Wiederbelebung der eben stattgehabte Auftritt auch freilich nicht sehr geeignet war. Kaum war die Tür hinter den beiden zugefallen, als Horvath, der ihren Abgang mit unmutig düsteren Blicken beobachtet hatte, sich wieder zu Czenczi wandte, die blaß und regungslos dasaß und aus deren Wimpern große Tränen auf die in ihrem Schoß gefalteten Hände niederträuften. „Geh' auf dein Zimmer", sprach der in milderem Ton, „die Erzählung unseres Gastes hat dich aufgeregt, und wenn bei euch Weibsleuten das Rädlein einmal ins Laufen gekommen ist, so will's nicht mehr still stehen! Geh' und ein andermal sei klüger! und damit gute Nacht!" – Czenczi wiederholte tonlos und kaum vernehmlich die letzten Worte des Vaters, verneigte sich schweigend vor dem Gast und verließ langsam das Gemach. Horvaths Blicke folgten ihr mit dem Ausdruck schmerzlichen Bedauerns und bitterer Kränkung. Die leidenschaftliche Teilnahme, die Czenczi für den Schreiber bei einem so unbedeutenden Anlaß, wie seine Unpäßlichkeit es war, an den Tag gelegt hatte, ließ über den Zustand ihres Herzens keinen Zweifel übrig, und in Horvaths Brust, der sich in seiner blinden Zuversicht getäuscht, in seinem Stolz verletzt und in die bittere Notwendigkeit versetzt sah, dem Herzen weh tun zu müssen, das er am meisten liebte, kämpften die widersprechendsten Gefühle einen harten, peinlichen Kampf. Endlich seines Gastes gedenkend, faßte er sich und nahm wieder an seiner Seite Platz; aber sei es, daß er es für unnütz hielt, ihn über die Bedeutung des Vorgangs täuschen zu wollen, oder daß er sich in diesem Augenblick unfähig fühlte, demselben irgendeinen andern annehmbaren Sinn unterzuschieben, er erwähnte des Vorgefallenen mit keiner Silbe und begnügte sich, seinen Tischgenossen zu bitten, die angefangene Erzählung zu Ende zu bringen.

„Meine Geschichte zu Ende bringen?“ sagte Herr Steidler, der ein stummer, aber nicht teilnahmsloser Zeuge der Ereignisse des Abends gewesen und mit Vergnügen die Gelegenheit ergriff, seinen Hauswirt auf irgendeine Weise zu zerstreuen, „teuerster Freund, sie ist zu Ende; denn was noch zu berichten bleibt, ist kaum der Rede wert und läuft auf unbestimmte Gerüchte und Vermutungen hinaus. Nur das ist gewiß, daß die Marzipan-Liese mit unerhörtem Gepränge zur Erde bestattet wurde, daß es mit ihrem Testament seine volle Richtigkeit hatte und daß ihrem erbschleicherischen Mietsmann, dem Registranten, wirklich nicht ein Heller aus ihrem Nachlaß zufiel, wodurch denn auch jede Möglichkeit seiner Verbindung mit der Lamprechter Nani zu Wasser wurde.

Der junge Mann, der alle seine Anschläge vereitelt sah und wie gewöhnlich zum Schaden auch noch den Spott hatte, lief seit jenem Tage verstört und halb wahnsinnig in der Stadt herum, bis er nach drei Wochen plötzlich verschwand. Sein Hut und sein Oberrock, die an den Ufern der Mur gefunden wurden, lassen vermuten, daß der arme Teufel in seiner Verzweiflung sich ertränkt habe. Was den Mörder der Marzipan-Liese betrifft, so führten die sorgfältigsten Nachforschungen auf keine Spur. Ein ehemaliger Schuldner der Ermordeten, den sie um Haus und Hof gebracht hatte und der sich zur Zeit des Mordes in der Gegend von Bruck herumtrieb, wurde auf Veranlassung des Registranten als der Tat verdächtig eingezogen, mußte aber entlassen werden, da er ein Alibi nachzuweisen vermochte. Dagegen ging später, und zwar kurze Zeit nach dem Verschwinden des Registranten, das Gerücht, er selbst wäre es gewesen, der in der sicheren Hoffnung, die Alte zu beerben, ihr hingeholfen hätte, um früher zu Geld und Gut und in den Besitz seiner Liebsten zu kommen. Man erzählt sich nämlich, zwei Brauknechte hätten dem Syndikus angezeigt, daß sie in der Nacht des Mordes, von einem Besuch bei ihren Mädchen gegen Morgen nach der Stadt heimkehrend, dem, wie gesagt, damals in der Laming stationierten Registranten, hastig von der Stadt kommend, begegnet wären und ihn deutlich erkannt hätten, obgleich er bei ihrem Herannahen von der Straße weg in den Busch gesprungen wäre. Wenn nun auch der Hauswirt des Registranten in der Laming dagegen steif und fest behauptete, dieser letztere habe sich daselbst in jener Nacht wie gewöhnlich zu Bett begeben und sei frühmorgens von ihm selbst geweckt worden, so schließe das doch nicht aus, daß der verruchte Mörder heimlich in stiller Nacht das Haus verlassen, die Untat vollbracht habe und dann unbemerkt wieder zurückgekehrt sei, wofür auch der Umstand spreche, daß der Mörder die Gelegenheit im Hause der Marzipan-Liese sehr wohl gekannt haben müsse, da kein Einbruch stattgefunden habe, und Tür und Fenster unverletzt geblieben wären.

Mehrere aber wußten mit dieser Angabe noch eine andere zu verbinden und berichteten, zu selbiger Zeit habe der Syndikus, den Nachlaß der Marzipan-Liese ordnend, unter ihrer Wäsche ein Päckchen mit der Überschrift: ‚Legat für meinen Mietsmann' gefunden. Dieses Päckchen habe ein Tellertüchlein, einen von dem Registranten für die Marzipan-Liese aufgesetzten Testamentsentwurf und ein Schreiben dieser letzteren enthalten, worin sie dem Registranten für die Mitteilung jenes Entwurfes dankte, den sie auch nach ihrer Absicht und zu ihrem Zweck endlich benutzt habe; ihn zum Erben einzusetzen, wäre ihr nie eingefallen; sie hätte ihn damit nur hingehalten, damit sie ohne viele Kosten zu einem brauchbaren Testamentsformular käme; wohl aber würde sie ihn für die guten Dienste, die er ihr geleistet, mit einem hübschen Kapital bedacht haben, wenn nicht ihre Katze von dem Kuchen, den er ihr unlängst verehrt, genascht hätte und daran verreckt wäre; sie habe darüber ihre eigenen Gedanken und meine demnach vollkommen genug zu tun, wenn sie ihm das anliegende Tellertüchlein hinterlasse, um – sich das Maul zu wischen. Nach Lesung dieser Papiere habe der Syndikus, wie die Leute wissen wollten, sich in großer Verlegenheit befunden, indem dieselben, in Verbindung mit den Aussagen der Brauknechte, den Registranten allerdings schwer verdächtigten; endlich aber habe er beschlossen, zwei Fliegen mit einem Schlag zu erlegen; nämlich einesteils das unliebsame Aufsehen zu vermeiden, das die Eröffnung des hochnotpeinlichen Verfahrens gegen ein Mitglied nach sich gezogen hätte, andernteils aber durch den Anschein ritterlicher Großmut gegen seinen Nebenbuhler sich des Besitzes der Lamprechter Nani um so bestimmter zu versichern. Er habe sich also zu dieser letztern verfügt, ihr den Sachverhalt mitgeteilt und ihr ans Herz gelegt, wie der Mann ihrer Neigung, falls er sich nicht ganz rein wüßte, sehr wohl daran täte, ungesäumt das Weite zu suchen; dabei aber auch nicht undeutlich merken lassen, auf welche Weise er die zarte Rücksicht, die er für ihre Person an den Tag lege, belohnt zu sehen hoffe. Auf diesem Wege, meinten die Leute, habe der Registrant Wind bekommen, sich aus dem Staub gemacht und der Syndikus die Hand seiner Liebsten gewonnen. – Das letztere hat nun allerdings seine Richtigkeit; die Lamprechter Nani hat wirklich den Syndikus geheiratet; das übrige ist wohl nur eitles Gerede, mit dem böse Mäuler unbarmherzig genug den armen Registranten noch im Grabe verfolgen. Das

Ende der ganzen Geschichte ist aber denn doch, daß der Mörder der Marzipan-Liese bis jetzt noch nicht entdeckt worden, daß ihn daher Gott wird finden müssen, wir Ihr sagt, da ihn die Menschen nicht erreicht haben."
Diese Bemerkung, absichtlich von Herrn Steidler hingeworfen, um den in Gedanken verlorenen Horvath ins Gespräch zu ziehen, blieb ohne Erwiderung. Horvath hörte sie nicht; den Kopf in die Hand gestützt, starrte er vor sich hin und hatte die Worte seines Gastes unbeachtet an sich vorüberrauschen lassen. Ihn beschäftigte nur eins: daß Antal recht hatte, daß er selbst in törichter Verblendung sein Kind ins Verderben hatte rennen lassen; daß er nun ein Ende machen müsse, und daß es selbst dazu vielleicht zu spät sein könnte. Die tiefe Stille, die eingetreten war, nachdem Steidler seine Erzählung vollendet hatte, entriß ihn endlich seinem Hinbrüten; er fuhr auf, und ohne weitere Vorbereitung, als daß er die zunehmende Kränklichkeit seines Schreibers beklagte, fragte er Herrn Steidler, ob er ihm einen Buchhalter empfehlen könne. Diese Frage wurde von dem umständlichen und in Geschäften sehr pünktlichen Gast mit der Gegenfrage nach den Eigenschaften, die er fordere, und den Genüssen, die er gewähren wolle, und nach entsprechender Erörterung dieser Punkte mit dem Versprechen erwidert, ehe drei Wochen ins Land gingen, wolle er ihm einen ältlichen, aber noch rüstigen Mann zuweisen, der ihm genügen würde, worauf Herr Steidler, da er frühmorgens aufbrechen müsse, für den freundlichen Empfang danksagend, sich vom Tisch erhob und von seinem Wirt mit den besten Wünschen für eine „ruhigschlafende" Nacht auf seine Stube geleitet wurde.
Der Morgen dämmerte herauf, und die ersten blassen Strahlen des Zwielichts, die in die Kammer des Schreibers Ferencz brachen, fanden ihn wach und halb angekleidet auf seinem zerwühlten Lager sitzend, dem diese Nacht Ruhe und Schlummer fern geblieben zu sein schienen. Der Lichtschirm und das schwarzseidene Tuch, das er tags zuvor um die Backen geschlungen hatte, lagen inmitten der Stube auf den Boden hingeschleudert, der mit zerrissenen Papieren bedeckt war; Schrank und Lade standen weit offen; Kleidungsstücke, Wäsche und andere Habseligkeiten lagen teils da und dort auf Tischen und Stühlen, teils neben dem Felleisen angehäuft, das in einer Ecke des Gemaches halb gepackt dastand und nach dem die Blicke des Schreibers von Zeit zu Zeit hinüberglitten, als überlegte er, ob er das angefangene Werk nicht doch vollenden sollte. Wenn die Umgebung des jungen Mannes durch diese und andere Züge einen seltsamen Ausdruck des Unfriedens und der Verworrenheit erhielt, so zeigten sich diese letzteren ihm selbst und seiner ganzen Erscheinung nach viel deutlicher aufgeprägt. Seine zusammengeknickte Haltung, das tief auf die Brust herabgesenkte Haupt, die fahle Blässe der Wangen verriet die äußerste Erschöpfung, während die schweren

Seufzer, die von Zeit zu Zeit aus der beklommmenen Brust sich losrangen und das unter den krampfhaft zusammengezogenen Brauen düster hervorblitzende Auge, das bald minutenlang auf das erlöschende Flämmchen der Nachtlampe gedankenlos hinstarrte, bald in ängstlich scheuer Hast von Gegenstand zu Gegenstand schweifte, von einer inneren Ruhelosigkeit, von einer Gottverlassenheit der Seele zeugten wie nur Verzweiflung oder Schuld sie empfinden. – Jetzt fuhr er auf und horchte. – „Schritte – waren das nicht Schritte? Nein, es war nichts!“ Er trocknete sich den Schweiß von der Stirn, strich die wirren Haare zurück, die sie bedeckten, und schritt unruhig im Zimmer auf und nieder. – „Warum gab ich auch dem Drängen der alten Margit nach“, murmelte er vor sich hin, „und was bestand ich später darauf, mich nicht zu entfernen? Der alte Schwätzer mußte freilich im Auge behalten werden, und wer konnte wissen, daß mich das dumme Fieber packen würde und daß ich wie ein Schulknabe“ – Er vollendete nicht, denn jetzt schallten wirklich draußen rasche Schritte nah und näher, denen bald ein derbes Pochen an der verschlossenen Tür folgte. Ferencz stand einen Augenblick wie erstarrt, dann sich ermannend, sprang er in die Ecke der Stube, riß mit zitternden Händen seinen Mantel von der Wand, breitete ihn über das offene Felleisen hin und wankte dann zur Tür, den Riegel zurückzuschieben; nun öffnete sie sich, und Horvath stand auf ihrer Schwelle dem bis in die Lippen erbleichenden Ferencz gegenüber, der vergebens seine tödliche Unruhe unter Bücklingen und ehrerbietigen Morgengrüßen zu verbergen strebte. Horvath hatte seinerseits die Nacht nicht besser zugebracht als sein Schreiber. Gekränkt in seinem Stolz, erbittert durch den Mangel an Vertrauen, den seine Tochter gegen ihn bewiesen, und voll Zorn gegen den treulosen Diener, der seine Wohltaten mit Undank vergolten hatte, war er zu Bett gegangen; aber in der Stille der Nacht, die ihn immer deutlicher der eigenen Mitschuld an der Verwirrung der jungen Leute sich bewußt werden ließ, verloschen allmählich die Flammen seines Zornes. Dagegen faßte er den festen Entschluß, geschehe was da wolle, am nächsten Morgen, sobald nur Herr Steidler abgereist sein würde, unverzüglich mit aller Entschiedenheit einem Verhältnis ein Ende zu machen, das ihm ebenso schmachvoll als unnatürlich und ganz und gar unmöglich erschien. Gleichwohl war sein Wesen so durch und durch Milde und Gutmütigkeit, und so sehr widerstrebte es seiner innersten Natur, irgend jemand, außer im ersten Auflodern des Zornes, etwas vorsätzlich zuleide zu tun, daß er nach Steidlers Abreise kaum minder schweren Herzens den Gang nach der Kammer des Schreibers antrat, als dieser ihn in derselben erscheinen sah!

„Ist Er wieder hergestellt?“ sagte er langsam in die Stube tretend und die Tür hinter sich zuziehend. „Nun, das sehe ich gern; denn ich habe mit Ihm zu reden, und es freut mich, daß Er Seine fünf Sinne beisammen hat!“ Er setzte sich mit diesen Worten auf den Stuhl, den ihm Ferencz hingerückt hatte, und blickte wie verlegen im Zimmer herum. – „Ja, ich habe mit Ihm zu reden“, wiederholte er mit barschem, ja rauhem Ton, als täte er sich Gewalt an, fester und entschlossener zu erscheinen, als er war. – „Ich will Ihm sagen, daß ich heute nach Vasarhely hinüberreite, um in den Weingärten nachzusehen, und morgen“, setzte er nach einigem Zögern hinzu, „morgen reise ich nach Ofen!“ Hier hielt er wieder inne, dann aber sich ein Herz fassend und das Unvermeidliche herausstoßend, sagte er, indem er aufstand und dem Schreiber den Rücken kehrend an den Tisch trat: „Und dann will ich Ihm sagen, daß ich einen andern zu meinem Buchhalter bestellt habe, und daß Er mein Haus noch heute verlassen muß!“ Ferencz zuckte bei diesen Worten zusammen wie einer, dem ein Blitzstrahl hart vor den Füßen in die Erde schlägt. – „Hier ist Sein Dienstzeugnis“, fuhr Horvath fort, ein Papier aus der Tasche ziehend und es abgewandt ihm hinreichend, „und hier ist Sein rückständiger Lohn und ein Reise- und Zehrpfennig dazu!“ und damit warf er eine Rolle hin, die, im Fall berstend, den Tisch mit Goldstücken bedeckte. – Er schwieg, als ob er eine Antwort erwartete, als diese aber ausblieb, wandte er sich um, und ein Blick auf den wie vernichtet dastehenden Schreiber genügte, ihn vollends zu entwaffnen. Er schritt auf Ferencz zu, und ihm mit der Hand auf die Schulter schlagend, sagte er: „Er ist ein braver, geschickter, fleißiger Mensch, ich entbehre ihn ungern und habe Ihn auch in meinem Zeugnis als treu und fleißig bestens rekommandiert; aber Er selbst wird einsehen, daß er nicht bleiben kann. Morgen reise ich nach Ofen, und darum muß Er noch heute, diese Stunde fort! Hört Er?“ Ferencz lallte einige unverständliche Worte, während Horvath der Tür zuschritt, die Klinke in der Hand aber noch einmal sich umwandte und sagte:„Daß Er sich aber nicht einbilde, Er könne sich in der Gegend herumtreiben und um mein Haus herumlungern! Das verbitte ich mir und werde Ihm auch das Handwerk zu legen wissen. Er muß fort, gleich und ganz fort! Und damit Gott befohlen!“ Mit diesen Worten öffnete er die Tür und verließ froh, das ihm peinliche Geschäft kurz und entschieden abgetan zu haben, raschen Schrittes das Gemach.

Solange noch der Schall von Horvaths Schritten auf Gang und Treppe zu hören waren, verharrte Ferencz in zerschmetterter Haltung, die ihm in seiner Gegenwart so gute Dienste geleistet hatte; dann aber schnellte er aus der gebückten Stellung empor; das kaum noch tiefgesenkte Auge funkelte, sich wieder erhebend, von Selbstbewußtsein, das farblos blasse Antlitz glühte vor Freude, und ein häßliches Lächeln hämischen Spottes zuckte um die noch schreckensbleichen Lippen. – „Nichts, gar nichts wissen sie“, rief er, raschen schwungkräftigen Schrittes die Stube auf- und niedermessend, nur dumme

Selbstquälerei war es, die mich heute nacht halb verrückt machte! Aber nun ist alles gut, selbst daß er mir den Abschied gegeben! Zur Entscheidung mußte es doch einmal kommen, und diesmal bin ich meiner Sache gewiß; die Czenczi habe ich fest!" Aus diesen und andern Gedanken weckten ihn die Hufschläge des Pferdes, das Horvath nach Vasarhely trug; die Zeit seiner Entfernung mußte benutzt werden, jetzt oder nie rasch und entschieden gehandelt werden. Hastig seinen Anzug vollendend, überlegte er, welche Wege er einzuschlagen hätte, erwog die Hindernisse, die ihm entgegentreten könnten, die Mittel, die ihm zu Gebote stünden, sie zu beseitigen, und eben, da er endlich seinen Entschluß gefaßt hatte, sah er Czenczis schlanke Gestalt den Hofraum entlang dem Garten zuschweben, wohin er ihr augenblicklich folgte.

Die Züge des jungen Mannes, die noch von Siegesfrohlocken und hämischer Zuversicht strahlten, als er die Stufen zur Gartentür emporstieg, hatten den Ausdruck tiefen Schmerzes und mühsam errungener Fassung angenommen, als er dem jungen Mädchen sich nahte, das ihm mit der rührendsten Hingebung entgegeneilte und ihn mit zärtlicher Besorgnis nach dem Zustand der bösen Augen fragte, die ihr gestern so viel Kummer gemacht hätten. Seine Antwort war kurz, ernst, gemessen; mit gepreßter Stimme, aus deren Klang das Ohr der Liebe unterdrückte Tränen heraushörte, berichtete er ihr das harte Urteil, das ihr Vater ihm gesprochen, und schloß mit zärtlichen Abschiedsworten und heißen Segenswünschen für die Zukunft der Geliebten, wenn auch die seine für immer vernichtet und ein früher Tod fortan das einzige Ziel sei, dem er noch hoffend entgegenschaue! Die Wirkung, die diese Worte auf Czenczis tatkräftige und feurige Seele machen mußten, war eine wohlberechnete gewesen. Einen Moment von Schreck und Schmerz überwältigt, raffte sie sich bald empor, schloß ihn in die Arme und fragte ihn, ob er an ihr zweifle, ob sie ihm nicht Treue, unverbrüchliche Treue, verheißen, ob er sie für wortbrüchig halten könne, und durch das schmerzliche Lächeln, mit dem Ferencz diese Frage erwiderte, nur noch mehr bewegt und erregt, überhäufte sie ihn mit Liebkosungen und Vorwürfen und schwor ihm zu, sich noch heute ihrem Vater zu Füßen zu werfen und vor aller Welt zu gestehen, daß sie ihn liebe, daß sie ihm, nur ihm angehöre, und daß nicht Drohung, Gewalt noch jahrelange Trennung ihr Herz jemals dem seinen entfremden könnte! Diesem Überströmen der Leidenschaft setzte Ferencz das düstere Schweigen hoffnungslosen Schmerzes, die dumpfe Ruhe der Verzweiflung entgegen. Was ihre Bitten fruchten würden? fragte er sie endlich; ob sie meine, der stolze Horvath werde im Handumdrehen sich entschließen, dem von der Straße aufgelesenen Schreiber die reiche Erbtochter in die Arme zu werfen? Ob sie die besten Tage des Lebens, den Frühling

ihrer Jugend vertrauern wolle, um ihm nach jahrelanger Trennung endlich über dem Grabe ihres Vaters die Hand zu reichen? Nein, hier gelte es, jede Selbsttäuschung sich fern zu halten; nur ein Mittel gäbe es, die berechtigte Forderung ihrer Herzen, roher Willkür gegenüber, durchzusetzen und den Vater zum Glück seines Kindes zu zwingen, und dieses eine Mittel – er zögerte es auszusprechen; endlich sprach er es doch aus – dies eine Mittel sei – Flucht aus dem Vaterhaus!

Czenczi, schon in der Wiege der Mutter beraubt, hatte sich während der häufigen und langwierigen Reisen des alten Vaters und bei dem geringen Ansehen, das die alte Margit dem feurigen, lebhaften Sinn des jungen Mädchens gegenüber zu behaupten vermochte, frühzeitig mit großer Entschiedenheit des Willens und seltener Selbständigkeit des Geistes entwickelt. Zwang und Willkür waren ihr verhaßt, aber so heilig berechtigt sie sich fühlte, ihr Glück auf eigenem Wege zu suchen und zu finden, ebenso innig überzeugt war sie auch, daß dies nicht auf Kosten anderer, am wenigsten auf die ihres raschen und heftigen, aber sie so zärtlich liebenden Vaters, geschehen dürfe. Es war ein harter Kampf, den Ferencz zu kämpfen hatte, bis das Pflichtgefühl des Kindes dem Drang der Leidenschaft erlag; endlich aber siegte er doch. Die Flucht wurde beschlossen und als der geeignetste Zeitpunkt, sie anzutreten, die erste Nacht festgesetzt, die auf Horvaths Abreise nach Ofen folgen würde, weil sie dann hoffen durften, wenigstens die ersten Tage unverfolgt zu bleiben. Schwieriger war die Lösung der weiteren Frage,

wo Ferencz bis zu jenem Zeitpunkt sich aufhalten solle. Sich in der Nähe zu verbergen, erschien bei dem einmal erweckten Mißtrauen Horvaths gefährlich; die Wahl eines entfernteren Verstecks aber stellte einesteils bei der Schwierigkeit, sich gegenseitig in Kenntnis etwa eintretender hindernder Wechselfälle zu erhalten, das Gelingen des Fluchtplans in Frage, andernteils hatte Czenczi sich mit solchem Widerstreben herbeigelassen, mit ihrer Vergangenheit so gewaltsam zu brechen und zeigte sich von ihrem Unrecht so durchdrungen, in ihrem Gewissen so beunruhigt, daß Ferencz nur den fortdauernden Einfluß seiner Anwesenheit und die auf Czenczis Seele gewälzte Verantwortlichkeit für die Sicherheit seiner Person als ein hinlängliches Gegengewicht erkannte, um die Zweifelnde, ängstlich hin und her Schwankende bei dem kaum gefaßten Entschluß festzuhalten.
Bei dieser Lage der Dinge mußte gewagt werden, um zu gewinnen, und so erklärte denn Ferencz, daß er sich von Czenczi nicht trennen könne, daß er bleiben und im Haus sich verborgen halten müsse, wenn ihr Vorhaben gelingen solle. Czenczi ließ sich von der Richtigkeit dieser Ansicht überzeugen, und ein sicheres Versteck wurde nach kurzem Überlegen ausgefunden. Ein Stübchen, das Horvath im untersten Geschoß seiner weitläufigen Keller hatte herstellen lassen, um dort während der Weinlese in aller Bequemlichkeit die Einlieferung der Erträgnisse seiner Weingärten überwachen und nach derselben mit den Abnehmern seiner Weine, die Weinproben gleich vom Faß weg kostend, über die Preise der verschiedenen Sorten sich behaglich besprechen zu können, erschien zu diesem Zweck um so geeigneter, als es um diese Jahreszeit nie benutzt und erst nach der Heimkehr Horvaths vom Ofener Markt für seine Bestimmung wieder instand gesetzt zu werden pflegte. Nachdem die Liebenden sich über die Wahl des Verstecks geeinigt und sich noch in wenigen hastigen Worten über die Art und Weise, in der Ferencz es beziehen sollte, verständigt hatten, trennten sie sich, um ihr Vorhaben noch vor Horvaths Heimkehr ins Werk zu setzen.
Ferencz eilte in seine Kammer zurück, packte schleunig seine Habseligkeiten zusammen, schloß sein Felleisen und begab sich gegen Mittag in das Gemach der Frau Margit, um ihr das Vorgefallene mitzuteilen und von ihr Abschied zu nehmen. Die gute Alte geriet über die Nachricht von der Verabschiedung ihres Günstlings völlig außer Fassung; Ferencz aber bat sie mit der Gebärde des tiefsten Schmerzes, den Hausgenossen seine letzten Grüße darzubringen, denn ihm selbst gebräche es dazu an Mut; dann erbat er sich ihren Segen, und nachdem er ihn empfangen und ihr empfohlen hatte, sein Felleisen in Obhut zu nehmen, bis er es abholen lassen würde, entwand er sich den Armen der schluchzenden und vor Schreck und Kummer halb gelähmten Alten, um, wie er sagte, einsam in die weite, weite Welt hinauszuwandern.

Ehe Frau Margit sich recht besinnen und dem Fortstürzenden das Geleit geben konnte, war er die Treppe hinabgeeilt, hatte sich, an der Küche vorbeischlüpfend, überzeugt, daß das Hausgesinde sich daselbst wie gewöhnlich um diese Stunde zum Mittagsmahl versammelt habe, und war zum Tore hinausgesprungen.

Er schlug den Weg nach der Stadt ein; um die Ecke des Hauses gekommen, bog er abermals links ab, lief an der Gartenmauer hin, bis er an das angelehnte Hinterpförtchen gelangte und durch dasselbe sich wieder ins Haus stehlend, an der Hinterwand der Stallungen sich fortschleichend, den Hinterhof erreichte. Dort erwartete ihn Czenczi mit einem mit Eßwaren gefüllten Korb an der Kellertür und geleitete ihn die Treppe hinab in das Kellerstübchen, das in einer Ecke des untersten Kellergeschosses aus starken, mit Backsteinen verkleideten Bohlenwänden erbaut war, und in das die Fürsorge der Liebe schon früher Betten, Kerzen und was sonst zur Bequemlichkeit des freiwillig Gefangenen dienen konnte, hinuntergeschafft hatte. Hier verließ sie ihn mit dem Versprechen, nachts, wenn alles zur Ruhe wäre, Nachricht zu bringen, wie es im Hause stehe; Ferencz aber, nun des Gelingens seines Anschlages gewiß und voll der sichern Hoffnung, dem Hause, in dessen einsamsten Winkel er nun sich verbergen mußte, dereinst als Herr und Eigentümer zu gebieten, erquickte sich an den im Korb befindlichen Lebensmitteln und streckte sich dann auf das ihm zubereitete Lager, um die entbehrte Nachtruhe nachzuholen.

Horvath kehrte erst spät nachmittags von Vasarhely zurück: die Niedergeschlagenheit Czenczis und ihre verweinten Augen schien er nicht zu bemerken; die alte Margit, die in unkluger Geschwätzigkeit die Entfernung ihres Lieblings zur Sprache zu bringen versuchte, fertigte er kurz und barsch ab und ging dann, Geschäfte vorwendend, nach der Stadt, wahrscheinlich um Nachforschungen anzustellen, ob Ferencz sich nicht irgendwo in der Nähe verborgen halte. Die Ergebnisse seiner Wanderungen schienen ihn befriedigt zu haben, denn wieder heimgekehrt, zeigte er sich milder und gesprächiger als früher; des Schreibers gedachte er mit keiner Silbe, dagegen erklärte er beim Nachtmahl, daß die Weinlese dieses Jahr so ergiebige Ausbeute verspreche, daß er um das nötige Geschirr, die Fechsung aufzunehmen, verlegen sei und genötigt sein würde, selbst schon halb ausgediente Fässer wieder in Gebrauch zu nehmen, und da er, um nach Möglichkeit wieder auszubessern, auf morgen den Küfermeister mit seinen Gesellen bestellt habe, so könne er erst übermorgen die Reise nach Ofen antreten. Diese Nachricht war für Ferencz allerdings eine bittere Zutat zu den Leckerbissen, die Czenczi in tiefer Nacht ihm zitternd in das Kellerstübchen hinunterschmuggelte, denn er sah dadurch nicht nur seine Gefangenschaft verlängert, sondern auch ihre

Bequemlichkeit wie seine Sicherheit wesentlich beeinträchtigt. Zwar befanden sich die Fässer, die wieder hergestellt werden sollten, im obern Kellergeschoß, aber wie leicht konnte es Horvath oder einem der Küfer beifallen, auch in das untere hinabzusteigen? Er mußte nicht nur, da ihm sonst das ganze Kellergewölbe zu Gebote stand, sich fortan streng auf den engen Raum des Stübchens beschränken, sondern auch, wenigstens während der Arbeitszeit der Küfer, auf alle Beleuchtung verzichten, damit ihn nicht etwa der Lichtschimmer, der durch eine Ritze der Tür dringen konnte, verrate; ja es schien sogar nötig, die Tür des Stübchens, damit kein Unberufener, absichtlich oder zufällig, sie öffne, zu verschließen, was nur von außen geschehen konnte, da an der inneren Seite derselben Schloß und Riegel anzubringen bei der Bestimmung des Stübchens niemals auch nur in Frage gekommen war. Wie lästig und unangenehm alles dies auch sein mochte, es mußte gleichwohl von Ferencz als ein Unvermeidliches ruhig ertragen werden, wenn nicht die Unruhe und Beklommenheit Czenczis, die mit jedem Augenblick zuzunehmen schien, sich zur vollkommenen Fassungslosigkeit steigern sollte. Dieser Gefahr zu begegnen, bemühte er sich auf alle Weise, die Bedeutung ihrer Mitteilung zu verringern, durch Liebkosungen ihre Besorgnis zu übertäuben, und als sie endlich halb getröstet Abschied nahm, hieß er sie scherzend ihr Vögelein in seinem Käfig wohl zu verschließen, aber auch ja auf die Schlüssel wohl achtzuhaben, daß er nicht etwa durch ihren Verlust in seiner freiwilligen Haft zu einem höchst unfreiwilligen Fasten gezwungen werde.

Tags darauf erschienen am frühen Morgen wirklich der Küfer und seine Gesellen im oberen Kellergeschoß und weckten alsbald, den schadhaften Fässern neue Bänder und Reifen antreibend, mit dem Gepoch ihrer Schlägel den Widerhall seiner Gewölbe. Horvath ging ab und zu, überwachte den Fortgang der Arbeit, unterließ aber nicht, von Zeit zu Zeit in der Gegend herumzusteigen, um zu erkunden, ob Ferencz sich denn auch wirklich ganz und gar entfernt habe. Dem Kellerstübchen aber nahte den ganzen Tag hindurch weder er noch einer der Küfer, die, von allen Seiten in Anspruch genommen, nur auf Förderung ihrer Arbeit bedacht waren. Dagegen mußte Ferencz, als Czenczi ihrem Gefangenen gegen Mitternacht wieder Speise und Trank zutrug, von ihr in Erfahrung bringen, daß der Vater, sei es der Küfer wegen, oder weil das plötzliche, spurlose Verschwinden des Schreibers ihn mehr beunruhigte als zufriedenstellte, seine Abreise wieder um einen Tag hinausgeschoben hätte. Ferencz nahm die Nachricht von dieser neuen Verzögerung bei weitem weniger gefaßt und gleichmütig auf, als er sich am vorigen Tage der Notwendigkeit des engeren Verschlusses in seinem Käfig gefügt hatte.

Während Czenczi durch die wechselnden Gemütsbewegungen des vorigen Tages in solche Aufregung und in so fieberhafte Spannung geraten war, daß eben diese Steigerung ihres gesamten Seelenlebens ihr jetzt wieder, trotz aller inneren Erschöpfung, den Anschein von Kraft, ja selbst von Ruhe gab, war bei Ferencz das Gegenteil eingetreten; seine Seelenstärke war infolge der einsam dunklen Haft erlahmt und haltlos in sich zusammengebrochen. Selbst die Aussicht, in naher Zukunft das Ziel des langjährigen Bestrebens zu erreichen und in Fülle des Reichtums die langentbehrten Mittel zur Fülle des Lebensgenusses zu besitzen, schien ihren Zauber für ihn verloren zu haben und unfähig geworden zu sein, die finstern Gestalten zurückzudrängen, die nachts in der lautlosen Stille des dunklen Kellerstübchens vor ihm emportauchen mochten. Er war es, der jetzt verwirrt, geängstigt und vor jedem Geräusch zusammenschreckend, von Czenczi beruhigt und getröstet werden mußte; Gefahren würde er mutig bestanden haben, den Schrecken der Einsamkeit vermochte er nicht die Stirn zu bieten; und als Czenczi Abschied nahm und wieder die Tür des Stübchens hinter sich verschließen mußte, hielt er sie zurück und benahm sich nicht anders, als sollte er für immer von Licht, Luft und Leben abgeschieden werden. Endlich, am drittenTag gegen Mittag, machte sich Horvath fertig, die längst beschlossene Reise nach Ofen anzutreten. Der Wagen war angespannt, und Horvath, von Base Margit und seiner Tochter begleitet, trat aus dem Haus, vor dem sich das Gesinde, der Abfahrt ihres Herrn gewärtig, versammelt hatte. Horvath erteilte seine letzten Aufträge; den Knechten befahl er, das Haus von Zigeunern, Bettlern und anderem Gesindel in acht zu nehmen und Tor und Türen wohl verschlossen zu halten; die Mägde hieß er Feuer und Licht behüten, und nachdem er Frau Margit die Aufsicht über das Gesinde und die während seiner Abwesenheit zu vollendenden Arbeiten, vorzüglich jene der Küfer, ans Herz gelegt hatte, wandte er sich zu seiner Tochter. Diese, in tiefster Seele von Vorwürfen und Reue zerrissen und gefoltert von dem Bewußtsein, ihren alten liebevollen Vater so grausam täuschen und für lange Zeit, vielleicht für immer, unkindlich verlassen zu wollen, warf sich krampfhaft schluchzend in seine Arme, und so groß war ihre Erschütterung, daß es nur wenig rührend eindringlicher Worte bedurft hätte, dem schwerbeladenen Gemüte des verwirrten Kindes sein Geheimnis abzulocken und die Anschläge Ferencz' für immer zu vereiteln. Aber der Unstern Horvaths hatte über ihn verhängt, daß er, wie früher durch törichten Leichtsinn, jetzt durch unzeitige Strenge begünstigen sollte, was er am liebsten vermieden hätte. Er zog das zitternde Mädchen auf die Seite und sagte ihr in rauhem, barschem Ton, das Gewesene und Geschehene wolle er vergessen und vergeben, aber auch ferner eitle Ausflüchte nicht mehr gelten lassen; er habe Herrn Farkas, dem reichen Spezereihändler in

Fünfkirchen, ihre Hand zugesagt, und vor Allerheiligen müsse sie Hochzeit gemacht haben. Mit diesem Worte wälzte sich wieder der Grabstein des Trotzes über die Tiefen ihrer in kindlichem Vertrauen sich öffnenden Seele; sie weinte, aber sie schwieg, und als Horvath, von den besten Wünschen der Hausgenossen begleitet, dahingerollt war, schwankte sie stumm und blaß in ihre Kammer zurück, um die wenigen Habseligkeiten, die sie auf ihrer Flucht mitzunehmen gedachte, in ein Bündel zusammenzuraffen. Nur mit Mühe gelang es ihr, ihren Vorsatz auszuführen; denn der Rückschlag der übermäßigen Aufregung, der verzehrenden Unruhe, in der sie die letzten Tage zugebracht hatte, machte allmählich in dumpfer Abspannung des Geistes, in gänzlicher Erschöpfung ihrer Kräfte immer fühlbarer seine Rechte auf sie geltend. Bleierne Schwere lagerte sich auf ihre Glieder; bald von Frost geschüttelt, bald in Fieberhitze glühend, vermochte sie nicht mehr die Wucht des heißen, von dumpfem Schmerz wie mit einem Eisenringe umfangenen Kopfes aufrechtzuerhalten, und erschöpft und leidend, wie sie war, streckte sie sich auf ihr Lager, um in erquickender Ruhe neue Kräfte zu sammeln. Dort lag sie stumpf und still, die zuckenden Hände über die Brust gefaltet, und vor ihren halbgeschlossenen Augen zogen in langer, buntverworrener Reihe die Bilder ihres Lebens schattenhaft vorüber. Hier lächelten die Spiele der Kindheit sie an, dort saß sie, eine emsige Schülerin, an Ferencz' Seite; auch Antals Züge sah sie lauernd durchs Fenster hereingrinsen, wie damals, als Ferencz zum ersten Mal die Liebeglühende umschlang; dann vernahm sie Herrn Steidlers Stimme, die von der Marzipan-Liese erzählte, das Aufstöhnen Ferencz' und das Drohen und Schelten des Vaters, und dann – dann ward es trüb und dunkel vor ihren Augen, schwarz wie die Nacht, in der sie dem Vaterhause den Rücken kehren sollte, und finster wie die Zunkunft, der sie entgegenging.

Viele Stunden mochte sie in fieberhaftem Halbschlummer dagelegen haben, als von der Stadt her der Glockenschlag Mitternacht vekündete und sie gebieterisch ins Leben, in die Wirklichkeit zurückrief. Sie raffte sich mit der Entschlossenheit, die alle Erschöpfung überwindet, von ihrem Lager auf, langte nach ihrem Bündel, und mit der Blendlaterne versehen, die sie schon früher auf ihren nächtlichen Wanderungen begleitet hatte, verließ sie ihr Stübchen. Auf der Schwelle stand sie still und blickte zurück in den friedlichen, trauten Raum des Gemachs, in dem sie heiter und sorglos, unberührt von allen Stürmen des Lebens, vom Kind zur Jungfrau aufgeblüht war, als ob sie jetzt erst, da sie es verlassen sollte, empfände, was sie verließ! Aber Ferencz wartete ihrer, sie durfte nicht säumen! Sie schritt leise über den Gang hin, den nur der blasse Schimmer des von dichten Wolken halbbedeckten Mondes erhellte. An die Tür gekommen, die in das Gemach des Vaters führte, stockten ihre Schritte. Es war ihr, als öffnete sie sich, als träte seine hohe mannhafte Gestalt daraus hervor, sie zu fragen, was sie suche, wohin sie gehe? Aber es war nur der Wipfel des Lindenbaumes draußen im Garten, der seinen zitternden Schatten auf die Tür hinwarf, und sie mußte fort, denn Ferencz wartete. Sie war die Treppe hinabgeeilt, und nun im Hofe angelangt, wehte ihr die frische Herbstluft erquickend und kräftigend entgegen. Sorgfältig den Schimmer der Laterne verbergend, schlüpfte sie, an den Wänden sich hindrückend, dem fernen Holzhofe zu; endlich war der Keller erreicht, und pochenden Herzens öffnete sie mit den mitgebrachten Schlüsseln die Tür. Im Begriff, die ersten Stufen hinabzusteigen, war ihr, als ob ihr von unten, wo die Treppe zum untersten Geschosse sich hinabdrehte, ein Lichtschimmer entgegendränge. Was war das? Von Ferencz, der im Kellerstübchen eingeschlossen war, konnte das nicht kommen. Sollte ein Fremder in den Keller sich eingeschlichen haben? Hier war Vorsicht nötig. – Ihre Knie zitterten, aber Mut und Entschlossenheit verließen sie keinen Augenblick. Sie verlöschte das Licht der Laterne, damit sein Schimmer sie nicht verrate, und drückte sich hinter einen Pfeiler, zu erwarten, was da kommen würde. Aber es kam nichts; alles blieb stumm wie zuvor. Nach einer Weile streckte sie lauschend den Kopf hinter dem Pfeiler hervor; der Lichtschimmer war verschwunden, und nur schwarze Finsternis glotzte ihr entgegen. Sollte jene Lichterscheinung nur Selbsttäuschung gewesen sein, oder war die veranlassende Unruhe derselben im untern Kellergeschoß zu suchen? – Mit einem Male erfaßte sie eine nie gefühlte Beklommenheit; ihre Pulse hämmerten, ihre Zähne klapperten aneinander; aber Ferencz harrte ihrer, und wenn er etwa in Gefahr wäre – – diese Rücksicht überwog alle Bedenken, und hastig stieg sie beiläufig die Hälfte der Treppe hinunter, als plötzlich dort, wo die Treppe zum untersten Geschoß hinabbog, sich wieder ein dämmernder Lichtschimmer zeigte, der eine weibliche Gestalt in dunklen Gewändern zu umfließen schien, die mitten auf der Treppe mit weit ausgebreiteten Armen ihr drohend und abwehrend entgegenwinkte. Rasche Flucht war bei diesem Anblick die erste Bewegung des zitternden, halb ohnmächtigen Mädchens, und schneller, als sie hinabgestiegen, war sie die Stufen der Treppe wieder hinaufgeeilt. An der halboffenen Kellertür stand sie still; sie schämte sich ihrer Flucht, und zweifelhaft, ob sie nicht wieder umkehren sollte, wendete sie sich atemlos, die Hand auf das krampfhaft zuckende Herz drückend, nach rückwärts und sah kaum, betroffen und erstaunt, jenen Lichtschimmer abermals verschwunden, als er jetzt auch schon dicht vor ihren Füßen wieder aus dem Boden aufdämmerte und in seinem grauen Schimmer ein Weib vor ihr emportauchte, das, die welken, runzligen Züge grinsend verzerrt, mit stechenden, zornglühenden Augen sie anstarrte und, während Czenczis

Blicke wie magisch angezogen an der feuerfarbenen Schleife ihrer Flügelhaube und ihrem grellgelben Halstuche hafteten, aus dem schwarzen Halbmäntelchen dürre Hände mit gekrümmten, klauenähnlichen Fingern nach ihrem Halse streckte. – Da zuckte es wie ein Blitz durch Czenczis Seele. „Die Marzipan-Liese!" schrie sie gellend auf, sprang zum Keller hinaus, warf die Tür hinter sich zu, wankte taumelnd noch einige Schritte in den Hofraum hinein und brach dann dumpfächzend bewußtlos zusammen.
Zwei Knechte des Hauses, die sich in der Schenke verspätet hatten und lange nach Mitternacht auf Schleichwegen ihr Lager suchten, fanden die erstarrt und wie leblos Hingestreckte, erkannten sie mit namenlosem Erstaunen und trugen sie nach dem Haus zurück, wo alsbald, von dem Lärmen und Jammern der Mägde geweckt, Frau Margit herbeieilte und den ganzen Schatz ihrer Heilmittel an der Bewußtlosen versuchte, ohne sie jedoch aus ihrer todesähnlichen Betäubung erwecken zu können. Selbst die Kunst des mittlerweile herbeigeholten Arztes zeigte sich lange erfolglos, und erst gegen Morgen gelang es der sorgfältigsten Bemühung, in der Ohnmächtigen ein

halbes Bewußtsein zurückzurufen, aber nur, um es sogleich wieder in den wilden Phantasien eines wütenden Fieberanfalls untergehen zu sehen. Dem Irrereden und dem ersten entsetzlichen Ausbruch unheimlicher Tobsucht folgte dann bald gänzliche Erschöpfung und dumpfes gedankenloses Hinbrüten, aus dem die Kranke nur, wenn das Gehämmer und Gepoche der Küfer vom Keller her ihr Ohr erreichte, in grauenvollen Zuckungen und krampfhaft ängstlichem Stöhnen emporfuhr, so daß Frau Margit alsbald den Küfern ihre Arbeit einzustellen und den Keller zu schließen befahl. Als nun aber der Arzt gegen Abend achselzuckend erklärte, es unterliege keinem Zweifel mehr, daß Czenczi von einem in der Umgegend herrschenden, höchst bedenklichen und mörderischen Nervenfieber ergriffen sei, wurde unverzüglich Herrn Horvath ein reitender Bote nachgesandt, um ihn schleunigst an das Krankenlager seines einzigen Kindes zurückzurufen.

Als Horvath am vierten Tage nach dem Ausbruch der Krankheit wieder in Weßprim eintraf, fand er die Kranke, eher schlimmer als besser, noch immer besinnungslos in dumpfer Betäubung daliegend, aus der sie aber regelmäßig gegen Mitternacht in peinlicher Unruhe erwachte, nach den Kellerschlüsseln verlangte, Miene machte, das Bett zu verlassen, und nur mit Mühe zurückgehalten werden konnte, bis sie dann, plötzlich mit einem lauten Angstschrei in sich zusammenbrechend, wieder in den früheren fieberhaften Halbschlummer zurücksank; dabei nahmen ihre Kräfte so sichtlich ab, und ihr Aussehen veränderte sich so auffallend, daß der Arzt nicht umhin konnte, den Zustand der Kranken als höchst bedenklich, ihre Rettung als sehr zweifelhaft zu bezeichnen.

So war die siebente Nacht seit dem Beginn der Krankheit herangekommen. Die Kranke hatte den Abend ruhiger als sonst zugebracht und lag in heftigem Schweiß. Hinter dem Wandschirme, der das Krankenbett umfing, kniete Herr Horvath, der die Erkrankung des geliebten Kindes in verzweifelndem Schmerz einzig und allein seiner lieblosen Härte zuschrieb, und betete inbrünstig um seine Erhaltung, während Frau Margit erschöpft von den Anstrengungen sechs durchwachter Nächte an Czenczis Bett eingenickt war. Es mochte Mitternacht sein, als die Kranke mit einem tiefen Seufzer die Augen aufschlug und erstaunt und wie allmählich sich besinnend umhersah. Als sie mühsam ihre Gedanken gesammelt hatte, versuchte sie sich aufzurichten, ein Versuch, der bei ihrer Kraftlosigkeit gänzlich mißlang und keine andere Folge hatte, als daß Frau Margit, durch denselben geweckt, emporfuhr und sich besorgt über sie hinbeugte. Wie froh erstaunt war die gute Alte, als sie den sonst trüb und gläsern vor sich hinstarrenden Blick des lieben Auges ruhig und klar dem ihrigen begegnen sah, als es ihr leise von Czenczis entfärbten Lippen entgegentönte: „Base, liebe Base Margit!“ In einen lauten

Freudenschrei ausbrechend, umarmte sie die geliebte Kranke; diese aber winkte ihr, zu schweigen. „Ihr müßt mir einen Dienst erweisen, Base", flüsterte sie in unruhiger Hast ihr zu, „einen wichtigen Dienst! Ihr müßt mir in den Keller hinabsteigen!" – „Ach, lieber Gott, nun redet sie wieder irre", seufzte Frau Margit. – „Nein, ich rede nicht irre", versetzte Czenczi, „ich weiß, was ich sage, und ich sage Euch, Ihr müßt vollbringen, woran mich gestern mein plötzliches Erkranken verhinderte! Ferencz ist im Kellerstübchen eingeschlossen; Ihr müßt ihn befreien!" – „Gestern? Du Unglückselige!" stammelte Frau Margit, bestürzt die Hände ringend. – In diesem Augenblick wurde der Wandschirm zurückgeschoben, und Horvath stürzte, nicht minder entsetzt als Frau Margit, aus seinem Versteck hervor. „Du barmherziger Gott, Ferencz im Kellerstübchen!" rief er, und damit riß er die Kellerschlüssel von der Wand, schrie nach Licht und eilte mit einigen Knechten, die er schleunigst geweckt hatte, dem Keller zu.

Es war ein gräßlicher Anblick, der sich ihnen darbot, als sie das Kellerstübchen betraten. Sein unglücklicher Bewohner hatte an zwei Stellen die Wände desselben zu durchbrechen versucht, und auch die innere Seite der Tür trug sichtliche Spuren der gewaltsamen Anstrengung an sich, mit der an der Öffnung derselben gearbeitet worden war. Erschöpfung schien den Verzweifelnden daran genötigt zu haben, seine fruchtlosen Bemühungen aufzugeben, denn man fand den Leichnam des unglückseligen Ferencz, in seinem Blut schwimmend, auf dem Lager hingestreckt, das ihm von Czenczi zubereitet worden, und auf dem er, sei es, um seinen brennenden Durst mit seinem eigenen Blut zu stillen oder um den Folterqualen langsamen Verschmachtens in diesem Hungerturm durch raschen Tod zu entgehen, mit einem Taschenmesser sich die Adern geöffnet und in Verzweiflung und Entsetzen geendet hatte.

Czenczi war schon durch die überraschende Erscheinung des Vaters an ihrem Krankenlager und die unwillkürliche Einweihung desselben in ihr Geheimnis aufs tiefste erschüttert worden und hielt nur mit äußerster Anstrengung die Besinnung fest, zu der sie kaum wieder erwacht war. Als nun aber die unbedachte Geschwätzigkeit einer der Mägde ihr die Kunde von dem gräßlichen Ende des Geliebten hinterbrachte, stieß sie einen Schrei aus, geriet in furchtbare Zuckungen und Krämpfe, und bald steigerte sich die Wut des Fiebers, in das sie zurückfiel, zu solcher Höhe, daß der Arzt jede Hoffnung aufgab und stündlich ihr Ende erwartete. Allein die Vorsehung hatte anders beschlossen. Horvath, hatten nun Kummer und Schrecken seine Gesundheit untergraben oder vergiftete sie sein hartnäckiges Verweilen am Krankenlager Czenczis, der starke, rüstige Horvath war es, von der Krankheit dieser letzteren ergriffen, in wenig Tagen ihr erlag, während das schwache Mädchen nach mondenlangem Siechtum siegreich aus dem Kampf hervorging, in dem sie unfreiwillig um den Preis ihrer Jugend und ihrer Jugendblüte das nackte Leben gewonnen hatte. Sich selbst als Mörderin des Vaters wie des Geliebten anklagend, verlebte sie die Tage des Winters in stillem, dumpfem Trübsinn, dem sie nur zeitweise die Sorge um Base Margit entriß, die, von übermäßigen Anstrengungen und verzehrender Gemütsbewegung erschöpft, nun ihrerseits zu kränkeln und sichtlich hinzuwelken begann. Mit dem herannahenden Frühjahr aber erwachte in Czenczis Seele der Wunsch, den Angehörigen des geliebten Ferencz einen Teil des reichen Besitzes zuzuwenden, den sie einst mit ihm zu teilen geträumt hatte. In der Hoffnung, über den ihr unbekannten Aufenthaltsort derselben vielleicht einige Andeutungen in Ferencz' Papieren zu finden, beschloß sie, das Felleisen zu öffnen, das der Hingeschiedene in Base Margits Verwahrung zurückgelassen hatte. Ihre Erwartung wurde auch nicht getäuscht; in dem Felleisen fanden sich wirklich einige Papiere, die zwar auf den Namen Anton Lenhart lauteten, aber nichtsdestoweniger sich ganz entschieden auf Ferencz zu beziehen schienen; eines derselben war nämlich ein Schreiben von weiblicher Hand, womit Anton Lenhart in Beziehung auf eine frühere mündliche Verabredung aufgefordert wurde, nicht zu versäumen, sich auf den Weg zu machen und die Straße über Grätz und Marburg nach Kroatien einzuschlagen, denn auf dieser werde er nicht verfolgt werden. Dieser Ermahnung waren einige Worte des Abschiedes und die Erklärung beigefügt, nach dem Vorgefallenen könne weitere Verbindung zwischen der Schreiberin des Briefes und desssen Empfänger nicht mehr bestehen; sie bäte ihn daher um Zurückstellung ihres Porträts, wie sie ihm hier das seine zurückstelle. Das dem Brief beiliegende Porträt zeigte aber unverkennbar Ferencz' Züge, der also früher den Namen Anton Lenhart geführt und sich in der Steiermark aufgehalten haben mußte.

Diese Umstände bewogen Czenczi, die aufgefundenen Papiere an Herrn Steidler, den Geschäftsfreund ihres Vaters, einzusenden und ihn um Auskunft über Anton Lenhart zu ersuchen, obwohl sie nur schaudernd des Mannes gedachte, der einst das furchtbare Bild der Marzipan-Liese ihrer Seele eingeprägt hatte.

Sie erhielt lange Zeit keine Antwort und immer schwerer und finsterer war der Trübsinn, der sich ihrer bemächtigte; immer nichtiger und eitler erschien ihr das Leben, das sie nur noch in Gebeten und Kasteiungen oder an dem Krankenbett der ihrer nahen Auflösung entgegeneilenden Frau Margit hinbrachte. Endlich kam die langerwartete Antwort des Herrn Steidler; in ihr Stübchen zurückgezogen, öffnete sie das Schreiben und durchflog begierig seinen Inhalt; aber bald begann sie so heftig zu zittern, daß die Blätter des Briefes in ihren Händen hin- und herrauschten, und immer bleicher und verstörter wurden ihre Züge, je weiter sie las. Endlich hatte sie vollendet, und nun warf sie unter einem Strom bitterer Tränen sich auf die Knie, um in heißer Inbrunst zu dem gerechten Richter zu beten, der sie zum willenlosen Werkzeug seiner Rache gebraucht, der sie gezüchtigt und gerettet, der sie dunkle Wege, aber zum Licht geführt hatte. Dann erhob sie sich, warf den empfangenen Brief und das Porträt Ferencz', das sie von Herrn Steidler zurückerhalten hatte, ins Feuer und sah zu, wie die Flamme knisternd und knatternd es verzehrte. Denselben Abend verschied Frau Margit still und schmerzlos in Czenczis Armen. Der Tod hatte das letzte Band irdischer Neigung gelöst, das die Unglückliche noch ans Leben fesselte; sie sah darin einen Fingerzeig, sich allein und für immer Gott zuzuwenden. Am nächsten Morgen verschrieb sie ihre ganze reiche Habe dem Kloster der Cisterciense-rinnen im Tal zu Weßprim, indem sie bald darauf den Schleier nahm, den Rest ihrer Tage in Gebet und Buße für das eigene Vergehen und für das Seelenheil des gerichteten Mörders hinzubringen, den die Menschen nicht erreicht, den aber Gott gefunden hatte.

Friedrich Halm

England

Die Geheimpolizei

Wir gehören keineswegs zu den unerschütterlichen Gläubigen an die alte Bow-Street-Polizei. In Wahrheit sind wir vielmehr der Ansicht, es habe sich bei diesen Ehrenleuten um einen mächtigen Schwindel gehandelt. Abgesehen davon, daß viele von ihnen Leute von ganz unbedeutender Veranlagung waren und sich viel zu sehr an den Umgang mit Dieben und dergleichen gewöhnt hatten, verloren sie keine Gelegenheit aus den Augen, um vor der Öffentlichkeit ihre Geheimniskrämerei anzupreisen und sich dabei ins rechte Licht zu stellen. Da sie außerdem noch ständig durch unfähige richterliche Beamte belobt wurden, die bemüht waren, ihre eigenen Mängel zu verheimlichen und Hand in Hand mit den Berichterstattern ihrer Zeit gingen, wurden sie allmählich zu Götzenbildern. Obwohl sie als Schutzpolizei vollkommen unwirksam und als Geheimpolizei sehr loderig und unsicher waren, stellen sie für gewisse Leute noch heutzutage Götzenbilder dar.
Auf der andern Seite ist die seit Einrichtung der bestehenden Polizei ins Leben gerufene Geheimpolizei so gut ausgesucht und vorgebildet, geht so planmäßig und ruhig vor, verrichtet ihre Obliegenheiten so geschäftsmäßig und arbeitet dauernd so ruhig und unablässig im Dienste der Öffentlichkeit, daß diese wirklich nicht genug über sie weiß, um auch nur den zehnten Teil ihres Nutzens zu begreifen. Unter dem Eindruck dieser Überzeugung und aus Teilnahme an den Leuten selbst stellten wir den Behörden in Scotland-Yard vor, wir würden uns freuen, falls keine amtlichen Bedenken vorlägen, uns mit den Beamten ein wenig zu unterhalten. Nach liebenswürdigster und bereitwilligster Erlaubnis hierzu wurde ein bestimmter Abend mit einem bestimmten Inspektor für eine gesellige Unterhaltung zwischen uns und den Beamten in der Schriftleitung der »Haushalts-Worte«* in Wellington Street, Strand, London, ausgemacht. Infolge dieser Verabredung fand jene Zusammenkunft statt, die wir zu beschreiben beabsichtigen. Und wir bitten wiederholt die Feststellung machen zu dürfen, daß bei Vermeidung aller Ausdrücke, die aus offensichtlichen Gründen für die Öffentlichkeit nur schädlich oder gewissen ehrenhaften Leuten unangenehm sein müßten, falls sie im Druck erschienen, unsere Beschreibung so genau ist, wie wir sie nur ausführen konnten.

* Dickens war von 1850-59 Herausgeber und Schriftleiter der Wochenschrift »*Households-Words*« (Haushalts-Worte).

Habe der Leser die Güte, sich das Allerheiligste der »Haushalts-Worte« vorzustellen. Was der Einbildungskraft des Lesers am besten paßt, wird dieses prächtige Gelaß auch am besten wiedergeben. Wir beschränken uns auf die Forderung eines runden Tisches in der Mitte, mit bereitgestellten Gläsern und Zigarren darauf; und das Schriftleitungssofa, in seiner ganzen Großartigkeit zwischen dies Staatsstück und die Wand eingeklemmt.

Es ist um die Dämmerstunde eines heißen, schwülen Abends. Das Pflaster der Wellington-Straße ist heiß und schmierig, und die Wasserträger und Droschkenkutscher vor dem Theater gegenüber sind sehr erhitzt und verärgert. Fortwährend setzen Wagen Leute ab, die ins »Feenland« wollen; und hin und wieder tönt ein mächtiges Gebrüll und Gebell durch die offenen Fenster, das uns die Ohren ganz taub macht.

Gerade als es dämmert, werden die Inspektoren Wield und Stalker gemeldet; wir übernehmen indessen keine Gewähr für Rechtschreibung irgendwelcher hier erwähnter Namen. Inspektor Wield stellt Inspektor Stalker vor. Inspektor Wield ist ein Mann mittleren Alters von behäbigem Aussehen, mit einem großen, feuchten, verständigen Auge, gedämpfter Stimme und der Angewohnheit, seiner Rede mittels eines dicken Zeigefingers nachzuhelfen, der beständig an seiner Nase oder seinem Auge ruht. Inspektor Stalker ist ein gerissener, hartköpfiger Schotte – in seiner äußeren Erscheinung durchaus nicht einem höchst scharfsinnigen, durch und durch eingefuchsten Schulmeister aus der Normalschule zu Glasgow unähnlich. Inspektor Wield könnte man vielleicht als das erkennen, was er ist – Inspektor Stalker nie.

Nach Erledigung der Empfangsförmlichkeiten bemerken die Inspektoren Wield und Stalker, sie hätten ein paar Sergeanten mitgebracht. Die Sergeanten werden vorgestellt – fünf an der Zahl, Sergeant Dornton, Sergeant Witchem, Sergeant Mith, Sergeant Fendall und Sergeant Straw. Da haben wir die ganze Polizeimacht von Scotland-Yard mit einer Ausnahme vor uns. Sie setzen sich im Halbkreis (die Inspektoren an den beiden Enden) in geringem Abstand von dem runden Tisch dem Schriftleitungssofa gegenüber. Jeder von ihnen nimmt sofort mit raschem Blick den Bestand der Einrichtung und eine sorgfältige Skizze der Schriftleitung auf. Der Schriftleiter fühlt, jeder der Herren würde ihn im Notfalle, ohne im geringsten zu zögern, noch in zwanzig Jahren wiedererkennen.

Die ganze Gesellschaft ist in bürgerlicher Tracht. Sergeant Dornton ist etwa fünfzig Jahre alt und hat bei seinem rötlichen Gesicht und der hohen sonnenverbrannten Stirn das Aussehen eines ehemaligen Unteroffiziers im Heeresdienst – er hätte Wilkie zu dem Soldaten in der »Testamentseröffnung« sitzen können. Er ist berühmt für seine Art, wie er einen Fall aus den kleinsten Kleinigkeiten entwickelt, und wie er sich von den kleinsten Anfängen Schritt für Schritt weiterarbeitet, bis er seinen Mann in der Falle hat. Sergeant Witchem, kleiner und dicker und pockennarbig, hat eine zurückhaltende und nachdenkliche Art, als wäre er mit tiefen mathematischen Berechnungen beschäftigt. Er ist berühmt wegen seiner Bekanntschaft mit dem feinen Gaunertum. Sergeant Mith, ein glattrasierter Mann mit hellen, frischen Farben und von merkwürdig einfältigem Aussehen, ist Meister in Einbruchsfällen. Sergeant Fendall, ein hellhaariges, höfliches, gut sich ausdrückendes Wesen, hat eine sehr glückliche Hand bei der Durchführung häuslicher Aufklärungen heikler Beschaffenheit. Straw, ein kleiner sehniger Beamter von bescheidenem Benehmen und starker Sinnesart, wäre imstande, an jede Tür zu klopfen und eine Reihe von Fragen zu stellen in beliebig sanfter Maske, die man ihm beschriebe, vom Waisenknaben aufwärts, und dabei so unschuldig wie ein neugeborenes Kind auszusehen. Einer wie der andere sehen sie durchaus anständig aus; zeigen gutes Benehmen und ungewöhnliche Klugheit; haben in ihrem Betragen nichts Hinterlistiges oder Schleichendes; beweisen scharfe Beobachtungsgabe und rasche Auffassung, wenn man sie anredet; und lassen auf ihren Gesichtern für gewöhnlich mehr oder weniger deutlich ausgeprägte Spuren eines Lebens voller starker, geistiger Anregung erkennen. Alle besitzen sie gute Augen; und können alle, und tun's auch, jedem, mit dem sie sprechen, voll ins Gesicht sehen.

Wir stecken uns unsere Zigarren an und lassen die Gläser um den Tisch gehen (die tatsächlich sehr mäßig in Anspruch genommen werden), und die Unterhaltung beginnt mit einer bescheidenen Anspielung der Schriftleitung auf das feine Gaunertum. Sofort nimmt Inspektor Wield die Zigarre von den Lippen, fährt mit der rechten Hand durch die Luft und sagt: »Was das feine Gaunertum anlangt, Herr, da kann ich nichts Besseres tun, als Sergeant Witchem aufrufen. Denn warum? Das will ich Ihnen sagen. Sergeant Witchem ist mit dem feinen Gaunertum besser bekannt als jeder andere Beamte in London.«

Das Herz hüpft uns empor beim Anblick dieses Regenbogens am Himmel, und wir wenden uns Sergeant Witchem zu, der sofort mit scharf umrissenen und gut gesetzten Worten auf den Gegenstand eingeht. Währenddessen sind seine Mitbeamten voller aufmerksamer Anteilnahme für alles, was er sagt, und beobachten dessen Wirkung. Dann beginnen sie sich einzumischen, einer oder auch zwei zugleich, wie die Gelegenheit sich bietet, und die Unterhaltung wird allgemein. Aber die Fachgenossen mengen sich nur ein, um einander beizustehen – nie um sich zu widersprechen –, es kann keine liebenswürdigere Genossenschaft geben. Vom feinen Gaunertum kommen wir auf verwandte Fachgebiete, Hehlerei, Straßentänzer, Einschleicher, gerissene junge Leute, die aufs »ganfen« ausgehen, und andere »Zünfte«. Bei all diesen Enthüllungen ist es beachtenswert, daß Inspektor Stalker, der Schotte, stets genau und an Hand von Ziffern vorgeht, und daß jeder, sowie Zahlen in Frage kommen, wie auf allgemeine Verabredung innehält und zu ihm hinübersieht.

Nachdem wir die verschiedenen Zünfte erschöpft haben – während welcher Auseinandersetzung die ganze Gesellschaft höchst aufmerksam blieb, ausgenommen wenn ein besonders lautes Geräusch drüben vor dem Theater einen der Herren bewog, fragend nach dem dort hinaus gelegenen Fenster zu blicken, hinter dem Rücken seines Nachbarn –, schürfen wir nach Belehrung in Fällen wie den folgenden. Ob in London wirklich noch offener Straßenraub vorkommt, oder ob nicht für gewöhnlich besondere Ereignisse, deren Erwähnung dem betroffenen Teil nicht angenehm sein kann, den unter Anklage stehenden Raubtaten vorhergehen und so ihre Kennzeichen als solche völlig verwischen? Dies letztere ist fast stets der Fall. Ob in Fällen von Raubtaten in Häusern, bei denen notwendigerweise Dienstboten in Verdacht geraten, die verdächtigte Unschuld nicht oft so sehr wie scheinbare Schuld aussieht, daß ein tüchtiger Beamter höchst vorsichtig in seiner Beurteilung sein muß? Zweifellos? Nichts ist so gewöhnlich oder so trügerisch wie derartige erste Anzeichen. Ob an öffentlichen Vergnügungsstätten ein Dieb einen Beamten und ein Beamter einen Dieb nicht daran erkennt – vorausgesetzt, daß sie sich vorderhand noch fremd waren –, daß jeder im andern trotz aller Verstellung Unaufmerksamkeit gegenüber den Veranstaltungen bemerkt und eine gewisse Absicht, die nicht auf Unterhaltung hinausläuft? Ja. Genau so ist es. Ob es Dieben gegenüber vernünftig oder lächerlich ist, wenn man ihren vorgeblichen Erfahrungen, etwa in Gestalt von Erzählungen, die sie selbst in Gefängnissen oder Besserungsanstalten oder sonst wo erzählt haben, Glauben schenkt? Im allgemeinen gibt es nichts Alberneres. Lügen ist ihnen Angewohnheit und Berufssache; und sie lügen lieber – selbst wenn es ihnen gar nichts nützt und sie sich nicht dadurch angenehm bemerkbar machen wollen –, als daß sie die Wahrheit sagen.

Von diesen Gegenständen gleiten wir zu den berühmtesten und schrecklichsten in den letzten fünfzehn oder zwanzig Jahren begangenen großen Verbrechen hinüber. Die Leute, die sich mit der Entdeckung fast aller dieser Fälle befaßt haben und an der Verfolgung oder Ergreifung der Mörder beteiligt waren, sind hier, bis auf den letzten Mann. Einer unserer Gäste jagte und enterte das Auswandererschiff, auf dem die letzte in London gehängte Mörderin sich eingeschifft hatte, wie man annahm. Wir hören von ihm, daß seine Sendung den Fahrgästen nicht mitgeteilt wurde, die vielleicht bis zu dieser Stunde noch keine Ahnung von ihr haben. Daß er mit dem Kapitän, eine Lampe in der Hand, hinunterging – weil es bereits dunkelte und das ganze

Zwischendeck im Bett und seekrank war – und die tatsächlich an Bord befindliche Frau Manning in eine Unterhaltung über ihr Gepäck verwickelte, bis sie mit nicht geringer Mühe dazu gebracht werden konnte, das Gesicht dem Licht zuzuwenden. Befriedigt, daß sie nicht der Gegenstand seiner Nachforschungen sei, ging er ruhig wieder auf den längsseits liegenden Regierungsdampfer und fuhr mit dieser Nachricht wieder nach Hause.

Nachdem wir diese Gesprächsgegenstände erschöpft haben, die in der Unterhaltung eine beträchtliche Zeit einnehmen, stehen zwei oder drei auf, flüstern »Sergeant Witchem« und nehmen ihren Platz wieder ein. Sergeant Witchem beugt sich ein wenig vor, und indem er die Hände auf die Knie stützt, erzählt er bescheiden wie folgt:

»Meine Freunde möchten, daß ich Ihnen kurz berichte, wie ich Tally-ho Tompson faßte. Man sollte eigentlich nicht erzählen, was man selbst getan hat; aber da niemand mit mir war und infolgedessen auch niemand anders als ich selbst es erzählen kann, will ich es tun, so gut ich's vermag, wenn es Ihnen recht ist.«

Wir geben Sergeant Witchem die Versicherung, er täte uns einen großen Gefallen, und dann setzen wir uns zurecht, um mit größter Teilnahme und Aufmerksamkeit zu lauschen.

»Tally-ho Thompson«, fängt Sergeant Witchem an, nachdem er sich die Lippen mit Grog nur eben angefeuchtet hat, »Tally-ho Thompson war ein berühmter Pferdedieb, Roßtäuscher und Nepper. Thompson hatte in Gemeinschaft mit einem Freund, der gelegentlich mit ihm zusammen arbeitete, einen Landmann um eine gute, runde Summe Geld betrogen, unter dem Vorwand, ihm eine Anstellung zu verschaffen – der übliche alte Kniff –, und wurde später dann noch wegen eines Pferdes verfolgt – ein Gaul, den er da unten in Hertfordshire gestohlen hatte. Ich wurde hinter ihm hergeschickt und machte mich natürlich zunächst daran, herauszukriegen, wo er wäre. Nun lebte Thompsons Frau mit ihrem kleinen Mädchen in Chelsea. Da ich wußte, Thompson wäre irgendwo auf dem Lande, überwachte ich das Haus – besonders morgens zur Postzeit –, weil ich dachte, Thompson würde ihr doch höchstwahrscheinlich schreiben. Richtig, eines Morgens kommt der Briefträger und gibt an Frau Thompsons Tür einen Brief ab. Die Kleine macht die Tür auf und nimmt ihn mit herein. Wir sind uns bei den Briefträgern nicht immer ganz sicher, wenn die Leute auf den Postämtern auch immer sehr entgegenkommend sind. Der Briefträger hilft uns mal, oder auch nicht – wie's grade trifft. Jedenfalls, ich gehe zu dem Briefträger hinüber und sage ihm, nachdem er seinen Brief los ist: ›Guten Morgen! wie gehts?‹ ›Wie gehts selbst?‹ sagt er. ›Sie haben eben Frau Thompson einen Brief gebracht.‹ ›Jawohl, stimmt.‹ ›Sie haben wohl nicht am Ende zufällig den Poststempel bemerkt?‹ ›Nee‹, sagt er, ›das hab ich nich.‹ ›Komm‹, sag ich, ›ich will ganz offen gegen Sie sein. Ich hab so'n kleines Geschäft und habe Thompson was gepumpt und kann das nicht verlieren, was er mir schuldet. Ich weiß, Geld hat er, und ich weiß, er ist auf dem Lande, und wenn Sie mir sagen könnten, wie der Poststempel war, dann würde ich Ihnen sehr dankbar sein, und Sie würden einem kleinen Geschäftsmann, der keinen Verlust tragen kann, einen großen Dienst erweisen.‹ ›Ja‹, sagt er, ›ganz gewiß, ich hab nicht gesehen, wie der Poststempel war; alles, was ich weiß, ist, daß Geld in dem Briefe war – ich sollte meinen, zwanzig Mark.‹ Das genügte mir, denn natürlich wußte ich: nun Thompson seiner Frau Geld geschickt hatte, würde sie ihm höchstwahrscheinlich postwendend wieder schreiben, um ihm den Empfang zu bestätigen. So sagte ich ›Danke!‹ zu dem Briefträger und paßte weiter auf. Nachmittags sah ich das kleine Mädchen herauskommen. Natürlich ging ich hinter ihr her. Sie ging in einen Papierladen, und ich brauche wohl nicht zu sagen, daß ich durchs Fenster guckte. Sie kaufte Briefpapier und Umschläge und 'ne Feder. Ich denke bei mir selbst: ›Das genügt!‹ – paß auf, wie sie wieder nach Hause geht – und gehe nicht wieder weg, können Sie versichert sein, weil ich doch wußte, Frau Thompson schriebe nun ihren Brief an Tally-ho, und der Brief würde sofort besorgt werden. Nach ungefähr 'ner Stunde oder so kam das kleine Mädchen wieder 'raus, mit dem Brief in der Hand. Ich ging auf das Kind zu und sagte irgendwas zu ihr, was es nun auch grade war; aber die Aufschrift des Briefes konnte ich nicht sehen, weil sie ihn mit dem Siegel nach oben hielt. Ich bemerkte aber, daß der Brief auf der Rückseite hatte, was wir einen Kuß nennen – einen Lacktropfen neben dem Siegel – und das war mir wieder genug, verstehen Sie. Ich sah, wie sie den Brief zur Post brachte, wartete, bis sie weg war, ging dann in den Laden und fragte nach dem Postmeister. Als der herauskam, sagte ich zu ihm: ›Na, ich bin Beamter bei der Geheimpolizei; hier ist grade eben ein Brief mit einem Kuß hinten drauf zur Post gebracht worden für jemand, den ich suche; und worum ich Sie bitten möchte, ist, daß Sie mich die Aufschrift auf dem Brief lesen lassen.‹ Er war sehr höflich – holte einen Haufen Briefe aus dem Kasten im Fenster – schüttete sie mit der Rückseite nach oben auf den Ladentisch – und mitten unter ihnen lag der Brief mit dem Kuß, den ich suchte. Er war gerichtet an Herrn Thomas Pigeon, postlagernd B-. Also fuhr ich noch in der Nacht nach B – hinunter (hundertundachtzig Kilometer oder so). Gleich am nächsten Morgen ging ich aufs Postamt, sah den Verwalter; sagte ihm, wer ich wäre, und daß meine Aufgabe sei, denjenigen zu sehen und zu verfolgen, der nach dem Briefe für Herrn Thomas Pigeon käme. Er war sehr höflich und sagte: ›Sie sollen jede Hilfe finden, die ich Ihnen angedeihen lassen kann. Sie können hier im Dienstraum warten; und wir werden aufpassen und es Sie wissen lassen, sobald jemand nach dem Briefe kommt.‹ Schön, ich wartete also drei Tage und fing schon an zu glauben, es würde niemand mehr kommen. Schließlich flüsterte der Gehilfe mir zu: ›Hier! Schutzmann! Es ist jemand da für den Brief!‹ ›Halten Sie ihn eine Minute auf‹, sagte ich und rannte nach draußen vors Postamt. Da sah ich einen jungen Bengel stehen, der wie ein Stallbursche aussah, der hielt ein Pferd am Zügel und streckte so den Zügel über den Fußweg, während er vor dem Schalter auf den Brief wartete. Ich fing an, das Pferd zu klopfen und so; und dann sagte ich zu dem Jungen: ›Nanu, das ist doch Herrn Jones sein Pferd!‹ ›Nee. Is es nich.‹ ›Nein?‹ sag ich. ›Sie sieht aber genau wie Herrn Jones seine Stute aus.‹ ›Sie is aber nich Herrn Jones seine Stute, überhaupt‹, sagt er, ›sie gehört Herrn Soundso, im Warwick-Wappen.‹ Und dann sprang er auf und ging los mit Brief und allem. Ich nahm einen Wagen und folgte ihm auf dem Bock, und war so rasch hinter ihm, daß ich durch ein Tor auf den Hof im Warwick-Wappen fuhr, als er grade durch das andere kam. Ich ging in den Ausschank, wo ein junges Frauenzimmer bediente, und bat um ein Glas Grog. Gleich drauf kam er herein und gab ihr den Brief. Sie sah ihn so nebenbei an, ohne was zu sagen, und steckte ihn hinter den Spiegel über dem Kamin. Was war nun zu tun?

Ich überlegte es mir, während ich meinen Grog trank (und sah die ganze Zeit über scharf nach dem Briefe aus), konnte aber keinen Ausweg finden. Ich versuchte ein Unterkommen im Hause zu kriegen, aber da war eine Pferdeschau oder irgend sowas, und es war voll. Ich mußte mich woanders unterbringen, aber ein paar Tage lang kam ich immer wieder in den Ausschank, und immer steckte der Brief noch hinter dem Spiegel. Schließlich dachte ich,

ich wollte doch mal selbst einen Brief an Herrn Thomas Pigeon schreiben und dann sehen, was das zuwege brächte. Ich schrieb also einen und gab ihn auf die Post, richtete ihn aber absichtlich an Herrn John Pigeon, statt an Herrn Thomas Pigeon, um zu sehen, was daraus würde. Am Morgen (es war ein sehr regnerischer Morgen) paßte ich dem Briefträger auf in der Straße und witschte in den Ausschank, grade ehe er zum Warwick-Wappen kam. Gleich darauf kam er mit meinem Briefe herein. ›Wohnt hier ein Herr John Pigeon?‹ ›Nee! – doch, halt mal eben‹, sagt das Schankmädchen; und sie holt den Brief hinter dem Spiegel 'runter. ›Nee‹, sagt sie, ›Thomas heißt er, und der wohnt hier auch nich. Würden Sie mir wohl einen Gefallen tun und den hier für mich mit zur Post nehmen, weil's so naß is?‹ Der Briefträger sagt ja; sie steckte ihn in einen andern Umschlag, machte die Aufschrift und gab ihn ihm. Er legte ihn in seinen Hut und zog los.

Ich hatte keine Schwierigkeiten, den Bestellungsort dieses Briefes herauszufinden. Er war an Herrn Thomas Pigeon gerichtet, Postamt zu R-, Northamptonshire, postlagernd. Sofort zog ich los nach R-; im Postamt dort sagte ich dasselbe wie in B-; und wieder wartete ich drei Tage, ehe jemand kam. Endlich kam wieder ein Junge zu Pferde. ›Sind Briefe für Herrn Thomas Pigeon da?‹ ›Wo kommst du her?‹ ›Neues Wirtshaus, bei R-.‹ Er kriegte seinen Brief, und auch er sauste im Galopp los.

Nun stellte ich Nachforschungen nach dem Neuen Wirtshaus bei R – an, und da ich hörte, es wäre so'n etwas einsames Haus so für Pferdegeschäfte, ein paar Kilometer vom Bahnhof, da dachte ich, ich wollte doch mal hin und es mir ansehen. Ich fand es ganz, wie es mir beschrieben war, und bummelte hinein, um mich weiter umzusehen. Die Wirtin stand am Schanktisch, und ich versuchte eine Unterhaltung mit ihr anzufangen; fragte sie, wie's Geschäft ginge und redete über das nasse Wetter und so weiter; und da sah ich durch eine offene Tür in einer Art Wohnstube oder Küche drei Männer am Feuer sitzen; und der eine von diesen Männern war nach der Beschreibung Tally-ho Thompson.

Ich ging hin und setzte mich zu ihnen und versuchte den fidelen Bruder zu spielen; aber sie waren sehr scheu – wollten überhaupt nicht reden – guckten mich an und einer den andern, alles andere als freundlich. Ich überschlug sie nun mal, und da ich fand, sie wären alle drei größer als ich und sähen sehr eklig aus – daß es doch auch recht einsam wäre, der Bahnhof drei Kilometer weit weg – und daß es Nacht würde –, und da dachte ich, ich könnte nichts Besseres tun als 'nen kleinen Grog nehmen, um bei Stimmung zu bleiben. Also bestellte ich mir einen; und wie ich noch so am Feuer sitze und trinke, steht Thompson auf und geht hinaus.

Nun war das schwierigste, ich war mir nicht sicher, ob es auch wirklich

Thompson war, weil ich ihn noch nie zu Gesicht gekriegt hatte; und was mir fehlte, war doch, daß ich seiner ganz sicher wäre. Aber nun gab es nichts anderes, als hinter ihm herzugehen und den Dicknäsigen zu spielen. Ich fand ihn auf dem Hof in einer Unterhaltung mit der Wirtin. Hinterher kam heraus, daß er von einem Beamten aus Northampton wegen etwas anderem gesucht wurde, und daß er, weil er wußte, dieser Beamte sei pockennarbig (wie ich selbst), mich für diesen gehalten hatte. Wie gesagt, fand ich ihn draußen im Gespräch mit der Wirtin. Ich legte ihm die Hand auf die Schulter – so – und sagte: ›Tally-ho Thompson, es nützt nichts. Ich kenne Sie. Ich bin Beamter aus London und verhafte Sie wegen Kapitalverbrechens!‹ ›Verdammt nochmal!‹ sagt Tally-ho Thompson.

Wir gingen wieder ins Haus, und nun fingen seine beiden Freunde an, ungemütlich zu werden, und sie sahen mir höllisch eklig aus, versichere ich Sie. ›Lassen Sie den Mann los. Was haben Sie mit ihm vor?‹ ›Das will ich Ihnen sagen, was ich mit ihm vorhabe. Ich bringe ihn heut nacht nach London, so wahr ich lebe. Ich bin hier nicht allein, mögen Sie denken, was Sie wollen. Kümmern Sie sich um Ihren eigenen Kram und halten Sie sich mir aus dem Wege. Das wird für Sie besser sein, denn ich kenne Sie beide auch ganz genau.‹ Ich hatte von ihnen in meinem ganzen Leben nie was gehört noch gesehen, aber daß ich so losging, machte sie etwas bange, und sie hielten sich abseits, während Thompson sich zum Mitgehen fertigmachte. Ich dachte aber doch bei mir, vielleicht würden sie auf der dunklen Landstraße hinter mir herkommen, um Thompson zu befreien; daher sagte ich zu der Wirtin: ›Was für Leute haben Sie im Hause, Frau?‹ ›Wir haben gar keine Leute im Hause‹, sagt sie recht brummig. ›Sie haben aber doch einen Stallknecht, sollte ich meinen?‹ ›Ja, einen Stallknecht haben wir.‹ ›Lassen Sie mich den mal sehen.‹ Er kam gleich herein und war ein strubbelköpfiger junger Bengel. ›Nun paß mal auf, junger Mensch‹, sag ich; ›ich bin Geheimpolizist aus London. Dieser Mann hier heißt Thompson. Ich habe ihn wegen schweren Verbrechens verhaftet. Ich will ihn zur Bahn bringen. Im Namen der Königin fordere ich Sie auf, mir zu helfen; und bedenke, mein Freund, du kommst in eine üblere Klemme als du ahnst, wenn du's nicht tust!‹ Noch nie haben Sie einen Menschen die Augen so weit aufreißen sehen. ›Nun vorwärts, Thompson!‹ sag ich. Aber als ich die Handschellen herausholte, da schreit Thompson: ›Nein! Nichts davon! Das will ich nicht! Ich werde ruhig mit Ihnen gehen, aber das lasse ich mir nicht gefallen!‹ ›Tally-ho Thompson‹, sagte ich, ›ich werde mich gegen Sie wie ein Mann benehmen, wenn Sie sich gegen mich auch wie ein Mann benehmen wollen. Geben Sie mir Ihr Wort, daß Sie ruhig mitkommen wollen, dann brauche ich Ihnen keine Handschellen anlegen.‹ ›Das will ich‹, sagt Thompson, ›aber erst will ich noch ein Glas Branntwein.‹

›Mir ists auch schnuppe, ob ich noch eins nehme‹, sag ich. ›Denn wollen wir auch zwei haben, Frau‹, sagten seine Freunde, ›und verdammt nochmal, Schutzmann, Sie werden doch Ihrem Mann auch wohl eins geben, nich?‹ Das war mir recht, und dann führten mein Mann und ich Tally-ho Thompson wohlbehalten an die Bahn, und ich brachte ihn noch in derselben Nacht nach London. Er wurde nachher freigesprochen wegen eines Fehlers in der Beweisaufnahme; und ich habe immer gehört, er priese mich bis in den Himmel und sagte, ich wäre der beste aller Menschen.«
Während diese Erzählung unter allseitigem Beifall zu Ende gebracht wird, heftet Inspektor Wield nach ein paar ernsthaften Zügen das Auge auf seinen Gastgeber und äußert sich dann folgendermaßen:
»Meiner war auch kein schlechter Einfall, der Plan gegen Fikey, den Mann, der wegen Fälschung der Südwestbahn-Pfandbriefe angeklagt war – es war erst kürzlich –, denn warum? Das will ich Ihnen erzählen.
Ich hatte Nachricht bekommen, Fikey und sein Bruder hätten da drüben«, sein Finger deutete irgendeine Gegend auf der Surrey-Seite des Flusses an – »eine Werkstätte, wo er abgenutztes Fuhrwerk ankaufte; nachdem ich also vergeblich versucht hatte, ihn auf andere Weise zu fassen, schrieb ich ihm einen Brief unter angenommenen Namen und sagte, ich möchte gern einen Gaul mit 'ner Kutsche loswerden und würde mit dem Gefährt am nächsten Tage zu ihm herunterfahren, damit er sie sich ansehen und ein Angebot machen könnte – ich sagte, es wäre sehr billig – ein richtiger Gelegenheitskauf. Dann gingen Straw und ich zu einem Freund von mir, der Lohn- und Mietsfuhrwerk hat, und mieteten ein Gespann für den Tag, und ein hübsches war es – so'n richtig schickes Ding! Dann fuhren wir also hinunter, mit einem Freund (der selbst nicht zur Polizei gehört); dann ließ ich meinen Freund in der Chaise dicht bei einem Wirtshaus, um auf den Gaul zu passen, und wir gingen nach der Werkstatt, die noch etwas weiter weg lag. In der Werkstatt waren so viel stramme Kerls an der Arbeit, daß es mir klar wurde, als ich sie aufrechnete, hier könnte ich nichts unternehmen. Es waren zu viele für uns. Wir mußten unseren Mann nach draußen kriegen. ›Herr Fikey zu Hause?‹ ›Nee.‹ ›Wird er bald zurückerwartet?‹ ›Wieso, nee, so bald nich.‹ ›Ach! ist denn sein Bruder da?‹ ›Der bin ich.‹ ›Och, nein, das ist aber wirklich ein Pech. Ich hab ihm gestern geschrieben und ihm mitgeteilt, ich hätte ein kleines Fuhrwerk zu verkaufen, und nun hab ich mir all die Mühe gemacht und bin bloß deswegen heruntergefahren, und nun ist er nicht da.‹ ›Nee, er is nich da. Sie könnten wohl nich wieder vorkommen?‹ ›Wieso, nee, das geht nicht. Ich will das Ding loswerden; tatsächlich; und aufschieben kann ichs auch nicht. Können Sie ihn denn nicht irgendwo auftreiben?‹ Zuerst sagte er nein, das könnte er nicht, und dann wußte er es nicht ganz bestimmt, und

dann wollte er mal nachsehen. So ging er schließlich nach oben, wo so 'ne Art Heuboden war, und da kommt auch schon mein Mann herunter.
›Na‹, sagt er, ›Sie scheinen es ja mächtig hille zu haben.‹ ›Ja‹, sag ich, ›ich hab's recht eilig, und Sie werden sehen, es ist wirklich ein Gelegenheitskauf – dreckig billig.‹ ›Ich kann grade jetzt eigentlich nichts brauchen‹, sagt er, ›aber wo is es denn?‹ ›Ja‹, sag ich, ›der Wagen steht da draußen. Kommen Sie, sehen Sie ihn sich mal an.‹ Er hatte keinerlei Verdacht, und so zogen wir los. Und das erste, was sich ereignet, ist, daß der Gaul mit meinem Freund durchgeht (der vom Fahren nicht mehr Ahnung hat als ein neugeborenes Kind), wie er ihn mal so 'nen kleinen Trab die Straße hinunter machen läßt, um ihm seine Gangart zu zeigen. Nie im Leben haben Sie so 'nen Ulk gesehen!
Sobald dem Gaul das Durchbrennen nun vergangen war und der Wagen wieder stillesteht, da geht Fikey so rund um ihn herum, ernsthaft wie ein Richter – ich auch. ›Da, Herr!‹ sag ich, ›das ist doch ein feines Ding!‹ ‹'ne schlechte Sorte ist's nich‹, sagt er. ›Das mein' ich‹, sag ich. ›Und ein Gaul!‹ – denn ich merkte, wie er den ansah. ›Geht ins achte!‹ sag ich und reib ihm die Vorderhand. (Du lieber Gott, in der ganzen Welt gibt's keinen Menschen, der weniger von Pferden versteht als ich, aber ich hatte meinen Freund da im Stalle sagen hören, er wäre beinahe acht Jahre, und deshalb sagte ich so sachverständig wie möglich: ›Geht ins achte!‹) ›Geht ins achte? so?‹ sagt er. ›Na‹, sagt er, ›was wollen Sie denn dafür haben?‹ ›Ja, mein Erstes und Letztes für den ganzen Kram ist fünfhundert Mark!‹ ›Das is sehr billig!‹ sagt er und sieht mich an. ›Nicht wahr?‹ sag ich. ›Ich hab Ihnen ja gesagt, es ist ein Gelegenheitskauf. Nun ohne lange zu schachern, was ich will, ist es zu verkaufen, und das ist mein Preis. Ich will's Ihnen auch noch weiter erleichtern und bloß die Hälfte in bar haben, und für den Rest können Sie mir denn ja so 'nen kleinen Wechsel geben.‹ ›Ja‹, sagt er, ›das is sehr billig.‹ ›Glaub ich‹, sag ich; ›steigen Sie mal ein und versuchen ihn selbst, denn werden Sie ihn schon kaufen. Kommen Sie, machen Sie mal einen Versuch!‹
Wahrhaftigen Gott, er steigt ein, und wir auch, und dann fahren wir so die Straße hinunter, um ihn einem der Eisenbahnbuchhalter zu zeigen, der im Wirtshaus am Fenster versteckt war, und seine Persönlichkeit festzustellen. Aber der Buchhalter war verwirrt und wußte nicht, wäre er es oder nicht – denn warum? Das will ich Ihnen sagen – weil er sich den Bart abgenommen hatte. ›Is'n fixer kleiner Gaul‹, sagt er, ›un 'n guter Traber; un die Chaise läuft auch fein.‹ ›Kein Zweifel‹, sag ich. ›Und nun, Herr Fikey, kann ich's ja auch gleich ins reine bringen, ohne mehr von Ihrer Zeit zu vertrödeln. Die Sache ist nämlich die, ich bin Inspektor Wield, und Sie sind mein Gefangener.‹ ›Das ist doch woll nich wahr?‹ sagt er. ›Doch, wirklich.‹ ›Denn hol mich der Teufel‹, sagt Fikey, ›wenn das nich zu dumm is.‹

Wohl noch nie haben Sie jemand vor Überraschung so über den Haufen geworfen sehen. ›Ich hoffe doch, Sie werden mich meinen Rock holen lassen?‹ sagt er. ›Selbstverständlich.‹ ›Na, denn lassen Sie uns man nach der Werkstätte fahren.‹ ›Na, so vielleicht nun nicht grade, meine ich‹, sagte ich; ›da bin ich heute schon mal gewesen. Was meinen Sie, wenn wir ihn holen ließen?‹ Er sah, es nutzte nichts, also ließ er ihn holen und zog ihn an, und wir fuhren ihn nach London, ganz bequem.«
Diese Erinnerung steht noch auf der Höhe ihres Erfolges, als eine allgemeine Aufforderung an den frischaussehenden, glattrasierten Beamten ergeht, der so merkwürdig einfältig aussieht, doch mal die »Schlachter-Geschichte« zu erzählen.
Der frischaussehende, glattrasierte Beamte mit der merkwürdig einfältigen Miene begann mit einem bäuerlichen Lächeln und in weicher, einschmeichelnder Stimme die Schlachter-Geschichte folgendermaßen zu erzählen:
»Es ist jetzt grade ungefähr sechs Jahre her, als Scotland-Yard benachrichtigt wurde, in ein paar großen Geschäften in der City kämen ausgedehnte Diebstähle von Seiden und Batisten vor. Es erging Anweisung, sich die Sache mal anzusehen; und Straw und Fendall und ich waren alle drin.«
»Als Sie Ihre Anweisungen erhalten hatten«, warfen wir ein, »zogen Sie los und hielten erst mal zusammen eine Art Ministerrat!«
Der glattrasierte Beamte erwiderte liebenswürdig: »Ja-a. Ganz recht. Wir überlegten es uns recht gründlich. Es schien, als wir uns dranmachten, als würde die Ware von den Hehlern außerordentlich billig verkauft – viel billiger, als es möglich gewesen wäre, wenn sie auf ehrliche Weise dazu gekommen wären. Die Hehler gehörten zu dem gleichen Geschäftszweig und besaßen große Läden – hochangesehene Geschäfte –, einer drunter im Westend und einer in Westminster. Nach mächtig viel Erkundigungen und Überwachungen und so allerlei unter uns dreien fanden wir heraus, daß das eigentliche Geschäft und der Verkauf der gestohlenen Ware in einem kleinen Wirtshaus dicht bei Smithfield stattfände, da unten bei St. Bartholomäus, wo die Packer aus den Warenhäusern, die die Diebe waren, sie deswegen hinbrachten, sehen Sie wohl? und sich dorthin mit den Leuten verabredeten, die zwischen ihnen und den Hehlern hin und her gingen. Dies Wirtshaus wurde hauptsächlich von Schlachtergesellen vom Lande besucht, die keine Stelle hatten und eine suchten; also, was tat ich, als – ha-ha-ha! – wir machten aus, ich sollte mich als Schlachter verkleiden und hingehen und dort wohnen!«
Sicher ist keine Beobachtungsgabe je besser angewandt worden als die, die grade diesen Beamten für seine Rolle aussuchte. Nichts auf Erden hätte ihm besser stehen können. Noch während er sprach, wurde er wieder ein fettiger, schläfriger, scheuer, gutmütiger, dämlicher, argloser, vertrauensseliger jun-

ger Schlachter. Sein Haar schien sogar wieder eingetalgt zu sein, als er es sich auf dem Kopf glattstrich, und seine frische Haut durch große Mengen Fleischnahrung glänzend zu werden.
»– Also –, ha-ha-ha!« (jedesmal mit dem vertrauensseligen Gekicher des dämlichen jungen Schlachters), »also ich verkleidete mich ganz vorschriftsmäßig, machte mir ein kleines Zeugbündel zurecht, ging in das Wirtshaus und fragte, ob ich wohl unterkommen könnte? Sie sagen: ›Ja, unterkommen kannst du hier wohl‹, und ich kriegte eine Kammer und setzte mich unten im Ausschank fest. Da waren so allerhand Leute drin und kamen und gingen ein und aus; und erst sagt der eine und denn der andere: ›Kommen Sie vom Lande, junger Mann?‹ ›Ja‹, sag ich, ›da komm ich her. Ich komme von Northamptonshire und bin hier ganz alleine, denn London kenne ich ganz und gar nich, und es ist so 'ne mächtig große Stadt.‹ ›Ja, 'ne große Stadt ist es‹, sagen sie. ›O, es is 'ne riesig große Stadt!‹ sag ich. ›Gewiß und wahrhaftig, in so 'ner Stadt bin ich noch nie nich gewesen. Sie macht mich ganz wirrelich!‹ – und so desgleichen, wissen Sie.
Als ein paar von den Lohnschlachtern, die auch in dem Hause verkehrten, nun herausfanden, ich suchte 'ne Stelle, da sagten sie: ›Och, 'ne Stelle wollen wir woll für dich kriegen!‹ Und tatsächlich schleppten sie mich auch zu 'ner Masse von Stellen, am Newgate Markt, am Newport Markt, in Clare, in Carnaby, – ich weiß nicht wo überall hin. Aber – ha-ha-ha! – der Lohn genügte mir nirgends, und ich fand nichts Passendes, sehen Sie wohl! Ein paar von den sonderbaren Gästen waren erst etwas mißtrauisch gegen mich, und ich mußte tatsächlich bei meinen Mitteilungen an Straw und Fendall sehr vorsichtig sein. Zuweilen, wenn ich ausging, tat ich so, als bliebe ich vor Schaufenstern stehen, und sah mich dann vorsichtig um, und dann sah ich gewöhnlich, wie welche von ihnen hinter mir her waren; aber vielleicht war ich hieran besser gewöhnt als sie dachten, an diese Art Geschichten, und führte sie dann an der Nase herum, soweit es mir grade Spaß machte oder ich es für passend hielt – manchmal weite Wege –, und dann drehte ich mich mit einemmal um und lief auf sie zu und sagte: ›Ochott, was bin ich froh, daß ich Sie hier finde, zu meinem Glück! Was ist dies London für 'n Nest, verdammt nochmal, wenn ich mich nicht schon wieder verlaufen habe!‹ Und dann gingen wir wieder zurück, alle zusammen, nach dem Wirtshaus, und – ha-ha-ha! – und schmökten unsere Pfeifen, sehen Sie?
Sie waren sehr aufmerksam gegen mich, gewiß. Es war etwas ganz Gewöhnliches, solange ich dort wohnte, daß ein paar von ihnen mich mit ausnahmen und mir London zeigten. Sie zeigten mir die Gefängnisse – zeigten mir Newgate – und als sie mir das zeigten, blieb ich an der Stelle stehen, wo die Dienstmänner ihre Sachen absetzen, und sag: ›Och du lieber Gott! hier

werden die Leute wohl aufgehängt? Och Heer!‹ ›Hier?‹ sagen sie. ›Was für 'n Schafskopf das ist! Hier ist das nicht!‹ Und dann zeigten sie mir, wo es war, und ich sag: ›Och Heer!‹ und sie sagen: ›Nun wirst du's wohl wiedererkennen, was?‹ Und ich sag, ich glaubte wohl, wenn ich's ordentlich versuchte – und ich kann Ihnen die Versicherung geben, ich guckte scharf nach der Stadtpolizei aus, wenn wir so in diese Gegend kamen, denn hätte mich einer von ihnen wiedererkannt und mich angesprochen, denn wär im Augenblick alles aus gewesen. Aber zu meinem Glück kam so was nie vor, und alles ging ruhig seinen Gang; obgleich die Schwierigkeiten für mich im Verkehr mit meinen Freunden ganz unglaublich waren.

Die gestohlene Ware wurde also immer durch die Packer aus den Warenhäusern in das Wirtshaus gebracht und hier in einem Hinterzimmer verschärft. Lange Zeit konnte ich nie in dies Hinterzimmer hinein oder auch nur sehen, was dort vorging. Wenn ich so wie ein unschuldiger junger Bengel am Feuer im Schankzimmer meine Pfeife rauchte, dann konnte ich hören, wie einzelne Teilnehmer an den Diebstählen beim Ein- und Ausgehen den Wirt ganz leise fragten: ›Wer ist das? Was macht der hier?‹ ›Ach du lieber Gott!‹ sagt der Wirt dann, ›das is bloß so 'n grüner junger Bursche vom Lande, der 'ne Stelle als Schlachter sucht. Um den kümmert euch man nich!‹ Im Laufe der Zeit wurden sie also so von meiner Grünheit überzeugt und gewöhnten sich so an mich, daß ich in das Hinterzimmer genau so gut wie jeder von ihnen hineindurfte, und ich habe dort in einer Nacht für nicht weniger als vierzehnhundert Mark feinen Batist verkaufen sehen, der aus einem Warenhaus in der Freitag-Straße gestohlen war. Nach dem Verkauf gaben die Käufer jedesmal einen aus – warmes Abendbrot, oder Essen oder was sonst noch alles, und bei solchen Gelegenheiten hieß es dann immer: ›Komm her, Schlachter! Setz mal dein bestes Bein vor, Bengel, und heran mit dir!‹ Und das pflegte ich dann auch zu tun – und beim Essen allerlei zu hören, was für uns Geheimpolizisten ganz besonders wertvoll zu wissen war.

Dies ging so etwa zehn Wochen lang. Ich wohnte die ganze Zeit über in dem Wirtshaus und kam nie aus meinem Schlachterkittel heraus – außer im Bett. Schließlich, als ich sieben der Diebe aufgespürt und sie zurechtgemacht hatte – das ist so einer von unsern Ausdrücken, sehen Sie, mit denen wir meinen, daß wir sie aufgespürt und herausgefunden haben, wo sie ihre Diebstähle begehen und alles, was dazu gehört – gaben Straw und Fendall und ich uns die nötigen Winke, und nachdem wir eine bestimmte Zeit verabredet hatten, fielen sie über das Wirtshaus her, und die Verhaftungen wurden vorgenommen. Beinahe das erste, was die Beamten taten, war, daß sie mich festnahmen, – denn die Teilnehmer an den Diebstählen sollten einstweilen noch nichts anderes denken, als daß ich ein Schlachter wäre – und da schreit der

Wirt: ›Den nehmt doch nicht‹, sagt er, ›was ihr sonst auch vorhabt! Er ist bloß ein armer junger Kerl vom Lande, dem die Butter noch nicht im Munde schmilzt!‹ Aber sie – ha-ha-ha! – sie nahmen mich doch und taten so, als ob sie meine Schlafkammer durchsuchten, wo aber nichts gefunden wurde als eine alte Fiedel, die dem Wirt gehörte, die da auf irgendwelche Weise hingekommen war. Aber das stieß die Meinung des Wirtes vollkommen um, denn sowie sie hervorgebracht wurde, sagte er: ›Meine Fiedel! Der Schlachter ist also ein Dieb! Dann lasse ich ihn wegen Diebstahls eines Musikinstruments verhaften!‹

Der Mann, der die Ware in der Freitag-Straße gestohlen hatte, war noch nicht gefaßt. Er hatte mir im Vertrauen erzählt, er habe den Argwohn, da sei irgendwas nicht in Ordnung (weil die Stadtpolizei einen von der Bande gefaßt hatte), und er mache sich lieber dünne. Ich fragte ihn: ›Wo wollen Sie denn hin, Herr Sheperdson?‹ ›Wieso, Schlachter, der »Untergehende Mond« auf der Commercial Road ist ein behagliches Haus, und da werde ich mich mal für 'ne Zeitlang aushängen. Ich werde mich Simpson nennen, das kommt mir wie so 'n ganz bescheidener Name vor. Vielleicht guckst du mal herein, Schlachter?‹ ›Ja‹, sag ich, ›ich denke ich werde Sie wohl mal besuchen‹ – was ich durchaus beabsichtigte, denn natürlich mußte er doch gefaßt werden. Am nächsten Tage ging ich also zum Untergehenden Mond hinüber, mit noch einem Beamten, und fragte am Ausschank nach Simpson. Sie zeigten mir seine Kammer oben. Als wir hinaufgingen, guckte er grade über das Treppengeländer herunter und fragte: ›Hallo! Schlachter, bist du das?‹ ›Jawohl, ich bin's. Wie gehts?‹ ›Ganz vergnügt‹, sagt er; ›wer ist denn das da bei dir?‹ ›Bloß ein junger Mann, ein Freund von mir‹, sag ich. ›Denn komm man‹, sagt er; ›jeder Freund des Schlachters ist grade so willkommen wie er selbst!‹ Da stellte ich ihm meinen Freund vor und wir führten ihn ab.

Sie machen sich keine Vorstellung davon, Herr, was das vor Gericht für 'n Anblick war, als sie zuerst erfuhren, ich wäre überhaupt gar kein Schlachter! Bei der ersten Untersuchung wurde ich nicht aufgerufen; aber bei der zweiten war ich. Und als ich in voller Polizeiuniform in die Schranken trat und die ganze Gesellschaft sah, wie sie hereingelegt worden war, da ging tatsächlich ein Stöhnen vor Schrecken und Ärger durch die ganze Anklagebank.

Als ihre Sache in Old Bailey drankam, hatte Mr. Clark sie zu verteidigen, und er konnte die Sache mit dem Schlachter nicht spitz kriegen. Er glaubte immer, es handle sich um einen richtigen Schlachter. Als der Staatsanwalt sagte: ›Jetzt, meine Herren, werde ich den Polizeibeamten aufrufen‹, womit er mich meinte, da sagt Mr. Clark: ›Wieso den Polizeibeamten? Weshalb noch mehr Polizeibeamte? Ich will von der Polizei gar nichts wissen. Wir haben schon viel zuviel von der Polizei gehört. Den Schlachter will ich!‹ Er bekam aber den Schlachter und den Polizeibeamten in einem, Herr. Von den sieben in Untersuchung befindlichen Angeklagten wurden fünf für schuldig befunden, und ein paar wurden verschickt. Das hochangesehene Geschäft in Westend wurde 'ne Zeitlang ins Gefängnis gesteckt; und das ist die Geschichte vom Schlachter!«

Sobald die Geschichte erledigt war, verwandelte sich der dämliche Schlachter wieder in den glattgesichtigen Geheimpolizisten. Er fühlte sich indessen wohl immer noch außerordentlich gekitzelt durch die Art, wie sie ihn in London herumgeschleppt hätten, um es ihm zu zeigen, während er doch so 'n verkleideter Drache war, daß er nicht anders konnte, als noch einmal auf diesen Punkt seiner Erzählung zurückzukommen; und leise wiederholte er mit seinem Schlachter-Kichern: »Ach du lieber Gott!« sag ich, »hier werden die Leute wohl aufgehängt? Och Heer!« Da sagen sie: »Hier! Was für 'n Schafskopf das ist!«

Es war spät geworden, und da die Gesellschaft in ihrer Furcht, sich zu sehr zu verbreiten, äußerst bescheiden war, machten sich einige Zeichen bevorstehender Trennung bemerkbar; da sagte Sergeant Dornton, der soldatenmäßig aussehende Mann, indem er sich mit einem Lächeln umsah:

»Vielleicht möchten Sie noch, ehe wir aufbrechen, etwas Spaß daran finden, Herr, die Abenteuer einer gestickten Reisetasche zu hören. Sie sind sehr kurz; und, meiner Ansicht nach, sonderbar.«

Wir hießen die Reisetasche willkommen, gerade so herzlich wie Herr Sheperdson den falschen Schlachter im Untergehenden Mond willkommen geheißen hatte. Sergeant Dornton zog los:

»1847 wurde ich nach Chatham geschickt, um einen gewissen Mesheck, einen Juden, zu suchen. Er hatte längere Zeit recht kräftig Wechsel gestohlen, indem er sich von jungen Leuten mit guten Beziehungen (meist im Heere) Akzepte ausstellen ließ, unter der Vorspiegelung, er werde ihnen Diskont geben, und dann damit durchging.

Mesheck war weg, ehe ich nach Chatham kam. Alles, was ich über ihn in Erfahrung bringen konnte, war, daß er weg wäre, wahrscheinlich nach London, und daß er bei sich habe – eine gestickte Reisetasche.

Ich fuhr mit dem letzten Zug von Blackwall wieder in die Stadt und stellte Nachforschungen nach einem jüdischen Reisenden an mit einer – gestickten Reisetasche.

Der Schalter war schon geschlossen, da dies der letzte Zug gewesen war. Es waren nur noch zwei oder drei Kofferträger da. Auf der Blackwall-Strecke, die damals Hauptstrecke nach einem großen militärischen Lagerplatz war, nach einem Juden mit einer gestickten Reisetasche zu suchen, war schlimmer als nach einer Nadel in einem Heuschober. Aber zufällig hatte einer der

Kofferträger für einen gewissen Juden nach einem gewissen Gasthofe eine gewisse – gestickte Reisetasche getragen.
Ich ging in den Gasthof, aber der Jude hatte bloß sein Gepäck für ein paar Stunden dagelassen und hatte es dann im Wagen abgeholt und mitgenommen. Ich richtete nun hier an die Leute und an den Kofferträger derartige Fragen, wie ich sie für angebracht hielt, und erhielt so folgende Beschreibung der – gestickten Reisetasche.
Es war eine Tasche, die auf einer Seite in Stickerei einen grünen Papagei auf einem Ständer trug. Ein grüner Papagei auf einem Ständer war also das Mittel zur Feststellung – der gestickten Reisetasche.
Mit Hilfe dieses grünen Papageis auf seinem Ständer folgte ich Mesheck nun nach Cheltenham, nach Birmingham, nach Liverpool, bis an den Atlantischen Ozean. In Liverpool setzte er mich matt. Er war nach den Vereinigten Staaten gegangen, und ich verabschiedete jeden Gedanken an Mesheck und seine – gestickte Reisetasche.
Viele Monate später – fast ein Jahr später – wurde eine Bank in Irland um hundertvierzigtausend Mark beraubt durch eine Persönlichkeit namens Doktor Dundey, die nach Amerika entkam; aus dem Lande kamen ein paar der gestohlenen Noten zurück. Man nahm an, er habe einen Hof in New Jersey gekauft. Wurde die Sache richtig angefaßt, so konnte dieser Grundbesitz zugunsten der von ihm Betrogenen beschlagnahmt und verkauft werden. Ich wurde zu dem Zwecke nach Amerika geschickt.
»Ich landete in Boston. Ich fuhr weiter nach New York. Ich fand, er habe kürzlich New Yorker Papiergeld für New Jerseyer umgewechselt und in Neu-Braunschweig auf einer Bank Bargeld eingezahlt. Um diesen Doktor Dundey zu fassen, war es nötig, ihn in den Staat New York hinüberzulokken, was ein gut Teil Verschlagenheit kostete und Mühe machte. Einmal konnte er zu keiner Verabredung herangekriegt werden. Ein anderes Mal hatte er zugesagt, mich und einen New Yorker Beamten unter einem von mir erfundenen Vorwand zu treffen, und da kriegten seine Kinder die Masern. Schließlich kam er auf einem Dampfer, und ich verhaftete ihn und brachte ihn in einem New Yorker Gefängnis unter, das ›The Tombs‹ heißt; daß Sie doch wohl kennen, Herr?«
Zustimmung der Schriftleitung in dieser Hinsicht.
»Am Morgen nach seiner Verhaftung fuhr ich nach den Tombs, um seiner Vernehmung vor den dortigen Beamten beizuwohnen. Ich ging durch das Dienstzimmer des Beamten, und als ich so zufällig mir die Ortsgelegenheit ansehe, wie wir das für gewöhnlich tun, da fällt mein Auge in einer Ecke auf eine – gestickte Reisetasche.
Was sollte ich nun auf dieser gestickten Reisetasche, wenn Sie mir Glauben

schenken wollen, erblicken, als einen grünen Papagei auf seinem Ständer, in Lebensgröße!
Die Reisetasche da mit der Darstellung eines grünen Papageis auf seinem Ständer, sage ich, gehört einem englischen Juden namens Aaron Mesheck und niemand anders, lebendig oder tot!
Ich gebe Ihnen mein Wort, die New Yorker Beamten klappten vor Überraschung völlig zusammen.
›Wie haben Sie das bloß herausgekriegt?‹ fragten sie. Ich meine, den grünen Papagei da auf seinem Ständer sollte ich allmählich wohl kennen, sagte ich; hinter dem Vogel her habe ich zu Hause doch den lustigsten Tanz aufgeführt, den ich in meinem ganzen Leben gesehen habe!«
»Und war es denn Mesheck seine?« fragten wir ganz ergeben.
»War es seine? Natürlich war es seine! Er saß wegen eines andern Vergehens in Haft, eben hier in den Tombs, zur selben Zeit. Und noch mehr! Ein paar Aufzeichnungen über den Betrug, wegen dessen ich ihn vergeblich zu fassen gesucht hatte, fanden wir im selbigen Augenblick eben hier in dieser – gestickten Reisetasche!«
Das sind so eigenartige Zusammentreffen und die besondere Geschicklichkeit, die durch Übung immer schärfer und besser wird, sich jeder Besonderheit der Umstände anpaßt und sich gegen jeden neuen Plan richtet, den übel angewandter Verstand erfinden kann, durch welche dieser wichtige Zweig des öffentlichen Dienstes auffällt. Stets auf der Hut, den Geist aufs äußerste angespannt, müssen diese Beamten sich von Tag zu Tag und Jahr zu Jahr gegen jede Neuigkeit an Kniffen und Pfiffen wenden, die die vereinte Einbildungskraft aller außerhalb des Gesetzes stehenden Schurken von ganz England aushecken kann, und mit jeder ans Licht der Öffentlichkeit kommenden Erfindung dieser Art Schritt halten. Vor Gericht wird der Inhalt von Tausenden solcher Erzählungen, wie wir sie gebracht haben – manchmal durch die näheren Umstände des Falles ins Abenteuerliche und Wunderbare erhoben –, trocken in die stehende Redensart zusammengefaßt: ›Infolge erhaltener Nachrichten tat ich dies und das.‹ Der Verdacht mußte durch sorgfältige Vergleiche und Schlußfolgerungen auf die richtige Persönlichkeit gelenkt werden; die richtige Persönlichkeit mußte gefaßt werden, wohin sie gegangen ist oder was sie auch getan hat, um Entdeckung zu verhüten: sie wird gefaßt; da steht sie vor den Schranken; das genügt. Infolge erhaltener Nachrichten habe ich, der Beamte, dies getan; und nach feststehendem Brauch in solchen Fällen sage ich weiter nichts.
Diese mit lebenden Figuren gespielten Schachaufgaben werden nur vor einer kleinen Zuhörerschaft gespielt und nirgends aufgezeichnet. Das Fesselnde des Spiels hält die Spieler hoch. Für die Rechtspflege ist sein Endergebnis

genügend. Um etwas Großes mit dem Kleinen hier zu vergleichen, denke man sich einmal, Leverrier oder Adams teilten der Öffentlichkeit mit, infolge ihnen zugegangener Nachrichten hätten sie einen neuen Planeten entdeckt; oder Columbus hätte der Öffentlichkeit seiner Zeit mitgeteilt, infolge ihm zugegangener Nachrichten hätte er ein neues Festland entdeckt; so teilen ihr die Geheimpolizisten die Entdeckung eines neuen Verbrechens oder eines alten Verbrechers mit, und ihr Vorgehen bleibt unbekannt.
So gingen die Mitteilungen unserer sonderbaren und fesselnden Gesellschaft um Mitternacht zu Ende. Ein anderer Umstand aber brachte den Abend zu einem letzten Abschluß, nachdem unsere Geheimpolizisten-Gäste uns verlassen hatten.Einem der schärfsten unter ihnen, und dem, der am besten mit der feinen Gaunerschaft bekannt war, wurden auf dem Heimwege die Taschen ausgeräumt.

Charles Dickens

Drei Detektiv-Geschichten

Die Handschuhe

»Das ist'ne merkwürdige Geschichte«, sagte Inspektor Wield von der Geheimpolizei, der uns zusammen mit den Sergeanten Dornton und Mith eines Juniabends abermals einen Besuch abstattete, »und ich dachte, Sie möchten sie vielleicht hören.
Sie betrifft den Mord an einem jungen Frauenzimmer, Elisabeth Grimwood, vor ein paar Jahren da drüben in der Waterloo Road. Sie wurde für gewöhnlich ›Die Gräfin‹ genannt wegen ihres hübschen Aussehens und der stolzen Art ihres Benehmens; und als ich die arme Gräfin (ich hatte mit ihr auf Unterhaltungsfuß gestanden) tot mit durchschnittener Kehle daliegen sah, auf dem Fußboden ihrer Kammer, da flog mir so allerlei Nachdenkliches durch den Kopf, was einen wohl traurig machen kann, dürfen Sie mir glauben.
Aber das gehört nicht hierher. Ich ging am Morgen nach der Mordtat in das Haus und untersuchte den Körper, stellte auch eine allgemeine Untersuchung der Kammer an, in der er lag. Wie ich so mit der Hand das Kissen im Bett umdrehe, fand ich darunter ein Paar Handschuhe. Ein Paar Herrenhandschuhe, sehr schmutzig; und innen drin die Buchstaben Tr. und ein Kreuz.
Na, Herr, die Handschuhe nahm ich mit und zeigte sie dem Untersuchungsrichter drüben in Union Hall, dem der Fall vorlag. Er sagte: ›Wield‹, sagt er,

›da ist kein Zweifel, dies ist eine Entdeckung, die zu etwas Wichtigem führen kann; und was Sie zu tun haben, Wield, ist den Besitzer dieser Handschuhe ausfindig zu machen.‹

Dieser Ansicht war ich natürlich auch und machte mich sofort daran. Ich sah mir die Handschuhe recht hübsch genau an und kam zu der Auffassung, sie wären gereinigt. Sie hatten so'nen Geruch nach Schwefel und Harz an sich, wissen Sie, den gereinigte Handschuhe für gewöhnlich haben, mehr oder weniger. Ich nahm sie also zu einem meiner Freunde nach Kennington, der in diesem Fache arbeitet, und legte sie ihm vor. ›Was sagst du dazu? Sind diese Handschuhe gereinigt?‹ ›Die Handschuhe sind gereinigt‹ sagt er. ›Hast du'ne Ahnung, wer sie gereinigt hat?‹ ›Nicht die geringste‹, sagt er; ›ich habe 'ne sehr bestimmte Ahnung, wer sie nicht gereinigt hat, und das bin ich selbst. Aber ich will dir was sagen, Wield, es gibt in London nicht mehr als acht oder neun ordentliche Handschuhreiniger‹, damals waren es anscheinend wirklich nicht mehr, – ›und ich denke, ich kann dir ihre Wohnungen angeben, und dadurch kannst du denn ja herausfinden, wer sie gereinigt hat.‹ Also machte er mir seine Angaben, und ich ging hierhin, ich ging dahin und besuchte diesen und besuchte jenen; aber wenn sie auch alle übereinstimmten, die Handschuhe wären gereinigt, konnte ich doch weder Mann noch Frau oder Kind herausfinden, der dies besagte Paar Handschuhe gereinigt hatte.

Und wie nun so der eine nicht zu Hause war und der andere erst nachmittags zurückerwartet wurde und so weiter, kostete mich die Nachforschung drei Tage. Als ich am Abend des dritten Tages ganz tot von der Surrey-Seite des Flusses über die Waterloo-Brücke komme und ganz verärgert und entmutigt bin, da denke ich, ich könnte mir wohl so für'ne Mark ein kleines Vergnügen im Lyceum-Theater gönnen, um mich etwas aufzufrischen. Also ging ich ins Parterre, zu halbem Preis, und setzte mich neben einen sehr ruhigen, bescheidenen jungen Mann. Als der sah, daß ich fremd war (ich dachte, es wäre ebenso gut, so zu tun), nannte er mir die Namen der Schauspieler auf der Bühne, und wir kamen in Unterhaltung. Als die Vorstellung aus war, gingen wir zusammen nach draußen, und ich sagte : ›Wir sind so gut miteinander ausgekommen, vielleicht würden Sie nichts gegen einen Kleinen einzuwenden haben?‹ ›Na, Sie sind sehr freundlich‹, sagt er; ›ich hätte nichts dagegen einzuwenden.‹ Also gingen wir in ein Wirtshaus nahe beim Theater, setzten uns oben im ersten Stock in ein ruhiges Zimmer und bestellten uns jeder einen halben Liter Halb-und-Halb und 'ne Pfeife.

Ja, Herr, dann nahmen wir unsere Pfeifen an Bord und tranken unser Halb-und-Halb und saßen da und schwatzten sehr behaglich, als der junge Mann sagt: ›Sie müssen entschuldigen, wenn ich nicht lange bleibe‹, sagt er, ›denn ich muß früh nach Hause. Ich muß die ganze Nacht durch arbeiten.‹ ›Die

ganze Nacht durcharbeiten?‹ sage ich. ›Sind Sie Bäcker?‹ ›Nein‹, sagt er und lacht. ›Bäcker bin ich nicht.‹ ›Das dachte ich mir doch, Sie sehen gar nicht aus wie ein Bäcker.‹ ›Nein‹, sagt er, ›ich bin Handschuhreiniger.‹
In meinem Leben war ich nicht so erstaunt, als wie ich diese Worte über seine Lippen kommen hörte. ›Sie sind Handschuhreiniger?‹ sage ich. ›Ja‹, sagt er, ›das bin ich.‹ ›Dann‹, sage ich und hole die Handschuhe aus meiner Tasche, ›können Sie mir vielleicht sagen, wer diese Handschuhe gereinigt hat? Es ist 'ne sonderbare Geschichte‹, sage ich. ›Ich aß neulich drüben in Lambeth zu Abend – 'ne lustige Kneipe war es – ganz gemischt – Zutritt frei – und da ließ ein Herr diese Handschuhe liegen! Nun, sehen Sie, da haben ein anderer Herr und ich um zwanzig Mark gewettet, daß ich herauskriegen wollte, wem sie gehören. Sieben Mark habe ich schon ausgegeben bei meinen Versuchen, ihn aufzufinden; aber wenn Sie mir helfen würden, würde ich noch mal sieben Mark ausgeben und das gern. Sehen Sie, da steht Tr. und ein Kreuz drin.‹ ›Ich sehe‹, sagt er. ›Lieber Gott, die Handschuhe kenne ich sehr gut! Dutzende habe ich gesehen, die alle demselben Kunden gehörten.‹ ›Nein?‹ sage ich. ›Dann wissen Sie, wer sie gereinigt hat?‹ sag ich. ›So ziemlich‹, sagt er. ›Mein Vater hat sie gereinigt.‹ ›Wo wohnt denn Ihr Vater?‹ sage ich. ›Grade um die Ecke‹, sagt der junge Mann, ›hier, bei der Exeter-Straße. Der wird Ihnen sofort sagen, wem sie gehören.‹ ›Würden Sie jetzt gleich mit mir herumgehen?‹ sage ich. ›Gewiß‹, sagt er, ›aber Sie brauchen meinem Vater nicht sagen, daß Sie mich im Theater getroffen haben, wissen Sie, weil er das vielleicht nicht gern hat.‹ ›Schön!‹ Wir gingen also nach der Wohnung und fanden dort einen alten Mann in weißer Schürze, mit zwei oder drei Töchtern, alle in einem Vorderzimmer auf ganze Haufen von Handschuhen drauflos reibend und waschend. ›Oh Vater!‹ sagt der junge Mann, ›hier hat jemand gewettet, wem diese Handschuhe wohl gehörten, und ich hab ihm gesagt, du könntest das feststellen.‹ ›Guten Abend, Herr‹, sag ich zu dem alten Mann. ›Hier sind die Handschuhe, von denen Ihr Sohn gesprochen hat. Die Buchstaben Tr., sehen Sie, und ein Kreuz.‹ ›O ja‹, sagt er, ›die Handschuhe kenne ich sehr gut; von denen habe ich Dutzende von Paaren gereinigt. Sie gehören Herrn Trinkle, dem großen Möbelhändler in Cheapside.‹ ›Haben Sie sie unmittelbar von Herrn Trinkle bekommen‹, sage ich, ›wenn Sie die Frage entschuldigen wollen?‹ ›Nein‹, sagt er; ›Herr Trinkle schickt sie immer zu Herrn Bhibbs, dem Schnittwarenhändler, seinem eigenen Laden gegenüber, und der Schnittwarenhändler schickt sie zu mir.‹ Vielleicht hätten Sie auch nichts gegen einen Kleinen einzuwenden?‹ sage ich. ›Ganz und gar nicht!‹ sagt er. So nahm ich den alten Herrn mit und unterhielt mich mit ihm und seinem Sohn bei einem Glas, und wir schieden als ausgezeichnete Freunde.

Das war Sonnabendabend spät. Als erstes am Montagmorgen ging ich in den Laden des Schnittwarenhändlers, Herrn Trinkle, dem großen Möbelhändler in Cheapside, gegenüber. ›Herr Bhibbs zufällig zugegen?‹ ›Mein Name ist Bhibbs.‹ ›O! Ich glaube, Sie haben dies Paar Handschuhe zum Reinigen geschickt?‹ ›Ja, das hab ich, für den jungen Herrn Trinkle drüben auf der andern Seite. Da steht er im Laden.‹ ›O! Der da im Laden, ist er das? Der in dem grünen Rock?‹ ›Ganz derselbe.‹ ›Ja, Herr Bhibbs, dies ist 'ne ungemütliche Geschichte; in Wirklichkeit bin ich nämlich Inspektor Wield von der Geheimpolizei und habe diese Handschuhe unter dem Kopfkissen der jungen Person gefunden, die da neulich in der Waterloo Road ermordet wurde.‹ ›Gerechter Himmel!‹ sagt er. ›Es ist ein hochachtbarer junger Mann, und wenn sein Vater das zu hören kriegte, den würde das zugrunde richten.‹ ›Es tut mir furchtbar leid‹, sage ich, ›aber ich muß ihn verhaften.‹ ›Gerechter Himmel!‹ sagt Herr Bhibbs abermals; ›kann da nichts bei gemacht werden?‹ ›Nichts‹, sag ich. ›Wollen Sie mir erlauben‹, sagt er, ›daß ich ihn hier herüberrufe, damit sein Vater nichts davon merkt?‹ ›Dagegen habe ich nichts einzuwenden‹, sage ich; ›unglücklicherweise aber darf ich keinerlei Unterhaltung zwischen Ihnen gestatten. Wenn das versucht würde, müßte ich sofort einschreiten. Vielleicht können Sie ihn herüberwinken?‹ Herr Bhibbs ging an die Tür und winkte, und der junge Mensch kam sofort über die Straße; ein aufgeweckter, frischer junger Bursche.

›Guten Morgen, Herr‹, sag ich. ›Guten Morgen, Herr‹, sagt er. ›Würden Sie mir wohl die Frage gestatten‹, sag ich, ›ob Sie mit jemand namens Grimwood bekannt sind?‹

›Grimwood! Grimwood!‹, sagt er. ›Nein!‹ ›Kennen Sie die Waterloo Road?‹ ›Oh, natürlich kenne ich die Waterloo Road!‹ ›Haben Sie zufällig davon gehört, daß dort ein junges Frauenzimmer ermordet worden ist?‹ ›Ja, das habe ich in der Zeitung gelesen, und es hat mir sehr leid getan, als ich's las.‹ ›Hier ist ein Paar Handschuhe, die Ihnen gehören, und ich fand Sie am Morgen nachher unter ihrem Kopfkissen.‹

Er war in einer schrecklichen Verfassung, Herr; einer schrecklichen Verfassung! ›Herr Wield‹, sagt er, ›bei meinem heiligen Eid, ich bin nie dagewesen. Soviel ich weiß, habe ich sie nie in meinem Leben gesehen!‹ ›Es tut mir sehr leid‹, sage ich. ›Die Wahrheit zu sagen, ich glaube nicht, daß Sie der Mörder sind, aber ich muß Sie in einem Wagen nach Union Hall bringen. Ich glaube indessen, es handelt sich um einen Fall, wo Sie der Untersuchungsrichter, im Augenblick noch, außeramtlich vernehmen wird.‹

Eine außeramtliche Vernehmung fand statt, und da kam es denn heraus, daß dieser junge Mann mit einer Kusine der unglücklichen Elisabeth Grimwood bekannt war, und daß er bei einem Besuch bei dieser Kusine zwei oder drei

Tage vorher diese Handschuhe dort auf dem Tisch hatte liegen lassen. Wer anders mußte gleich darauf hereinkommen, als Elisabeth Grimwood. ›Wem gehören diese Handschuhe?‹ sagt sie und nimmt sie auf. ›Das sind Herrn Trinkle seine‹, sagt ihre Kusine. ›O‹, sagt sie, ›sie sind sehr schmutzig und nutzen ihm doch nichts mehr. Ich werde sie mitnehmen und sie meinem Mädchen zum Ofenputzen geben.› Und sie steckt sie in die Tasche. Das Mädchen hatte sie zum Ofenputzen gebraucht und, wie ich nicht bezweifle, sie auf dem Kamin im Schlafzimmer liegen lassen oder auf der Kommode oder sonstwo; und ihre Herrin hatte sie, als sie nachsah, ob das Zimmer in Ordnung wäre, da aufgenommen und unter ihr Kissen gesteckt, wo ich sie dann fand.

›Das ist die Geschichte, Herr.‹«

Der Kunstgriff

»Eins der allerschönsten Dinge, die vielleicht je gedreht worden sind«, sagt Inspektor Wield, mit besonderem Nachdruck auf dem Eigenschaftswort, als solle es mehr auf die Erwartung von Schlauheit oder Gerissenheit vorbereiten, als auf etwas stark Fesselndes, »das war ein Kniff Sergeant Witchems. Es war ein entzückender Einfall!

Witchem und ich waren an einem Derby-Tag da unten und warteten auf die Feinen. Wie ich vorher schon erwähnte, sind wir immer am Bahnhof, wenn Rennen sind oder eine Landwirtschaftliche Ausstellung oder ein Universitätskanzler eingeschworen wird oder Jenny Lind oder sonst etwas dergleichen, und wenn die Feinen dann mit der Bahn 'runterkommen, schicken wir sie mit dem nächsten Zug wieder zurück. Aber an diesem Derby-Tag, den ich bereits erwähnte, hatten uns ein paar von den Feinen insofern zum besten, als sie sich Wagen und Pferde mieteten, von London über Whitechapel losfuhren und meilenweite Umwege machten; von der entgegengesetzten Richtung nach Epsom hereinkamen und auf dem Rennplatz rechts und links zu arbeiten anfingen, während wir an der Bahn auf sie warteten. Aber das ist noch nicht die Höhe meiner Erzählung.

Während Witchem und ich also am Bahnhof warten, kommt ein gewisser Herr Tatt; ein Herr, der früher im öffentlichen Dienst gestanden hatte und jetzt die Sache so aus Liebhaberei weiterführte und sehr angesehen war. ›Hallo, Charley Wield‹, sagt er, ›was machen Sie denn hier? Passen auf ein paar Ihrer alten Freunde auf?‹ ›Ja, die alte Geschichte, Herr Tatt.‹ ›Kommen Sie mit, Sie und Witchem‹, sagt er, ›und trinken Sie ein Glas Sherry mit.‹ ›Wir können uns nicht vom Flecke rühren‹, sag ich, ›bis der nächste Zug da ist; dann mit Vergnügen.‹ Herr Tatt wartet, der Zug kommt, und dann gehen

Witchem und ich mit ihm ins Wirtshaus, um etwas zu trinken.
Herr Tatt hatte sich für heute ohne jede Rücksicht auf Kosten aufgetakelt; und vorn im Hemd hatte er eine wundervolle Brillantnadel, hatte ihn drei- oder viertausend Mark gekostet – tatsächlich 'ne sehr hübsche Nadel. Wir trinken also unseren Sherry am Schanktisch und haben so unsere drei oder vier Gläser gehabt, als Witchem plötzlich ruft: ›Aufgepaßt, Herr Wield! Feststehen!‹ und die Feinen sausen in die Bude 'rein, vier Mann hoch – die auf die Weise heruntergekommen waren, wie ich's Ihnen erzählte, und im Augenblick ist Herrn Tatts Nadel weg. Witchem schneidet ihnen den Rückweg zur Tür ab, ich hau um mich, so hart ich kann, Herr Tatt zeigt sich auch nicht abgeneigt, und da liegen wir alle zusammen Hals über Kopf und prügeln uns auf dem Fußboden herum – so'ne Verwirrung haben Sie in Ihrem Leben wohl noch nicht gesehen! Wir hielten unsere Leute aber fest (Herr Tatt war ja so gut wie jeder Beamte) und faßten sie alle und brachten sie zum Bahnhof. Der Bahnhof ist voller Leute, die auf dem Rennplatz festgenommen waren; und es war ein feines Stück Arbeit, sie alle unterzubringen. Indessen endlich wurden wir damit fertig und durchsuchten Sie; aber es wurde nichts bei ihnen gefunden, und sie wurden eingeschlossen; und wir waren allmählich hübsch heiß dabei geworden, kann ich Sie versichern!
Mir war recht dämlich zumute bei dem Gedanken, daß die Nadel dabei verloren gegangen war; und ich sag zu Witchem, als wir sie zurechtgemacht hatten und uns zusammen mit Herrn Tatt etwas abkühlten: ›Bei diesem Zug haben wir jedenfalls nicht viel gefangen, denn es ist nichts bei ihnen gefunden, und es kommt schließlich bloß die Bragadoccia* heraus.‹ ›Wie meinen Sie das, Herr Wield?‹ sagt Witchem. ›Die Diamantnadel ist hier‹ und da hatte er sie auf der Handfläche, gesund und wohlbehalten. ›Nanu! Bei allem was wunderlich ist‹, sagen Herr Tatt und ich, ›wie sind Sie denn zu der gekommen?‹ ›Das will ich Ihnen sagen, wie ich zu der gekommen bin‹, sagt er. ›Ich sah, welcher von ihnen sie stahl; und als wir alle miteinander auf der Erde lagen und uns prügelten, tippte ich ihn so ganz leise auf den Handrücken, wie seine Genossen es machen würden, wie ich wußte; und er gab sie mir.‹ Wunderschön war das, wunderschön!
Aber auch das war noch kaum das Beste an diesem Falle, denn dieser Bursche wurde nachher vor den Vierteljahrs-Sitzungen in Guildford vor dem Friedensrichter vernommen. Sie wissen doch, was die Vierteljahrs-Sitzungen vor dem Friedensrichter bedeuten. Na, wollen Sie mir glauben, während die schwerfälligen Richter da in den Parlamentsakten nachsahen, um zu finden, was sie für ihn tun könnten, ich will verdammt sein, wenn er nicht vor ihren Augen aus der Anklagebank ausbricht! Aus der Anklagebank brach er aus,

* Drei Monate Gefängnis für bekannte Diebe.

Herr, unmittelbar vor ihren Augen; schwamm durch einen Fluß und kletterte auf einen Baum, um sich zu trocknen. Auf diesem Baume wurde er verhaftet – eine alte Frau hatte ihn hinaufklettern sehen – , und Withems Kunstgriff trug ihm die Verschickung ein!«

Das Sofa

»Was junge Leute manchmal alles anfangen, um sich zugrunde zu richten und ihren Freunden das Herz zu brechen« sagte Sergeant Dornton, »das ist ganz überraschend. Ich hatte einen Fall in Sankt Blanks Krankenhaus, der hierher gehört. Ein schlimmer Fall, Herr, wirklich, mit schlimmem Ende. Der Geschäftsführer, der Hausarzt und der Schatzmeister von Sankt Blanks Krankenhaus kamen nach Scotland-Yard, um anzuzeigen, daß die Studierenden in zahlreichen Fällen bestohlen worden seien. Nichts konnten die Studierenden in den Taschen ihrer Überzieher lassen, während die im Krankenhaus hingen, ohne daß es nicht fast mit Sicherheit daraus gestohlen worden wäre. Sachen aller erdenklichen Beschreibungen gingen fortwährend verloren; und die Herren fühlten sich natürlich unbehaglich deswegen, waren, und zwar wegen des Rufs ihres Unternehmens, sehr begierig, der Dieb oder die Diebe möchten entdeckt werden. Der Fall wurde mir anvertraut und ich ging nach dem Krankenhaus.

›Nun, meine Herren‹, sagte ich, nachdem wir alles besprochen hatten, soviel ich sehe, gehen die Sachen immer in ein und demselben Zimmer verloren.‹

›Ja‹, sagten sie, ›das wäre so.‹

›Dann möchte ich, wenn es Ihnen recht ist‹, sagte ich, ›dies Zimmer wohl mal sehen.‹

Es war ein ganz hübsch großer, leerer Raum unten, mit ein paar Tischen und Bänken drin und einer Reihe von Pflöcken rundum für Hüte und Röcke.

›Dann, meine Herren‹, sagte ich, ›haben Sie jemand in Verdacht?‹

›Ja‹, sagten sie, sie hätten jemand in Verdacht. Es täte ihnen leid, aber sie hätten einen der Pförtner in Verdacht.

›Ich möchte gern‹, sagte ich, ›daß mir dieser Mann gezeigt würde und daß ich ihn kurze Zeit beobachten könnte.‹

Er wurde mir bezeichnet, und ich beobachtete ihn und ging dann wieder ins Krankenhaus und sagte: ›Na, meine Herren, der Pförtner ist es nicht. Er ist zu seinem Pech etwas sehr fürs Trinken, aber was Schlimmeres ist er nicht. Mein Verdacht geht dahin, diese Diebstähle werden von einem der Studierenden begangen; und wenn Sie mir ein Sofa in den Raum stellen wollten, wo die Pflöcke sind – weil ja doch kein Schrank da ist – , dann denke ich, werde ich imstande sein, den Dieb zu entdecken. Ich hätte das Sofa gern, wenn es

Ihnen recht ist, mit Rupfen oder so ähnlichem Stoff überzogen, so daß ich auf dem Bauch darunter liegen kann, ohne gesehen zu werden.‹

Das Sofa wurde besorgt, und am nächsten Tage ging ich um elf Uhr, ehe noch einer der Studierenden da war, mit den Herren hin, um drunterzukriechen. Es stellte sich aber heraus, daß es eins von diesen altmodischen Sofas war mit einem großen Querbalken drunter, der mir sofort das Rückgrat gebrochen hätte, wenn ich überhaupt drunter gekommen wäre. Es kostete uns ordentliche Mühe, den noch zu rechter Zeit wegzubrechen; aber ich machte mich gleich dran und sie auch, und wir brachen ihn heraus und schafften Raum für mich. Ich kroch unter das Sofa, legte mich auf den Bauch, holte mein Messer heraus und schnitt mir ein passendes Loch in den Chintz, um durchzugukken. Dann wurde zwischen den Herren und mir abgemacht, daß, wenn alle Studierenden oben in den Sälen wären, einer der Herren dann hereinkommen und einen Überzieher an einen der Pflöcke hängen sollte. Und dieser Überzieher sollte in einer seiner Taschen ein Taschenbuch mit gezeichnetem Geld haben.

Nachdem ich eine Zeitlang dagelegen hatte, fingen die Studierenden an, einzeln oder zu zweien oder dreien in den Raum zu kommen und über alles mögliche zu reden, wobei sie wohl nicht im geringsten daran dachten, es läge jemand unter dem Sofa – und dann nach oben zu gehen. Zuletzt kam einer, der blieb da, bis er ganz allein im Zimmer war. Ein schlanker, gutaussehender junger Mensch von ein- oder zweiundzwanzig, mit hellem Backenbart. Er trat zu einem besonderen Hutnagel, nahm einen guten Hut herunter, der dahing, paßte ihn auf, hängte seinen eigenen an seine Stelle und jenen auf einen anderen Pflock, fast genau mir gegenüber. Da fühlte ich ganz sicher, dies wäre der Dieb, und er würde nach und nach schon wiederkommen.

Sobald alle oben waren, kam der Herr mit dem Überzieher herein. Ich zeigte ihm, wo er ihn hinhängen sollte, so daß ich ihn gut sehen könnte, und dann ging er weg; und ich lag unter dem Sofa auf dem Bauch, ein paar Stunden lang oder so und wartete.

Zuletzt kam der junge Mann wieder herunter. Er ging pfeifend durchs Zimmer – blieb stehen und horchte – ging pfeifend wieder weiter – blieb wieder stehen und horchte – und dann ging er die Pflöcke regelrecht durch und durchfühlte die Taschen sämtlicher Überzieher. Als er an den Überzieher kam und das Taschenbuch fühlte, war er so gierig und so in Eile, daß er die Schnur abriß beim Aufmachen. Während er sich das Geld in die Tasche steckte, kroch ich unter dem Sofa hervor, und seine Augen trafen meine.

Jetzt ist, wie Sie wohl bemerkt haben, mein Gesicht braun, aber damals war es blaß, weil meine Gesundheit nicht besonders war; und es war so lang wie ein Pferdekopf. Außerdem hatte es mächtig von der Tür her gezogen unter

dem Sofa, und ich hatte mir ein Taschentuch um den Kopf gebunden; wie ich also alles in allem aussah, weiß ich nicht. Er wurde blau – buchstäblich blau –, als er mich hervorkriechen sah, und das überraschte mich auch nicht.
›Ich bin Geheimpolizist‹, sagte ich zu ihm, ›und habe hier gelegen, seit Sie heute morgen zuerst hier hereinkamen. Es tut mir Ihretwegen und Ihrer Freunde wegen sehr leid, daß Sie getan haben, was Sie taten; aber der Fall ist vollkommen. Sie haben das Taschenbuch in der Hand und das Geld bei sich; und ich muß Sie verhaften.‹
Es war unmöglich, irgend etwas zu seiner Verteidigung herauszufinden, und

in der Untersuchung gestand er. Wie oder wann er die Möglichkeit dazu bekam, weiß ich nicht; aber während er in Newgate auf seine Verurteilung wartete, vergiftete er sich.«

Wir fragten den Beamten beim Abschluß der vorstehenden Erzählung, ob ihm die Zeit kurz oder lang vorgekommen sei, während er in dieser unbequemen Stellung unter dem Sofa lag.
»Ja, sehen Sie, Herr«, erwiderte er, »wenn er nicht das erstemal hereingekommen wäre und ich nicht ganz sicher gewesen wäre, er wäre der Dieb und würde wiederkommen, dann wäre mir die Zeit wohl lang vorgekommen. Aber wie die Sache nun lag, und weil ich meines Mannes ganz sicher war, da erschien mir die Zeit ganz kurz.«

Charles Dickens

Auf Streife mit Inspektor Field

Wie spät in der Nacht? Auf Sankt Giles schlägt es neun. Das Wetter ist häßlich und naß, und die langen Reihen der Straßenlaternen sind verschwommen, als sähen wir sie durch Tränen. Ein feuchter Wind bläst und reißt dem Pastetenmann das Feuer auseinander, wenn er die Tür seines kleinen Ofens öffnet, und führt einen Funkenwirbel mit sich.
Auf Sankt Giles schlägt es neun. Wir sind pünktlich. Wo ist Inspektor Field? Der Hilfs-Polizeikomissar ist schon da, in seinen Regenmantel gewickelt, und steht im Schatten von Sankt Giles Turm. Der Sergeant der Geheimpolizei, von dem ganzen Tag lang Französischreden mit den auf der Ausstellung auspackenden Fremden, ist auch schon da. Wo ist Inspektor Field?
Inspektor Field ist heute nacht der Schutzengel des Britischen Museums. Er läßt sein schlaues Auge jede Ecke seiner einsamen Gänge durchlaufen, ehe er berichtet: »Alles in Ordnung.« Voller Argwohn gegen die Elgin-Marmorbilder und von keinem katzengesichtigen ägyptischen Riesen mit den Händen auf den Knien zu betrügen, geht Inspektor Field mit scharfer Witterung, wachsam, seine Lampe, die riesenhafte Schatten auf Wände und Decken wirft, in der Hand, durch die weiten Räume. Sollte eine Mumie in einem Körnchen ihres verstaubten Deckels zittern, Inspektor Field würde sagen: »Komm da heraus, Tom Green! Ich kenne dich!« Verkröche sich der kleinste aller städtischen Gauner auf dem Boden einer klassischen Badewanne, Inspektor Field würde ihn mit feinerer Witterung aufspüren als der des Menschenfressers, als Däumling auf seinen Abenteuern zitternd unter dem Kupfergeschirr seiner Küche lag. Aber alles bleibt ruhig, und Inspektor Field

geht bedächtig weiter, ohne äußerlich irgend etwas besondere Aufmerksamkeit zu schenken, dem Ichthyosaurus als einem guten alten Bekannten gerade zunickend und sich vielleicht darüber wundernd, wie die Geheimpolizisten jener Tage wohl zu Werke gingen.
Wird Inspektor Field wohl noch lange zu tun haben? Eine halbe Stunde kann es wohl noch dauern. Er schickt durch einen Polizisten seine Empfehlungen und schlägt vor, wir wollten uns drüben auf der Sankt Giles' Bezirkswache treffen. Gut. Ebensogut dort vorm Feuer stehen als hier im Schatten von Sankt Giles' Kirchturm.
Ist hier heute nacht was los? Nicht viel. Alles sehr ruhig. Ein verlaufener kleiner Junge, sehr klein und still, sitzt am Feuer, und wir vertrauen ihn nun einem Schutzmann an, um ihn nach Hause zu bringen, denn das Kind sagt, wenn man ihm bloß die Newgate-Straße zeigen würde, könnte es zeigen, wo es wohnte – eine betrunkene Frau tobt in ihrer Zelle, hat sich die Stimme ganz weggeschrien und besitzt kaum noch so viel Kraft, um erklären zu können, selbst unter leidenschaftlicher Zuhilfenahme von Händen und Füßen, sie sei die Tochter eines britischen Offiziers und würde, mag sie gleich blind und taub werden, einen Brief an die Königin schreiben! Sie wird aber dann mit einem Trunk Wasser beruhigt – in einer andern Zelle ein ruhiges Frauenzimmer mit einem Kind an der Brust wegen Bettelei – in wieder einer andern ihr Mann im Arbeitskittel, mit einem Korb Wasserkresse – in einer andern ein Taschendieb – in der nächsten ein zitteriger alter Mann, der sich einen Feiertag gegönnt und bloß einen kleinen Tropfen genommen hat, aber es war zu viel für ihn nach so langen Monaten im Hause – und das ist bis jetzt alles. Da, im selben Augenblick, eine gewisse Aufregung an der Tür der Wache. Herr Field, meine Herren!
Herr Field tritt herein, wischt sich die Stirn, denn er ist etwas untersetzt; er kommt von den Erz- und Metallschätzen tief in den Gängen der Erde, und von den Papageiengötzen der Südsee-Inseln, und den Vögeln und Käfern der Tropen, den Kunstschätzen Griechenlands und Roms, und den Bildwerken Ninives, und den Spuren einer früheren Welt, als es diese noch nicht gab. »Ist Rogers fertig?« Rogers ist fertig, gegürtet und im Regenmantel, mit einem Flammenauge mitten vor der Brust wie ein mißgestalteter Zyklop. »Führ uns den Weg, Rogers, zum Rattenschloß!«
Wieviel Leute mag es wohl in London geben, die, wenn wir sie auf Umwegen und mit verbundenen Augen in diese fünfzig Schritt von der Bezirkswache entfernte, innerhalb des Glockenschalles von Sankt Giles gelegene Straße führten, in ihr einen gar nicht so fernen Teil der Stadt erkennen würden, in der ihr ganzes Leben dahinfließt? Wie viele würden innerhalb dieses Gemenges widerliche Gerüche, dieser Schmutzhaufen, dieser verfallenden Häuser,

deren ganzer ekelhafter Inhalt, belebt oder unbelebt, schleimig auf die Straße hinausfließt, wie viele würden wohl glauben, sie atmeten diese Luft ein? Wieviel Bürokraten mag es geben, die sich die uns nun umgebenden Gesichter ansehen könnten – denn unser Erscheinen hat ein allgemeines Hinstürzen aus allen Himmelsgegenden zu einem gemeinsamen Sammelpunkt veranlaßt – , die niedrigen Stirnen, die blassen Wangen, die rohen Augen, das verfilzte Haar, die verseuchten, ungezieferstarrenden Lumpen –, und sagen: »Ich habe dies bedacht. Ich habe es nicht von mir gewiesen, bin nicht darüber hinweggepoltert, habe es weder eisig von mir gewiesen, noch zusammengebunden und weggesteckt oder auch nur einfach ›Pah! – pah!‹ gesagt, als es mir gezeigt wurde?«
Übrigens ist es das gar nicht, was Rogers wissen will. Was Rogers wissen möchte, ist, ob die und die da unter euch den Weg freigeben wollen oder nicht; denn tut ihr es nicht sofort, dann sperrt er euch ein. »Was, du bist auch da, Bob Miles? Hast du noch nicht genug? Möchtest du noch mal drei Monate haben? Weg da von dem Herrn! Was hast du hier herumzukriechen?«
»Was tue ich denn, Herr Rogers?« sagt Bob Miles, in seiner ganzen Schuftigkeit am Ende des von der Laterne ausgehenden Lichtkegels erscheinend.
»Das werde ich dir gleich an den Verstand bringen, wenn du nicht sofort 'nen Haken Bob schlägst. Will du'nen Haken schlagen?«
Ein schmeichelndes Raunen erhebt sich aus der Menge. »Schlag doch 'nen Haken, wenn Herr Rogers und Herr Field dir's sagen. Warum schlägst du nicht'nen Haken, wenn man's dir sagt?«
Die eindringlichste unter den Stimmen fällt Herrn Rogers als ganz vertraut ins Ohr. Plötzlich kehrt er seine Laterne ihrem Inhaber zu.
»Was! Sie sind auch da, Mister Click? Sie schlagen auch 'nen Haken – vorwärts!«
»Weswegen?« fragt Mister Click voller Unbehagen.
»Sie schlagen 'nen Haken, wollen Sie?« sagt Herr Rogers mit ernstem Nachdruck.
Click und Miles schlagen beide ohne jedes weitere Wort 'nen Haken, oder auf gut englisch: sie schleichen sich abseits.
»Aufschließen, Leute!« sagt Inspektor Field zu den beiden wachhabenden Schutzleuten, die uns gefolgt sind. »Zusammenhalten, meine Herren; hier gehts 'runter! Kopf!«
Auf Sankt Giles schlägt's halb elf. Wir bücken uns und kriechen eine halsbrecherische Treppe in einen dunklen, dumpfen Keller hinunter. Ein Feuer brennt. Ein langer Holztisch steht da. Bänke. Der Keller ist voller Gesellschaft, meistens sehr junge Männer in verschiedenen Abstufungen von

Schmutz und Zerlumptheit. Ein paar essen ihr Abendbrot. Mädchen oder Frauen sind nicht anwesend. Willkommen im Rattenschloß, meine Herren, und in dieser Gesellschaft bekannter Diebe!
»Na, Jungens! Wie gehts, Jungens? Was habt ihr heute getrieben? Hier kommt jemand, der euch mal sehen möchte. Das is noch ein Teller voll Beefsteak, Herr, als Abendbrot für einen feinen jungen Kerl! Und das ist ein Mundwerk für ein Beefsteak, Herr! Wieso, ich würde selbst auch stolz auf so'nen Mund sein, wenn er mir gehörte! Steh mal auf und zeig ihn, Mensch! Nimm die Mütze ab. Das ist doch ein feiner junger Kerl für'ne nette kleine Gesellschaft, Herr! Nicht wahr?«

Inspektor Field ist der eifrige Sprecher. Inspektor Field gehört das rastlose Auge, das, während er spricht, jede Ecke des Keller durchforscht. Inspektor Fields Hand ist die wohlbekannte, die die Hälfte der hier Anwesenden beim Kragen gekriegt hat und ihre Brüder, Schwestern, Väter, Mütter, männliche und weibliche Freunde unerbittlich nach Neu-Südwales gesandt hat. Und doch steht Inspektor Field hier in dieser Höhle wie ihr Sultan da. Jeder Dieb hier kriecht vor ihm zusammen wie ein Schuljunge vor seinem Schulmeister. Alle beobachten ihn, alle antworten, sobald sie angeredet werden, alle belachen seine Scherze, alle suchen sich gut mit ihm zu stellen. Die hier im Keller Anwesenden allein – die den Eingang oben in der Straße umgebende Menge gar nicht zu erwähnen, die die Stufen von Augen erglänzen läßt – sind stark genug, uns alle zu ermorden, und täten es auch recht gern; aber es brauchte Inspektor Field nur in den Sinn zu kommen, einen der Diebe hier herauszupicken und mitzunehmen; er brauchte nur den schrecklichen Stab aus der Tasche zu holen und im Geschäftston zu sagen: »Mein Junge, ich suche dich!« und das ganze Rattenschloß würde wie vom Schlag getroffen dastehen und keinen Finger rühren, während er ihm die Handschellen anlegte!

Wo ist der Earl von Warwick? – Hier ist er, Herr Field! Hier ist der Earl von Warwick, Herr Field! – O, da sind Sie, Mylord. Komm mal vor. So'ne Brust, Herr, und nicht mal ein reines Hemd. Nicht wahr? Nimm den Hut ab, Mylord. Na, ich würde mich doch schämen an deiner Stelle – und noch dazu als Earl –, mich einem Herrn mit dem Hut auf dem Kopf zu zeigen! – Der Earl von Warwick lacht und nimmt den Hut ab. Die ganze Gesellschaft lacht. Ein Taschendieb lacht mit ganz besonderer Freude.

So, Sie sind auch hier, der große, grauhaarige, soldatisch aussehende Mann da, der so ernst am Feuer steht? – Jawohl, Herr! Guten Abend, Herr Field! – Lassen Sie mal sehen. Sie waren früher mal Diener bei einem Adligen? – Jawohl, Herr Field. – Und was fangen Sie jetzt an; ich hab's vergessen! – Ja, Herr Field, ich versuche alles, so gut es geht. Meine Stellung habe ich wegen schwacher Gesundheit aufgeben müssen. Die Familie ist immer noch sehr gut gegen mich. Herr Wix in Piccadilly ist auch sehr gut gegen mich, wenn es mir schlecht geht. Ebenso Herr Nix in der Oxford-Straße. Ich bekomme gelegentlich eine Kleinigkeit von ihnen und schlage mich durch, so gut es geht, Herr Field. Herrn Fields Auge rollt vor Vergnügen, denn dieser Mensch ist ein bekannter Bettelbriefschreiber. – Gute Nacht, Jungens! – Gute Nacht, Herr Field, und vielen Dank, Herr!

Gebt mal die Straße frei, ihr halbes Tausend da! Lassen Sie das, Frau Stalker – nichts davon – wir suchen Sie nicht! Rogers mit dem Flammenauge, führ uns zur Unterkunft der Pennbrüder!

Ein Traumbild kläglicher Gesichter umlauert die Tür. Nun mal zurück, ihr da, alle! Hinter uns pflanzt sich ein Geheimpolizei-Sergeant, ruhig vor sich hin pfeifend, mit seinem starken rechten Arm vor dem Durchgang auf. Frau Stalker, ich hab hier was bei mir, was hier nicht niedergeschrieben werden braucht, wenn Sie sich in Ungelegenheiten bringen wollen, in 'ner halben Minute, wenn ich ihr Gesicht noch mal sehe!

Die elf Schläge von Sankt Giles summen uns durch die Hand aus der verwitterten Tür eines dunklen Hinterhauses, als wir sie öffnen und von dem herausdringenden Pesthauch zurückgeschlagen werden. Rogers mit dem Licht nach vorn, und laß uns mal sehen!
Zehn, zwanzig, dreißig – wer könnte sie zählen! Männer, Frauen, Kinder, überwiegend nackend, auf dem Fußboden wie Maden im Käse aufgehäuft! Ho! In der dunklen Ecke da drüben! Liegt dort jemand? Eck, Herr, ein irisches eck, eine Witwe mit sechs Kindern. Und da drüben? Eck, Herr, ein irisches eck, mit meine Frau und acht arme Rangen. Und da links? Eck, Herr, ein irisches eck mit noch zwei irische Jungens, die Freunde von mich sind. Und da drüben rechts? Eck, Herr, und die Murphys, fünf an der Zahl. Und was windet sich da zu unsern Füßen? Noch ein irisches eck, das dringend rasiert werden müßte, das ich aus dem Schlaf gestört habe – und vor dem andern Fuß liegt mir seine Frau – und vor den Schuhen Inspektor Fields liegen ihre drei Ältesten – und ihre drei Jüngsten werden grade zwischen die geöffnete Tür und die Wand eingeklemmt. Und warum liegt niemand auf der kleinen Matte vor dem schwelenden Feuer? Weil O'Donovan mit Frau und Tochter noch nicht vom Streichhölzerverkauf wieder da sind. Oder auf dem bißchen Sackleinen da dicht bei uns in der Ecke? So'n Pech! Weil die irische Familie da sich heute nacht beim Betteln in den Straßen verspätet hat.
Nun sind sie alle wach, mit Ausnahme der Kinder, und die meisten sitzen aufrecht und starren uns an. Wohin Herr Rogers sein Flammenauge kehrt, da erhebt sich eine gespenstische Gestalt ohne Leichentuch aus einem Grabe von Lumpen. Wer ist der Wirt hier? – Ich, Herr Field! sagt ein Bündel Haut und Knochen drüben an der Wand und kratzt sich. – Wollen Sie morgen früh dies Geld ehrlich für Kaffee für alle die hier ausgeben! – Ja, Herr, das will ich! – O, das tut er, Herr, das tut er ganz richtig! Der ist ehrlich! schreien die Gespenster. Und sinken mit Dankeschön und Gute Nacht wieder in ihre Gräber.
So machen wir unsere New Oxford-Straße und andere neue Straßen ab, kümmern uns um nichts, fragen nach nichts, wo sich die Elenden, die wir aufstöbern, zusammenrotten. Bei solchen Auftritten vor unsrer Tür, mit allen Plagen Ägyptens so nahe unsrem eigenen Heim mit Spinneweben zusammengebunden, da erlassen wir voller Furcht unsere Belästigungsgesetze und setzen unsere Gesundheitsämter ein, solche Nichtigkeiten, und meinen, wir hielten uns die Wölfe des Verbrechens und des Schmutzes durch Wahlverbeugungen vor kleinen Kirchenältesten und mittels vornehmer Behandlung des Aktenstaubes vom Leibe!
Die Nachricht von dem Kaffeegeld hat sich ausgebreitet. Der Hof ist voll, und Rogers mit dem Flammenauge wird mit Bitten bestürmt, doch auch

andere Unterkunftshäuser zu zeigen. Meins erst! Meins! Meins! Rogers, wie ein Soldat, hart, steifnackig, unbeweglich, gibt keine Antwort, sondern führt uns weiter; und alle weichen vor ihm zurück. Inspektor Field geht hinter ihm. Der Geheimpolizei-Sergeant mit der Schranke seines Armes vor dem schmalen Durchgang wartet voller Überlegung, um den Zug zu beschließen. Ohne jede Anstrengung blickt er hinter sich und versetzt einen gewissen Jemand in außerordentliche Aufregung, indem er ihm da weit hinten ganz ruhig zuruft: »Hat keinen Zweck, Herr Michael! Versuchen Sie's man gar nicht erst!«

Nach einem auf der Straße abgehaltenen Kriegsrat treten wir in andere Unterkunftshäuser, Wirtshäuser, Löcher und Schlupfwinkel; keine so schmutzig und gedrängt voll, als wenn Iren da sind. In einem werden die Äthioper jeden Augenblick zurückerwartet – waren, als man zuletzt von ihnen hörte, in der Oxford-Straße –, sollen zu unserem Vergnügen sogleich geholt werden, innerhalb zehn Minuten. In einem andern erfischen sich zwei oder drei der Professoren, die Napoleon Bonaparte und ein paar Makrelen aufs Straßenpflaster zeichnen und dies Kunstwerk dann an Geschäftskundige vermieten, nach ihren Mühen. In einer andern sind die wohlerworbenen Einkünfte aus diesem ertragreichen Krebsschaden seit hundert Jahren im Besitz ein und derselben Familie, und der Herr Wirt fährt behaglich vom Lande zu seinem gemütlichen kleinen Schmortopf in die Stadt. Überall wird Inspektor Field mit Wärme empfangen. Falschmünzer und Falschgeldhändler lassen vor ihm den Kopf hängen; Taschendiebe erweisen ihm ihre Ehrfurcht; das sanftere Geschlecht (hier nicht sehr sanft) lächelt ihn an. Halbbetrunkene Hexen halten mitten in ihrem Bierkrug inne oder ihrem halben Liter Gin, um Herrn Field zuzutrinken, und bitten ihn eindringlichst um die Ehre, den Trank bis zur Neige zu kosten. Eine Schöne in schäbigem Schwarz hegt eine derartige Bewunderung für ihn, daß sie eine ganze Straße lang hinter ihm herläuft, um ihm die Hand zu schütteln; dann fällt sie in einen Kehrichthaufen am Wege und verleiht ihren Aufmerksamkeiten noch Nachdruck, als ihre Gestalt längst aufgehört hat, in ihm erkennbar zu sein. Vor der Macht des Gesetzes, der Macht überlegenen Geistes – denn gewöhnliche Diebe sind bloße Narren neben diesen Leuten – und der Macht vollkommener Beherrschung ihrer Eigentümlichkeiten stellt die Besatzung des Rattenschlosses und der umliegenden Festungen tatsächlich nur eine Bande von Drückebergern dar, wenn Inspektor Field kommt, um sie zu besichtigen.

Die Glocke von Sankt Giles zeigt an, daß es in einer halben Stunde Mitternacht ist, und Inspektor Field meint, wir müßten nun schleunigst nach der ›Alten Münze‹ in der Borough. Der Droschkenkutscher sieht niedergeschlagen aus und hat ein ernstes Gefühl seiner Verantwortlichkeit. So, wieviel macht es mein Junge? – O, das wissen Sie doch, Herr Inspektor, weshalb fragen Sie mich erst?

Sagen Sie, Parker, gegürtet und im Regenrock, in der finsteren Borough verabredungsgemäß auf uns wartend, an Stelle des treuen Rogers, den wir tief in Sankt Giles verließen, sind Sie fertig? Fertig, Inspektor Field, und bei einer Bewegung meiner Hand können Sie mein Flammenauge sehen.

Diese enge Straße, Herr, ist der Hauptteil der Alten Münze, voll von Unterkunftshäusern niedrigsten Grades, wie Sie an diesen durchscheinenden Kanvaslampen und Vorhängen sehen können, dem Zeichen, daß es hier Betten für Reisende gibt! Aber sie hat sich sehr verändert, Freund Field, seit ich sie zuerst kennenlernte; sie ist unendlich viel ruhiger und unterdrückter als damals, vor sieben Jahren, als ich zuletzt hier war! O ja! Inspektor Hannes hat diesen Bezirk jetzt und spielt ihnen übel mit.

Na, Jungens! Wie gehts euch heut abend, Jungens? Spielt ein bißchen Karten, ja? Wer gewinnt denn? – Wieso, Herr Field, ich, der brummige Herr hier mit den nassen, flachanliegenden Seitenlocken, der sich sein trübes Auge so mit dem Ende seines Halstuchs reibt, das aussieht wie eine schmierige Aalhaut, ich bin grade am Verlieren, aber ich glaube, ich muß wohl die Pfeife aus dem Munde nehmen und unterwürfig gegen Sie sein – Ihnen geht's hoffentlich gut, Herr Field? – Ja, danke, mein Junge! Helfer, wen haben Sie denn oben? Zeigen Sie doch, bitte, mal die Kammern!

Warum Helfer, kann Inspektor Field nicht sagen. Er weiß nur, daß der Mann, der auf die Betten und die Gäste aufzupassen hat, immer so genannt wird. Vorsicht, o Helfer, mit deiner flackernden Kerze in der Schuhwichsflasche, denn der Hinterhof hier ist schmierig, und die hölzerne Treppe außen am Hause kracht und weist Löcher auf.

Abermals befinden sich in diesen unerträglichen Kammern, Höhlungen wie Rattenlöcher oder Ungeziefernester, aber voller an unerträglichen Gerüchen, Haufen von Schläfern, jeder auf seinem Feldbett unter Lumpen zusammengekauert. Hallo, da! Komm! Laß dich mal ansehen! Zeig mal dein Gesicht! Parker geht als Lotse von Bett zu Bett und kehrt uns ihre schlafenden Gesichter zu, wie ein Viehhändler mit seinen Schafen. Ein paar wachen mit Verwünschungen und Drohungen auf. – Was! Wer sprach da? O, wenn es das verdammte Flammenauge ist, daß mich ansieht, wo ich auch hingehe, dann bin ich hilflos. Hier! Ich setzte mich aufrecht, um mich ansehen zu lassen. Suchen Sie mich? Nein, dich nicht, leg dich nur wieder hin! Und ich lege mich wieder hin, mit schmerzlichem Gebrumm.

Wo die wandernde Lichtstraße einen Augenblick haltmacht, erscheint ein Schläfer an ihrem Endpunkt, läßt sich durchforschen und verschwindet wieder in der Dunkelheit.

Seltsam muß man hier träumen, Helfer. Sie schlafen ziemlich fest, sagt der Helfer, und nimmt seine Kerze aus der Flasche, um sie mit den Fingern zu putzen, und wirft den Unschlitt in die Flasche, die er mit seiner Kerze wieder verschließt; das ist alles, was ich weiß. Was bedeutet die Aufschrift auf all den mißfarbigen Bettüchern? Eine Vorsichtsmaßnahme gegen das Abhandenkommen des Leinens. Der Helfer schlägt die Decke eines nicht besetzten Bettes zurück und enthüllt sie: Haltet den Dieb!

Nachts hier zu liegen, eingehüllt in alle Wundergeschichten meines schleichenden Lebenswandels; den Schrei, der mich im Wachen verfolgt, im Schlaf an die Brust zu drücken; ihn mich anstarren und anschreien zu lassen, sobald ich wieder zu Bewußtsein komme; ihn als ersten Fuß aus dem Bett am Neujahrstag zu haben, zu meinem Valentinsgruß, meinem Geburtstagsglückwunsch, als meinen Weihnachtsgruß, mein Lebewohl an das alte Jahr: Haltet den Dieb!

Und zu wissen, daß ich unbedingt gehalten werde, komme was mag. Zu wissen, daß ich weder der Tatkraft oder Geistesschärfe des Einzelnen, noch dieser ganzen, wohleingerichteten und stetig arbeitenden Gliederung gewachsen bin! Komm mal hier über die Straße und prüfe nach Durchschreiten

des kleinen Ladens und Hofes diese gewundenen Gänge mit ihren Türen, angelegt als Fluchtmittel, für Zug und Gegenzug, wie die Klappen in den Kästen der Zauberkünstler. Aber was nützen Sie? Wer erhält auf seinen Wink Zutritt und zeigt uns ihre geheime Arbeitsweise? Inspektor Field.

Vergessen Sie nicht das alte Pachthaus, Parker! Parker ist nicht der Mann, der etwas vergißt. Wir sind jetzt auf dem Wege dahin. Es ist das alte Gutshaus dieses Bezirks und stand einstmals auf dem Lande. Dann gab es damals am Ende noch etwas, was nicht diese biestige Straße war, in die man aus den verfallenen niedrigen Vorderseiten der vornüberhängenden Holzhäuser hinabsieht, unter denen wir hergehen –, jetzt geschlossen, und mit Anzeigen betreffend das Schrifttum und den Werdegang der Münze überkleistert, und weiter verfallend. Dieser lange, gepflasterte Hof war einstmals eine Weide oder ein Garten oder ein Hof vor dem Gutshaus. Vielleicht stand ein Taubenschlag in der Mitte, und Hühner pickten da herum – unter glänzenden Ulmen damals, wo mißfarbige Schornsteine und Giebel jetzt stehen – damals voll von lärmenden Krähen, die jetzt einer ganz anderen Gattung von Krähen Platz gemacht haben. Höchstwahrscheinlich ist das so, denkt Inspektor Field, während wir uns der gemeinsamen Küche zuwenden, die im Hofe steht und viele Schritte vom Hause.

Na, ihr Jungens und Mädchen, wie geht's euch allen? Wo ist Blackey, der die letzten fünfundzwanzig Jahre an der London-Brücke stand mit seiner bemalten Haut, um Krankheit vorzutäuschen? – Hier ist er, Herr Field! – Wie geht's, Blackey? – Fein, Herr! – Fiedelst du heut abend nicht, Blackey? – Heut abend nich, Herr! Ein gerissener, lächelnder Bengel, der Witzbold der Küche, mischt sich ein. Heut abend is er nich musikalisch, Herr. Ick hab ihm 'ne Moralpaucke jehalten, Herr; ick hab ihm Vorhaltungen über sein Ende jemacht, sehen Sie. 'ne janze Menge von denen da sind meine Zöglinge, Herr. Dieser junge Mann da (der seinem Nebenmann grade das Haar glatt streicht und ein Sonntagsblatt liest) ist einer von meinen Zöglingen. Ick bringe ihn Lesen bei. Is ein vielversprechender Schlingel. Er is 'n Schmied, is er, und erntet sein Brot im Schweiße seines Anjesichts, Herr. Ick selber och, Herr. Dies junge Frauenzimmer is meine Schwester, Herr Field. Sie kommt auch recht weiter. Sie machen mir 'ne Menge zu tun, Herr, aber ick bin auch reich belohnt, Herr, wenn ick sehe, wie jut es ihnen allen jeht, und wie achtbar sie emporkommen. Das is 'n jroßer Trost, Herr, nich wahr? – Mitten in der Küche (die ganze Küche ist außer sich vor Entzücken über diesen Stegreif-Ulk) sitzt ein junges, bescheidenes, sanft aussehendes Geschöpf mit einem wunderschönen Kind auf dem Schoß. Anscheinend gehört sie zu der übrigen Gesellschaft und sieht ihr doch so gar nicht ähnlich. Sie hat so ein feines, hübsches, ruhiges Gesicht und Stimme und ist so stolz, wenn sie hört, wenn

man ihr Kind bewundert – meint, man sollte kaum glauben, daß es erst neun Monate alt ist. Sollte mich doch wundern, ob sie wohl ebenso schlecht ist wie die übrigen? Die Erfahrung des Inspektors zeugt nicht von gegenteiligem Glauben, sondern hat sofort die Antwort bereit: Keinen Heller besser!
Während wir uns nähern, ertönt in dem Gutshaus ein Klavier. Es hält inne. Die Wirtin erscheint. Hat nichts dagegen, Herr Field, daß Herren mitgebracht werden, möchte aber doch, daß es etwas früher geschähe, weil die Gäste sich über Störung beschweren. Inspektor Field ist höflich und besänftigend – kennt seine Frauen und ihr Geschlecht. Der Helfer (ein Mädchen in diesem Falle) führt uns eine schwere, breite alte Treppe hinauf, sehr sauber gehalten, zu sauberen Kammern, in denen viele Schläfer liegen, und wo gemalte Wandbespannungen aus alter Zeit seltsam auf die Feldbetter herniederschauen. Der Anblick weißen Kalks und der Geruch von Seife – zwei Dinge, von denen wir uns allmählich seit unserer Kinderzeit geschieden vorkommen – machen das alte Gutshaus zu einem Wunderwesen und verbinden sich mit dem so gar nicht am Platze scheinenden Bild der hübschen Mutter mit ihrem Kinde noch lange, nachdem wir es verlassen haben, – lange nachdem wir, nebenbei gesagt, auch den benachbarten Winkel mit seinem gewissen ländlichen Beigeschmack verlassen haben, wo einst unter einem niedrigen hölzernen Säulengang, der noch wie damals dasteht, der große Jack Sheppard voller Herablassung es sich gut sein ließ und wo nun zwei alte Brüder, Junggesellen mit breitrandigen Hüten (von denen in der Münze das Gericht geht, sie hätten vor langer Zeit ein Abkommen geschlossen, falls einer von ihnen heirate, sollte er damit seines Anteils an dem gemeinsamen Besitz verlustig gehen), immer noch eine einsame Kneipe offen halten und die Abende mit ihren Pfeifen im Ausschank sitzen, unter den alten Flaschen und Gläsern, wie unsere Augen sie jetzt wahrnehmen.
Wie spät in der Nacht? Sankt Georg von Southwark gibt die Antwort mit zwölf Glockenschlägen. Parker, gute Nacht, denn hier wartet Williams bereits drüben im Bezirk von Ratcliffe Highway, um uns die Häuser zu zeigen, wo die Seeleute tanzen.
Ich möchte wohl wissen, wo Inspektor Field geboren wurde. In vollstem Vertrauen hätte ich geantwortet, in Ratcliffe Highway, schiene er nicht überall, wohin wir sonst noch kommen, ebensogut zu Hause. Er zerquält sich nicht nachts den Kopf wegen des Flusses wie ich. Er macht sich nichts draus, wie er dort zu unserer Rechten schwarz und schweigend hinkriecht, wie er durch Schütze rauscht, um Pfähle und Pfosten und Eisenringe plätschert, seltsame Dinge in seinem Schlamm bergend, mit Selbstmördern und durch Unfall Ertrunkenen rascher, als es sich für ein mitternächtliches Begräbnis schickt, von dannen eilt, und zwischen seinem Ursprung und seinem

Grab so verschiedenartige Erfahrungen sammelt. Für ihn besitzt er kein Geheimnis. Ist denn die Themse-Polizei nicht da?
Also nun führt Williams den Weg. Wir kommen etwas spät, denn ein paar Häuser machen schon zu. Macht nichts. Man zeigt uns noch so vieles. Sämtliche Wirte kennen Inspektor Field. Alle gestatten ihm freiwillig und gutgelaunt Zutritt, wohin er auch zu gehen wünscht. So gänzlich stehen alle diese Häuser ihm und unserem Ortsführer offen, daß, zugegeben, daß Seeleute sich auf ihre eigene Art und Weise vergnügen müssen – wie sie es meiner Meinung nach sollten, und worauf sie ein Anrecht haben –, ich mir kaum denken könnte, wie derartige Plätze besser geregelt sein könnten. Nicht daß ich die Gesellschaft gerade ausgesucht nennen möchte oder das Tanzen sehr anmutig – selbst nicht so anmutig wie den Tanz der deutschen Zuckerbäcker, zu deren Besuch wir bei den Minories haltmachten –, aber in jedem Haus wird wachsam auf Ordnung gehalten und auf rasche Entfernung, wo es nottut. Selbst inmitten aller Trunkenheit, sowohl der schläfrigen als der lebhaften Sorte, herrscht hier strenge Überwachung durch den Wirt, und die Taschen sind hier in größerer Sicherheit als draußen. Diese Häuser zeigen auf ganz eigenartige Weise, wieviel Abenteuerliches und Malerisches im Seemann liegt, das Anspruch auf besondere Erwähnung hat. Sämtliche Lieder (unter einem Schloßensturm von Groschenstücken gesungen, die ohne die leiseste Rücksicht auf Takt oder Melodie dem Sänger zugeschleudert werden – meistens aus großen Rollen von Kupferstücken, die sie zu dem Zwecke bei sich tragen – und denen er gelegentlich wie ihm am Kopf vorbeifliegenden Kugeln ausweicht) sind gefühlvolle Bilder aus dem Seeleben. Alle Räume sind mit Schiffahrtgegenständen ausgeschmückt. Wracks, Gefechte, brennende Schiffe, Schiffe, die an eisenumklammerter Küste an einem Leuchtturm vorbeisegeln, in die Luft fliegende Schiffe, untergehende Schiffe, auslaufende Schiffe, Männer, in einer schweren Böe auf der Großrah liegend, Seeleute und Schiffe in jeder erdenklichen Gefahr stellen die Stoffe aus dem Reiche der Wirklichkeit dar. Was das Reich der Dichtung anlangt, so kann nichts vor sich gehen ohne einen saitenschlagenden Jungen auf einem schuppigen Delphin.
Wie spät in der Nacht? Nach ein Uhr. Black und Green warten in Whitechapel, um uns die Geheimnisse von Wentworth Street zu enthüllen. Williams, der beste aller Freunde, mußte scheiden: Lebewohl!
Stehen Black und Green etwa nicht an der verabredeten Stelle bereit? O doch! Sie gleiten aus dem Schatten hervor, als wir stillestehen. Black, der Unerschütterliche, öffnet einen Kutschenschlag; Green, der Unerschütterliche, merkt sich den Kutscher. Dann öffnen Black und Green beide ihr Flammenauge und führen uns auf dem nun eingeschlagenen Wege.

Das Wirtshaus, das wir suchen, verbirgt sich in einem Gewirr von Straßen und Höfen. Es ist fest verschlossen. Wir klopfen an die Tür und bleiben stumm an die Hauswand gedrückt stehen und halten Ausschau nach einem Licht droben an einem oder dem anderen der schmierigen alten Fensterläden in seiner häßlichen Vorderseite, als noch ein Schutzmann zu uns stößt – weil er meint, wir möchten die »Zunft« sehen. Inzwischen ist der Geheimpolizeisergeant über ein Gitter geklettert, hat eine Tür geöffnet, ist in einen Erdgeschoßeingang geschlüpft, hat ein paar weitere kleine Hindernisse überwunden und an ein Fenster geklopft. Jetzt kommt er wieder. Der Wirt wird sofort einen Helfer schicken.

Wir hören den Helfer aus dem Bett poltern. Der Helfer steckt eine Kerze an, zieht einen oder zwei Bolzen zurück und erscheint an der Tür. Der Helfer stellt ein durchaus nicht sauberes zitterndes Hemd mit einer Hose dran dar, ein gähnendes Antlitz, einen äußerlich wie innerlich recht zerzausten Kopf. Wir suchen jemand. Sie können ja das Licht mitnehmen und sie alle holen, wenn Sie Lust haben, meint der Helfer, gibt es mir und setzt sich auf eine Bank in der Küche, schläfrig mit den zehn Fingern sich das Haar durchwühlend.

Hallo hier! Nanu! Zeig dich mal! Das genügt. Du bist's nicht. Laß dich weiter nicht stören! So weiter, durch ein Irrsal luftloser Räume, in denen jeder Mann antwortet wie ein wildes Tier dem Wärter, der es gezähmt hat, wenn er seinen Käfig betritt. Was, denn haben Sie ihn nicht gefunden? sagt der Helfer, als wir wieder herunterkommen. Eine Frau, die geheimnisvoll die ganze Nacht hier im Dunkln bei der schwelenden Asche des Küchenfeuers sitzt, meint, hier wären bloß Landstreicher und Bettler, die Gauner lägen drüben auf der andren Seite. Ein Mann, der geheimnisvoll die ganze Nacht im Dunklen in der Küche herumläuft, heißt sie das Maul halten. Wir treten hinaus. Der Helfer schließt die Tür zu und geht wieder zu Bett. Black und Green, ihr kennt doch Bark, den Unterkunftsbesitzer und Hehler? – O ja, Inspektor Field! – Also dann zunächst zu Bark.

Bark schläft drinnen dicht an seiner Eingangstür in einer hölzernen Hütte. Während wir uns auf den Stufen mit Barks Helfer unterhalten, brummt Bark in seinem Bett. Wir treten ein. Bark fliegt aus seinem Bett. Bark ist ein rotköpfiger, zorniger Schurke, mit vollblütigem Halse, der aussieht, als wäre er ausdrücklich fürs Hängen erschaffen, wie er ihn so in bleichem Trotz über die Halbtür seiner Hütte vorschiebt. Barks Unterhaltungsmittel sind furchtbar – meistens Eigenschaftswörter. Ich will, sagt Bark, keine soundso Polizisten und soundso Fremde auf meinem soundso Grundstück! Ich will's nicht, bei Eigenschafts- und Hauptwort! Gib mir meine Hosen, und ich schicke die ganze soundso Polizei zu Eigenschafts- und Hauptwort! Gib mir, sagt Bark, meine soundso Hosen! Mein soundso Messer werde ich ihnen allen in die Kaldaunen jagen. Ihre soundso Schädel werde ich ihnen einschlagen! Ihre soundso Hauptwörter werde ich ihnen aufschlitzen! Gib mir meine soundso Hosen! sagt Bark, und ich werde ihnen die Kaldaunen vermasseln!

Na, Bark, was soll das nun? Hier sind Black und Green, der Geheimpolizeisergeant und Inspektor Field. Du weißt doch, hineinkommen tun wir doch. – Nein, das werdet ihr nicht! sagt Bark. Gebt mir mal irgendwer meine soundso Hosen! Barks Hosen sind anscheinend schwer zu finden. Er schreit nach ihnen wie Herkules am Ende nach seiner Keule. Gebt mir meine soundso Hosen, und ich werde ihnen allen die Kaldaunen vermasseln!

Inspektor Field ist der Ansicht, daß es ganz einerlei ist, ob Bark den Besuch gern hat oder nicht. Er, Inspektor Field, ist Inspektor der Geheimpolizei, der Geheimpolizeisergeant tatsächlich Geheimpolizeisergeant, Black und Green Schutzleute in Amtstracht. Sei kein Narr, Bark, oder du weißt doch, es wird nur umso schlimmer für dich. – Ist mir schnuppe, sagt Bark. Gebt mir meine soundso Hosen!

Um zwei Uhr morgens klettern wir in Barks niedrige Küche hinab und lassen Bark mit Schaum vor dem Mund oben zurück, mit Black und Green, den Unerschütterlichen, als Bewachung neben ihm. Barks Küche steckt gerammelt voller Diebe, die sich hier bei Lampenlicht unterhalten. Dies ist bei weitem die gefährlichste Versammlung, die wir bis jetzt gesehen haben. Durch Barks Gerase oben gereizt, sind ihre Blicke mürrisch, aber kein Mensch spricht. Wir gehen wieder nach oben. Bark hat seine Hosen an und stemmt sich wie wahnsinnig gegen eine Tür, die die Treppe nach oben abschließt. Auch in anderer Hinsicht bemerken wir an Bark einen Zug von Wildheit. An Stelle von »Haltet den Dieb!« druckt er auf sein Leinen: »Gestohlen bei Bark!«

Jetzt, Bark, gehen wir nach oben! – Nein, das tut ihr nicht! Sie verweigern also der Polizei den Zutritt, Bark? – Ja, das tue ich! Ich verweigere ihn der ganzen soundso Polizei und sämtlichen soundso Hauptworten. Wären die soundso Lümmel in der Küche bloß Männer, dann kämen sie jetzt herauf und erledigten euch! Mach die Tür da zu! sagt Bark, und plötzlich sind wir auf dem Gang eingeschlossen. Dann kämen sie herauf und erledigten euch! schreit Bark und wartet. Kein Laut in der Küche. – Dann kämen sie herauf und erledigten euch! schreit Bark abermals und wartet. Kein Laut in der Küche. Wir sind, ein halbes Dutzend an der Zahl, in Barks Haus in den tiefsten Schlupfwinkeln des schlimmsten London eingeschlossen, mitten in der Nacht – das Haus steckt gerammelt voller bekannter Räuber und Halunken – kein Mensch rührt sich. Nein, Bark. Sie kennen das Gewicht des Gesetzes, und sie kennen Inspektor Field und Genossen zu gut.

Wir verlassen den Schreihals Bark, um nach Belieben wieder aus seiner Wut und seinen Hosen herauszugeraten, und um, darf ich wohl sagen, sehr bald auf recht unbehagliche Weise an diesen kleinen Streifzug erinnert zu werden. Black und Green haben hier gewöhnlich Dienst und sehen ernst aus.
Was White anbetrifft, der auf Holborn Hill auf uns wartet, um uns die aus Rotten Grays Inn Lane herausgefressenen Höfe zu zeigen, wo weitere Unterkunftshäuser sich befinden, und wo (in einer Sackgasse) die Diebsküche und die Schule liegt, in der Kinder in der Kunst unterrichtet werden, so ist die Nacht so weit vorgeschritten, da es nun »fast dem Morgen gleich ist, eins wie's andere«, daß alles still ist und kein Licht mehr durch die Ritzen der Läden scheint. Wie der Tod, der unwahrnehmbare, eines Tages hier erscheinen wird, so kommt nun der Schlaf. Die Bösen lassen zuweilen auch ab von ihren Bemühungen, selbst in diesem Leben.

Charles Dickens

Das verschwundene Schriftstück

»Eines Tages sitze ich auf meinem Bureau«, begann der alte Advokat, »da stürmt, dem Schreiber voraus, der ihn anmelden sollte, ein junger Mensch herein.«

»Kann ich Sie einen Augenblick unter vier Augen sprechen, Herr Doktor?« beginnt er in der größten Aufregung, ohne zu bemerken, daß mein Schreiber sich schon wieder verzogen hat. »Es ist eine Sache von der größten Wichtigkeit, es handelt sich um meine ganze Existenz – – –«

»Entschuldigen Sie, mein Herr, wenn ich Sie unterbreche«, bemerkte ich erstaunt. »Aber es wird sich doch empfehlen, von vorne anzufangen. Darf ich Sie aus diesem Grunde um Ihren werten Namen bitten?«

Der junge Mann war in sichtlicher Verlegenheit. Er tat mir leid; aber ich kann nun einmal die Leute nicht so aufgeregt sehen! Ich finde, daß man nichts dabei gewinnt, wenn man sich überhastet, und daß der Verstand sich nur in der Ruhe richtig betätigt.

Der junge Mann, ein hübscher Kerl mit ehrlichen Augen, entschuldigt sich freimütig und beginnt:

»Mein Name ist Frank. Ich bin Unterbeamter im Kriegsministerium. Gestern abend wurde mir ein Schriftstück zur Anfertigung einer Kopie übergeben. Da ich damit nicht fertig wurde, schloß ich beide in meinem Schrank ein, das Original und die Kopie. Als ich nun heute morgen die Arbeit vollenden wollte und den Schrank aufschloß, lag die Kopie noch an ihrem Platz, das Schriftstück selbst aber war verschwunden.«

»Ein wichtiges Dokument?« sagte ich.

»O nein, es hat keine große Bedeutung. Aber die Geschichte ist mir trotzdem außerordentlich unangenehm.«

»Natürlich«, nickte ich, »das ist immerhin fatal!«

»Meine ganze Karriere«, platzte er wieder in voller Aufregung los, »kann dadurch ruiniert sein.«

»Sie haben keine Ahnung, wer das Schriftstück gestohlen hat? Denn von selbst wird es wohl nicht durch das Schlüsselloch gekrochen sein? Das ist –«

»Heute morgen nun erhielt ich mit der zweiten Post einen eingeschriebenen Brief, der ins Ministerium selbst adressiert war«, fuhr er wieder ein wenig gefaßter fort. Er hatte, während er das sagte, seiner Brieftasche ein Papier entnommen, das er mir übergab.

Es lautete:

Sie werden ohne Zweifel bemerken, daß ein Schriftstück Ihren Schrank verlassen hat. Wie es das fertiggebracht hat, wird Sie vielleicht interessieren. Aber da die Art und Weise, wie diese merkwürdige Luftveränderung zustande kam, nicht zur Sache gehört, brauchen wir nicht näher darauf einzugehen. Ich begreife indes, daß Sie eine ausgesprochene Sehnsucht nach dem bewußten Papier empfinden, und schätze mich daher glücklich, Ihnen wieder dazu verhelfen zu können. Sie sind ein Mann von vernünftigen Ansichten und stimmen ohne Zweifel mit mir darin überein, daß ein Dienst den anderen wert ist; ich denke daher nicht unbescheiden zu sein, wenn ich fünfhundert Pfund als Gegendienst in Anschlag bringe. Da mir die Londoner Luft nicht gut bekommt, bin ich im Hotel Brighton in der Vorstadt Lee abgestiegen, wo ich zu sprechen bin.

Ihr aufrichtiger Freund Alfred Davager.

Nachschrift: Für den Fall, daß Sie nicht geneigt wären, mit mir zu verkehren, würde ich mich genötigt sehen, nächsten Dienstag nachmittag an Ihren Vorgesetzten eine kleine Mitteilung abzusenden.

»Donnerwetter«, sagte ich, »der Kerl hat Humor.« – Nur das unglückliche Gesicht des jungen Mannes hatte mich davon abgehalten, laut aufzulachen. Dann aber fuhr ich fort: »Die Sache ist ja riesig einfach! Ich bin dem Davager bereits auf der Spur; der Name ist mir bekannt. Der Mann lebt von Erpressungen. Nur hat man den Gauner nie fassen können. Aber diesmal hat er sich verrechnet. Ich lasse ihn sofort verhaften.«

»Aber, Herr Doktor, nur *das* nicht, um Gottes willen!« ruft Frank ganz entsetzt. »Deswegen komme ich gerade zu Ihnen!«

Ich war natürlich sehr überrascht und bemerkte: »Das ist doch der einfachste Weg, um wieder in den Besitz des Schriftstücks zu gelangen. Selbst ein Millionär nimmt etwas lieber umsonst als für fünfhundert Pfund. Und dann gehört dieser unverschämte Spitzbube unbedingt ins Loch!«

»Ich will es Ihnen zu erklären versuchen«, erwiderte Frank. »Wenn mein Vorgesetzter erfährt, daß das Schriftstück verschwunden ist, ist meine Karriere vernichtet. Mein Vorgesetzter ist mir nicht sehr gewogen, und er würde glauben, es sei kein Verlaß auf mich. Es gibt nämlich nur eine Möglichkeit, wie das Papier verschwinden konnte: Ein Kollege von mir hat denselben Schlüssel an seinem Schrank wie ich. Dieser nun ist mir spinnefeind und sucht mir zu schaden, wo er nur kann. Er ist der ausgesprochene Liebling unseres gemeinsamen Vorgesetzten, und im Falle einer Untersuchung, die eine Verhaftung des schurkischen Davager veranlassen würde, ließe der Chef nie den Schatten eines Verdachts auf meinen Kollegen fallen. Es hieße einfach, ich habe das Schriftstück nicht ordentlich verwahrt, und meine Zukunft wäre dadurch besiegelt. Gerade deshalb kam ich ja zu Ihnen, um, wenn es irgendwie möglich ist, eine Untersuchung zu verhindern.«

»Das heißt also«, sage ich, »mit anderen Worten: Sie sind bereit, die fünfhundert Pfund zu opfern und den Erpresser laufen zu lassen?«

»Jawohl, das bin ich, falls sich nicht ein anderer Weg bietet. Nur bin ich mir völlig im unklaren darüber, wie ich das Geld aufbringen soll. Ich selbst bin ohne Mittel. O, mein Gott, wie soll die Geschichte enden?« brach er wieder in voller Verzweiflung aus und ließ sich erschöpft in einen Stuhl fallen.

»Ist die Kopie eine sehr eilige Arbeit? Müssen Sie das Schriftstück bald wieder zurück haben?«
»Einige Tage kann ich sein Verschwinden leicht verheimlichen. Das ist nicht so schlimm.«
Meine heitere Ruhe schien ihn endlich ein wenig angesteckt zu haben; er rückte schließlich mit der Frage heraus:
»Halten Sie es für möglich, daß sich ein Weg finden läßt, die unverschämte Summe nicht zu bezahlen?«
»Ich weiß nicht«, erwiderte ich. »Glauben Sie übrigens, daß Davager sich im klaren darüber ist, wie peinlich und wie bedeutungsvoll für Sie der Verlust des Schriftstücks ist?«
»Sicherlich«, meinte er bestimmt. »Sonst wäre er nicht so unverschämt! Er fühlt sich ja völlig sicher!«
Darin hatte Frank recht.

»Ich werde sehen«, schloß ich, »was sich in der Angelegenheit tun läßt, und werde Sie benachrichtigen.«
Der junge Mann drückte mir warm die Hand und verließ mich ein wenig getröstet. –

Das allererste für mich war natürlich, mir meinen Gegner anzusehen.

Daher schrieb ich Herrn Davager, ich sei beauftragt worden, das kleine Geschäft zwischen ihm und »dem andern« – ich führte keinen Namen an – zu beiderseitiger Zufriedenheit in Ordnung zu bringen. Zum Schluß bat ich ihn, sich, sobald es ihm angenehm sei, zu mir bemühen zu wollen. Er antwortete mir, es sei ihm erst zwischen sechs und sieben Uhr abends am folgenden Tage angenehm, sich zu mir zu bemühen. Auf diese Weise zwang er mich, wie Sie sehen, verschiedene wertvolle Stunden zu verlieren, und zwar zu einer Zeit, wo Minuten von der größten Wichtigkeit waren. Und so blieb mir nichts anderes übrig, als mich zu gedulden und inzwischen meinem Bürojungen namens Tom gewisse Winke zu geben.

Solch einen pfiffigen Kerl von vierzehn Jahren, wie diesen Tom, hat noch niemand gesehen und wird auch niemand mehr sehen, das sage ich Ihnen! Ein Spion zur Beaufsichtigung des Herrn Davager war selbstredend eine Persönlichkeit von der größten Wichtigkeit in diesem Falle. Tom war der kleinste, flinkste, kaltblütigste, durchtriebenste, schlaueste Spitzbube, der je einem Herrn auf Schritt und Tritt nachgegangen, ohne daß die Augen desselben Herrn auch nur einen Blick auf ihn hätten werfen können. Ich machte also mit dem Burschen aus, daß er sich keinesfalls zeigen dürfe, wenn Herr Davager läutete; und wenn Herr Davager sich empfehle, solle er genau auf mein Glockenzeichen achtgeben: wenn ich zweimal läute, solle er den Herrn hinausbegleiten; wenn ich einmal läute, solle er sich nicht sehen lassen, aber ihm dafür folgen, wohin er auch gehen möge. Dies waren die einzigen Vorbereitungen, mit denen ich beginnen konnte, da ich wohl oder übel abwarten mußte und meine Verhaltungsmaßregeln erst der Besprechung mit Herrn Davager entnehmen konnte. Es mochte ein Viertel vor sieben Uhr sein, da erschien mein sehnlich erwarteter Besuch.

In meinem Beruf als Advokat kommt man oft in merkwürdig nahe Berührung mit widerwärtigem, gemeinem und ekelhaftem Volk. Aber weitaus der widerwärtigste, gemeinste Schmutzfink, der mir je im Leben vorgekommen ist, war dieser Herr Alfred Davager. Er hatte schmierige, weiße Haare, ein verlebtes Gesicht, eine niedere Stirn, einen dicken Bauch, eine heisere Stimme und krumme Beine. Seine Augen waren mit blutigen Äderchen durchsetzt, und außerdem schielte er noch. Ein Geruch von Branntwein ging von ihm aus. Im Mund hatte er einen Zahnstocher stecken, den beim Eintritt herauszunehmen er sich nicht herabließ.

»Na, wie geht's?« begann er. »Ich komme gerade vom Essen.«
Mit diesen Worten brennt er sich eine Zigarre an, setzt sich auf den nächsten Stuhl, schlägt die Beine übereinander und winkt mir mit der Hand zu.
Erst dachte ich, ihn durch eine kollegiale, vertrauliche Behandlung überrumpeln zu können; doch kam ich nicht weit damit. Ich fragte ihn, humoristisch lächelnd, wie zum Teufel er es denn fertiggebracht habe, das Schriftstück an sich zu bringen. Er antwortete mir nur in kaltem Tone, daß er seit seiner Jugend berühmt dafür sei, seine eigenen Interessen auf das vorteilhafteste im Auge zu haben. Dafür machte ich ihm einige Komplimente, die ihn aber offenbar kalt ließen. Dann versuchte ich, seinen Gleichmut zu erschüttern; aber der Kerl ließ sich nicht aus seiner Ruhe bringen. Und so zwang er mich schließlich zu meinem letzten Hilfsmittel: ich versuchte es, ihn einzuschüchtern.
»Bevor wir überhaupt unnütze Worte wegen des Geldes verschwenden«, begann ich, »will ich Ihnen die Sachlage rasch klar machen, Herr Davager. Sie besitzen ja allerdings die Möglichkeit, Herrn Franks Karriere zu ruinieren. Aber setzen Sie zum Beispiel den Fall, ich habe in meiner Tasche einen Haftbefehl gegen Sie! Nehmen Sie an, im Nebenzimmer warte ein Beamter, um dem Befehl gemäß zu handeln! Nehmen Sie an, wir verhaften Sie, nehmen Ihnen das Schriftstück ab –«
»Einen Augenblick, wenn ich bitten darf«, unterbricht mich Herr Davager. »Nehmen Sie an, ich sei nicht der grünste Junge, der je in seinen Kleidern steckte. Nehmen Sie an, ich sei nicht so blödsinnig, das Schriftstück bei mir herumzutragen! Nehmen Sie an, ich hätte ein gewisses Kuvert einem gewissen Freund an einem gewissen Ort in dieser Stadt übergeben! Nehmen Sie an, daß dieses Kuvert einmal jenes Schriftstück nebst einem Brief an das Kriegsministerium enthalte, und dann die Erzählung der ganzen Geschichte – nebst den nötigen Beweisstücken – für den »Expreß«, der mit Freuden diese Gelegenheit ergreifen wird, seinem politischen Gegner, Herrn Frank, eins auszuwischen! Nehmen Sie an, mein Freund sei angewiesen, das Kuvert aufzubrechen und die zwei Briefe an das Kriegsministerium, beziehungsweise die Redaktion des »Expreß« eingeschrieben zu übermitteln, im Falle, daß ich heute abend nicht erscheine, um sie zurückzufordern! Kurzum, mein verehrter Herr, nehmen Sie an, Sie seien erst gestern geboren und ich sei schon bedeutend älter!«
Mit diesen Worten winkte mir Herr Davager wieder gemütlich lächelnd zu.
Natürlich war ich nicht im geringsten überrascht von seiner Eröffnung; es war mir nicht eingefallen, anzunehmen, daß er das Schriftstück bei sich herumtrug. Aber ich stellte mich, als fühle ich mich durch seine Schlauheit völlig geschlagen, und tat, als unterwerfe ich mich bedingungslos. Und so

brachten wir unser Geschäft über die Auslieferung des Papiers und Auszahlung des Geldes ins reine. Ich wollte jedoch erst noch ein Schriftstück aufsetzen, das er unterzeichnen sollte. Er wußte, daß dieses Schriftstück Schwindel und Unsinn war, ganz genau so, wie ich dies wußte. Daher sagte er mir auch sofort, ich schlage es nur aus dem Grunde vor, meinem Klienten eine möglichst gesalzene Rechnung vorsetzen zu können. So schlau er war, hierin täuschte er sich. Das Schriftstück hatte nicht den Zweck, Herrn Frank Geld abzuschröpfen, sondern ich wollte Zeit gewinnen, und zwar von Herrn Davager selbst. Auf diese Weise hatte ich eine Entschuldigung, die Aushändigung der fünfhundert Pfund bis Dienstag nachmittag drei Uhr hinauszuschieben. Den Dienstag morgen wollte Herr Davager, wie er sagte, dem Vergnügen widmen. Er fragte mich, ob Lee eine interessante Umgebung besitze, und als ich ihm darüber Auskunft gegeben, warf er seinen Zigarrenstummel in meinen Kamin, gähnte und schob ab.
Ich drückte einmal auf die Klingel, wartete, bis ich ihn hatte am Fenster vorübergehen sehen, und sah mich dann nach Tom um. Da stand dieses Juwel eines Jungen auf der anderen Seite der Straße und spielte vergnügt mit seinem Kreisel! Davager bummelte die Straße entlang, in der Richtung zum Marktplatz. Und Tom trieb seinen Kreisel langsam auf dem Trottoir die Straße entlang, ebenfalls dem Markte zu.
Eine Viertelstunde später kam er zurück und teilte mir seine Beobachtungen in einem hübsch logischen, zusammenhängenden Bericht mit. Davager hatte sich zu einem Wirtshaus begeben, das etwas außerhalb des Städtchens lag, an einem Fußweg, der zur Landstraße führte. In einer Laube vor dem Wirtshaus saß ein Mann und rauchte. Der fragte nur: »Klappt's?« und übergab Davager einen Brief, worauf dieser bemerkte: »Es klappt!« und sich wieder auf den Rückweg zum Hotel machte. In der Halle bestellte er heißes Wasser und Rum, Zigarren und Pantoffeln und gab dem Portier den Auftrag, in seinem Zimmer Feuer machen zu lassen. Dann ging er die Treppe hinauf, und Tom kam nach Hause zurück.
Nunmehr sah ich den Weg deutlich vor mir, den ich einschlagen mußte, nicht sehr weit zwar, aber doch sehr klar. Ich war ziemlich stark überzeugt davon, daß das Schriftstück für diese Nacht wenigstens im Hotel Windsor zu suchen sei. Ich läutete Tom. Als er erschien, gab ich ihm den Auftrag, sich in der Nähe des Hotels herumzutreiben und mit seinem Kreisel zu spielen. Wenn er müde sei, solle er sich bei dem Konditor auf der anderen Seite der Straße mit Süßigkeiten erfrischen, solange er wolle, unter der Bedingung, daß er die ganze Zeit über hinüberschaue und den Hoteleingang nicht aus den Augen lasse. Sobald Davager das Haus verlasse oder sein Freund aus dem Wirtshausgarten ihn besuchen würde, sollte Tom mich benachrichtigen. Auch ließ

ich ihn ein kleines Billett der Weißzeugverwalterin im Hotel überbringen, die eine alte Freundin von mir war. Ich bat sie, sich wegen einer geschäftlichen Angelegenheit in mein Büro zu bemühen, sobald ihre Arbeit für heute abend erledigt sei. Als ich diese Geschichten in Ordnung gebracht hatte, führte ich mir einige Male leibliche Erfrischungen zu Gemüte und setzte mich ein halbes Stündchen vor den Kamin; ich fühlte mich verhältnismäßig ganz zufrieden mit dem bisherigen Verlauf der Sache.

Als die Weißzeugverwalterin erschien, stellte es sich heraus, daß Herr Davager ihre Aufmerksamkeit schon ganz besonders auf sich gezogen hatte, indem er ihr als Zeichen seiner besonderen Hochachtung einen Kuß zu geben geruht hatte. Das war entschieden glücklich für den weiteren Verlauf meiner Angelegenheit. Ich ließ sie ruhig ihrer Entrüstung über diesen Zwischenfall Ausdruck geben, wodurch sie sich in eine ziemlich starke Erregung hineinarbeitete. Dann ging ich so nebenbei auf meine eigene Sache über und erzählte ihr, daß derselbe Herr Davager, der sich eine derartige Unverschämtheit ihr gegenüber gestattet habe, den liebenswürdigsten und hübschesten jungen Mann auf der Welt auf die niederträchtigste und nichtswürdigste Weise betrogen habe. Ich selbst sei mit der Verteidigung der Interessen besagten jungen Mannes beauftragt worden und bitte sie nun um ihre Unterstützung, von der überhaupt alles abhinge. Das Mädchen erklärte sich sofort mit Freuden bereit, für mich alles zu tun, was irgendwie in ihrer Macht stehe und was sich mit ihrer Stellung als Weißzeugverwalterin sowie als in ihrer Ehre gekränkte Jungfrau vereinigen lasse. Kurzum: ich entdeckte, daß der Hausknecht den Auftrag hatte, Herrn Davager am nächsten Morgen um acht Uhr zu wecken und seine Kleider wie üblich zu reinigen. Wenn Davager nun seine Taschen zufällig nicht geleert hätte, sollte der Hausknecht die Kleider herunterbringen, wie er sie erhalten, ohne Davager darauf aufmerksam zu machen. Falls er sie jedoch geleert hätte, dann müßten wir unsere Untersuchung auf Davagers Zimmer ausdehnen. Auf jeden Fall konnte ich mich auf das Mädchen, und das Mädchen konnte sich wiederum auf jeden Fall auf den Hausknecht verlassen.

Ich wartete, bis Tom zurückkehrte. Er sah ziemlich blaß und überanstrengt aus; aber seine geistige Verfassung machte mir den Eindruck, als sei sie mehr als auf der Höhe; sein Bericht war ungewöhnlich kurz, genau und angenehm. Das Hotel sei geschlossen; Herr Davager sei in ziemlich betrunkenen Zustand zu Bett gegangen, und sein Freund habe sich überhaupt nicht blicken lassen. Ich wies Tom an, unseren Freund den ganzen nächsten Morgen nicht aus den Augen zu lassen, und sandte ihn dann in sein Zimmer. Es war augenscheinlich höchste Zeit dazu. Aber selbst die besterzogenen Jungen, die in aufgeregter Verfassung zu viel Törtchen gegessen haben, können nichts dafür, wenn sie ihr Magen zu überwältigen droht.

Um halb sieben Uhr am nächsten Morgen gelangte ich unbemerkt in das Kämmerchen, wo der Hausknecht die Stätte seiner Wirksamkeit aufgeschlagen hatte.

Eben brachte er die Kleider und Schuhe herunter, die seiner Bürsten harrten. Ich war zwar kein solcher Narr, anzunehmen, Davager habe das Schriftstück in der Tasche vergessen. Aber ich wollte zunächst sehen, ob ich hier etwas fände. Dann wollte ich wissen, was Davager für den Morgen unternehmen wollte. Ich hatte mich nämlich entschlossen, sein Zimmer einer näheren Untersuchung zu unterziehen. Freilich, wenn das zu nichts führte, war mir der fernere Weg noch nicht klar.

»Nun, ist Herr Davager schon wach?« fragte ich den Hausknecht.

»O bewahre!« grinste dieser. »Er schnarcht wie ein Nilpferd!«

»Gut!« nickte ich und machte mich an die Untersuchung der Kleider. Nichts in den Beinkleidern. Westentaschen alle leer. Endlich im Rock verschiedene Gegenstände: Halstuch, Schlüsselbund, Zigarrenetui, Notizbuch. Ich bildete mir natürlich nicht ein, darin das Schriftstück zu finden.

In den zwei Täschchen steckten ein paar Zeitungsausschnitte, eine Rechnung sowie die Abschrift einiger Witze, die nicht den Anschein hatten, in eine Gesellschaft zu passen, die nicht den äußersten Anforderungen in bezug auf Ungeniertheit entsprach. Im Notizbuch selbst standen einige Adressen, sodann Bemerkungen über Wetten, alles in roter Tinte. Auf einer Seite allein fand ich eine Bleistiftnotiz, die ich nicht verstand. Gerade aus diesem Grunde notierte ich sie mir. Sie lautete:

»5 lang, 4 quer.«

Ich wartete noch, bis der Hausknecht, der die Kleider gereinigt hatte und wieder zurückbrachte, herunterkam.

»Jetzt ist er aufgewacht«, rief er mir schon an der Tür zu.

»Hat er etwas gesagt?«

»Er hat gefragt, was es für Wetter sei. Als ich ihm antwortete, es sei schön, bestellte er sein Frühstück auf neun Uhr und auf zehn Uhr ein Reitpferd, um nach der Grimwith-Abtei zu reiten.« –

Ich hatte ihm den Abend zuvor davon gesprochen. –

»Um halb elf Uhr komme ich zurück«, sage ich zur Weißzeugverwalterin. »Durch die Hintertür.«

»Zu welchem Zweck?« meint sie.

»Um dabei zu sein, wenn heute Herrn Davagers Zimmer gemacht wird«, sage ich.

»Sonst noch etwas?« fragt sie.

»Jawohl«, sage ich. »Ich möchte für heute morgen den Sam haben. Schreiben Sie es ins Merkbuch; man soll ihn um zehn Uhr zu mir bringen.« –

Für den Fall, daß Sie glauben, Sam sei ein Mensch gewesen, so täuschen Sie sich. Ich muß Ihnen nämlich verraten, daß Sam ein Pony war. Ich hatte eingesehen, daß es für Toms Gesundheit – nach all den vielen Törtchen – ratsam sei, wenn er zur völligen Wiederherstellung seines Wohlbefindens einen belebenden kleinen Ritt in der Richtung nach der Grimwith-Abtei unternähme. –

»Befehlen Sie noch etwas?« fragt die Weißzeugverwalterin.

»Noch eine kleine Vergünstigung«, sage ich. »Würde Ihnen mein Junge Tom sehr im Wege stehen, wenn er jetzt bis um zehn Uhr käme, Ihnen ein wenig in Ihrer Arbeit zu helfen, und sich dabei nahe an das Fenster stellte, das von hier aus auf das Treppenhaus geht?«

»Nicht im geringsten«, sagt das Mädchen.

»Danke schön«, sage ich darauf und gehe geradenwegs in mein Büro zurück. –

Als ich Tom zur Hilfe der Weißzeugverwalterin abkommandiert hatte, überlegte ich mir in aller Ruhe, wie der Fall jetzt stehe.

Davager konnte dreierlei mit dem Schriftstück anfangen. Er konnte es wieder, vor zehn Uhr, seinem Freunde übergeben, in welchem Fall Tom sicherlich besagten Freund auf der Treppe sehen würde. Er konnte es selbst diesem oder einem anderen Freund nach zehn Uhr überbringen – in welchem Fall ihm Tom auf dem Pony Sam folgen würde. Und schließlich konnte er es irgendwo in seinem Zimmer verstecken – in diesem Falle war ich mit einem Befehl zur Haussuchung aus meiner höchsteigenen Machtvollkommenheit bereit, unter der speziellen Protektion meiner Freundin, der Weißzeugverwalterin. Daß er das Schriftstück nicht bei sich tragen würde, so viel Schlauheit traute ich ihm schon zu. Er wußte ganz genau, daß ich mit Leichtigkeit einige handfeste Kerle finden würde, die ihn auf seinem friedlichen Ritt anhalten und durchsuchen konnten. Das einzige, was mir fortwährend im Kopf herumging, war die rätselhafte Notiz in seinem Notizbuch. Alle anderen waren mit Tinte eingeschrieben, diese eine, auf der letzten Seite, mit Bleistift. Aber sie konnte ja alles mögliche bedeuten: zurn Beispiel das Maß zu einem Kleidungsstück. Aber wie konnte das stimmen? »5 lang«. Zentimeter? Nein. Meter? Nein. Höchstens, wenn er das Seil bereits um den Leib geschlungen trug, an dem er sicher eines Tages baumeln würde. Also wohl nichts an ihm selbst. Bezog es sich vielleicht auf das Schriftstück? Oder auf irgend etwas in seinem Zimmer? Ich konnte nicht klug daraus werden. Vielleicht hatte die Notiz gar nichts zu bedeuten. Und doch konnte ich sie nicht aus dem Kopf bringen. Es geht uns ja immer so mit Dingen, die wir nicht verstehen.

Tom kehrte zurück, strahlend vor Freude über den Ritt, der ihm bevorstand. Der Freund war nicht erschienen. Ich entließ ihn, gehörig instruiert, und hatte selbst mein Vergnügen daran, wie aufrecht er auf dem Pony davongaloppierte. Dann schrieb ich Herrn Frank ein Briefchen, er solle den Mut nicht verlieren, und schließlich schlüpfte ich durch die Hintertür des Hotels, einige Minuten vor halb elf Uhr. Die Weißzeugverwalterin gab mir ein Zeichen, daß der Weg frei sei. Sie hatte dem Zimmermädchen mitgeteilt, sie wolle das Zimmer des Herrn Davager selbst machen. Ich schlich mich in das Zimmer, ohne daß es jemand außer ihr bemerkte, und schloß sofort die Tür ab.

Bis zu einem gewissen Grad war die Sache jetzt einfacher geworden. Davager hatte offenbar das Schriftstück nicht irgend jemand überbracht, da er, wie ich erfuhr, geradenwegs in der Richtung nach der Abtei weggeritten und Tom nicht zurückgekommen war. Also hatte er entweder den Brief bei sich oder in seinem Zimmer. Ersteres war mir von vornherein sehr unwahrscheinlich. Ich wenigstens hätte es an seiner Stelle niemals getan. Und eine andere Tatsache bestärkte mich in der Annahme, daß er das Schreiben in seinem Zimmer hatte; Sie werden nicht darauf verfallen, da Ihnen diese Tatsache in

Verbindung mit meiner Schlußfolgerung vielleicht etwas sonderbar vorkommen wird: seinen Schrank, seine Kommode, seinen Koffer – alles das hatte er offen stehen gelassen. Da ich aber mit meinem Kunden bekannt war, fiel mir gerade diese Nachlässigkeit auf und kam mir verdächtig vor.
Davager hatte eines der besten Zimmer im Hotel genommen: Parkettboden, ein prächtiger Fußteppich, moderne Tapeten, Kronleuchter und Möbel erster Güte. Erst suchte ich überall auf die übliche Weise, wo irgend etwas hätte versteckt werden können. Ich fand – nichts. Dann griff ich zu meinem Meterstab, den ich vorsorglicherweise mitgebracht hatte. War da im Zimmer irgend etwas »5 lang« und »4 quer«? Was konnte übrigens das »quer« bedeuten? Er meinte wohl »4 breit«? Mit Zentimetern klappte nichts. Mit Dezimetern vielleicht? Ich suchte lange und fand nichts. Mit Metern dasselbe. Also hatte die Notiz keine Bedeutung. Ich steckte den Meterstab wieder ein.
Es ist eigentümlich, wie ich mich in die Idee verbohrt hatte, das Schriftstück müsse in dem Zimmer sein. Jedenfalls aus purem Widerspruchsgeist, weil ich nicht das geringste entdeckte. Und ebenso eigensinnig beharrte die Notiz in meinem Kopf: »5 lang, 4 quer«. Wo konnte man im Zimmer überhaupt 5 und 4 zählen? Die Tapete war neu, einfarbig. Der Teppich geblümt, ein wirres Durcheinander, wo es überhaupt kein »lang und quer« gab. Stühle waren gar nicht so viele im Zimmer. Ich war nahe daran, 5 und 4 an meinen eigenen Rockknöpfen abzuzählen, so schwirrte mir die Notiz im Ohr. Ich begann bereits, sie in einem gewissen Rhythmus fortwährend vor mich hinzumurmeln. Endlich bemerkte ich die Fransen, die das Sofa zierten. Da waren allerdings mehr als 5 der Länge nach, mehr als 4 »quer« dazu, – der Gauner meinte wohl »im rechten Winkel dazu« – angebracht. Ich zog an ihnen, rechnete, von allen Ecken beginnend, kratzte mit den Nägeln an dem Möbel, riß beinahe die unglückseligen Fransen aus: es nützte nichts! Keine Spur von dem Schreiben, und die Zeit ging vorwärts – heiliger Gott! Wie die Zeit an jenem Morgen im Zimmer des ehrenwerten Herrn Davager verfloß!
Ich setzte mich aufs Bett, um ein wenig nachzudenken, und starrte auf den Teppich. Das erste in meiner Untersuchung war gewesen, unter dem Teppich nachzusehen, der fast den ganzen Boden bedeckte und nicht einmal befestigt war. An der Tür war der Parkettboden sichtbar.
Plötzlich schoß mir ein Gedanke durch den Kopf. Im ganzen Zimmer hatte ich gesucht, aber dem Boden hatte ich noch nicht die geringste Aufmerksamkeit geschenkt. Rasch rollte ich, bei der Tür beginnend, neben der auch das Bett stand, den Teppich auf. Hier konnte ich ja wieder abzählen, bis mir der Kopf schwirrte! Diesesmal wollte ich systematischer vorgehen.
Links stand also das Bett. Hier konnte er die fünf ersten Holztafeln gar nicht

abzählen. Also wandte ich mich auf die rechte Seite, von der Tür aus gesehen. Was bedeutete nun »lang«? Wohl parallel mit der längeren Wand des Zimmers; die Tür befand sich in der Schmalwand. Ich begann, an der Längswand rechts fünf Täfelchen abzuzählen. Was bedeutete nun »quer«, »4 quer« ? Die Tafeln gingen unter einem stumpfen Winkel ins Zimmer hinein, immer von der Tür aus betrachtet. Senkrecht zu jedem der langen Holzvierecke stand ein anderes, das wieder der Tür zulief, darauf senkrecht in der entgegengesetzten Richtung ein weiteres und so fort, so daß von der Wand aus parallel der Schmalwand eine schmale, von den länglichen Holzvierecken zusammengesetzte, zusammenhängende Fläche ins Zimmer lief. Ich hatte in meinem Leben noch nie einen Parkettboden so genau betrachtet. Wie das im Zickzack, kreuz und quer – Halt! rief ich freudig erstaunt aus, als ich an das Kreuz- und Querlaufen der Täfelchen dachte. Heureka! Ich hab's! Daher »4 quer«!

In der größten Aufregung zählte ich nochmals meine fünf Längstafeln ab. Die fünfte traf an ihrem Ende eine zweite, diese ebenso eine dritte –

Da klopfte es an der Tür.

Rasch fuhr ich auf und fragte leise durchs Schlüsselloch, wer da sei. Es war die Weißzeugverwalterin.

»Sind Sie noch nicht fertig?« flüsterte sie.

»Nur noch zwei Minuten«, sagte ich, »lassen Sie ja niemand in die Nähe, und wenn Davager selbst kommt, so halten Sie ihn um Gottes willen auf.«

– zwei, drei, vier! Da war die vierte Tafel. Die Parkettäfelchen schlossen nicht ganz dicht aneinander. In fieberhafter Aufregung versuchte ich die Klinge meines Messers in den Spalt zwischen meiner Tafel und ihren Nachbarinnen hineinzusenken und sie auf diese Weise herauszuheben. Die Klinge ging gut hinein, aber das Täfelchen wankte nicht. Zufällig aber stützte ich mich mit der linken Hand auf das eine Ende der Holztafel, da schwippte sie, samt meinem Taschenmesser, heraus, und ich erkannte, daß sich darunter ein schmaler Hohlraum befand. Und richtig! Da links war der Rand eines Papiers sichtbar. Ich zog vorsichtig daran – und hatte das gestohlene Schriftstück in der Hand.

Es war das Original selbst, keine Kopie. Das sah ich an der Tinte. Das Schreiben war fünfhundert Pfund wert! Das war mein erster Gedanke, als ich wie ein Verrückter im Zimmer herumzutanzen begann. Dann mußte ich mich einen Augenblick niedersetzen; so stark klopfte mir das Herz. Erschöpft wischte ich mir den Schweiß von der Stirn. Dann aber hatte ich meine Ruhe wieder.

Sie denken wohl, ich sei jetzt wie ein Narr hinausgestürzt, ohne daran zu denken, das leicht bewegliche Holztäfelchen wieder an seine Stelle einzusetzen und den Teppich darüber zu ziehen? Da kennen Sie mich schlecht! Ich blieb ganz gemütlich in meinem Stuhle sitzen, nachdem ich das kostbare Schriftstück in der Brusttasche versorgt hatte, und überlegte mir in aller Ruhe, wie ich am besten dem Ehrenmann mitteilen könnte, daß trotz seiner überlegenen Verachtung, mit der er den naiven Vorstadtadvokaten behandelte, dieser ihn zum Schluße doch überlistet hatte.

Da kam mir ein niedlicher Gedanke. Ich riß aus meinem Notizbuch ein weißes Blatt, schrieb darauf die Worte: »Wechsel auf fünfhundert Pfund«, faltete das Papier hübsch zusammen, steckte es in den Hohlraum, so daß eine Ecke aus diesem herausblickte, fügte die Holztafel wieder ein, zog den Teppich wieder darüber, wie zuvor, schloß die Tür auf, drückte meiner Freundin die Hand und fuhr mit dem nächsten Zug zur Stadt.

Der gute Herr Frank war durch die Geschichte ganz abgemagert und heruntergekommen; er konnte sich beinahe nicht fassen vor Freude, als er das Papier wieder in Händen hatte, und rundete mir meine Rechnung stark nach oben auf. Er sagt mir noch heute – bilden Sie sich nur nicht ein, er heiße Frank; ich bin nicht so dumm, ihn hinterher zu verraten, nachdem ich ihn – nun, er sagt mir noch heute, daß er mir allein seine Karriere verdanke, er ist nämlich längst über jenen mißgünstigen Kollegen avanciert, der damals sehr wahrscheinlich das Schriftstück entwendet hat.

Was meinen Freund Davager anbelangt, so ist nicht viel mehr über ihn zu bemerken. Mein unschätzbarer Junge Tom wurde zweimal von seinem Pony aus dem Sattel geschleudert, aber er ließ die Zügel nicht aus den Händen und seinen Mann nicht aus den Augen. Er erzählte mir, daß Herr Davager unterwegs in einen Feldweg abgeschwenkt und zu jenem Wirtshaus geritten sei, wo er seinem Freund einen Zettel ausgehändigt habe, ohne ein Wort dazu zu bemerken. Zweifellos enthielt dieser die Bezeichnung der Stelle, wo das Schriftstück versteckt war, für den Fall, daß ihm selbst etwas zustoßen sollte. Sonst aber war Davager über Land geritten wie ein gewöhnlicher Tourist, der sich für die schöne Gegend interessiere. Etwa um zwei Uhr war er wieder ins Hotel zurückgekehrt. Um halb drei Uhr schloß ich mein Büro ab, heftete eine Karte an die Tür mit der Aufschrift: »Verreist bis morgen«, und besuchte für den Rest des Tages einen Freund, der einen Kilometer außerhalb des Städtchens wohnt.

Davager verließ, wie mir die Weißzeugverwalterin einmal mitteilte, in derselben Nacht das Hotel, die besten Kleider unter dem Arm und alle seine Toilettensachen, die irgendwelchen Wert besaßen, in der Tasche.

Ich selbst habe ihn seit damals nicht mehr getroffen. Sie werden zugeben, daß das eher ein Glück für mich war.

Wilkie Collins

Die Geschichte von dem jungen Mann mit den Rahmtörtchen

Zu der Zeit, da der hochgebildete Prinz Florizel von Böheim in London lebte, gewannen ihm erlesene Umgangsformen wie großzügige Freigebigkeit die Herzen aller. Schon das, was man von ihm erzählte – und das war nur ein geringer Teil seiner wirklichen Taten –, machte ihn zur vielberedeten Figur. Dieser Prinz, für gewöhnlich ein Mensch von ruhigem Temperament, der mit philosophischer Gelassenheit die Dinge der Welt betrachtete, empfand von Zeit zu Zeit ein tolles Verlangen, das Leben, zu dem die Geburt ihn bestimmt hatte, durch abenteuerliche Fahrten zu unterbrechen. War seine Stimmung nicht im gewohnten Gleichklang, hatte er die üblichen Londoner Vergnügungen an Theater und dergleichen satt und ließen Jahreszeit und Witterung den sportlichen Betätigungen, in denen er Meister war, keinen Raum, so gab er seinem Vertrauten und Oberstallmeister, dem Obersten Geraldine, Auftrag, einen abendlichen Ausflug vorzubereiten. Den Stallmeister, einen jungen, tolldreisten Offizier, erfüllten solche Befehle mit Vergnügen, und er machte mit Eifer alles bereit. Infolge langer, durch allerlei Erfahrungen geförderter Übung hatte sich des jungen Mannes angeborenes schauspielerisches Talent so entwickelt, daß er imstande war, nicht nur in Haltung und Gebärden, sondern auch im Tonfall und sogar in Art und Ausdruck seiner Gedanken jeden beliebigen Charakter irgendeiner Volksschichte und Menschenrasse vorzustellen; er lenkte so in schwierigen Fällen die Aufmerksamkeit von seinem prinzlichen Begleiter ab und auf sich, und es gelang dem Paar oft, zu sehr merkwürdigen Zirkeln Zutritt zu bekommen. Von diesen mysteriösen Fahrten drang nichts in die Öffentlichkeit. Die Verwegenheit des einen und die unerschöpfliche Erfindungsgabe und ritterliche Ergebenheit des anderen ließen sie alle Gefahren glücklich überwinden, und mit dem Selbstvertrauen wuchs die Lust am Abenteuer.

Eines Abends im März trieb sie ein eiskalter Regenschauer in eine Austernkneipe am Leicester Square. Oberst Geraldine war dieses Mal als heruntergekommener Zeitungsschreiber etikettiert, während die Maske des Prinzen, wie schon häufig, in einem falschen Backenbart und buschigen Augenbrauen bestand. In dieser Verkleidung vor Entdeckung gesichert, tranken sie sorglos Brandy mit Soda. Die Schenke war voller Gäste beiderlei Geschlechts; aber die mehrmals angeknüpften Gespräche schienen in keinem Falle zu einer Bekanntschaft zu führen, die der Mühe wert gewesen wäre. Es waren nur die längst bekannten Typen der unteren Volksschichten. Der Prinz fing schon an zu gähnen, und es schien bereits, als solle die Expedition für diesmal ohne das

geringste lohnende Abenteuer zu Ende gehen, als die Eingangstür mit heftigem Ruck aufgestoßen wurde und ein junger Mann, gefolgt von zwei Dienstmännern, hereinstürzte. Die Dienstmänner trugen jeder eine große, mit Rahmtörtchen gefüllte Schüssel. Der junge Mann wandte sich mit erlesener Höflichkeit der Reihe nach an jeden Gast, mit der dringenden Bitte, zuzugreifen. Die einen folgten lachend der Aufforderung, andere lehnten kurz oder grob ab. Dann verzehrte der Ankömmling jedesmal das Törtchen selbst, eine mehr oder minder witzige Bemerkung anfügend.

Zuletzt wandte er sich an den Prinzen Florizel.

»Mein Herr«, sagte er mit tiefer Verneigung, das Törtchen zwischen Daumen und Zeigefinger darbietend, »geben Sie einem Unbekannten die Ehre? Für die Güte des Gebäcks stehe ich ein; ich habe selber seit fünf Uhr zwei Dutzend und drei gegessen.«

»Ich sehe«, entgegnete der Prinz, »weniger auf die Gabe als auf den Geist, in dem sie geboten wird.«

»Was den Geist belangt«, erwiderte der junge Mann, mit einer zweiten, tiefen Verbeugung, »so geht es um einen Scherz.«

»Scherz!« wiederholte Florizel. »Worauf zielt der Scherz?«

»Ich kann darüber hier nichts weiter sagen, ich verteile nur diese Rahmtörtchen. Wenn ich betone, daß ich die lächerliche Seite der Sache selber trage, hoffe ich, Sie möchten es nicht unter Ihrer Würde finden, auf den Scherz einzugehen. Sonst bin ich gezwungen, Nummer achtundzwanzig zu verzehren, und ich muß sagen, ich habe gerade genug.«

»Sie rühren an mein Gemüt«, sagte der Prinz, »und ich will Ihnen mit Vergnügen behilflich sein, aber ich stelle eine Bedingung. Wenn mein Freund und ich Ihre Torten, auf die wir an und für sich gar keinen besonderen Appetit haben, essen, so wünschen wir, daß Sie unser Abendmahl teilen.«
Der junge Mann schien zu überlegen.
»Es sind noch mehrere Dutzend«, sagte er endlich; »und ich muß also zur Vollendung meines großen Werkes noch verschiedene Wirtschaften heimsuchen. Das kostet Zeit, und Sie sind vermutlich hungrig...«
Der Prinz unterbrach ihn mit einer höflichen Geste.
»Mein Freund und ich werden mit Ihnen gehn«, sagte er, »denn diese geniale Manier, den Abend unterzubringen, reizt uns sehr. So lassen Sie mich, da wir uns über die Präliminarien geeinigt haben, den Vertrag für beide unterzeichnen.«
Dabei steckte der Prinz ein Törtchen in den Mund.
»Sie sind vorzüglich«, meinte er.
»Ich sehe, Sie sind Kenner«, erwiderte der junge Mann.
Oberst Geraldine tat dem Gebäck gleiche Ehre an, und der junge Mann machte sich auf den Weg zu einer andren, ähnlichen Kneipe. Hinter ihm schritten die beiden Dienstmänner, und der Fürst und Geraldine schlossen den Zug, Arm in Arm und heimlich einander zulächelnd. In zwei ähnlichen Schenken, die sie, dem Rundgang des jungen Mannes folgend, betraten, ereigneten sich, mit geringen Veränderungen, dieselben Szenen. Als sie aus der dritten Wirtschaft herauskamen, überzählte der junge Mann seinen Vorrat; es waren noch neun Törtchen übrig. »Meine Herren«, sagte er, sich an seine neuen Begleiter wendend, »ich will Sie nicht länger vom Abendessen abhalten. Sie sind sicher hungrig, und ich bin Ihnen ein Opfer schuldig. Heute, an diesem für mich so wichtigen Tage, da ein tolles Treiben in höchster Tollheit enden soll, möchte ich bei niemandem mehr Schulden machen. Sie sollen nicht länger warten. Auf jede Gefahr hin ziehe ich die Bilanz.«
Mit diesen Worten steckte er eins nach dem andren die neun Törtchen in den Mund und schlang sie heldisch hinab. Er reichte den Dienstmännern ein paar Goldstücke, sagte: »Ich danke Ihnen für Ihre außerordentliche Geduld«, und verabschiedete sie mit einer Verbeugung.
Dann blickte er nochmals auf die Börse, der er das Geld entnommen hatte, warf sie mitten auf die Straße und erklärte sich bereit, zu Abend zu essen.
Die drei Gefährten traten in ein nahegelegenes kleines französisches Speisehaus besserer Sorte und ließen sich in einem Extrazimmer des zweiten Stockes ein erlesenes Mahl vorsetzen, dessen Reiz drei oder vier Flaschen Champagner und muntere Reden über alles mögliche noch erhöhten. Der

junge Mann war ein gewandter, heiterer Geselle. Nur erschien seine Munterkeit für einen guterzogenen Menschen reichlich laut, seine Hände zitterten, und seine Stimme bekam unwillkürlich manchmal einen ganz seltsamen Klang. Der Nachtisch war abgetragen, und jeder der drei hatte sich eine Zigarre angesteckt, als der Prinz sich mit diesen Worten an den jungen Mann wandte:

»Sie werden meine Neugier sicher verzeihen. Was ich von Ihnen gesehen habe, hat meinen Beifall gefunden, aber noch mehr mein Erstaunen erregt. Ich hasse Indiskretionen – ich darf auch wohl behaupten, daß mein Freund und ich Geheimnisse zu wahren wissen –, aber wenn auch die Geschichte, die Sie vielleicht zu erzählen haben, von allerhand Torheiten handeln sollte, so brauchen Sie sich deshalb vor uns, die selber schon die tollsten Streiche in England verübt haben, nicht genieren. Ich heiße Godall, Theophilus Godall; mein Freund ist der Major Hammersmith – oder er hört wenigstens heute auf diesen Namen –, und wir sind auf der Suche nach Abenteuern, je toller, desto besser.«

»Sie gefallen mir, Herr Godall«, entgegnete der junge Mann, »ich habe gleich Vertrauen zu Ihnen gefaßt; und ich habe nicht das geringste gegen den Herrn Major, Ihren Freund, in dessen Verkleidung mir ein sehr vornehmer Herr zu stecken scheint, – Soldat wenigstens ist er auf keinen Fall.«

Der Oberst lächelte über das Kompliment, und der junge Mann setzte eifrig seine Rede fort:

»Ich habe eigentlich Gründe genug, meine Geschichte nicht zu erzählen. Aber vielleicht gerade deshalb tue ich's doch. Ich glaube wenigstens in Ihnen so geeignete Hörer für alle meine Torheiten gefunden zu haben, daß ich es nicht übers Herz bringe, Ihre Hoffnung zu täuschen. Meinen Namen behalte ich Ihrem Beispiel zum Trotz für mich. Mein Alter tut nichts zur Sache. Ich stamme wie jeder Mensch von meinen Eltern und erbte von ihnen das Körpergehäuse, in dem ich noch hause, und ein Jahreseinkommen von dreihundert Pfund. Wahrscheinlich verdanke ich ihnen auch die tollen Einfälle, denen zu folgen das größte Vergnügen meines Daseins gewesen ist. Ich habe eine gute Erziehung genossen. Ich spiele beinahe so gut Geige, daß ich meinen Unterhalt als Mitglied einer wandernden Musikantenbande finden könnte. Und ebenso trefflich blase ich Flöte und Waldhorn. Whist spiele ich so ausgezeichnet, daß ich etwa hundert Pfund jährlich verliere. Im Französischen habe ich es dahin gebracht, daß ich mein Geld in Paris beinahe ebenso bequem los geworden bin wie in London. Ich bin also eine recht vielseitig ausgebildete Persönlichkeit. Kein Abenteuer könnte mir noch etwas Neues bieten; auch mit einem Duell um nichts vermag ich aufzuwarten. Vor zwei Monaten begegnete ich einer jungen Dame, die an Geist und Körper meiner

Neigung durchaus entsprach; ich fühlte, wie mein Herz weich wurde, mein Geschick schien endlich sich erfüllen zu wollen, und ich war nahe dran, mich zu verlieben. Aber als ich überschlug, was mir von meinem Kapital noch zur Verfügung stand, entdeckte ich, daß die ganze Herrlichkeit etwas weniger als vierhundert Pfund betrug. Bitte sagen Sie – darf sich ein Mann, der etwas von sich hält, mit vierhundert Pfund auf Liebe einlassen? Nach meiner Meinung ist das ein Unding. Ich ließ alle Hoffnungen fahren, beschleunigte das Tempo meiner Ausgaben und war heute früh bei den letzten achtzig Pfund angekommen. Diese Summe habe ich in zwei Teile geteilt, vierzig sind einem besonderen Zweck zugedacht, die anderen vierzig habe ich im Laufe des Tages verjuxt. Ich habe den Tag sehr lustig verlebt und viel Spaß gehabt, schon bevor der Scherz mit den Rahmtörtchen mir Ihre werte Bekanntschaft eintrug: ich wollte nun einmal, wie ich schon sagte, einen tollen Lebenslauf auch toll beenden, und als Sie mich meine Börse auf die Straße werfen sahen, waren die vierzig Pfund hinüber. Nun kennen Sie mich so gut, wie ich mich selber kenne; ein Narr, aber wenigstens konsequent in der Narrheit, und, glauben Sie mir bitte, weder ein Aufschneider noch ein Feigling.«
Aus allen Worten klang deutlich ein Ton bitterer Selbstverspottung. Es schien den Hörern, den jungen Mann habe das Geschick seiner Liebe tiefer getroffen, als er zugeben mochte, und er habe es geradenwegs auf sein Leben abgesehen. Der Scherz mit den Rahmtörtchen erhielt einen tragischen Hintergrund.
»Es ist kaum zu glauben«, sagte Geraldine, nach einem Seitenblick auf den Prinzen Florizel das Schweigen brechend, »daß wir drei uns in der riesigen Wüste London aus purem Zufall getroffen haben sollten; unsere Lage ist beinahe die gleiche.«
»Wie?« schrie der junge Mann. »Sind Sie auch fertig? Steht's mit dem Abendessen ebenso wie mit meinen Rahmtörtchen? Hat der Teufel drei Opfer vereint zum letzten Souper?«
»Der Teufel«, entgegnete Prinz Florizel, »bringt dergleichen öfter fertig, und dieses tolle Zusammentreffen bestimmt mich, den kleinen noch vorhandenen Unterschied in unserer Lage sofort auszugleichen. Ich folge dem heroischen Beispiel, das Sie mir mit den letzten Rahmtörtchen gegeben haben!«
Bei diesen Worten zog der Prinz seine Brieftasche und nahm ein kleines Bündel Banknoten heraus.
»Wie Sie sehen«, fuhr er fort, »bin ich gegen Sie noch etwa eine Woche zurück, aber ich werde Sie einholen und Kopf an Kopf mit Ihnen durchs Ziel gehen. Das« – dabei legte er einen Schein auf den Tisch – »wird für die Rechnung genügen. Und da liegt der Rest.«

Damit warf er die Noten in den Kamin, und in einem einzigen Aufflackern flogen sie den Schornstein hinauf.
Der junge Mann versuchte ihm in den Arm zu fallen, kam aber, da der Tisch sie trennte, zu spät.
»Unglücklicher«, schrie er, »Sie durften doch nicht alles verbrennen – Sie mußten vierzig Pfund behalten!«
»Vierzig Pfund?« wiederholte der Prinz. »Um Himmels willen, wozu vierzig Pfund?« »Warum nicht achtzig?« rief der Oberst. »Das Päckchen enthielt bestimmt hundert Pfund.«
»Nur vierzig Pfund!« sagte der junge Mann dumpf. »Aber ohne die kommen Sie nicht hinein. Die Vorschrift ist streng. Für jeden vierzig Pfund. Verdammtes Dasein, das man nicht einmal ohne Geld loswerden kann!«
Der Prinz und der Oberst wechselten einen Blick des Einverständnisses.
»Seien Sie bitte etwas deutlicher«, sagte der letztere. »Meine Börse ist noch ziemlich gut bestellt, und ich brauche nicht erst zu sagen, daß ich mit Godall teile. Aber ich muß zunächst wissen, was Ihre Worte bedeuten.«
Der junge Mann schien wieder aufzuleben; seine Blicke gingen fragend von einem zum andren, und über sein Gesicht glitt eine helle Röte. »Haben Sie mich wirklich nicht zum besten?« fragte er. »Sind Sie tatsächlich in derselben Verdammnis?«
»Ich bin's«, sagte der Oberst.
»Und ich habe Ihnen den Beweis schon gegeben«, fügte der Prinz hinzu. »Nur ein hoffnungslos Verlorner wirft sein Geld ins Feuer. Ist das noch nicht genug?«
»Ein Verlorner – ja«, versetzte argwöhnisch der andere, – »oder ein Millionär!«
»Genug, mein Herr«, erwiderte der Prinz; »ich habe es gesagt und bin nicht gewohnt, daß man meine Worte bezweifelt.«
»Fertig?« rief der junge Mann. »Ganz fertig, wie ich? Bleibt Ihnen nach einem unsinnigen Leben« – hier verdunkelte sich seine Stimme – »nur noch dieser eine Unsinn übrig? Wollen Sie wirklich Ihrer Narrheit auf die einzige sichere und bequeme Weise ein Ende machen?«
Unvermittelt verstummte er und versuchte zu lachen.
»Auf Euer Wohl!« rief er und trank aus. »Und nun gute Nacht, Ihr lustigen verlornen Gesellen!«
Als er aufstehen wollte, ergriff Oberst Geraldine seinen Arm.
»Sie haben kein Vertrauen zu uns, und das ist nicht schön. Auf alle Ihre Fragen habe ich Ja gesagt. Aber ich scheue mich nicht, mich noch deutlicher auszudrücken. Auch wir haben das Leben satt und nichts dagegen, zu sterben. Früher oder später würden wir doch, zusammen oder jeder für sich,

den Tod suchen. Da wir Sie gefunden haben, und Ihr Fall drängt, so lassen Sie uns gleich heute nacht, sofort, und wenn Sie nichts dagegen haben, alle drei gemeinschaftlich den Schritt tun. Ein Bettlerterzett wie wir«, rief er, »muß doch Arm in Arm in Plutos Saal treten und auch unter den Schatten noch zusammenhalten!«

Geraldines Geste und Ton trafen so genau seine Rolle, daß selbst der Prinz im ersten Augenblick unsicher wurde und seinen Vertrauten zweifelnd betrachtete. Das Gesicht des jungen Mannes aber rötete sich wiederum, und ein helles Licht strahlte aus seinen Augen. »Ihr seid meine Leute!« rief er mit unheimlicher Heiterkeit. »Geben Sie mir Ihre Hand darauf!« – seine Hand war kalt und feucht – »Sie ahnen ja nicht, was für eine Gesellschaft Ihrer wartet! Sie ahnen nicht, welche Gunst Sie meinen Rahmtörtchen verdanken! Ich bin nur ein einzelner, aber ein Glied einer großen Gemeinde. Ich kenne den Privateingang zum Tode. Ich bin einer seiner Vertrauten und kann Ihnen den Weg zeigen, der ohne Umstände und ohne Aufsehen in die Ewigkeit führt.«

Die beiden drangen heftig in ihn, deutlicher zu reden.

»Haben Sie zusammen achtzig Pfund?« fragte er.

Geraldine öffnete seine Brieftasche und entgegnete: »Ja.«

»Ihr Glücklichen!« rief der junge Mann. »Vierzig Pfund ist Eintrittstaxe im Klub der Selbstmörder.«

»Klub der Selbstmörder?« fragte der Prinz, »zum Teufel, was ist das?«

»Hören Sie zu«, sagte der junge Mann, »wir leben in einer Zeit, die den Menschen alles mögliche bequem macht, und ich kann Sie mit dem Neuesten auf diesem Gebiet bekannt machen. Unsere Arbeit nötigt uns, bald hier, bald dort zu sein, und so erfanden wir die Eisenbahn. Da trotzdem noch Entfernungen zwischen uns und unseren Freunden blieben, ersann man zu schnellstem Gedankenwechsel den Telegraphen. Aufzüge ersparen uns das Treppensteigen. Nun wissen wir aber, daß das Leben nur ein Theater ist, auf dem wir die Narren spielen, solange die Rolle uns Spaß macht. Und so fehlte dem heutigen Komfort bisher noch eine Bequemlichkeit, nämlich die Möglichkeit, still und mühelos von der Bühne zu verschwinden, eine Hintertreppe ins Freie oder, wie ich eben gesagt habe, ein Privateingang zum Tode. Diese Lücke, meine Brüder im Tod, füllt der Klub der Selbstmörder aus. Glauben Sie nicht, daß Sie und ich mit unserem recht natürlichen Verlangen allein dastehen oder eine Rarität vorstellen. Wir haben viele Kameraden, die des alle Tage sich erneuenden Einerleis von Herzen satt sind und die nur durch diese oder jene Rücksicht zurückgehalten werden. Die einen haben Familie, der sie die Aufregung und etwa auch die öffentliche Nachrede ersparen möchten; andere sind wieder zu zaghaft und können sich nicht zu den unumgänglich nötigen Handgriffen aufraffen. Das ist so ungefähr auch mein Fall: ich bringe es nicht fertig, mir die Pistole an den Kopf zu setzen und abzudrücken – etwas, das stärker ist als mein Wille, hält mich davon ab; obgleich mich das Leben anwidert, habe ich nicht die Energie, mir den Tod zu geben. Für solche Leute und alle, die der Gedanke an einen nachträglichen Skandal schreckt, ist der Klub der Selbstmörder da. Genaues über seine Gründung und Entwicklung und über etwa anderswo vorhandene Bruderklubs weiß ich nicht, und über seine Organisation darf ich nichts sagen. Doch bin ich befugt, Sie, wenn Sie wirklich des Lebens müde sind, heute in eine Sitzung mitzunehmen; und wenn nicht heute, werden Sie sicher im Laufe der Woche von der Last Ihres Daseins befreit werden. Es ist jetzt Elf, spätestens um halb Zwölf müssen wir uns aufmachen; Sie haben also noch eine halbe Stunde, sich meinen Vorschlag zu überlegen. Es handelt sich nun um ernstere Dinge«, fügte er lächelnd hinzu, »als um meine Rahmtörtchen, aber, ich meine, auch um erfreulichere.«

»Ernster ist die Sache zweifellos«, sagte der Oberst Geraldine, »und ich bitte um fünf Minuten Zeit, die Angelegenheit mit meinem Freunde unter vier Augen zu besprechen.«

»Das ist durchaus billig«, erwiderte der junge Mann. »Wenn Sie erlauben, ziehe ich mich gleich zurück.«

»Besten Dank«, sagte der Oberst.

Die beiden waren kaum allein, als Prinz Florizel sagte: »Was soll diese Besprechung, Geraldine? Mir scheint, Sie sind aufgeregt; ich bin ganz ruhig und entschlossen. Ich will der Sache auf den Grund sehen.«

»Eure Hoheit wollen bitte«, sagte der Oberst blaß werdend, »die hohe Bedeutung erwägen, die Ihr Leben nicht nur für Ihre Freunde, sondern auch für die Allgemeinheit hat. ›Wenn nicht heute‹ –, hat dieser Tollhäusler gesagt; aber wenn nun der Person Eurer Hoheit heute nacht wirklich ein nicht wieder gutzumachendes Unglück zustieße, was sollte ich in meiner Verzweiflung anfangen, und wie ungeheuer wäre der Schade und der Jammer eines ganzen Volkes?«

»Ich will der Sache auf den Grund sehen«, wiederholte der Prinz in ruhigstem Tone, »und ich bitte – Oberst Geraldine, seien Sie Ihres Kavalierworts eingedenk. Unter keinen Umständen, es sei denn, ich gebe ausdrücklich meine Genehmigung, dürfen Sie mein Inkognito aufdecken. Und nun bitte, klingeln Sie dem Kellner!«

Oberst Geraldine verbeugte sich, aber sein Gesicht war sehr blaß, als er nach der Zeche fragte und den jungen Mann wieder hereinrief. Der Prinz zeigte sich unverändert und erzählte dem jungen Selbstmörder lustig von der Aufführung einer neuen Posse. Den fragenden Blicken des Obersten mit

Leichtigkeit ausweichend, verwandte er auf die Wahl einer neuen Zigarre noch mehr Sorgfalt als gewöhnlich. Unter den dreien war er der einzige, der seine Nerven ganz in der Gewalt hatte.

Nachdem der Prinz die Rechnung beglichen und den Rest der Banknote dem staunenden Kellner überlassen hatte, stiegen sie in eine Droschke, die nach kurzer Zeit an der Torfahrt eines ziemlich dunklen Hofes hielt. Sie waren kaum ausgestiegen, als sich der junge Mann an den Prinzen wandte mit den Worten: »Jetzt ist es noch Zeit, Herr Godall, und auch für Sie, Major Hammersmith; sagt Ihr Herz Nein, so hüten Sie sich, noch einen Schritt weiter mitzugehen; hier gehen die Wege auseinander.«

»Vorwärts«, entgegnete der Prinz, »ich bin nicht der Mann, der einen fest gefaßten Entschluß wieder fallen läßt.«

»Ihre Ruhe ist wundervoll«, erwiderte der junge Führer. »Noch keinen habe ich an dieser Stelle so fest gesehen, und Sie sind nicht die ersten, die ich hierher bringe. Mehr als einen meiner Freunde habe ich vorausgehen sehen, wissend, daß auch an mich bald die Reihe käme. Doch das geht Sie nichts an. Warten Sie einen Augenblick; ich komme zurück, sobald ich das Nötige für Ihre Zulassung angeordnet habe.«

Damit betrat er den Hof und verschwand hinter einer Tür.

»Von allen Ihren Streichen«, sagte der Oberst Geraldine leise, »ist dies der tollste und der gefährlichste.«

»Ganz meiner Meinung«, erwiderte der Prinz. »Wir haben noch einen kurzen Augenblick«, fuhr der Oberst fort. »Erlauben Eure Hoheit die herzliche Bitte, diese Gelegenheit wahrzunehmen und uns zu entfernen. Was aus dem nächsten Schritte entstehen kann, liegt so im Dunkeln und ist vielleicht so ernster Art, daß ich entschuldigt zu sein hoffe, wenn ich die Freiheit, die Eure Hoheit unserem Verkehr zugestanden haben, hier in Anspruch nehme.«

»Soll das heißen, daß Oberst Geraldine sich fürchtet?« fragte der Prinz, indem er den andern scharf ansah.

»Wenn ich Furcht hege, so gilt sie sicher nicht meiner Person«, entgegnete Geraldine mit Festigkeit; »davon mögen Eure Hoheit überzeugt sein.«

»Das habe ich erwartet«, erwiderte der Prinz, »aber ich mag nicht gern an den Unterschied unserer Stellung erinnern. – Bitte, nichts mehr«, fügte er hinzu, als er merkte, daß Geraldine sich entschuldigen wollte, »Sie sind entschuldigt.«

Und er rauchte, an ein Gitter gelehnt, ruhig seine Zigarre, bis der junge Mann zurückkam.

»Wie steht's?« fragte er dann, »werden wir würdig befunden?«

»Folgen Sie!« war die Antwort. »Der Präsident will mit Ihnen sprechen. Und beachten Sie meine Warnung und begegnen ihm mit Offenheit. Ich habe für Sie Bürgschaft geleistet, aber vor der Zulassung müssen Sie ein Verhör bestehen; die Indiskretion eines einzigen Mitgliedes würde die sofortige Auflösung des ganzen Klubs bedeuten.«

Der Prinz und Geraldine steckten einen Augenblick die Köpfe zusammen. »Ich bin...«, sagte der eine, »und ich...« sagte der andere, und indem sie so die Rollen bestimmter Personen ihres Bekanntenkreises übernahmen, hatten sie sich im Augenblick verständigt und waren bereit, dem Führer in das Präsidentenzimmer zu folgen.

Irgendwelche besonderen Fährnisse waren beim Weitergehen nicht zu bestehen. Die äußere Tür war offen, die Tür zum Präsidentenzimmer nur angelehnt, und hier, in einem kleinen, sehr hohen Zimmer, ließ sie der junge Mann allein, indem er sagte:

»Er wird gleich erscheinen.«

Durch die Schubtür, die das Zimmer auf der einen Seite abschloß, hörte man Stimmen, und ab und zu wurde das Geräusch der Unterhaltung vom Knall der Champagnerpfropfen und von lautem Lachen unterbrochen. Durch das einzige hohe Fenster sah man auf die Themse, und die beiden schlossen aus der Art und Verteilung der hereinscheinenden Lichter, daß sie nicht weit von Charing Cross sein müßten. Die Ausstattung des Zimmers war karg, die Möbel waren alt, die Polster schäbig; außer einer Handglocke auf dem runden Tisch in der Mitte und einer Anzahl von Hüten und Mänteln, die überall an den Wänden hingen, war nichts weiter im Zimmer zu bemerken.

»In was für einer Spelunke stecken wir?« fragte Geraldine.

»Das werden wir bald sehen«, entgegnete der Prinz.

»Mir scheint, die Sache kann recht amüsant werden.«

In diesem Augenblick wurde die Schubtür so weit geöffnet, daß ein menschlicher Körper sich eben hindurchzwängen konnte; das Stimmengewirr wurde für den Moment lauter, und herein trat der Präsident des Selbstmörderklubs. Er erschien als ein Mann von mindestens fünfzig Jahren, groß, mit etwas unsicherem Schritt, einem langen Backenbart, einer Glatze und trüben, grauen Augen, aus denen aber von Zeit zu Zeit ein scharfer Strahl hervorschoß. Er verzog den Mund, in dem eine große Zigarre steckte, fortwährend auf besondere Art, während er die Fremden mit scharfen, wägenden Blicken betrachtete. Seine Kleidung war aus leichtem Wollzeug, unter dem einen Arm trug er ein kleines Buch.

»Guten Abend«, sagte er, nachdem er die Tür hinter sich verschlossen hatte, »ich höre, Sie wünschen mich zu sprechen.«

»Wir bitten hiermit um Aufnahme in den Selbstmörderklub«, erwiderte der Oberst.

Der Präsident rollte statt einer Antwort seine Zigarre aus einem Mundwinkel in den andern.

»Was meinen Sie damit?« sagte er plötzlich.

»Verzeihen Sie« entgegnete der Oberst, »aber ich glaube, Sie wissen darüber am allerbesten Bescheid.«

»Ich?« rief der Präsident. »Ein Selbstmörderklub? Ein Aprilscherz, meine Herren! Beim Wein lasse ich mir solche Späße gefallen; aber was soll das jetzt?«

»Nennen Sie Ihren Klub, wie Sie wollen«, antwortete der Oberst. »Da hinter der Türe haben Sie Gesellschaft, und der möchten wir uns gern anschließen.«

»Ein Irrtum«, entgegnete der Präsident kurz. »Dies ist ein Privathaus, und ich fordere Sie auf, es sofort zu verlassen.«

Während dieser kurzen Unterhaltung war der Prinz ganz ruhig auf seinem Stuhl sitzen geblieben; als ihn nun der Oberst ansah, als wollte er sagen: »Laß dir's gesagt sein, und laß uns um des Himmels willen gehn«, nahm er seine Havanna aus dem Mund und sagte: »Ich bin der Einladung eines Ihrer Freunde gefolgt. Er hat Ihnen bestimmt von meinem Wunsch, in Ihre Gesellschaft aufgenommen zu werden, Kenntnis gegeben. Bedenken Sie bitte, daß ein Mann in meiner Lage wenig Rücksichten mehr zu nehmen hat und nicht gewillt ist, sich auf solche Art behandeln zu lassen. Ich bin im allgemeinen ein sehr ruhiger Mensch, aber ich versichere Ihnen, verehrter Herr, Sie werden entweder meine kleine Bitte erfüllen, oder bitter bereuen, mich überhaupt je in Ihrem Vorzimmer gesehen zu haben.«

Der Präsident lachte laut.

»So ist's richtig«, sagte er. »Sie sind ein ganzer Mann. Sie haben den Schlüssel zu meinem Herzen und können mit mir machen, was Sie wollen. Treten Sie bitte«, wandte er sich an Geraldine, »auf ein paar Minuten beiseite. Ich möchte zuerst mit Ihrem Gefährten verhandeln, und die Klubgesetze heischen eine Einzelprüfung.«

Damit öffnete er die Tür zu einem kleinen Seitengelaß, das er hinter Geraldine abschloß.

»Ich habe Zutrauen zu Ihnen«, wandte er sich wieder an Florizel, sobald sie allein waren, »aber sind Sie auch Ihres Freundes ganz sicher?«

»Nicht so wie meiner selbst, obwohl seine Gründe eigentlich noch zwingender sind«, erwiderte Florizel, »aber doch sicher genug, um ihn ruhig hierher mitbringen zu können. Sein Fall würde wohl auch den Zähesten mürbe machen. Er ist gestern wegen falschen Spieles kassiert worden.«

»Der Grund läßt sich hören, wirklich«, entgegnete der Präsident; »wir haben noch einen Zweiten in der gleichen Lage – ich bin seinethalben nun beruhigt. Haben Sie auch gedient?«

»Ja«, war die Antwort, »aber ich war zu faul und quittierte bald.«
»Warum sind Sie des Lebens müde?« fragte der Präsident weiter.
»Aus ganz dem selben Grunde«, antwortete der Prinz, »aus unverbesserlicher Faulheit.«
Der Präsident fuhr auf. »Verdammt, geben Sie einen besseren Grund an.«
»Meine Mittel sind erschöpft«, fügte Florizel hinzu. »Das erhöht die Quälerei und treibt meine Faulheit auf den kritischen Punkt.«

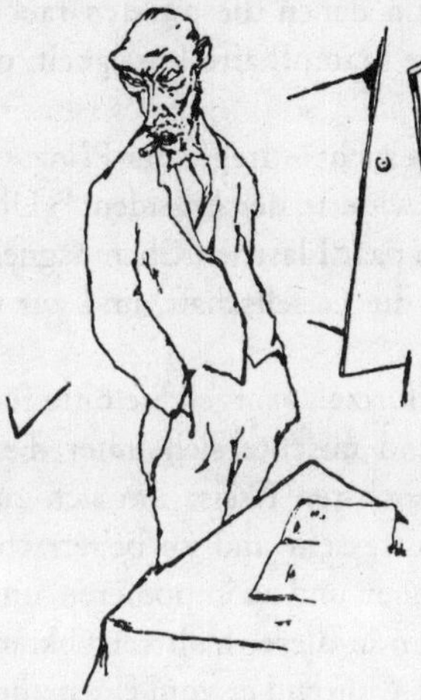

Der Präsident rollte wieder einige Sekunden seine Zigarre aus einem Mundwinkel in den andern und sah dabei den merkwürdigen Todeskandidaten starr an, aber der Prinz bestand die Probe, ohne zu zucken.
»Hätte ich nicht sehr große Erfahrung«, meinte endlich der Präsident, »so würde ich Sie ablehnen. Aber ich kenne das Leben und weiß, daß die frivolsten Gründe zum Selbstmord meist am zähesten festgehalten werden. Und wenn ein Mann mir so gut gefällt wie Sie, mein Herr, so will ich gern von den Bedingungen etwas ablassen, um ihn nicht abweisen zu müssen.«
Der Prinz und der Oberst wurden nacheinander einem langen und gründlichen Verhör unterworfen, der Prinz allein, Geraldine in Gegenwart des Freundes, so daß der Präsident die Miene des einen beobachten konnte, während der andere scharf verhört wurde. Das Ergebnis schien den Präsidenten zu befriedigen, und nachdem er über jeden Fall einige Zeilen in sein Buch eingetragen hatte, nahm er beiden einen Eid ab, durch den der Schwörende zu völligstem passiven Gehorsam verpflichtet wurde und sich auf die denkbar festeste Weise band. Ein Mann, der diesen fürchterlichen Eid brach, hatte gewiß keine Spur mehr von Ehre oder von Hoffnung auf ein besseres Jenseits. Selbst Florizel unterschrieb die Erklärung nicht ohne ein Grauen,

und der Oberst folgte mit dem Ausdruck tiefer Niedergeschlagenheit. Darauf nahm der Präsident das Eintrittsgeld entgegen und geleitete die beiden Freunde ohne weiteres in das Rauchzimmer des Selbstmörderklubs.
Dieses Zimmer war ebenso hoch, aber viel größer als das erste, und hatte Tapeten, die eichene Täfelung vortäuschen sollten. Ein mächtiges, munter brennendes Kaminfeuer und mehrere Gasflammen beleuchteten den Raum und die Gesellschaft aufs beste. Mit dem Prinzen und seinem Freund waren es achtzehn Personen, von denen die meisten rauchten und Champagner tranken; es herrschte eine krampfhafte Lustigkeit, die ab und zu plötzlich unheimlich erstarrte.
»Ist der Klub heute gut besucht?« fragte der Prinz.
»Nicht so besonders«, erwiderte der Präsident. »Übrigens, wenn Sie noch Geld haben, geben Sie ein paar Flaschen Champagner zum besten; das ist so Brauch, bringt Leben in die Gesellschaft, und wir brauchen diese kleinen Nebeneinnahmen«
»Hammersmith«, sagte Florizel, »sorgen Sie bitte für Wein.«
Damit wandte er sich und mischte sich unter die Gäste. Als einer, der gewöhnt ist, Leute der höchsten Kreise um sich zu sehen, war er überall sicher, die Umgebung zu fesseln und zu beherrschen. Seine Anrede vermochte zugleich zu gewinnen und zu imponieren, und seine außergewöhnliche Kaltblütigkeit gab ihm in dieser halb verrückten Gesellschaft noch ein besonderes Übergewicht. Während er vom einen zum anderen ging, hielt er Augen und Ohren offen, und sehr bald schon hatte er ungefähr heraus, mit was für Menschen er es hier zu tun hatte. Ein Typus überwog auch hier: junge, blühende Gesellen mit deutlichen Anzeichen von Intelligenz und Eindrucksfähigkeit, aber willensschwach und ohne die Fähigkeit, sich gegen andere zu behaupten. Nur wenige waren höher in den Dreißigern, mehrere unter Zwanzig. Sie standen an die Tische gelehnt und traten von einem Fuß auf den andren; bald rauchten sie sehr schnell, bald ließen sie ihre Zigarren ausgehen; manche sprachen recht gut, das Gespräch anderer verriet nervöse Überreiztheit und ging ohne Witz und Ziel in die Irre. Jede neue Flasche steigerte offenbar die Ausgelassenheit. Nur zwei Personen saßen, die eine auf einem Stuhl in der Fensternische, mit gesenktem Kopf und in die Hosentaschen vergrabenen Händen, bleich, schwitzend, stumm, an Leib und Seele ein wahres Wrack; die andere, auf dem Diwan neben dem Kamin, nahm durch die Seltsamkeit der Erscheinung besonderes Interesse in Anspruch. Der Mann war vermutlich etwas über vierzig Jahre alt, aber er sah noch reichlich zehn Jahre älter aus, und Florizel wollte es scheinen, er habe niemals einen von Natur so häßlichen Menschen gesehen, der obendrein noch so deutliche Spuren von verheerender Krankheit und ausschweifendem

Leben gezeigt hätte. Der ganze Mann war nur noch Haut und Knochen, lahmte und trug so scharfe Brillengläser, daß seine Augen dahinter unnatürlich vergrößert und verzerrt erschienen. Außer dem Prinzen und dem Präsidenten war er der einzige im Zimmer, der keinerlei Spuren von Aufregung zeigte.

Von guten Manieren war hier wenig zu merken. Die einen renommierten mit den Lastern und Vergehen, deren Folgen sie hierher gebracht hatten, und die anderen hörten ihnen zu, ohne Mißbilligung zu zeigen. Die Stimme der Moral war hier verstummt, und wer einmal Mitglied des Klubs geworden war, genoß in gewissem Sinne schon die Privilegien der Toten. Trinksprüche auf gegenseitiges freundliches Gedenken und auf diesen und jenen bekannten Selbstmörder wurden ausgebracht. Man sprach über den Tod und den Zustand nach dem Tod, wobei die einen die Erwartung äußerten, völlig der Finsternis und Vernichtung anheimzufallen, andere der Hoffnung Ausdruck gaben, noch in der selben Nacht die Sterne zu erklettern und das Leben von neuem zu beginnen.

»Dem ewigen Andenken an den Baron Trenck, das Vorbild aller Selbstmörder!« rief einer. »Aus einer engen Zelle ging er hinüber in eine noch engere, und fand so die Freiheit.« »Ich für meinen Teil«, meinte ein zweiter, »wünsche mir nichts Besseres als eine Binde vor die Augen und Baumwolle in die Ohren; aber es gibt auf Erden keine Baumwolle, die dick genug wäre.«

Ein dritter gab der Hoffnung Raum, in seinem künftigen Dasein die Rätsel des Lebens alle zu lösen; und ein vierter erklärte, ohne die Lehren Darwins wäre er dem Klub niemals beigetreten.

»Mir ist«, so äußerte sich dieser merkwürdige Selbstmörderkandidat, »der Gedanke einfach unerträglich, daß ich von Affen abstammen könnte.«

Im ganzen fühlte der Prinz sich durch Gebahren und Gespräch der Mitglieder des Klubs enttäuscht und angewidert.

»Was sollen diese Umstände?« dachte er. »Ist man einmal entschlossen, das Leben abzuschütteln, mag man's meinetwegen mit möglichstem Anstand tun. Dieses Geschwätz und Geschrei drum herum ist ekelhaft.«

Inzwischen geriet Oberst Geraldine in die dunkelsten Befürchtungen. Noch waren ihm der Klub und seine Gesetze ein Geheimnis, und er sah sich nach einem um, der ihn belehren könnte. Dabei fiel sein Blick auf den Lahmen mit der scharfen Brille, und da ihm dieser völlig ruhig und sicher zu sein schien, so bat er den geschäftig hier und dort auftauchenden Präsidenten, ihn dem Herrn auf dem Diwan vorzustellen.

Der Präsident meinte zwar, diese Formalität sei unter Klubbrüdern überflüssig, machte den Obersten aber nichtsdestoweniger mit Herrn Malthus bekannt.

Dieser sah den Fremden neugierig an und bat ihn dann, zu seiner Rechten Platz zu nehmen.
»Sie sind ein Neuer«, sagte er, »und wollen sich unterrichten? Da sind Sie an den Rechten gekommen. Es ist schon zwei Jahre her, daß ich diesen Klub zuerst besucht habe.«
Der Oberst holte Atem. Wenn Herr Malthus seit zwei Jahren Mitglied war, konnte eine einzige Nacht doch nicht so gefährlich sein für seinen Prinzen. Aber damit waren freilich noch längst nicht alle Bedenken beseitigt, und obendrein konnte er leicht einer Täuschung zum Opfer fallen.
»Wie sagen Sie«, rief er, »zwei Jahre! Ich habe gedacht -- aber ich merke, Sie wollen einen Scherz machen.«
»Durchaus nicht«, versetzte Herr Malthus. »Ich bin da freilich in einer besonderen Lage. Ich bin überhaupt nicht richtiges Mitglied, sondern so eine Art von Ehrenmitglied. Ich komme selten zweimal im Monat hierher. Meine Gebrechlichkeit und das Entgegenkommen des Präsidenten haben mir dieses Vorrecht eingeräumt, und außerdem zahle ich den doppelten Beitrag. Aber ich bin freilich auch ganz besonders vom Glück begünstigt gewesen.«
»Darf ich Sie wohl«, sagte der Oberst, »um genauere Auskunft bitten? Ich weiß von den Klubbestimmungen so gut wie gar nichts.«
»Ein gewöhnliches Mitglied, das, wie Sie, als Todeskandidat sich hier einfindet«, erwiderte Herr Malthus, »kommt jeden Abend wieder, bis es vom Los getroffen wird. Es erhält sogar, wenn es ganz ohne Mittel ist, vom Präsidenten Kost und Wohnung, gut und sauber, will ich annehmen, wenn auch wohl nicht allzu üppig, was ja in Ansehung des verhältnismäßig geringen Pensionsgeldes – wenn ich mich so ausdrücken darf – auch kaum zu erwarten ist. Und außerdem ist die Gesellschaft des Präsidenten ja an sich schon eine große Vergünstigung.«
»Wirklich?« rief Geraldine, »auf mich hat er gar keinen so besonders sympathischen Eindruck gemacht.«
»Ja«, sagte Malthus, »Sie kennen den Mann noch nicht: ein seltsamer Kerl! Voll von Schnurren! Und sein Zynismus! Er kennt sich mit dem Leben ganz ausgezeichnet aus und ist, unter uns gesagt, einer der gerissensten Schufte der Christenheit.«
»Und er ist also gleichfalls«, fragte der Oberst, »wenn ich so sagen darf, dauernder Stammgast hier, wie Sie selbst?«
»Allerdings, er ist Dauergast hier, und in noch ganz anderem Sinne als ich«, entgegnete Herr Malthus. »Mich spart man freundlich auf, aber zuletzt komme ich doch dran. Er dagegen spielt überhaupt nie mit. Er mischt nur die Karten, teilt sie aus und trifft alle weiter nötigen Anordnungen. Dieser Mann, mein lieber Herr Hammersmith, ist auf seine Art ein wahres Genie.

Drei Jahre lang übt er in London seinen segensreichen, ich möchte sagen, künstlerischen Beruf aus, und es ist noch nie auch nur der Schatten eines Verdachtes gegen ihn aufgetaucht. Ich halte ihn für besonders begnadet. Sie erinnern sich wahrscheinlich noch an die vielberedete Geschichte vor sechs Monaten, daß ein Herr in einer Drogenhandlung vergiftet wurde. Das war eine seiner geringsten Taten, und doch, wie einfach, wie sicher ausgeführt!«
»Sie setzen mich in Erstaunen«, sagte der Oberst. »Gehörte der Unglückliche etwa zu den« – er wollte sagen »Opfern«, besann sich aber und sagte – »Mitgliedern des Klubs?«
Zugleich bedachte er, daß aus den Äußerungen und dem Ton des Herrn Malthus nichts weniger herausklang als Todessehnsucht, und er fuhr schnell fort:
»Aber ich tappe ja überhaupt noch ganz im Dunkeln. Sie sagten etwas von Kartenmischen und Austeilen; was bedeutet das? Und da Sie selber den Tod doch nicht geradezu herbeizuwünschen scheinen, so verstehe ich nicht, muß ich gestehen, was Sie hierherführt.«
»Sie haben recht, Sie tappen im Dunkeln«, erwiderte Herr Malthus jetzt lebhafter. »Dieser Klub, mein Herr, ist eine Stätte geistigen Rausches. Wenn mir mein schwacher Körper erlaubte, die Aufregung öfter zu ertragen, seien Sie versichert, ich käme häufiger her. Nur mein in langer Krankheit und geregeltem Leben stark entwickeltes Pflichtgefühl hält mich ab von leichtsinnigen Exzessen in dieser, ich darf wohl sagen, letzten Form meiner Ausschweifungen. Ich habe sie alle kennengelernt«, fuhr er fort und legte seine Hand auf Geraldines Arm, »alle ohne Ausnahme, und ich sage Ihnen auf meine Ehre, man schlägt sie alle viel zu hoch an. Die Menschen haben sich mit ihrer Liebe. Aber die Liebe ist gar keine große Leidenschaft. Das mächtigste Gefühl ist die Furcht; mit der Furcht müssen Sie spielen, wollen Sie den größten geistigen Kitzel genießen. Beneiden Sie mich – beneiden Sie mich«, fügte er kichernd hinzu, »ich bin ein Feigling!«
Geraldine hatte Mühe, eine Gebärde des Widerwillens zu unterdrücken; doch bezwang er sich und fuhr fort:
»Auf welche Weise wird nun aber hier die Aufregung künstlich gesteigert und das Moment der Ungewißheit herbeigeführt?«
»Ich will Ihnen erzählen«, erwiderte Herr Malthus, »wie an jedem Abend das Opfer bestimmt wird, und nicht nur das Opfer, sondern noch ein zweites Mitglied, das als ausführendes Organ des Klubs aufzutreten und den Opferpriester des Todes darzustellen hat.«
»Um Gottes willen«, sagte der Oberst, »hier tötet einer den andren?«
»Man wird so der Mühe des Selbstmordes überhoben«, bestätigte Herr Malthus.

»Gnädiger Himmel!« stieß der Oberst hervor, »heute abend noch können Sie – kann ich – kann der – mein Freund, meine ich – kann irgendeiner von uns zum Mörder eines andern bestimmt werden? Sowas ist unter denkenden Wesen, die eine Mutter gehabt haben, möglich?«

Er wollte erregt aufspringen, als er dem Auge des Prinzen begegnete, der ihm durch den großen Raum einen mißbilligenden und warnenden Blick zuwarf. Sofort war Geraldine wieder Herr seiner selbst.

»Schließlich: warum eigentlich nicht?« sagte er, »und da Sie sagen, das Spiel sei interessant, so mag meinetwegen das Schiff unter Segel gehen, ich folge der Flagge.«

Herr Malthus hatte mit Genuß das Entsetzen und den Abscheu des anderen beobachtet. Er war stolz auf seine Verdorbenheit und freute sich, an einem andern eine edle Regung zu bemerken, über die er in seiner Verbissenheit sich hoch erhaben fühlte.

»Sie sind nun nach der ersten Überraschung imstande, die Reize, die unser Klub bietet, zu würdigen. Er faßt, wie Sie sehen, die Aufregungen des Spieltisches, des Duells und des römischen Amphitheaters in eins zusammen. Die alten Heiden verdienen gewiß Bewunderung für ihre raffinierten Einfälle, aber es blieb doch einem christlichen Land vorbehalten, diese höchste Blüte geistigen Rausches zu entwickeln. Sie werden begreifen, wie albern einem Mann, der hieran einmal Geschmack gefunden hat, alle anderen Unterhaltungen erscheinen müssen. Unser Spiel ist übrigens äußerst einfach«, fuhr er fort. »Ein volles Spiel Karten – aber ich sehe, die Sache soll gerade in Wirklichkeit vor sich gehen. Wollen Sie mir Ihren Arm geben? Ich bin lahm.«

Und in der Tat öffnete sich, eben als Herr Malthus mit seiner Beschreibung beginnen wollte, eine zweite Schubtür, und der ganze Klub begab sich in das nächste Zimmer. Dieses war, von den Möbeln abgesehen, dem Rauchzimmer beinahe völlig gleich. In der Mitte stand ein langer, grüner Tisch, an dem der Präsident saß und mit größter Sorgfalt ein Spiel Karten mischte.

Trotz seinem Stock und dem nachhelfenden Arm des Obersten kam Herr Malthus so langsam vorwärts, daß das Paar und der Prinz, der sie erwartet hatte, zuletzt in das Zimmer gelangten und daher auch unten am Tisch nebeneinander ihre Plätze bekamen.

»Es ist ein Spiel von zweiundfünfzig Karten«, sagte Herr Malthus leise. »Geben Sie acht auf das Pik-As, das Zeichen des Todes, und das Treff-As, das den Vollstrecker des Urteils bestimmt. Ihr glücklichen, glücklichen jungen Leute!« fügte er hinzu. »Sie haben gute Augen und können dem Spiel folgen. Ich kann von hier aus nicht ein As von einer Zwei unterscheiden.« Und dabei setzte er sich noch eine zweite Brille auf.

»Ich muß doch wenigstens den Ausdruck der Gesichter beobachten«, meinte er.

Der Oberst erklärte dem Freunde in wenigen leisen Worten, was er erfahren hatte, und welche grauenvolle doppelte Möglichkeit sich vor ihnen auftat. Der Prinz fühlte, wie ihn ein tödlicher Schauder überlief und sein Herz sich zusammenkrampfte; er fürchtete zu ersticken, und der Ausdruck entsetzlicher Ratlosigkeit stand auf seinem Gesicht. »Durch einen kühnen Entschluß«, flüsterte der Oberst, »können wir uns noch jetzt frei machen.« Aber diese Worte gaben dem Prinzen seine Haltung zurück.

»Ruhe!« sagte er. »Zeigen Sie, daß Sie wie ein Mann spielen können, gleichviel, was der Einsatz ist.«

Und er sah sich um, äußerlich ganz ruhig, wenn auch mit heftig klopfendem Herzen und heißem Kopf. Die Mitglieder saßen alle still und aufs äußerste gespannt da, ihre Gesichter waren bleich – keines bleicher als das des Herrn Malthus. Die Augen quollen ihm aus dem wackelnden Kopf; die Hände fuhren abwechselnd an den Mund und betasteten die zitternden, aschgrauen Lippen. Das Ehrenmitglied zahlte offenbar einen hohen Preis für seine Mitgliedschaft.

»Achtung, meine Herren!« sagte der Präsident. Und er gab die Karten

langsam von rechts nach links aus, jedesmal wartend, bis der Empfänger die Karte aufgedeckt hatte. Fast jeder zögerte; manchem versagten die Finger mehr als einmal, ehe er das Blatt umzudrehen vermochte. Je näher der Augenblick rückte, da die Reihe an den Prinzen kommen mußte, desto stärker wurde seine Aufregung, die schließlich beinahe unbezwinglich anschwoll; aber er hatte doch auch genug von einer Spielernatur in sich und empfand mit Erstaunen, daß zugleich ein gewisses Lustgefühl sich seiner bemächtigte. Er bekam Treff-Neun und Geraldine Pik-Drei. Malthus konnte einen Seufzer der Erleichterung nicht zurückhalten, als er Herz-Dame aufdeckte. Gleich darauf bekam der junge Mann mit den Rahmtörtchen das Treff-As und sah vor Entsetzen starr auf die Karte in seiner Hand; doch nicht um zu töten, sondern um den Tod zu finden war er hergekommen. Und der Prinz vergaß aus Mitleid mit seiner Lage die Gefahr, die ihm und seinem Freunde noch drohte.
Die Runde ging zum zweiten Male herum, und noch war die Todeskarte nicht heraus. Die Spieler atmeten kaum. Der Prinz bekam wieder ein Treff. Geraldine ein Karo. Als aber Malthus sein Blatt drehte, kam aus seinem Munde ein schauerlicher Ton, wie wenn etwas zerbräche, er erhob sich von seinem Platz und setzte sich wieder, seine Lähmung schien verschwunden; vor ihm lag Pik-As. Das Ehrenmitglied hatte einmal zu oft mit seinem Leben gespielt.
Plötzlich begann die Unterhaltung von neuem. Die starre Haltung der Spieler löste sich, sie standen auf und gingen zu zweien oder dreien ins Rauchzimmer zurück. Der Präsident reckte seine Arme und gähnte, wie ein Mann, der sein Tagewerk hinter sich gebracht hat. Nur Herr Malthus saß noch auf seinem Platz, den Kopf in den auf den Tisch gestützten Händen, wie berauscht, ohne sich zu rühren, ein Bild völliger Gebrochenheit.
Der Prinz und Geraldine entfernten sich eilig. Und in der kalten Nachtluft verdoppelte sich ihr Entsetzen über das, was sie erlebt hatten.
»Wie furchtbar!« rief der Prinz, »daß ich durch einen solchen Eid gebunden bin! Daß ich diesem geschäftsmäßigen Morden nicht entgegentreten darf! Oder soll ich's wagen, mein Wort zu brechen?«
»Das ist«, erwiderte der Oberst, »für Eure Hoheit, deren Ehre Böheims Ehre ist, schlechterdings unmöglich. Aber ich darf es ohne Schande tun.«
»Geraldine«, sagte der Prinz, »sollte Ihre Ehre bei einem solchen Abenteuer, das Sie mit mir bestehen, Schaden leiden, so werde ich Ihnen niemals verzeihen, und – ich glaube, das wird Ihnen noch mehr gelten – auch mir selber würde ich nie vergeben können.«
»Eure Hoheit haben zu befehlen«, erwiderte der Oberst. »Wollen wir diese verdammte Gegend nicht verlassen?«

»Ja«, sagte der Prinz. »Rufen Sie eine Droschke, ich will versuchen, die Greuel dieser Nacht im Schlaf zu vergessen.«
Aber er las aufmerksam die Angabe des nächsten Straßenschildes: Box-Court, ehe er das Fuhrwerk bestieg.
Sobald der Prinz am nächsten Tag aufgestanden war, brachte ihm Geraldine eine Zeitung, in der folgende Notiz stand:
»Bedauerlicher Unglücksfall. Heute morgen gegen 2 Uhr fiel Herr Bartholomäus Malthus, 16. Chestow Place, Westbourne Grove, auf dem Heimweg von einer Gesellschaft über das obere Geländer des Trafalgar Square, zerschmetterte sich den Kopf und brach ein Bein und einen Arm. Der Tod muß augenblicklich eingetreten sein. Herr Malthus, den ein Freund begleitete, sah sich gerade nach einer Droschke um. Da Herr Malthus gelähmt war, ist anzunehmen, daß sein Sturz die Folge eines neuerlichen paralytischen Anfalles gewesen ist. Der Verunglückte war ein angesehenes Mitglied der besten Kreise, und sein Tod wird allseitig aufrichtig bedauert.«
»Wenn jemals eine Seele geradeswegs zum Teufel gefahren ist«, sagte Geraldine, »so war es diese.«
Der Prinz verbarg sein Gesicht in den Händen und schwieg lange.
»Es erfüllt mich beinahe mit Freude«, fuhr der Oberst fort, »den Menschen tot zu wissen. Aber ich muß sagen: um den jungen Mann mit den Rahmtörtchen tut mir's herzlich leid.
»Geraldine«, sagte der Prinz und erhob den Kopf wieder, »der arme Bursche war gestern abend so unschuldig wie Sie und ich; und heute morgen ist Blutschuld auf seiner Seele. Wenn ich an den Präsidenten denke, empfinde ich einen Stachel im Herzen. Ich weiß noch nicht wie, aber dieser Schurke soll es büßen, so wahr ein Gott im Himmel ist. O diese Erfahrung, diese Lehre, dieses Kartenspiel!«
»Eins, nach dem man nicht zum zweiten Male verlangt!« meinte der Oberst.
Der Prinz erwiderte lange nichts, und Geraldine wurde unruhig.
»Sie können doch unmöglich noch einmal hingehen wollen?« sagte er. »Sie haben genug ausgestanden und schon zu viel Entsetzliches erlebt. Die Pflichten Ihrer Stellung erlauben Ihnen nicht, noch einmal so mit dem Schicksal zu spielen.«
»Was Sie sagen, ist richtig«, erwiderte Prinz Florizel, »und ich bin selbst mit meinem Entschluß nicht zufrieden. Aber was steckt in den Kleidern des mächtigsten Herrschers anderes, als ein Mensch? Nie habe ich meine Schwäche mehr empfunden als jetzt, aber ich vermag sie nicht zu besiegen. Kann ich plötzlich aufhören, an dem Schicksal des jungen Mannes, der vor ein paar Stunden mit uns zu Abend gegessen hat, Anteil zu nehmen? Darf ich den Präsidenten seine nichtswürdige Tätigkeit fortsetzen lassen? Kann ich das

verführerischste aller Abenteuer plötzlich abbrechen? Nein, Geraldine, Sie verlangen vom Fürsten mehr, als der Mensch leisten kann. Wir wollen heute nacht noch einmal nach Box-Court gehen und am Spieltisch des Selbstmörderklubs unsere Plätze einnehmen.«

Der Oberst fiel auf die Knie.

»Wollen Eure Hoheit mein Leben?« rief er. »Da ist es. Nur dies eine bitte ich, unternehmen Sie dieses entsetzliche Wagnis nicht noch einmal!«

»Oberst Geraldine«, erwiderte der Prinz stolz und hoheitsvoll, »Ihr Leben ist Ihr unbeschränktes Eigentum. Ich erwarte nur Gehorsam, und wird mir der mit Widerwillen geleistet, so muß ich auf ihn verzichten. Noch ein Wort: Sie haben in dieser Sache schon genügend den unberufenen Berater gespielt.«

Der Oberstallmeister war aufgesprungen.

»Hoheit«, sagte er, »darf ich für heute nachmittag um Urlaub bitten? Als Mann von Ehre darf ich jenes Haus des Todes nicht noch einmal betreten, ohne vorher meine Angelegenheiten geordnet zu haben. Ich verspreche, Eure Hoheit werden dann nichts mehr auszusetzen finden an dem ergebensten und dankbarsten Ihrer Diener.«

»Mein lieber Geraldine«, entgegnete der Prinz, »nur ungern bin ich gezwungen, auf meinen Rang zu pochen. Verfügen Sie nach Belieben über den Tag, aber seien Sie vor Elf wieder in der gleichen Verkleidung an Ort und Stelle.«

Die Klubsitzung war am zweiten Abend nicht so gut besucht, wie das erstemal, und als die beiden Freunde das Rauchzimmer betraten, waren kaum sechs Personen da. Seine Hoheit nahm den Präsidenten beiseite und beglückwünschte ihn zu der glatten Erledigung des Falles Malthus.

»Ich schätze Fähigkeit in jeder Situation«, sagte er. »Ihre Aufgabe ist sehr delikater Art, aber Sie verstehen sich vorzüglich auf die Lösung.«

Der Präsident fühlte sich nicht wenig geschmeichelt.

»Mein armer Freund Malthus«, sagte er, »ich kann mir den Klub gar nicht ohne ihn vorstellen. Meine Leute sind meist Knaben, poetisch angehauchte Knaben, keine Gesellschaft für mich. Gewiß: auch Malthus hatte seine Poesie; aber die war mir wenigstens verständlich.«

»Ich kann mir gut vorstellen, daß Sie Sympathie für Herrn Malthus fühlen«, erwiderte der Prinz. »Er schien mir ein seltenes Original zu sein.«

Auch der junge Mann mit den Rahmtörtchen war da, äußerst niedergeschlagen und schweigsam. Vergebens versuchte der Prinz längere Zeit, ein Gespräch mit ihm anzuknüpfen.

»Ach«, rief er, »hätte ich Sie doch nie an diesen Ort der Schande gebracht! Oh, hätten Sie den Schrei des alten Mannes und das Krachen gehört, wie sein Körper aufs Pflaster schlug! Wenn Sie mir noch eine Wohltat gönnen, so wünschen Sie mir heute nacht das Pik-As!«

Es stellten sich noch ein paar Mitglieder ein, aber es war eben erst das Teufelsdutzend, die Dreizehn, erreicht, als man sich um den Spieltisch niedersetzte. Der Prinz empfand auch diesmal trotz aller Aufregung eine Art Genuß; ihm fiel auf, daß sich Geraldine sehr viel gefaßter benahm als am Abend vorher.

»Es ist doch merkwürdig«, dachte er, »daß ein fester Wille einen solchen Einfluß auf den Geist des jungen Mannes hat.«

»Achtung, meine Herren!« sagte der Präsident laut und fing an, die Karten zu geben. Nach drei Runden war noch immer keine der beiden Schicksalskarten herausgekommen, und die Aufregung war ungeheuer, als die letzte, entscheidende Runde begann. Der Prinz, der an zweiter Stelle links vom Austeiler saß, mußte die vorletzte Karte erhalten. Der dritte Spieler hob ein schwarzes As auf, es war das Treff-As. Der nächste bekam ein Karo, der folgende eine Herzkarte und so fort; aber das Pik-As blieb immer noch aus. Zuletzt deckte Geraldine, der links vom Prinzen saß, seine Karte auf; es war ein As, aber Herz-As. Als Prinz Florizel sein Losblatt vor sich auf dem Tische liegen sah, stand ihm das Herz still. Er war ein mutiger Mann, aber der Schweiß brach ihm aus allen Poren. Es war gerade zehn gegen zehn zu wetten, daß ihn das Los traf. Er drehte die Karte um, es war Pik-As. Ein lautes Sausen erfüllte seinen Kopf, der Tisch verschwand ihm vor den Augen. Er hörte, wie der Spieler zu seiner Rechten in ein Lachen ausbrach, von dem man nicht recht wußte, ob es Freude oder Enttäuschung ausdrücken sollte. Er sah, wie die Gesellschaft eilig sich auflöste, aber ihn beschäftigten andere Gedanken. Er erkannte plötzlich, wie unsinnig, wie verbrecherisch sein Benehmen gewesen war. In völliger Gesundheit, in der Blüte der Jahre, Erbe eines Thrones, hatte er seine Zukunft verspielt und den Glauben eines edlen, ergebenen Volkes betrogen.

Geraldine war zu seinem Erstaunen nicht mehr da. Im Spielzimmer befand sich nur noch der bestimmte Mörder, der sich mit dem Präsidenten beriet, und der junge Mann mit den Rahmtörtchen, der ihm zuraunte: »Ich gäbe für Ihr Los mit Freuden eine Million«, und dann gleichfalls fortging. Die leise Besprechung war inzwischen zu Ende gekommen. Der durch die Karte bestimmte Henker verließ mit einem Blick des Einverständnisses das Zimmer, und der Präsident ging nun auf den unglücklichen Prinzen zu und streckte ihm die Hand entgegen. »Ich freue mich, Ihre Bekanntschaft gemacht zu haben«, sagte er, »und daß ich Ihnen diesen kleinen Dienst leisten konnte. Sie können sich wenigstens nicht über langen Hinhalt beklagen. Schon am zweiten Abend – das ist ein großes Glück.«

Der Prinz bemühte sich vergeblich, ein Wort hervorzubringen – sein Mund war ganz ausgetrocknet und die Zunge wie gelähmt.

»Fühlen Sie sich ein wenig unwohl!?« fragte der Präsident mit scheinbarer Teilnahme. »Es geht den meisten so. Wünschen Sie ein wenig Brandy?« Der Prinz nickte, und der Präsident goß etwas Brandy in ein Wasserglas. »Mein armer, alter Malthus!« äußerte er, als der Prinz das Glas an den Mund setzte. »Er hat ein halbes Liter getrunken, und es schien ihm doch nicht viel zu helfen.«

»Ich brauche nicht so viel«, sagte der Prinz neu gestärkt. »Ich bin, wie Sie sehen, schon wieder Herr meiner selbst. Und nun darf ich wohl fragen: Was habe ich zu tun?«

»Sie werden von hier am Strand entlang, auf der linken Straßenseite nach der Stadt zu, so lange weitergehen, bis Sie dem Herrn begegnen, der eben das Zimmer verlassen hat. Er wird Ihnen das weitere sagen, und seinen Weisungen haben Sie Folge zu leisten – er hat für diese Nacht die Klubgewalt. Und nun«, fügte der Präsident noch hinzu, »wünsche ich Ihnen einen angenehmen Weg.«

Florizel erwiderte den Gruß nicht besonders höflich und verließ den Raum. Er ging durch das Rauchzimmer, wo die meisten Klubmitglieder noch Champagner tranken, von dem er einen Teil selber bestellt und bezahlt hatte, und er fand es seltsam, daß sein Herz diese Menschen verfluchte. Er zog im Präsidentenzimmer seinen Mantel an, setzte den Hut auf und nahm seinen Schirm. Der Gedanke, daß alles dies zum letzten Mal geschehe, ließ ihn plötzlich in ein Lachen ausbrechen, das ihm selber unheimlich in die Ohren gellte. Er konnte sich nicht gleich entschließen, das Zimmer zu verlassen, und trat ans Fenster. Der Anblick der Lichter in der Dunkelheit brachte ihn wieder zu sich. »Komm«, sagte er zu sich, »sei ein Mann und raffe dich auf!« Doch schon an der nächsten Straßenecke fielen drei Männer über ihn her, hoben ihn ohne weiteres in einen Wagen, und der fuhr eilends davon. Im Wagen saß noch eine Person, und eine bekannte Stimme sagte: »Werden Eure Hoheit meinen Eifer verzeihen?«

In der ersten Wallung der Freude über seine Rettung fiel der Prinz dem Obersten um den Hals.

»Wie kann ich Ihnen das jemals danken?« rief er, »und wie haben Sie das fertig gebracht?« War er auch bereit gewesen, sein Geschick auf sich zu nehmen, so war sein Herz doch voll heißer Freude, daß ihn der Freund nun mit Gewalt zurückhielt und ihm Leben und Hoffnung wiedergab.

»Danken Sie mir, indem Sie künftig solche Gefahren meiden. Und was die zweite Frage anlangt, so war die Sache ganz einfach. Heute nachmittag habe ich einen tüchtigen Geheimpolizisten verpflichtet, der mir völlige Verschwiegenheit zugesichert hat. Im übrigen habe ich zumeist Ihre eigenen Diener beschäftigt. Das Klubhaus war seit Anbruch der Nacht umstellt, und

dieser Ihr Wagen wartete schon seit ungefähr einer Stunde.«
»Und der Unselige, der mich zu töten bestimmt war?« fragte der Prinz.
»Er geriet, sobald er die Straße betrat, in unsere Hände und erwartet nun im Palast, wo sich auch seine Klubbrüderschaft bald einstellen wird, Ihre Entscheidung.«
»Geraldine«, sagte der Prinz. »Sie haben mir gegen meinen ausdrücklichen Befehl das Leben gerettet, und Sie haben recht getan. Ich schulde Ihnen nicht nur mein Dasein, sondern verdanke Ihnen auch eine gute Lehre, und ich wäre meines Ranges unwürdig, erwiese ich meinem Lehrer nicht meine Dankbarkeit. Wollen Sie bitte selbst bestimmen, auf welche Art ich Ihnen am besten meine Erkenntlichkeit zeigen kann.«
Eine Pause trat ein, während der Wagen eilig dahinfuhr. Die beiden Männer waren in tiefes Nachdenken versunken, bis endlich der Oberst das Schweigen brach. »Eure Hoheit«, sagte er, »haben über eine größere Anzahl von Gefangenen zu bestimmen. Darunter ist mindestens ein Schurke, der nach strengstem Recht behandelt zu werden verdient. Unser Schwur verbietet uns, das Gesetz anzurufen, auch wenn nicht Gründe der Diskretion dagegen sprächen. Darf ich nach dem Willen Eurer Hoheit fragen?«
»Der Präsident«, sagte Florizel, »wird im Duell fallen. Wir müssen ihm nur noch den Gegner aussuchen.«

»Eure Hoheit haben mir erlaubt, mir selber einen Lohn zu wählen«, erwiderte der Oberst. »Ich bitte, meinen Bruder vorschlagen zu dürfen. Es ist eine ehrliche Sache, Eure Hoheit können gewiß sein, er wird sie mit Ehren zu Ende führen.«

»Diese Bitte gewähre ich nicht gern«, sagte der Prinz, »aber ich darf sie Ihnen nicht abschlagen.« Der Oberst dankte mit einem Handkuß, und im selben Moment rollte der Wagen ins Tor des schönen Schlosses.

Eine Stunde darauf empfing Florizel, in allem Glanze seines fürstlichen Standes, die Mitglieder des Klubs der Selbstmörder. »Ihr Hirnverbrannten und Unseligen«, sprach er sie an, »wenn unter euch einige sind, die Mittellosigkeit in diesen Kreis getrieben hat, so sollen meine Beamten ihnen einen ausreichenden sicheren Erwerb nachweisen. Wer sich von schwerer Schuld bedrückt fühlt, wende sich an einen Mächtigeren und Langmütigeren, als ich bin. Ich fühle großes Mitleid mit euch, mehr als ihr denken mögt; morgen werdet ihr mir eure Schicksale berichten, und je offener eure Erzählung sein wird, um so besser werde ich euch helfen können. Was Sie angeht«, wandte er sich an den Präsidenten, »so fürchte ich, einen Mann von Ihrer Bedeutung durch ein Angebot meiner Hilfe nur zu kränken, und deshalb schlage ich Ihnen lieber eine Zerstreuung vor. Hier« – er legte bei diesen Worten seine Hand dem jungen Bruder Geraldines auf die Schulter – »dieser Offizier meines Gefolges möchte gern eine kleine Reise auf den Kontinent machen – ich ersuche Sie, so freundlich zu sein, ihn dahin zu begleiten.« Und in anderem Tone setzte er hinzu: »Sie sind doch ein guter Pistolenschütze? Es wäre ja möglich, daß Sie Gelegenheit bekämen, von dieser Fertigkeit Gebrauch zu machen. Wenn zwei Männer miteinander eine Reise antreten, muß man auf manches vorbereitet sein. Lassen Sie mich noch hinzufügen, daß, falls dem jungen Geraldine etwas zustoßen sollte, stets ein anderer Begleiter zu Ihrer Verfügung sein wird, und es ist Ihnen wohl bekannt, Herr Präsident, daß mein Auge und mein Arm recht weit reichen.« Mit diesen ernsten Worten schloß der Prinz seine Ansprache. Am nächsten Morgen erfuhren die Mitglieder des Klubs die Freigebigkeit des Prinzen in reichem Maße, und der Präsident trat, begleitet von dem jungen Geraldine und zwei bewährten Dienern aus dem Gefolge des Prinzen, seine Reise an. Der Prinz ließ auch das Klubhaus genau überwachen, und sämtliche Briefe, die an den Klub der Selbstmörder gerichtet waren, und alle, die den Klub selber aufsuchen wollten, wurden an den Prinzen gewiesen und von ihm selbst in Empfang genommen.

Robert Louis Stevenson

Lord Arthur Saviles Verbrechen

Eine Studie über die Pflicht

I

Es war Lady Windermeres letzter Empfang vor Ostern, und Bentinck House war noch voller als gewöhnlich. Sechs Kabinettsminister waren direkt vom Morgenempfang des Präsidenten des Unterhauses gekommen mit allen ihren Sternen und Ordensbändern, alle die hübschen Damen trugen die schönsten Toiletten, und am Ende der Gemäldegalerie stand die Prinzessin Sophia von Karlsruhe, eine schwere Dame mit einem Tatarenkopf, mit kleinen schwarzen Augen und wundervollen Smaragden, die sehr laut ein schlechtes Französisch sprach und maßlos über alles lachte, was man zu ihr sagte. Es war gewiß ein wundervolles Gemisch von Menschen. Pairsfrauen in all ihrer Pracht plauderten liebenswürdig mit extremen Radikalen, volkstümliche Prediger sah man neben hervorragenden Skeptikern, ein ganzes Rudel von Bischöfen folgte Schritt für Schritt einer dicken Primadonna von Zimmer zu Zimmer, auf der Treppe standen einige Mitglieder der Königlichen Akademie als Künstler verkleidet, und es hieß, daß in einem gewissen Augenblick der Speisesaal mit Genies geradezu vollgepropft gewesen sei. Alles in allem war es einer von Lady Windermeres schönsten Abenden, und die Prinzessin blieb bis fast halb zwölf Uhr. Kaum war sie fort, so kehrte Lady Windermere in die Gemäldegalerie zurück, wo eben ein berühmter Nationalökonom einem unwillig zuhörenden ungarischen Virtuosen einen feierlichen Vortrag über die wissenschaftliche Theorie der Musik hielt, und begann mit der Herzogin von Paisley zu plaudern. Sie sah wundervoll aus mit ihrer prachtvollen elfenbeinweißen Büste, mit ihren großen Vergißmeinnichtaugen und den schweren Flechten ihres goldenen Haares. Es war wirklich reines Gold, ihr Haar, nicht die blasse Strohfarbe, die sich heute den edlen Namen des Goldes anmaßt, nein, es war Gold, wie es in Sonnenstrahlen gewebt ist oder im Bernstein ruht. Und dieses Haar gab ihrem Gesicht gleichsam den Rahmen einer Heiligen, doch nicht ohne etwas von dem berückenden Zauber einer Sünderin. Sie war ein interessantes psychologisches Studienobjekt. Sie hatte sehr früh die große Wahrheit entdeckt, daß nichts so sehr wie Unschuld aussieht wie eine Unbesonnenheit. Und durch eine Reihe von leichtsinnigen Streichen, von denen die Hälfte ganz harmlos war, hatte sie sich alle Vorrechte einer Persönlichkeit erworben. Sie hatte mehr als einmal ihren Gatten gewechselt; nach dem Adelskalender hatte sie sogar dreimal geheiratet. Aber da sie nie ihren Liebhaber gewechselt hatte, hatte die Welt längst aufgehört,

über sie zu klatschen. Sie war nun vierzig Jahre alt, besaß keine Kinder und hatte jene maßlose Freude am Vergnügen, die das geheimnisvolle Mittel ist, jung zu bleiben.
Plötzlich sah sie sich eifrig im Zimmer um und sagte mit ihrer klaren Altstimme: »Wo ist mein Chiromant?«
»Ihr was, Gladys?« rief die Herzogin einigermaßen verblüfft.
»Mein Chiromant, Herzogin. Ich kann jetzt ohne ihn nicht leben.«
»Liebe Gladys, Sie sind immer so originell«, murmelte die Herzogin und versuchte sich zu erinnern, was ein Chiromant eigentlich sei, wobei sie hoffte, es sei nicht dasselbe wie Chiropodist.
»Er kommt zweimal in der Woche, um meine Hand anzuschauen«, fuhr Lady Windermere fort, »und er interessiert sich sehr dafür.«
»Großer Gott«, sagte die Herzogin zu sich selbst, es ist also doch eine Art Chiropodist, wie schrecklich! Hoffentlich ist es wenigstens ein Ausländer. Dann wäre es nicht ganz so schlimm.«
»Ich muß ihn Ihnen vorstellen.«
»Ihn mir vorstellen?« rief die Herzogin. »Ist er denn hier?« Und sie suchte ihren kleinen Schildpattfächer und einen sehr ramponierten Spitzenschal, um jeden Augenblick zum Fortgehen bereit zu sein.
»Natürlich ist er hier, ich würde nicht daran denken, ohne ihn eine Soiree zu geben. Er sagt mir, daß ich eine rein psychische Hand habe und daß, wenn mein Daumen nur ein ganz kleines Stückchen kürzer wäre, ich eine vollkommene Pessimistin geworden wäre und heute in einem Kloster säße.«
»Ach so«, sagte die Herzogin und atmete erleichtert auf. »Er ist ein Wahrsager, nicht wahr? Und prophezeit er Glück?«
»Auch Unglück«, antwortete Lady Windermere, »soviel Sie wollen. Nächstes Jahr zum Beispiel bin ich in großer Gefahr sowohl zu Wasser als zu Lande. Ich habe also die Absicht, in einem Ballon zu leben, und werde jeden Abend mein Essen in einem Korb heraufziehen. Das steht alles auf meinem kleinen Finger geschrieben oder in meiner Handfläche, ich weiß nicht mehr recht.«
»Aber das heißt doch die Vorsehung versuchen, Gladys.«
»Meine liebe Herzogin, die Vorsehung kann heutzutage sicher schon der Versuchung widerstehen. Ich glaube, daß jeder Mensch einmal im Monat in seiner Hand lesen lassen müßte, um zu wissen, was er nicht tun darf. Natürlich tut man es doch, aber es ist so hübsch, wenn man gewarnt ist. Und wenn jetzt nicht gleich jemand Herrn Podgers holt, so werde ich ihn wohl selbst holen müssen.«
»Gestatten Sie, daß ich ihn hole«, sagte ein schlanker, hübscher junger Mann, der daneben stand und dem Gespräch mit heiterem Lächeln zuhörte.

»Ich danke Ihnen vielmals, Lord Arthur, aber ich fürchte, Sie werden ihn nicht erkennen.«
»Wenn er ein so wunderbarer Mensch ist, wie Sie sagen, Lady Windermere, so kann ich ihn wohl kaum verfehlen. Sagen Sie mir nur, wie er ausschaut, und ich schaffe ihn sofort zur Stelle.«
»Er sieht nicht im geringsten aus wie ein Chiromant. Das heißt, er sieht weder mystisch noch esoterisch noch romantisch aus. Er ist ein kleiner untersetzter Mann mit einem komischen kahlen Kopf und einer großen goldenen Brille. So ein Mittelding zwischen einem Hausarzt und einem Landadvokaten. Das tut mir sehr leid, aber es ist nicht meine Schuld. Die Leute sind immer so langweilig. Alle meine Pianisten sehen aus wie Dichter, und alle meine Dichter sehen aus wie Pianisten. Ich erinnere mich, daß ich in der vorigen Saison einen schrecklichen Verschwörer zu Tisch einlud, der eine Anzahl Menschen in die Luft gesprengt hatte und immer ein Panzerhemd trug und einen Dolch in seinem Hemdärmel verbarg. Und denken Sie sich, als er ankam, sah er just aus wie ein netter alter Pastor und machte den ganzen Abend Witze. Er war ja sehr unterhaltend, aber ich war schrecklich enttäuscht. Und als ich ihn wegen des Panzerhemdes zur Rede stellte, lachte er bloß und sagte, es sei zu kalt, um es in England zu tragen. Ah, hier ist Herr Podgers. Herr Podgers, ich brauche Sie. Sie müssen der Herzogin von Paislay die Hand lesen. Herzogin, nehmen Sie den Handschuh ab. Nicht den linken, den rechten.«
»Liebe Gladys, ich weiß wirklich nicht, ob ich soll«, sagte die Herzogin und knöpfelte zögernd einen nicht ganz tadellosen Glacéhandschuh auf.
»Das fragt man sich bei allen interessanten Dingen«, sagte Lady Windermere. »On a fait le monde ainsi. Aber ich muß Sie vorstellen. Herzogin, das ist Herr Podgers, mein lieber Chiromantiker. Herr Podgers, das ist die Herzogin von Paisley, und wenn Sie sagen, daß ihr Mondberg größer ist als der meine, dann glaube ich Ihnen nie wieder.«
»Ich bin sicher, Gladys, daß in meiner Hand nichts dergleichen ist«, sagte die Herzogin ernsthaft.
»Euer Gnaden haben ganz recht«, sagte Herr Podgers und blickte auf die kleine fette Hand mit den kurzen dicken Fingern. »Der Mondberg ist nicht entwickelt. Aber die Lebenslinie ist ausgezeichnet. Bitte, beugen Sie ein wenig das Gelenk. Danke. Drei deutliche Linien auf der Rascette. Sie werden ein hohes Alter erreichen, Herzogin, und werden außerordentlich glücklich sein. Ehrgeiz – sehr mäßig, Intelligenzlinie nicht übertrieben. Herzlinie –«
»Bitte, bitte, seien Sie nicht indiskret, Herr Podgers!!« rief Lady Windermere.
»Nichts wäre mir erwünschter«, sagte Herr Podgers und verbeugte sich,

»wenn die Herzogin jemals dazu Anlaß gegeben hätte. Aber ich muß leider sagen, daß ich nichts anderes sehe als eine große Beständigkeit der Neigung, verbunden mit einem strengen Pflichtgefühl.«

»Bitte, fahren Sie nur fort«, sagte die Herzogin und sah sehr vergnügt drein.

»Sparsamkeit ist nicht die letzte von Euer Gnaden Tugenden«, fuhr Herr Podgers fort, und Lady Windermere brach in lautes Lachen aus.

»Sparsamkeit hat sein Gutes«, bemerkte die Herzogin gnädig. »Als ich Paisley heiratete, hatte er elf Schlösser und nicht ein einziges Haus, in dem man wohnen konnte.«

»Und nun hat er zwölf Häuser und nicht ein einziges Schloß!« rief Lady Windermere.

»Ach, meine Teure, ich liebe –«

»Den Komfort«, sagte Herr Podgers, »und die modernen Einrichtungen und Leitung für heißes Wasser in jedem Schlafzimmer. Euer Gnaden haben ganz recht. Komfort ist die einzige Sache von Wert, die unsere Kultur uns zu geben vermag.«

»Sie haben den Charakter der Herzogin außerordentlich getroffen, Herr Podgers, jetzt müssen Sie uns aber auch den Charakter Lady Floras enthüllen.« Und auf ein Kopfnicken der lächelnden Hausfrau kam ein hochgewachsenes Mädchen mit sandfarbenem Haar und hohen Schultern verlegen hinter dem Sofa hervor und hielt eine lange knochige Hand mit spatelförmigen Fingern ausgestreckt.

»Ah, eine Klavierspielerin, wie ich sehe«, sagte Herr Podgers. »Eine ausgezeichnete Pianistin, aber vielleicht nicht sehr musikalisch. Sehr zurückhaltend, sehr ehrlich. Sie lieben Tiere sehr.«

»Das ist wahr!« rief die Herzogin und wandte sich zu Lady Windermere. »Das ist vollkommen wahr. Flora hält in Macloskie zwei Dutzend Collies und möchte sofort unser Stadthaus in eine Menagerie verwandeln, wenn der Vater es erlauben würde.«

»Was tue ich denn anderes an jedem Donnerstagabend?« rief Lady Windermere lachend. »Nur habe ich Löwen lieber als Collies.«

»Das ist Ihr einziger Fehler, Lady Windermere«, sagte Herr Podgers und verbeugte sich sehr tief.

»Wenn eine Frau ihre Fehler nicht mit Reiz umkleiden kann, so ist sie bloß ein Weibchen«, war die Antwort. »Aber Sie müssen uns zuliebe noch einige Hände lesen. Bitte, Herr Thomas, zeigen Sie doch Ihre Hand Herrn Podgers.« Und ein lustig dreinschauender alter Herr mit einer weißen Weste kam heran und hielt eine dicke, rauhe Hand vor, deren Mittelfinger sehr lang war.

»Eine Abenteurernatur. Sie haben vier lange Reisen hinter sich und eine vor sich. Sie haben dreimal Schiffbruch erlitten. Nein, nur zweimal. Aber die

Gefahr eines Schiffbruches droht Ihnen auf der nächsten Reise. Streng konservativ, sehr pünktlich. Sie sammeln mit Leidenschaft Kuriositäten. Eine schwere Krankheit zwischen dem sechzehnten und achtzehnten Jahr. Große Erbschaft in den dreißiger Jahren. Große Abneigung gegen Katzen und Radikale.«

»Außerordentlich!« rief Sir Thomas aus. »Sie müssen unbedingt auch die Hand meiner Frau lesen.«

»Ihrer zweiten Frau«, sagte Herr Podgers ruhig, und hielt des Herrn Thomas Hand noch in der seinen fest. »Ihrer zweiten Frau. Es wird mir ein Vergnügen sein.« Aber Lady Marvel, eine melancholisch aussehende Dame mit braunem Haar und sentimentalen Augenbrauen, lehnte entschieden ab, sich ihre Vergangenheit oder Zukunft enthüllen zu lassen. Und was Lady Windermere auch versuchte, nichts konnte Monsieur de Koloff, den russischen Gesandten, dazu bewegen, nur seine Handschuhe auszuziehen. Ja, viele schienen sich zu fürchten, dem seltsamen kleinen Mann mit dem stereotypen Lächeln, der goldenen Brille und den kleinen glänzenden Augen gegenüberzutreten; und als er der armen Lady Fermor klipp und klar vor allen Leuten erklärte, daß sie gar keinen Sinn für Musik, aber sehr viel Interesse für Musiker habe, fühlte man allgemein, daß Chiromantik eine sehr gefährliche Wissenschaft sei, und daß man sie nur unter vier Augen pflegen dürfe.

Lord Arthur Savile aber, der von Lady Fermors unglückseliger Geschichte nichts wußte und Herrn Podgers mit großem Interesse beobachtet hatte, war nun furchtbar neugierig, sich die Hand lesen zu lassen, und da er sich etwas scheute, in den Vordergrund zu treten, so ging er durch das Zimmer hinüber bis zu Lady Windermeres Platz und fragte sie mit reizendem Erröten, ob sie wohl glaube, daß Herr Podgars ihm den Gefallen tun würde.

»Gewiß, gewiß«, sagte Lady Windermere, »deswegen ist er ja hier. Alle meine Löwen, lieber Lord Arthur, sind Löwen, die ihre Kunst zeigen und durch den Reifen springen, wie ich es ihnen befehle. Aber ich sage Ihnen im voraus, daß ich Sybil alles wiedererzählen werde. Sie kommt morgen zum Frühstück zu mir – wir haben über Hüte zu reden –, und wenn Herr Podgers herausfinden sollte, daß Sie bösartig sind oder Anlage zur Gicht haben, oder daß Sie bereits eine Frau besitzen, die irgendwo in Bayswater lebt, so werde ich ihr gewiß alles sagen.«

Lord Arthur lächelte und schüttelte den Kopf. »Ich fürchte mich nicht«, sagte er, »Sybil kennt mich so gut, wie ich sie kenne.«

»Ah, das tut mir eigentlich leid. Die beste Grundlage für eine Ehe ist gegenseitiges Mißverstehen. Nein, ich bin durchaus nicht zynisch. Ich habe bloß Erfahrung gesammelt, was übrigens fast auf dasselbe hinauskommt. Herr Podgers, Lord Arthur Savile ist furchtbar neugierig zu wissen, was in seiner Hand steht. Aber Sie brauchen ihm nicht zu sagen, daß er mit einem der schönsten Mädchen Londons verlobt ist, denn das stand bereits vor einem Monat in der Morning-Post.«

»Liebe Lady Windermere«, rief die Marquise von Jedburgh, »lassen Sie mir Herrn Podgers nur noch einen Augenblick. Er hat mir eben gesagt, daß ich zur Bühne gehen würde, und das interessiert mich schrecklich.«

»Wenn er Ihnen das gesagt hat, Lady Jedburgh, so werde ich ihn gewiß sofort abberufen. Kommen Sie gleich herüber, Podgers, und lesen Sie Lord Arthurs Hand.«

»Gut«, sagte Lady Jedburgh und verzog etwas das Mündchen, als sie vom Sofa aufstand, »wenn man mir nicht erlauben will, zur Bühne zu gehen, so will ich mindestens Publikum sein.«

»Natürlich, wir sind alle Publikum«, sagte Lady Windermere. »Und nun, Herr Podgers, erzählen Sie uns etwas recht Hübsches. Lord Arthur ist einer meiner besonderen Lieblinge.«

Als aber Herr Podgers Lord Arthurs Hand erblickte, erblaßte er ganz merkwürdig und sagte gar nichts. Ein Schauer schien ihn zu schütteln und seine großen buschigen Augenbrauen zuckten konvulsivisch auf eine ganz seltsame, aufgeregte Art, wie immer, wenn er sich in einer schwierigen Situation befand. Dann traten einige große Schweißtropfen auf seine gelbe Stirn wie giftiger Tau, und seine dicken Finger wurden kalt und klebrig.

Lord Arthur sah natürlich diese merkwürdigen Zeichen der Aufregung, und zum erstenmal in seinem Leben fühlte er etwas wie Furcht. Sein erster Gedanke war aus dem Zimmer zu stürzen, aber er bezwang sich. Es war besser, das Schlimmste zu erfahren, was immer es auch sei, als in dieser fürchterlichen Ungewißheit zu bleiben.

»Ich warte, Herr Podgers«, sagte er.

»Wir warten alle«, sagte Lady Windermere in ihrer raschen, ungeduldigen Art, aber der Chiromant gab keine Antwort.

»Ich glaube, Lord Arthur soll zur Bühne gehen«, sagte Lady Jedburgh, »und da Sie vorhin so böse waren, will Herr Podgers es nicht sagen.«

Plötzlich ließ Herr Podgers Lord Arthurs rechte Hand fallen und ergriff seine linke; er beugte sich so tief herab, um sie zu untersuchen, daß die goldene Fassung seiner Brille die Handfläche zu berühren schien. Einen Augenblick glich sein Gesicht einer weißen Schreckensmaske, aber er wurde bald wieder ruhig und sagte mit einem Blick auf Lady Windermere und mit einem gezwungenen Lächeln: »Es ist die Hand eines reizenden jungen Mannes.«

»Das stimmt«, antwortete Lady Windermere. »Aber wird er auch ein reizender Ehemann sein? Das möchte ich wissen.«

»Das ist die Bestimmung aller reizenden jungen Männer«, sagte Podgers.
»Ich glaube nicht, daß ein Ehemann gar zu reizend sein sollte«, murmelte nachdenklich Lady Jedburgh. »Das ist zu gefährlich.«
»Mein liebes Kind, sie sind niemals zu reizend!« rief Lady Windermere. »Was ich aber wissen möchte, sind Einzelheiten. Einzelheiten sind nämlich die einzigen Sachen, für die man sich interessieren kann. Was also wird mit Lord Arthur geschehen?«
»In den nächsten Monaten wird Lord Arthur eine Reise machen –«
»Seine Hochzeitsreise natürlich.«
»Und eine Verwandte verlieren.«
»Nicht seine Schwester will ich hoffen«, sagte Lady Jedburgh voll Mitleid in der Stimme.
»Gewiß nicht seine Schwester«, sagte Herr Podgers mit einer abwehrenden Handbewegung. »Bloß eine entfernte Verwandte.«
»Ich bin schrecklich enttäuscht«, sagte Lady Windermere, »so habe ich morgen Sybil gar nichts zu erzählen. Wer kümmert sich heute um entfernte Verwandte? Die sind schon seit Jahren aus der Mode. Jedenfalls werde ich ihr aber raten, ein schwarzes Seidenkleid bereit zu halten. Es macht sich immer gut in der Kirche. Und nun wollen wir zu Tische gehen. Gewiß ist alles schon aufgegessen worden, aber vielleicht finden wir doch noch etwas warme Suppe. Francois war sonst ein Meister in Suppen, aber er beschäftigte sich jetzt so viel mit Politik, daß gar kein Verlaß auf ihn ist. Ich wünschte, General Boulanger würde endlich Ruhe geben. Sind Sie nicht müde, Herzogin?«
»Nicht im geringsten«, sagte die Herzogin und wackelte zur Türe. »Ich habe mich ausgezeichnet unterhalten, und der Chiropodist, ich meine der Chiromant, ist sehr interessant. Flora, wo kann mein Schildpattfächer sein? O vielen Dank, Herr Thomas, und mein Spitzenschal, Flora? O ich danke Ihnen, Herr Thomas, Sie sind sehr liebenswürdig.« Und die würdige Dame kam endlich die Treppe herab und hatte ihr Riechfläschchen bloß zweimal fallenlassen.
Die ganze Zeit über hatte Lord Arthur Savile am Kamin gestanden mit dem gleichen Gefühl des Schreckens, mit dem gleichen lähmenden Gefühl des kommenden Unglücks. Er lächelte traurig seiner Schwester zu, als sie an Lord Plymdales Arm vorüberkam, reizend anzuschauen mit ihrem roten Brokat und ihren Perlen, und er hörte kaum, als Lady Windermere ihn aufforderte, ihr zu folgen. Er dachte an Sybil Merton und der Gedanke, daß etwas zwischen sie treten könnte, füllte seine Augen mit Tränen.
Wer ihn ansah, hätte glauben können, daß Remesis den Schild der Pallas gestohlen hätte, um ihm das Medusenhaupt zu zeigen. Er schien zu Stein gewandelt und sein Gesicht war marmorn in seiner Melancholie. Er hatte das

verfeinerte Luxusleben eines jungen Mannes von Rang und Vermögen geführt, ein Leben, wunderbar frei von häßlicher Sorge, herrlich in seiner knabenhaften Unbekümmertheit. Und zum erstenmal in seinem Leben kam ihm das furchtbare Geheimnis des Schicksals zum Bewußtsein, der schreckliche Sinn des Verhängnisses.

Wie toll und schrecklich ihm all das erschien? Konnte irgendein furchtbares Geheimnis der Sünde, irgendein blutrotes Zeichen des Verbrechens in seiner Hand geschrieben stehen, in Hieroglyphen, die er selbst nicht lesen konnte, aber die ein anderer zu entziffern vermochte? War es nicht möglich, diesen Dingen zu entgehen? Waren wir denn nichts anderes, als Schachfiguren, die eine unsichtbare Macht bewegt, nichts anderes, als Gefäße, die ein Töpfer dreht, wie es ihm beliebt, um sie mit Schmach oder Ehre zu füllen? Sein Verstand empörte sich dagegen, und doch fühlte er, daß irgendeine Tragödie über ihm hing und das ihm plötzlich beschieden worden war, eine unerträgliche Last zu tragen! Wie glücklich sind doch Schauspieler! Sie haben die Wahl, ob sie in der Tragödie oder Komödie auftreten wollen, ob sie leiden oder lustig sein, Lachen oder Tränen vergießen wollen. Aber im wirklichen Leben ist das so ganz anders. Die meisten Männer und Frauen sind gezwungen, Rollen zu spielen, für die sie gar nicht geeignet sind. Unsere Güldensterns spielen uns den Hamlet vor, und unsere Hamlets müssen scherzen wie Prinz Heinz. Die Welt ist eine Bühne, aber das Stück ist schlecht besetzt.

Plötzlich trat Herr Podgers ins Zimmer. Als er Lord Arthur erblickte, fuhr er zusammen, und sein grobes, dickes Gesicht wurde ganz grünlichgelb. Die Augen der beiden Männer begegneten sich, und einen Augenblick herrschte Schweigen.

»Die Herzogin hat einen ihrer Handschuhe hier vergessen, Lord Arthur, und hat mich gebeten, ihn ihr zu bringen«, sagte endlich Herr Podgers. »Ach, ich sehe ihn auf dem Sofa. Guten Abend.«

»Herr Podgers, ich muß darauf bestehen, daß sie mir eine Frage, die ich Ihnen stellen werde, aufrichtig beantworten.«

»Ein anderes Mal, Lord Arthur, aber die Herzogin wartet. Ich muß wirklich gehen.«

»Sie werden nicht gehen. Die Herzogin hat keine Eile.«

»Man darf Damen nie warten lassen, Lord Arthur«, sagte Herr Podgers.«

Um Lord Arthurs fein gezeichnete Lippen spielte eine stolze Verachtung. Die arme Herzogin hatte für ihn in diesem Augenblick nicht die geringste Bedeutung. Er ging durch das Zimmer auf den Platz zu, wo Herr Podgers stand, und hielt ihm seine Hand entgegen.

»Sagen Sie mir, was Sie hier gesehen haben«, sagte er. »Sagen Sie mir die Wahrheit. Ich muß sie wissen. Ich bin kein Kind.«

Die Augen des Herrn Podgers blinzelten hinter der goldenen Brille, und er trat unruhig von einem Fuß auf den andern, indes seine Finger nervös mit einer blinkenden Uhrkette spielten.
»Warum glauben Sie denn, Lord Arthur, daß ich mehr in Ihrer Hand gesehen habe, als ich Ihnen gesagt habe?«
»Ich weiß es und bestehe darauf, daß Sie mir sagen, was es war. Ich werde natürlich diesen Dienst bezahlen. Ich gebe Ihnen einen Scheck auf hundert Pfund.«
Die grünen Augen blitzten einen Augenblick auf, und dann wurden sie wieder trübe.
»Guineen?« sagte Herr Podgers endlich leise.
»Gewiß. Ich sende Ihnen morgen den Scheck. Wie heißt Ihr Klub?«
»Ich bin in keinem Klub. Das heißt, momentan nicht. Meine Adresse ist – aber gestatten Sie mir, Ihnen meine Karte zu geben.« Und Herr Podgers zog aus seiner Westentasche eine goldgeränderte Visitenkarte und überreichte sie Lord Arthur mit einer tiefen Verbeugung. Auf der Karte stand:

Mr. Septimus R. Podgers
Chiromant
103 a West Moon Street.

»Ich empfange von 10–4«, murmelte Herr Podgers mechanisch, »Familien haben ermäßigte Preise.«
»Schnell, schnell«, rief Lord Arthur ganz bleich im Gesicht und hielt ihm die Hand entgegen. Herr Podgers blickte sich unruhig um und dann zog er die schwere Portiere vor die Tür. Es wird etwas dauern, Lord Arthur, wollen Sie sich nicht lieber setzen?«
»Rasch, rasch!« rief Lord Arthur wieder und stampfte ärgerlich mit dem Fuß auf das Parkett.
Herr Podgers lächelte, zog aus seiner Brusttasche ein kleines Vergrößerungsglas und wischte es sorgfältig mit seinem Taschentuch ab.
»Ich stehe ganz zu Ihrer Verfügung«, sagte er.

II

Zehn Minuten später stürzte Lord Arthur Savile mit vor Entsetzen bleichem Gesicht, mit Augen, aus denen der Schrecken starrte, aus dem Hause, brach sich Bahn durch die Menge pelzgehüllter Lakaien, die unter der großen gestreiften Markise umherstanden und nichts zu sehen und zu hören schienen. Die Nacht war bitterkalt, und die Gaslampen rings auf dem Platz flatterten und zuckten im scharfen Wind. Aber seine Hände waren fieberheiß, und seine Stirn brannte wie Feuer. Er ging weiter und weiter, fast schwankend wie ein Betrunkener. Ein Schutzmann schaute ihm neugierig nach, als er vorüberging, und ein Bettler, der aus einem Torweg herauskroch, um ihn um ein Almosen zu bitten, schauderte zusammen, denn er sah einen Jammer, der größer war als der seine. Einmal blieb er unter einer Laterne stehen und blickte auf seine Hände. Er glaubte fast, er könnte Blutspuren auf ihnen entdecken, und ein schwacher Schrei brach von seinen zitternden Lippen.

Mord! Das war es, was der Chiromant da gesehen hatte. Mord! Die Nacht selbst schien es zu wissen, und der rauhe Wind heulte es ihm ins Ohr. Die dunklen Ecken der Straße waren davon voll. Von den Dächern der Häuser grinste es ihn an.

Zuerst kam er zum Park, dessen dunkles Gehölz ihn festzubannen schien. Er lehnte sich müde gegen das Gitter, kühlte seine Stirn am feuchten Metall und horchte auf das zitternde Schweigen der Bäume. Mord! Mord! wiederholte er immer wieder, als ob die Wiederholung des Wortes seinen Schrecken vermindern könnte. Der Klang seiner eigenen Stimme machte ihn erschaudernd, aber er hoffte fast, daß das Echo ihn höre und die schlafende Stadt aus ihren Träumen wecke. Er fühlte ein tolles Verlangen, einen zufällig Vorübergehenden festzuhalten und ihm alles zu sagen. Dann ging er durch Oxford Street in enge häßliche Gäßchen. Zwei Weiber mit gemalten Gesichtern spotteten, als er vorüberging. Aus einem dunklen Hof kam der Lärm von Flüchen und Schlägen, gefolgt von schrillem Geschrei, und zusammengesunken auf feuchten Torstufen sah er die gekrümmten Gestalten der Armut und des Alters. Ein seltsames Mitleid überkam ihn. War diesen Kindern der Sünde und des Elends ihr Ende vorherbestimmt, wie ihm das seine? Waren sie wie er bloß Puppen in einem ungeheuerlichen Theater?

Und doch war es nicht das Geheimnis, sondern die Komödie des Leidens, die ihn ergriff, seine absolute Nutzlosigkeit, seine groteske Sinnlosigkeit. Wie schien doch alles zusammenhanglos, wie unharmonisch! Er war bestürzt über den Zwiespalt zwischen dem schalen Optimismus des Tages und den wirklichen Tatsachen des Lebens. Er war noch sehr jung.

Nach einer Zeit fand er sich vor der Marylebone-Kirche. Die stumme Landstraße glich einem langen Band von glänzendem Silber, in das zitternde Schatten hier und da dunkle Flecken hineinzeichneten. Weit, weit in der Ferne wand sich eine Linie flackernder Gaslaternen, und vor einem kleinen, ummauerten Haus stand ein einsamer Wagen, und der Kutscher war eingeschlafen. Er ging hastig in der Richtung von Portland Place und sah sich hier und da um, als ob er sich fürchtete, daß man ihm folge. An der Ecke der Rich-

Street standen zwei Männer und lasen einen kleinen Anschlag an einem Zaun. Ein merkwürdiges Gefühl der Neugier überkam ihn, und er ging hinüber. Als er näher kam, traf sein Blick das Wort »Mord«, das da mit schwarzen Lettern gedruckt stand. Er fuhr zusammen, und ein dunkles Rot schoß in seine Wangen. Es war eine Bekanntmachung, die eine Belohnung aussetzte für jede Nachricht, die dazu führen könnte, einen Mann von mittlerer Größe zwischen dreißig und vierzig Jahren, mit einem weichen Hut, schwarzem Rock und karierten Hosen und mit einer Narbe auf der rechten Wange festzunehmen. Er las den Steckbrief wieder und immer wieder und dachte darüber nach, ob der Elende wohl gefangen werden würde und wieso er wohl verwundet worden sei. Vielleicht würde auch einmal sein eigener Name an den Mauern Londons zu lesen sein! Vielleicht würde auch auf seinen Kopf eines Tages ein Preis gesetzt werden.

Der Gedanke erfüllte ihn mit namenlosem Grauen. Er wandte sich um und eilte hinaus in die Nacht.

Er wußte kaum, wohin er ging. Er erinnerte sich dunkel, daß er durch ein Labyrinth schmutziger Häuser wanderte, daß er sich in einem riesigen Spinnennetz finsterer Straßen verlor, und es dämmerte hell, als er sich endlich auf dem Piccadillyplatz befand. Als er nun heimwärts gegen Belgrave Square schlenderte, begegnete er den großen Marktwagen auf dem Weg nach Covent Garden. Die Fuhrleute in den weißen Röcken mit ihren lustigen, sonnenverbrannten Gesichtern und den derben Krausköpfen gingen mit festen Schritten neben ihren Wagen, knallten mit der Peitsche und riefen dann und wann einander zu. Auf einem großen grauen Pferd, dem Leitpferd des lärmenden Gespanns, saß ein pausbäckiger Junge mit einem Strauß von Primeln an seinem abgenutzten Hut und hielt sich mit seinen kleinen Händen an der Mähne fest und lachte. Und die großen Haufen von Gemüse auf den Wagen glichen, wie sie sich vom Morgenhimmel abhoben, großen Haufen von grünem Nephrit, die sich abheben von den roten Blättern einer wunderbaren Rose.

Lord Arthur fühlte sich merkwürdig bewegt. Er wußte selbst nicht warum. Es lag etwas in der zarten Lieblichkeit des dämmernden Morgens, das ihn mit merkwürdiger Gewalt ergriff, und er dachte an all die Tage, die in Schönheit aufgehen und im Sturm untergehen. Und welch ein seltsames London sahen diese Bauern mit ihren rauhen, fröhlichen Stimmen und ihrem nachlässigen Gehabe! Ein London frei von der Sünde der Nacht und dem Rauch des Tages, eine bleiche, geisterbleiche Stadt, eine große Stadt der Gräber. Er fragte sich, was sie wohl von dieser Stadt dächten, ob sie irgend etwas wüßten von ihrem Glanz und ihrer Schande, von ihren wilden feuerfarbenen Freuden und ihrem schrecklichen Hunger, von all ihren guten und bösen Taten vom Morgen bis zum Abend. Wahrscheinlich erschien ihnen die Stadt nur als Markt, auf den sie ihre Früchte und Gemüse brachten, um sie zu verkaufen und wo sie höchstens einige Stunden verweilten, bis sie wieder die immer noch schweigenden Straßen, die noch träumenden Häuser hinter sich ließen. Es machte ihm ein Vergnügen, sie zu beobachten, wie sie vorüberzogen. Rauh wie sie waren mit ihren schweren beschlagenen Schuhen und ihrem schwerfälligen Gang, brachten sie ein Stück Arkadien mit sich. Er fühlte, daß sie mit der Natur gelebt hatten und daß die Natur sie den Frieden gelehrt hatte. Er beneidete sie um alles, was sie nicht wußten.

Als er Belgrave Square erreicht, war der Himmel blaßblau, und die Vögel begannen in den Gärten zu zwitschern.

III

Als Lord Arthur erwachte, war es zwölf Uhr, und die Mittagssonne strömte herein durch die elfenbeinfarbenen Seidenvorhänge seines Zimmers. Er stand auf und blickte aus dem Fenster. Ein trüber Glutnebel hing über der großen Stadt, und die Dächer der Häuser flimmerten wie mattes Silber. In dem schimmernden Grün unten auf dem Platz huschten einige Kinder gleich Schmetterlingen hin und her, und auf den Bürgersteigen wimmelte es von Leuten, die in den Park gingen. Niemals war ihm das Leben schöner erschienen, niemals schienen alle bösen Dinge weiter von ihm entfernt.

Dann kam sein Kammerdiener und brachte ihm eine Tasse Schokolade. Nachdem er sie ausgetrunken hatte, schob er eine schwere Portiere von pfirsichfarbenem Plüsch beiseite und ging ins Bad. Das Licht fiel sanft von oben durch dünne Scheiben von durchsichtigem Onyx und das Wasser im Marmorbecken schimmerte wie Mondschein. Er ging rasch ins Wasser, bis die kühlen Wellen ihm Brust und Haare benetzten, und dann tauchte er auch den Kopf unter, als ob er den Flecken irgendeiner schmachvollen Erinnerung wegwaschen wollte. Als er herausstieg, fühlte er sich fast beruhigt. Das ausgezeichnete physische Wohlbefinden des Augenblicks beherrschte ihn, wie dies oft bei sehr fein gearteten Naturen der Fall ist, denn die Sinne können so wie das Feuer ebenso gut reinigen wie zerstören.

Nach dem Frühstück warf er sich auf den Diwan und zündete sich eine Zigarette an. Auf dem Kaminsims, eingerahmt in köstlichen alten Brokat, stand eine große Photographie von Sybil Merton, wie er sie zum ersten Male auf dem Ball von Lady Noel gesehen hatte. Der schmale, entzückend geschnittene Kopf war leicht zur Seite geneigt, als ob der dünne Hals, der schlank wie ein Rohr war, die Last so vieler Schönheit nicht tragen könne. Die Lippen waren leicht geöffnet und schienen zu süßer Musik geschaffen.

Und all die zarte Reinheit der Mädchenblüte blickte wie verwundert aus den träumenden Augen. Mit ihrem leichten, sich an den Körper schmiegenden Kleide aus Crêpe de Chine und ihrem breiten, blattförmigen Fächer glich sie einer jener kleinen zarten Figuren, die man in den Olivenwäldern bei Tanagra findet. Und ein Hauch griechischer Grazie lag in der ganzen Stellung und Haltung. Und doch war sie nicht »petite«. Sie war einfach von vollendetem Ebenmaß, eine Seltenheit in einer Zeit, wo so viele Frauen entweder überlebensgroß oder zu klein sind.

Wie Lord Arthur nun das Bild ansah, erfüllte ihn das furchtbare Mitleid, das der Liebe entspringt. Er fühlte, daß sie zu heiraten mit dem Verhängnis des Mordes über seinem Haupt ein Verrat wäre, gleich dem des Judas, eine Sünde, schlimmer als je ein Borgia sie erträumt. Welches Glück könnte ihrer warten, wenn jeden Augenblick das Schicksal, das in seiner Hand geschrieben stand, an ihn herantreten könnte! Welches Leben würden sie führen, indes seine unheilvolle Bestimmung in der Waagschale des Fatums lag! Die Heirat mußte um jeden Preis verschoben werden. Dazu war er unbedingt entschlossen. Fest entschlossen, obzwar er das Mädchen liebte und die bloße Berührung ihrer Fingerspitzen, wenn sie beisammensaßen, jeden Nerv in ihm mit wunderbarer Wonne erbeben ließ; aber er kannte trotzdem klar den Weg seiner Pflicht und er war sich bewußt, daß er nicht das Recht hatte, zu heiraten, ehe er den Mord begangen hatte. War es einmal geschehen, dann konnte er mit Sybil Merton vor den Altar treten und sein Leben in ihre Hände legen, ohne fürchten zu müssen, daß er Unrecht handele. War es einmal geschehen, so konnte er sie in seine Arme schließen, und sie würde niemals für ihn erröten müssen, niemals den Kopf in Schande beugen müssen. Aber geschehen mußte es einmal, und je früher, desto besser für beide. Viele Männer in seiner Lage hätten gewiß den Blumenpfad der Liebeständelei den steilen Höhen der Pflicht vorgezogen. Aber Lord Arthur war zu gewissenhaft, um den Genuß dem Prinzip vorzuziehen. Seine Liebe war mehr als bloße Leidenschaft. Und Sybil war ihm ein Symbol für alles Gute und Edle. Einen Augenblick hatte er einen natürlichen Widerwillen gegen die Tat, die ihm aufgezwungen war, aber das ging rasch vorüber. Sein Herz sagte ihm, daß es keine Sünde, sondern ein Opfer wäre; seine Vernunft erinnerte ihn daran, daß ihm kein anderer Weg offen stünde. Er hatte zu wählen zwischen einem Leben für sich selbst und einem Leben für andere, und so schrecklich zweifellos die Aufgabe war, die er erfüllen mußte, er wußte doch, daß er den Eigennutz nicht über die Liebe triumphieren lassen dürfe. Früher oder später werden wir immer vor denselben Kreuzweg gestellt, wird uns dieselbe Frage vorgelegt. An Lord Arthur trat sie früh im Leben heran – ehe sein Wesen verdorben war von dem berechnenden Zynismus der mittleren Jahre, bevor sein Herz zerfressen war von dem oberflächlichen Modeegoismus unserer Tage, und er zögerte nicht, seine Pflicht zu tun. Zu seinem Glück war er kein bloßer Träumer, kein müßiger Dilettant. Wäre er dies gewesen, so hätte er gezögert wie Hamlet, und die Unentschlossenheit hätte seinen Willen gelähmt. Aber er war eine durch und durch praktische Natur. Das Leben bestand für ihn mehr im Handeln als im Denken. Er besaß das Seltenste auf Erden, gesunden Menschenverstand.

Die wilden, verworrenen Gefühle der vergangenen Nacht waren mittlerweile fast vollständig verschwunden und er blickte beinahe mit einem Gefühl der Scham auf seine tolle Wanderung von Straße zu Straße, auf den wütenden Aufruhr in seiner Seele zurück. Gerade die Wahrheit seiner Qualen ließ sie ihm jetzt unwirklich erscheinen. Er fragte sich verwundert, warum er so töricht gewesen sei, wegen des Unvermeidlichen zu toben und zu rasen. Die einzige Frage, die ihn jetzt zu quälen schien, war die Frage, wen er umbringen sollte; denn er war nicht blind für die Tatsache, daß der Mord wie die Religion der heidnischen Welt ebensogut ein Opfer braucht, wie ein Priester. Da er kein Genie war, hatte er keine Feinde, und er fühlte auch, daß es jetzt nicht an der Zeit wäre, irgendeine persönliche Antipathie oder Rankune zu befriedigen. Die Aufgabe, die seiner harrte, war vielmehr von großem und tiefem Ernst. Er machte also auf einem Blatt Papier eine Liste seiner Freunde und Verwandten und nach langer Überlegung entschied er sich für Lady Clementina Beauchamp, eine gute alte Dame, die in Curson Street wohnte und die mütterlicherseits seine Gliedcousine war. Er hatte Lady Clem, wie man sie zu nennen pflegte, immer sehr gern gehabt, und da er selbst sehr wohlhabend war – er hatte bei seiner Volljährigkeit den ganzen Besitz Lord Rugbys geerbt – so war für ihn keine Möglichkeit, aus ihrem Tod gemeinen pekuniären Vorteil zu ziehen. Je mehr er über die Sache nachdachte, desto mehr schien sie ihm die richtige zu sein, und da er fühlte, daß jeder Aufschub ungerecht gegen Sybil sein könnte, so entschloß er sich sofort, seine Vorbereitungen zu treffen.

Zu allererst mußte natürlich die Angelegenheit mit dem Chiromanten geordnet werden, er setzte sich also an einen kleinen Sheratonschreibtisch, der am Fenster stand, und schrieb einen Scheck auf hundertfünf Pfund, zahlbar zu Herrn Septimus Podgers Händen, schob den Wechsel in einen Umschlag und gab seinem Diener den Auftrag, den Brief nach der West Moon Street zu bringen. Er telephonierte nach dem Stall um einen Wagen und zog sich zum Ausgehen an. Bevor er das Zimmer verließ, warf er noch einen Blick auf Sybil Mertons Bild und schwor sich zu, daß, was immer auch kommen möge, er sie nie wissen lassen würde, was er jetzt um ihretwillen tue; er würde das Geheimnis seiner Selbstaufopferung immer verborgen halten.

Auf dem Wege zu seinem Klub blieb er bei einem Blumenladen stehen und schickte Sybil einen wundervollen Korb mit Narzissen, mit entzückenden weißen Blütenblättern und stieren Fasanenaugen. Als er in seinem Klub ankam, ging er sofort in die Bibliothek, schellte dem Diener und ließ sich eine Sodalimonade und ein Buch über Toxikologie bringen. Er war mit sich vollkommen darüber einig, daß Gift das beste Mittel für sein schwieriges Unternehmen sei. Jede persönliche Gewaltanwendung widerstrebte ihm durchaus, und überdies wollte er Lady Clementina entschieden nicht auf eine Weise umbringen, die öffentliche Aufmerksamkeit erregen konnte. Der Gedanke, bei Lady Windermeres Empfängen als Löwe herumgereicht zu werden oder seinen Namen in den Spalten gemeiner Tagesblätter zu finden, war ihm ein Greuel. Überdies mußte er an Sybils Eltern denken, die ziemlich altmodische Leute waren und sich vielleicht der Heirat widersetzen könnten, wenn es jetzt irgendeinen Skandal gab; andererseits war er ganz sicher, daß, wenn sie den wahren Tatbestand kennten, sie sogleich die Motive, die ihn zur Tat getrieben hatten, würdigen würden. Alles war also dazu angetan, ihn zur Wahl von Gift zu bestimmen. Das war sicher, ruhig und unfehlbar, und man vermied so alle peinlichen Szenen, gegen die er, wie die meisten Engländer, eine tiefgewurzelte Abneigung hatte.
Was aber die Giftkunde betraf, so waren seine Kenntnisse gleich Null, und da der Diener in der Bibliothek gar nichts finden konnte als Ruffs Führer und Bailys Magazine, schaute er selbst in den Bücherstellen nach und erwischte endlich eine hübsch gebundene Ausgabe der Pharmacopoeia und ein Exemplar von Erskines Toxikologie, herausgegeben von Sir Mathew Reid, dem Präsidenten der Königlichen Gesellschaft der Ärzte und einem der ältesten Mitglieder des Klubs, in den er irrtümlich an Stelle eines andern aufgenommen worden war; ein Contretemps, der das Komitee so geärgert hatte, daß, als der richtige Mann erschien, sie ihn einstimmig durchfallen ließen. Lord Arthur kannte sich in den technischen Ausdrücken der beiden Bücher gar nicht aus und begann bitter zu bedauern, daß er in Oxford nicht fleißiger die klassischen Sprachen studiert hatte, als er im zweiten Band von Erskine einen sehr interessanten und vollständigen Bericht über die Eigenschaften des Akonits fand, der in ziemlich klarem Englisch geschrieben war. Das schien das Gift zu sein, das er brauchte. Es wirkte schnell, seine Wirkung war blitzartig, es wirkte vollkommen schmerzlos, und wenn man es in einer Gelatinekapsel nahm, wie dies Sir Mathew empfahl, schmeckte es keineswegs unangenehm. Er machte also eine Notiz auf seiner Manschette bezüglich der Höhe der nötigen Dosis, stellte die Bücher auf ihren Platz zurück und schlenderte in die St. James Street zu Pestle und Humbeys, dem großen Chemikaliengeschäft. Herr Pestle, der die Aristokratie immer selbst bedien-

te, war einigermaßen überrascht über die Bestellung und murmelte in sehr untertäniger Weise etwas über die Notwendigkeit eines ärztlichen Zeugnisses. Als ihm aber Lord Arthur erklärte, daß er das Gift für eine große nordische Dogge brauche, die er töten müsse, weil sie Zeichen beginnender Tollwut zeige und den Kutscher bereits zweimal in die Wade gebissen habe, war er vollkommen befriedigt, beglückwünschte Lord Arthur zu seinen ausgezeichneten Kenntnissen in der Toxikologie und ließ das Gewünschte sofort bereiten.

Lord Arthur legte die Kapsel in eine hübsche kleine Silberbonbonniere, die er in Bond Street in einer Auslage sah, warf die häßliche Pillenschachtel von Pestle und Humbey weg und fuhr sofort zu Lady Clementina.

»Ei, Monsieur le mauvais sujet!« rief die alte Dame, als er ins Zimmer trat. »Warum haben Sie sich die ganze Zeit denn gar nicht blicken lassen?«

»Meine teure Lady Clem, ich hatte wirklich keinen Augenblick Zeit«, sagte Lord Arthur und lächelte.

»Sie wollen damit sagen, daß Sie den ganzen Tag herumlaufen, um mit Sybil Merton Einkäufe zu machen und Unsinn zu reden. Ich verstehe nicht, warum die Leute solchen Spektakel machen, wenn sie heiraten. Zu meiner Zeit dachte kein Mensch daran, aus diesem Anlaß öffentlich oder heimlich zu girren und zu schnäbeln.«

»Ich versichere Ihnen, ich habe Sybil seit vierundzwanzig Stunden nicht gesehen, Lady Clem. Soweit ich in Erfahrung bringen konnte, ist sie ganz und gar in den Händen ihrer Schneiderin.«

»Natürlich. Das ist auch der einzige Grund, warum Sie einer alten, häßlichen Frau, wie ich bin, einen Besuch machen. Warum doch die Männer es sich nicht gesagt sein lassen? On a fait des folies pour moi. Und da sitze ich nun, ein armes rheumatisches Wesen mit einem falschen Scheitel und in schlechter Laune. Wahrhaftig, wenn mir nicht die liebe Lady Jansen die schlechtesten französischen Romane schicken würde, die sie auftreiben kann, ich wüßte nicht, was ich mit dem Tag anfangen sollte. Ärzte taugen gar nichts. Sie können nur Geld aus einem pressen. Nicht einmal mein Sodbrennen können sie heilen.«

»Ich habe Ihnen ein Mittel dagegen mitgebracht, Lady Clem«, sagte Lord Arthur ernst. »Ein ganz ausgezeichnetes Mittel. Ein Amerikaner hat es erfunden.«

»Wissen Sie, ich liebe amerikanische Erfindungen nicht sehr. Ganz und gar nicht. Ich habe unlängst einige amerikanische Romane gelesen, und das war der reine Unsinn.«

»Oh, aber dieses Mittel ist durchaus nicht unsinnig, Lady Clem. Ich versichere Ihnen, es wirkt außerordentlich. Sie müssen mir versprechen, es zu versuchen.« Und Lord Arthur zog die kleine Büchse aus der Tasche und übergab sie ihr.

»Die Büchse ist wirklich reizend, Arthur. Ist das ein Geschenk? Das ist aber lieb von Ihnen. Und das ist das Wundermittel? Es sieht aus wie ein Bonbon. Ich werde es gleich nehmen.«

»Großer Gott, Lady Clem«, rief Lord Arthur und hielt ihre Hand fest, »tun Sie das nicht. Es ist ein homöopathisches Mittel. Wenn Sie es nehmen, ohne Sodbrennen zu haben, kann es Ihnen nur schaden. Sie müssen warten, bis Sie einen Anfall haben, und dann nehmen Sie es. Der Erfolg wird Sie überraschen.«

»Ich möchte es aber gleich nehmen«, sagte Lady Clementina und hielt die kleine, durchsichtige Kapsel mit dem darin schwankenden Tropfen Akonit zum Licht. »Es schmeckt gewiß ausgezeichnet. Wissen Sie, Doktoren hasse ich, aber einnehmen tue ich ganz gern. Also meinetwegen, ich werde mir's aufheben bis zum nächsten Anfall.«

»Und wann wird der sein?« fragte Lord Arthur eifrig.

»Bald?«

»Ich hoffe, daß ich diese Woche verschont bleiben werde. Gestern früh ging es mir sehr schlecht. Aber man weiß ja nie.«

»Aber Sie werden gewiß einen Anfall vor Ende des Monats haben, Lady Clem?«

»Das befürchte ich leider. Aber wie lieb Sie heute sind, Arthur! Sybil hat wirklich einen sehr guten Einfluß auf Sie geübt. Jetzt aber müssen Sie gehen, denn ich habe einige sehr langweilige Leute zum Essen eingeladen, die gar nicht klatschen, und ich weiß, daß, wenn ich jetzt nicht mein Schläfchen mache, ich nicht imstande sein werde, während des Essens wach zu bleiben. Leben Sie wohl, Arthur, grüßen Sie Sybil von mir und vielen Dank für das amerikanische Mittel.«

»Sie werden nicht vergessen, es zu nehmen, Lady Clem, nicht wahr?« sagte Lord Arthur und stand von seinem Sitz auf.

»Gewiß nicht, mein Junge. Es war sehr nett von Ihnen, daß Sie an mich gedacht haben und ich werde Ihnen schreiben, wenn ich noch mehr davon benötige.«

Lord Arthur verließ das Haus in froher Laune und mit dem Gefühl ungeheurer Erleichterung.

Am Abend hatte er eine Unterredung mit Sybil Merton. Er sagte ihr, daß er plötzlich in eine furchtbar schwierige Situation geraten sei und daß seine Ehre und seine Pflicht ihm keinen Rückzug gestatten. Er sagte ihr, daß die Hochzeit verschoben werden müsse, denn ehe er sich nicht aus seinen furchtbaren Verpflichtungen löse, sei er kein freier Mann. Er bat sie, ihm zu vertrauen und bezüglich der Zukunft keine Zweifel zu hegen. Alles käme zu seiner Zeit, aber jetzt bäte er sie um Geduld.

Das Gespräch fand im Wintergarten bei Mertons in Park Lane statt, wo Lord Arthur wie gewöhnlich gegessen hatte. Sybil war ihm nie glückstrahlender erschienen, und einen Augenblick war Lord Arthur versucht, feige zu sein, an Lady Clementina wegen der Pille zu schreiben und die Hochzeit vor sich gehen zu lassen, als ob es überhaupt keinen Menschen namens Podgers in der Welt gäbe. Aber sein besseres Ich gewann doch die Überhand, und selbst als Sybil sich ihm weinend in die Arme warf, wurde er nicht schwach. Die Schönheit, die seine Sinne erregte, rührte auch sein Gewissen. Er fühlte, daß es unrecht wäre, ein so herrliches Leben wegen des Genusses einiger Monate zu zerstören. Er blieb fast bis Mitternacht mit Sybil beisammen, tröstete sie und ließ sich von ihr trösten. Am nächsten Morgen reiste er nach Venedig, nachdem er in einem männlich entschlossenen Brief Herrn Merton die nötige Verschiebung der Hochzeit mitgeteilt hatte.

IV

In Venedig traf er seinen Bruder, Lord Surbiton, der eben in seiner Jacht von Korfu herübergekommen war. Die beiden jungen Leute verbrachten zwei wundervolle Wochen zusammen. Des Morgens ritten sie auf dem Lido oder glitten in ihrer schwarzen Gondel die grünen Kanäle auf und ab. Am Nachmittag empfingen sie Besuche auf ihrer Jacht. Und am Abend aßen sie bei Florian und rauchten ungezählte Zigaretten auf der Piazza. Aber Lord Arthur war nicht glücklich. Jeden Tag studierte er die Totenliste in der Times, immer in der Erwartung, auf die Nachricht von Lady Clementinas Tod zu stoßen, und jeden Tag wurde er enttäuscht. Er begann zu fürchten, daß ihr irgendein Unfall zugestoßen sei, und bedauerte oft, daß er sie gehindert habe, das Akonit zu nehmen, als sie so neugierig war, die Wirkung des Mittels zu erproben. Auch Sybils Briefe, so voll von Liebe, Vertrauen und Zärtlichkeit sie auch waren, klangen oft sehr traurig im Ton, und manchmal war ihm zumute, als sei er von ihr für ewig geschieden.

Nach vierzehn Tagen hatte Lord Surbiton von Venedig genug und beschloß, längs der Küste nach Ravenna zu fahren, da er gehört hatte, es gäbe dort wundervolle Wasserhühner zu schießen. Lord Arthur wollte zuerst absolut nicht mit, aber Surbiton, den er sehr gern hatte, überzeugte ihn schließlich, daß er, wenn er allein bei Danieli bliebe, sich unfehlbar zu Tode mopsen würde, und so fuhren sie denn am Morgen des 15. ab, mit einem kräftigen Nordost in den Segeln und bei ziemlich rauher See. Die Jagd war ausgezeichnet und das Leben in freier Luft färbte wieder Lord Arthurs Wangen; aber um den 22. herum wurde er wieder ängstlich wegen Lady Clementina und trotz Surbitons Vorstellungen reiste er mit der Bahn nach Venedig zurück. Als er bei den Stufen des Hotels aus der Gondel stieg, kam ihm der Hotelwirt mit einem Haufen Telegramme entgegen. Lord Arthur riß sie ihm aus der Hand und brach sie auf. Alles war nach Wunsch gegangen. Lady Clementina war ganz plötzlich in der Nacht des 17. gestorben.

Sein erster Gedanke galt Sybil und er depeschierte ihr, daß er sofort nach London zurückkehre. Dann befahl er seinem Kammerdiener, alles für den Nachtzug einzupacken, schickte den Gondolieres etwa das Fünffache ihrer Taxe und eilte leichtfüßig und frohen Herzens auf sein Zimmer. Dort erwarteten ihn drei Briefe. Der eine war von Sybil selbst, voll Sympathie und Teilnahme, die anderen waren von seiner Mutter und von Lady Clementinas Anwalt. Es schien, daß die alte Dame noch am Abend mit der Herzogin gespeist hatte; sie entzückte alle Welt mit ihrem Witz und ihrem Geist, ging aber frühzeitig nach Hause, weil sie über Sodbrennen klagte. Des Morgens fand man sie tot in ihrem Bett. Sie hatte offenbar gar keine Schmerzen erduldet. Man schickte sofort nach Sir Mathew Reid, aber es war natürlich nichts mehr zu machen, und sie sollte am 22. in Beauchamp-Chalcote begraben werden. Einige Tage vor ihrem Tod hatte sie ihr Testament gemacht. Sie hinterließ Lord Arthur ihr kleines Haus in Curson Street mit seiner ganzen Einrichtung, mit ihrem ganzen persönlichen Besitz und allen Bildern; nur ihre Miniaturensammlung nahm sie aus, die sie ihrer Schwester Lady Margaret Ruffort vermachte, und ihr Amethystenkollier, das Sybil Merton erhalten sollte. Der Besitz hatte keinen großen Wert. Aber Herr Mansfield, der Anwalt, drängte darauf, daß Lord Arthur so rasch als möglich heimkehre, da eine ganze Menge Rechnungen zu bezahlen wären und Lady Clementina nie rechte Ordnung in ihren Geschäften eingehalten hätte.

Lord Arthur war sehr gerührt, daß Lady Clementina so gütig seiner gedacht habe, und er fühlte, daß Herr Podgers viel zu verantworten habe. Aber seine Liebe zu Sybil brachte jedes andere Gefühl zum Schweigen, und das Bewußtsein, daß er seine Pflicht getan, gab ihm Ruhe und Frieden. Als er in Charingcroß ankam, fühlte er sich ganz glücklich. Die Mertons empfingen ihn sehr liebenswürdig. Sybil ließ sich von ihm hoch und heilig versprechen, daß nun nichts mehr dazwischen kommen würde. Die Hochzeit wurde für den 7. Juni festgesetzt. Das Leben schien ihm noch einmal so hell und schön, und sein alter Frohsinn kehrte wieder bei ihm ein.

Aber eines Tages ging er mit Lady Clementinas Anwalt und Sybil in das Haus in der Curson Street hinüber. Er verbrannte Pakete verblaßter Briefe und kramte aus Schubladen allerhand merkwürdiges Zeug. Plötzlich schrie das junge Mädchen ganz entzückt auf.

»Was hast du gefunden, Sybil?« sagte Lord Arthur und hielt in seiner Arbeit inne.
»Diese entzückende kleine Silberbonbonniere, Arthur. Ist sie nicht reizend? Holländisch, nicht wahr? Sei so gut und gib sie mir. Ich weiß ja doch, daß mir Amethyste nicht stehen werden, ehe ich nicht über achtzig bin.«
Es war das Büchslein, in dem das Akonit enthalten gewesen war.
Lord Arthur schrak zusammen, und ein schwaches Rot stieg in seine Wangen. Er hatte fast völlig vergessen, was er getan, und es schien ihm ein merkwürdiges Zusammentreffen, daß Sybil, um derentwillen er all die furchtbare Angst durchgemacht, nun die erste war, die ihn an die ganze Sache erinnerte.
»Natürlich kannst du es haben, Sybil. Ich habe es selbst Lady Clem geschenkt.«
»Oh, ich danke dir, Arthur. Und nicht wahr, ich darf das Bonbon auch haben. Ich wußte gar nicht, daß Lady Clementina Süßigkeiten gern hatte. Ich glaubte immer, sie sei dazu viel zu vernünftig.«
Lord Arthur wurde totenbleich und ein furchtbarer Gedanke durchkreuzte sein Gehirn.
»Ein Bonbon, Sybil, – wie meinst du?« sagte er mit leiser, heiserer Stimme.
»Es ist nur eines im Büchschen, ein einziges. Aber es sieht schon ganz alt und staubig aus und ich habe nicht die geringste Absicht, es zu essen. Was ist dir denn, Arthur, du bist ja ganz bleich!«
Lord Arthur schoß quer durch das Zimmer und ergriff das Büchschen. Darinnen lag die bernsteinfarbene Kapsel mit dem Gifttropfen. Lady Clementina war also doch eines natürlichen Todes gestorben.
Die Überraschung traf ihn allzu heftig. Er warf die Kapsel ins Feuer und sank mit einem verzweifelten Schrei aufs Sofa.

V

Herr Merton war einigermaßen unwillig, als er von einer zweiten Verschiebung der Hochzeit hörte und Lady Julia, die bereits ihre Toilette für die Hochzeit bestellt hatte, tat alles, was in ihrer Macht lag, um Sybil zu bewegen, das Verlöbnis rückgängig zu machen. So sehr aber Sybil ihre Mutter liebte, ihr Leben lag nun einmal in Lord Arthurs Hand und nichts, was Lady Julia auch sagen konnte, erschütterte ihren Glauben. Was aber Lord Arthur selbst betrifft, so brauchte er Tage, bis er über die furchtbare Enttäuschung kam, und eine Zeitlang waren seine Nerven total erschöpft. Aber sein ausgezeichneter Menschenverstand machte sich bald geltend, und ein gesunder praktischer Sinn ließ ihn nicht lange darüber im Zweifel, was nun zu tun sei. Da er mit dem Gift einen vollkommenen Mißerfolg gehabt hatte, so mußte er es jetzt offenbar mit Dynamit oder einem anderen Explosivstoff versuchen.

Er sah also nochmals die Liste seiner Freunde und Verwandten durch, und nach sorgfältiger Überlegung entschloß er sich, seinen Onkel, den Dechanten von Chichester, in die Luft zu sprengen. Der Dechant, ein hochgebildeter und sehr gelehrter Mann, war ein großer Liebhaber von Uhren und besaß eine wundervolle Uhrensammlung (vom fünfzehnten Jahrhundert bis auf den heutigen Tag), und Lord Arthur glaubte nun, daß dieses Steckenpferd des guten Dechanten ihm eine ausgezeichnete Gelegenheit biete, seinen Plan auszuführen. Wie und woher sich eine Höllenmaschine schaffen, das war freilich eine andere Sache. Im Londoner Adreßbuch fand er keine Bezugsquelle angegeben und er fühlte, daß es ihm wenig nützen würde, sich an die Polizeidirektion zu wenden, da man dort über die Bewegungen der Dynamitpartei immer erst nach einer Explosion etwas zu erfahren schien.

Plötzlich dachte er an seinen Freund Rouvaloff, einen jungen Russen von höchst revolutionärer Gesinnung, den er bei Lady Windermere im Laufe des Winters getroffen hatte. Es hieß, daß Graf Rouvaloff eine Geschichte Peters des Großen schreibe und daß er nach England gekommen sei, um die Dokumente zu studieren, die sich auf den Aufenthalt des Zaren als Schiffszimmermeister in diesem Lande beziehen. Aber man glaubte allgemein, daß er ein nihilistischer Agent sei, und zweifellos war seine Gegenwart in London der russischen Gesandtschaft nicht sehr angenehm. Lord Arthur fühlte, daß das gerade der Mann sei, den er brauche, und so fuhr er denn eines Morgens zu ihm nach Bloomsbury, um von ihm Rat und Hilfe zu erbitten.

»Sie wollen sich also ernstlich mit Politik beschäftigen?« sagte Graf Rouvaloff, als Lord Arthur ihm seinen Wunsch vorgetragen hatte. Aber Lord Arthur, der jede Prahlerei haßte, fühlte sich verpflichtet, mitzuteilen, daß er nicht das geringste Interesse für soziale Fragen habe und die Höllenmaschine bloß für eine Familienangelegenheit brauche, die nur ihn allein angehe.

Graf Rouvaloff sah ihn einige Augenblicke verblüfft an; als er aber dann merkte, daß er ganz im Ernst spreche, schrieb er eine Adresse auf ein Stück Papier, setzte seinen Namen darunter und reichte es ihm dann über den Tisch hinüber.

»Die Polizei würde Ihnen ein hübsches Geld bezahlen, um diese Adresse zu erfahren, mein lieber Freund.«

»Aber sie soll sie nicht kriegen«, lachte Lord Arthur. Er schüttelte dem Russen warm die Hand, lief die Treppe hinunter und nachdem er einen Blick auf das Papier geworfen hatte, befahl er dem Kutscher, nach Soho Square zu fahren.

Dort schickte er den Wagen weg und ging die Greek Street hinunter, bis er zu einem Platz kam, namens Bayles Court. Er ging unter dem Torweg durch und befand sich in einer merkwürdigen Sackgasse, wo sich offenbar eine Wäscherei befand, denn ein Netzwerk von Zeugleinen war von Haus zu Haus gespannt, und weiße Wäsche flatterte in der Morgenluft. Er ging bis zum Ende der Sackgasse und klopfte an ein kleines, grünes Haus. Nach einiger Zeit, während welcher in jedem Fenster des Hofes ein dichter Haufen neugieriger Gesichter erschien, wurde die Tür von einem grobzügigen Ausländer geöffnet, der ihn in einem sehr schlechten Englisch fragte, was er wünsche. Lord Arthur reichte ihm das Papier, das Graf Rouvaloff ihm gegeben hatte. Als der Mann es sah, verbeugte er sich tief und bat Lord Arthur, in einen sehr schäbigen Salon zu ebener Erde einzutreten; einige Minuten später trat geschäftig Herr Winckelkopf, wie er in England genannt wurde, ins Zimmer, mit einer sehr fleckigen Serviette um den Hals und einer Gabel in der linken Hand.

»Graf Rouvaloff hat mir eine Empfehlung an Sie gegeben«, sagte Lord Arthur mit einer leichten Verbeugung. »Und ich möchte gerne in einer Geschäftsangelegenheit eine kurze Unterredung mit Ihnen haben. Mein Name ist Smith, Robert Smith, und ich möchte mir bei Ihnen eine Explosionsuhr verschaffen.«

»Es freut mich sehr, Sie zu sehen, Lord Arthur«, sagte der muntere kleine Deutsche lachend, »blicken Sie nicht so bestürzt drein. Es ist meine Pflicht, jedermann zu kennen und ich erinnere mich, Sie eines Abends bei Lady Windermere gesehen zu haben. Ich hoffe, daß die Gnädige sich wohl befindet. Wollen Sie mir nicht das Vergnügen machen, mir Gesellschaft zu leisten, indes ich mein Frühstück beende? Es gibt eine wundervolle Pastete und meine Freunde behaupten, daß mein Rheinwein besser ist, als irgendein Tropfen auf der deutschen Botschaft.«

Und ehe Lord Arthur seine Überraschung, erkannt worden zu sein, überwunden hatte, saß er schon im Hinterzimmer, schlürfte den köstlichsten Markobrunner aus einem blaßgelben Römer mit dem kaiserlichen Monogramm und plauderte in der freundlichsten Weise mit dem berühmten Verschwörer.

»Explosionsuhren«, sagte Herr Winckelkopf, »eignen sich nicht sehr für den Export ins Ausland. Selbst wenn es Ihnen gelingt, den Zoll zu passieren, ist der Bahndienst so unregelmäßig, daß sie gewöhnlich losgehen, bevor sie ihre Bestimmung erreicht haben. Wenn Sie aber so etwas für eigenen Bedarf nötig haben, so kann ich mit einem ausgezeichneten Mittel dienen und garantiere Ihnen, daß Sie mit der Wirkung zufrieden sein werden. Darf ich fragen, für wen das Ding bestimmt ist? Sollte es für die Polizei bestimmt sein oder für irgend jemand, der mit der Polizeidirektion in Verbindung steht, so kann ich zu meinem großen Leidwesen nichts für Sie tun. Die englischen Detektive sind in der Tat unsere besten Freunde, und ich habe immer gefunden, daß wir tun können, was wir wollen, wenn wir uns nur auf ihre Dummheit verlassen. Ich möchte keinen von ihnen missen.«

»Ich versichere Ihnen«, sagte Lord Arthur, »daß die Sache mit der Polizei nicht das geringste zu schaffen hat. Die Uhr ist für den Dechanten von Chichester bestimmt.«

»O du meine Güte! Ich dachte gar nicht daran, daß Sie bezüglich der Religion so schroffe Ansichten hätten. Wenige junge Leute denken heute so.«

»Ich fürchte, Sie überschätzen mich, Herr Winckelkopf«, sagte Lord Arthur und errötete. »Ich kümmere mich gar nicht um theologische Dinge.«

»So handelt es sich um eine reine Privatsache?«

»Eine reine Privatsache!«

Herr Winckelkopf zuckte die Achseln, verließ das Zimmer und kam nach einigen Minuten zurück mit einer runden Dynamitpatrone in der Größe eines Pennystückes und einer hübschen, kleinen, französischen Uhr, auf der eine vergoldete Figur der Freiheit stand, die ihren Fuß auf die Hydra des Despotismus setzte.

Lord Arthurs Gesicht leuchtete auf, als er die Uhr sah. »Das ist gerade, was ich brauche. Nun sagen Sie mir nur, wie die Geschichte losgeht.«

»Ah, das ist mein Geheimnis«, sagte Herr Winckelkopf, indem er seine Erfindung mit einem Blick gerechten Stolzes betrachtete. »Sagen Sie mir nur, wann Sie wünschen, daß die Uhr explodieren soll, und ich werde die Maschine einstellen.«

»Also heute ist Dienstag, und wenn Sie die Uhr gleich wegschicken können –«

»Das ist unmöglich. Ich habe für einige Freunde in Moskau sehr viele wichtige Sachen zu erledigen. Aber ich kann sie morgen wegschicken.«

»Oh, das ist Zeit genug«, sagte Lord Arthur höflich. »Dann wird sie morgen abend oder Donnerstag früh zugestellt. Was den Moment der Explosion betrifft, so sagen wir Freitag punkt Mittag. Um diese Stunde ist der Dechant immer zu Hause.«

»Freitag mittag«, wiederholte Herr Winckelkopf und machte eine Notiz in ein großes Hauptbuch, das auf einem Schreibtisch beim Kamin lag.

»Und nun lassen Sie mich wissen«, sagte Lord Arthur und stand von seinem Sitz auf, »was ich Ihnen schuldig bin.«

»Es ist eine solche Kleinigkeit, Lord Arthur, daß ich nichts daran verdienen will. Das Dynamit kommt auf sieben Sixpence, die Uhr macht drei Pfund zehn, Emballage und Porto fünf Schilling. Es ist mir nur ein Vergnügen, einem Freund des Grafen Rouvaloff einen Gefallen zu erweisen.«

»Und Ihre Mühe, Herr Winckelkopf?«
»O das ist nichts. Es ist mir wirklich ein Vergnügen. Ich arbeite nicht für Geld. Ich lebe nur für meine Kunst.«
Lord Arthur legte vier Pfund, zwei Schilling und sechs Pence auf den Tisch, dankte dem kleinen deutschen Herrn für seine Güte und nachdem es ihm gelungen war, eine Einladung zu einem kleinen Anarchistentee für den nächsten Sonnabend abzulehnen, verließ er das Haus und ging in der Richtung des Parks.
In den nächsten zwei Tagen war er in einem Zustand höchster Aufregung, und Freitag um zwölf Uhr fuhr er in seinen Klub hinunter, um auf Nachrichten zu warten. Den ganzen Nachmittag schlug der dumme Portier Telegramme aus allen Teilen des Landes an, mit den Resultaten der Pferderennen, Urteilen in Ehescheidungssachen, dem Wetterstand und ähnlichem, indes auf dem schmalen Band im Telegraphenapparat langweilige Details über eine Nachtsitzung im Unterhaus und eine kleine Panik auf der Börse erschienen. Um vier Uhr kamen die Abendblätter, und Lord Arthur verschwand in der Bibliothek mit der Pall Mall, der St. James Gazette, dem Globus und dem Echo unter dem Arm zur ungeheueren Entrüstung des Kolonel Goodchild, der den Bericht über die Rede lesen wollte, die er diesen Morgen im Mansion House gehalten (über das Thema der südafrikanischen Missionen und über die Zweckmäßigkeit, schwarze Bischöfe in jeder Provinz zu haben), und der aus irgendeinem Grunde ein tiefes Vorurteil gegen die Abendblätter hatte. Aber keine der Zeitungen enthielt die geringste Anspielung auf Chichester und Lord Arthur fühlte, daß das Attentat mißlungen sein müsse. Das war ein furchtbarer Schlag für ihn, und eine Zeitlang fühlte er sich ganz niedergedrückt. Herr Winckelkopf, den er am nächsten Tag aufsuchte, strömte von Entschuldigungen über und bot ihm zum Ersatz eine andere Uhr an, ganz kostenlos, oder eine Schachtel mit Nitroglyzerinbomben zum Selbstkostenpreis. Aber Lord Arthur hatte alles Vertrauen in die Sprengstoffe verloren, und Herr Winckelkopf selbst gab zu, daß heutzutage alles so gefälscht werde, daß man selbst Dynamit kaum in gutem Zustand erhalten könne. Der kleine deutsche Herr räumte zwar ein, daß etwas in der Maschinerie nicht gestimmt haben müsse, aber er gab die Hoffnung doch nicht auf, daß die Uhr noch losgehen könnte und zitierte als Beispiel einen Barometer, den er einmal an den militärischen Gouverneur von Odessa geschickt habe und der gestellt war, in zehn Tagen zu explodieren, aber erst nach etwa drei Monaten losging. Allerdings wurde, als der Barometer endlich losging, nur ein Hausmädchen in Stücke zerrissen. Der Gouverneur hatte die Stadt seit sechs Wochen bereits verlassen. Aber es wurde dabei doch wenigstens offenbar, daß Dynamit als zerstörende Kraft unter der Kontrolle der Maschine ein

mächtiger, wenn auch etwas unpünktlicher Faktor ist. Lord Arthur war durch diese Bemerkung einigermaßen getröstet, aber auch hier drohte ihm bald die Enttäuschung, denn als er zwei Tage später die Treppe hinaufstieg, rief ihn die Herzogin in ihr Boudoir und zeigte ihm einen Brief, den sie eben aus der Dechanei erhalten habe.

»Jane schreibt entzückende Briefe«, sagte die Herzogin. »Du mußt wirklich ihren letzten lesen. Er ist genau so gut wie die Romane, die wir aus der Leihbibliothek bekommen.«

Lord Arthur nahm den Brief aus ihrer Hand. Er lautete folgendermaßen:

»Dechanei, Chichester, 27. Mai.

Teuerste Tante!

Ich danke dir vielmals für den Flanell für die Dorcas-Gesellschaft und auch für das Baumwollzeug. Ich bin ganz deiner Meinung und finde auch, daß es Unsinn ist, wenn die Leute hübsche Sachen tragen wollen, aber jedermann ist heute so radikal und unreligiös, daß es schwer ist, ihnen begreiflich zu machen, es sei nicht passend, daß sie sich so kleiden, wie die besseren Leute. Ich weiß wirklich nicht, wohin wir noch kommen werden. Wie Papa so oft in seinen Predigten sagt, wir leben in einer Zeit des Unglaubens.

Wir haben großen Spaß gehabt mit einer Uhr, die ein Unbekannter Verehrer am letzten Donnerstag Papa geschickt hat. Sie kam in einer frankierten Holzschachtel aus London. Und Papa meint, der Absender müsse jemand sein, der seine bemerkenswerte Predigt: Ist Zügellosigkeit Freiheit? gelesen hat, denn auf der Uhr stand die Figur eines Frauenzimmers, und Papa sagte, daß sie die Freiheitsmütze auf dem Kopfe trage. Ich fand die Figur nicht gerade sehr passend, aber Papa sagte, sie sei historisch, und so war wohl alles in Ordnung. Parker packte die Uhr aus, und Papa stellte sie auf den Kaminsims in dem Bibliothekszimmer. Dort saßen wir alle Freitag vormittag und just, wie die Uhr zwölf schlug, hörten wir ein schnurrendes Geräusch. Eine kleine Rauchwolke kam aus dem Postament der Figur und die Göttin der Freiheit fiel herunter und ihre Nase zerbrach am Kaminvorsetzer. Marie war ganz außer sich, aber die Sache war so komisch, daß James und ich in Lachen ausbrachen und auch Papa seinen Spaß daran hatte. Als wir die Geschichte näher untersuchten, fanden wir, es sei eine Art von Weckuhr. Wenn man sie auf eine bestimmte Stunde richtet, ein bißchen Schießpulver und ein Zündhütchen unter einen kleinen Hammer legt, so geht sie los, wann man will. Papa sagte, sie dürfe nicht in dem Bibliothekszimmer bleiben, weil sie zu viel Lärm mache. So nahm sie Reinhold mit ins Schulzimmer und machte dort den ganzen Tag nichts wie kleine Explosionen. Glaubst Du, daß Arthur sich über solch eine Uhr freuen würde? Ich glaube, daß diese Uhren in London jetzt in Mode sind. Papa meint, daß sie sehr viel Gutes stiften könnten, denn

sie zeigen, daß die Freiheit keinen Bestand hat, sondern fallen muß. Papa sagt, daß die Freiheit zur Zeit der französischen Revolution erfunden worden ist. Wie schrecklich!
Ich gehe jetzt in die Dorcas-Gesellschaft, wo ich den Leuten Deinen sehr lehrreichen Brief vorlesen werde. Wie wahr, liebe Tante, ist doch Dein Gedanke, daß sie in ihrer Lebensstellung keine gut sitzenden Kleider zu tragen brauchen. Ich muß wirklich sagen, daß ihre Sorge für die Kleidung einfach unsinnig ist, da es doch so viele wichtigere Dinge gibt, sowohl in dieser Welt wie in jener. Ich freue mich sehr, daß der geblümte Popelin so gut aushielt und daß Deine Spitzen nicht zerrissen sind. Ich werde jetzt meine gelbe Seide tragen, die Du so lieb warst mir zu schenken, bei Bischofs am Mittwoch, und ich glaube, sie wird sich sehr gut machen. Meinst Du, daß ich Schleifen nehmen soll oder nicht? Jennings sagt, daß jetzt alle Welt Schleifen trägt, und daß der Jupon plissiert sein müsse. Gerade hat Reinhold wieder eine Explosion gemacht, und Papa hat befohlen, daß man die Uhr in den Stall schaffen müsse. Ich glaube, daß Papa sie nicht mehr so gern hat wie anfangs, obzwar er sich sehr geschmeichelt fühlt, daß man ihm solch ein hübsches und geistvolles Spielzeug geschickt hat. Es zeigt nur wieder, daß die Leute seine Predigten lesen und Nutzen daraus ziehen.
Papa schickt beste Grüße, ebenso James, Reinhold und Maria. Ich hoffe, daß es Onkel Cecil mit seiner Gicht besser geht und bleibe, teure Tante, Deine Dich innigst liebende Nichte

Jane Percy.

P.S. Bitte sage mir Deine Meinung bezüglich der Schleifen. Jennings bleibt dabei, daß sie Mode sind.«

Lord Arthur blickte so ernst und trostlos auf den Brief, daß die Herzogin in Lachen ausbrach.

»Mein lieber Arthur«, rief sie, »ich werde dir nie wieder Briefe von jungen Damen zeigen. Was soll ich aber von der Uhr sagen? Das ist eine hübsche Erfindung, ich möchte auch so etwas haben.«

»Ich halte nicht viel davon«, sagte Lord Arthur mit einem traurigen Lächeln, küßte seiner Mutter die Hand und verließ das Zimmer.

Als er oben in seinem Zimmer angekommen war, warf er sich auf das Sofa, und seine Augen füllten sich mit Tränen. Er hatte getan, was in seinen Kräften stand, um den Mord zu begehen, aber beide Male war es ihm mißlungen und nicht durch seine Schuld. Er hatte versucht, seine Pflicht zu tun, aber es schien, als ob das Schicksal treulos an ihm handle. Ihn bedrückte das Gefühl, daß gute Vorsätze nutzlos waren, daß jeder Versuch, korrekt zu sein, vergeblich war. Vielleicht wäre es besser, das Verlöbnis ein für allemal zurückgehen zu lassen. Sybil würde gewiß leiden, aber Leid konnte einer so edlen Natur, wie es die ihre war, nichts anhaben. Und er selbst? Was weiter? Es gibt immer einen Krieg, in dem ein Mann sterben kann, immer eine Sache, für die ein Mann sein Leben opfern kann, und da das Leben ihm keine Freude gab, so hatte der Tod keine Schrecken für ihn. Das Schicksal sollte nur seines Amtes walten. Er würde nichts tun, um es darin zu unterstützen.

Um halb sieben kleidete er sich an und ging in den Klub. Surbiton war da mit einer Menge junger Leute, und er mußte mit ihnen speisen. Ihr triviales Gespräch und die faulen Witze interessierten ihn nicht und wie der Kaffee aufgetragen wurde, erfand er eine Ausrede, um rasch fortzukommen. Als er den Klub verlassen wollte, übergab ihm der Portier einen Brief. Er war von Herrn Winckelkopf, der ihn einlud, ihn am nächsten Abend zu besuchen. Er wolle ihm einen Explosivschirm zeigen, der losging, sobald man ihn öffnete. Es war die letzte Erfindung und sie war eben aus Genf gekommen. Er riß den Brief in Stücke. Er war entschlossen, keine weiteren Versuche mehr zu machen. Dann ging er hinunter zum Themseufer und saß stundenlang am Fluß. Der Mond schaute durch eine Mähne lohfarbener Wolken, wie das Auge eines Löwen, und zahllose Sterne funkelten im weiten Raum wie Goldstaub, ausgestreut über eine purpurne Kuppel. Dann und wann stieß eine Barke hinaus in den trüben Strom und schwamm dahin mit der Flut, und die Eisenbahnsignale wechselten von grün zu rot, wenn die Züge kreischend über die Brücke liefen. Nach einiger Zeit schlug es zwölf Uhr vom hohen Westminsterturme, und bei jedem Ton der dröhnenden Glocke schien die Nacht zu zittern. Dann erloschen die Eisenbahnlichter, und nur eine einsame Lampe brannte weiter und glühte wie ein großer Rubin an einem Riesenmast, und der Lärm der Stadt wurde schwächer.

Um zwei Uhr stand er auf und ging in der Richtung nach Blackfriars. Wie unwirklich alles aussah! Wie glich doch alles einem seltsamen Traume! Die Häuser auf der anderen Seite des Flußes schienen aus der Finsternis herauszuwachsen. Es war, als hätten Silber und Schatten die Welt neu geformt. Die mächtige Kuppel der St.-Pauls-Kirche war durch die dunkle Luft anzusehen wie eine Wasserblase.

Als er sich der Nadel der Kleopatra näherte, sah er einen Mann über die Brüstung gebeugt, und als er näher kam, schaute der Mann auf und das Licht der Gaslaternen fiel voll auf sein Gesicht. Es war Herr Podgers, der Chiromant. Das fette, schlaffe Gesicht, die goldene Brille, das matte Lächeln, der sinnliche Mund waren nicht zu verkennen.

Lord Arthur blieb stehen. Eine glänzende Idee ging ihm durch den Kopf, und leise trat er hinter Herrn Podgers. Im Nu hatte er ihn bei den Füßen gepackt und in die Themse geworfen. Ein rauher Fluch, ein schwerer aufklatschender Fall und alles war still. Lord Arthur blickte ängstlich nach, aber er sah von dem Chiromanten nichts mehr als einen hohen Hut, der in einem Wirbel des mondbeschienenen Wassers tanzte. Nach einiger Zeit versank auch der Hut, und keine Spur von Mr. Podgers war mehr sichtbar. Einen Augenblick glaubte er zu sehen, wie die dicke unförmige Gestalt aus dem Wasser nach der Treppe bei der Brücke griff, und eine furchtbare Angst, daß wieder alles mißlungen sei, kam über ihn, aber es stellte sich als eine bloße Einbildung heraus, die vorüberging, als der Mond hinter einer Wolke hervortrat. Endlich schien er erfüllt zu haben, was das Schicksal ihm bestimmte. Ein tiefer Seufzer der Erleichterung hob seine Brust, und Sybils Namen kam auf seine Lippen.

»Haben Sie etwas fallen gelassen, Herr?« sagte plötzlich eine Stimme hinter ihm.

Er wandte sich um und sah einen Polizeimann mit einer Blendlaterne.

»Nichts von Bedeutung«, antwortete er lächelnd, rief einen vorüberfahrenden Wagen an, sprang hinein und befahl dem Kutscher, nach Belgrave-Square zu fahren.

Während der nächsten Tage schwankte er zwischen Hoffnung und Furcht. Es gab Augenblicke, wo er fast glaubte, Herr Podgers müsse jetzt ins Zimmer treten, und dann fühlte er wieder, daß das Schicksal nicht so ungerecht gegen ihn sein könne. Zweimal ging er zur Wohnung des Chiromanten in der West Moon Street, aber er brachte es nicht über sich, die Glocke zu ziehen. Er sehnte sich nach Gewißheit und fürchtete sie gleichzeitig.

Endlich kam die Gewißheit. Er saß im Rauchzimmer seines Klubs und trank seinen Tee und hörte zerstreut zu, wie Surbiton vom letzten Couplet in der Gaiety erzählte, als der Diener mit den Abendblättern hereinkam. Er nahm die St.-James-Zeitung zur Hand und blätterte verdrossen darin, als eine merkwürdige Überschrift seinen Blick fesselte:

»Selbstmord eines Chiromanten«

Er wurde blaß vor Aufregung und begann zu lesen. Der Artikel lautete:

»Gestern früh um sieben Uhr ist der Körper des Herrn Septimus R. Podgers, des berühmten Chiromanten bei Greenwich, gerade gegenüber dem Shiphotel, ans Ufer gespült worden. Der Unglückliche wurde seit einigen Tagen vermißt, und in Chiromantenkreisen war man seinetwegen in größter Besorgnis. Es ist anzunehmen, daß er infolge einer durch Überarbeitung erfolgten geistigen Störung den Selbstmord begangen hat, und in diesem Sinne hat sich auch die Totenschaukommission ausgesprochen. Mr. Podgers hatte soeben ein großes Werk über die menschliche Hand vollendet, das demnächst erscheinen und gewiß großes Aufsehen erregen wird. Der Verstorbene war 65 Jahre alt, und es scheint, daß er keine Verwandten hinterlassen hat.«

Lord Arthur stürzte aus dem Klub, die Zeitung noch immer in der Hand, zur großen Verwunderung des Portiers, der ihn vergeblich aufzuhalten suchte, und fuhr sofort nach Parklane. Sybil sah ihn vom Fenster aus, und eine innerliche Stimme sagte ihr, daß er gute Nachrichten bringe. Sie lief hinunter, ihm entgegen, und wie sie sein Gesicht sah, wußte sie, daß alles gut stünde.
»Meine liebe Sybil«, rief Lord Arthur, »wir heiraten morgen!«
»Du dummer Junge, und die Hochzeitskuchen sind noch nicht einmal bestellt«, sagte Sybil und lachte unter Tränen.

VI

Als drei Wochen später die Hochzeit stattfand, war St. Peter gedrängt voll von einer wahren Horde eleganter Leute. Der Dechant von Chichester führte die heilige Handlung in eindrucksvollster Weise, und alle Welt war einig, daß man kein hübscheres Paar sehen könne als die Braut und den Bräutigam. Aber sie waren mehr als hübsch, denn sie waren glücklich. Keinen Augenblick bedauerte Lord Arthur alles, was er um Sybils Willen erlitten hatte, indes sie ihrerseits ihm das Beste gab, was eine Frau einem Mann geben kann – Anbetung, Zärtlichkeit und Liebe. Für sie beide hatte die Realität des Lebens seine Romantik nicht getötet. Sie fühlten sich immer jung.
Einige Jahre später, als ihnen bereits zwei schöne Kinder geboren waren, kam Lady Windermere zu Besuch nach Alton Priory, einem entzückenden alten Schloß, das der Herzog seinem Sohn zur Hochzeit geschenkt hatte. Und als sie eines Nachmittags mit Lady Arthur unter einer Linde im Garten saß und zusah, wie das Büblein und das Mägdlein gleich munteren Sonnenstrahlen auf dem Rosenweg spielten, nahm sie plötzlich die Hände der jungen Frau in die ihren und sagte:
»Bist du glücklich, Sybil?«
»Teuerste Lady Windermere, natürlich bin ich glücklich. Sind Sie es nicht?«
»Ich habe keine Zeit, glücklich zu sein, Sybil. Ich habe immer den letzten Menschen gern, den man mir vorstellt. Aber es gilt als Regel bei mir, daß ich gleich von den Leuten genug habe, sobald ich sie näher kenne.«
»Und Ihre Löwen befriedigen Sie nicht mehr, Lady Windermere?«
»O Gott, nein. Löwen sind gerade gut genug für eine Saison. Sind einmal ihre Mähnen geschnitten, so sind sie die dümmsten Wesen auf Erden. Überdies benehmen sie sich sehr schlecht, wenn man nett zu ihnen ist. Erinnern Sie sich noch an den gräßlichen Herrn Podgers? Er war ein schrecklicher Schwindler. Natürlich ließ ich ihn nichts merken, und selbst, wenn er Geld

von mir borgte, verzieh ich ihm. Aber ich konnte es nicht leiden, daß er mir den Hof machte. Er hat es soweit gebracht, daß ich die Chiromantik hasse. Ich mache jetzt in Telepathie. Das ist viel amüsanter.«

»Sie dürfen hier nichts gegen die Chiromantik sagen, Lady Windermere. Das ist der einzige Gegenstand, auf den Arthur nichts kommen läßt. Ich versichere Ihnen, daß es ihm damit vollkommen ernst ist.«

»Du meinst doch nicht etwa, Sybil, daß er wirklich daran glaubt?«

»So fragen Sie ihn doch selbst, Lady Windermere. Hier ist er.« Und Lord Arthur kam den Garten herauf mit einem großen Strauß von gelben Rosen in der Hand, und seine zwei Kinder tanzten um ihn her.

»Lord Arthur!«

»Ja, Lady Windermere.«

»Sie wollen mir doch nicht einreden, daß Sie wirklich an Chiromantik glauben?«

»Ganz gewiß«, antwortete der junge Mann lächelnd.

»Aber warum denn?«

»Weil ich der Chiromantik das ganze Glück meines Lebens verdanke«, murmelte er und warf sich in einen Korbsessel.

»Was verdanken Sie ihr, lieber Lord Arthur?«

»Sybil«, antwortete er und überreichte seiner Frau die Rosen und schaute in ihre blauen Augen.

»Welch ein Unsinn!« rief Lady Windermere. »Ich habe in meinem ganzen Leben noch keinen solchen Unsinn gehört.«

Oscar Wilde

Sechsmal Napoleon

Nicht selten leistete Mr. Lestrade uns am Abend in unseren vier Wänden Gesellschaft. Seine Besuche waren uns stets willkommen, denn sie hielten Holmes über die jeweiligen Probleme und Untersuchungen der Kriminalpolizei auf dem laufenden. Dankbar für jede Neuigkeit, die der Beauftragte von Scotland Yard mitbrachte, war mein Freund stets bereit, sich alle Einzelheiten eines Falles, den der Detektiv bearbeitete, aufmerksam anzuhören. Er konnte dann seinerseits aufgrund seiner ausgedehnten Erfahrung und Sachkenntnis, auch ohne aktiv einzugreifen, Lestrade manchen Wink oder wichtigen Hinweis geben. Einmal, als wir uns wieder zusammengefunden hatten, kam unsere Unterhaltung über die rasch erschöpften Themen Wetter und Zeitung nicht hinaus. Unser Gast verstummte bald gänzlich und rauchte nur noch nachdenklich seine Zigarre. Forschend ruhte Holmes' Blick auf ihm.

»Irgend etwas Bemerkenswertes zu verzeichnen?« wollte er endlich wissen.

»Ach – nichts von Belang«, war die gedehnte Antwort.

»Na, dann schießen Sie mal los!«

Lestrade mußte lachen.

»Schon recht, Mr. Holmes. Warum soll ich nicht zugeben, daß ich mir über etwas den Kopf zerbreche? Trotzdem, das Ganze ist so blödsinnig, daß ich Sie eigentlich nicht damit anöden wollte. Immerhin, mag die Sache auch ohne Bedeutung sein, sie mutet doch recht absonderlich an. Und ich weiß ja, daß Sie Sinn für alles haben, was ein bißchen vom Üblichen abweicht – wenn auch nach meiner Meinung *dieser* Fall mehr in Dr. Watsons Fachrichtung schlägt.«

»In die Pathologie?« erkundigte ich mich bescheiden.

»Ja, Geisteskrankheit gewissermaßen. Oder halten Sie es nicht etwa für irrsinnig, wenn jemand heutzutage einen derartigen Haß auf den großen Napoleon entwickelt, das er hingeht und jedes Bild des Kaisers, das ihm in die Quere kommt, kurz und klein schlägt?«

Holmes sank in seinen Sessel zurück.

»O je, das ist wirklich nichts für mich!« seufzte er.

»Hm. Wundert mich gar nicht. Aber wenn solch ein Mensch Einbruch verübt, um Statuen zu zerbrechen, die nicht ihm gehören, dann ist eben nicht mehr der Arzt allein dafür zuständig, sondern die Polizei.«

»Was, Einbruch?« Holmes wurde wieder lebendig. »Erzählen Sie weiter!«

Zur Unterstützung seines Gedächtnisses zückte Lestrade sein Notizbuch und begann:

»Der erste Vorfall, von dem uns berichtet wurde, spielte sich vor vier Tagen ab, und zwar in Morse Hudsons Laden. Er verkauft da Bilder und Statuen, auf der Kennington Road. Der Gehilfe verläßt für ein paar Minuten den vorderen Geschäftsraum. Da hört er es krachen und klirren. Er rennt zurück und stellt fest, daß eine Napoleonbüste aus Gips, die mit verschiedenen anderen Plastiken auf dem Ladentisch stand, zertrümmert worden ist. Er läuft sofort auf die Straße hinaus. Aber obwohl einige Vorübergehende einen Mann aus dem Laden haben stürzen sehen, ist von dem weit und breit keine Spur mehr zu sehen. Es gelingt auch niemandem, den Übeltäter näher zu beschreiben. Schien so ein hirnloser Lausbubenstreich zu sein, wie sie hin und wieder vorkommen, und wurde auch als solcher auf dem Revier gemeldet. Der Gipsabguß war nicht mehr als ein paar Schilling wert, und die ganze Angelegenheit machte einen zu kindischen Eindruck, um deshalb ein Verfahren anzustrengen.«

»Weit ernster jedoch und merkwürdiger«, so fuhr der Polizeibeamte fort, »war die zweite Begebenheit, die sich erst gestern abend ereignet hat. In der Kennington Road, ein paar hundert Meter vor dem Laden Morse Hudsons entfernt, wohnt ein bekannter Arzt, Dr. Barnicot mit Namen. Seine Praxis ist eine der meistbesuchten des südlichen Themseufers: Wohnung und Sprechzimmer hat er in der besagten Straße, aber außerdem noch einen Operationsraum und die Apotheke zwei Meilen entfernt in der Lower Brixton Road. Dieser Doktor ist ein großer Bewunderer Napoleons und leidenschaftlicher Sammler von dessen Bildnissen und Souvenirs sowie aller Literatur über den Kaiser. Vor kurzem erst hat er bei Morse Hudson einen Gipsabguß des berühmten Napoleonkopfes von Devine in doppelter Ausführung erstanden. Eine der beiden Büsten stellte er in die Halle seines Hauses, die andere auf den Kaminsims des Operationsraumes in Lower Brixton Road. Als nun der Arzt heute früh in seiner Villa die Treppe herunterkam, mußte er zu seinem Erstaunen feststellen, daß während der Nacht eingebrochen, jedoch nichts entwendet worden war, außer ebenjenem Napoleonkopf. Man hatte die Plastik hinausgetragen und an der Gartenmauer zerschmettert, wo die Scherben verstreut umherlagen.«

Holmes rieb sich die Hände. »Es wird zusehends besser«, meinte er fröhlich.

»Ich habe gehofft, daß Ihnen die Geschichte Spaß machen wird. Aber ich bin noch nicht fertig«, fuhr Lestrade fort. »Pünktlich um zwölf Uhr nämlich betritt Dr. Bernicot den Operationsraum und – stellen Sie sich seine Bestürzung vor – findet seine zweite Kaiserbüste ebenfalls in Trümmern vor. In der Nacht muß jemand von außen gewaltsam das Fenster geöffnet haben, eingestiegen sein und mutwillig den Gipskopf zerschlagen haben. Leider liefert uns keiner der beiden Vorfälle einen Anhaltspunkt für die Identifizierung des Unheilstifters, sei er nun Verbrecher oder ein armer Irrer. So, Mr. Holmes, nun wissen Sie alles, was ich selber weiß.«

»Dieser Tatbestand ist wirklich sonderbar, um nicht zu sagen grotesk«, erwiderte mein Freund. »Darf ich noch fragen, ob die beiden Büsten aus den Räumen des Dr. Barnicot Duplikate desselben Modells waren wie die in Morse Hudsons Laden?«

»Ja, es waren alles Abgüsse der gleichen Form.«

»Ein solches Faktum spricht natürlich gegen die Annahme, daß ihr Zerstörer ganz allgemein aus Napoleonhaß so gehandelt haben soll. Wenn man bedenkt, wieviel Statuen des großen Kaisers es in London geben muß, dann wird man schwerlich vermuten, ein wahlloser Bilderstürmer habe seine Angriffe ausgerechnet gegen drei Exemplare desselben Gipsabgusses gerichtet.«

»Gewiß, so würde ich auch denken«, entgegnete Lestrade.

»Nur ist andererseits Morse Hudson alleiniger Lieferant solcher Gipsbüsten in diesem Londoner Viertel. Und die drei Exemplare dieses Napoleonkopfes waren die einzigen, die sich seit Jahren dort im Lager befanden. Obgleich also, wie Sie ganz richtig bemerkten, Hunderte von Napoleonstatuen in unserer Stadt vorhanden sein müssen, waren besagte Gipsabgüsse hier in der Gegend die einzigen. Wäre es daher nicht doch denkbar, daß ein ortsansässiger Fanatiker bei ihnen begonnen hat? Was meinen Sie dazu, Dr. Watson?«

»Den Möglichkeiten innerhalb der Monomanie sind keine Grenzen gesetzt«, räumte ich ein. »Es gibt da zum Beispiel einen Zustand, den die modernen französischen Psychologen als ›Idée fixe‹ bezeichnen. Dieser kann sich in geradezu lächerlich belanglos scheinenden Symptomen äußern und im übrigen von vollständiger Gesundheit begleitet sein. Ein Mensch, der viel über Napoleon gelesen und sich eingehend mit dessen Persönlichkeit befaßt hat oder der vielleicht sogar noch unter einer Ungerechtigkeit des Kaisers gegen seine Vorfahren zu leiden glaubt, könnte von solch einer ›Idée fixe‹ befallen werden und dann zu jedem Gewaltakt wunderlichsten Ausmaßes fähig sein.«

»Damit kommen wir nicht weiter, mein Lieber«, wandte Holmes ein. »Denn keine noch so große Besessenheit würde einen interessanten Monomanen befähigt haben, herauszufinden, wo sich die besagten Skulpturen befanden.«

»Gut, aber wie erklärst du es dir dann?«

»Ich versuche noch gar nicht, es zu erklären. Lediglich meine ich zu beobachten, daß der Herr eine gewisse Methode bei seinem exzentrischen Vorgehen beibehält. So wurde beispielsweise die eine Büste aus der Halle, wo der Lärm beim Zerschlagen die Familie aufgestört hätte, vorher hinausbefördert, im Operationsraum hingegen, wo die Gefahr, gehört zu werden, weniger bestand, an Ort und Stelle zertrümmert. Dieser Umstand mag unwesentlich erscheinen. Ich wage jedoch nichts dergleichen außer acht zu lassen in Erinnerung an einige meiner klassischen Fälle, die auch mit solchen ›nichtssagenden‹ Merkmalen begannen. Weißt du noch, Watson, wie ich bei der schrecklichen Mordaffäre der Albernettys mein erstes Symptom in der so tief in die Butter eingesunkenen Petersilie sah? An solchen Häkchen hängt sich dann mitunter die ganze Beweiskette auf. Und aus dieser Erwägung heraus kann ich es mir nicht leisten, Lestrade, über Ihre drei zerbrochenen Gipsköpfe zu lächeln. Ich wäre Ihnen sehr dankbar, wollten Sie mich über jede Weiterentwicklung dieser eigentümlichen Ereigniskette auf dem laufenden halten.«

Die Fortsetzung, nach der mein Freund so begierig gewesen war, zeigte sich rasch und in weit tragischerer Form, als wir ahnen konnten. Ich war am nächsten Morgen noch beim Ankleiden, als es an die Tür klopfte und Holmes mit einem Telegramm in der Hand eintrat.

Kommen Sie sofort nach 131 Pitt Street, Kensington! Lestrade

»Was ist denn geschehen?« fragte ich.

»Weiß nicht – irgend etwas wird schon los sein. Vermutlich geht diese Gipsgeschichte weiter. Wenn dem so ist, hat unser Freund, der Bilderstürmer, seine Operationen jetzt in einen anderen Stadtteil verlegt. Der Kaffee steht auf dem Tisch, Watson. Und drunten wartet bereits eine Droschke.«

In einer halben Stunde hatten wir Pitt Street erreicht, ein stilles Seitengäßchen, unmittelbar neben einer der lebhaftesten Verkehrsadern Londons. Nr. 131 stand in einer Reihe von lauter fast gleichen, flachbrüstigen Häusern. Es waren wohlangesehene Bürgerhäuser mit höchst unromantischen, nüchternen Wohnungen. Als wir vorfuhren, sahen wir eine Menge Menschen herumstehen. Holmes pfiff durch die Zähne.

»Ein Mordversuch liegt da mindestens vor«, meinte er nüchtern. »Schau dir das an, die oberste Stufe schwimmt, die anderen sind trocken. Immerhin, Fußabdrücke gibt es genug. Aha, da steht ja Lestrade am Fenster und wird mir gleich Aufschluß geben.«

Der Polizeibeamte empfing uns mit tiefernster Miene. Er führte uns ins Wohnzimmer, wo ein äußerst ungepflegter ältlicher Mann im Flanellschlafrock hin und her lief. Er wurde uns als der Hauseigentümer, Mr. Horace Harker von der ZPA, der Zentral-Presse-Agentur vorgestellt.

»Es handelt sich wieder um den Napoleonwütigen«, erklärte Lestrade. »Da Sie sich gestern abend so interessiert zeigten, Mr. Holmes, glaubte ich, Sie würden vielleicht gern jetzt, wo die Sache ein so viel ernsteres Gesicht angenommen hat, mit dabeisein.«

»Wieso das? Was ist denn geschehen?«

»Mord. Mr. Harker, hätten Sie bitte die Freundlichkeit, den beiden Herren genau der Reihe nach zu erzählen, was sich hier abgespielt hat?«

Der Mann wandte uns ein umdüstertes Gesicht zu und begann:

»Tja, es ist recht sonderbar: ich, der ich mein Lebtag anderer Leute Erlebnisse und Sensationen gesammelt habe, bin jetzt, wo mir selber etwas derart Außergewöhnliches widerfährt, so verwirrt und gequält, daß ich nicht zwei Worte zusammenfügen kann. Wäre ich als Journalist an diesen Tatort gekommen, dann hätte *ich* den Wohnungseigentümer interviewt und mit dem Ergebnis zwei Spalten in jeder Abendzeitung gefüllt. So, wie die vertrackte Sache aber nun liegt, sehe ich mich gezwungen, wertvolles Material fortzugeben, indem ich meine eigene Geschichte soundso vielen Leuten weitererzähle, ohne daß ich den geringsten Nutzen davon habe. Immerhin, Ihr Name ist mir bekannt, Mr. Sherlock Holmes – und sollten Sie diese seltsamen Vorgänge aufklären können, so will ich darin den Lohn für meine Mühe sehen.«
Holmes setzte sich und hörte aufmerksam zu.
»Es scheint sich alles um eine Napoleonskulptur zu drehen, die ich etwa vor vier Monaten für dieses Zimmer erworben habe. Es war ein Gelegenheitskauf bei Harding Brothers. Aus Berufsgründen schreibe ich viel am Abend und sitze oft bis in die frühen Morgenstunden über meinen journalistischen Arbeiten. So auch heute. Ich hatte mich in meine Bude zurückgezogen, die auf der rückwärtigen Seite des Hauses unterm Dach liegt. Gegen drei Uhr war mir, als hörte ich ein Rumoren im Treppenhaus. Ich lauschte, doch es wiederholte sich nichts, so daß ich wähnte, die Geräusche seien doch von draußen zu mir gedrungen. Dann plötzlich, etwa fünf Minuten später, heulte jemand ganz fürchterlich und gellend auf. Es waren die grauenhaftesten Laute, Mr. Holmes, die ich je in meinem Leben vernommen habe. Dieser Schrei wird mir noch bis ans Ende meiner Tage in den Ohren dröhnen. Starr vor Entsetzen rührte ich mich eine Minute lang nicht vom Fleck. Dann ergriff ich den Feuerhaken und rannte die Treppe hinunter. Als ich dieses Zimmer betrat, stand das Fenster sperrangelweit offen. Es fiel mir sofort auf, daß die Büste vom Kaminsims verschwunden war. Aus welchem Anlaß ein Dieb so etwas davontragen sollte, geht freilich über mein Begriffsvermögen, denn es war ja nur ein Gipsabguß ohne ersichtlichen Wert.
Mit einem Sprung konnte er, einmal hier hinausgeklettert, die Stufen zum vorderen Eingang erreichen. Sehen Sie! Deshalb ging ich in den Flur, die Haustür zu öffnen. Als ich in der Dunkelheit hinaustrat, wäre ich beinahe über einen Toten gefallen. Ich lief zurück, eine Kerze zu holen. Der arme Kerl hatte einen großen Schnitt quer durch die Kehle, und rings schwamm alles in Blut. Er lag auf dem Rücken mit angezogenen Knien und herabhängendem Unterkiefer. Der gräßliche Anblick wird mich in meinen Träumen verfolgen. Ich hatte gerade Geistesgegenwart genug, in meine Trillerpfeife zu stoßen. Dann müssen mir die Sinne geschwunden sein. Erst draußen in der Halle kam ich wieder zu mir, als ein Polizist sich über mich beugte.«

»Wer war der Ermordete?« fragte Holmes.
»Nichts deutet darauf hin, wer er sein könnte«, bemerkte Lestrade. »Sie werden ihn in der Leichenhalle zu Gesicht bekommen. Doch bisher ließ sich nichts Genaues nachweisen: ein großer Mann, sonnverbrannt, sehr mächtig gebaut, nicht älter als dreißig Jahre. Er ist ärmlich gekleidet, scheint jedoch kein Arbeiter zu sein. Ein offenes Messer mit Horngriff lag in einer Blutpfütze neben ihm. Ob es die Waffe war, mit der die Tat verübt wurde oder ob sie dem Toten gehörte, weiß ich nicht. In seinen Kleidungsstücken fanden wir keinen Namen und in seinen Taschen nichts außer einem Apfel, einem Stück Bindfaden, einem billigen Stadtplan von London und einer Fotografie.«
Der Schnappschuß zeigte den Kopf eines noch ziemlich jungen, kecken Mannes mit starken Brauen und aufgestülpter Nase, dessen weit vorgebaute untere Gesichtshälfte ihm einen etwas affenartigen Ausdruck verlieh.
»Und was wurde aus der Gipsbüste?« erkundigte Holmes sich, nachdem er das Bild mit Ausdauer betrachtet hatte.
»Gerade ehe Sie kamen, erhielten wir Bescheid darüber. Sie wurde im Vorgarten eines unbewohnten Hauses der Dampden House Road aufgefun-

den. Ich will nachher gleich hinübergehen und sie mir anschauen. Kommen Sie mit?«

»Gewiß. Ich muß mich nur vorher hier noch etwas umsehen.« Sherlock untersuchte den Teppich und das Fenster. »Entweder hatte der Bursche sehr lange Beine, oder er war äußerst beweglich. Mit dem nackten Pflaster da unter sich war es ein ganz nettes Kunststück, den Mauervorsprung zu erreichen und das Fenster zu öffnen. Der Weg zurück war dagegen verhältnismäßig einfach. Begleiten Sie uns, die Überreste Ihrer Skulptur zu besichtigen, Mr. Harker?«

Der untröstliche Journalist hatte sich an seinem Schreibtisch niedergelassen. »Ich muß versuchen, etwas daraus zu machen«, meinte er trübselig, »wenn ich auch kaum zweifeln kann, daß die ersten Ausgaben der Abendzeitungen mit ausführlichen Berichten schon ausgeliefert sind. Wieder einmal mein persönliches Pech! Erinnern Sie sich noch, wie das große Baugerüst in Doncaster zusammenbrach? Nun, ich war der einzige Mann von der Presse, der sich zufällig gerade darauf befand und mein Blatt das einzige, das *keine* Story darüber brachte. Denn ich war zu erschüttert, sie zu schreiben. Und diesmal komme ich zu spät mit dem Bericht über einen Mord heraus, der auf meiner eigenen Schwelle passiert ist.«

Beim Verlassen des Zimmers hörten wir seine Feder eilig über das Kanzleipapier kratzen.

Die Stelle, wo man die Reste der Gipsbüste entdeckt hatte, war nur ein paar hundert Meter weit entfernt. Beim Anblick der Bruchstücke erhob sich die Frage: War es wirklich der große Kaiser selbst, der solch zerstörerischen Haß in der Seele jenes Unbekannten entfacht hatte? Mein Freund hob einige der Scherben auf und betrachtete sie sorgfältig. Sein gespannter Ausdruck, dazu die zielbewußte Art, wie er sie in der Hand drehte und wendete, zeigten mir deutlicher als jedes Wort: Er hatte bereits eine Fährte.

»Nun?« drängte Lestarde.

Holmes zuckte die Achseln.

»Es liegt noch ein weiter Weg vor uns«, erwiderte er nachdenklich. »Und doch – und doch sind da schon einige Voraussetzungen, auf die wir uns stützen dürfen. Erstens: Der Besitz dieses lächerlichen Gipsabgusses muß in den Augen unseres absonderlichen Delinquenten wertvoller gewesen sein als ein Menschenleben. Zweitens halte ich den Umstand für wesentlich, daß er die Skulptur nicht dort, wo sie stand, im Haus oder dessen nächster Umgebung zerbrochen hat – falls überhaupt die Zerstörung der einzige Zweck ist, den er verfolgt.«

»Er war wohl aufgescheucht durch das Zusammentreffen mit dem anderen Burschen. Da wird er gar nicht mehr recht gewußt haben, was er tat.«

»Sehr wohl möglich. Doch möchte ich gern Ihr Augenmerk auf die Lage des Hauses hier, in dessen Garten die Büste zerschlagen wurde, lenken.«
»Das Haus steht leer, also war ihm klar, daß man ihn im Garten nicht hören würde.«
»Gewiß; aber es gibt noch ein anderes unbewohntes Haus mehr am Anfang der Straße. Er mußte daran vorbeikommen. Warum ging er nicht dort schon ans Werk? Jeder Meter, den er die Gipsplastik weitertrug, vergrößerte die Gefahr, daß ihm jemand in den Weg lief.«
»Ich gebe auf«, murmelte Lestrade.
Holmes deutete auf die Straßenlaterne zu unseren Häupten. »Weil er hier besser sehen konnte als dort. Das war der Grund.«
»Himmelkreuzdonnerwetter, ja, das ist wahr!« rief der Detektiv aus. »Das bringt mich wieder darauf, daß Doktor Barnicots Napoleonkopf in unmittelbarer Nähe seiner roten Lampe zerbrochen wurde. Aber was kann das bedeuten, Mr. Holmes?«
»Lassen sie uns zunächst die Tatsache als solche im Gedächtnis behalten. Wir werden sicher darauf zurückkommen. Vielleicht stoßen wir später auf etwas, das damit zusammenhängt. Was schlagen Sie nun als nächstes vor, Lestrade?«
»Zuallererst müßten wir meiner Meinung nach erst einmal die Leiche identifizieren. Das dürfte so schwer nicht sein. Wenn wir dann herausgefunden haben, wer der Tote ist und mit wem er umging, wird das ein guter Ausgangspunkt sein, zu ermitteln, was er gestern abend in der Pitt Street zu suchen hatte und wen er dort treffen wollte. Denn eben der hat ihn ja wohl vor Mr. Harkers Haustür umgebracht. Glauben Sie nicht auch?«
»Zweifellos. Trotzdem würde ich persönlich mich nicht auf diese Weise an den Kern der Sache herantasten.«
»Sondern? Was würden Sie tun?«
»Oh, lassen Sie sich von mir nicht im geringsten beeinflussen. Ich denke, am besten geht jeder den Weg, der ihm vorschwebt, Sie den Ihren, ich den meinen. Wir können ja hinterher unsere Ergebnisse miteinander vergleichen, und sicher wird eines das andere ergänzen.«
»Ausgezeichnet«, stimmte Lestrade zu.
»Wenn Sie in die Pitt Street zurückfahren und möglicherweise Mr. Horace Harker wiedersehen, richten sie ihm bitte von mir etwas aus: Ich bin zu der Überzeugung gelangt, daß es sich bei seinem Besucher von gestern nacht um einen gefährlichen Geisteskranken handelt, sein Napoleonwahn hat ihn zum Mörder gemacht. Er wird das für seinen Artikel brauchen können.« Lestrade blickte verdutzt auf.
»Sie glauben das doch nicht im Ernst?«

»Nein? Nun, vielleicht nicht. Hauptsache, daß Mr. Horace Harker und die Kunden der ZPA etwas damit anfangen können... Wir beide, Watson, haben jetzt voraussichtlich ein langes, ziemlich verwickeltes Tagespensum vor uns. Es sollte mich freuen, Lestrade, wenn Sie es sich so einrichten könnten, uns um achtzehn Uhr in der Baker Street aufzusuchen. Inzwischen möchte ich, wenn Sie nichts dagegen haben, die Fotografie zu mir stecken. Möglicherweise werde ich Sie um Ihre Gesellschaft und Hilfe bei einer kleinen Expedition bitten, die wir heute abend noch unternehmen müssen. Bis dahin also Hals- und Beinbruch! Auf Wiedersehen!«

Sherlock Holmes und ich brachen zum Geschäft der Harding Brothers in der High Street auf, wo wir den Inhaber jedoch nicht antrafen. Ein junger Gehilfe teilte uns mit, Mr. Harding sei bis zum Nachmittag unterwegs. Er selbst arbeite erst seit ganz kurzer Zeit hier im Laden und könne daher mit keiner Auskunft dienen. Die Miene meines Freundes drückte Enttäuschung und Ärger aus, glättete sich aber bald wieder.

»Schließlich dürfen wir nicht erwarten, daß alles auf Anhieb klappt«, meinte er gleichmütig. »Wir müssen eben am Nachmittag, wenn Mr. Harding da ist, noch mal vorbeikommen. Es liegt mir nämlich daran – das wirst du längst bemerkt haben –, den Werdegang dieser Gipskaiser bis zu ihrem Ursprung zurückzuverfolgen. Vielleicht können wir irgendwo einen besonderen Umstand entdecken, der zur Erhellung ihres eigentümlichen Schicksals beitragen könnte. Laß uns also zu Herrn Morse Hudson in der Kennington Road fahren. Mal sehen, ob die Unterredung mit ihm etwas Licht auf unser Problem wirft.«

Nach einer Stunde landeten wir bei dem Bilderhändler. Das war ein dicker, kleiner Mann von etwas hitzigem Wesen, mit rotem Gesicht und heftigen Gesten.

»Jawohl, Sir, einfach von meinem Ladentisch herunter. Wofür wir Steuer und Versicherung bezahlen, weiß ich nicht, wenn jeder hergelaufene Strolch kommen und unsere Ware zerstören kann. Ja, meine Herren, ich selber hab' Doktor Barnicot seine zwei Napoleonbüsten verkauft. Eine Schmach ist das! So ein Pack! Eine Nihilistenverschwörung, das ist's, was ich dahinter vermute. Nur Anarchisten sind zu so etwas fähig, Statuen zertrümmern aus reinem Mutwillen! Kommunisten und solches Gesindel... Wie, was... von wem ich die Skulpturen bekommen habe? Was hat denn das damit zu tun? Aber meinetwegen, wenn Sie es unbedingt wissen wollen, von Gelder & Co. hab' ich sie, Church Street, in Stepnex. Ein sehr solides, angesehenes Haus, und das schon seit zwanzig Jahren... Wie viele ich von der Sorte hatte? Drei im ganzen. Zwei und eins sind drei. Die beiden von Dr. Barnicot und dazu die eine, die man mir am hellichten Tag auf meinem Ladentisch in Scherben geschlagen hat. ...Ob ich den Mann auf der Fotografie kenne? Nee. Oder – halt, das ist doch der Beppo. Ein italienischer Gelegenheitsarbeiter, der sich hier im Laden nützlich machte. Er konnte ein bißchen schnitzen und Rahmen vergolden, war nicht ungeschickt, der Bursche. Letzte Woche hat er sich davongemacht. Seitdem habe ich nichts von ihm gehört... Nein, ich weiß weder, woher er gekommen noch wohin er gegangen ist. Solange er hier war, hat er mir keinen Grund zur Klage gegeben. Zwei Tage, bevor sie die Büste zerschlagen haben, ist er gegangen.«

»Na, More Hudson ist ja die reinste Nachrichtenagentur; mehr konnten wir wirklich nicht erwarten«, stellte Holmes fest, als wir aus dem Laden traten. »Diesen Mann, der sich Beppo nennt, haben wir also als gemeinsamen Faktor in Kennington und Kensington. Die Auskunft war schon eine Zehnmeilenfahrt wert. Jetzt auf nach Stepnex, Watson, zu Gelder & Co., wo die Gipsabdrücke herkommen!«

In Windeseile durchquerten wir Londons elegante Luxusstraßen, die Hotelgegend, das Theaterviertel, das Literaturviertel, die City, bis wir in die Hafengegend kamen und schließlich zu jener Themsesiedlung vorstießen, wo es von Heimatlosen aus ganz Europa wimmelt, die in überfüllten Mietskasernen fast im Dunst ersticken.

Hier fanden wir in einer breiten Durchgangsstraße, einst der Sitz reicher Stadtkaufleute, das, was wir suchten, nämlich die Großwerkstätte für Bildhauerarbeiten.

Monumentalstatuen und Gedenksteine füllten den geräumigen Vorhof. Drinnen in dem riesigen Saal waren etwa fünfzig Gesellen mit Schnitzen oder Modellieren beschäftigt. Der Direktor, ein großer blonder Deutscher, empfing uns höflich und antwortete klar auf Holmes' Fragen. Eine Überprüfung seiner Bücher ergab, daß hier Hunderte von Abgüssen nach einer Marmorkopie von Devines Napoleonkopf hergestellt worden waren. Aber die drei Exemplare, die man etwa vor einem Jahr an Morse Hudson geliefert hatte, gehörten zu einer Serie von einem halben Dutzend. Die drei anderen seien an Harding Brothers in Kensington gesandt worden. Es bestehe kein Grund zur Annahme, daß die Exemplare dieser Serie sich in irgend etwas von den anderen Abgüssen unterschieden. Warum jemand ausgerechnet diese Napoleonköpfe mutwillig zerstört haben sollte, konnte er sich überhaupt nicht erklären. Er mußte geradezu lachen bei dieser Vorstellung. Der Großhandelspreis sei pro Stück sechs Schilling, fuhr er in seiner gründlichen Erklärung fort. Der Einzelhändler bekomme allerdings zwölf Schilling oder noch mehr dafür. Der Abguß werde in zwei Teilen angefertigt. Für jede Gesichtshälfte sei eine Form da, und die beiden Profile setze man hinterher zusammen. Diese Arbeit führten meistens Italiener aus, und zwar hier im Raum,

wo wir uns augenblicklich befänden. Die fertigen Köpfe würden auf einen langen Tisch im Gang zum Trocknen gestellt. Später ordne man sie dann im Lager ein. Das sei alles, was er uns darüber sagen könne.
Als nun mein Freund die Fotografie hervorholte, löste sie allerdings eine beachtliche Wirkung bei dem Direktor aus. Sein Gesicht wurde rot vor Zorn, und seine Brauen zogen sich über den blauen Augen zusammen.
»Dieser Halunke!« entrüstete er sich. »O ja, den kenne ich bestens. Das war hier immer ein sehr ehrenwertes, angesehenes Unternehmen. Und das einzige Mal, wo wir mit der Polizei zu tun bekamen, hatte dieser Kerl die Schuld. Ist schon über ein Jahr her. Da hat er einem anderen Italiener sein Messer in den Leib gerannt und ist dann, mit der Polizei auf den Fersen, ins Haus gelaufen, wo er verhaftet wurde. Beppo hieß er. Seinen Familiennamen habe ich nie gehört. Es geschieht mir ja ganz recht. Wie konnte ich nur einen Burschen mit einem solchen Gesicht im Betrieb hier einstellen. Aber eines muß man ihm lassen: Er war ein guter Arbeiter.«
»Welche Strafe erhielt er?«
»Der Mann, den er mit dem Messer angegriffen hat, blieb am Leben – und so kam er mit einem Jahr Zuchthaus davon. Sicher ist er schon wieder draußen, wenn er es auch nicht gewagt hat, sich hier wieder sehen zu lassen. Sein Vetter ist noch bei uns beschäftigt. Ich glaube bestimmt, daß der weiß, wo Beppo steckt.«
»Kein Wort zu diesem Vetter! Kein Wort, ich bitte Sie!« wehrte Holmes ab. »Die Sache muß streng geheimgehalten werden. Je weiter ich vordringe, von um so größerer Wichtigkeit erscheint sie mir. Als Sie in Ihrem Hauptbuch nachschlugen, um den Verkaufstag jener Gipsabgüsse festzustellen, las ich, daß es der 3. Juni vorigen Jahres war. Könnten Sie mir noch das Datum von Beppos Verhaftung nennen?«
»Anhand der Löhnungsliste müßte das zumindest annähernd möglich sein«, antwortete der Direktor eifrig. »Ja«, fuhr er sogleich fort, nachdem er einige Seiten umgeblättert hatte. »Hier steht, daß er am 20. Mai zum letztenmal ausgezahlt wurde.«
»Haben Sie vielen Dank!« sagte Holmes. »Jetzt möchte ich Ihre Zeit und Geduld nicht mehr länger in Anspruch nehmen.« Mit einer letzten Bitte, nichts über unsere Nachforschungen verlauten zu lassen, verabschiedeten wir uns und wandten uns abermals dem Londoner Westen zu.
Es war schon später Nachmittag, als wir endlich in einem Restaurant hastig einen Happen zu uns nahmen. Eine amtliche Bekanntmachung klebte am Eingang, mit der Überschrift:
MORD IN KENSINGTON. ATTENTAT EINES VERRÜCKTEN.
Daraus ging schon hervor, daß Horace Harker seinen Artikel schließlich

doch unter Dach und Fach gebracht hatte. Zwei Spalten der Zeitung füllte die höchst sensationelle und blumige Schilderung des tragischen Ereignisses. Holmes lehnte das Blatt gegen den Essig-und-Öl-Ständer. So las er während des Essens und kicherte gelegentlich leise vor sich hin.
»Das ist köstlich, Watson«, wandte er sich zum Schluß vergnügt an mich. »Hör dir das an!
Befriedigend ist die Gewißheit, daß es über diesen Vorfall keine Meinungsverschiedenheiten geben kann. Mr. Lestrade, einer der erfahrensten Beamten der Sicherheitspolizei, sowie der allseits bekannte Mr. Sherlock Holmes, sein fachkundiger Berater, sind zu dem Schluß gelangt: Diese Reihe anfänglich nur grotesk anmutender Vorkommnisse, die zu solch grausigem Ende geführt haben, rührt eher von einem Geistesgestörten denn von einem vorsätzlichen Verbrecher her. Nur mit Irrsinn lassen sich die ungereimten Gegebenheiten erklären.
Ach, Freund, die Presse ist doch eine sehr wertvolle Einrichtung, sofern man nur davon Gebrauch zu machen versteht. Und wenn du nun fertig gegessen hast, müssen wir rasch zurück nach Kensington und hören, was der Geschäftsführer bei Harding Brothers zu vermelden hat.«
Es zeigte sich, daß dieser ein lebhafter, aufgeweckter und gewandter kleiner Mann war, mit einem klaren Kopf und bestimmt nicht auf den Mund gefallen.
»Jawohl, Sir, den Bericht in der Abendzeitung habe ich gelesen. Mr. Horace Harker ist einer unserer Kunden. Diese Büste haben wir ihm vor einigen Wochen geliefert. Wir bestellten drei von der Sorte bei Gelder & Co. in Stepney. Es sind bereits alle verkauft. An wen? Mit Hilfe unseres Geschäftsbuches werden wir das leicht feststellen. Hier haben wir die Eintragung. Eine ging an Mr. Harker, sehen Sie, eine an Mr. Josiah Brown, Laburnum Lodge in Chiswick, und die dritte an Mr. Sandeford, in der Lower Grove Road, Reading... Nein, das Gesicht da auf der Fotografie habe ich vorher noch nie gesehen. Man würde sich ohne weiteres daran erinnern, nicht wahr? Selten, habe ich etwas Häßlicheres gesehen. Ob wir Italiener hier beschäftigen? Ja, mein Herr. Es gibt hier welche unter unseren Facharbeitern und Reinigern. Kann schon sein, daß gelegentlich einer einen Blick in dieses Verkaufsbuch geworfen hat. Ich hätte keinen Grund, es unter Schloß und Riegel zu halten. Weiß der Himmel, das ist eine vertrackte Geschichte, der Sie da nachgehen. Ich hoffe, Sie lassen es mich wissen, wenn Ihre Untersuchungen zu einem Ergebnis geführt haben.«
Mein Freund, der sich während Hardings Aussage etliche Notizen machte, schien von der Unterredung äußerst befriedigt. Er bemerkte jedoch dazu nichts, sondern sagte nur, daß wir zu unserer Verabredung mit Lestrade zu

spät kommen würden, wenn wir uns nicht beeilten. Als wir in der Baker Street anlangten, war auch wirklich der Detektiv schon da. In fieberhafter Ungeduld schritt er im Zimmer auf und ab. Sein vielsagender Blick verkündete, daß die Arbeit, die er den Tag über geleistet, nicht vergeblich gewesen sei.

»Nun, Mr. Holmes, Glück gehabt?« empfing er uns.

»Unsere Stunden waren sehr ausgefüllt und bestimmt nicht vergeudet«, erwiderte mein Freund. »Wir haben sowohl dem Einzelhändler als auch der Manufaktur einen Besuch abgestattet. Ich kann nun über das Schicksal jeder Büste von Anfang an berichten.«

»Ach, immer diese Büsten!« rief Lestrade beinahe ungehalten, fuhr jedoch gleich sanfter fort. »Na ja, Sie haben ihre eigenen Methoden, Mr. Sherlock Holmes, und ich will gewiß nichts dagegen einwenden. Aber ich darf doch wohl behaupten, daß ich heute mehr zuwege gebracht habe als Sie. Es ist mir nämlich gelungen, den Toten zu identifizieren.«

»Was Sie nicht sagen!«

»Und obendrein ein Motiv für das Verbrechen zu finden.« »Bravo!«

»Wir haben einen Inspektor, der sich auf das italienische Viertel spezialisiert hat. Nun, der Ermordete trug so ein katholisches Medaillon um den Hals. Dies und seine dunkle Hautfarbe brachten mich auf den Gedanken: Ei, dachte ich, daß muß ein Südländer sein! Inspektor Hill erkannte ihn sofort wieder. Er heißt Pietro Venucci, kommt aus Neapel und war einer der größten Halsabschneider in London. Er stand in Verbindung mit der Mafia, Sie wissen schon, dieser politischen Geheimorganisation, die vor Morden nicht zurückscheut, um ihre Beschlüsse durchzusetzen. Der andere Bursche ist sicher auch Italiener und Mitglied dieser Mafiabande. Er hat irgendwelche Regeln nicht eingehalten. Pietro wird auf seine Spur gehetzt. Wahrscheinlich stellt die Fotografie, die wir in seiner Rocktasche fanden, den Gesuchten dar – damit er sich nicht in der Person irrt und einen Falschen erwischt. Er macht den ›Verräter‹ ausfindig, sieht ihn ins Haus treten und wartet, bis er wieder herauskommt. Und beim Handgemenge trifft ihn selbst der Todesstoß. Wie gefällt Ihnen das, Mr. Sherlock Holmes?«

»Fabelhaft Lestrade, schlechthin fabelhaft!« rief er. »Nur, wie war das noch mit den Gipsköpfen? Ihrer Erklärung bezüglich der zerbrochenen Büsten konnte ich nicht ganz folgen.«

»Immer wieder die Büsten! Geh'n Ihnen die denn nicht mehr aus dem Schädel? Wenn man's richtig bedenkt, ist das doch eine ganz unwesentliche Diebesgeschichte. Sechs Monate stehen darauf, höchstens. Der *Mord* ist jetzt unser eigentliches Untersuchungsobjekt. Und ich darf Ihnen versichern, da halte ich alle Fäden in der Hand.«

»Was also wollen Sie als nächstes unternehmen?« erkundigte Holmes sich freundlich.

»Ich werde mich ganz einfach mit Hill zusammen ins italienische Viertel begeben und den Mann suchen; ich meine den auf der Fotografie. Wir werden ihn wegen Mordverdachts verhaften. Kommen Sie mit?«

»Wohl kaum. Ich habe so ein Gefühl, als könnten wir auf einfacherem Weg zum Ziel gelangen. Noch vermag ich es nicht mit unbedingter Gewißheit zu sagen, weil alles davon abhängt... kurz, es hängt eben von einem Faktor ab, der sich ganz und gar außerhalb der Reichweite unserer Kontrolle bewegt. Trotzdem bin ich zu starken Hoffnungen berechtigt, ja, ich möchte wetten, daß Sie noch heute nacht, sofern Sie uns da begleiten wollen, mit meiner bescheidenen Hilfe den Mörder zur Strecke bringen.«

»Im italienischen Viertel?«

»Nein, mir ist so, als fänden wir ihn eher in Chiswick. Wenn Sie heute abend mit dorthin kommen, Lestrade, haben Sie mein Versprechen, daß ich morgen mit Ihnen ins italienische Viertel gehe. Der kleine Aufschub wird Ihnen nicht schaden. Und jetzt würden uns allen ein paar Stunden Schlaf guttun. Denn ich schlage vor, daß wir vor elf Uhr nicht aufbrechen. Allerdings werden wir dann erst in den frühen Morgenstunden wieder zurück sein. Seien Sie unser Gast zum Abendessen! Danach wird ein Sofa Sie willkommen heißen, bis es Zeit zum Abmarsch ist. Mittlerweile wäre es reizend von dir, Watson, wenn du telefonisch für mich einen Eilboten herholen wolltest, da ich sofort einen Brief zustellen lassen muß.«

Holmes brachte den Abend damit zu, in Stößen von alten Zeitungen zu wühlen, die sich in unserer Bodenkammer stapelten. Als er endlich wieder die Stiege herunterkam, leuchtete Triumph in seinen Augen. Aber er sprach zu niemandem über das Ergebnis seiner Nachforschungen. Obwohl ich nun Schritt für Schritt verfolgt hatte, wie mein Freund allen Windungen dieses labyrinthartigen Falles nachgegangen war, vermochte ich den Ausgang noch nicht zu sehen. Trotzdem, eines war mir klar: Holmes erwartete von dem wunderlichen Verbrecher, daß dieser seine Zerstörungswut auch noch an den zwei übrigen Gipsbüsten austoben werde. Eine davon befand sich ja, wie ich mich noch erinnerte, in Chiswick. Höchstwahrscheinlich war der Zweck unserer Fahrt dorthin, ihn auf frischer Tat zu ertappen. Und ich mußte über meines Freundes List, mit der er das Märchen von dem Verrückten in die Abendblätter geschmuggelt hatte, im stillen lachen. Aufgrund dieses Artikels wiegte sich der Täter voraussichtlich im Wahn, er könne ungestraft seinen Plan zu Ende führen. Es überraschte mich durchaus nicht, als Sherlock mir nahelegte, meinen Revolver mitzunehmen. Er selbst lud seine Jagdflinte und hängte sich diese Lieblingswaffe über die Schulter.

Punkt elf Uhr hielt ein Wagen vor der Tür. Und mit ihm fuhren wir zu einem Ort jenseits der Hammersmith Bridge. Hier hieß Holmes den Kutscher anhalten und warten. Ein kurzer Spaziergang brachte uns in eine abgelegene Straße, in der nur hübsche, von großen Gärten umgebene Privathäuser standen. Über dem Gittertor entzifferten wir im Schein der Straßenlaterne die Inschrift »Villa Goldregen«. Die Bewohner waren allem Anschein nach schon schlafen gegangen, denn hinter den Fenstern war alles dunkel. Einzig über dem Eingang zur Halle hing eine kleine Schwingampel. Sie zeichnete einen schwachen Lichtkreis auf den Gartenweg. Ein hölzerner Zaun, der das Grundstück von der Straße trennte, warf einen breiten schwarzen Schatten nach der Innenseite. In ihm verbargen wir uns, eng zusammengekauert.
»Ich fürchte, wir werden ziemlich lange warten müssen«, flüsterte Holmes. »Dem Himmel sei Dank, daß es nicht regnet. Ich glaube, wir dürfen es nicht einmal riskieren zu rauchen. Dafür werden wir aller Wahrscheinlichkeit nach etwas erleben, wodurch sich unsere Mühe bezahlt macht.«
Es zeigte sich, daß unsere Nachtwache gar nicht so lange dauerte, wie mein Freund befürchtet hatte. Denn plötzlich sprang das Gattertor geräuschlos auf, und eine geschmeidige dunkle Gestalt huschte behend wie ein Affe den Gartenpfad entlang. Wir sahen den Schatten vor dem Lichtschein der Torlampe hinweggleiten und im Dunkel des Hauses verschwinden. Dann folgte eine längere Pause, während der wir den Atem anhielten, bis ein leises Knarren an unser Ohr drang. Ein Fenster wurde geöffnet. Dann war es wieder ruhig. Der Bursche schien sich seinen Weg ins Innere der Villa zu bahnen. Ab und an blinkte von drinnen der schwache Schimmer einer Laterne. Vermutlich fand der Kerl nicht, was er suchte, denn immer wieder glomm es hinter einer anderen Scheibengardine auf.
»Wir wollen uns unter das offene Fenster stellen und ihn festnehmen, sobald er herausklettert«, raunte Lestrade uns zu. Aber noch ehe wir uns von der Stelle rühren konnten, tauchte der Mann bereits wieder auf. Als er in den Lichtkreis trat, bemerkten wir einen weißleuchtenden Gegenstand unter seinem Arm. Verstohlen blickte der Dieb um sich. Die vollkommene Stille der verlassenen Straße schien ihm Mut zu machen. Er kehrte uns den Rücken zu und legte seine Bürde nieder. Im nächsten Augenblick erfolgte ein scharfes Knacken und Scherbengeklirr. Der Bursche war so in seine Handlung vertieft, daß er unsere Schritte auf dem Rasen nicht vernahm. Einem Tiger gleich sprang Holmes dem Mann auf den Rücken. Gleich darauf packten Lestrade und ich zu. Jeder bekam einen Arm zu fassen, und die Handschellen schnappten um das Gelenk. Wir drehten unseren Gefangenen um, und wild starrte uns sein abstoßendes, zur finsteren Grimasse verzerrtes Gesicht entgegen, in dem ich die Züge der Fotografie wiedererkannte.

Indessen wandte Holmes schon längst nicht mehr unserem Gefangenen seine Aufmerksamkeit zu. Vielmehr saß er auf der Türschwelle und untersuchte den Gegenstand, den der Mann aus dem Haus geschleppt und zerbrochen hatte. Natürlich war es eine jener bewußten Napoleonbüsten. Behutsam hielt mein Freund jedes einzelne Teilchen ans Licht, aber es waren nur lauter gewöhnliche Gipsscherben. Die Überprüfungsaktion schien gerade beendet, da ging in der Halle das Licht an, die Tür öffnete sich, und auf der Bildfläche erschien eine leutselige, rundliche Gestalt in Hemd und Hose: der Hauseigentümer. »Ich habe wohl die Ehre, Mr. Josiah Brown vor mir zu sehen?« fragte Homes höflich.

»Gewiß, mein Herr. Und Sie sind unverkennbar Mr. Sherlock Homes! Die Nachricht, die Sie mir durch Eilboten zusandten, ist rechtzeitig eingetroffen. Wir haben auf Ihr Geheiß alle Türen von innen verschlossen und im übrigen abgewartet, was geschehen würde. Na, da bin ich ja heilfroh, daß Sie den Halunken erwischt haben. Ich hoffe, die Herren kommen noch mit herein und nehmen eine kleine Erfrischung zu sich?«

Lestrade wollte jedoch seinen Gefangenen ohne Verzug ins Gewahrsam bringen. So hatten wir innerhalb weniger Minuten wieder unsere Kutsche bestiegen und fuhren zu viert nach London zurück. Der Gefesselte sagte kein Wort. Aber unter dem buschigen Haarschopf funkelten uns seine bösen Augen an. Und als ich einmal meine Hand unvorsichtigerweise seinem Gesicht nahe brachte, schnappte er danach wie ein hungriger Wolf. Auf dem Polizeirevier blieben wir gerade noch so lange, bis man seine Kleidung durchsucht hatte. Außer ein paar Schillig und seinem langen Messer, dessen Griff zahlreiche Blutspuren jüngsten Datums aufwies, kam nichts zum Vorschein.

»So weit wäre alles in schönster Ordnung«, erklärte Lestrade, als wir uns trennten. »Hill kennt sich ja mit diesen Herrschaften vorzüglich aus und wird die Personalien schon herauskriegen. Passen Sie auf, meine Mafia-Theorie ist sicher richtig! Nun, wie auch immer, jedenfalls bin ich Ihnen außerordentlich zu Dank verpflichtet, Mr. Holmes, für die geschickte Art und Weise, mit der Sie den Mann dingfest gemacht haben, wenn ich auch noch immer nicht ganz durchschaue, wie Ihnen das geglückt ist.«

»Für eine ausgiebige Erklärung ist es wohl ein bißchen reichlich spät in der Nacht – oder früh am Tage«, erwiderte Holmes. »Außerdem sind da ein paar Kleinigkeiten, die ich noch nicht ganz eingeordnet habe. Wenn Sie gegen Abend, um sechs Uhr wieder in meine Wohnung kommen wollen, werde ich voraussichtlich so weit sein. Bis dahin hoffe ich, Ihnen diese Angelegenheit, deren Tragweite Sie auch jetzt noch nicht ganz erfaßt haben, bis in alle Einzelheiten aufrollen zu können. Es sind darin nämlich einige bisher in der

Kriminalgeschichte noch nicht dagewesene Besonderheiten enthalten. Wenn ich dir jemals gestatte, noch ein paar von meinen kleinen Geduldspielen zu verewigen, Watson, dann denke ich doch, du solltest dein Buch mit diesen seltsamen Napoleonköpfen garnieren.«

Am Abend fand sich unser Freund von der Kriminalpolizei mit zahlreichen Informationen über den Gefangenen ein. Beppo heiße er, Familienname unbekannt. In der italienischen Kolonie gelte er als Tunichtgut. Früher habe er das Schnitzerhandwerk mit viel Talent betrieben und sich auf ehrliche Weise seinen Lebensunterhalt damit verdient. Aber dann sei er auf die schiefe Bahn geraten und habe schon zweimal gesessen, zuerst wegen Diebstahls und dann, wie wir schon gehört hatten, wegen schwerer Körperverletzung. Englisch spreche er tadellos. Warum er die Gipsfiguren zu zerstören suche, sei noch unbekannt, da er jede Aussage darüber verweigere. Aber die Polizei vertrete die Ansicht, daß diese Abgüsse gut von ihm selbst verfertigt sein könnten, da er für derlei Arbeiten in der Werkstatt von Gelder & Co. beschäftigt gewesen sei.

Holmes hörte sich diesen ganzen Bericht, dessen Inhalt uns ja großenteils schon bekannt war, mit höflicher Aufmerksamkeit an, doch entging mir nicht, daß seine Gedanken abschweiften. Hinter der üblichen Maske, die er zur Schau trug, verbarg sich eine Gemütsverfassung, die ein Gemisch aus Unbehagen und gespannter Erwartung darstellte. Da, endlich! Er fuhr in seinem Sessel hoch; es hatte an der Haustür geklingelt. Kaum eine Minute später kamen Schritte die Treppe herauf, und herein trat ein älterer Herr mit rotem Gesicht und angegrautem Backenbart. In der rechten Hand trug er eine altmodische Reisetasche, die er auf einem Stuhl abstellte.

»Ich möchte gern mit Mr. Holmes sprechen.«

»Mr. Sandeford aus Reading, wenn ich nicht irre?« erwiderte mein Freund lächelnd und verbeugte sich.

»Ja, mein Herr. Ich fürchte, mich verspätet zu haben, aber die Zugverbindung war sehr ungünstig. Sie wandten sich wegen einer Gipsbüste, die sich in meinem Besitz befindet, an mich.«

»Ganz richtig.«

»Ich habe hier Ihren Brief. Sie schreiben: ›Ich hätte sehr gern eine Kopie des Napoleonkopfes von Devine und biete Ihnen für die Ihrige zehn Pfund.‹ Ist das Ihr Ernst?«

»Aber gewiß.«

»Ihr Anerbieten hat mich sehr erstaunt, denn ich konnte mir nicht vorstellen, woher Sie wußten, daß sich ein solcher Abguß in meiner Wohnung befindet.«

»Natürlich, das war verwunderlich. Doch ist die Erklärung einfach. Mr.

Harding selbst erzählte mir, daß er Ihnen seine letzte Napoleonbüste verkauft hat, und gab mir Ihre Adresse.«
»Ach so! Sagte er Ihnen auch, wieviel ich dafür gezahlt habe?«
»Nein, das nicht.«
»Gut. Ich bin, wenn auch nicht reich, ein ehrlicher Mann. Fünfzehn Schilling habe ich für die Büste ausgegeben und halte es für richtig, daß Sie darüber Bescheid wissen, ehe ich zehn Pfund von Ihnen annehme.«
»Ihre Skrupel machen Ihnen alle Ehre, Mr. Sandeford. Indessen habe ich den Preis so festgesetzt und gehe davon nicht ab.«
»Das ist sehr liebenswürdig von Ihnen, Mr. Holmes. Da Sie mich darum baten, habe ich die Skulptur gleich mitgebracht.« Bei diesen Worten öffnete er die Tasche und stellte ein unversehrtes Exemplar jenes Napoleonkopfes, den wir nun schon mehrfach in Scherben vor uns gesehen hatten, auf unseren Tisch. Holmes legte eine Zehnpfundnote daneben und zog einen Zettel aus seiner Rocktasche.
»Hätten Sie bitte die Güte, Mr. Sandeford, mir in Gegenwart der Zeugen hier dieses Papier zu unterzeichnen? Es ist lediglich eine Bestätigung, daß Sie alle Rechte, die Sie bisher auf die Büste hatten, an mich abtreten. Ich gehe immer methodisch vor, sehen Sie. Und man kann vorher nie wissen, wie sich die Dinge weiterentwickeln... Vielen Dank, Mr. Sandeford.«
Sowie unser Besucher verschwunden war, begann mein Freund durch sein geheimnisvolles Benehmen unsere Neugier zu erregen. Er holte ein sauberes weißes Tuch aus einer Schublade und breitete es über den Tisch. Darauf stellte er seine frischerworbene Gipsplastik, genau in die Mitte. Schließlich nahm er sein Jagdgewehr und versetzte Napoleon mit dem Kolben einen kräftigen Schlag auf den Kopf. Die Figur zerbrach in mehrere Stücke, und mit prüfender Miene neigte Holmes sich darüber, nur um gleich triumphierend eines der Bruchstücke in die Höhe zu halten. Etwas dunkles steckte darin, wie eine Pflaume im Pudding.
»Darf ich, meine Herren«, rief er. »Sie mit der berühmten schwarzen Perle der Borgia bekannt machen?«
Einen Augenblick saßen Lestrade und ich nur in stummem Erstaunen da. Dann brachten wir unsere Bewunderung laut zum Ausdruck. Holmes' blasse Wangen röteten sich, als er sich mit dem Ausdruck eines gefeierten Schauspieldichters, der die Huldigung seines Publikums entgegennimmt, verbeugte. In solchen Minuten hörte er auf, ein bloßer Denkapparat zu sein und ließ seiner nur allzu menschlichen Eitelkeit freien Lauf. Ihn, dessen eigentümlich stolzer, zurückhaltender Charakter auf Popularität pfiff und der öffentlichen Meinung nur mit Spott begegnete, konnte die impulsive und aufrichtige Bewunderung eines Freundes tief rühren.

»Ja, das ist wohl die berühmteste Perle«, fuhr er eifrig fort, »die es zur Zeit auf Erden gibt. Und ich hatte ganz besonderes Glück, daß es mir gelang, ihr Geschick aufzuspüren, vom Schlafzimmer des Prinzen Colonna im Dacre Hotel, wo sie verlorenging, bis zu dieser bei Gelder & Co. hergestellten Gipsbüste, in der sie nun wieder zum Vorschein kam. Sie werden sich gewiß an das Aufsehen beim Verschwinden des kostbaren Juwels und an die vergeblichen Anstrengungen der Londoner Polizei erinnern. Man fragte mich selbst in der Angelegenheit um Rat, doch war ich außerstande, sie zu klären. Der Verdacht fiel auf die Zofe der Prinzessin, eine Italienerin. Es stellte sich heraus, daß sie einen Bruder in London hatte. Aber es gelang uns nicht zu ermitteln, ob und wie die beiden miteinander in Verbindung standen. Das Mädchen hieß Lucrezia Venucci, und bei diesem Pietro, der vorgestern nacht ermordet wurde, handelte es sich zweifellos um ihren Bruder. Ich habe die Daten in meinem alten persönlichen Zeitungsarchiv nachgesehen und dabei festgestellt, daß der Verlust der Perle genau zwei Tage vor der Verhaftung Beppos wegen eines Attentats bemerkt wurde. Und dieser Vorfall wiederum spielte sich in der Manufaktur von Gelder & Co. gleichzeitig mit der Anfertigung jener Gipsabgüsse des Devineschen Napoleonkopfes ab. Nun können Sie leicht mit mir die Abwicklung der Ereignisse chronologisch verfolgen. Beppo nahm also die Perle an sich. Ob er sie Pietro gestohlen hat oder nur dessen Spießgeselle war, ob er als Vermittler zwischen beiden Geschwistern handelte – für uns bleibt sich das gleich, denn diese Zusammenhänge sind innerhalb unserer Untersuchungen bedeutungslos. Wichtig ist für uns nur die Tatsache, daß er sich des Kleinods bemächtigt hatte und es bei sich trug, als er von der Polizei verfolgt wurde. Deshalb floh er zu seinem Arbeitsplatz. Er wußte, es blieben ihm nur wenige Minuten, das außerordentlich wertvolle Stück zu verstecken. Man würde es sonst bei der Durchsuchung an ihm entdecken. Sechs vollkommen gleiche Gipsabgüsse der Napoleonbüste standen zum Trocknen auf dem Gang. Einer von ihnen war noch weich. In Sekundenschnelle bohrte Beppo mit seinen geschickten Fingern ein winziges Loch in die feuchte Masse, ließ die Perle hineingleiten, schloß die Öffnung wieder und strich den Gips drüber glatt, so daß nichts mehr zu sehen war. Welch wunderbares Versteck! Wie sollte jemand dahinterkommen? Nun sperrte man allerdings Beppo ein Jahr lang ein, die sechs Büsten wurden über ganz London verstreut, so daß er natürlich nicht wissen konnte, in welcher sein Schatz verborgen war. Das ließ sich nur ermitteln, wenn er eine Plastik um die andere zerbrach; ein Schütteln würde nicht genügen, denn es war anzunehmen, daß die Perle, in die nasse Masse gedrückt, fest daran haftete – wie es sich jetzt auch erwiesen hat. Der Dieb denkt nicht daran, aufzugeben. Beharrlich und mit schlauer Überlegung führt er seine Suchaktion durch. Ein

Vetter, der auch bei Gelder arbeitet, nennt ihm die Einzelhändler, von denen die Büsten angekauft wurden. Beppo erreicht seine Anstellung bei Morse Hudson und erkundet dort den Verbleib dreier Abgüsse. Doch keiner von ihnen enthält die Perle. Er forscht weiter, und es gelingt ihm mit Hilfe eines anderen italienischen Gipsarbeiters die restlichen drei Büsten aufzustöbern. Die erste ist in Harkers Besitz. Vor dessen Haus lauert Pietro seinem vormaligen Spießgesellen auf, den er für das Verschwinden der Perle verantwortlich glaubt. Im Handgemenge sticht Beppo ihn nieder.«

»Wenn er früher mit Beppo gemeinsame Sache machte, warum trug er dann dessen Fotografie bei sich?« wagte ich einzuwenden.

»Als ein Hilfsmittel, ihn aufzuspüren, falls er bei einer dritten Person etwas über ihn erfahren konnte. Dieser Grund leuchtet am meisten ein... Nun, da doch der Mord geschehen war, nahm ich an, Beppo werde sein planmäßiges Vorgehen eher beschleunigen als auf die lange Bank schieben. Er mußte auch fürchten, daß die Polizei jetzt sein Geheimnis erriet. Und so sputete er sich, sein Schäfchen ins trockene zu bringen. Natürlich konnte ich zunächst noch nicht mit Bestimmtheit folgern, er habe in Harkers Napoleonplastik besagte Perle nicht gefunden, wußte ich doch noch nicht einmal ganz sicher, daß *sie* es war, die er suchte. Nur, daß er etwas suchte, ging eindeutig aus seiner Handlungsweise hervor. Sonst hätte er nicht die Büste entwendet, sie mit sich an mehreren Häusern vorbeigeschleppt, bis zu jenem von der Straßenlaterne beleuchteten Garten, wo er seinen Fund zertrümmerte. Schließlich bleiben nur noch zwei Büsten übrig. Mit einiger Gewißheit durfte ich folgern, daß er sich zuerst um die in London befindliche kümmern würde. Daher warnte ich die Hausbewohner, um einer zweiten Tragödie vorzubeugen. Und unser kleiner nächtlicher Ausflug dorthin zeigte ja die entsprechenden Ergebnisse. Freilich war mir inzwischen längst klargeworden, daß die *Borgiaperle* unser eigentlichstes Fahndungsobjekt bildete, denn der Name des Ermordeten verknüpfte die beiden Ereignisse miteinander. Ein einziger der in Betracht kommenden Gipsköpfe stand noch unangetastet – in Reading nämlich. Darin mußte das kostbare Kleinod stecken. In Ihrer Gegenwart kaufte ich dem Eigentümer die Büste ab – und vor Ihnen liegt nun die Perle.«

Es folgte eine Schweigepause, bis Lestrade seinen Rededrang nicht länger eindämmen konnte: »Also, ich habe Sie ja schon mit so mancher Strafsache äußerst geschickt umgehen sehen, Mr. Holmes. Nun, Sie sollen nicht denken, wir in Scotland Yard neideten Ihnen Ihren Triumph. Nein, Sir, nur stolz sind wir auf Sie. Und wenn Sie uns morgen mit Ihrem Besuch erfreuen wollen, dann werden Sie dort keinen finden – angefangen vom ältesten Oberinspektor bis hinunter zum jüngsten Bürodiener –, der Ihnen nicht begeistert die Hand schütteln möchte.«

»Danke sehr!« sagte Holmes. »Ich danke Ihnen.« Dann wandte er sich ab, und mir schien, er sei weicher gestimmt, als ich es je bei ihm bemerkt hatte. Doch das dauerte nur einen Augenblick. Gleich zeigte mein Freund sich wieder so kühl und sachlich wie sonst. »Leg die Perle in den Safe, Watson«, forderte er mich auf. »Und nimm bitte die Papiere über die Conk-Singleton Fälschungsgeschichte heraus. Auf Wiedersehen, Lestrade! Sollten Sie demnächst wieder auf ein ähnlich hübsches und verzwicktes Problemchen stoßen, so wissen Sie ja, es wird mir stets ein Vergnügen sein, Ihnen diesen oder jenen kleinen Wink zu geben. Es ist immer angenehm, zur Lösung etwas beitragen zu können.«

*Arthur Conan Doyle**

---

* Aus: Arthur Conan Doyle: Sherlock Holmes, Abdruckerlaubnis mit freundlicher Genehmigung des Ullstein Verlags, Berlin.

Frankreich

Die Marquise von Brinvillier

In Paris glänzte während der Regierung Ludwig des Vierzehnten eine Frau von großer Schönheit und ausgezeichnetem Geist. Ihre Abkunft, ihr Rang und ihr Reichtum unterstützten die Ansprüche, welche sie aufgrund jener beiden Eigenschaften in der höchsten Gesellschaft geltend machte. Ein Gestirn des Tages, bewundert und gefeiert zu ihren Lebzeiten, wurde sie auch nach ihrem Tode zu einem, aber einem Meteor, vor dem die ganze Menschlichkeit erschrickt. Ihr fürchterlicher Name bezeichnet noch jetzt, nach mehr als zweihundert Jahren, ein eigenes schauderhaftes Verbrechen, oder vielmehr eine ausgebildete Verbrecherkrankheit, die man gern für eine Abnormität der weiblichen Natur erklärt, wenn die Brinvillier nicht leider in letzter Zeit und in Deutschland Nachfolgerinnen gehabt hätte, welche, ohne von ihrem französischen Vorbild zu wissen, dasselbe noch an moralischer Scheußlichkeit und Furchtbarkeit in der Wirkung übertreffen.

Die Marquise von Brinvillier stammte aus einem uralten, berühmten französischen Geschlechte. Ihr Vater, Antoine Dreux d'Aubray, ein geachteter Beamter, bekleidete die Stelle eines Zivilleutnants beim Chatelet zu Paris. Noch ziemlich jung verheiratete er seine Tochter Marie Madeleine d'Aubray mit dem Marquis von Brinvillier, der, was adlige Abkunft, Vermögen und Rang anbetrifft, seiner Braut gleich stand. Aber es scheint eine Heirat gewesen zu sein, wo, gleichwie in den meisten Ehen unter den höheren Ständen in Frankreich, eben nur jene äußeren Glücks- und Rangverhältnisse abgewogen wurden.

Der Marquis, Oberster in königlichen Diensten und Kommandeur des Regiments, welches nach der Normandie den Namen führte, war ein Lebemann, Wüstling und Verschwender, wie die Mehrzahl der französischen Edelleute, welche unter den Auspizien eines schwelgerischen Hofes, in der Sittenlosigkeit der Hauptstadt Vergessenheit und Ersatz mit vollen Zügen einschlürften für die verlorenen edlern Güter, für die alte Freiheit und die feudale Unabhängigkeit. Richelieu und sein Nachfolger und endlich der vierzehnte Ludwig hatten mit diabolischem Scharfsinn die Natur des französischen Charakters studiert und denselben Adel, den sie fürchteten und unter dessen Trotz das Regiment ihrer Vorfahren zitterte, in ein Capua geführt oder in die Höfe des Venusberges, wo seine gefährliche Kraft ohne andere Wirkung als die der Selbstvernichtung austobte. Mit demselben französischen Ungestüm, mit welchem die Nation einst zu den Kreuzzügen stürzte, zur Verfolgung der Hugenotten und später dem Phantom nach der jakobinischen Freiheit und Gleichheit, der Napoleonischen Glorie, stürzte und kämpfte sich der französische Adel in das Meer wüster Sittenlosigkeit, eitlen nichtigen Treibens, welches schlaue Regenten vor ihm auftaten und mit dem Sonnenschein der Majestät beleuchteten. So maßlos war dies Drängen nach der Torheit, daß schon in hundert Jahren das Mark dieses einst allmächtigen Adels dergestalt verzehrt war, daß sein verachtetes und gehaßtes Schattenbild dem Sturm weniger Jahre erlag. Der Marquis von Brinvillier verschwindet aus der Geschichte seiner Gattin; seine eigene ist aber nur die Mehrzahl seiner Standesgenossen. Wo die Grundsätze eines Mannes, eines Offiziers und Kavaliers die sind: aller bürgerlichen Sitte Hohn zu sprechen, wo Liederlichkeit und Verschwendung für adelige Tugend, wo es für lächerlich und philisterhaft gilt, keine Schulden und keine Maitressen zu haben, und ein geordneter Haushalt einen gemeinen Sinn andeutet, wo der Ehegatte bei den Fehltritten der Gattin nicht allein ein Auge zudrückt, sondern ihr selbst den Verführer zuführt und in fürchterlichem Leichtsinn der Verkehrtheit selbst die Stimmen auslacht, welche nur die äußern Konvenienzgesetze wollen erhalten wissen, da wird zwar die Verirrung eines Weibes, wie die Brinvillier, nicht gerechtfertigt; aber wir blicken in einen bodenlosen Zustand von Unsitte, wo es großer Kraft für ein Weib bedarf, sich aufrecht zu erhalten, und wo große Fehltritte, wo Verirrungen einer außerordentlichen Natur zur entsetzlichsten Unnatur erklärlich werden.

Die Marquise von Brinvillier war schön, aber keine auffällige, imponierende Gestalt. Sie war nur von mittelmäßiger Größe. Von jener wilden Leidenschaftlichkeit, jener dunklen Glut des Auges, dem italienischen verzehrenden Feuer des Blickes, welches wir in Erinnerung ihrer Taten und ihres Namens uns denken können, sah man nichts an der feinen Französin. Ihr Gesicht war rund und freundlich, von den regelmäßigsten Zügen, die nur ein innerer Eindruck veränderte. Sie war vollkommen Herrin ihrer Bewegungen, ihrer Blicke und Sprache. Unmut, Laune und Krankheit beherrschten und änderten niemals ihre Liebenswürdigkeit. Ihre Zeitgenossen sagen, wenn ihre Schönheit ihr alle Herzen unterwarf, so gewann der Reiz jener Heiterkeit, welche immer das Kennzeichen einer sanften, reinen, niemals von Gewissensangst beunruhigten Seele ist, ihr das Zutrauen aller, welche sich ihres gesuchten Umgangs erfreuten.

Und so ward sie gesucht, bewundert, angebetet und gefeiert, auch als schon ein großer Teil ihres Wandels bekannt sein mußte. Solange die äußeren Grenzen des Anstandes beobachtet waren und kein offenkundiger Skandal störend dazwischen trat, konnte auch eine lasterhafte Frau auf allgemeine

Achtung in jener Lust, die von dem Hof des vierzehnten Ludwigs über Paris wehte, Anspruch machen. Aber auch nachdem jene letzten Schranken durchbrochen waren, als sie dastand als ein Scheusal, ihre Verbrechen nicht vermutet, sondern erwiesen waren, auch da hatte sie einen mächtigen Anhang, bedeutenden Einfluß; der Arm der Gerechtigkeit mußte sich krümmen, um sie zu ergreifen. Auch da noch hatte sie leidenschaftliche Freunde, Bewunderer, und ein katholischer Geistlicher konnte es wagen, unter den Verwünschungen des Volkes, sie für eine Heilige zu erklären. Das deutet auf eine diabolische Macht, welche diesem Weib innewohnte, oder, will man das nicht, auf bereits so zerrissene soziale Zustände, daß man sich nur darüber wundern darf, daß die französische Revolution nicht schon früher einbrach und einem verfaulten Staatsgebäude ein Ende machte, wo Parlament und Geistlichkeit mit der ruchlosesten Giftmischerin, wenn nicht unter einer Decke spielten, doch sie unter ihrem Mantel zu verbergen suchten.

Die Marquise von Brinvillier ist von niemandem verführt worden. Dies dürfen wir nach den Ergebnissen ihres Prozesses, nach ihrer eignen Beichte, als eine moralische Gewißheit vorausschicken. Die Sündhaftigkeit, welche, kaum bedeckt vom Mantel der Religion, in den höhern Ständen grassierte, hatte schon die Jungfrau, vielleicht schon das Kind ergriffen. Sie war reif im Laster, als sie die leichtsinnige Ehe mit dem noch leichtsinnigeren Gatten schloß. Der Wandel desselben bestärkte sie nur in dem ihrigen und erleichterte ihr die Last, welche sie, um den äußern Anstand zu bewahren, auf sich nehmen mußte. Aber in den Akten erscheint als ihr Verführer ein männliches Scheusal unter dem Namen: Sainte-Croix. Sein eigentlicher Name soll Godin gewesen sein; doch schweben über seinen Ursprung verschiedene Gerüchte, welche nicht aufgeklärt sind. Nach einigen war er ein natürlicher Sohn aus einem hohen Hause, nach andern stammte er auf rechtmäßige Art aus einer guten Familie, hatte aber Gründe, diese Abkunft zu verbergen. Gewiß ist nur, daß er in der Welt als ein Abenteurer ohne Vermögen auf jede Weise sein Glück zu machen versuchte, und daß es ihm gelungen war, bei dem Reiterregiment Tracy eine Kapitänsstelle zu erhalten.

Sainte-Croix hatte eine glückliche Bildung, sein Gesicht verriet Geist. Geschmeidig in Blick, Bewegung, Gespräch, schien er nur da, der liebenswürdigste Diener seiner Umgebung zu sein. Sein ganzes Trachten ging anscheinend allein dahin, andern eine Freude zu machen, ohne zu fragen, ob die Freude sich mit seinem oder irgendeines andern Gewissen vertrug. Schlug ihm eine Schöne vor, Buße zu tun und fromm zu leben, so ging er ebenso leicht und mit so vielem Vergnügen darauf ein, als wo man ihn zur Teilnahme an einem liederlichen oder ruchlosen Streich aufforderte. Mit dieser Schilderung stimmt es freilich nicht ganz, daß er bei Beleidigung empfindlich und in der Liebe zärtlich und sogar eifersüchtig gewesen sein soll. In beiden Eigenschaften tritt er indessen in unserer Geschichte nicht auf, und wir mögen unsern Zweifel deshalb ruhen lassen. Aber alle jene Talente verhalfen ihm doch nicht zu dem Zweck, den er erstrebte, zu einem Einkommen oder einer Stellung, welche ihm die Mittel böten, seinem Vergnügen und seiner Verschwendungslust, wie er wollte, zu frönen.

Auch Sainte-Croix tritt aus dieser Geschichte ab, bevor er eigentlich aufgetreten ist. Denn erst mit seinem Tod beginnt der Prozeß, durch den er zu Ruf kam. Wie er angefangen, und was er vollbracht, blieb auch für jene Zeit im Dunkel ruhen. Nur das weiß man, daß er, als alle andern Mittel fehlschlugen oder doch nicht den gewünschten Erfolg hatten, zur Giftmischerei seine Zuflucht nahm und dies Gewerbe mit einer furchtbaren Geschicklichkeit betrieb. Aber man weiß auch, daß er einige Jahre vor seinem Tode zugleich die Rolle eines Andächtigen zu spielen für gut fand. Er soll selbst geistliche Bücher geschrieben haben; und während er bis zum Augenblick, wo ihn der Tod überraschte, sich mit Giftkochen beschäftigte, tönte seine Rede vor den Leuten wieder vom Lobe Gottes und all dem inbrünstigen Wortschwall, womit die modernen Frommen damals ihr Glück in der Weltlichkeit zu machen suchten.

Der Marquis von Brinvillier suchte das Vergnügen, und Sainte-Croix wußte es zu finden; Grund genug, daß zwei Feldkameraden, von denen der eine das Geld suchte und der andere es hatte, sich fanden. Sainte-Croix kehrte als Brinvilliers Freund aus dem Feld zurück; er ward in sein Haus eingeführt und bald der unentbehrliche Hausfreund und der stille Anbeter, Geliebte und – Lehrer der Hausfrau.

Beide hatten freie Hand, zu tun, was sie wollten. Der Marquis lebte zu sehr außer Haus, in einem Schwall von Zerstreuungen, um die Schritte der Gattin im Auge zu behalten. Auch lag ihm nichts weniger am Herzen, und er dankte es denen nicht, welche es für ihre Pflicht hielten, ihn auf sein Recht aufmerksam zu machen.

Im Gegenteil brachte seine Verschwendung sein Vermögen in solche Unordnung, daß seine Gattin sich für berechtigt hielt, ihr Eingebrachtes zurückzunehmen und eine besondere Wirtschaft zu führen. Dieser Schritt sprengte in der Regel die letzte Schranke des äußeren Anstandes. Das Weib wurde dadurch frei, und die Marquise konnte die wenige Achtung, welche sie noch für die Ehre eines Gemahls gehabt, der ihr nie einen Verdruß bereitet, nun ganz aus den Augen setzen und ihren Neigungen leben.

Es wußte jedermann von ihrem vertrauten Umgang mit Sainte-Croix, und von der Leidenschaftlichkeit und Rücksichtslosigkeit, mit der sie ihn liebte, gingen die ärgerlichsten Geschichten um. Da sie indessen auf den Marquis,

ihren Gemahl, nicht den geringsten Eindruck machten, fühlte sich der Vater der Marquise angeregt, von seiner väterlichen Gewalt Gebrauch zu machen. Herr von Aubray bediente sich zu einem guten Zweck der traurigen Mittel, durch welche einflußreiche Männer in jener Zeit sich ihrer lästigen Gegner zu entledigen suchten. Er erwirkte sich einen lettre de cachet gegen den Kapitän Sainte-Croix, und machte, in unsern Augen, den öffentlichen Skandal, den er beseitigen wollte, dadurch nur noch ärger, daß er, den königlichen Brief in der Hand, den Kapitän auf offener Straße verhaften ließ und zwar im Wagen und an der Seite der Marquise, Sainte-Croix mußte nach der Bastille wandern.

Das Mittel war das am unglücklichsten gewählte, wenn es die Marquise von ihrer Zuneigung für Sainte-Croix abbringen sollte. Die Entfernung von dem gefangenen Geliebten steigerte vielmehr ihre Leidenschaft, und die öffentliche ihm und ihr angetane Schmach empörte sie und rief die in ihrem Busen noch schlummernden Rachegeister wach. Sie gelobte ihm bei sich ewige Treue und Ersatz für die ihretwegen erduldeten Leiden. Ja, dieses unglückliche Mittel verwandelte zuerst die liebeglühende, aber unschädliche Sünderin zu einer gefährlichen Verbrecherin. Es lehrte sie, ihre Gefühle und Gedanken bei sich zu bewahren und die teuflischen Entschlüsse, die allmählich zur Tat und zu einer Saat und Ernte gräßlicher Taten wurden, unter der Maske einer feinen anständigen Aufführung zu verbergen. Sie, in ihrer Freiheit, studierte die Kunst der Heuchelei von Grund auf. Nach einigen öffentlichen Tränen schien die Reue in ihr mächtig zu werden. Ihre Traurigkeit täuschte die Welt. Sie war besser als ihr Gemahl. Der lachte, und sie weinte. Man nimmt es und nahm es mit der Buße in Paris nicht so genau. Die Fahne wurde schnell über die schöne Reuige geschwenkt, und da sie vor ihrem Vater jeden ferneren Umgang mit dem Abenteurer abschwor, gelang es ihr, auch diesen vollkommen zu täuschen und zu versöhnen. Er schenkte ihr wieder sein volles Vertrauen, und die innige Zuneigung zwischen Vater und Tochter war hergestellt.

Auch Sainte-Croix lernte durch das Unglück, welches ihn betroffen; aber nicht die Verstellung, in der er vor seiner Verhaftung bereits Meister war. In der Bastille hatte er mit einem gefangenen Italiener Umgang. Daß dieser, dem der Zufall oder die Memoiristen den Namen Exili geben, einen Abenteurer, wie Sainte-Croix, die Süßigkeit der Rache erst sollte kennen gelehrt und ihn angetrieben haben, sich für die Schmach an der Familie d'Aubray zu rächen, lassen wir dahingestellt. Auch daß Exili ihn darauf aufmerksam gemacht haben sollte, wie die Franzosen bei ihren Verbrechen zu ehrlich wären und zu viel Einfalt besäßen, als daß sie mit eigener Hand Rache nehmen und doch hinter dem Vorhang bleiben könnten, mögen wir als die französische Ausschmückung einer Geschichte hinnehmen, wo es gilt, die Schauder des entsetzlichen Verbrechens für das Nationalgefühl zu mildern. Aber daß der Italiener mit mehr Scharfsinn haßt, und seine Rache methodischer ist, auch daß er in der Kunst, sich hinter die Gardine zu stellen und in Ruhe und Sicherheit an den Wirkungen der seinen Feinden gelegten Minen zu erfreuen, erfahrener ist als der hitzige Franzose, ist ein Erfahrungssatz, den die Geschichte bezeugt; und wir mögen es glauben, daß Sainte-Croix darin bei dem Italiener Unterricht nahm. Exili stellte ihm die Torheit vor, einem Feind einen tödlichen Stoß beizubringen, damit dieser schnell und ziemlich schmerzlos sterbe, während den Rächer seiner Ehre dafür eine lange Untersuchung und ein grausamer schimpflicher Tod erwarte. Er machte ihn darauf aufmerksam, wie man in Italien feine und versteckte Gifte zuzubereiten verstehe, die das Auge und die Kunst des geschicktesten Arztes betrögen. Einige wirkten langsam und verzehrten den Körper nach und nach durch tödliche Mattigkeit, andere griffen geschwind und heftig an; beide aber ließen keine Spur nach sich, aus der man die wahre Ursache des Todes erraten könnte. Sainte-Croix konnte so wenig als wir über die Wahrhaftigkeit dieser Angaben des Italieners in Zweifel sein; denn von wie vielen Giftmorden auch

die beglaubigte Geschichte in Italien berichtet, so weiß man doch von sehr wenigen deshalb anhängig gemachten Kriminalprozessen und von keinem, welcher dem der Brinvillier an die Seite gesetzt werden könnte. Die Opfer siechten hin, die Welt vermutete oder wußte weshalb; aber die Justiz hatte selten etwas damit zu tun; und es blieb in der Regel den gekränkten Angehörigen überlassen, ob sie dem Gift durch Gegengift begegnen wollten.
Der Franzose zauderte nicht, die willkommene Gelegenheit zu ergreifen und Unterricht bei einem Meister zu nehmen, den ihm das Glück so unerwartet zuführte. In den dunkeln Räumen der Bastille war Stille und Verschwiegenheit genug, den Lehrkursus in der höllischen Pharmazie zu beginnen. Was hier sein Eifer und seine Wißbegierde nicht erreichte, das vollendete später sein fortgesetztes Selbststudium. Denn die Bahn war ihm nun gebrochen, sich seiner Feinde und die ihm im Wege standen, ohne eigene Gefahr zu entledigen, und, indem er seiner Rache frönte, genügende Reichtümer in die Hände einer Frau zu spielen, welche er sich durchaus ergeben wußte, und mit der er die Beute nach Belieben teilen konnte.
Sainte-Croix war nach Verlauf eines Jahres wieder frei. Er ging auf das Maskenspiel seiner Buhlerin ein und zeigte sich nicht mehr öffentlich bei derselben. Im Gegenteil tat man vor der Welt alles, um den Glauben zu bekräftigen, daß zwischen ihnen ein völliger Bruch eingetreten sei. Im geheimen wurde ihr Bund inniger denn zuvor; statt der Sünde verknüpfte sie das Verbrechen. Keine einzelne Tat; es wurde ein Bund, um fortgesetzte Verbrechen im geheimen zu verüben.
Der Kriminalprozeß der Brinvillier ist uns nicht mit der aktenmäßigen Treue überliefert wie der ihrer deutschen Nachfolgerinnen. Die Kompilatoren hatten, um die einzelnen authentischen Aktenstücke zu ergänzen, zu den Memoirenschreibern ihre Zuflucht nehmen müssen, ein Verfahren, wobei nicht allein Lücken geblieben sind, sondern auch gewiß manches Falsche sich eingeschlichen hat. Was man auch gegen das neuere französische Kriminalverfahren einwenden mag, so viel ist ausgemacht, daß das ältere vor den Parlamenten unseren Ansprüchen an eine erschöpfende und parteilose Untersuchung noch weniger genügt. Aus den auf uns überkommenen Aktenstücken, ja auch nach den Bearbeitungen derselben durch Pitaval und seine Nachfolger, wird es uns unmöglich, eine solche psychologische Entwicklung auch nur in einem Falle zu geben, wie Feuerbach sie fast in jedem von ihm erzählten Straffalle durchführt. Weder bei den mündlichen Verhandlungen vor den Geschworenen noch bei den schriftlichen vor den alten Parlamenten war Raum gegeben für die Vorgeschichte der Verbrecher, die für unsere Richter oft so wichtig zur Beurteilung der Frage ist, ob dem Angeschuldigten die bezichtigte Tat beigemessen werden darf.

Auch hier stoßen wir auf eine große Lücke. Es ist nicht die Frage, ob die Brinvillier einer solchen Tat fähig war, denn es ist erwiesen, sie hat dieselbe vollbracht; aber es fragt sich: Wie ist sie dazu gekommen? Welches waren die ersten Einflüsse, wer hat ihr diese Grundsätze beigebracht, um im Augenblick, wo sie zuerst dieses göttliche und menschliche Strafgesetz übertritt, in der Art der Ausführung als ein so vollkommenes Scheusal dazustehen? Galante Frauen gibt es viele, die Ehebruch begangen haben, die deshalb von ihrem Vater gescholten, von denen ihr Liebhaber entfernt wird. Aber was brachte die Brinvillier sofort zum Entschluß, darum den Vater und die ganze Familie zu vergiften? Freilich ist es in der Verbrechergeschichte ein genügendes Motiv: sie wollte Vater, Brüder und Schwester allein und so bald als möglich beerben. Aber viel, sehr viel mußte vorangegangen sein, in ihr und außer ihr, furchtbare Aufregungen, traurige Familienszenen, das moralische Gift mußte systematisch ihre Adern durchdrungen, ihre Natur erfüllt und verändert haben, daß sie so im gräßlichen Willen und in der entsetzlichen Ausdauer fertig dastehen konnte, als wir sie bei der ersten Giftmischung erblickten.
Sainte-Croix, heißt es, benutzte die Gewalt, die ihm die Liebe über seine Gebieterin gab, aus ihr ein aus allen Lastern zusammengesetztes Ungeheuer zu machen, und in der Schule dieses Bösewichts wurde sie der Abscheu, die Geißel des menschlichen Geschlechts. Damit werden wir abgespeist und auf die Taten, die folgten, angewiesen.
Sainte-Croix war bei sich einig, die ganze Familie d' Aubray seiner Rache zu opfern. Aber das erste, notwendigste Opfer war der Vater der Marquise. Der Zivilleutnant Drogo d'Aubray war ein zu strenger und lästiger Beobachter seiner Tochter und ihrer Lüste. Er hatte überdem sein Leben verwirkt durch die grausame Strenge, mit welcher er die Geliebten getrennt. Er mußte zuerst fallen, und zwar, um das Gift ätzender zu machen, durch die Hand der eignen Tochter. Doch sprach auch die Klugheit dabei mit. Der Giftmischer wollte eine vornehme, einflußreiche Komplizin haben. Wir finden keine Andeutung, daß die Marquise nur einen Augenblick gezaudert oder Anstand genommen habe. Die Tat mußte geschehen.
Der alte Aubray war ein pflichtgetreuer Arbeiter in seinem Beruf. Er hatte sich, zur Erholung von der erschöpfenden Anstrengung, auf einige Tage aufs Land begeben. Die Marquise, seine Tochter, hatte durch ihr kindliches Benehmen, ihre Aufmerksamkeit und Schmeicheleien sich wieder so vollkommen in seine Gunst zu setzen gewußt, daß er aufs neue mit väterlicher Zärtlichkeit an ihr hing. Sie war seine unentbehrliche Gefährtin bei jeder kleinen Reise geworden. Er überließ ihr alle Sorge für seine Person, die sein herannahendes Alter forderte; sie sollte aber auch sein Vergnügen und seine

Erholung teilen. So begleitete sie ihn auch diesmal nach seinem Landsitz Offemont.
Nie sah man die Marquise sorgsamer für ihren Vater als diesmal. Sie gab nicht zu, daß ein anderer als sie selbst sich mit den kleinen Besorgungen beschäftige, welche man zur Pflege für die Gesundheit einer teuern Person anwendet. Alle Suppen, die ihr Vater genoß, mußten unter ihren Augen zubereitet werden; sie legte selbst dabei Hand an, trug sie ihm selbst auf, legte sie selbst vor und war dabei, wenn er aß, ohne einen Blick von ihm zu lassen. So hatte sie jede Gewohnheit ihres Opfers studiert, bis sie den verhängnisvollen Napf, in den sie das Gift gemischt, hereintrug. Auch diesmal tat sie ihm selbst die Suppe auf den Teller, sie stand mit unerschütterlichen Zügen vor dem Vater und sah das tödliche Gift mit der Miene einer zärtlich teilnehmenden Tocher in seine Eingeweide rinnen.
Es war diesmal ein schnell wirkendes Gift versucht worden. Schon nach wenigen Minuten bekam der Vater ein heftiges Erbrechen, unerträgliche Magenschmerzen und eine Hitze, die seine Eingeweide verbrannte. Der dankbarere und leichtere Teil ihrer Rolle begann. Die Tochter war außer sich, sie ließ den Kranken keinen Augenblick aus den Augen, sie ließ niemand heran, sie allein wollte helfen und entfernte alles, was helfen konnte. Wenn eine wirkliche Unruhe sie hinter der Maske des geheuchelten Schmerzes beschlich, so war es die Furcht, daß die starke Natur des Vaters der Kraft widerstehen möchte. Diese Furcht war umsonst. Zwar wurde Herr von Aubray noch nach Paris geschafft, unterlag aber hier nach wenigen Tagen dem Gift.
Niemand ahnte oder konnte die wahre Ursache des unerwarteten Todes eines so rüstigen Mannes ahnen. Man dachte daher auch nicht daran, ihn öffnen zu lassen. Alle Welt bezeugte den betrübten Kindern eines so trefflichen Vaters ihr Beileid, und die schöne leidtragende Tochter wußte dem erkünstelten Schmerz einen solchen Anstrich von Aufrichtigkeit zu geben, daß die Freunde meinten, sie empfinde den Todesfall weit tiefer als ihre beiden Brüder und ihre Schwester.
Dies war der erste Giftmord, den die Brinvillier ausführte, wenigstens der erste, welcher später ruchbar wurde, und von dem wir annehmen können, daß er vollständig erwiesen ist. Das Gerücht sprach aber von mehreren andern Vergiftungen, welche außer den spätern, von denen wir noch reden werden, um die Zeit dieses ersten Mordes oder vorher versucht wurden. Um des Erfolges des dem Vater beizubringenden Giftes sich zu gewissern, soll sie zuerst Versuche an Tieren vorgenommen haben. Die Probe schien ihr indessen nicht genügend. Sie fürchtete, die große Verschiedenheit des menschlichen Körperbaues von dem der Tiere möge ihren Versuch unkräftig machen.

Sie vergiftete daher Zwieback, ging damit in das Hotel Dieu und teilte sie, als milde Gaben, eigenhändig unter die Armen aus. Einige Tage darauf ging sie wieder in das Hospital und erkundigte sich mit möglichster Behutsamkeit, wie sich die armen Leute befänden. Selbst das Gerücht wagt nicht bestimmt anzugeben, daß hier schon Opfer ihrer teuflischen Lust gefallen sind. Jedoch schienen auch diese Versuche der Brinvillier ungenügend. Sie konnte nicht eine tägliche Augenzeugin von den Wirkungen und Symptomen des Giftes sein. Und deshalb wählte sie ihre Kammerjungfer Françoise Roussel zum ersten Probeopfer. Sie liebkoste sie und schenkte ihr eines Tages unter dem Schein einer Wohlwollenheit einen Teller mit Johannisbeeren und einige Schnitten Schinken, die sie unter ihren Augen aufzehren sollte. Das arme Mädchen wurde zwar gefährlich krank, starb aber nicht; für die Brinvillier also eine Lehre, daß Sainte-Croix' Gift gewiß noch nicht stark genug war, um einen kräftigen Mann umzubringen.

Pitaval spricht von diesen ersten Giftversuchen als von Tatsachen; andere Schriftsteller, welche die Brinvillierschen Taten berichten, schweigen darüber oder stellen sie in Abrede.

Frau von Sevigné, eine Augenzeugin vieler Vorfälle in diesem Prozeß, aber vor einem Kriminalgericht keine unbedingt gültige Zeugin, da sie in ihren Briefen auch vieles aufnimmt und darauf schwört, was sie nur von andern gehört hat, sagt: »Die Brinvillier vergiftete Taubenpasteten, von deren Genuß verschiedene (?) starben, die sie eben umbringen wollte(?). Der Chevalier de Guet hatte eine solche feine Mahlzeit mit eingenommen und starb erst zwei oder drei Jahre hernach, infolge des Giftes. Als die Brinvillier im Gefängnis war, fragte sie: »Ob er gestorben sei?« Man sagte ihr: »Noch nicht.« Sie antwortete: »Nun so hat er wirklich ein zähes Leben.« Herr von Rochefoucauld beteuert die Wahrheit dieser Erzählung.«

Der Nachlaß des alten Aubray zersplitterte in zu viele Teile, als daß der, welcher auf die Brinvillier fiel, ihrer und ihres Genossen Habsucht genügt hätte. Der größere Teil fiel auf ihren älteren Bruder, welcher dem Vater in seinem Amt folgte; ein nicht minder ansehnlicher auf den jüngeren, welcher Parlamentsrat war. Beide mußten sterben; darin waren beide Verbündete einig. Diesmal aber übernahm es Sainte-Croix aus Galanterie, die Ausführung allein zu besorgen, ohne seine Freundin mit den weitläufigen Vorkehrungen zu behelligen. Ihrer Treue und Verschwiegenheit war er, nach dem, was geschehen war, versichert.

Sainte-Croix hatte ruchlose, ihm treu ergebene Gesellen zu seinen Diensten. Als solche erscheinen eine Art von Sekretär von ihm, namens Martin, ein in zügellosen Ausschweifungen sich ergebender Mensch von verwegenstem Charakter, der in seinen Mußestunden sich mit der Falschmünzerei zu seinem Nebenerwerb beschäftigte. Dann ein gewisser La Chaussée, ein abgefeimter Betrüger, der für Geld sich zu allem gebrauchen ließ. Letzterem, der früher als Bedienter in Sainte-Croix' Diensten gestanden, wußte die Marquise eine Bedientenstelle bei ihrem jüngern Bruder, dem Parlamentsrat, zu verschaffen. Die Brüder wußten weder von seinem frühern Dienstverhältnis, noch hatten sie auch nur eine Ahnung davon, daß ihre Schwester mit Sainte-Croix noch in einer Verbindung stand.

Der Parlamentsrat wohnte bei seinem älteren Bruder, dem Zivilleutnant. Dieser sollte zuerst aus der Welt geschafft werden. La Chaussée waren für den Fall des Gelingens 100 Pistolen und eine lebenslängliche Pension versprochen. Aber der erste Versuch wurde von ihm zu hitzig gemacht. Er brachte dem Zivilleutnant ein Glas Wein mit Wasser auf dessen Verlangen, hatte aber eine zu starke Dosis Gift hineingetan. Kaum daß Herr von Aubray das Glas an die Lippen gebracht, als er es absetzte und rief: »Schurke, was hast du mir gegeben! Ich glaube, du willst mich vergiften.« Er gab das Glas seinem Sekretär, der etwas daraus in einen Löffel goß, es kostete und sagte, es schmecke ihm bitter und röche wie Bitriol. La Chaussée verlor keinen Augenblick die Geistesgegenwart. Er ergriff schnell das Glas, besah es, goß es aus und entschuldigte sich: der Kammerdiener des Parlamentsrats habe Medizin eingenommen und er in der Eile das Glas, das dieser dazu gebraucht, ergiffen. Man begnügte sich, ihm deshalb einen Verweis zu geben, und der Vorfall wurde vergessen.

Aber der Vorsatz wurde von seiten der Bösewichter darum nicht aufgegeben. Man schritt vielmehr zu einem kecken Streich. Mit einem Schlag sollten mehrere Personen, an die man wollte, getroffen werden. Zu Anfang des April 1670 begab sich der Zivilleutnant d'Aubray auf sein Landgut nach Villequoy in der Beauce, wo er während des Osterfestes sich aufhalten wollte. Sein Bruder, der Parlamentsrat, begleitete ihn dahin, und La Chaussée ging mit. Bei einer Mahlzeit wurde hier eine Pastete aufgetragen. Sieben Personen, die davon gegessen hatten, wurden heftig krank, die übrigen, welche die Pastete vorübergehen ließen, waren wohl und munter und fühlten nicht die geringste Beschwerde. Beide Brüder gehörten zu den ersteren und litten an heftigem Erbrechen. Als sie am 12. April nach Paris zurückkehrten, sahen sie aus, als hätten sie eine langwierige und harte Krankheit ausgestanden. Wahrscheinlich ist dieser aktenmäßige Vorfall vom April 1670 derselbe, von welchem die Sevigné allgemeine Nachrichten mitteilt.

Sainte-Croix ließ sich um diese Zeit von der Marquise zwei Verschreibungen ausstellen, die eine von 30000 Livres auf seinen, die andere von 25000 Livres auf den Namen seines Sekratärs Martin. Dies war das Blutgeld, welches die Schwester für den gehofften Tod ihrer Brüder zahlte.

Sie hatte nicht voreilig mit der Bezahlung gehandelt. Der Zustand des Zivilleutnants verschlimmerte sich von Tag zu Tag. Er hatte einen unüberwindlichen Ekel vor allen Speisen, die man ihm vorsetzte, und das Erbrechen wollte nicht nachlassen. Er klagte über furchtbares Brennen im Magen, und die innerliche Hitze nahm so zu, daß er am 17. Juni desselben Jahres seinen Qualen erlag. Bei der Eröffnung des Leichnams fanden sich alle Anzeichen einer Vergiftung. Der Magen, der Zwölffingerdarm waren schwarz wie gekocht, die Leber angefressen und brandig. Der Zivilleutnant war vergiftet, aber es war niemand da, auf welchen der geringste Verdacht fiel.
Die Marquise war, während dies geschah, entfernt auf dem Lande, und Sainte-Croix berichtete ihr den Tod ihres ältesten Bruders mit der Versicherung, wenn ihn nicht alles täusche, werde ihm auch der jüngere bald auf der Reise zur andern Welt nachfolgen.
Aber des Parlamentsrats Krankheit dauerte noch volle drei Monate. Sie war von den nämlichen Symptomen wie die des Zivilleutnants begleitet, und die Herzensangst und Unruhe, welche den Unglücklichen quälte und ihn vom Sitz auf das Lager, vom Lager wieder auf und von Zimmer zu Zimmer trieb, soll alle Vorstellungen übertroffen haben. Schon bei seinen Lebzeiten mußte man auf eine Vergiftung schließen; als aber der Tod seinem jammervollen Leben ein Ende gemacht hatte, fand man bei der Leichenöffnung dieselben unzweifelhaften Kennzeichen wie bei seinem älteren Bruder. So wenig war er auf den Verdacht gekommen, daß La Chaussée der Urheber seiner Leiden gewesen, daß er ihm in seinem Testament 300 Livres vermacht hatte, welche demselben auch ausgezahlt wurden.
Dies die Wirkungen der Pastete zu Villequoy. Ob von den fünf Personen, welche außerdem davon gegessen, noch andere erkrankt und gestorben sind, oder durch welche Veranstaltung beide Brüder d'Aubray mehr als ihre Gäste davon genossen, oder ob ihnen später noch anderes Gift versteckterweise nachgereicht wurde, bleibt uns verschwiegen.
Das Gerücht von den beiden auf so verdächtige Weise erfolgten Todesfällen, welche dem des alten Aubray so bald folgten, erregte allgemeines Aufsehen und große Bestürzung. Jedermann war überzeugt, daß die Söhne und der Vater Gift erhalten hatten; nur fehlte jede Spur, welche auf einen Täter leitete. Auf Sainte-Croix konnte gar kein Verdacht fallen, denn so versteckt hatten er und die Marquise ihren Umgang fortgesetzt, daß alle ihre Bekannten der Überzeugung waren, beide wären sich längst überdrüssig und hätten sich vergessen. La Chaussée aber hatte die Rolle eines treuen Dieners mit solcher Geschicklichkeit gespielt, daß niemand auf ihn den geringsten Verdacht warf.
Indessen hatten die drei Todesfälle den Erbschaftshunger der Marquise noch

nicht gesättigt. Noch blieb eine Schwester übrig, welcher nach den Gesetzen die eine Hälfte der durch Gift eroberten Erbschaften zufiel. Auch für diese wurde Gift gemischt. Aber das Beispiel der drei so plötzlich umgekommenen Mitglieder ihrer Familie hatte sie erschreckt. Ob sie die Täterin geahnt, weiß man nicht, aber daß die Tat auch über ihrem Haupt schwebe, sagte ihr ein dunkles Gefühl. Sie war auf ihrer Hut, prüfte jeden Bissen, ehe sie ihn zum Mund brachte, und rettete auf diese Weise ihr Leben, wenigstens vor dem Gifttod. Auch sie starb und noch vor der Hinrichtung ihrer verbrecherischen Schwester; ob infolge des Schreckens und Entsetzens wird uns nicht gesagt. Das volle Maß der von der Brinvillier und ihren Gehilfen vollbrachten Giftmorde ist uns ebensowenig bekannt; denn man mag absichtlich bei der Untersuchung noch einen Schleier über der ganzen Ausdehnung des Verbrecherkomplotts ruhen gelassen haben; weniger, wie es scheint, um die Scheußlickeit desselben vor der öffentlichen Moralität zu verbergen, als um nicht noch mehr angesehene Familien zu kompromittieren. Denn, obgleich die Akten nur Sainte-Croix als eigentlichen Verbündeten und Helfershelfer der Brinvillier nennen, so bezichtigte das Gerücht doch noch mehrere vornehme Personen, welche, wenn sie auch nicht in der Giftküche mitgearbeitet, doch von den dortigen Fabrikaten Nutzen gezogen haben. Das später Erwiesene genügte dem Parlament zu dem Urteil, welches zu sprechen es nicht umhin konnte. Es beschränkte sich auf die gegebenen sicheren Anzeichen, auf die mit Bestimmtheit genannten Opfer und suchte nicht auf ungewisseren Fährten umher. Aber wenn nicht vorangegangene, so lehren uns doch nachfolgende Beispiele, daß die Begierde bei den Giftmischerinnen mit dem Erfolg wächst. Eine Tochter, welche so mit Glück und ohne die geringste Gewissensunruhe einen Vater vor ihren Augen hinsterben ließ, welche aus der Ferne sicher treffende Pfeile auf ihre Brüder schnellte und mit innerem Behagen die Berichte über ihre Qualen und ihre zunehmende Krankheit vernahm, welche, um ihren ersten Verwandtenmord zu begehen, zuvor Vergiftungsproben an Tieren, armen Leuten und Dienstboten kaltblütig anstellte, eine solche dürfte sich schwerlich bei dem Glück ihrer Operationen, gleich den Gerichten bei der Untersuchung, nur auf gewisse, höchst notwendig zu vergiftende Personen beschränkt haben. Nach allen Erfahrungen ist eine Grausamkeit dieser Art mit einem wollüstigen Kitzel verbunden, der fort und fort Befriedigung verlangt und, was als Ernst angefangen ist, als Spiel fortsetzt. Die Brinvillier war eine wollüstige Person, wollüstig im höchsten Grade; zur Wollust aber gesellte sich der aristokratische Dünkel. Wer eine treue Dienerin, wer arme Leute, an denen das christliche Mitleid Vater- und Mutterpflicht übt, für wertlose Gegenstände achtet, um an deren Leben Vergiftungsversuche zu machen, ist zu allem fähig, und das Gerücht, daß sie, nachdem das erstrebte Ziel erreicht, nicht geruht, sondern in weiteren Kreisen mit dem Gift gespielt habe, hat moralisch eine große Wahrscheinlichkeit für sich.

Die Sevigné erzählt uns, die Marquise habe auch ihrem Gemahl öfters eine kleine Dosis Gift beigebracht, nicht aus Haß oder Rache gegen den ihr gleichgültigen Mann, sondern in der Absicht, Sainte-Croix zu heiraten. Dieser aber sei mit dem, was er von der Brinvillier schon besessen und täglich einziehen konnte, vollkommen zufrieden gewesen und habe es nicht für zweckmäßig gehalten, eine solche Geliebte als Gattin zu gewinnen. Bestimmt das Glück auszuschlagen, habe er indessen, in Erwägung ihres Charakters und ihrer gewonnenen Kunstfertigkeit, ebensowenig gewagt und deshalb alle seine Kunst angestrengt, um die Giftdosen der Marquise unschädlich zu machen. So oft also die Brinvillier ihrem Gatten einen Gifttrank beibrachte, ließ er ihm schnell ein Gegengift einflößen. So wurde also dieser arme Mann von beiden Ungeheuern von einem dem andern zugeschleudert, bald vergiftet, bald entgiftet und auf diese Weise bei seinem kläglichen Leben erhalten!??

Die Entdeckung des furchtbaren Verbrecherkomplotts sollte auf eine romanhafte Weise erfolgen. Sainte-Croix war am Ziel seiner Wünsche; aber seine Tätigkeit arbeitete fort auf eine ferne Zukunft. Auch ohne bestimmte neue Zwecke betrieb er die Giftmischerei als Wissenschaft und arbeitete mit einem unverdrossenen Eifer nach Fortschritten in seiner Kunst. Die Gifte, deren Natur er studierte, und die er zu allen möglichen Gelegenheiten komponierte, waren so feiner Art, daß ein Atemzug während des Arbeitens und Kochens ihn das Leben kosten durfte. Er bediente sich deshalb in seinem Laboratorium einer gläsernen Maske, um die Ausdünstungen abzuhalten. Eines Tages aber fiel die Maske, als er über den Tiegel gelehnt stand, ab, und er starb auf der Stelle.

Die Nemesis hatte ihn ereilt, aber für ein Ungeheuer, welches so furchtbare und lange dauernde Qualen seinen Opfern bereitet, nach unserer Ansicht, in der allermildesten Art.

Der Verstorbene hatte keine Verwandten. Niemand meldete sich zum Nachlaß. Die Obrigkeit ließ ihn daher versiegeln. Bei der Anfertigung des Inventariums fand man ein Kästchen, welches der Kommissar öffnen ließ. Obenauf lag ein Auffsatz von Sainte-Croix' Hand. In demselben bat er inständigst alle, in deren Hände das Kästchen nach seinem Tode kommen möchte, ihm die Gefälligkeit zu erzeigen, dasselbe in die eignen Hände der Marquise von Brinvillier zu übergeben, indem alles, was darin befindlich, sie allein betreffe und niemandem in der Welt sonst von Nutzen sein könne. Sollte aber die genannte Dame bereits vor ihm verstorben sein, so möchte man das Kästchen

mit seinem ganzen Inhalt, ohne etwas zu eröffnen oder zu durchsuchen, auf der Stelle verbrennen. Er schwöre »bei Gott, den er anbete«, und bei allem, was am heiligsten sei, daß dies die reine Wahrheit wäre. Wer aber diesem seinem Testament zuwider handle, dem lege er es auf sein Gewissen in dieser und jener Welt zur Befreiung seines eignen. Die Schrift war unterzeichnet: »Paris, den 25. Mai 1670. Sainte-Croix.« Auf dem Kuvert stand noch: »Paket, gerichtet an Herrn Penautier, der es überliefern soll.«
Diese »unter dem Schutze Gottes und alles dessen, was am heiligsten ist« hinterlassenen Schätze enthielten, nach dem gerichtlichen Protokoll, außer mehreren mit acht verschiedenen Wappen versiegelten Papieren (welche nach einer besondern Anweisung sofort nach seinem Tode zu verbrennen wären), viele Pakete mit sublimiertem Merkur, mit kalziniertem und präpariertem Bitriol, einige Flaschen mit anscheinend klarem Wasser, auf deren Boden sich ein weißlicher Satz befand, einen Porzellantopf mit präpariertem Opium; ferner Merkur als Pulver, Höllenstein, Antimonium; ein Paket Pulver mit der Aufschrift: »das Blut der Weiber zu stillen«, ein Paket mit sechs Siegeln verschlossen und in diesem siebenundzwanzig kleine Papierpäckchen mit der Überschrift: »Verschiedene sonderbare Geheimnisse«, endlich sechs zusammengeschlagene Pakete mit nicht weniger als 75 Pfund sublimierten Merkurs, welche an verschiedene Personen adressiert waren.
Daß man hier in eine vollständige Giftvorratskammer geraten war, unterlag keinem Zweifel. Die Berichte der damaligen Sachverständigen konnten aber nicht genug ihre Verwunderung über die Art und Beschaffenheit der Gifte ausdrücken, welche alle Kenntnisse und Erfahrungen der Arzneikunde überstiegen. Diese Sainte-Croixschen Gifte entzögen sich allen Versuchen, welche man nach den Gesetzen der Chemie mit ihnen anstelle. Die Giftstoffe seien dermaßen versteckt, daß man sie nicht erkenne, und so fein, daß sie die Kunst und Einsicht des Arztes betrögen. Alle bisherigen Regeln bewiesen sich als unanwendbar und alle Erfahrungen als falsch. Die Gifte hatten die Wasser- und Feuerproben bestanden, ohne sich zu verraten; bei den Versuchen an Tieren hätten sie sich aber so künstlich verborgen, daß man nicht imstande gewesen sei, sie zu entdecken. Die Hühner, Tauben und Hunde, denen man von dem Wasser des Sainte-Croix etwas eingeträufelt, seien zwar kurze Zeit darauf gestorben; bei der Öffnung habe man aber alle Teile des Leibes gesund und frisch gefunden und nur etwas geronnenes Blut in der Herzkammer. Auch die weißen Pulver aus Sainte-Croix' Kästchen hätten eine Katze sofort zum ununterbrochenen Speien und darauf zum Tode gebracht; aber auch kein einziger Teil ihres Leibes sei vom Gift angefressen gefunden worden. Bei einer Taube habe man nur etwas rötliches Wasser im Magen gefunden.

Die Gifte des Sainte-Croix sind nicht mehr vorhanden, um auch den Chemikern unserer Zeit vorgelegt zu werden. Wir lassen deshalb die Schlüsse auf unerhörte Wunder, welche die damaligen Sachverständigen beschäftigten und verwirrten, auf sich beruhen und mögen nur mit ihnen annehmen, daß Sainte-Croix seit der Vergiftung der Familie d'Aubray Fortschritte in seiner Kunst gemacht. Die Besorgnis, welche Pitaval ausspricht, daß, mit Hilfe der zuletzt erlangten Einsichten in die Giftmischerei, die abscheuliche Rotte dem ganzen menschlichen Geschlecht den Krieg ankündigen und die Welt ungestraft entvölkern könne, ist glücklicherweise nicht in Erfüllung gegangen. Im Gegenteil hat man in neuerer Zeit, wo Giftmorde vorfielen, nichts von außerordentlichen, übernatürlichen Präparaten erfahren.
Außer der Giftapotheke enthielt das Kästchen alle von der Brinvillier an ihren Buhler geschriebenen Briefe und die Verschreibung der oben erwähnten 30000 Livres. Aus den Briefen ersah man, daß zwischen den beiden durch die Hölle Verbündeten auch öfters Zwietracht herrschte. Die Brinvillier erklärt, daß sie, des Lebens überdrüssig, selbst von dem Gift nehmen wolle, welches ihr Sainte-Croix so freundschaftlich geschickt. Doch mag die Absicht niemals ernst gewesen, sondern nur zu den Drohungen Verliebter zu zählen sein, die eine pikantere Wiederversöhnung beabsichtigten. Es findet sich keine Spur, daß sie von dem vielen Gift, über das sie gebot, bis da auch nur den Versuch gemacht, es gegen sich selbst zu gebrauchen.
Ein wichtiges Dokument, welches vielleicht für den Psychologen einen gräßlichen Aufschluß gegeben hätte, ging bei der gerichtlichen Beschlagnahme der Sainte-Croixschen Effekten leider verloren. Doch dürfen wir bei der Art, wie die Untersuchung geführt wurde, den Verlust kaum bedauern, da dieses Papier bei den furchtbaren Aufschlüssen und der Verwicklung so vieler bedeutenden Personen schwerlich bekannt gemacht worden wäre. Im Kabinett des Verstorbenen fand sich nämlich ein kleines, zusammengerolltes Paket Schriften, worauf die Worte standen: Meine Beichte. Das Kästchen mit den Giften war noch nicht eröffnet; Sainte-Croix galt damals als unbescholtener Mann. Der Kommissar und die gegenwärtigen Gerichtspersonen vermeinten, auf eine Beichte keinen Anspruch zu haben, und verbrannten sofort alle diese Papiere.
Der Kommissar Picard rechtfertigte sein Verfahren später in einem umständlichen Bericht an das Parlament. Vor einem deutschen Gerichtshof möchte er damit schwerlich zu Recht bestanden haben. Auch kann man, wie die Sachen stehen, nicht die Vermutung unterdrücken, daß es in anderer, nach dem Obigen leicht erklärlicher Absicht geschah.
Der Marquise kam die Trauerpost von Sainte-Croix' Tod und der Versiegelung seiner Effekten zu gleicher Zeit. Sie wußte um das Kästchen. Dies allein

war ihre Sorge; denn die Leidenschaft für den Geliebten war nach einem Verkehr, wie der zwischen ihnen bestandene, erloschen. Wo zwischen zwei Verbrechern jeder sich freuen muß, wenn durch den Tod des andern ein furchtbarer Zeuge wider ihn selbst abgerufen wird, und wo beide sich so genau kennen, und demnach jeder Teil sich gewärtigen kann, daß ihn der andere durch einen Gifttrank überlistet, kann wohl von Gefühlen der Liebe, nach den Gesetzen der Natur, nicht mehr die Rede sein.

Bei Nachtanbruch wo Sainte-Croix' Sachen versiegelt worden, eilte die Brinvillier zum Kommissär Picard. Der Schreiber desselben, Pierre Frater, empfing sie, ließ sie aber nicht zu seinem Herrn, weil dieser schon im Bett liege. Sie bat ihn darauf, er möge nur hineingehen und für sie um das Kästchen aus Sainte-Croix' Nachlaß bitten, welches ihr eigentümlich gehöre. Picard ließ aber hinaus antworten, er schlafe schon, und die Brinvillier entfernte sich, indem sie hinterließ, sie werde morgen einen Diener danach schicken, der es abholen solle.

Es verstrichen mehrere Tage, und die Brinvillier mühte sich umsonst ab, das Kästchen zu erhalten. Ein gewisser Cluet, der als ein Hauptzeuge in dem Prozeß wider sie auftrat, will bei dieser Gelegenheit allerhand Verdächtiges von ihr gehört haben. Sie habe geäußert, ihr ältester Bruder, der Zivilleutnant, sei ein grundschlechter Mensch gewesen, und wenn sie gewollt, hätte sie ihn längst können umbringen lassen. Mit Sainte-Croix sei sie nur deswegen glimpflich verfahren, um ein Kästchen herauszubekommen, und würde auch jetzt nach seinem Tode noch 50 Louisdor darum geben, da Sachen von Folgen darin wären, welche sie beträfen. Als er, Cluet, ihr darauf gesagt, man munkele, daß der Kommissar Picard sonderbare Sachen darin gefunden, sei ihr die Röte ins Gesicht gestiegen, und sie habe sogleich angefangen, von andern Dingen zu reden. Nun habe er darauf angespielt, daß sie wohl selbst an den Giftmischereien könne teilgenommen haben. Darauf habe sie in sichtbarer Verwirrung und Ängstlichkeit geantwortet: »Warum ich?« Augenblicklich aber habe sie wieder von Sainte-Croix' Nichtswürdigkeit zu sprechen angefangen und versichert: wenn sie nur das Kästchen bekommen könne, würde sie ihn haben aufhängen lassen.

Als die Marquise einsah, daß sie, aller Verwendungen ungeachtet, das Kästchen nicht heraus erhielt, und ihre Angelegenheiten immer schlimmer wurden, flüchtete sie über die Grenze nach Lüttich.* Zugleich aber ließ sie durch ihren Sachwalter einen Protest gegen die Beschlagnahme des Kästchens und etwaige Folgerungen daraus einlegen, indem in demselben ein ihr durch List

---

* Sie floh zunächst nicht nach Lüttich, sondern nach London, und zwar erst nachdem La Chaussée am 4. September verhaftet worden und ihre Schwägerin, die Witwe ihres Bruders, als Klägerin gegen sie aufgetreten war.

und Überraschung abgelocktes Versprechen einer Summe von 30000 Livres sich befinde, wogegen sie gehört zu werden verlange, um es für null und nichtig erklären zu lassen.

Die Anzeigen gegen den verstorbenen Sainte-Croix waren dringender Art, auch der Verdacht gegen die Marquise stieg. Dennoch fehlten noch solche Umstände, welche eine gerichtliche Verfolgung gegen sie rechtfertigten. Da trat plötzlich La Chaussée selbst mit einer Kühnheit, die an Frechheit grenzte, auf und gab den Richtern Licht genug, um, ohne weiteres Bedenken, nach aller Strenge zu verfahren. Er meldete sich beim Kommissar und widersetzte sich der Versiegelung. Er sei bei dem Verstorbenen sieben Jahre in Dienst gewesen und hätte ihm 100 Pistolen und 100 Taler Silbergeld aufzuheben gegeben, die sich in einem Beutel von Leinwand hinter dem Fenster des Kabinetts finden müßten. Auch würde man ein schriftliches Bekenntnis Sainte-Croix', daß ihm, La Chaussée, das Geld angehöre, dabei antreffen. Außerdem eine Zession über die 300 Livres, die er von dem verstorbenen Parlamentsrat d'Aubray als Vermächtnis erhalten, ausgestellt auf einen gewissen La Serre, wogegen dabei drei Quittungen von seinem Lehrherrn, jede über 100 Livres, lägen. Dieses Geld und die besagten Papiere forderte La Chaussée für sich zurück. Alle diese Umstände hatten ihre Richtigkeit. La Chaussée mußte also in dem Kabinett, in das aller Wahrscheinlichkeit nach nur Sainte-Croix' allervertrauteste Freunde eindringen durften, Zutritt gehabt haben. Wer aber in solcher Vertraulichkeit mit dem Giftmischer gelebt, hatte den dringenden Verdacht wider sich, in seine Verbrechen verwickelt zu sein. Außerdem zeigte La Chaussée, als er von den Entdeckungen erfuhr, sich sehr bestürzt. Ein Haftbefehl wurde gegen ihn erlassen, und bei seiner Gefangennahme fand man auch bei ihm Gift.

Bei der gegen ihn eröffneten Untersuchung kamen nun sehr viel Umstände zur Sprache, welche den gegen die Marquise schwebenden Verdacht zur Anklage steigerten.

Ein Lehrbursche beim Apotheker Glaser, welcher letztere später in die Untersuchung mit verwickelt wurde, hatte mehrmals eine Dame an Sainte-Croix' Hand zu seinem Herrn kommen sehen. Der Bediente derselben habe ihm gesagt, daß es die Marquise von Brinvillier sei; auch hätte derselbe gegen ihn geäußert: er wolle seinen Kopf verwetten, wenn sie nicht darum komme, um sich Gift machen zu lassen. Ihre Equipage hätte sie immer in ziemlicher Entfernung von der Apotheke halten lassen.

Eines Apothekers Tocher, Amande Huet, welche öfters in das Haus der Brinvillier kam, sah die Marquise eines Tages ziemlich berauscht in ihr Kabinett kommen. Dort zog sie, in diesem Zustand, eine Büchse aus ihrer Schatulle, zeigte sie der Zeugin und sagte dabei: Hierin verwahre sie ein

Mittel, sich an ihren Feinden zu rächen; auch sei es ein gutes Sukzessionspülverchen. Sie, die Zeugin, hätte sogleich bemerkt, daß es sublimierter Merkur gewesen. Nach sieben bis acht Stunden, als die Marquise ihren Rausch ausgeschlafen, habe sie zwar geäußert, das seien nur Reden in den Wind gewesen, hätte ihr aber doch ein unverbrüchliches Stillschweigen anempfohlen. Die Schatulle hätte die Brinvillier mit der äußersten Sorgfalt gehütet, auch ihr, der Huet, anempfohlen, dieselbe, wenn sie unerwartet sterben solle, ins Feuer zu werfen. Auch habe die Brinvillier oft geäußert: Man wisse schon Mittel, sich widerwärtige Leute vom Halse zu schaffen; man dürfe ihnen nur eine Pistolenkugel in einer Brühe durch den Leib jagen. Den La Chaussée hatte sie oft in vertraulichem Gespräch bei der Marquise getroffen. Einmal hatte sie ihm auf die Backe geklopft und gesagt: »Das ist doch ein braver Junge, er hat mir gute Dienste geleistet.«

Eine Demoiselle Villeron hatte nach dem Tod des Zivilleutnants d'Aubray den Bedienten La Chaussée und die Marquise allein und in großer Vertraulichkeit beieinander getroffen. Zwei Tage nach dem Tod des Parlamentsrates hatte sie ihn ebenfalls wieder bei derselben gesehen, und als der Sekretär des Verstorbenen gemeldet wurde, habe die Brinvillier den La Chaussée schnell hinter ihr Bett versteckt. La Chaussée räumte auch den Umstand bei seinem Verhör ein. Er habe den Tag nach dem Tode seines Herrn, des Parlamentsrates, einen Brief von Sainte-Croix an die Marquise tragen müssen. Bei dieser Gelegenheit sei er von dem Sekretär seines verstorbenen Herrn überrascht worden und habe sich deshalb in der angegebenen Art verstecken müssen.

Der erwähnte Cluet hatte schon vor dem Tod der beiden Brüder d'Aubray zur Brinvillier gesagt: wenn die Herren wüßten, daß La Chaussée früher in Sainte-Croix' Diensten gestanden, würden sie ihn ohne weiteres fortjagen, worauf die Marquise hastig geantwortet habe: »Sagen Sie ja nichts davon meinen Brüdern. Sie prügelten ihn aus dem Hause. Und ich sähe es doch lieber, daß er etwas verdient als ein anderer.«

Nach einigen Zeugen sollte La Chaussée während der Krankheit seines Herrn, außer andern rohen Äußerungen, höhnisch gesagt haben: »Er zehrt nach und nach recht fein aus« und : »Er macht uns Arbeit genug; ich weiß nicht, wann er endlich einmal bersten wird.«

Die Ermittlungen genügten nicht, um La Chaussée zum Tod, wohl aber um ihn zur Folter zu verurteilen. Schon bei den ersten Graden bekannte er alles : daß er nur nach Sainte-Croix' Anweisung verfahren, durch Verheißung großer Belohnungen von demselben angelockt; daß beim erstenmal, als er Gift für beide Brüder d'Aubray erhalten, Sainte-Croix ihm gesagt, er erhalte es im Namen der Marquise von Brinvillier, daß jener aber, nachdem die Brüder vergiftet worden, gleich anders und ihm gesagt habe: die Brinvillier wisse nicht darum, daß er, La Chaussée, aber dennoch an deren Mitwissenschaft und Miturheberschaft glaube, weil sie mit ihm beständig von Giftmischerein geredet und ihn nach vollbrachter Tat hätte bereden wollen, die Flucht zu ergreifen. Bezüglich der Art der Vergiftung selbst, sagte er aus, daß er von dem rötlichen Wasser des Sainte-Croix dem Zivilleutnant in Wasser und Wein gemischt, von dem hellen Wasser aber in die Pastete zu Villequoy geschüttet habe. Endlich sei Sainte-Croix' ganzes Bestreben darauf gegangen, die jüngere Schwester der Brinvillier, die Demoiselle d'Aubray, auch zu vergiften, die aber, entweder durch die Gunst der Umstände oder durch Verdacht und Gegenmittel dem drohenden Schicksal entging. – Doch hätte, beiläufig erwähnt, diese Demoiselle d'Aubray ihre Schwester, die Marquise, bei deren Flucht mit Geld unterstützt.

Hierauf wurde La Chaussée (am 24. März 1673) überführt, beide Gebrüder d'Aubray durch Gift aus der Welt geschafft zu haben und verurteilt, gerädert und aufs Rad geflochten zu werden; zugleich aber wurde gegen die Brinvillier in contumaciam auf Enthauptung erkannt.

Man schritt in französischer Weise zur vorläufigen Hinrichtung des einen Teilnehmers am Verbrechen, den man in Händen hatte – La Chaussée wurde auf dem Grèveplatz gerädert – und behielt sich die Vollstreckung des andern Teils des Erkenntnisses vor, bis man der andern habhaft würde.

Die Brinvillier lebte außer Frankreichs Grenzen in Lüttich.* Zwar schauderte jedermann in Paris beim Namen der ruchlosen Mörderin; aber Lüttich war nicht Paris, und was hier jeder wußte und glaubte, wurde nicht durch tägliche Zeitungen nach den Niederlanden und Deutschland getragen. Sie fand nicht einmal nötig, ihren Namen zu ändern. Von einem allgemeinen Kartell zur Auslieferung der Verbrecher war nicht die Rede, ebensowenig befaßten sich damit die diplomatischen Verhandlungen; man überließ denjenigen, die es anging, sich darum zu kümmern und zu sehen, wie es ihnen glücke. Die Brinvillier hielt sich in den Mauern der damaligen deutschen Reichsstadt in völliger Sicherheit vor den Armen der französischen Gerechtigkeit.

Aber ein so außerordentlicher Fall fordert außerordentliche Anstrengungen. Man schickte einen Gefreiten der berühmten Marechaussée** mit mehreren Gerichtsdienern von Paris nach Lüttich, um auf jede Weise die Verbrecherin zu verhaften. Doch sollte es kein offenbarer Menschenraub werden, sondern

---

* Sie war zunächst nach London geflohen, und erst die Verhandlungen, die zwischen der französischen und englischen Regierung über ihre Auslieferung stattfanden, veranlaßten sie, sich nach den Niederlanden zu begeben. Sie lebte in Cambrai, Valenciennes, Antwerpen und Lüttich und wußte sich fast vier Jahre lang ihren Verfolgern zu entziehen.

** Eine militärisch organisierte französische Polizeitruppe.

man gab der in unsern Augen seltsamen Gesandtschaft ein königliches Schreiben an den Rat der Sechziger in Lüttich mit, worin Ludwig die Auslieferung der fürchterlichen Verbrecherin verlangte. Zugleich war dem Schreiben ein Auszug der Akten beigefügt, um den Rat von der Lage der Dinge und der Gefährlichkeit der Verbrecherin in Kenntnis zu setzen.
Die Sechziger entschieden sich auch sogleich dafür, der französischen Requisition Folge zu leisten. Statt aber, wie wir es nach unsern Verhältnissen erwarten, selbst ihre Autorität anzuwenden und die Verbrecherin zu verhaften, behandelte man die Sache als eine Privatangelegenheit und Fehde zweier Parteien; man begnügte sich damit, dem Gefreiten der Marechaussée die Erlaubnis zu erteilen, die Marquise zu verhaften, und überließ es ihm auf gut Glück, wie es ihm gelinge.
Aber die Pariser Polizei hatte den rechten Mann nach Lüttich gesandt. Der Sergeant Desgrais handelte, wie es vielleicht nur ein französischer Polizeibeamter kann, und erwarb sich durch die Verhaftung der Marquise einen Ruhm, der in den Pariser Salons dem der Brinvillier an die Seite kam. Er blieb durch lange Zeit das Tagesgespräch, der Gegenstand der Mode und des Schreckens.
Die Marquise hatte sich in ein Kloster geflüchtet. Trotz der Ermächtigung seitens der Sechziger wagte Desgrais nicht, sie dort zu verhaften. Eine offene Gewalttat gegen ein heiliges Asyl hätte in der bigott katholischen Stadt leicht einen Aufruhr erregt und ihm wahrscheinlich seine Beute entzogen.
Desgrais steckte sich in ein geistliches Habit und machte als ein galanter Abbé der Marquise seine Aufwartung. Er gab vor, er komme aus Frankreich und hätte nicht durch Lüttich gehen wollen, ohne eine durch ihre Schönheit so sehr als durch ihre Unglücksfälle berühmte Dame zu sehen. Er führte die angenehmste, geistreichste Konversation. Vielleicht wirkte die lange Entbehrung bei der Marquise mit. Sie war entzückt, wieder mit einem echten Pariser sich unterhalten zu können; ihr Scharfblick entdeckte unter den angelernten Floskeln der Galanterie nicht die angeborenen Kraftausdrücke des Polizeigefreiten, und die forschend lüsternen Blicke erschienen ihr nur als die der Liebe und Bewunderung. Desgrais spielte seine Rolle so gut, daß er schon bei der ersten Unterredung von Liebe reden durfte. Die Marquise hatte während ihrer Verbannung die Freuden derselben keineswegs entbehrt; aber ein Liebesverhältnis mit einem feinen Pariser erschien ihr wieder als eine pikante Erholung nach einem so langen Aufenthalt im Lande der Barbaren. Doch ist ein Kloster für vertraute Zusammenkünfte Liebender ein unbequemer Ort. Desgrais schlug eine Spazierfahrt aufs Land vor. Der Vorschlag wurde gern angenommen. Aber kaum war man aus der Stadt in einer einsamen Gegend angelangt, als der Liebhaber die Maske fallen ließ, und der Abbé

sich in einen unerbittlichen Diener der Gerechtigkeit verwandelte. Statt die schöne Sünderin in seine Arme zu nehmen, übergab er sie denen seiner Häscher.* Unter allen Enttäuschungen und Widerwärtigkeiten scheint die Brinvillier keine tiefer und schmerzlicher empfunden zu haben als diese. Sie mochte das Ende ihres Freundes Sainte-Croix für ein glückseliges erachten. Er starb in seinem Beruf und eines raschen Todes. Sie, mit allem Fluch der Schuld belastet, verfiel durch die Art, wie sie sich täuschen ließ, noch dem entsetzlichsten Fluch, der eine Pariserin treffen kann, der Lächerlichkeit und der Verachtung zugleich.

Desgrais ging sorgsamer zu Werke als der Kommissar Picard. Kraft einer Order der Sechziger drang er jetzt in das Kloster und durchsuchte alle Effekten der Gefangenen, ohne sich von ihren dringenden Bitten bewegen zu lassen, ihr eine Schatulle oder wenigstens ein Papier, das sie ihre Beichte nannte, herauszugeben.

Noch gab sich die Brinvillier nicht verloren. Nicht aller Männer Herzen waren so fest wie das des unerbittlichen Polizeisergeanten. Während ihres Aufenthaltes in Lüttich hatte sie ein Liebesverhältnis mit einem gewissen Theria angeknüpft. Der Belgier scheint von einer romantischen Leidenschaft für die schöne Frau ergriffen gewesen zu sein; denn sie traute ihm kühne Taten zu, und er unternahm auch vieles zu ihrer Rettung.

Aber die große Intrigantin fiel aufs neue in ihre eignen Stricke. Sie glaubte, durch Geld und ihren Liebreiz einen der Häscher bestochen zu haben, ihre Briefe an Theria zu besorgen; doch von allen dreien, welche sie an ihn richtete, kam auch kein einziger an seine Bestimmung. Auch der Häscher war unbestechlich und setzte die Rolle seines Herrn gegen die Marquise fort. In dem ersten Brief forderte sie Theria auf, sie sobald er könne aus Desgrais' Klauen zu befreien. Im zweiten gab sie ihm die Mittel an. Er solle sie auf dem Weg überfallen. Mit fünf entschlossenen Leuten könne er die acht Häscher zwar nicht überwältigen, doch so auseinanderjagen, daß sie Gelegenheit zur Flucht fänden. Im dritten beschwor sie ihn mit den rührendsten Worten und aller Versicherung der Zärtlichkeit, wenn er sich nicht getraue, sie selbst zu befreien, solle er wenigsten auf ihre Kutsche einen Angriff machen, die Pferde totstechen und sich in der Verwirrung schnell der Schatulle bemächtigen. Denn wenn dies nicht geschähe, wäre sie verloren.

Theria hörte nichts von diesem Hilferuf, und doch erschien er. Er war in

---

* Die Verhaftung der Brinvillier erfolte am 25. März 1676, doch ist die Art, wie sie sich vollzogen haben soll, sagenhaft ausgeschmückt. Sie wurde von dem politischen Agenten Frankreichs in den Niederlanden, namens Descarrières, vorgenommen, und dieser schrieb am folgenden Tage an den französischen Minister Louvois: »Ich habe es so einzurichten gewußt, daß der Gefreite Desgrais als Privatmann bei der Verhaftung zugegen war.«

Maastricht, als der Transport durch die Stadt kam. Er versuchte, die Häscher zu bestechen und bot ihnen endlich, wenn sie die Marquise entschlüpfen ließen, 1000 Pistolen. Es war vergebene Mühe.
Als die Brinvillier sah, daß von dieser Seite alle Hoffnung umsonst war, wollte sie sich selbst das Leben nehmen. Sie wollte eine Nadel verschlucken. Einer ihrer Wächter bemerkte es und hinderte sie daran.
Sie betrat das französische Gebiet. Aber so bedeutend war ihr Einfluß, so sehr fürchtete man ihre Kabalen und ihre bekannten und unbekannten Verbindungen, daß das Parlament, welches sich selbst, oder wenigstens einige seiner Mitglieder nicht kannte, ihr eine Untersuchungskommission entgegenschickte, um sie sogleich an der Grenze vernehmen zu lassen, bevor sie neue Intrigen spielen lasse oder mit Hilfe ihrer Freunde eine neue Rolle einstudiere. Der Parlamentsrat Pulluan hielt deshalb schon in Rocroy das erste Verhör mit ihr ab.* Sie leugnete hier alles ab, wollte von den Briefen, die sie nach ihrer Verhaftung geschrieben, nichts wissen und ebensowenig die Schatulle des Sainte-Croix kennen. Was die Verschreibung der 30000 Livres an den letzteren betreffe, so sei dies nur ein Scheingeschäft gewesen. Sie hätte ihn wollen unter ihren sie drängenden wahrhaften Gläubigern mit auftreten lassen, um diese zur Beilegung des gerichtlichen Verfahrens zu bewegen. Er hätte ihr auch einen Gegenschein gegeben, der aber auf dem Weg verloren gegangen sei.
Kaum in Paris angelangt und ins Parlamentsgefängnis gebracht, schrieb sie dringende Briefe an einen bedeutenden und reichen Mann, daß er ihr raten und sein Ansehen zu ihren Gunsten verwenden möchte. Dies war Herr Penautier, der als Rentmeister bei den Ständen und der Geistlichkeit von Languedoc, zwei sehr einträglichen Ämtern, im Überfluß schwamm und durch seine kostbare Mittagstafel, an welcher er die ersten Männer Frankreichs bewirtete, große Bekanntschaften und viel Einfluß hatte. Sie sprach in den Briefen offen von der Gefahr, die ihr drohe, auf dem Schafott zu sterben, und teilte ihm mit, wie sie sich in dem Prozeß benehmen, daß sie nämlich nichts bekennen, sondern alles ableugnen werde. Penautier konnte ihr nicht helfen, denn alle diese Briefe wurden aufgefangen, und der Rentmeister, der gern den Gönner und Beschützer spielte, hatte alle Hände voll zu tun, um nur den dringenden Verdacht, welcher auf ihn selbst sowohl aus diesen Briefen als aus dem Umstand fiel, daß Sainte-Croix in seinem Vermächtnis ihn als Mittelsperson zwischen sich und der Brinvillier genannt hatte, von sich abzuwenden.
Sie affektierte im Gefängnis die vollkommenste Gemütsruhe, unterhielt sich

* Das erste Verhör, das Palluan mit der Marquise abhielt, ist von Mèziéres den 17. April 1676 datiert.

mit Lebhaftigkeit von gleichgültigen Dingen und spielte, so oft sie Gesellschaft fand, Pikett. Doch hatte sie bei sich ihre Sache bereits verloren gegeben und sann nun auf Mittel, der Schmach einer öffentlichen Hinrichtung zu entgehen. Die Akten berichten von einem furchtbaren Versuch, den sie deshalb gemacht und der wenigstens von der Kraft der Selbstverleugnung dieser Frau spricht. Da ihr alle scharfen Werkzeuge genommen waren und selbst ein Strick ihr gefehlt zu haben scheint, verschaffte sie sich eine Klistierspritze mit einer langen Röhre, wie sich die Französinnen derselben ohne Beihilfe einer andern Person bedienen, und wollte sie so weit in den Leib stoßen, um die Eingeweide damit zu durchstechen. An dieser grausamen und doch zweifelhaften Operation wurde sie indessen, eben wie früher an dem Verschlucken der Nadel, gehindert.

Unter den aufgefundenen Papieren erschien dasjenige, welches die Aufschrift führte: »Meine Beichte« und die genaueste Erzählung ihres geheimen Lebenswandels enthielt, als eines der schlagendsten Beweisstücke wider sie. Doch hat man uns mit den näheren Details dieses Aktenstückes nicht bekannt gemacht; zum Teil wohl deshalb, weil man aus denselben religiösen Rücksichten, welche den Kommissar Picard die Sainte-Croixsche Beichte verbrennen ließ, derselben alle gerichtliche Beweiskraft absprach. Doch können auch wir uns nicht aller Zweifel über die Echtheit und Vollkommenheit dieses unjuristischen Bekenntnisses erledigen, da selbst Pitaval, dem doch alle Quellen deshalb zu Gebote standen, uns statt eines authentischen Auszugs, auf die Mitteilungen der Sevigné darüber verweist, obwohl er dabei hinzufügt: daß diesmal die Sevigné die reine Wahrheit schreibe, ja sogar nicht einmal alles Schändliche aufgenommen habe. Schon im Eingang erklärt sich die Brinvillier »für eine Mordbrennerin, indem sie in einem Hause Feuer angelegt habe; dann, daß Ausschweifungen aller Art ihre gewöhnlichen Beschäftigungen gewesen, und sie sich, zügellos, in allen Unordnungen der Wollust und Völlerei herumgewälzt habe.« Schon im siebenten Jahre habe sie ihre Jungfernschaft verloren (Worte der Sevigné) und sei alsdann im nämlichen Ton fortgefahren; sie habe ihren Vater, ihre Brüder und eines von ihren Kindern vergiftet und selbst Gift zu sich genommen, um mit einem Gegengift einen Versuch zu machen. Medea selbst habe es nicht so weit getrieben. – Sie habe die Beichte für ihre Handschrift erkannt, was ein sehr dummer Streich gewesen (!), doch eben gebe sie vor, den Aufsatz im hitzigen Fieber geschrieben zu haben, es wäre Unsinn, rasendes Zeug, das man nicht ohne Lachen lesen könne.

Bei den gerichtlichen Verhören leugnete die Brinvillier entweder alles oder erklärte, sie erinnere sich nicht. Letzteres geschah bei so vielen Umständen und so bestimmten und nahe liegenden, deren sie sich erinnern mußte, daß schon daraus allein ein dringender Verdacht gegen sie erwachsen wäre. So wollte sie sich nicht erinnern, ob Sainte-Croix sie beredet habe, ihren Vater zu ermorden! Auch nicht, ob Sainte-Croix ihr Pulver und Spezereien gegeben, oder daß er zu ihr gesagt hätte, er wisse Mittel, sie reich zu machen. Auf acht ihr vorgelegte, verfängliche Briefe erinnerte sie sich nicht, an wen sie dieselben geschrieben. Aus Frankreich wollte sie nur wegen gewisser Händel mit ihrer Schwägerin geflohen sein. Als sie die Beichte geschrieben, wäre ihr Gemüt ganz zerrüttet gewesen; sie hätte, entblößt in einem fremden Land von allem Nötigen, oft nicht gewußt, was sie tue und was sie schreibe. In Fieberhitze und Wahnsinn habe sie alle die sogenannten Bekenntnisse zu Papier gebracht. Sie wisse nichts vom Feuer, das sie bekenne angelegt zu haben, nichts von der Vergiftung von Vater und Brüdern, die sie bekenne, nichts von der Absicht gegen das Leben ihrer Schwester. Sie wisse nicht einmal die Zeit, wann sie ihre sogenannte Beichte geschrieben usw.

Daß man aus diesen Antworten die Seele der Marquise ganz durchschauen müsse, wäre, wie Pitaval meint, wenigstens in der mangelhaften Art, wie die Antworten mitgeteilt werden, doch eine Forderung, welche die psychologische Katechisierkunst überschritte. Aber allerdings kann man nach den Mitteilungen glauben, daß die Wahrheit, die sie unterdrücken will, sie drängt und oft wider ihren Willen hervorbricht. Es mag sich das trotzige und verzagte Herz einer Frau zeigen, die, ohne zu zittern, die schwärzesten Verbrechen begeht, so lange sie verborgen zu sein glaubt und keine Strafe zu befürchten hat, die aber auch alle Fassung verliert, sobald der Richter seine Augen auf sie heftet. Sie hatte den Plan gemacht, alles zu leugnen, aber die Furcht benahm ihr die Überlegung, und wider ihren Willen gab sie Antworten von sich, die den völligen Anstrich der Wahrheit hatten, die sie doch verhehlen wollte. Wie hätte eine vollkommen Unschuldige antworten können: sie wisse nicht, daß sie ihren Vater und ihre Brüder vergiftet hätte. Von der Sprache der Entrüstung ist keine Spur da; sie hat vielmehr nicht Kräfte genug, sich hinter eine bestimmte Verwirrung zurückzuziehen, verwirrt, weiß sie sich mit nichts mehr als der Unwissenheit zu behelfen!

Ein ausgezeichneter Advokat jener Zeit, Nivelle, berühmt wegen seiner Gelehrsamkeit und Talente und geschätzt wegen seiner Rechtlichkeit, übernahm die Verteidigung der Giftmischerin und führte sie mit einem Eifer, der einer besseren Sache wert gewesen wäre. Der Hauptinhalt seiner Verteidigunsschrift, die Nivelle auch drucken ließ, zerfällt seinem Wesen nach in zwei Hauptteile. Er räumt die verdammungswürdige Leidenschaft der Brinvillier zu Sainte-Croix ein, sucht aber darzutun, daß dieser ruchlose Bösewicht die Giftmorde allein und zu eigenen Privatzwecken begangen und die Marquise teils getäuscht, teils dem Anschein nach in die Sache verwickelt habe, um im schlimmen Fall die Last der Schuld auf ihre Schultern ganz oder zum Teil abzuwälzen. Dann aber sucht er mit einem Aufwand von Gelehrsamkeit und Zitaten aus der Geschichte darzutun, daß die Gerichte auf die Selbstbekenntnisse der Brinvillier, welche sie unter dem Namen ihrer Beichte zu Papier gebracht, gar nichts geben dürften, indem die Heiligkeit der Beichte, und alles dessen, was damit in Verbindung stehe und als solche ausgelegt werden könne, so groß sei, daß selbst ein sonst richtiges Strafurteil, welches nur aufgrund eines Bekenntnisses durch die Beichte gesprochen worden, seine Gültigkeit verliere; weil die Heilighaltung dieses Sakramentes für das Wohl des Ganzen von bei weitem größerer Wichtigkeit sei als die Bestrafung eines einzelenen Verbrechers.

Auch Pitaval scheint auf dieses letztere Argument ein Gewicht zu legen, welches ein deutsches Gericht, auch in katholischen Ländern, schwerlich anerkennen würde. Denn wenn auch die Beichte heilig ist, abgelegt in das Ohr des Priesters, dergestalt, daß dieser, kraft der Weihe seines Amtes, den Inhalt nicht verraten darf, so ist doch schwerlich auch alles das heilig, was ein Sünder zu Papier bringt, und darüber die Überschrift setzt: Meine Beichte. Wenn ein solches Papier in die Hände des Kriminalrichters kommt, so wird es freilich höchstens nur als ein außergerichtliches Bekenntnis angesehen werden, was allein zu keiner Verurteilung ausreicht; aber jeder Richter wird die Befugnis und die Pflicht haben, den in dieser sogenannten Beichte angegebenen Tatsachen nachzuforschen. Wenn auch Pitaval meint, daß diese Beichte vom Parlament nicht als ein Beweis mit angesehen worden ist, so hat sie das Parlament doch, aller Wahrscheinlichkeit nach, so benutzt, als es jeder deutsche Untersuchungsrichter getan haben würde, nämlich als Leitfaden zur kriminalistischen Untersuchung. Es vernahm die Brinvillier und viele Zeugen über die einzelnen in der Beichte zur Sprache gebrachten Punkte.

Interessanter als diese juristische Frage über die gerichtliche Beweiskraft der Beichte wäre für uns die psychologische: Wie kam ein so ruchloses Weib wie die Brinvillier dazu, ihre Beichte aufzuschreiben? Stachelte sie das Gewissen dazu im Augenblick der Not? War ihr Gemüt bei der Flucht aus Frankreich in der Tat in so großer Angst und Verwirrung, daß sie vor dem Allmächtigen und sich selbst zitterte, sie, die nicht gezittert hatte, als sie dem eignen Vater den Gifttrank reichte? Und wenn es sie zur Beichte trieb, weshalb zu der gefährlichen mit Tinte und Feder auf Papier? Weshalb beichtete sie nicht in den dunkeln Winkeln eines Domes in das Ohr eines Priesters? Fürchtete sie den Verrat, oder, wie der Pariser Witz sagte, daß sie, bei der Unmasse ihrer Verbrechen, besorgt gewesen, sie könne das eine oder andere vergessen?

Das Parlament erkannte, daß der Tatbestand des Verbrechens vollkommen feststehe, indem die Vergiftung der zwei Brüder d'Aubray durch den Bericht eines Arztes, eines Wundarztes und eines Apothekers ermittelt worden waren, und wenn man die Aussagen sämtlicher Zeugen betrachte und mit den eignen Aussagen der Marquise vergleiche, so ergebe sich daraus, daß Sainte-Croix und die Marquise beide Mordtaten mit Hilfe des La Chaussée vollbracht hatten. Das Strafurteil wurde darauf am 16. Juli 1676, bei Versammlung der großen Kammer und der Kriminalkammer des Parlaments über die Maria Magdalena d'Aubray, Marquise von Brinvillier, dahin gesprochen: »Daß sie für überführt und überwiesen zu erachten ist, ihren Vater, Drogo d'Aubray, und ihre zwei Brüder, Anton d'Aubray, Requetenmeister und Zivilleutnant zu Paris, und Herrn d'Aubray, Parlamentsrat, mit Gift ums Leben gebracht, auch ihrer verstorbenen Schwester, Therese d'Aubray, nach dem Leben getrachtet zu haben. Daß sie, zur wohlverdienten Strafe, auf einen Karren, mit bloßen Füßen, einen Strick um den Hals und in der Hand eine brennende Kerze, zwei Pfund schwer, an die Tür der Hauptkirche von Paris gebracht werden und daselbst dergestalt Kirchenbuße tun solle, daß sie auf ihren Knien zu bekennen habe, sie habe aus Ruchlosigkeit, Rachsucht und Geldgier Angehörige vergiftet oder ihnen nach dem Leben getrachtet. Demnach solle sie auf den Grèveplatz abgeführt und ihr daselbst auf einem dazu errichteten Schafott der Kopf abgehauen, der Körper verbrannt und die Asche in die Luft gestreut werden. Ehe diese Strafe jedoch an ihr vollstreckt werde, solle sie auf die ordentliche und außerordentliche Folter gebracht werden, um ihre Mitschuldigen anzugeben.« Außerdem folgten die gewöhnlichen Geldbußen und daß sie der Erbfolge in das Vermögen der Ermordeten für verlustig erklärt werde.

Über ihr Benehmen nach der Publikation des Urteils sind die Nachrichten verschieden. Nach einigen Berichten soll sie nur so lange hartnäckig geleugnet haben, als sie glaubte, den Richtern ein Blendwerk vormachen zu können, und sie habe sogleich nach der Verlesung des Urteils ein offenherziges Bekenntnis abgelegt. Die Sevigné schreibt, sie sei gestorben, wie sie gelebt habe, nämlich entschlossen. Das Urteil hätte sie zwar ohne Zeichen von Furcht angehört, aber gegen das Ende gebeten, man möchte es wiederholen, denn der verzweifelte Karren sei ihr gleich anfangs so in den Sinn gekommen, daß sie für das übrige die Aufmerksamkeit verloren habe. Als man sie nach der Marterkammer geführt und sie dort drei Eimer voll Wasser sah, habe sie ausgerufen: »Ich soll vermutlich ersäuft werden, denn wahrhaftig, ich bin nicht die, von der man verlangen kann, alles dieses auszutrinken.«* Darauf erst habe sie bekannt.

---

* Die Wasserfolter oder question de l'eau, bestand darin, daß der Delinquentin ein Trichter in den Mund gesteckt und ungeheure Wassermassen da hinein gegossen wurden, die sie, um nicht zu ersticken, hinunterschlucken mußte.

Nach Pitaval beichtete sie gleich nach der Publikation dem Doktor Pirot von der Sorbonne, demselben Geistlichen, welcher sie auch auf das Schafott begleitete. Dieser schilderte sie als eine von Schmerz und Reue durchdrungene, so vom Licht der Gnade erleuchtete, so aufrichtig bekehrte Person, daß er in seiner Entzückung so weit ging, den Wunsch zu äußern, er hätte selbst an ihrer Stelle sein mögen. Sie bat um das Abendmahl; es wurde ihr abgeschlagen, da es Verbrechern, die eine Todesstrafe leiden, nicht gereicht wird. Auch der Wunsch, daß man sie wenigstens das gesegnete Brot in der Art, wie es zuweilen Verbrechern von geringerer Strafwürdigkeit gegeben wird, genießen lasse, wurde ihr versagt.

Die Augen des ganzen Publikums waren auf die letzten Augenblicke der berühmten Verbrecherin gerichtet. Die Straßen, Plätze, Fenster und Dächer waren ein Meer von Köpfen und namentlich schöner Frauen aus den höhern Ständen als eifrige Zuschauerinnen, die keine Stöße und Tritte scheuten, um nur einen letzten Blick der schrecklichen Frau zu erhaschen. Aber die Menschenmenge war still und aufmerksam. Auf dem Karren noch bat sie ihren Beichtvater, er möge den Scharfrichter so ihr gegenüber seinen Platz nehmen lassen, damit sie den Schurken Desgrais, der sie ergriffen, nicht zu sehen brauche. Diese Empfindung der Scham und der Rache überwog also auch noch in den letzten Augenblicken der angehenden Heiligen. Der Beichtvater verwies ihr die Rede. Sie bat tausendmal um Vergebung und versprach, mit Ruhe den verdrießlichen Gegenstand anzublicken. Desgrais ritt den ganzen Weg neben ihr.

Der berühmte Maler Lebrun hatte sich an einen Ort gestellt, wo er sie aufs genaueste betrachten konnte; er wollte in ihrem Gesicht den Ausdruck der Todesfurcht studieren. Aber er fand nicht, was er suchte. Die Seele der Brinvillier war mit dem Bild des Todes, den sie oft mit eigenen Händen ausgeteilt hatte, zu vertraut geworden. Sie hatte eine Härte des Ausdrucks erlangt, welche sie nun auch für sich selbst unempfindlich machte. Sie schien alles, was um sie vorging, ruhig und aufmerksam zu beobachten. Als sie an einer Ecke mehrere vornehme Damen ihrer Bekanntschaft sah, blickte sie dieselben scharf an und sagte spöttisch: »Wahrhaftig, meine Damen, ein schönes Schauspiel für Ihre Neugier!«

Auch die Sevigné war unter den Zuschauern auf der Brücke von Notre-Dame. Die sah die Brinvillier nach der Kirchenbuße, im Hemd, rückwärts auf Stroh, eine niedrige Haube auf dem Kopf, den Nachrichter auf der einen, den Geistlichen auf der andern Seite, auf dem Karren sitzen. Wir glauben es ihr, daß alle ihre Glieder bei dem Anblick zitterten und daß es ein schauderhafter Tag für sie gewesen ist. Von der Hinrichtung selbst war sie nicht Augenzeugin. Doch erfuhr sie, daß die Marquise allein mit vielem Mut barfuß das Schafott bestiegen habe. Dort hätten sich die Scharfrichter wohl noch eine Viertelstunde mit ihr zu schaffen gemacht, sie besehen, gebunden, ihr die Haare hinaufgestrichen, sie hin und her gerichtet, so daß es greulich anzusehen gewesen sei, und die Zuschauer zu murren angefangen hätten.

»Die Brinvillier befindet sich nun in der Luft«, schreibt die Sevigné, »in einem andern Bereiche. Ihr armer, kleiner Körper wurde in ein ungeheuer großes Feuer geworfen und ihre Asche in die Luft gestreut. Wir mögen sie nun einatmen und durch ihre herumfliegenden Atome ergreifen uns auch vielleicht Giftmischerlaunen.« Den Tag nach der Hinrichtung suchte man die Überbleibsel ihrer Gebeine zusammen. Der Pöbel glaubte steif und fest, wie die Sevigné versichert, sie sei eine Heilige! Nach derselben Quelle hätte die Brinvillier zwei Beichtväter gehabt. Der eine hätte zu ihr gesagt: sie müsse bekennen, der andere: sie hätte es nicht nötig. So hätte sie denn lachend gesagt: »Also kann ich es halten, wie es mir beliebt.«
Man war aber über das Urteil und die Vollstreckung desselben in Paris sehr

unzufrieden. »Noch findet sich wohl kein Beispiel«, schreibt die Sevigné, »daß solche Verbrecher so gelind wären behandelt worden. Man hat sie nicht auf die Folter gebracht; ja, man ließ sie sogar Begnadigung hoffen und so gewiß hoffen, daß sie wirklich den Tod nicht befürchtete und daher beim Hinaufgehen aufs Schafott sagte: Nun ist doch wohl alles gut? – Der erste Präsident hatte ihren Beichtvater aus eignem Trieb für sie gewählt und – es war derselbe, von dem gewisse Leute wünschten, er möchte ihr zum Beichtvater gegeben werden! – Es gibt Taschenspieler, welche Karten ohne Aufhören mischen, Ihnen das Spiel vorhalten und Sie ersuchen, eine davon herauszuziehen, welche Sie wollen, es sei völlig einerlei. Sie ziehen und glauben völlig frei gewählt zu haben, und doch ergreifen Sie eben nur das Blatt, das der Taschenspieler haben wollte!«

Der Marquis von Brinvillier wurde in den Prozeß seiner Gattin nicht mit verwickelt. Es hatte kaum jemand in Paris weniger Beziehung zu ihr als ihr Mann. Er soll, der Sevigné zufolge, um ihre Begnadigung gebeten haben. Er verschwand bald darauf gänzlich, und niemand weiß, was aus ihm geworden ist. Wahrscheinlich hat er sich und seinen fluchbedeckten Namen in irgendeinem entfernten Winkel zu verbergen gewußt.* Der Name lebte in Frankreich noch lange fort. Man sagte von einer Vergiftung: es ist ein morceau à la Brinvillier.

Mit der Hinrichtung der Brinvillier war der Prozeß nicht ganz begraben. Aber mit einer vielfach gerügten Milde verfuhr man gegen ihre Mitangeschuldigten, und außer den Familienrücksichten soll das Geld dabei eine bedeutende Rolle gespielt haben. Der Apotheker Glaser, von dem die Brinvillier und Sainte-Croix ihre Gifte entnommen, hatte alle Mühe, von einer ernsten Strafe loszukommen. Die Untersuchung gegen ihn veranlaßte einen Parlamentsbefehl vom 27. Februar 1677, der allen Apothekern und Spezereihändlern den Verkauf von Giften nur an bekannte Personen erlaubte und es ihnen zur Pflicht machte, deren Namen gleich nach dem Einkauf in ein besonderes Buch einzutragen.

Gegen den Rentmeister Penautier schwebte ein dringender Verdacht. Die innige Vertraulichkeit, in der er mit Sainte-Croix gelebt, war stadtkundig, die Giftliste des letztern sollte nach seiner schriftlichen Verordnung jenem zur Übermachung an die Brinvillier übergeben werden, und die Briefe der letzteren aus dem Gefängnis an Penautier verdächtigten ihn noch mehr. Dazu kam eine spezielle Anklage.

Herr von Saint-Laurent war vor Penautier Generaleinnehmer der Geistlichkeit von Languedoc gewesen. In der Bewerbung zugleich mit dem letzteren hatte er diesen einträglichen Posten errungen. Saint-Laurents Witwe trat

* Seine Kinder nahmen den Namen d'Offèmont an.

jetzt als Anklägerin gegen Penautier auf. Sie beschuldigte ihn, aus Rache, weil Saint-Laurent ihm damals vorgezogen worden, und aus Eigennutz, um ihm in seinem Posten nachzufolgen, ihren verstorbenen Ehemann durch Sainte-Croix vergiftet zu haben. Die Anklage hatte vieles Wahrscheinliche für sich, besonders, wenn man die große, innige Vertraulichkeit zwischen Penautier und Sainte-Croix ins Auge faßte und erwog, wie der letztere, ohne alles Einkommen, durch Penautiers Unterstützung einen unverhältnismäßig großen Aufwand machte. Und ihm, Penautier, allein hinterließ Sainte-Croix seine Briefschaften, Versicherungsscheine und Gifte! Alle diese Umstände genügten, sein Treiben verdächtig zu machen, auch wohl, um bei vielen die moralische Überzeugung von seiner Schuld hervorzubringen, waren aber für den Richter keine Beweise, ihn zu verurteilen. Das Publikum brach entschieden den Stab über ihn; es meinte, nur das Geld, das er mit vollen Händen austeilte, hätte ihn vor der Strafe gerettet.
Die Sevigné sagte: »Noch nie ist ein Mensch so nachdrücklich beschützt worden als Penautier. – Er hat große Beschützer. Der Erzbischof von Paris und der Minister Colbert nahmen sich seiner an. Neun Tage mußte er in Ravaillacs* Gefängnis Quartier nehmen; aber da er sterben wollte, wurde er wieder herausgebracht. – Es haben sich bei diesem Prozeß außerordentliche Dinge begeben, man darf aber nur nicht alles frei heraussagen. – Man glaubt, Penautier habe an die hunderttausend Taler verwendet, um sich seine Sache zu erleichtern.« Folgende Spottverse auf ihn zirkulierten in Paris:

Si Penautier dans son affaire
N'a scu trouver que des amis,
C'est qu'il avoit scu se défaire
De ce qu'il avoit d'ennemis.
Si, pour paroître moins coupable,
Il fait largesse de son bien,
C'est qu'il prévoit bien, que sa table
Ne lui coutera jamais rien.

Penautier wurde vom Parlament nicht allein freigesprochen, sondern auch in alle seine Ämter wieder eingesetzt. Er fing seine luxuriöse Lebensart wieder aufs neue an, gab den Ständen von Lothringen offene Tafel, und die vornehmsten Männer setzten sich in Erwägung der Delikatessen an dieser Tafel über den Ruf ihres Wirtes weg.
Das Publikum ließ sich aber in seinem Urteil nicht beirren. Der Kardinal von

---

* Francois Ravaillac, der Mörder Heinrichs IV. wurde 1610 hingerichtet.

Boncy mußte mehrere Pensionen auszahlen, die auf seinem Bistum von Narbonne hafteten. Er hatte aber das Glück, daß er alle seine Pensionäre überlebte, und pflegte dabei zu sagen: sein gutes Gestirn wäre die Ursache, daß er alle seine Pensionäre hätte können zur Ruhe bringen lassen. Als Frau von Sevigné ihn eines Tages mit Penautier in seiner Equipage fahren sah, sagte sie in bezug darauf: sie hätte den Erzbischof von Narbonne mit seinem guten Gestirn gesehen.
Die Brinvillier war nicht die einzige Giftmischerin jener Zeit; vielmehr schien es, als sei die ganze Luft über Paris damals mit Giftdüften geschwängert, und bei jedem unerwarteten Todesfall, durch den jemand zu Vorteil kam, zischelte man von Tränken und Pülverchen und raunte sich den Namen der gefälligen Helfershelferin zu, durch deren Vermittlung es geschehen sei. Keine Giftmischerin aber hat größern Einfluß geübt und ihr Name ist berühmter geworden als Madame Boisin.
In einem finstern, dumpfen Haus der Faubourg Saint-Germain wohnte ein Weib, welches die Gabe besaß, nicht allein in die Zukunft zu blicken, sondern auch mit ihrem Arm in dieselbe ein wenig hineinzugreifen. Sie war der Trost der harrenden Erben, der unglücklichen Ehegatten und aller derer, die ihr Glück von der Zukunft erwarteten. Deshalb sah man an dunkeln Abenden und regnerischen Tagen viele an ihre Tür klopfen, von denen die feine Welt von Paris nicht vermutete, daß sie zu Fuß, im schlechten Mantel, in dieser schlechten Gasse könnten getroffen werden. Edelleute, Offiziere, auch Geistliche und Hofleute, besonders aber Frauen und von den Höchsten Ständen, besuchten die Wahrsagerin, von deren Kunst, Voraussicht und Gefälligkeit ganz Paris voll war. Empfehlungen waren freilich nötig, um Eintritt zu erhalten, aber die unerläßlichste Empfehlung war ein voller Geldbeutel; denn die Kunst, welche von der Brinvillier zu eignen Zwecken und vielleicht nur als Dilettantismus ausgeübt wurde, hatte hier schon den Charakter der Industrie, eines Gewerbes angenommen.
Die Wahrsagerin verstand es, die Gemüter auch durch den äußeren Apparat in die gehörige Stimmung zu versetzen und sich dabei eine Wichtigkeit zu geben, die selbst hellere Köpfe, welche sie zu besuchen sich verführen ließen, betroffen machte. Wollte der Besuch, der gewürdigt wurde, sie persönlich zu sehen, ihr die Angelegenheit, weshalb er kam, weitläufig erzählen, so unterbrach sie ihn in befehlendem Ton: »Halten Sie inne. Ich will von Ihrer Geschichte nichts wissen. Dem Geist haben Sie zu vertrauen, was Ihnen auf dem Herzen liegt. Ich bin nur seine Dienerin. Ich kann nichts weiter tun, als ihn für Sie bitten und ihm gehorchen.« Sie brachte hierauf ein Papier, das bezaubert sein sollte, und diktierte dem Fragenden nach allerhand Gaukeleien den Eingang des Briefes, indem sie es dann ihm überließ, weiter zu

schreiben, was er wollte. War dies geschehen und der Besuch hatte alle seine Fragen an den Geist zu Papier gebracht, so erschien die Zauberin wieder in feierlichem Aufzug, in der einen Hand ein Kohlenbecken, in der andern eine Kugel mit Jungfernwachs. Der Befragende mußte dann seinen Brief um die Kugel wickeln, und die Boisin warf beides in das Kohlenbecken. Indem nun das Papier vor seinen Augen verbrannte, erklärte sie, erführe der Geist sein Anliegen und lese durch die Flamme seine Fragen. Darauf wurde der Kunde in drei Tagen wieder bestellt, um sich die Antwort zu holen. Diese fehlte auch niemals, und zwar hatte sich der Geist die Mühe genommen, die genauesten Antworten auf alle Fragen entweder selbst zu schreiben oder einem andern Geist zu diktieren, und diese übergab ihm die Boisin in einem versiegelten Kuvert.

Diese Antworten waren immer den Wünschen der Fragenden entsprechend. Wie hätte sich sonst ihre Kundschaft erklärt! Und noch mehr, sie bewährten sich in der Regel. Wie hätte ihr Kredit sonst so lange gedauert! Daß der Brief mit den Fragen nicht verbrannte, sondern durch irgendein Taschenspielerkunststück von ihr beiseite geschafft wurde, und sie durch allerhand Mittel und ihren außerordentlich verbreiteten Umgang sich die nötige Auskunft verschaffte, um mehr oder minder passende Antworten zu erteilen, mochte immerhin ein Teil ihrer Kunden vermuten; das schwächte nicht ihren Kredit.

Ihre Hauptkraft bestand in Prophezeiungen, für deren Erfüllung sie selbst Sorge trug. Kam eine Ehefrau zu ihr und erkundigte sich, ob sie nicht bald Witwe werden würde, so bestimmte sie, um einen gewissen Lohn, eine gewisse Zeit, wann der Ehemann sterben werde. Zu mehrerer Beglaubigung fügte sie irgend etwas hinzu, was dem Tod vorangehen würde. Zum Beispiel, es werde die Suppenterrine an seinem Geburtstage auf dem Tisch zerbrechen oder der Spiegel von der Wand stürzen; danach wird er in soundso viel Tagen nicht mehr atmen. Diese Voranzeigen trafen stets zu, und der Tod säumte dann ebensowenig zu erscheinen. Es war die bequemste Weise, seine stillen Wünsche in Erfüllung zu bringen, sich an die Boisin zu wenden. Zwar kostete es viel Geld, aber das Gewissen blieb beruhigt. Denn wenn Gift dabei im Spiel war, so besorgte es die Boisin, ohne daß die unschuldige Frau etwas dazu tat oder nur darum wußte.
Die Polizei konnte endlich, trotz der hohen Gönnerschaften der Prophetin, das Auge nicht länger zu dem Treiben zudrücken. Die Boisin übte selbst eine zu bedeutende geheime Polizei aus und hatte Verzweigungen und Kundschafter durch ganz Paris, um sie neben der autorisierten Polizei, ohne Eintrag für diese, bestehen lassen zu können. Sie wurde verhaftet und ihr der Pozeß gemacht. Da fand man, zum Schrecken vieler Hunderte, ein Buch bei ihr, in welches sie die Namen aller derer, welche bei ihr gewesen waren und sie befragt hatten, eingetragen hatte.
Das Entsetzen war über Paris verbreitet, denn die Sache wurde mit der äußersten Strenge behandelt. Nach den Vorgängen der Brinvillier, wo man den Richtern und der Obrigkeit eine so verderbliche Milde und verbrecherische Begünstigungen gegen vornehme Personen vorwarf, mußte dies zur Beruhigung des Publikums geschehen. Der König sollte sich das Wort gegeben haben, die Gerichte frei walten zu lassen und kein Gnadenwort zu sprechen. Demnach gab es keinen furchtbareren Schreck für jemanden, als wenn es hieß, auch sein Name stünde in dem Buch der Boisin. Dies wurde von Betrügern und Spaßvögeln benutzt, zum Erpressen und Ängstigen. Der Geschichten, die sich hierauf beziehen, wußte man zu jener Zeit viele, die aber meistenteils die Grenzen unserer diesmaligen Aufgabe überschreiten; wie denn auch E. T. A. Hoffmann diese Schreckenszeit unter dem vierzehnten Ludwig in ihrem widerwärtigen Spukglauben in seinem »Fräulein Scuderi« vortrefflich ausgebeutet hat. Doch teilt uns Pitaval zwei Geschichten mit, welche als Spiegelbilder der Zeit von Wichtigkeit sind.
Am Hof Ludwigs des Vierzehnten waren zwei ausgezeichnete Flötenspieler, Philibert und Coteaux, die ohne Neid in der innigsten Freundschaft miteinander lebten und sich beide gleicher Gunst des Königs und des Hofes erfreuten. Philibert wußte sich bei einem reichen Bürger, namens Brunet, so

in Gunst zu setzen, daß dieser, ein damals seltener Fall, seine einzige Tochter und Erbin mit dem Flötenspieler verlobte. Aber Brunet war so entzückt von seinem Schwiegersohne, einem Genie, das bei Hofe galt, daß er den Mund zu voll von seinem Lob nahm. Seine eigene Frau dadurch aufmerksamer, als sie sollte, auf die körperlichen und geistigen Vorzüge ihres künftigen Schwiegersohnes, und indem sie ihren spießbürgerlichen Ehemann mit dem genialen Künstler verglich, fiel das Resultat sehr zu Ungunsten des ersteren aus. Madame Brunet war eine muntere, frische, runde Vierzigerin mit einem hübschen Gesicht und vieler Lebenslust. Ihre Tochter, die Verlobte, dagegen war ein kaum erwachsenes bläßliches Mädchen von schlechter Turnüre und keiner der Eigenschaften, welche die Begierden eines kräftigen jungen Mannes anziehen können. Sie schloß sehr richtig, daß er ihre Tochter nur ihrer Erbschaft wegen nehme und ihr, der Mutter, unter andern Verhältnissen den Vorzug geben würde.

Madame Brunet besuchte die Boisin und erkundigte sich, wann wohl ihr lieber Mann das Zeitliche segnen dürfte? Die Boisin lächelte sehr bedeutsam, und unerwartet schnell raffte ein Schlagfluß den ehrenwerten Herrn Brunet aus der Zahl der Lebendigen fort. Philibert fand, so oft er das Trauerhaus betrat, eine sonderbare Kälte und Blicke und Seufzer auf seiten der betrübten Witwe, die er nicht verstand, sobald er von seiner Braut zu sprechen anfing. Eine gefällige Vertraute öffnete ihm die Augen: Die Verhältnisse hätten sich geändert, und da jetzt zwei heiratsfähige Damen in dem Haus wären, so gebiete der bürgerliche Anstand, daß zuerst die Erwachsene heirate, ehe an das Kind die Reihe komme. Philibert war mit dem Tausch ganz zufrieden; er heiratete die lebensfrische Mutter, und die blasse Tochter wurde in ein Kloster gebracht. Auch wäre er vielleicht sein ganzes Leben über zufrieden geblieben, wenn man nicht den Namen der Madame Brunet in dem Buch der Boisin gefunden hätte. Die Ehe mit einem Günstling des Hofes schützte sie weder vor der Verhaftung, noch vor der Untersuchung, ja nicht einmal vor dem Strick. Sie endete am Galgen. Auch Philibert war verdächtigt und wurde zur Untersuchung gezogen. Seine Freunde, besorgt um sein Leben, rieten ihm zu fliehen, der König selbst ließ ihm Winke geben, indem er ihn, wenn das Parlament ihn verdamme, auf keinen Fall begnadigen könne. Coteaux, sein Pylades, erbot sich, mit ihm zu fliehen. Bei ihrer Kunst würden sie im Ausland an jedem Hof Aufnahme, Schutz und reichen Erwerb finden. Philibert aber vertraute seinem guten Bewußtsein und wollte dem Recht seinen Lauf lassen. Sein Vertrauen wurde durch völlige Freisprechung gerechtfertigt.

Der Name einer angesehenen Dame fand sich auf der Liste der Boisin. Ihr Mann brachte ihr die Nachricht in einem Ton, der sie zittern machte. Sie hielt sich für verloren und glaubte jeden Augenblick, die Gerichtsdiener auf der Treppe zu hören, und im nächsten würden sie an die Tür schlagen. Darüber vergingen furchtbare Tage der Angst. Da ließ sich ein Mann melden, den ihre Leute nicht kannten. Er habe durchaus mit der Dame des Hauses zu sprechen. »Er soll seinen Namen nennen«, rief die Zitternde. »Ich bin Desgrais,

nun weiß sie es«, sagte der Mann mit verdrießlichem Gesicht über das lange Zaudern.

Desgrais, der furchtbare Gefreite, der die Brinvillier verhaftet hatte, war ein Schreckensmann im Ohr aller schuldbewußten Pariserinnen. Es war etwas Entsetzliches, daß man fortan auch einem Liebhaber nicht mehr trauen dürfe, da die Möglichkeit war, daß, wenn er den Oberrock aufköpfte, ein Polizeisergeant darunter zum Vorschein kam. Überdem hatte Desgrais auch neuerdings täglich in der Boisinschen Geschichte durch List und Entschlossenheit die glücklichsten Fänge gemacht. Kaum also, daß die Dame den Namen Desgrais gehört hat, als sie sich auch für verloren hält. Sie fliegt nach der Tür, verrammelt sie, und, in Tränen zerfließend, stürzt sie sich ihrem Mann zu Füßen: »Rette, bester Mann, rette mein Leben. Es ist wahr, ich bin bei der Boisin gewesen, aber nur ein einziges Mal. Ich habe sie nur gebeten, mir einen stärkeren Busen zu machen. Wahrhaftig, weiter habe ich nicht das Geringste von ihr verlangt.« Der Mann konnte mit diesem von der Angst erpreßten Bekenntnis bei der Lage der Dinge sehr zufrieden sein. Aber der fürchterliche Desgrais wollte doch nicht fortgehen, sondern pochte an die Tür, indem er laut erklärte, er lasse sich nicht wieder fortschicken. Schon hatte die Dame in ihrer Verzweiflung das Fenster geöffnet und wollte sich lieber auf die Gasse stürzen als dem Schrecklichen ergeben. Mit Mühe konnte sie der Ehemann abhalten und eilte dann zur Tür hinaus, um zu sehen, was mit dem furchtbaren Desgrais zu tun sei. Desgrais stand auch wirklich da, aber nicht der Polizeisergeant, sondern der Tapezierer Desgrais, der mit einer unbezahlten Rechnung nicht zum zweitenmal fortgehen wollte. Die Anekdote kam noch bei Lebzeiten der betreffenden Personen in einem damals berühmten Lustspiel auf die Bühne.

Die Boisin büßte ihr Verbrechen auf dem Scheiterhaufen, doch, sagt man, als reuige Sünderin. Coypel malte sie wenige Stunden vor der Hinrichtung, und das Gemälde soll zu den Meisterwerken des Künstlers gehören.

Aber auch ihr Tod tat dem schändlichen Gewerbe keinen Abbruch. Aus ihrer Schule ging vielmehr eine große Zahl Wahrsagerinnen und Giftmischerinnen hervor, und man hörte noch lange Zeit von plötzlichen Todesfällen, die durch diese Prophetinnen im voraus verkündet waren. Um diese Pest auszurotten, wurde von Ludwig dem Vierzehnten ein eignes peinliches Tribunal errichtet, die berüchtigte chambre ardente, welche zwar endlich das Gezücht so ziemlich ausrottete, aber durch die Strenge ihres Verfahrens auch auf sich den Fluch mancher unschuldig Gepeinigten lud.

Nach: François Gayot de Pitaval

Denkwürdigkeiten des Bagnosträflings und Chefs der Pariser Sicherheitspolizei

Der Einbruch

In einer so großen Stadt wie Paris gibt es eine Unmenge widerlicher Spelunken, wo sich allerhand trübes Gesindel zu treffen pflegt. Um diese Gestalten zu treffen und zu überwachen, besuchte ich die berüchtigtsten Orte bald unter diesem, bald unter jenem Namen; ich wechselte sehr oft die Kleidung wie eine Person, die es nötig hat, dem Auge der Polizei zu entgehen. Alle Diebe, die ich gewöhnlich traf, hätten darauf Gift genommen, daß ich zu ihnen gehöre. Sie waren überzeugt, daß ich von der Polizei gesucht werde und hätten sich für mich in Stücke reißen mögen. Sie schenkten mir nicht nur volles Vertrauen, sondern sie hatten mich gern. Sie hielten mich über ihre Pläne auf dem laufenden, und wenn sie mich nicht daran teilnehmen ließen, so geschah das nur deshalb, weil sie fürchteten, mir, als entsprungenem Galeerensträfling, zu schaden. Jedoch waren nicht alle so rücksichtsvoll, wie man bald sehen wird.

Ich war einige Monate in meinem Amt, als der Zufall mich eines Tages mit Saint-Germain zusammenführte, demselben Saint-Germain, dessen Besuche mich so oft in Jammer und Not versetzt hatten. In seiner Gesellschaft war ein gewisser Boudin, den ich früher als Restaurateur in der Rue des Prouvaires kennengelernt hatte; ich wußte von ihm soviel, wie man von einem Wirt weiß, bei dem man hie und da einkehrt. Boudin erkannte mich sofort und redete mich mit einer Vertraulichkeit an, die ich nicht erwidern wollte.

»Habe ich Ihnen denn etwas getan«, sagte Boudin zu mir, »daß Sie nicht mit mir sprechen wollen?«

»O nein, aber ich habe gehört, daß Sie Spitzel sind.«

»Weiter nichts! Jawohl, ich war einer, gewiß. Aber wenn Sie den Grund davon wüßten, würden Sie es mir gewiß nicht übelnehmen.«

»Gewiß«, sagte Saint-Germain, »du kannst es ihm nicht übelnehmen. Boudin ist ein guter Junge, und ich stehe für ihn ein wie für mich selbst. Im Leben gibt es Fälle, die man nicht voraussehen kann. Wenn Boudin die Stelle eines Spitzels angenommen hatte, so geschah es nur, um seinen Bruder zu retten. Schließlich kannst du's dir doch selbst denken, wenn er's schlecht meinte, hätte er mich nicht zum Freunde.«

Ich fand Saint-Germains Bürgschaft ausreichend und hatte gegen Boudin nichts mehr einzuwenden.

Natürlich erzählte mir Boudin alles, was er seit seinem letzten Verschwinden, das mir soviel Vergnügen bereitete, getrieben hatte. Nachdem er mir alle

Achtung vor meinem Entkommen ausgedrückt hatte, erzählte er mir, daß er seit meiner Verhaftung seine frühere Stellung wiedergewonnen habe; aber bald habe er sie wieder verloren und sei zu den alten Kunstgriffen zurückgekehrt. Ich erkundigte mich nach Blondy und Duluc. »Mein Freund«, sagte er, »die beiden Komplicen, die mit mir zusammen den Fuhrmann niedergemacht haben, hat man in Beauvais hingerichtet.«
Als ich erfuhr, daß diese beiden Schurken endlich ihre verdiente Strafe bekommen hatten, konnte ich mein Bedauern kaum unterdrücken, daß der Kopf ihres Kumpans nicht auf demselben Schafott gefallen sei.

Wir leerten zusammen einige Flaschen und freuten uns. Beim Verabschieden merkte Saint-Germain, daß ich ziemlich ärmlich gekleidet war, und fragte mich, was ich treibe. Ich sagte: »Nichts«, und er versprach mir, bei einer günstigen Gelegenheit an mich zu denken. Ich bemerkte, daß ich selten ausgehe, aus Furcht, entdeckt zu werden, so daß wir uns vielleicht nicht so bald wiedersehen würden.
»Du kannst mich sehen, wenn du willst«, sagte er darauf. »Bitte besuche mich doch.« Ich versprach es ihm, und er gab mir seine Adresse, ohne nach der meinigen zu fragen.
Jeden Tag machte ich neue Entdeckungen. Die Gefängnisse füllten sich mit Personen, die lediglich durch mich aufgegriffen waren, und trotzdem hatte keiner auch nur im entferntesten die Idee, ich könnte der Angeber gewesen sein. Ich verstand es so einzurichten, daß von außen wie von innen alles gedeckt war.

Als ich eines Tages auf den äußeren Boulevards umherlief, stieß ich auf Saint-Germain; Boudin war wieder bei ihm. Sie luden mich zum Essen ein, ich nahm die Einladung an, und beim Dessert taten sie mir die Ehre an und machten mir den Vorschlag, als dritter an einem Raubmord teilzunehmen. Es handelte sich darum, zwei Greise, die mit Boudin in einem Hause in der Rue des Prouvaires wohnten, ins Jenseits zu befördern. Obwohl mir bei dem Vorschlag der beiden Lumpen recht übel wurde, so segnete ich doch das Schicksal, daß sie mir zugeführt hatte. Zuerst hatte ich gegen die Mittäterschaft scheinbar Bedenken, aber dann tat ich so, als ob ich mich von ihnen überzeugen ließe, und es wurde ausgemacht, daß man den günstigsten Augenblick zur Ausführung der Tat abwarten sollte. Das war also abgemacht, und ich verabschiedete mich von Saint-Germain und seinem Freunde. Um dem Verbrechen zuvorzukommen, zögerte ich keinen Augenblick, Herrn Henry zu benachrichtigen. Dieser wollte nähere Auskunft erhalten und bestellte mich zu einer mündlichen Besprechung zu sich. Er wollte sich vergewissern, ob ich wirklich zur Tat aufgefordert worden sei, oder ob ich sie am Ende in übermäßigem Diensteifer selbst angestiftet habe.

»Bedenken Sie wohl«, sagte Henry zu mir, »die größte Geißel der Gesellschaft ist der Provokateur.Ohne Anstifter würden nur die Starken Verbrechen begehen, denn nur die Starken erfassen das Verbrechen. Die Schwachen werden mitgerissen, werden aufgereizt. Um sie in den Abgrund zu stürzen, braucht man oft nur die richtige Triebfeder in ihren Leidenschaften oder in ihrer Eitelkeit ausfindig zu machen; aber derjenige, der diese Mittel anwendet, ist etwas Fürchterliches! Er ist der Einzige, der Strafe verdient hat, und ihn allein sollte sie treffen. Lieber sollte die Polizei ganz untätig sein, als zu solchen Mitteln greifen.«

Ferner sagte er zu mir:

»Die Polizei ist ebenso dazu da, den Verbrechen vorzubeugen, als die Verbrecher zu fangen. Lieber vorher eingreifen als nachher.«

Gemäß Henrys Anweisungen ließ ich keinen Tag vergehen, ohne Saint-Germain und seinen Freund Boudin zu sehen. Da der geplante Streich viel Geld einbringen sollte, so glaubte ich, eine gewisse Ungeduld durchblicken lassen zu dürfen.

»Nun! Wann geht's an die Arbeit?« fragte ich jedesmal, wenn wir zusammen waren.

»Wann?« erwiderte Saint-Germain. »Das Obst ist noch nicht fallreif. Wenn es soweit ist, wird uns unser Freund schon benachrichtigen«, fügte er hinzu, auf Boudin weisend.

Schon waren wir einige Male zusammengetroffen, und noch war nichts entschieden. Ich richtete wieder einmal meine übliche Frage an sie.

»Jetzt ist's soweit«, antwortete Saint-Germain. »Morgen. Wir erwarten dich zur Beratung.«
Es wurde eine Zusammenkunft außerhalb von Paris verabredet. Ich stellte mich pünktlich ein, ebenso Saint-Germain.
»Höre«, sagte er zu mir, »wir haben uns die Sache überlegt. Sie kann jetzt nicht gemacht werden, aber wir wollen dir etwas anderes vorschlagen, überleg's dir und sag' ganz offen: ja oder nein. Aber bevor ich dir mit der Sache herausrücke, will ich gestehen, was uns gestern jemand erzählt hat: Ein gewisser Carré, der dich im Untersuchungsgefängnis kennengelernt hat, behauptet, du seist nur entlassen worden, weil du Geheimagent der Polizei bist.«
Bei dem Wort »Geheimagent« fühlte ich mich dem Ersticken nahe. Aber ich faßte mich sofort, und Saint-Germain mußte wohl nichts gemerkt haben, denn er wartete ruhig auf meine Antwort. Meine Geistesgegenwart, die mich nie verläßt, machte, daß ich bald die nötige Antwort fand.
»Ich bin gar nicht überrascht«, sagte ich zu ihm, »daß man mich für einen Polizeiagenten hält. Ich kenne die Quelle dieses Gerüchtes. Du weißt, ich sollte nach Bicêtre zurückgebracht werden; ich bin unterwegs durchgebrannt und blieb dann in Paris, weil ich sonst nirgends hingehen konnte. Man muß eben sehen, wie man fertig wird. Ich muß mich leider verborgen halten, daher verkleide ich mich so oft, aber manchmal werde ich doch von jemandem erkannt, zum Beispiel von denjenigen, mit denen ich intimer zusammengelebt habe. Und wie leicht kann unter denen einer sein, der Interesse daran hätte, mich auszuliefern? Nun, um ihnen die Lust dazu zu nehmen, sage ich solchen, die ich für fähig halte, mich zu denunzieren, ich sei Geheimagent.«
»So ist's recht«, rief Saint-Germain. »Ich glaube dir, und um dir einen Beweis meines Vertrauens zu geben, will ich dir sagen, was wir heute abend vorhaben. An der Ecke von der Rue d'Enghien und der Rue Hauteville wohnt ein Bankier. Sein Haus liegt in einem großen Garten, der unseren Plan und unsere Flucht begünstigen muß. Heute geht der Bankier aus. Der Geldschrank, in dem sich viel Gold und Silber, ebenso wie viele Banknoten befinden, wird nur von zwei Personen bewacht. Wir haben nun beschlossen, uns heute abend über ihn herzumachen. Bis jetzt sind wir zu dritt, du kannst der vierte sein. Wir haben auf dich gerechnet. Wenn du dich weigerst, bekräftigst du die Ansicht, du seist ein Spitzel.«
Da ich Saint-Germains Hintergedanken nicht kannte, so ging ich mit viel Eifer auf seinen Vorschlag ein. Boudin und er schienen mit mir zufrieden zu sein. Bald kam der dritte, den ich nicht kannte; es war ein Droschkenkutscher namens Debenne, ein biederer Familienvater, der sich durch die Elen-

den hatte verführen lassen. Man begann von diesem und jenem zu reden. Ich hatte unterdessen schon einen Plan ausgedacht, wie ich mich bei der Tat verhaften lassen würde. Aber wie groß war mein Erstaunen, als Saint-Germain, in dem Moment, als die Zeche bezahlt werden sollte, sich mit folgenden Worten an uns wandte:
»Meine Freunde, wenn es sich um den Kopf handelt, kann man nie vorsichtig genug sein. Heute wagen wir ein Spiel, das ich nicht gerne verloren haben möchte. Damit das Glück auf unserer Seite ist, habe ich folgendes beschlossen, und ich bin überzeugt, daß ihr mit mir einverstanden sein werdet: erst gegen Mitternacht können wir uns vor das betreffende Haus begeben. Boudin und ich dringen ins Innere, ihr bleibt im Garten, um uns im Notfall beizuspringen. Wenn das Geschäft gelingt, bringt es uns soviel ein, daß wir einige Zeit davon ruhig leben können. Aber wichtig für unsere gegenseitige Sicherheit ist's, daß wir uns bis zur Ausführung der Tat nicht mehr trennen.«
Diese Schlußworte wurden sogar noch wiederholt, da ich sie nicht verstanden zu haben heuchelte. Diesmal, sprach ich zu mir selbst, weiß ich wirklich nicht, wie ich mich aus der Affäre ziehen soll. Welches Mittel ergreifen? Saint-Germain war ein Mann von seltener Verwegenheit, geldgierig und stets bereit, Blut zu vergießen, wenn es um Geld ging.
Es war noch nicht gegen zehn Uhr morgens; bis Mitternacht war also noch lange Zeit. Ich hoffte, daß sich während dieser Zeit eine Gelegenheit bieten würde, die Polizei zu benachrichtigen. Inzwischen ging ich auf Saint-Germains Vorschlag ein und erhob nicht den geringsten Einwand gegen diese Vorsichtsmaßregeln, die die beste Bürgschaft für die Treue eines jeden gewähren mußte.
Es wurde ausgemacht, daß wir alle zu ihm in die Rue Saint-Antoine gehen sollten; eine Droschke brachte uns vier vors Haus. Dort führte er uns in ein Zimmer, wo wir uns bis zum Moment der Abreise aufhalten sollten. Zwischen vier Mauern eingepfercht, allein mit diesen Banditen, wußte ich nicht, welchen Heiligen ich anflehen sollte. Einen Vorwand vorzuschützen, um hinauszugehen, war unmöglich; Saint-Germain wäre sofort dahinter gekommen und beim leisesten Verdacht war er imstande, mich niederzuknallen. Was tun? Ich fügte mich in mein Schicksal, mochte kommen, was kommen sollte. Ich konnte nichts Besseres tun, als mit guter Miene zum bösen Spiel bei den Vorbereitungen zum Verbrechen helfen, die sofort begannen. Man bringt Pistolen herbei und untersucht sie, um sie zu putzen und zu laden, Saint-Germain bemerkt ein paar darunter, die ihm unbrauchbar erscheinen und legt sie beiseite.
»Während ihr die Batterien abmontiert«, sagte er zu uns, »werde ich mal diese ›Schweinsfüße‹ umtauschen.« Und damit will er sich entfernen.

»Einen Augenblick«, rufe ich, »laut unserer Verabredung darf niemand ohne Begleitung den Raum verlassen.«

»Richtig«, antwortet er. »Man soll seine Verabredungen halten. Also komm mit mir.«

»Und diese Herren?«

»Wir schließen sie hier ein.«

Gesagt, getan. Ich gehe mit Saint-Germain. Wir kaufen Kugeln, Pulver und Feuersteine, die schlechteren Pistolen werden gegen gute eingetauscht und wir kehren zurück. Nun werden die Vorbereitungen beendet. Dennoch muß ich zittern, als ich sehe, mit welcher Ruhe Boudin zwei Tischmesser wetzt. Es war widerwärtig.

Unterdessen geht die Zeit dahin. Eine Stunde verrinnt, und ich sehe keine Rettungsmöglichkeit. Ich gähne, räkele mich, tue, als ob ich mich langweile und werfe mich endlich aufs Bett wie zum Schlafen. Nach wenigen Minuten scheine ich von dieser Tatlosigkeit ganz ermüdet zu sein und merke, daß die andern ebenso matt sind wie ich.

»Wie wäre es, wenn wir etwas tränken?« sagt Saint-Germain.

»Famose Idee«, rufe ich und springe auf. »Ich habe zu Hause einen Korb vorzüglichen Burgunder. Wenn Sie wollen, kann ich ihn holen lassen.«

Alle sind hocherfreut, und Saint-Germain schickt seinen Portier zu Annette, damit sie mit dem Wein herkomme. Man macht aus, ihr nichts zu erzählen, und während man sich auf meinen Wein freut, werfe ich mich wieder aufs Bett und kritzele mit einem Bleistift folgende Worte:

»Wenn du von hier fortgehst, verkleide dich und verlasse uns, das heißt Saint-Germain, Boudin und mich, nicht mehr. Aber hüte dich, erkannt zu werden, ferner hebe alles auf, was ich fallen lasse, und bringe es hin.«

Dieser kurze Hinweis genügte: Annette hatte bereits ähnliche erhalten; ich wußte, daß sie den Sinn verstehen würde.

Bald erschien Annette mit dem Korb Wein. Ihr Erscheinen machte alles wieder munter; alle machten ihr Komplimente. Was mich anbetrifft, so küßte ich sie erst beim Weggehen und steckte ihr dabei den Zettel zu. Wir nahmen nun ein opulentes Mahl ein, und dann erbot ich mich, mit Saint-Germain das Terrain zu besichtigen, um auf alle Fälle gesichert zu sein. Die Vorsicht war nur natürlich, und Saint-Germain wunderte sich nicht darüber; aber ich hatte vorgeschlagen, einen Wagen zu nehmen, Saint-Germain hielt's für richtiger, zu Fuß zu gehen. An Ort und Stelle angelangt, merkte ich mir genau die Gegend, damit ich sie leicht wieder angeben konnte. Dann sagte Saint-Germain, wir müßten schwarzen Krepp kaufen, um uns das Gesicht zu verhüllen. Wir gingen ins Palais Royal, und während er in einen Laden tritt, schütze ich ein Bedürfnis vor und schließe mich in einem Klosett ein. Dort

habe ich Zeit genug, um alle Angaben aufzuschreiben, vermittels deren die Polizei das Verbrechen verhüten könnte.
Saint-Germain, der mich immer möglichst im Auge behielt, führte mich in eine Kneipe, und wir tranken dort einige Flaschen Bier. In dem Moment, da wir in die Wohnung zurückkehren wollen, erblicke ich Annette, die auf mich wartet. Jeder andere hätte sie unter ihrer Verkleidung nicht erkannt. Als ich gewiß bin, daß sie mich gesehen hat, lasse ich, während ich ins Haus gehe, den Zettel fallen, und überlasse mich meinem Schicksal.

Es ist mir schwer, alle Schrecken zu beschreiben, die ich durchgemacht habe, während ich auf den Augenblick des Aufbruchs wartete. Trotz der Anweisungen, die ich gegeben hatte, fürchtete ich, sie könnten zu spät kommen, und schon würde das Verbrechen begangen sein. Durfte ich allein es wagen, Saint-Germain und seine Genossen zu verhaften? Das wäre ein unnützer Versuch gewesen! Und wer stand mir dafür, daß, falls das Verbrechen begangen würde, ich nicht verureilt und als Mitwisser bestraft würde? Ich wußte, daß in manchen Fällen die Polizei ihre Agenten preisgegeben hatte; manchmal wiederum konnte sie das Gericht nicht verhindern, sie für schuldig zu erklären.

Ich befand mich in dieser qualvollen Situation, als Saint-Germain mich beauftragte, Debenne zu begleiten. Sein Wagen sollte an der Straßenecke warten, damit er die Gold- und Silbersachen aufnehmen konnte. Wir gehen hinunter. Beim Verlassen des Hauses sehe ich wieder Annette, die mir Zeichen macht, daß meine Botschaft ausgerichtet ist. In diesem Moment fragt mich Debenne, wo wir ihn treffen sollten. Ich weiß nicht, welcher gute Genius mir den Gedanken eingab, diesen Unglücklichen zu retten. Ich hatte bemerkt, daß er im Grunde nicht bösartig war. Er schien zum Verbrechen eher aus Not und durch üble Ratschläge, als aus Neigung getrieben worden zu sein. Und so bezeichnete ich ihm eine ganz andere Stelle als jene, die mir angegeben war. An der Ecke des Boulevard Saint-Denis traf ich Saint-Germain und Boudin wieder. Es war erst halb elf. Ich sagte, der Wagen werde erst in einer Stunde bereit sein, ich hätte Debenne angewiesen, sich an der Ecke der Rue du Faubourg-Poissonière aufzuhalten und auf das verabredete Signal zu warten. Ich meinte, der Wagen könne Verdacht erregen, wenn er allzu nahe plaziert sei, daher hätte ich es für besser gehalten, ihn in einiger Entfernung zu halten; sie billigten diese Vorsicht durchaus.
Es schlägt elf. Wir trinken ein Glas in der Rue du Faubourg-Saint-Denis und begeben uns zu der Wohnung des Bankiers. Boudin und sein Komplize schmauchen ihre Pfeifen weiter; ihre Ruhe flößt mir Entsetzen ein. Endlich sind wir an dem Pfosten angelangt, der uns als Leiter dienen sollte. Saint-Germain verlangt mir die Pistolen ab. In diesem Moment durchzuckte mich der Gedanke, er habe alles erraten und wollte mich niedermachen. Ich gebe sie ihm, aber ich hatte mich geirrt: er öffnet die Zündpfanne, tut neues Pulver hinein und gibt sie mir zurück. Dann nimmt er dieselbe Operation bei seinen Pistolen und denen Boudins vor, klettert als erster den Pfosten hinauf, und beide schwingen sich, immer noch die Pfeife im Mund, in den Garten. Ich muß ihnen folgen. Oben, auf der Mauer erwachen alle meine Befürchtungen wieder: wird die Polizei Zeit zum Überfall haben? Wird Saint-Germain dir nicht zuvorgekommen sein? Das sind die Fragen, die ich an mich selbst richte, das sind meine Zweifel. In dieser fürchterlichen Ungewißheit fasse ich endlich den Entschluß, das Verbrechen zu verhindern, sollte ich auch im ungleichen Kampfe erliegen.
Saint-Germain, der mich noch rittlings auf der Mauer sitzen sieht, wird ungeduldig über meine Langsamkeit und ruft: »So komm doch herunter!« Kaum hat er die Worte zu Ende gesprochen, als plötzlich eine Schar Menschen über ihn herfällt. Er und Boudin leisten erbitterten Widerstand. Von beiden Seiten wird geschossen, Kugeln pfeifen, aber nach einem Kampf von wenigen Minuten hat man die beiden Mörder.
Einige Agenten wurden bei diesem Scharmützel verwundet, ebenso Saint-

Germain und sein Getreuer. Ich, als bloßer Zuschauer, vermied jede Gefahr; um jedoch meine Rolle bis zu Ende zu spielen, sank ich auf das Schlachtfeld hin, als ob ich tödlich verwundet worden wäre. Einen Augenblick darauf warf man eine Decke über mich und so wurde ich in ein Zimmer getragen, wo sich schon Boudin und Saint-Germain befanden. Dieser letztere schien meinen Tod sehr zu beklagen, er vergoß Tränen, und man mußte ihn mit Gewalt verhindern, sich über den vermeintlichen Leichnam zu werfen.

Ich erinnere mich kaum eines Vorfalls in meinem Leben, der mir mehr Freude bereitet hätte, als die Gefangennahme dieser beiden Verbrecher. Ich gratulierte mir dazu, die Gesellschaft von zwei Schurken befreit zu haben, während ich mich zugleich glücklich pries, den Kutscher Debenne, den sie mitgerissen hatten, ihrem Los entzogen zu haben. Aber bei all meiner Genugtuung seufzte ich doch über mein Schicksal, das mich fortwährend vor die Alternative stellte: entweder das Schafott zu besteigen oder andere es besteigen zu lassen.

Schlupfwinkel

Die Verhaftungen, die dank meinen Nachforschungen Schlag auf Schlag erfolgt waren, hatten die Diebe einen Moment erschreckt, aber bald tauchten sie zahlreicher und kühner als vorher wieder auf. Darunter befanden sich einige entsprungene Sträflinge, die sich in ihrem gefährlichen Handwerk in den Zuchthäusern noch vervollkommnet hatten und es nun in Paris ausübten. Die Polizei beschloß, dem Treiben dieser Banditen ein Ende zu machen; ich erhielt Order, sie aufzuspüren und nun begann ich alle Schlupfwinkel des Lasters abzusuchen,– in Paris wie in der Umgebung.

Es wurde natürlich unmöglich, beständig unter Verbrechern zu leben, ohne daß sie mich zur Teilnahme an ihren Unternehmen aufforderten. Nie wies ich diese Vorschläge ab, aber sobald es zur Ausführung kam, pflegte ich stets irgendeinen Vorwand zu finden, um nicht zum verabredeten Stelldichein zu kommen. Im allgemeinen sind die Diebe so stupide Wesen, daß keine Ausrede dumm genug war, als daß ich sie nicht hätte vorschützen können: noch mehr, zuweilen brauchte ich, um sie zu täuschen, nicht einmal zu einer List Zuflucht zu nehmen.

Wenn man mit Dieben gut steht, ist natürlich nichts leichter, als auch die Diebeshehler kennenzulernen. Und so entdeckte ich auch mehrere Hehler, und die Indizien, die ich zu ihrer Überführung angeben konnte, waren so positiver Natur, daß die Kunden bald in die Zuchthäuser eingeliefert werden konnten. Man wird vielleicht nicht ohne Interesse wahrnehmen, auf welche Art ich die Hauptstadt von einem dieser gefährlichen Verbrecher befreite.

Man war ihm bereits seit einigen Jahren auf der Spur, jedoch gelang es nie, ihn in flagranti zu ertappen. Die häufigen Haussuchungen in seiner Wohnung hatten zu keinem Resultat geführt, man fand nicht die geringste Ware, die als Beweis gegen ihn hätte dienen können. Trotzdem wurde fest behauptet, er kaufe den Dieben Sachen ab, und mancher Dieb, der weit davon entfernt war, meine Beziehung zu der Polizei zu ahnen, versicherte mir, der sei ein solider Mann, auf den man sich verlassen könne. Zwar fehlte es nicht an Belastungsmaterial gegen ihn, aber um ihn zu überführen, mußten bei ihm gestohlene Gegenstände gefunden werden. Henry hatte zu diesem Zweck alles mögliche in Bewegung gesetzt, doch durch die Ungeschicklichkeit der Agenten oder durch die Geschicklichkeit des Hehlers – alles mißglückte. Man wollte nun probieren, ob ich glücklicher sein werde. Ich wagte das Unternehmen, und zwar auf folgende Art:

Ich stellte mich in der Nähe der Wohnung des Hehlers auf Wache und lauerte ihm auf. Endlich erscheint er. Ich folge ihm einige Schritte in der Straße und spreche ihn plötzlich mit einem fremden Namen an. Er behauptet, ich irrte mich; ich bestehe auf dem Gegenteil; er beharrt darauf, daß ich mich täusche, ich meinerseits erkläre ihm, das ich in ihm eine Person erkennen würde, die seit längerer Zeit von der Polizei gesucht werde.

»Aber Sie verkennen mich«, sagt er, »ich heiße so und so, und wohne da und da.«

»Das glaube ich Ihnen nicht!«

»Aber das ist doch zu stark! Wollen Sie, daß ich's Ihnen beweise?«

Ich erkläre mich damit einverstanden, unter der Bedingung, daß er mich zur nächsten Polizeiwache begleite.

»Gerne«, ruft er.

Wir begeben uns in eine Wachtstube: ich verlange seine Papiere; er hat keine. Ich verlange, daß man ihn durchsuche, und man findet bei ihm drei Uhren und fünfundzwanzig Doppelnapoleondors. Ich hinterlege sie im Depot, bis er zum Kommissar gebracht werde. Diese Gegenstände waren in ein Tuch eingewickelt. Ich nehme das Tuch zu mir, verkleide mich als Dienstmann und eile in das Haus des Hehlers. Seine Frau ist da mit einigen anderen Personen; sie erkennt mich nicht, ich sage, ich wolle sie unter vier Augen sprechen. Als ich mit ihr allein bin, ziehe ich das Tuch aus der Tasche und zeige es ihr als Erkennungszeichen. Noch kennt sie den Grund meines Besuches nicht, aber schon verändern sich ihre Züge; sie zittert.

»Ich bringe Ihnen keine gute Nachricht«, sage ich zu ihr. »Ihr Mann wurde soeben verhaftet. Er sitzt auf der Wache, wo man ihm alles abgenommen hat, was er bei sich trug. Nach einigen Worten, die dem Agenten entschlüpft sind, glaubt er verraten worden zu sein; daher bittet er Sie, so schnell wie möglich das Bewußte aus dem Hause zu schaffen. Wenn Sie wollen, helfe ich Ihnen dabei: Aber ich sage Ihnen, es ist keine Zeit zu verlieren!«

Der Rat war dringend. Das Taschentuch und die Beschreibung der Gegenstände, die darin eingeschlagen gewesen waren, ließen keinen Zweifel mehr aufkommen. Die Frau des Hehlers ging geradewegs in die Falle, die ich ihr hinhielt. Sie hieß mich drei Wagen bestellen und sofort zurückkommen. Ich übernahm den Auftrag; aber unterwegs gab ich einem meiner Vertrauten Befehl, diese drei Wagen nicht aus dem Auge zu verlieren und sie bei einem gewissen Signal sofort anzuhalten.

Die Wagen stehen vor der Tür, ich gehe in die Wohnung hinauf, der Umzug ist in vollem Gange. Das Haus ist vollgepfropft mit allen möglichen Gegenständen: Wanduhren, Kandelabern, etruskischen Vasen, Stoffen, Kaschmir, Leinwand, Musseline. Alle diese Waren waren in einer Kammer aufgestapelt, deren Tür hinter einem Schrank so geschickt versteckt war, daß man den Betrug unmöglich entdecken konnte. Ich half mit aufladen, dann wurde der Schrank an seine frühere Stelle gerückt, und die Frau bat mich, sie zu begleiten. Ich tat, wie sie wünschte. Kaum sitzt sie in einem der Wagen, zur Abfahrt bereit, so hebe ich das Glasfenster in die Höhe, und wir sind sofort umringt. Das Ehepaar wurde vor das Schwurgericht gebracht. Sie unterlagen der Menge des Belastungsmaterials, gegen das sie nichts vorzubringen vermochten.

Ich überliste

Fast zur selben Zeit, da ich den Hehler überführte, hatte sich im Quartier Saint-Germain eine Art Bande gebildet, die Paris unsicher machte. Sie bestand aus verschiedenen Mitgliedern, die zum Haupt einen gewissen Gueurive oder Constantin, abgekürzt Antin, hatten: denn unter Dieben ist es ebenso wie unter Zuhältern, bei der bezahlten Claque im Theater, oder überhaupt unter Gaunern, üblich, einander bei den letzten Silben des Vornamens zu nennen.

Gueuvive oder Antin war ein ehemaliger Fechtmeister. Er war zuerst Hochstapler gewesen, wurde dann von Huren der niedersten Klasse ausgehalten und beendete seine wechselvolle Laufbahn als Dieb. Er war, wie man behauptete, zu allem fähig, und obwohl man ihm keinen Mord nachweisen konnte, zweifelte man nicht, daß er im Bedarfsfall nicht zögern würde, Blut zu vergießen. Seine Mätresse war in den Champs-Elysèes ermordet aufgefunden worden, und man hatte ihn im Verdacht, dieses Verbrechen ausgeführt zu haben. Wie dem auch sei, Gueuvive war ein sehr unternehmungslustiger Herr von unglaublicher Verwegenheit und außerordentlicher Frech-

heit. Wenigstens galt er unter seinen Kameraden dafür und genoß unter ihnen eine gewisse Berühmtheit.
Die Polizei hatte schon seit langem auf Gueuvive und seine Freunde ein Auge, aber man konnte sie nicht erwischen. Jeden Tag zeigte ein neues Attentat auf fremdes Eigentum, daß sie nicht müßig waren.
Ich verkleidete mich bis zur Unkenntlichkeit und begab mich ins Quartier Saint-Germain. Dort suchte ich alle berüchtigten Lokale ab. Um Mitternacht kehre ich bei einem gewissen Boucher in der Rue Neuve-Guillemain ein; ich trinke mit den kleinen Mädchen ein Glas, und während ich mich mit ihnen unterhalte, höre ich am Nebentische den Namen Constantin fallen... Ich glaube zuerst, er sei da und frage ein Mädchen direkt danach.
»Er ist nicht da«, sagt sie zu mir, »aber er kommt jeden Tag mit seinen Freunden hierher.«
Aus dem Ton, mit dem sie das sagt, glaubte ich schließen zu dürfen, daß sie mit den Gewohnheiten dieses Herrn recht vertraut war. In der Hoffnung, aus ihr etwas herauszulocken, lade ich sie zum Essen ein, sie nimmt die Einladung an, und als sie durch verschiedene Gläschen genügend animiert ist, gesteht sie mir offen, daß meine Kleidung, meine Manieren und besonders meine Ausdrucksweise sie in dem Glauben bestärkten, ich sei ein »Freund«, das heißt ein Dieb. Wir verbrachten gemeinsam einen Teil der Nacht und ich verließ sie erst, nachdem sie mir genau die Orte genannt hatte, wo Gueuvive zu verkehren pflegte.
Am nächsten Tage komme ich gegen mittag wieder zu Boucher und finde dort meine Freundin vom Abend vorher. Kaum bin ich da, erkennt sie mich.
»Du bist's«, sagt sie zu mir, »wenn du Gueuvive sprechen willst, so ist er jetzt da«, und sie zeigt mir einen etwa achtundzwanzig bis dreißig Jahre alten, ziemlich sauber gekleideten Mann.
Ich spreche ihn an und bitte ihn um eine Pfeife Tabak. Er fragt mich aus, erkundigt sich, ob ich Soldat gewesen sei. Ich antworte, daß ich bei den Husaren gedient hätte, und wir knüpfen – das Glas in der Hand – eine Unterhaltung über die Armee an. Beim Trinken vergeht die Zeit, man spricht vom Mittagessen und Gueuvive sagt, wenn ich mit ihm essen wollte, würde es ihm ein Vergnügen sein. Ich habe keinen Grund, nein zu sagen, und nehme seine Einladung an. Wir begeben uns zur Barrière du Maine, wo vier seiner Freunde auf ihn warten. Sofort setzen wir uns zu Tisch; keiner der Geladenen kennt mich, überdies war man sehr zurückhaltend. Dennoch erkannte ich bald an einigen Gaunerausdrücken, die hin und wieder fielen, daß alle Mitglieder dieser netten Gesellschaft Langfinger waren.
Am Weine wurde nicht gespart, und er löste alle Zungen derart, daß ich noch vor dem Ende des Mahles die Wohnung von Gueuvive und Joubert, seines

würdigen Schülers, kannte und die Namen verschiedener Kameraden wußte. Im Moment des Abschiednehmens ließ ich durchblicken, daß ich kein Nachtquartier hätte. Sofort forderte mich Joubert auf, bei ihm zu schlafen und führte mich in die Rue Saint-Jaques Nummer neunundneunzig, wo er im zweiten Stock ein Hinterzimmer bewohnte; dort schlief ich im Bett mit ihm und – seiner Mätresse, der kleinen Cornevin.

Wir unterhielten uns noch lange: bevor wir einschliefen, überhäufte mich Joubert mit Fragen. Er wollte durchaus wissen, wovon ich mein Leben fristete und ob ich Papiere habe; seine Neugier war unerschöpflich. Um ihn zu befriedigen, mußte ich entweder Ausflüchte machen oder lügen, aber ich ließ immer durchblicken, daß ich ein »Kollege« sei.

Endlich rief er, als ob er mich durchschaut habe: »Tu doch nicht so, du bist ja Kollege!«

Ich tat zuerst, als ob ich ihn nicht verstände, dann erklärte er sich näher; ich stellte mich sehr verletzt, sagte, daß er sich irre und wenn er weiter so mit mir seinen Spaß treibe, so müßte ich auf seine Gastfreundschaft verzichten. Joubert verstummte, und man sprach nicht weiter davon, bis um zehn Uhr am nächsten Morgen Gueuvive kam.

Es wurde verabredet, daß wir in der Glacière zusammen frühstücken sollten. Wir gingen los. Unterwegs nahm mich Gueuvive beiseite und sagte:

»Höre, ich sehe, du bist ein guter Junge, ich will dir einen Dienst erweisen, aber sei nicht so verstockt, sage mir, wer bist du und was treibst du?« Da ihn ein gleichsam versehentlich entschlüpftes Geständnis von mir auf den Gedanken brachte, ich sei ein entflohener Sträfling aus Toulon, so empfahl er mir, seinen Kameraden gegenüber, verschwiegen zu sein. »Sie sind die prachtvollsten Jungens von der Welt«, fügte er hinzu, »aber etwas schwatzhaft.«

»Oh! Ich bin auf der Hut«, erwiderte ich, »und übrigens gedenke ich nicht in Paris alt zu werden. Hier gibt es viel zu viel Spitzel, als daß man sich sicher fühlen könnte.«

»Das ist wahr«, sagte er, »aber wenn Vidocq dich nicht kennt, so brauchst du nichts zu befürchten, besonders wenn du mit mir bist, denn ich rieche diese Bande schon von weitem, wie die Mäuse den Speck.«

»Na ich«, antwortete ich, »bin leider nicht so schlau. Aber wenn ich diesem Vidocq begegnete, so würde ich ihn schon erkennen, so sehr haben sich seine Züge nach der Beschreibung meinem Gedächtnis eingeprägt.«

»Rede doch nicht so, man sieht's dir gleich an, daß du den Bruder nicht kennst! Stelle dir vor, er ändert sich nach Belieben. Morgens zum Beispiel ist er gekleidet wie du, mittags wieder anders, und abends dann wiederum anders. Erst gestern habe ich ihn in Generalsuniform getroffen... aber ich

ließ mich durch die Verkleidung nicht narren. Ich erkannte ihn auf den ersten Blick, und wenn meine Freunde so wären wie ich, dann hätten wir ihn schon längst ins Jenseits befördert.«
»Tja«, sagte ich, »alle Leute in Paris reden so, und dennoch lebt er weiter.«
»Du hast recht«, meinte er, »aber um dir zu beweisen, daß ich anders bin als diese Tölpel, so wollen wir ihm, wenn du mitzukommen wagst, noch heute abend an seinem Hause auflauern und ihm die letzte Ölung geben!«
Ich war neugierig zu erfahren, ob er wirklich meine Adresse kannte. Ich versprach ihm, mitzumachen, und gegen abend wurde abgemacht, daß jeder von uns in sein Taschentuch zehn kupferne Zweisousstücke einbinden sollte, um dem verdammten Vidocq damit aufzuwarten.
Die Taschentücher sind bereit, und wir machen uns auf den Weg. Constantin war schon ordentlich im Zug. Er führte mich direkt in die Rue Neuf-Saint-François vor das Haus Nummer vierzehn, wo ich in der Tat wohnte. Ich erfuhr nicht, woher er meine Adresse wußte. Ich muß gestehen, daß mich dieser Umstand beunruhigte; um so seltsamer schien es mir, daß er mich nicht persönlich kannte. Wir warteten einige Stunden, aber, wie man sich vielleicht denken kann, kam Vidocq nicht. Constantin war höchst ungehalten über diesen Mißerfolg. »Heute entkommt er uns«, sagte er mir, »aber ich schwöre dir, daß ich ihn fassen werde. Er soll die heutige Wache teuer bezahlen.«
Um Mitternacht zogen wir ab und verschoben die Partie auf morgen. Es war recht possierlich für mich, an einem Anschlag gegen mich selbst teilzunehmen. Constantin wußte mir Dank für meinen guten Willen: nun hatte er keine Geheimnisse mehr vor mir. Er plante einen Diebstahl in der Rue Cassette und schlug mir vor, mitzukommen; ich versprach es ihm, sagte aber, ich könnte und wollte abends nicht ausgehen, da ich keine Papiere habe!
»Nun«, meinte er, »dann kannst du auf uns in Jouberts Zimmer warten.«
Der Diebstahl wurde begangen, und da es stockdunkel war, so waren Constantin und seine Genossen verwegen genug, eine Straßenlaterne loszumachen und sich so den Weg zu beleuchten. Zu Hause pflanzte man die Laterne mitten im Zimmer auf und begann die Beute zu untersuchen. Sie waren über den Erfolg ihrer Expedition aufs höchste entzückt; aber kaum sind fünfzig Minuten verflossen, als man an der Tür klopft. Die erstaunten Diebe sehen einander an, ohne ein Wort zu sprechen. Diese Überraschung hatte ich ihnen bereitet. Constantin legt den Finger an den Mund und sagt leise:
»Es ist die Polizei, ganz gewiß!«
Ich stehe auf und schlüpfe unter das Bett. Die Schläge verdoppeln sich, man ist gezwungen, zu öffnen.

Im selben Moment stürzt ein Haufen von Inspektoren ins Zimmer. Constantin und vier andere Diebe werden verhaftet, man stellt eine Haussuchung an, man durchsucht das Bett, in dem Jouberts Geliebte schläft, man tastet sogar den Boden der Matratze mit einem Stock ab, aber ich werde nicht gefunden. Das hatte ich auch erwartet.
Der Polizeikommissar stellte ein mündliches Verhör an; es wird ein Inventar der gestohlenen Sachen aufgenommen, und diese werden mit den fünf Dieben auf die Präfektur gebracht.
Als alles vorbei ist, komme ich aus meinem Versteck heraus. Ich befand mich allein mit der kleinen Cornevin. Sie konnte sich über mein Glück nicht genug wundern und bat mich, bei ihr zu bleiben.
»Wo denkst du hin?« antwortete ich ihr, »und wenn die Polizei wiederkommt!« und ich verließ sie mit dem Versprechen, sie auf der Estrapade wiederzusprechen.
Ich ging nach Hause, ruhte mich ein wenig aus und war zur bestimmten Stunde beim Rendezvous. Die Cornevin wartete auf mich. Ich hoffte, durch sie eine komplette Liste aller Freunde Constantins und Jouberts zu erhalten. Da ich mit ihr gut stand, brachte sie mich mit ihnen zusammen, und in weniger als vierzehn Tage wurden achtzehn Diebe verhaftet. Sie alle wurden wie Constantin zum Bagno verurteilt.
Beim Abmarsch des Sträflingstrupps erblickte mich Constantin und wurde wütend. Er wollte in Drohungen ausbrechen, aber ohne auf seine Schmähungen zu achten, ging ich auf ihn zu und sagte kaltblütig, es sei doch erstaunlich, daß ein Mann wie er, der den Vidocq kannte und Spitzel von der Ferne roch wie Mäuse den Speck, sich auf so alberne Art hatte fangen lassen.
Verschämt schlug Constantin die Augen nieder und schwieg.

Kollegen

Ich war nicht der einzige Geheimagent der Polizei. Ein Jude, Gaffré, war mein Kollege. Er war schon vor mir angestellt worden, da aber unsere Prinzipien sehr voneinander abwichen, so blieben wir nicht sehr lange im Einverständnis. Ich bemerkte, daß er sich übel benahm und benachrichtigte den Divisionschef. Als dieser sich von der Wahrheit überzeugte, setzte er Gaffré vor die Tür und wies ihn aus Paris aus.
Jeden Tag wurde nun gegen mich Anzeige erhoben, aber die Stimmen meiner Verleumder waren machtlos. Henry, die rechte Hand des Präfekten, verbürgte sich für mich, und so wurde beschlossen, daß jede gegen mich gerichtete Denunziation mir unmittelbar mitgeteilt würde, und mir eine schriftliche Widerlegung der Anklage gestattet sein solle. Dieses Vertrauens-

zeichen machte mir viel Freude; es bewies mir wenigstens, daß meine Vorgesetzten mir Gerechtigkeit widerfahren ließen, und nichts in der Welt hätte mich von dem mir selbst vorgeschriebenen Wege abbringen können.

Im Jahre 1810 lenkten Diebstähle ganz neuer Art und von unbegreiflicher Keckheit die Aufmerksamkeit der Polizei auf eine neue Verbrecherbande. Fast alle waren Einbruchsdiebstähle. Die Diebe machten sich nur an reiche Häuser heran, und alle Indizien sprachen dafür, daß die Kerle eine genaue Kenntnis der Räumlichkeiten besaßen.

Alle meine Bemühungen, diese geschickten Diebe abzufangen, waren erfolglos geblieben. Aber da wurde in der Rue Saint-Claude ein Diebstahl begangen, dessen Ausführung mit den unüberwindlichsten Schwierigkeiten verknüpft zu sein schien. Die Wohnung lag im dritten Stockwerk eines Hauses, in dem der Polizeikommissar des Reviers wohnte. Als Leiter hatte das Laternenseil gedient, das an der Haustür des Beamten hing.

Am Tatort war aber ein Hafersäckchen vergessen worden, wie sie die Droschkenkutscher zu haben pflegten. Das ließ vermuten, daß die Diebe entweder Droschkenkutscher waren, oder daß eine Droschke bei der Ausführung der Tat benutzt wurde.

Henry beauftragte mich, über die Kutscher Erkundigungen einzuziehen, und es gelang mir auch, festzustellen, daß das Hafersäckchen einem gewissen Husson von der Droschke Nr. 712 gehörte. Ich machte meinen Rapport. Husson wurde verhaftet, und durch ihn kam man auf die Spur zweier Brüder Delzèe, von denen der ältere auch bald dingfest gemacht werden konnte. In dem von Henry geführten Verhör machte dieser einige wichtige Mitteilungen, die zur Verhaftung eines Frotteurs beim Hofstaat der Kaiserin Josephine führten.

Die Diebe waren zumeist Dienstmänner, Traiteure und Kutscher; sie gehörten also zu einer Klasse, bei der die Ehrlichkeit zur Tradition gehört. Im Laufe des Jahres 1812 überlieferte ich der Justiz die Hauptmitglieder der Bande. Nur Delzève junior war noch nicht eingefangen worden. Am 31. Dezember sagte Henry zu mir:

»Ich glaube, wenn wir's richtig anstellen, kriegen wir auch noch den Krebs (Delzèves Spitzname). Morgen ist Neujahr; er wird gewiß einen Besuch bei der Wäscherin machen, die ihm und seinem Bruder oft Zuflucht gewährt hat. Ich habe das Gefühl, daß er bestimmt hinkommen wird, heute abend, in der Nacht oder morgen früh.«

Ich war ganz Henrys Ansicht. Er gab mir drei Inspektoren mit und wir begaben uns um sieben Uhr abend in die Nähe der Wohnung der Wäscherin. Es war außerordentlich kalt. Die Erde war mit Schnee bedeckt; der Winter war noch nie so streng gewesen...

Wir legten uns in den Hinterhalt. Nach einigen Stunden sind die Inspektoren starr vor Kälte und schlagen mir vor, umzukehren. Auch ich bin halb erfroren, denn ich hatte bloß einen leichten Dienstmannskittel an. Ich mache Einwände, obwohl es mir selbst angenehm wäre, abzuziehen; es wird beschlossen, bis Mitternacht auszuhalten. Aber kaum schlägt es zwölf, erinnern sie mich an mein Versprechen, und wir verlassen den Posten, den wir laut Vorschrift bis zum Morgen behalten sollten.
Wir begeben uns ins Palais-Royal. Ein Café ist noch offen. Wir gehen hinein, wärmen uns, trinken einen Glühwein und trennen uns; jeder geht nach Hause. Aber während ich meiner Wohnung zuschreite, denke ich über meine Handlungsweise nach.
Mein Benehmen erschien mir nun ganz falsch. Ich war verzweifelt, daß ich dem Vorschlag der Inspektoren gefolgt war. Fest entschlossen, meinen Fehler wieder gutzumachen, kehrte ich auf den Beobachtungsposten zurück und nahm mir vor, die Nacht dort zu verbringen, und sollte ich auch in den Stiefeln sterben. Ich stellte mich in ein Eckchen, um von Dezève nicht bemerkt zu werden, wenn es ihm doch noch einfallen sollte, zu kommen.
In dieser Stellung verbrachte ich anderthalb Stunden; mein Blut erstarrte, ich fühlte meinen Mut sinken. Plötzlich kam ich auf einen glänzenden Gedanken: nicht weit von mir lag ein Haufen Dung und Unrat, der doch immer warm ist. Ich laufe hin, grabe im Dünger eine ziemlich große Vertiefung, so daß ich bis zum Gürtel darin sitzen kann, und verstecke mich in dem Loch; eine angenehme Wärme bringt mein Blut wieder in Umlauf.
Es wurde fünf Uhr morgens, und noch hatte ich meinen Schlupfwinkel nicht verlassen; abgesehen vom Geruch, war ich gut aufgehoben. Endlich öffnet sich die Tür des betreffenden Hauses, und eine Frauengestalt kommt zum Vorschein; die Tür wird aber nicht wieder geschlossen. Geräuschlos schleiche ich aus meinem Misthaufen und schiebe mich in den Hof. Ich schaue mich um, sehe aber nirgends einen Lichtschimmer.
Ich wußte, daß Delzèves Freunde sich durch einen verabredeten Pfiff zu erkennen geben; dieser Pfiff nach Art der Droschkenkutscher war mir bekannt. Ich ahme ihn nach, und beim zweiten Mal höre ich eine Stimme: »Wer ruft?«
»Chauffeur (der Kutscher, bei dem Delzève das Fahren gelernt hatte) ruft Krebs!«
»Du bist es?« ruft dieselbe Stimme. (Es war Delzève.)
»Jawohl, ich brauche dich, komme herunter.«
»Ich komme, warte einen Augenblick.«
»Es ist kalt«, erwiderte ich, »ich warte auf dich in der Kneipe an der Ecke. Beeil' dich, hörst du?«

Die Kneipe war schon offen: man weiß, daß es am Neujahrsmorgen früh Gäste gibt. Aber ich hatte gar keine Lust zum Trinken. Um Delzève zu täuschen, mache ich die Ausgangstür auf und lasse sie mit Geräusch wieder zufallen, ohne hinauszugehen. Ich verstecke mich unter einer Treppe im Hof. Bald kommt Delzève herunter, ich sehe ihn: ich gehe ihm nach, packe ihn am Kragen, setze ihm die Pistole auf die Brust und erkläre ihn als meinen Gefangenen.

»Folge mir«, rufe ich, »bei der leisesten Bewegung breche ich dir ein Glied, denn ich bin nicht allein!«

Vor Überraschung starr antwortet Delzève kein Wort und folgt mir mechanisch. Ich fordere ihm seine Hosenträger ab, er gibt sie mir; nun bin ich über ihn Herr: er kann mir weder widerstehen noch flüchten.

Ich beeile mich, ihn abzuführen. Die Uhr schlug sechs, als wir die Rue Rocher erreichten. Ein Fiaker kam vorbei, ich ließ ihn halten. Der Zustand, in dem ich mich befand, mußte wohl den Kutscher um die Sauberkeit des Wageninneren besorgt machen, aber ich versprach doppelte Bezahlung, und so nahm er uns auf. Bald rollten wir auf dem Pariser Pflaster dahin. Zur größeren Sicherheit binde ich meinen Gefährten an, der sich gegen mich hätte auflehnen können. In Anbetracht meiner Kraft brauchte ich dieses Mittel nicht, aber ich hoffte, ihn zu einem Geständnis zu bringen, und wollte es mit ihm nicht verderben.

Delzève sah ein, wie unmöglich ein Fluchtversuch wäre. Ich versuche, ihm Vernunft beizubringen. Um ihn kirre zu machen, bot ich ihm eine Erfrischung an, er nahm an; der Kutscher verschaffte uns Wein, und wir fuhren ohne ein bestimmtes Ziel trinkend weiter.

Es war noch früh am Morgen. Da ich fest überzeugt war, daß es vorteilhaft für mich sei, dieses Tete-a-tete in die Länge zu ziehen, so schlug ich Delzève vor, mit mir in einem Restaurant in einem Separé zu frühstücken. Er war beruhigt und schien mir nicht mehr zu grollen. Er lehnt die Einladung nicht ab und ich fahre mit ihm in den »Cardan bleu«. Aber noch bevor wir dort angelangt waren, hatte er mir bereits wichtige Mitteilungen über eine ganze Anzahl seiner Komplizen gemacht, die noch frei in Paris umherliefen. Ich glaubte fest, daß er bei Tisch ganz auftauen würde. Ich ließ ihn wissen, daß er sich lediglich durch ein Geständnis der Polizei angenehm machen könne; als der Wagen vor der Tür hielt, war er schon ganz entschlossen. Ich ließ ihn vor mir die Treppe hinaufgehen; im Moment, als wir uns zu Tisch setzten, bat ich ihn, damit wir in aller Ruhe essen könnten, um die Erlaubnis, ihn auf meine Manier binden zu dürfen. Ich wollte ihm volle Freiheit für Arme zu Führung von Messer und Gabel lassen, und mehr Freiheit braucht man ja bei Tische nicht. Er fühlte sich durch meine Vorsicht keineswegs beleidigt, und ich tat folgendes: mit zwei Servietten band ich ihm jeden Fuß an ein Stuhlbein, drei oder vier Zoll über dem Fußboden, so daß er nicht aufstehen konnte, ohne zu riskieren, sich Hals und Genick zu brechen.

Er aß mit viel Appetit. Er ermächtigte mich, vor Henry alles zu wiederholen, was er mir gestanden hatte. Um zwölf Uhr nahmen wir einen Kaffee ein: der Wein hatte Delzève einen kleinen Hieb versetzt. Wir bestiegen den Wagen ganz versöhnt, ja sogar als die besten Freunde. Zehn Minuten später waren wir auf der Präfektur. Henry nahm gerade die Neujahrsgratulationen seiner Untergebenen entgegen. Ich trete ein und melde:

»Ich habe die Ehre, Ihnen ein glückliches neues Jahr zu wünschen und zugleich den berüchtigten Delzève vorzustellen!«

»Das nenne ich ein Neujahrsgeschenk!« rief Henry, als er meinen Gefangenen erblickte. Dann sagte er, an die Beamten gewandt:

»Es wäre zu wünschen, meine Herren, daß jeder von Ihnen dem Herrn Präfekten etwas ähnliches bringen kann.«

Er wies mich an, Delzève aufs Depot zu begleiten und sagte gütig zu mir:

»Vidocq, gehen Sie jetzt schlafen, ich bin mit Ihnen zufrieden!«

Die Pianistin

Es kommt selten vor, daß ein Sträfling dem Gefängnis entspringt mit der Absicht, sich zu bessern; zumeist trachtet er nur danach, die Hauptstadt zu erreichen und dort die traurige Kunstfertigkeit auszuüben, die er im Bagno erlernt hat, denn die meisten unserer Gefängnisse sind die hohe Schule der Vervollkommnung im Verbrecherhandwerk. Fast alle großen Diebe haben's zur Meisterschaft gebracht, nachdem sie eine kurze oder längere Zeit auf den Galeeren gelebt haben. Einige wurden fünf- bis sechsmal verurteilt, ehe sie ihr Renommee erlangten, wie zum Beispiel der berühmte Victor Desbois und sein Kamerad Mongenet, genannt Tambour. Beide tauchten mehrmals in Paris auf und begingen hier eine Reihe von Diebstählen, von denen das Volk gern als von tollkühnen und gewagten Kunststücken erzählt.

Diese zwei Menschen gingen seit einigen Jahren jedesmal mit dem Sträflingstrupp ab und brachen immer wieder aus. Jetzt befanden sie sich wieder einmal in Paris. Die Polizei wurde davon benachrichtigt, und ich erhielt den Auftrag, sie aufzuspüren. Alle Anzeichen sprachen dafür, daß sie noch mit anderen, nicht minder gefährlichen Verbrechern in Verbindung standen. Man hatte eine Klavierlehrerin, deren Sohn Noël, der Brillen-Noël genannt, ein berüchtigter Verbrecher war, im Verdacht, die beiden bei sich aufgenommen zu haben.

Frau Noël war eine gebildete Dame. Sie war eine ausgezeichnete Musikerin, und in der mittleren Bourgeoisie, deren Töchtern sie Unterricht erteilte, galt sie als vortreffliche Künstlerin. Wenn man sie sah und hörte und sie nicht näher kannte, erschien Frau Noël als recht interessante kleine Frau, ja, sie hatte sogar etwas Rührendes in ihrem Wesen. Ein gewisses Geheimnis lag über ihrem Leben. Man wußte nichts von ihrem Gatten. Einige behaupteten, sie wäre schon sehr früh verwitwet gewesen; andere erzählten, er habe sie verlassen; dann sagten wieder andere, sie sei das Opfer einer Verführung geworden. Ich weiß nicht, welches dieser Gerüchte der Wahrheit entspricht, ich weiß nur soviel, daß Frau Noël eine kleine Brünette war, deren lebhaftes Auge und heiterer Blick viel Sanftmut äußerten; in Übereinstimmung damit stand ihr freundliches Lächeln und der Klang ihrer Stimme, die viel Charme hatte. Dieses Gesicht vereinte aber in Wahrheit etwas Engelhaftes und Teuflisches zugleich, aber mehr Teuflisches als Engelhaftes, denn mit den Jahren hatten die bösen Gedanken ihre Züge enthüllt.

Frau Noël war gefällig und gut, aber lediglich für Individuen, die irgendwie mit der Justiz auf dem Kriegsfuß standen; diese nahm sie auf wie eine Soldatenmutter die Kameraden ihres Sohnes aufzunehmen pflegt. Um eines guten Empfangs gewiß zu sein, brauchte man nur aus derselben Batterie zu sein wie der Brillen-Noël; und dann erwies sie einem aus Liebe zu ihm oder auch aus eigener Neigung alle möglichen Dienste. Sie wurde gewissermaßen von den Dieben als ihre Mutter betrachtet; bei ihr stiegen sie ab, sie sorgte für alle ihre Bedürfnisse, sie trieb ihre Gefälligkeit selbst soweit, daß sie ihnen »Arbeit« suchte; wenn ein Paß nötig war, ruhte sie nicht eher, bis sie einen Paß verschafft hatte.

Mama Noël hatte mich nie gesehen, mein Aussehen war ihr vollkommen unbekannt, sie hatte höchstens meinen Namen nennen hören. Es wäre mir also ein Leichtes gewesen, mich ihr vorzustellen, ohne ihren Verdacht zu erregen. Aber ich wollte sie soweit bringen, daß sie mir den Schlupfwinkel der gesuchten Diebe angebe, und dazu mußte ich eine List gebrauchen. Zunächst beschloß ich, mich für einen geflüchteten Sträfling auszugeben, aber ich mußte dazu den Namen eines Diebes annehmen, den ihr ihr Sohn oder dessen Kameraden im günstigsten Licht geschildert hatten. Eine gewisse Ähnlichkeit war unumgänglich, notwendig; ich suchte unter meinen ehemaligen Bekannten irgendeinen, der mit dem Brillen-Noël in Verbindung stand, ich konnte aber niemanden finden, der dasselbe Alter wie ich gehabt hätte und dessen Signalement auf mich paßte. Endlich fiel mir ein gewisser Germain ein, auch Royer und Kapitän genannt, der Noëls Busenfreund gewesen war. Obgleich er mir nichts weniger als ähnlich sah, so war er doch die passende Person, die ich spielen wollte.

Germain war ebenso wie ich mehrmals aus den Zuchthäusern entsprungen, aber das war auch alles, was wir gemeinsam hatten. Er war ungefähr so alt wie ich, aber er war viel kleiner als ich; ich hatte braunes Haar, während er blond war; er war mager, ich erfreute mich einer gewissen Leibesfülle, seine Gesichtsfarbe war nußbraun, während meine Haut weiß und rosig war. Überdies hatte Germain eine sehr lange Nase, die eine ungeheure Menge Tabak faßte; beständig hing ihm ein Tabakklümpchen an den Nüstern, wodurch seine Stimme einen näselnden Ton erhielt.

Es war nicht leicht für mich, Germains Rolle zu spielen. Aber die Schwierigkeit schreckte mich nicht ab. Ich ließ mir das Haar wie ein Zuchthäusler schneiden und färbte es schwarz, ebenso den Bart, den ich mir in acht Tagen hatte stehenlassen. Um mir das Gesicht zu bräunen, wusch ich es mit einem Absud von Nußschalen; und um die Imitation zu vervollständigen, klebte ich mir vermittels Gummiarabikums eine Art Kaffeebohne unter die Nase, dadurch erhielt ich Germains näselnde Aussprache. Ebenso wurden mit viel Kunst meine Füße hergerichtet; ich ließ mir Blasen wachsen, indem ich mit einer Flüssigkeit wusch, deren Zusammensetzung ich aus Brest kannte. Ich malte die Kettenabdrücke hinzu, und um die Toilette zu vervollständigen, putzte ich mich dementsprechend aus. Ich hatte nichts vergessen, das der Metamorphose die Glaubwürdigkeit rauben könnte: weder an den Stiefeln, noch am Hemde fehlte die furchtbare Marke des Bagno: G A L ; das Kostüm war vollkommen, es fehlte nichts als ein paar Hundert jener Insekten, die die Hütten der Armut bevölkern und, wie ich glaube, eine der sieben ägyptischen Plagen waren. Aber für Geld bekam ich auch diese, und als sie akklimatisiert waren – das war die Sache einer Minute – begab ich mich zu Mama Noël, in die Rue Tiequetonne.

Ich komme an und klopfe, sie öffnet – ein Blick sagt ihr alles. Sie läßt mich eintreten, ich bin mit ihr allein und sage ihr, wer ich bin.

»Ach, mein armes Kind!« ruft sie, »man braucht Sie ja nicht erst zu fragen, woher Sie kommen. Ach, Sie sind gewiß furchtbar hungrig?«

»O ja, sehr«, antworte ich, »ich habe seit vierundzwanzig Stunden nichts gegessen.«

Sofort geht sie hinaus und kommt mit einem Teller kalten Aufschnitts und einer Flasche Wein zurück, die sie vor mich hinstellt. Ich esse nicht, ich schlinge, ich ersticke beinah, ich würge alles hinunter, ohne ein Wort zu sagen. Mama Noël ist von meinem Appetit entzückt; als alles verzehrt ist, bringt sie mir ein Schnäpschen.

»Oh, Mutter«, rufe ich, indem ich ihr um den Hals falle, »Sie retten mir das Leben. Wie recht hatte Noël, als er mir von ihrer Güte erzählte.«

Und nun fange ich an, ihr zu erzählen, daß ich vor achtzehn Tagen ihren Sohn verlassen hätte und gebe ihr Auskunft über alle Sträflinge, für die sie

sich interessiert. Die Einzelheiten, auf die ich einging, waren so wahrheitsgetreu, daß ihr gar nicht der Gedanke kommen konnte, ich sei ein Betrüger.
»Sie haben gewiß schon von mir sprechen gehört«, fahre ich fort. »Ich habe schon viel durchgemacht. Ich heiße Germain, auch Kapitän genannt. Sie haben diesen Namen wohl schon gehört?«
»O ja, mein Freund«, antwortete sie, »freilich kenne ich Sie. Ach, mein Gott, mein Sohn und seine Freunde haben mir schon genug von ihrem Unglück erzählt. Seien Sie willkommen, mein lieber Kapitän. Großer Gott, wie sehen Sie aus! Sie dürfen nicht länger so bleiben. Ich glaube sogar, Sie werden vom Ungeziefer geplagt. Warten Sie, ich bringe Ihnen frische Wäsche, ich will auch für anständige Kleidung sorgen.«
Ich danke Frau Noël tausendmal. Ganz nebenbei fragte ich sie während der Unterhaltung, was aus Victor Desbois und seinem Kameraden Mongenet geworden sei.
»Desbois und Tambour! Ach, mein Lieber, sprechen wir nicht davon«, rief sie, »dieser Hund von Vidocq hat ihnen hart mitgespielt. Seitdem ein gewisser Joseph, den sie zweimal im Quartier getroffen haben (Joseph Longueville, ehemaliger Polizeiinspektor), ihnen mitgeteilt hat, daß es hier gefährlich sei, haben sie das Feld geräumt.«
»Was! Sie sind nicht mehr in Paris!« rief ich einigermaßen enttäuscht.
»Oh, sie sind nicht weit von hier«, entgegnete Frau Noël. »Sie befinden sich in der Umgegend. Ich habe das Vergnügen, sie ab und zu von fern zu sehen. Ich hoffe, daß sie mir recht bald einen Besuch abstatten werden. Sie werden gewiß sehr froh sein, Sie hier zu treffen.«
»Ach«, sagte ich, »sie werden sich gewiß nicht mehr freuen als ich. Wenn Sie ihnen schreiben könnten, daß ich hier bin, so würden sie sich gewiß beeilen, zu kommen.«
»Wenn ich nur wüßte, wo sie stecken«, meinte Frau Noël, »würde ich selbst zu ihnen gehen, um ihnen das Vergnügen zu bereiten. Aber ich kenne ihren Zufluchtsort nicht, und so bleibt uns nichts Besseres übrig, als uns mit Geduld zu wappnen und abzuwarten.«
So mochten wir wohl zwei Stunden geplaudert haben. Dann bot mir Frau Noël ein Fußbad an. Ich nahm mit Dank an, und das Bad war bald bereit. Als ich meine Füße entblößte, wurde ich beinahe ohnmächtig.
»Ach, Sie Ärmster“ , rief sie in mütterlichem Ton, »was müssen Sie leiden! Aber warum haben Sie mir das nicht gleich gesagt? Sie verdienen ja Schelte!«
Und während sie mich ein wenig ausschimpfte, besah sie meine Füße. Sie stach die Blasen auf, rieb mich mit einer Salbe ein, die, wie sie behauptete, sehr schnell wirken würde, und verband mich mit einem Lappen. Es lag etwas Antikes in ihrer rührenden Gastfreundschaft; um den Vorgang ganz

zur Dichtung zu machen, fehlte nur noch, daß ich ein berühmter Wanderer und Mama Noël eine vornehme Fremde sei. Nach der Fußwaschung brachte sie mir frische Wäsche. Sie vergaß nichts: sie brachte auch ein Rasiermesser und half mir beim Rasieren.

»Ich will mich nachher nach einem Handwerkeranzug für Sie umsehen«, fügte sie hinzu. »Unter so einem Kostüm können Sie sich am besten verstecken.«

Als ich gesäubert war, führte mich Mama Noël ins Schlafzimmer. Dieser Raum diente zugleich als Werkstätte zur Herstellung von Nachschlüsseln. Der Eingang dazu war verdeckt durch einen Kleiderrechen mit Kleidern.

»In diesem Bett«, sagte sie, »haben Ihre Freunde schon öfters geschlafen. Sie brauchen nicht zu fürchten, daß die Polizei Sie hier überrascht, Sie können ruhig schlafen.«

»Das tut mir auch not«, meinte ich und bat um Erlaubnis, ihr Gute Nacht sagen zu dürfen. Sie ließ mich allein. Drei Stunden später erwachte ich von meinem angeblichen Schlaf; ich stand auf, und die Unterhaltung begann von neuem. Man mußte gut beschlagen sein, um der Mama Noël standzuhalten. Es gab keine einzige Zuchthausgewohnheit, die sie nicht bis aufs Tüpfelchen kannte. Sie wußte nicht nur die Namen aller Diebe, die sie gesehen hatte, sondern sie war auch über die kleinsten Einzelheiten aus dem Leben vieler anderer Gauner unterrichtet, und sie erzählte mit Begeisterung die Geschichte der berühmtesten unter ihnen, namentlich aber ihres Sohnes, für den sie ebensoviel Verehrung wie Liebe übrig hatte.

»Sie würden sich wohl sehr freuen, Ihren lieben Sohn bald wiederzusehen?« fragte ich.

»Oh, und wie!«

»Nun, diese Freude werden Sie recht bald haben. Noël beabsichtigt zu entspringen. Er wartet nur noch auf den günstigsten Augenblick.«

Im Laufe der Unterhaltung fragte mich Mama Noël, ob ich irgend etwas in Aussicht hätte. Sie erbot sich im Notfall, mir etwas zu empfehlen und fragte mich, ob ich mich auf das Nachmachen von Schlüsseln verstehe. Ich antwortete ihr, ich verstände mich darauf so gut wie nur irgendeiner.

»Nun, dann bin ich beruhigt«, sagte sie. „Sie werden also bald etwas finden. Da Sie so geschickt sind," fügte sie hinzu, »so will ich beim Eisenwarenhändler einen Schlüssel kaufen, den Sie meinem Schloß anpassen sollen. Dann können Sie kommen und gehen, wie es Ihnen paßt.«

Ich sagte ihr, wie sehr ich über ihre Gefälligkeit gerührt sei. Da es schon sehr spät war, legte ich mich schlafen. Ich brütete, wie ich aus dieser Falle davonkommen konnte: die Spitzbuben, die ich suchte, hätten ja nur zu leicht kommen können, ehe ich die nötigen Maßregeln ergriffen hatte.

Ich schlief nicht und erhob mich sofort, als ich Frau Noël Feuer machen hörte. Sie fand, daß ich ein Frühaufsteher sei und wollte gleich alles besorgen gehen, was ich nötig hätte. Dann brachte Sie mir einen unausgearbeiteten Schlüssel, gab mir Feilen und einen kleinen Schraubstock, den ich am Bett befestigte, und ich machte mich in Gegenwart meiner Gastgeberin ans Werk. Sie machte mir viel Komplimente über meine Arbeit; was ihr am meisten gefiel, war die Fixigkeit, mit der ich arbeitete. In der Tat, in weniger als vier Stunden hatte ich einen richtigen Schlüssel ausgearbeitet. Ich probierte ihn, er öffnete vorzüglich, einige Striche mit der Feile machten ein wahres Meisterstück aus ihm. Und so konnte ich, wie die anderen, so oft ins Haus kommen, wie ich wollte.

Ich war Frau Noëls Kostgänger. Nach Tisch sagte ich, daß ich in der Dämmerung gerne ausgehen wollte, um nachzusehen, ob die »Sache«, die ich in Aussicht hätte, ausführbar sei. Sie fand das ganz richtig, aber sie empfahl mir große Vorsicht.

Soweit ging mir alles nach Wunsch; man hätte nicht höher in der Gunst der Frau Noël stehen können. Aber wer garantierte mir dafür, daß ich, wenn ich in ihrem Hause bliebe, nicht niedergemacht würde? Wie leicht konnten zwei, drei Sträflinge auf einmal kommen, mich erkennen und mir den Garaus machen. Ich suchte sie also so weit zu bringen, daß sie mir selbst riet, nicht in Ihrer Wohnung zu schlafen.

Ich hatte gemerkt, daß Frau Noël mit einer Obsthändlerin befreundet war, die in demselben Hause wohnte. Zu dieser Frau schickte ich einen meiner Getreuen, Manceau, mit dem Auftrag, sie auf geheimnisvolle, aber recht ungeschickte Art über Frau Noël auszufragen. Ich legte ihm alle Fragen in den Mund, und daß die gute Frau alles ihrer Freundin sofort mitteilen würde – davon war ich um so mehr überzeugt, als ihr mein Helfershelfer strenge Verschwiegenheit anempfahl.

Der Erfolg zeigte, daß ich mich nicht geirrt hatte. Kaum hatte mein Agent den Auftrag erfüllt, als die Obsthändlerin nichts eiliger zu tun hatte, als alles der Frau Noël zu berichten. Diese ihrerseits versäumte nicht, mich ins Vertrauen zu ziehen. Sie stellte sich an dem benachbarten Hause auf Posten, wartete mich ab, lief mir, als sie mich kommen sah, entgegen und sagte mir ohne jede Einleitung, ich möge ihr folgen. Ich tat es auch. Erst auf der Place des Victoires blieb sie stehen, sah sich um, und als sie sich vergewissert hatte, daß uns niemand sah, ging sie auf mich zu und erzählte mir alles.

»Sie sehen, mein armer Germain«, sagte sie zum Schluß, »daß es unvorsichtig von Ihnen wäre, in meinem Hause zu schlafen. Sie würden momentan sogar besser tun, selbst von Besuchen am Tage abzusehen.

Um ihren Verdacht nicht zu erwecken, stellte ich mich noch betrübter als sie.

Ich verfluchte diesen verdammten Vidocq, der uns nicht in Ruhe ließ; ich tobte geradezu, daß ich nun außerhalb von Paris ein Obdach suchen müsse und nahm von Mama Noël Abschied. Sie wünschte mir viel Glück, sagte »Auf baldiges Wiedersehen« und ließ beim Abschied in meine Hand ein Dreifrankstück gleiten.

Ich wußte, daß Desbois und Montgenet erwartet wurden; außerdem wußte ich nun, daß Personen in Frau Noëls Haus ein- und ausgingen, mochte sie da sein oder nicht; sie kamen sehr oft, wenn sie Stunden in der Stadt gab. Mir lag daran, alle diese Herrschaften kennenzulernen... Zu diesem Zweck postierte ich an der Straßenecke einige als Dienstmänner verkleidete Agenten so, daß sie nicht auffallen konnten.

Um den Schein zu erwecken, ich fürchtete mich, besuchte ich zwei Tage lang Frau Noël nicht. Nachher kam ich eines Abends zu ihr und brachte ihr einen jungen Mann mit, den ich für den Bruder der Frau ausgab, mit der ich gelebt hatte. Ich war ihm angeblich im Moment, als ich Paris verlassen wollte, zufällig begegnet, und hatte ein Obdach bei ihm gefunden. Dieser junge Mann war ein Geheimagent; ich sagte Mama Noël, er habe mein ganzes Vertrauen, sie könne ihn als mein zweites Ich betrachten; da ihn die Spitzel nicht kannten, so sollte er ihr Botschaft von mir bringen, wenn ich Angst hätte, mich zu zeigen.

»Wie schade!« rief Frau Noël, »Sie haben viel verloren. Wenn Sie zwanzig Minuten früher gekommen wären, hätten Sie hier eine Frau getroffen, die Sie gut kennt.«

»Wen denn?«

»Die Schwester von Marguerit.«

»Ja, sie hat mich wirklich oft mit ihrem Bruder gesehen.«

»Gewiß, als ich ihr von Ihnen erzählte, hat sie Sie mir aufs Haar beschrieben. Etwas mager«, sagte sie, »und hat die Nase ewig voll Tabak.«

Frau Noël bedauerte sehr, daß ich die Dame verpaßt hatte; ich selbst mußte mich darüber natürlich sehr freuen. Um eine solche Begegnung zu vermeiden, ließ ich von nun ab jedesmal, wenn ich kommen sollte, meinen angeblichen Schwager vorausgehen; wenn niemand da war, gab er mir dann ein Zeichen aus dem Fenster. Dann kam ich, und mein Helfershelfer stellte sich auf Wache in der Straße, um mir jede unangenehme Überraschung zu ersparen. In der Nähe hielten sich noch weitere Agenten auf; denen hatte ich den Schlüssel zu Mama Noëls Wohnung anvertraut, damit sie mir im Fall der Gefahr beispringen könnten. Jeden Augenblick konnte es ja geschehen, daß die Sträflinge unerwarteterweise eintrafen, mich erkannten und mich anfielen – ein Faustschlag gegen eine Fensterscheibe sollte als Signal dienen, daß ich Hilfe im ungleichen Kampf brauchte.

Man sieht, alle Vorsichtsmaßregeln waren von mir getroffen. Die Entwicklung ging ihrem Ende entgegen. Es war an einem Dienstag; ein Brief von den Leuten, die ich suchte, kündigte ihren Besuch für den nächsten Freitag an. Dieser Freitag sollte ihr Unglückstag werden. Frühmorgens setzte ich mich in eine Schenke in der Nachbarschaft, damit sie mich nicht beim Kommen in der Straße treffen könnten, und schickte zur Verhütung jeder Gefahr meinen angeblichen Schwager zu Frau Noël voraus. Er kam bald zurück und meldete, die Schwester von Marguerit sei nicht da, und ich könnte ruhig hingehen. »Betrügst du mich auch nicht?« rief ich: die Stimme des Agenten kam mir seltsam verändert vor. Ich heftete einen Blick auf ihn, der ihm in die Tiefe der Seele drang, ich glaubte auf seinem Gesicht eine jener schlecht verhehlten Muskelzuckungen wahrzunehmen, die eine Lüge begleiten; ich weiß selbst nicht, was mich ahnen ließ, daß ich es mit einem Verräter zu tun hatte. Dieser erste Eindruck kam mir wie ein Lichtstrahl. Wir befanden uns in einem separaten Kabinett. Ich packe ihn am Kragen und sage ihm in Gegenwart seiner Kameraden auf den Kopf zu, daß er mich betrogen habe, und wenn er mir nicht auf der Stelle alles gestehen würde, so sei es um ihn geschehen. Bestürzt murmelt er einige Worte der Entschuldigung, sinkt vor mir auf die Knie und gesteht mir, daß er der Frau Noël alles erzählt habe.
Dieser Verrat hätte mir, wenn ich ihn nicht geahnt hätte, das Leben kosten können; aber nicht aus persönlichen Gründen, sondern im Interesse der Gesellschaft war ich wütend, so nah am Ziel gescheitert zu sein. Der Verräter Manceau wurde verhaftet und, obwohl er noch sehr jung war, so wurde er – er hatte auch noch anderes auf dem Kerbholz – nach Bicêtre geschickt und von dort nach der Insel Oléron, wo seine Laufbahn auch ein Ende fand.
Natürlich ließen sich die Flüchtlinge in der Rue Ticquetonne nicht mehr sehen; sie wurden aber trotzdem kurze Zeit darauf verhaftet.
Frau Noël verzieh mir den bösen Streich, den ich ihr gespielt hatte, nicht. Um an mir Rache zu nehmen, schaffte sie eines schönen Tages alle ihre Sachen beiseite, ging fort, ohne die Tür zu verschließen, kam bald zurück und brach in ein furchtbares Geschrei aus, sie sei bestohlen worden. Die Nachbarn wurden als Zeugen angegeben, eine Anzeige an den Kommissar wurde erstattet, und Mama Noël bezeichnete mich als den Dieb, weil ich den Schlüssel zu ihrer Wohnung hatte. Der Präfekt und Henry durchschauten aber die List, und die Untersuchungen, die sie anstellten, waren so gut geleitet, daß die verschwundenen Sachen bald wiedergefunden wurden. Die Veranlassung war klar, und um Frau Noël Zeit zu lassen, sie zu bereuen, wurde sie sechs Monate in Saint-Lazare eingesperrt.

Man sieht, welche Unannehmlichkeiten mir die Untreue eines Agenten verursachte. Ich wußte schon seit langem, daß ein Geheimnis nie besser aufgehoben ist, als wenn man es für sich behält; aber die traurige Erfahrung hatte mich ebenso gelehrt, daß ich möglichst auch allein handeln müsse, und das tat ich denn auch bei einer, wie man sehen wird, sehr wichtigen Angelegenheit.

Zwei Galeerensträflinge, Goreau und Florentin, auch Chatelain genannt, die schon mehrmals verurteilt worden waren, befanden sich wieder einmal in Bicêtre als unverbesserliche Diebe. Des Aufenthalts in diesen Grüften, wo man wie lebendig begraben ist, müde, schrieben sie an Henry einen Brief, in dem sie sich erboten, wichtige Mitteilungen zu machen; aufgrund dieser Mitteilungen könnte man mehrere ihrer Kameraden fassen, die in Paris täglich Diebstähle begingen.

Als der gewandteste und gefährlichste unter ihnen wurde ein gewisser Fossard bezeichnet, ein Mann, der zu lebenslänglichem Zuchthaus verurteilt und bereits mehrmals aus den verschiedenen Zuchthäusern entflohen war.

Der einzige Anhaltspunkt, den mir Henry über den Fall Fossard geben konnte, lautete folgendermaßen:

»Fossard wohnt in Paris in einer Straße, die von den Markthallen nach einem Boulevard führt, das heißt, zwischen der Rue Comtesse-d'Artois und der

Rue Poissoniére, hinter der Rue Montorgueil. Es ist nicht bekannt, in welcher Etage er wohnt, aber man kann seine Fenster an gelbseidenen, gestickten Musselinegardinen erkennen. In demselben Hause wohnt eine kleine bucklige Schneiderin, die mit der Frauensperson befreundet ist, mit der Fossard lebt.«

Wie man sieht, war diese Angabe nicht so durchaus genau, daß ich direkt aufs Ziel hätte losgehen können.

Ich wußte nicht, womit ich beginnen sollte. Da ich aber voraussah, daß ich es in diesem Fall hauptsächlich mit Frauen aus dem Volke zu tun haben würde, so war ich mir über die Art meiner Verkleidung sofort im klaren. Es war selbstverständlich, daß ich wie ein ehrwürdiger Herr aussehen müßte. Ein paar künstliche Runzeln, ein Haarzopf, eine Halskrause, ein dicker Stock mit goldenem Knauf, ein dreieckiger Hut, Buckeln und passender Rock und Beinkleid machten aus mir einen jener Bürger von sechzig Jahren, von denen alle alten Schachteln finden, sie seien »gut erhalten«. Ich war fest überzeugt, daß alle Buckligen auf mich fliegen würden, und zudem sah ich so bieder aus, daß es keinem einfallen würde, mich anzuschwindeln.

In dieser Verkleidung durchwandelte ich die Straße, die Nase hoch in die Luft, nach jeder farbigen Gardine spähend. Ich war so in meine Beobachtungen versunken, daß ich für alles rings um mich taub und blind war. Wäre ich etwas weniger beleibt gewesen, so hätte man mich leicht für einen Metaphysiker halten können oder für einen Poeten, der in der Region der Schornsteine einen Vers sucht. Zwanzigmal lief ich Gefahr, überfahren zu werden, von allen Seiten hörte ich »Achtung!« »Achtung!«

So vergingen einige Tage, ohne daß ich auch nur den Schatten meines Gegenstandes fand. Ich fühlte, daß ich ein Höllengewerbe ausübte, jeden Abend war ich wie gerädert, jeden Morgen mußte ich ganz von vorn anfangen. Dieses Manövers müde, griff ich endlich zu einem anderen Mittel.

Ich hatte die Beobachtung gemacht, daß Bucklige im allgemeinen sehr schwatzhaft und neugierig sind. Sie sind die Klatschbasen ihres Viertels: nichts passiert, ohne daß sie's wüßten. Diese Tatsache führte mich zu dem Schluß, daß die von mir gesuchte Bucklige es sich gewiß nicht nehmen ließ, bei der Milchfrau, beim Bäcker, bei der Gemüsefrau, beim Krämer oder in der Spezereihandlung ein kleines Plauderstündchen abzuhalten. Ich beschloß demnach, diese Stätten des Klatsches möglichst zu überwachen.

Aber welcher Milchfrau mochte meine Bucklige den Vorzug geben? Sicherlich doch derjenigen, die vielleicht nicht am nächsten lag, aber die über den größten Vorrat an Klatsch und Stadtneuigkeiten verfügte. Das Geschäft an der Ecke der Rue Thévenot schien mir diese doppelte Tugend in sich zu vereinigen: die Frau hatte auch eine Riesenmenge kleiner Töpfchen um sich stehen, und inmitten ihres zahlreichen Kreises hörte sie nicht auf, zu schwatzen und zu bedienen. Ich nahm mir vor, sie nicht aus dem Auge zu verlieren. Ich lag schon den zweiten Vormittag auf der Lauer und wartete voll Ungeduld auf den weiblichen Aesop, aber da kamen lauter junge Mädchen von schlanker Statur in zierlichen Morgenkleidern, alle gerade wie ein lateinisches I. Ich war der Verzweiflung nahe... Endlich erscheint mein Stern am Horizont. Es ist das Urbild der Buckligen, die Venus der Verwachsenen, Gott, wie reizend war sie, wie herrlich gekrümmt war der auffallendste Teil ihres Signalements! Dieses übernatürliche oder vielmehr außernatürliche Wesen trat in den Milchladen ein, plauderte da, wie ich erwartet hatte, ein Weilchen, und holte sich ihre Sahne, dann ging sie beim Spezereihändler vorbei, dann blieb sie einen Augenblick bei der Gekrösehändlerin, die ihr ein Stückchen Lunge, wahrscheinlich für ihre Katze, gab, darauf lenkte sie ihre Schritte nach der Rue Petit-Carreau und verschwand in einem Hause, in deren unterer Etage ein Siebmacher wohnte. Ich erhob meine Blicke zu den Fenstern, jedoch die gelben Gardinen, nach denen ich schmachtete, waren nicht zu sehen. Ich sagte mir aber mit Recht, daß Gardinen, welche Farbe sie auch haben mochten, leichter verrückbar von ihrem Platze seien als ein angeborener Buckel, und beschloß also, mich nicht eher zurückzuziehen, als bis ich eine Audienz bei dem kleinen Ungetüm gehabt habe.

Ich stieg daher die Treppe hinauf. Im Zwischenstock fragte ich, wo hier eine kleine Dame wohne, die ein klein wenig bucklig sei.

»Sie meinen wohl die Schneiderin?« antwortete man mir mit Gelächter.

»Ja, ich suche die Schneiderin, sie hat eine etwas übertriebene Schulter.«

Man lacht von neuem und weist mich in die dritte Etage nach vorne. Man bezeichnet mir die Tür, ich klopfe, es wird geöffnet: es ist die Bucklige selber. Nach den üblichen Entschuldigungen über den ungelegenen Besuch bitte ich Sie, mir eine kleine Unterredung zu gewähren; ich füge noch hinzu, daß ich sie in einer persönlichen Angelegenheit sprechen möchte.

»Gnädiges Fräulein«, beginne ich mit einer gewissen Feierlichkeit, nachdem sie mich vor sich hatte Platz nehmen lassen, »Sie kennen den Grund nicht, der mich hierher führt; wenn Sie ihn kennten, würde Ihnen vielleicht mein Schritt einiges Interesse einflößen.«

Die Bucklige bildete sich ein, daß ich ihr eine Liebeserklärung machen wollte. Sie wurde ganz rot, und ihr Blick belebte sich, so krampfhaft sie auch die Augen niederschlug. Ich fuhr fort:

»Sie werden sich gewiß wundern, daß man in meinem Alter in Liebe entbrannt sein kann wie mit zwanzig Jahren.«

»Aber, mein Herr, Sie sind ja so jugendlich«, rief die liebenswürdige Bucklige. Ich wollte sie nicht weiter auf die Folter spannen, und sagte:

»Ich bin auch sonst ganz gesund, aber nicht darum handelt es sich. Sie wissen wohl, daß in Paris häufig Mann und Frau zusammenleben, die nicht miteinander verheiratet sind...«

»Für was halten Sie mich denn, mein Herr, daß Sie es wagen, mir einen solchen Vorschlag zu machen?« rief die Bucklige, ohne das Ende meines Satzes abzuwarten. Ich mußte über das Mißverständnis lächeln.

»Ich will Ihnen keine unmoralischen Vorschläge machen«, entgegne ich, »ich möchte nur von Ihnen Auskunft über eine gewisse Dame haben, die in diesem Hause wohnen soll, zusammen mit einem Herrn, den sie für ihren Gatten ausgibt.«

»Ich kenne keine solche Dame«, antwortete die Bucklige trocken.

Nun beschrieb ich ihr »grosso modo« Fossard und seine Geliebte, Fräulein Tonneau.

»Ja, ich kenne ihn«, sagte sie dann, »ein Mann, ziemlich von Ihrer Größe und ihrer Figur, so gegen dreißig oder zweiunddreißig, ein hübscher Mensch. Die Dame ist eine pikante Brünette mit schönen Augen, hübschen Zähnen, einem breiten Mund, entzückenden Wimpern und einem kleinen Schnurrbärtchen; sie hat ein Stupsnäschen, aber sie sieht recht nett und bescheiden aus. Ja, die haben hier allerdings gewohnt, aber sie sind erst vor kurzem ausgezogen.«

Ich bat sie, mir ihre neue Adresse zu geben. Als sie sagte, sie wüßte sie nicht, begann ich weinend sie anzuflehen, mir das unglückliche Geschöpf wiederfinden zu helfen, das ich trotz ihrer Treulosigkeit immer noch liebte.

Die Schneiderin war für die Tränen, die ich vergoß, nicht unempfindlich; sie wurde ganz gerührt, ich sparte nicht mit pathetischen Ausdrücken.

»Ach! Ihre Untreue tötet mich! Haben Sie Mitleid mit einem armen Ehemann, ich beschwöre Sie. Verheimlichen Sie mir ihre Adresse nicht, und ich verdanke Ihnen mehr als mein Leben.«

Bucklige Mädchen sind gefühlvolle Wesen, zudem ist ein Mann in ihren Augen ein kostbares Kleinod; da sie keinen bekommen können, so begreifen sie nicht, wie man untreu sein könne, außerdem hatte meine Schneiderin einen wahren Abscheu vor dem Ehebruch. Sie bedauerte mich aufrichtig und wünschte nichts mehr, als mir nützlich zu sein.

»Leider«, sagte sie, »wurde ihr Umzug von zwei Dienstleuten aus einem andern Viertel besorgt. Ich weiß absolut nicht, wo sie hingekommen sind und was aus ihnen geworden ist. Aber vielleicht fragen Sie den Hauswirt?«

Der gute Wille dieser Frau war unzweifelhaft. Ich ging zum Wirt, er konnte mir nur soviel sagen, daß ihm die Miete pünktlich bezahlt worden war, und daß kein Grund zur Beschwerde vorlag.

Außer der Gewißheit, die alte Wohnung Fossards entdeckt zu haben, war ich also nicht viel weiter gekommen. Aber dennoch wollte ich die Flinte nicht ins Korn werfen, ehe ich alle Mittel ausprobiert hatte. Gewöhnlich kennen sich die Dienstmänner der verschiedenen Stadtviertel. Immer unter der Maske des betrogenen Ehemanns fragte ich Dienstmänner der Rue Petit-Carreau aus, und einer konnte mir auch wirklich den Mann nennen, der den Umzug meines Nebenbuhlers besorgt hatte.

Ich fand den betreffenden Mann und trug ihm mein Ammenmärchen vor. Er hörte mich an, aber es war ein geriebener Bursche, er wollte nicht mit der Sprache heraus. Ich tat, als ob ich nichts merkte und ich gab ihm dafür, daß er mir versprach, mich vor Fossards Haus zu führen, zehn Franken. Dieses Geld verjubelte er noch am selben Tage mit einem Straßenmädchen.

Diese erste Zusammenkunft fand am dritten Weihnachtstag (27. Dezember) statt. Am 28. sollten wir uns wiedersehen. Ich war pünktlich da, auch der Dienstmann ließ nicht auf sich warten. Einige Fünffrankstücke spazierten wieder aus meiner Tasche in die seine, auch mußte ich ein Frühstück spendieren, endlich war er soweit. Er führte mich vor ein nettes Haus an der Ecke der Rue Duphot und Rue Saint-Honoré.

»Hier ist es«, sagte er, »wir können ja beim Weinhändler nachsehen, sie sitzen dort immer.«

Er wollte noch einmal ausgehalten werden. Ich ließ mich nicht lange bitten; wir treten ein, leeren eine Flasche Beaune und nun, als wir ausgetrunken hatten, konnte ich mich mit der Gewißheit zurückziehen, das Domizil meiner Ehefrau und ihres Verführers endlich gefunden zu haben. Meinen Begleiter brauchte ich nicht mehr, ich bedankte mich noch einmal und verabschiedete mich von ihm. Um gewiß zu sein, daß er nicht Lust bekam, beiden Parteien zu dienen und mich verriet, ließ ich ihn durch meine Agenten überwachen, vor allem aber verhindern, daß er wieder in die Weinkneipe kam...

Fossards Freunde, das heißt seine Denunzianten, hatten die Warnung ausgesprochen, daß er bei sich stets einen Dolch und Pistolen trage; eine Doppelpistole sollte er sogar in einem Taschentuch versteckt, stets in der Hand halten. Diese Nachricht gebot Vorsicht; soweit man Fossards Charakter kannte, war außerdem auch zu erwarten, daß er vor keinem Mord zurückschrecken würde. Ich wollte keineswegs als Schlachtopfer dienen. Das sicherste Mittel, sich der Gefahr zu entziehen, schien mir, sich mit dem Weinhändler in Einverständnis zu setzen, bei dem Fossard wohnte. Dieser Weinhändler war ein braver Mann, aber die Polizei steht im allgemeinen in so üblem Ruf, daß ehrliche Leute nicht immer gesonnen sind, ihr Beistand zu leisten. Ich wollte mir also seine Beihilfe durch Berührung seiner eigenen Interessen sichern. Unter verschiedenen Verkleidungen war ich bereits zweimal bei ihm gewesen und hatte Gelegenheit genommen, mich über die Örtlichkeit wie über das Personal des Ladens zu orientieren. Darauf kam ich in meiner gewöhnlichen Kleidung zum Wirt und sagte, ich wollte ihn unter vier Augen sprechen. Er führte mich in eine Kammer, und ich erklärte ihm folgendes:

»Ich bin von der Polizei beauftragt, Sie zu benachrichtigen, daß Sie bestohlen werden sollen. Der Dieb, der den Diebstahl plant, wohnt in Ihrem eigenen Hause; die Frau, die mit ihm lebt, kommt manchmal zu Ihrer Frau ins Kontor. Während der Unterhaltung hat sie einen Schlüsselabdruck von der Tür genommen. Alles ist vorgesehen: die Klingelschnur sollte durchschnitten und die Tür verrammelt werden. Und wenn sie einmal drin sind, steigen sie in ihr Zimmer; sollten Sie unterdessen erwacht sein, so brauche ich Ihnen nicht zu erzählen, was geschehen würde, denn Sie haben's mit einem ausgemachten Verbrecher zu tun.«

»Die würden uns die Gurgel abschneiden«, sagte der Weinhändler entsetzt. Er rief sofort seine Frau und teilte ihr die Neuigkeit mit.

»Na, meine Liebe, trau' du einem! Diese Frau Hazard, auf die wir Gift nehmen würden, will uns den Hals abschneiden. Heute nacht sollten wir niedergemacht werden.«

»Aber nein, Sie können ganz ruhig sein«, sagte ich, »nicht heute nacht. Sie wollten zuerst den Heiligen Dreikönigstag vorbeigehen lassen. Aber wenn Sie verschwiegen sind und mich unterstützen, so kriegen wir sie herunter.«

Frau Hazard war niemand anders als Fräulein Tonneau; unter diesem Namen waren sie und Fossard im Hause bekannt. Ich bat den Weinhändler und seine Frau – sie waren entsetzt –, ihre Mieter mit der gewöhnlichen Freundlichkeit zu behandeln. Ich brauche nicht hinzuzufügen, daß sie alles tun wollten, was ich verlangte. Es wurde ausgemacht, daß ich mich, damit ich Fossard besser sehen und ihn sicherer packen konnte, in einer kleinen Kammer unter der Treppe verbergen sollte.

Am 31. Dezember, abends elf Uhr, im Moment, da alle meine Batterien geladen sind, kommt Fossard nach Hause. Er ahnt nichts Arges und steigt pfeifend die Treppe hinauf. Zwanzig Minuten später zeigt mir das ausgelöschte Licht, daß er zu Bett gegangen sein muß; ein günstiger Augenblick! Der Kommissar und die Gendarmen warteten auf der nächsten Wache auf Nachrichten. Ich lasse sie kommen, und sie schleichen geräuschlos in das Haus. Wir beraten, wie wir sie am besten ergreifen könnten, ohne daß jemand getötet oder verwundet wird, denn man war überzeugt, daß der Bandit sich auf den Tod wehren würde.

Die Weinhändlersfrau, mit der Frau Hazard befreundet war, hatte einen Neffen bei sich. Es war ein zehnjähriger Junge, ziemlich intelligent für sein

Alter und um so geldgieriger, als er aus der Normandie stammte. Ich verspreche ihm eine Belohnung, wenn er unter dem Vorwand, seine Tante sei unwohl, zu Frau Hazard gehe und sie um etwas Eau-de-Cologne bitte. Ich schärfe dem Schlingel ein, den wehleidigen Ton anzunehmen, der für solche Gelegenheiten geziemend ist. Dann werden die übrigen Rollen verteilt. Das Finale naht. Ich heiße meine Leute die Stiefel ausziehen, entledige mich auch selbst meines Schuhzeugs und wir steigen geräuschlos hinauf.

»Wer ist da?« fragt man.

»Ich bin's, Frau Hazard, Louis; meine Tante ist krank geworden, sie bittet Sie um ein bißchen Eau-de-Cologne.«

Die Tür wird geöffnet, aber kaum kommt Madame Tonneau zum Vorschein, so bemächtigen sich ihrer zwei handfeste Gendarmen und stopfen ihr mit einer Serviette den Mund zu, damit sie nicht schreien kann. Im selben Augenblick stürze ich mich auf Fossard. Er ist ganz bestürzt, ich fessele ihn noch im Bett, und er ist mein Gefangener, noch ehe er eine Bewegung zu machen, ein Wort zu sprechen vermochte. Seine Bestürzung war derart, daß er sich fast eine Stunde lang nicht erholen konnte. Als Licht gebracht wurde und er mein geschwärztes Gesicht und meine Köhlerkleidung erblickte, bekam er einen solchen Schrecken, daß er glaubte, er sei in der Gewalt des leibhaftigen Teufels. Als er zu sich kam, dachte er an seine Waffen, an den Dolch und die Pistolen, die auf dem Nachttisch lagen, sein Blick wandte sich dorthin, sein Körper bekam einen Ruck – aber das war auch alles: er sah ein, daß jeder Widerstand unnütz sei und verbiß seine Wut.

Es wurde eine Haussuchung vorgenommen, und man fand eine große Menge von Schmucksachen, Diamanten und eine Summe von acht- bis zehntausend Franken in bar. Während alles durchstöbert wurde, nahm mich Fossard beiseite und vertraute mir an, daß er unter dem Fußboden noch zehn Banknoten zu tausend Franken versteckt habe. »Nimm sie zu dir«, sagte er mir, »wir wollen teilen, du kannst soviel davon behalten, wie du willst.«

Ich steckte in der Tat die Scheine zu mir. Wir bestiegen einen Wagen und kamen bald bei Henry an, wo die gefundenen Gegenstände deponiert wurden. Man nahm sie noch einmal auf, und als man damit zu Ende war, sagte der Kommissar, der mich der Form halber begleitet hatte: »Jetzt können wir das Verhör wohl schließen.«

»Einen Augenblick!« rief ich. »Hier sind noch zehntausend Franken, die mir der Gefangene zugestellt hat.«

Und damit deponierte ich die Summe zum großen Bedauern Fossards; der warf mir einen Blick zu, welcher zu sagen schien: »Diesen Streich verzeihe ich dir nie.«

Francois Eugène Vidocq

Das Glück im Verbrechen

Dans ce temps delicieux,
Quand on raconte une histoire vraie,
C'est à croire, que le Diable a dicté.

An einem Morgen im vergangenen Herbst erging ich mich im Jardin des Plantes in Gesellschaft des Doktors Torty, eines meiner ältesten Bekannten. In meiner Kindheit übte Doktor Torty die ärztliche Praxis in der Stadt V. aus; aber nach etwa dreißig Jahren dieser angenehmen Tätigkeit und nachdem seine Stammkunden – wie er sie nannte – gestorben waren, nahm er keine neuen mehr an. Schon bejahrt, erfüllt von einem wilden Drang nach Unabhängigkeit, wie ein Tier, das immer im Zaum gegangen ist und ihn endlich zerreißt, war er nach Paris gekommen, hatte sich in der Rue Cuvier, nahe dem Jardin des Plantes, eingenistet und betrieb seine Kunst nur mehr zu seinem persönlichen Vergnügen. Er fand nämlich wirklich großes Vergnügen daran, denn er war Arzt mit Leib und Seele, bis in die Fingerspitzen, ein trefflicher Arzt und scharfer Beobachter, oftmals weit über das Pathologische und Physiologische des Falles hinaus.

Er war einer von der frechen kräftigen Sorte, die die Dinge nicht mit Glacéhandschuhen anfaßt, denn er hielt sich an das alte Sprichwort: »Mit Handschuhen kann die Katze nicht Mäuse fangen«, und er hatte deren unzählige gefangen und wollte noch immer welche fangen, der alte Schlaukopf von der guten, feinen Rasse! Er war ganz von der Gattung, die mir sehr gefällt, und zwar glaube ich (und ich kenne mich ja!), gerade um der Seiten willen, die den anderen am gründlichsten mißfallen. Er mißfiel nämlich den meisten, solange sie gesund waren, der brüske Sonderling von Doktor; aber waren sie krank, dann machten ihm die, die ihn am wenigsten leiden konnten, die tiefsten Reverenzen, so wie die Wilden vor Robinsons Gewehr, das sie vernichten konnte, nur umgekehrt, weil er sie retten konnte! Ohne diese mächtige Erwägung wäre der Doktor wohl kaum zu einer Rente von zwanzigtausend Francs in einem kleinen, bigotten, zimperlichen, aristokratischen Städtchen gelangt, wo man ihn nach Neigung und Überzeugung am liebsten vor die Tür der Paläste gesetzt hätte. »Sie hatten« – sagte er spöttisch – »während meiner dreißigjährigen Station in V. die Wahl zwischen der letzten Ölung und mir, und bei aller Frömmigkeit zogen sie mich denn doch der heiligen Wegzehrung vor.«

Wie man sieht, nahm er kein Blatt vor den Mund. Sein Witz war etwas gotteslästerlich. Ein ehrlicher Jünger des Cabanis in medizinischer Philosophie, war er, wie sein alter Kollege Chaussier, einer aus der durch ihren absoluten Materialismus schrecklichen Schule von Ärzten und von dem unverschämten, alles herabsetzenden Zynismus des ersten der Dubois, welcher Palastdamen und Herzoginnen duzte und sie »Gevatterin« nannte, wie das erste beste Marktweib.

Über siebzig Jahre alt, aber vierschrötig, kräftig und knorrig wie sein Name, mit einem sardonischen Gesicht und durchdringenden unbewaffneten Augen unter der hellbraunen Perücke mit den schlichten, glänzenden, kurzen Haaren, zumeist in Grau oder Braun gekleidet, glich er weder an Haltung noch in seiner Art jenen korrekten Herren Pariser Ärzten mit ihren weißen, wie aus den Leichentüchern ihrer Patienten gefertigten Krawatten! Er war ein anderer Mensch. Mit seinen hirschledernen Handschuhen, den dickbesohlten Stiefeln, die unter seinen festen Schritten kräftig knarrten, hatte er etwas von einem schneidigen Reitersmann. Und das stimmte auch; denn wieviele von den dreißig Jahren seiner Praxis hatte er nicht im Sattel verbracht, auf heillosen Wegen, und das verriet sich noch in der Art, wie er den mächtigen Oberkörper aufreckte, der unerschüttert auf den Rippen saß und sich auf kräftigen Beinen wiegte, die gekrümmt waren wie die eines alten Postillons. Doktor Torty war so eine Art von berittenem Lederstrumpf gewesen. Ein Naturmensch, der sich, wie Coopers Held, über alle sozialen Gebote wegsetzte, aber nicht wie der Mann von Fenimore, den Gottesgedanken an ihre Stelle rückte, war er einer jener unerbittlichen Beobachter geworden, die notgedrungen zu Menschenfeinden werden müssen. Und er war es auch. Nur hatte er, indes er sein Pferd durch den Morast der grundlosen Wege waten ließ, Zeit gefunden, sich gegen den sonstigen Schlamm des Daseins abzustumpfen. Er war kein Misanthrop wie Alceste. Er war nicht moralisch entrüstet. Er geriet nicht in Zorn. Nein! Er verachtete die Menschen so ruhig, wie er seine Prise nahm, und vielleicht mit ebenso vielem Vergnügen an der Sache.

So war der Doktor Torty, mit dem ich damals spazieren ging.

Es war ein Herbstwetter, klar und hell genug, um die Schwalben in ihrem Abzug aufzuhalten. Es läutete Mittag von Notre-Dame, und der ernste Klang schien über den grünen Strom weg bis über unsere Häupter leuchtende Schwingungen zu senden, so rein war die durchbebte Luft. Das rostfarbene Laub der Bäume hatte sich allmählich aus den morgendlichen Nebeln gelöst, und eine freundliche Herbstsonne wärmte uns den Rücken, während wir betrachtend vor dem Käfig der herrlichen schwarzen Pantherin standen, die den Winter darauf, wie ein junges Mädchen, an der Schwindsucht starb. Um uns her war das gewöhnliche Publikum des Jardin des Plantes, Leute aus dem Volke, Soldaten und Kindermädchen, die gern vor den Gittern der Käfige herumlungern und sich damit vergnügen, den schlummernden trägen Tieren Nuß- und Kastanienschalen zuzuwerfen. Die Pantherin, vor der wir beim Umherschlendern angelangt waren, war von jener besonderen Rasse von der Insel Java, jenem Erdenwinkel, der selbst eine große, unzähmbare Tigerin scheint, die den Menschen fasziniert und ihm die Zähne ins Fleisch schlägt. Wer nicht an sich selbst jene heftigen und tödlichen Eindrücke verspürt hat, vermag sich keine Vorstellung von der wilden Lebenskraft dieses zugleich bezaubernden und vergiftenden Landes zu machen. Nachlässig auf ihren eleganten Tatzen hingestreckt, den Kopf hoch, die smaragdenen Augen unbeweglich, war die Pantherin so recht ein herrliches Probeexemplar der furchtbaren Erzeugnisse ihres Mutterlandes. Kein heller Fleck unterbrach das gleißende Schwarz ihres samtenen Felles, und wandte man den Blick von diesem herrlichen Bilde geschmeidiger Schönheit, ruhender Kraft und königlicher Geringschätzung auf die Gaffer vor dem Gitter, so war es wahrlich nicht die Menschheit, der die schönere Rolle zufiel, sondern die Bestie. Es war fast demütigend, wie überlegen sie schien, und ich bemerkte es eben leise dem Doktor gegenüber, als plötzlich zwei Personen herzutraten und sich gerade vor der Pantherin aufpflanzten. »Sehen Sie nur jetzt hin«, entgegnete mir der Doktor, »nun ist das Gleichgewicht zwischen den Gattungen wieder hergestellt!«

Es waren ein Mann und eine Frau, beide hochgewachsen, die mir auf den ersten Blick den Eindruck machten, den höheren Kreisen der Pariser Gesellschaft anzugehören. Sie waren beide nicht mehr jung, aber gleichwohl vollkommen schön. Der Mann mochte über siebenundvierzig, die Frau über vierzig sein. Sie hatten demnach beide »den Wendekreis überschritten«, wie die Südseefahrer sagen, jenen fatalen Wendekreis, von dem es keine Rückkehr gibt, ist man einmal im Leben darüber weggesegelt. Es schien sie aber beide gar nicht zu kümmern; sie hatten keinen melancholischen Zug im Gesicht. Der schlanke Mann, der in seinem knappen Schlußrock so patrizisch aussah, als trüge er eines der Kostüme, wie sie Tizian auf seinen Bildern zeigt, glich mit den geschwungenen Linien seiner Gestalt, den weiblich zarten, hochmütigen Zügen, dem spitzen, leicht ergrauten Schnurrbart, einem Hofherrn aus der Zeit Heinrichs III., und um die Ähnlichkeit noch vollständiger zu machen, erschimmerten an seinen Ohren zwei dunkle Saphire. Bis auf dies »lächerliche« Detail (wie die Welt gesagt hätte), das genügend die vollste Geringschätzung für die landläufigen Anschauungen bewies, war alles einfach und »Dandy«, in Brummels Sinn, das heißt unauffällig an der Erscheinung dieses Mannes, die durch sich selber die Aufmerksamkeit auf sich zog und sie ausschließlich gefesselt hätte ohne die Frau an seinem Arm. Diese Frau nahm den Blick noch mehr gefangen als der Mann, und hielt ihn länger fest. Sie war fast so groß wie er, und da auch sie ganz in Schwarz gekleidet war, erinnerte sie an die große, schwarze Isis des ägyptischen Museums in ihrer Üppigkeit, der Kraft und dem geheimnisvollen Stolz. Sonderbarerweise hatte bei diesem schönen Paar er die Nerven und sie die Muskeln.

Ich sah nur ihr Profil, aber mir kam es vor, als hätte ich nie ein reineres und vornehmeres gesehen. Die Augen konnte ich nicht beurteilen; sie waren auf

die Pantherin gerichtet, die eine magnetische Wirkung davon zu verspüren schien, denn sie wurde gleichsam immer starrer unter diesen Blicken, und, wie eine Katze, die die Sonne blendet, blinzelte sie ein paarmal, dann, als könne sie es nicht länger ertragen, ließ sie den Vorhang ihrer Lider über die grünen Sterne niederfallen. Sie verschanzte sich...
»Ah! Ah! Pantherin gegen Pantherin!« raunte mir der Doktor zu. »Aber der Atlas ist stärker als der Samt.«
Der Atlas war die Frau, die ein lang schleppendes Kleid aus diesem glänzenden Stoff trug. Und der Doktor hatte recht gesehen! Schwarz, geschmeidig, ebenso königlich und schön in ihrer Art, doch von noch furchtbarerem Reiz, stand die Fremde wie ein menschlicher Panther vor der Bestie; das schien diese zu fühlen, indem sie die Augen schloß. Aber die Frau, wenn es eine war, begnügte sich nicht mit diesem Triumph. Sie war nicht großmütig. Ihre Rivalin sollte sehen, wer sie demütigte; darum knöpfte sie wortlos den zwölfknöpfigen violetten Handschuh auf, der ihren herrlichen Vorderarm umschloß, und kühn die Hand durchs Gitter steckend, schlug sie ihn der Pantherin ums Maul. Die machte nur einen Satz und schnappte. Ein Schrei ertönte. Wir hielten die Hand für zerfleischt. Es war nur der Handschuh. Die Pantherin hatte ihn verschlungen. Mit weitaufgerissenen Augen und bebenden Nüstern stand das gereizte Tier da.
»Närrin!« sagte der Mann, wie man so manchmal »Närrin« sagt, und küßte leidenschaftlich die schöne, so grausamer Gefahr entronnene Hand.
Sie wandte sich nach unserer Seite, um zu sehen, wie er ihren nackten Arm küßte, und so erblickte ich ihre Augen, Augen, die wilde Tiere bändigten und in diesem Moment von einem Mann fasziniert wurden: zwei große, schwarze Diamanten, deren Facetten allen Stolz der Welt auszustrahlen vermochten und die doch nur noch liebende Anbetung ausdrückten, wie sie sich nun auf ihn richteten. Diese Augen sprachen ein ganzes Gedicht. Der Mann hatte den Arm nicht wieder losgelassen und, ihn fest aufs Herz pressend, zog er die Frau in einen Seitengang des Parks, gleichgültig gegen das Murmeln der aufgeregten Menge, die sie durchschritten. Sie streiften an mir und dem Doktor vorüber, aber ganz ineinander versunken, sahen sie nichts als sich selber. Sie schienen Wesen höherer Art, die die Erde zu ihren Füßen nicht einmal bemerkten und in Wolken gehüllt dahinschritten, wie die Götter im Homer.
Es ist das kein häufiger Anblick in Paris, und darum blickten wir ihnen nach. Es war herrlich, wie sie so majestätisch unter den Strahlen der Mittagssonne dahinschritten. Vor dem Tore bestiegen sie ein funkelndes Kupee mit glänzend geschirrten Pferden.
»Sie vergessen die ganze Welt«, sagte ich zum Doktor.

»Die fragen viel um die Welt!« entgegnete der mit seiner schneidenden Stimme. »Die sehen die ganze Schöpfung nicht und, was noch ärger ist, sie gehen an ihrem Arzt vorüber, ohne ihn zu bemerken!«
»Was, das wären Sie, Doktor?« rief ich; »dann werden Sie mir ja sagen, wer die beiden sind.«
Der Doktor machte ein pfiffige Pause, um die Wirkung zu erhöhen. »Es sind Philemon und Baucis«, sagte er einfach.
»Donnerwetter!« sagte ich, »ein Philemon und eine Baucis von vornehmer Art und nicht besonders antik. Aber, Doktor, wie heißen die Leute?«
»Wie! Sollten Sie in Ihrer Welt, in der ich nicht verkehre, nie vom Grafen und der Gräfin Serlon de Savigny als von dem Muster einer guten Ehe gehört haben?«
»Nein, meiner Treu; man spricht wenig von guten Ehen in meiner Welt, Doktor.«
»Hm! Hm! wohl möglich!« gab dieser mehr sich selbst als mir zur Antwort. »Übrigens abgesehen davon, daß die beiden Grund haben, nicht viel in diese Welt, die auch die Ihre ist, zu gehen, und fast das ganze Jahr in ihrem alten Schloß im Cotentinschen Kreise leben, so gingen einst auch solche Gerüchte über sie um, daß man in Faubourg Saint-Germain, wo sich noch ein Rest von adliger Solidarität erhalten hat, lieber darüber schweigt, als davon spricht.«
»Gerüchte? Nun werden Sie interessant, Doktor! Sie müssen ja was darüber wissen, denn das Schloß von Savigny ist nicht weit von V., wo Sie Arzt waren.«
»Ja, die Gerüchte!« meinte der Doktor, nachdenklich eine Prise nehmend.
»Doktor, mein lieber guter Doktor«, sagte ich einschmeichelnd, »erzählen Sie mir doch, was Sie über den Grafen und die Gräfin von Savigny wissen.«
»Der Arzt ist der Beichtvater der modernen Zeit«, sagte der Doktor mit komischer Feierlichkeit; »er ist an die Stelle des Priesters getreten, und ist, wie dieser, verpflichtet, das Beichtgeheimnis zu wahren.«
Er sah mich boshaft an, denn er kannte meine Ehrerbietung für alles Katholische, dessen Feind er war. »Und wie der Priester wird er es halten«, fuhr er zynisch fort. »Kommen Sie.«
Und er zog mich in die Allee, die den Boulevard de l'Hôpital besäumt. Dort setzten wir uns auf eine Bank, und er begann:
»Mein Lieber, es ist das eine Geschichte, nach der man tief graben muß, wie nach einer Kugel, über der das Fleisch wieder verwachsen ist. Es war in den ersten Jahren nach der Restauration. Ein Garderegiment kam durch die Stadt V. Aus irgendeinem militärischen Grunde gezwungen, sich zwei Tage dort aufzuhalten, beschlossen die Offiziere des Regiments, der Stadt zu Ehren ein Schaufechten zu veranstalten. Sie verdiente dies; sie war, wie man damals

sagte, ›plus royaliste que le Roi‹. Es wimmelte in ihr von Adligen. Mehr als dreißig Söhne ihrer ersten Familien dienten bei den Leibgarderegimentern, und die durchreisenden Offiziere kannten sie fast alle. Was aber vor allem für dies martialische Fest entschied, das war ihr alter Ruf, denn V. hatte ›die Raufboldin‹ geheißen und war noch zu jener Zeit die ritterlichste Stadt von Frankreich. Mochte auch die Revolution von 1789 ihren Kavalieren das Recht genommen haben, den Degen zu tragen, so bewiesen sie doch, daß sie ihn noch immer zu führen verstanden. Das Schaufechten fiel sehr prächtig aus, alle guten Klingen des Landes eilten herbei, und das junge, in der schwierigen Kunst der Waffen weniger geübte Geschlecht zeigte einen solchen Enthusiasmus, daß es einem alten Fechtmeister des Regiments, der die dreifache Dienstzeit hatte und mit Schrammen bedeckt war, beifiel, es wäre eine gute Zuflucht für das Ende seiner Tage, wenn er in V. eine Fechtschule errichtete. Sein Oberst, dem er den Gedanken anvertraute, stimmte zu, gab ihm den Abschied und ließ ihn dort zurück. Der Fechtmeister, der mit seinem Familiennamen Stassin und mit seinem Spitznamen ›Pointe-au-corps‹ hieß, hatte einen genialen Einfall gehabt. Seit Jahren hatte es keine anständige Fechtschule in V. gegeben; es war dies sogar ein beständiger Gegenstand der Klage unter den alten Herren vom Adel gewesen, die ihre Söhne selbst im Fechten unterweisen oder von ausgedienten Militärs unterrichten lassen mußten, die selbst wenig oder gar nichts von der Sache verstanden. Die Bewohner von V. legten aber großen Wert auf eine schöne und korrekte Ausübung der edlen Kunst. Sie verachteten jene plumpen Schläger, die oft sehr gefährlich werden können, aber doch keine ›feinen Klingen‹ sind. ›Pointe-au-corps‹, der in seiner Jugend ein schöner Mann und ein preisgekrönter Degen gewesen, war einer jener Fechter, die keine Schule hervorzubringen vermag, ohne ein ganz besonderes angeborenes Talent. Er wurde natürlich der Gegenstand allgemeiner Bewunderung in V., und bald noch mehr. Nichts gleicht ja die Standesunterschiede derart aus wie der Degen. Die Könige von Frankreich adelten die, welche sie lehrten, ihn zu führen. Die Herren vom Provinzadel, die den Geruch der Monarchie noch in der Nase hatten, behandelten den alten Fechtmeister bald als ihresgleichen. So wäre alles gut gegangen, hätte ›Pointe-au-corps‹ kein anderes Herz besessen als das rotlederne auf dem weißen gepolsterten Bruststück, das er umschnallte, wenn er feierlich seine Stunde gab. Es zeigte sich jedoch, daß er noch ein anderes besaß, und so machte der alte napoleonische Soldat seinen letzten dummen Streich, indem er sich mit fünfzig Jahren in aller Form Rechtens – auf dem Standesamt und in der Kirche – mit einer Grisette vermählte, die ihm nach neun Monden, auf den Tag, ein Kind gebar; und aus diesem Kind, lieber Freund, das ein Mädchen war, ist jene einer Göttin gleichende Frau gewor-

den, die ebenso hochfahrend an uns vorübergegangen ist.«
»Die Gräfin Savigny!« rief ich.
»Ja, die Gräfin Savigny in eigener Person! Ja, bei den Frauen wie bei den Nationen darf man nicht zu gründlich nach dem Ursprung forschen. Man soll keines Menschen Wiege besehen. Keine Wiege ist allzu sauber, und poetisch wird eine Wiege erst, wenn das Kind nicht mehr drinnen liegt.«
Der Doktor machte eine Pause. Ich hatte nichts gegen seine Betrachtung einzuwenden, und so fuhr er fort:
»Wie alle alten Soldaten, die sogar fremde Kinder lieben, vergötterte ›Pointe-au-corps‹ das seine. Es ist dies nur natürlich. Wenn ein schon bejahrter Mann ein Kind bekommt, liebt er es zärtlicher als ein junger, denn, wie allem auf der Welt, liegt auch der väterlichen Liebe die Eitelkeit zugrunde. Alle alten Tröpfe, die ich noch gekannt, die in späteren Jahren Vater geworden, vergötterten ihre Nachkommenschaft und waren lächerlich stolz auf sie, wie auf eine Tat. Die Tochter des ›Pointe-au-corps‹ war übrigens wirklich ein prächtiges Kind. Die erste Sorge des alten Fechtmeisters war, ihr unter den Edelleuten, die ständig seinen Fechtsaal besuchten, einen Paten zu wählen; und er wählte den Grafen d'Avice, den Doyen seiner Kunden, der zur Zeit der Emigration selbst in London Fechtunterricht gegeben hatte, zu mehreren Guineen die Stunde. Graf d'Avice de Sortôville-en-Beaumont, der schon vor der Revolution Rittmeister bei den Dragonern und Chevalier de Saint-Louis gewesen war, und, obgleich ein Siebziger, noch alle jungen Leute im Fechten übertrumpfte, schätzte ›Point-au-corps‹, mit dem er sich duzte, sehr. ›Die Tochter eines Mannes wie du‹, sagte er, ›soll nur wie der Degen eines Helden heißen. Nennen wir sie Hauteclaire.‹ Und so wurde sie getauft. Der Pfarrer von V. machte wohl ein etwas saueres Gesicht zu diesem Namen, der noch nie über dem Taufbecken seiner Kirche erklungen war; aber da der Herr Graf d'Avice der Taufpate war, ferner im katholischen Kalender eine Heilige Claire vorkommt, so ging der Name von Oliviers Schwert auf das Kind über, ohne daß die Stadt V. sich wesentlich darüber aufgeregt hätte. Ein solcher Name schien ein Schicksal anzukündigen. Der alte Fechtmeister, der sein Gewerbe fast ebenso sehr liebte wie seine Tochter, beschloß, sie dasselbe zu lehren und es ihr als Mitgift zu hinterlassen. Eine traurige Mitgift! Ein magerer Bissen bei unseren heutigen Sitten, die der arme Teufel von Fechtlehrer nicht voraussah. Sobald das Kind auf den Füßen stehen konnte, begann er es an die Führung des Degens zu gewöhnen, und da das kleine Ding ein fester Kerl wie von Stahl war, schoß es so prächtig auf, daß es mit zehn Jahren schon fünfzehnjährig schien. Man sprach überall von der kleinen Hauteclaire Stassin, die später, ›Fräulein Hauteclaire Stassin‹ werden sollte. Namentlich die jungen Damen der Stadt, in deren Kreisen die Tochter des

Stassin, genannt ›Pointe-au-corps‹, nicht gut verkehren konnte, brachten ihr – wie Sie sich denken können – eine unbegreifliche oder eigentlich ganz begreifliche, mit Neid und Ärger vermengte Neugier entgegen. Ihre Väter und Brüder sprachen in ihrer Gegenwart mit Staunen und Bewunderung von Hauteclaire, und sie hätten diesen weiblichen heiligen Georg, dessen Schönheit seiner Fechtkunst angeblich nichts nachgab, gern in der Nähe gesehen. Sie sahen sie aber nur von weitem. Ich kam damals gerade nach V. und war öfter Zeuge dieser brennenden Neugier. ›Pointe-au-corps‹, der unter dem Kaiserreich Husar gewesen war und mit seinem Fechtsaal einen Haufen Geld verdiente, hatte sich ein Pferd gekauft, um seiner Tochter Reitstunden zu erteilen, und da er auch für die Besucher seiner Fechtschule Pferde zuritt, sah man ihn öfter mit Hauteclaire auf den Wegen um die Stadt spazierenreiten. Ich traf sie oft, wenn ich von meinen Krankenbesuchen heimkehrte, und konnte bei diesen Anlässen beobachten, welch ungeheures Interesse dies so rasch entwickelte junge Mädchen den anderen jungen Damen der Gegend einflößte. Sie können sich nicht denken, mit welcher Gier sie die Köpfe aus den Wagenfenstern steckten, sobald man Fräulein Hauteclaire Stassin, an der Seite ihres Vaters trabend oder galoppierend, in der Ferne sah. Aber es war immer vergeblich, sie bekamen immer nur die Umrisse des Mädchens zu sehen, das für das Reitkleid wie geschaffen war – wie Sie, der Sie sie gesehen, sich vorstellen können – deren Gesicht aber nahezu völlig unter einem dichten, dunkelblauen Schleier verborgen blieb. Nur die Herren der Stadt kannten Fräulein Hauteclaire Stassin. Den ganzen Tag das Fleuret in der Hand, die Fechtmaske, die sie nicht oft ablegte, vor dem Gesicht, verließ sie kaum den Fechtsaal ihres Vaters, der allmählich etwas steif wurde und dessen Stelle sie oft bei den Stunden vertrat. Sie zeigte sich sehr selten auf der Straße, und selbst sonntags bei der Messe verhüllte ein undurchdringlicher Schleier ihr Gesicht. Lag eine Affektation in dieser Art, sich zu verhüllen und die Neugier zu reizen? Vielleicht. Jedenfalls war der Charakter dieses jungen Mädchens so undurchdringlich wie ihre Maske, wie die Zukunft lehren sollte.

Doch ich möchte endlich zu der Zeit kommen, wo meine eigentliche Geschichte beginnt. Fräulein Hauteclaire zählte damals etwa siebzehn Jahre. ›Pointe-au-corps‹, verwitwet, durch die Julirevolution, die den Adel trauernd in seine Schlösser trieb, schwer in seinem Metier geschädigt, hatte nicht mehr lange zu leben. Für den Arzt war dies unverkennbar; ich gab ihm nur noch kurze Zeit, als eines Tages ein junger Mann in seinen Fechtsaal kam, der erst kürzlich, nach dem Tode seines Vaters, in sein Schloß zurückgekehrt war. Es war der Graf Serlon von Savigny, der ›Zukünftige‹ (wie man es im Tone jener Provinz nannte) des Fräulein Delphine de Cantor. Der Graf von

Savigny war sicherlich einer der glänzendsten und feurigsten jungen Kavaliere seiner Zeit, wo alle jungen Leute feurig waren, denn damals gab es in V. – wie allerwärts – wirkliche Jugend. Heute gibt es keine mehr. Man hatte ihm sehr viel von Hauteclaire Stassin erzählt, und er wollte dies Weltwunder kennenlernen. Er fand sie, was sie auch war – entzückend, verteufelt, herausfordernd und pikant in ihren schwarzen Seidentrikots, die ihre, der Pallas von Velletri gleichen Formen zur Geltung brachten, und der schwarzen ledernen Weste, die krachend ihre üppige und biegsame Taille umschloß. Sie war ernst wie eine Klorinde. Der Graf von Savigny sah ihr zu, wie sie ihre Stunden gab, und forderte sie auf, die Waffen mit ihm zu kreuzen. Aber er wurde nicht zum Tankred der Situation! Fräulein Hauteclaire setzte dem schönen Serlon ein paarmal den Degen auf die Brust und wurde selbst nicht ein einziges Mal berührt.
›Es ist unmöglich, an Sie heranzukommen, mein Fräulein‹, sagte er sehr anmutig. ›Sollte das von Vorbedeutung sein?‹
Wurde schon an diesem ersten Abend das Selbstgefühl des jungen Mannes von der Liebe überwunden? Jedenfalls kam er von jenem Abend ab täglich in den Fechtsaal des ›Pointe-au-corps‹. Sein Schloß war nur wenige Meilen entfernt. Er legte sie leicht zu Wagen oder zu Pferd zurück, und niemand bemerkte es in dem klatschsüchtigen Nest, wo jede Kleinigkeit besprochen wurde, aber wo die Vorliebe fürs Fechten alles erklärte. Savigny sprach sich niemandem gegenüber aus. Er vermied sogar die allgemeinen Unterrichtsstunden; kein Mensch hatte damals eine Ahnung davon, was zwischen ihm und Hauteclaire vorging, wenn überhaupt etwas vorging. Seine Heirat mit Delphine de Cantor, die ihre beiderseitigen Eltern beschlossen hatten und die zu vorgeschritten war, um rückgängig zu werden, vollzog sich drei Monate nach seiner Heimkehr und bot ihm sogar Gelegenheit, einen ganzen Monat in V., in der Nähe seiner Braut zu verleben, bei der er die ganzen Tage verbrachte, aber von wo er allabendlich regelmäßig zur Fechtschule ging.
Wie alle Welt, hatte auch Fräulein Hauteclaire gehört, daß der Graf von Savigny und Fräulein von Cantor in der Pfarrkirche von V. aufgeboten wurden; aber nichts an ihr verriet, daß sie das auch nur im mindesten interessiere. Allerdings dachte auch niemand daran, sie zu beobachten. Nach der Trauung zogen sich die jungen Eheleute auf ihr Schloß zurück; doch gab der Graf darum keineswegs seine Gewohnheit, täglich nach der Stadt zu kommen, auf. Die Zeit verging. Der alte ›Pointe-au-corps‹ starb. Nach einer kurzen Pause wurde der Fechtsaal wieder eröffnet und Fräulein Hauteclaire Stassin kündigte an, sie werde den Unterricht fortsetzen. Sie fand nur noch desto mehr Schüler. Die Männer sind überall gleich. An ihrem eigenen Geschlecht mögen sie keine Extravaganz; aber sie schwärmen für die Extra-

vaganz, die Unterröcke trägt. Eine Frau, die das tut, was sonst nur einem Mann zukommt, wird, selbst wenn sie es weit schlechter tut, in Frankreich stets dem Mann vorgezogen werden. Nun übte Fräulein Hauteclaire ihre Kunst aber weit besser als irgendein Mann; sie hatte ihren Vater übertroffen. Sie war unvergleichlich als Lehrerin, entzückend als Fechterin. Sie führte Stöße, die an Wunder grenzten und über die die Kenner vor Entzücken außer sich gerieten. Aber auch abgesehen von dieser, bei einer Frau so seltenen Begabung, durch die sie würdig ihren Lebensunterhalt erwarb, war es wunderbar, wie dies junge Mädchen, arm und ohne einen anderen Erwerb als ihr Florett, mit den vornehmsten und reichsten jungen Leuten der Gegend, unter denen sich mehr als ein liederlicher Strick befand, beständig verkehrte, ohne an ihrem Ruf zu leiden. ›Sie muß doch ein anständiges Mädchen sein‹, sagten die Frauen der Gesellschaft, wie sie es von einer Schauspielerin gesagt hätten. Auch ich, der ich mir was auf meinen Blick zugute tat, war dieser Ansicht. Ich kam öfter in den Fechtsaal, fand aber stets nur ein ernstes junges Mädchen, das in schlichter Weise seinen Beruf erfüllte. Sie hatte es verstanden, sich bei allen in Respekt zu setzen; ihr stolzes Antlitz, das damals noch nicht den leidenschaftlichen Ausdruck hatte, der Sie soeben so sehr frappiert, verriet weder Kummer noch Verstörung, nichts, was auf das überraschende Ereignis gedeutet hätte, das plötzlich, wie eine Bombe, in die Stille der kleinen Stadt fallen sollte:

›Fräulein Hauteclaire Stassin ist verschwunden!‹

Sie war verschwunden: warum? – wieso? – wohin? – Man wußte es nicht. Eines stand fest: sie war verschwunden, spurlos verschwunden. Weder Schulden noch sonst ein Zeichen oder ein Wort hatte sie zurückgelassen. Es war, als hätten die Winde sie verweht. Mit wem war das stolze, junge Mädchen durchgegangen? Wer hatte sie entführt? Denn entführt hatte man sie doch sicherlich! – – – Keine Antwort! Es war, um eine kleine Stadt verrückt zu machen, und V. wurde tatsächlich verrückt. Es gab auch mehr als einen Grund zum Zorn! Vor allem entging einem die Tatsache. Dann hatte man sich blamiert im Urteil über ein junges Mädchen, das man für unfähig gehalten hatte, ›auf diese Art‹ zu verschwinden. Endlich verlor man mit Fräulein Stassin – ›diese Stassin‹, wie sie nur mehr hieß – einen weit und breit berühmten Fechtsaal, der die Spezialität des Städtchens gewesen war. Es war sehr, sehr hart! Grund genug also, über das Andenken der tadellosen Hauteclaire Ströme unflätiger Vermutungen auszugießen. Außer ein paar alten Krautjunkern von ritterlichen Anschauungen, die sie, wie ihr Pate, der Graf d'Avice, von Kindheit auf gekannt, sich überhaupt nichts nahegehen ließen und es ganz gut begriffen, daß sie endlich einen Schuh gefunden, der ihr besser saß als die Sandalen eines Fechtlehrers, die sie bisher getragen, stand

niemand auf ihrer Seite, als sie verschwand; und namentlich die jungen Leute trugen es ihr nach, weil sie mit keinem von ihnen durchgegangen war. Mit wem war sie durchgegangen? – Einige der jungen Leute gingen alljährlich während des Winters für ein paar Monate nach Paris, und ein paar von ihnen behaupteten, Hauteclaire im Theater in den Champs Elysées zu Pferd, in Begleitung oder auch allein, gesehen zu haben; aber sie waren ihrer Sache nicht gewiß. Sie konnten es nicht mit Bestimmtheit sagen. Vielleicht war sie es – vielleicht auch nicht. So beschäftigten sie sich alle in Gedanken mit dem jungen Mädchen, das sie bewundert hatten. Mit dem Fechten war es nun aus. Die jungen Kavaliere vertauschten das Florett mit dem Gewehr, sie wurden Jäger und blieben auf ihren Schlössern, der Graf von Savigny so gut wie die anderen. Er kam immer seltener nach V., und traf ich ihn dort, so war es in der Familie seiner Frau, deren Hausarzt ich war. Aber da ich nicht den mindesten Verdacht gegen ihn hatte, sprach ich mit ihm niemals von Hauteclaire, und auch er vermied es, auf ihr Verschwinden anzuspielen.«
»Aha! Nun merk' ich was!« fiel ich ein. »Er hatte sie entführt!«
»Durchaus nicht!« entgegnete der Doktor. »Weit mehr als das! Sie würden nie darauf kommen. Er hatte sich nicht von seinem Schloß weggerührt. Er lebte dort in einer Ehe, die ein ewiger Honigmond zu sein schien, und da in der Provinz alles besprochen wird, zitierte man den Grafen Savigny als einen jener seltenen Gatten, die man eigentlich pulverisieren und den anderen eingeben sollte. Auch ich wäre ihm, Gott weiß wie lange, aufgesessen, wäre ich nicht eines Tages – etwa ein Jahr nach dem Verschwinden der Hauteclaire Stassin – ans Krankenlager der Schloßherrin von Savigny gerufen worden. Ich eilte hin und fand die Gräfin tatsächlich schwer leidend, in einem unbestimmbaren Zustand, der gefährlicher war als eine ausgesprochene Krankheit. Sie war eine jener vornehmen, eleganten, hochmütigen Frauen von alter, erschöpfter Rasse, deren Blässe und Magerkeit zu sagen scheint: ›Ich bin vom Leben überwunden wie mein Geschlecht; ich sterbe, aber ich verachte euch!‹ Und hol mich der Teufel, so plebejisch ich auch bin und so unphilosophisch es sein mag, ich kann mir nicht helfen: ich muß das schön finden! Ich traf die Gräfin in einem schwarzgetäfelten Gemach, das eine grünverhängte Lampe beleuchtete. Der Graf wachte bei ihr. Er stand, als ich kam, mit dem Rücken zum Feuer, so viel Schmerz und Sorge in der Miene, daß ich glauben mußte, er liebe seine Frau leidenschaftlich. Aber seine Sorge galt nicht ihr, sondern einer anderen, die ich nicht im Schlosse vermutete, und deren Anblick mich erstarren machte. Es war Hauteclaire!«
»Teufel! Das war kühn!« rief ich aus.
»So kühn«, entgegnete der Doktor, »daß ich zu träumen glaubte, als ich sie sah. Die Gräfin hatte um ihre Kammerjungfer geläutet.

›Eulalie, wo bleibt meine Medizin?‹ fragte die Gräfin kurz und ungeduldig.
›Hier ist sie, Frau Gräfin!‹ hörte ich eine Stimme sagen, die mir bekannt schien, und im selben Augenblick sah ich eine Gestalt aus dem Schatten tauchen und Hauteclaire Stassin an das Lager treten, eine silberne Platte mit dem gewünschten Trank in den schönen Händen. Es war ein Anblick, um einem den Atem zu verschlagen. Eulalie! – Der so natürlich ausgesprochene Name sagte mir alles; er traf mich wie ein eisiger Strahl und gab mir die Fassung wieder. Hauteclaire war die Kammerfrau der Gräfin. Ihre Verkleidung war vollkommen. Sie trug die Tracht der V.schen Grisetten, den Kopfputz, der einem Helm gleicht, und die langen Locken ums Gesicht. Sie war mit den züchtig gesenkten Blicken von einer vornehmen, zurückhaltenden Schönheit, die bewies, daß die verdammten Nattern, die Weiber, aus sich machen können, was sie wollen, sobald sie nur das geringste Interesse daran haben. Obgleich ich meine Fassung wiedererlangt hatte, wollte ich dem kühnen Mädchen doch zeigen, daß ich sie erkannt hatte; und so bohrte ich, während die Gräfin trank, meine Blicke in die ihren. Aber ihre Augen, in jener Stunde sanft wie die eines Rehs, hielten tapferer stand, als die der Pantherin zuvor. Sie zuckte nicht mit der Wimper. Nur ihre Hände durchlief ein leises Zittern.
›Es ist gut – tragen Sie das hinaus!‹ sagte die Gräfin, als sie ausgetrunken hatte; und Hauteclaire – Eulalie wandte sich und schritt mit ihrem Gang, den ich unter hunderten erkannt hätte, zur Tür hinaus.
Ich gestehe, daß ich nicht sofort wagte, den Grafen anzusehen. Als ich es endlich tat, fand ich in seinen Augen eine entsetzliche Angst, die allmählich erst wich. Er hatte erkannt, daß ich gesehen hatte, aber auch, daß ich nicht sehen wollte, was ich gesehen, und er atmete auf. Er war meiner unbedingten Diskretion gewiß und führte das vermutlich, was mir ganz gleichglültig war, auf die Sorge zurück, eine solche Klientel zu verlieren, während es in der Tat das Interesse des Beobachters war, der sich ein Haus, in dem solche Dinge geschahen, nicht verschließen wollte.
Glücklich darüber, von seiner Besorgnis befreit zu sein, sagte mir der Graf: ›Kommen Sie doch bis auf weiteres jeden Tag, Doktor.‹ So konnte ich denn ungestört die geheimnisvolle Krankheit und die geradezu unglaubliche Situation studieren! Wie lange mochte diese schon währen? – Seit dem Verschwinden Hauteclaires? War sie schon seit einem Jahr die Kammerjungfer der Gräfin? Wie kam es, daß niemand außer mir gesehen, was so leicht zu sehen war? Solche Gedanken saßen mit mir zu Pferde auf dem Weg von und nach V. Der Graf und die Gräfin von Savigny, die man für ein heiß verliebtes Paar hielt, lebten allerdings sehr zurückgezogen. Aber hier und da kamen ja doch Gäste ins Schloß. Freilich bekamen die männlichen Hauteclaire nicht zu

sehen und die Frauen von V. hatten sie nie deutlich genug gesehen, um sie zu erkennen. Die Dienerschaft, mit der Hauteclaire doch leben mußte, war wahrscheinlich nicht aus V. Ich wunderte mich nur, daß ihre große Schönheit nicht ihrer Aufnahme in den Dienst der Gräfin im Wege gestanden, die ihren Gatten doch liebte und eifersüchtig auf ihn sein mußte. Aber diese hochmütigen Aristokratinnen von V., die den Gattinnen der Paladine Karls des Großen an Stolz nichts nachgeben, können sich wohl nicht vorstellen, daß das schönste Kammermädchen jemals für ihre Gatten mehr bedeuten könne als für sie ein schöner Lakai, und sie glaubte sich ja geliebt!«

»Hm!« fiel ich skeptisch ein, »das ist ja recht schön, mein lieber Doktor, aber das Bedenkliche der Situation wird dadurch nicht verringert.«

»Gewiß nicht!« entgegnete er, »aber vielleicht hatte gerade dieses Bedenkliche die ganze Situation erst geschaffen«, fügte der große Kenner des menschlichen Herzens hinzu. »Es gibt Leidenschaften, die die Gefahr erst weckt; ohne sie würden sie gar nicht existieren. Im XVI. Jahrhundert, der Zeit der heftigsten Leidenschaften, war gerade die Gefahr, die ihnen drohte, die Mutter der großen Passionen. Man riskierte, erdolcht zu werden, wenn man aus den Armen der Geliebten kam, oder der Gatte hatte die Kleider seiner Frau vergiftet, auf die man in der Raserei die Lippe drückte. In unserer nüchternen, modernen Zeit, wo das Gesetz die Leidenschaften verdrängt hat, ist die Strafe, die auf ›Ehebruch unter dem häuslichen Dach‘, wie es die Juristen nennen, steht, bekanntlich eine sehr erniedrigende, aber eben, indem der Graf Savigny sie herausforderte, gewann er erst jene Wollust der Gefahr, die wahrhaft starke Seelen berauscht.

Wie Sie sich denken können, war ich am nächsten Morgen zeitig im Schloß, aber ich bemerkte nichts, was mir aufgefallen wäre. Eines stand fest: Hauteclaire und der Graf spielten eine unerhört freche Komödie mit der Ruhe vollkommener Schauspieler. Weniger fest stand, und das wollte ich zunächst ergründen, ob die Gräfin sich von ihnen täuschen ließ, und wie lange sie, wenn es so war, sich von ihnen narren lassen würde. Auf die Gräfin richtete ich also zunächst meine Aufmerksamkeit, was mir nicht schwer wurde, weil sie ja meine Patientin war. Ich habe sie schon eine echte V.sche Aristokratin genannt, eine von jenen, die nichts wissen, als daß sie von Adel sind und daß außer dem Adel nichts auf der Welt einen Blick verdient. Solcher Dünkel ist die einzige Leidenschaft dieser Frauen. Im Kloster erzogen, wo sie sich furchtbar langweilte, hatte Fräulein Delphine de Cantor sich in ihrem elterlichen Hause weiter gelangweilt, bis sie die Gattin des Grafen Savigny wurde, den sie bereitwillig liebte oder zu lieben glaubte, weil er der erste Mann war, den sie kennenlernte. Sie war eine blasse Frau, mit schlaffem Fleisch, aber festen Knochen. Ihr milchweißer Teint war besät von kleinen Sommersprossen, die etwas dunkler waren, als ihr mattrötliches Haar. Als sie mir ihren permutterweißen, blau durchäderten Arm mit den feinen aristokratischen Gelenken hinhielt, in dem ein matter Puls schlug, schien sie mir wahrhaft zum Opfer geschaffen, wie vom Schicksal bestimmt, unter den Füßen jener stolzen Hauteclaire zertreten zu werden. Freilich stimmten mit dieser Vorstellung das energische Kinn und die eigensinnige Stirn nicht ganz.

Nach wenigen Tagen wurde es mir gewiß, daß sie nicht die leiseste Ahnung von dem Verbrechen hatte, dessen Bühne ihr Haus war. Sie war gegen alle Welt, mit Ausnahme ihres Gatten, stolz und hochfahrend. Die falsche Eulalie, die sie bediente, behandelte sie gebieterisch, aber sanft. Es mag dies ein Widerspruch scheinen, ist aber keiner. Sie hatte den knappen gedämpften Ton einer Frau, die zum Befehlen geboren und überzeugt ist, daß man ihr gehorcht. Eulalie diente ihr mit der zartesten Sorgfalt und bewies ein solches Verständnis ihres Charakters, daß ich ihren Geist wie ihre Kraft bewundern mußte. Mich fröstelte manchmal, wenn ich sie so um die Gräfin kreisen sah, wie es einen fröstelt, wenn man eine Schlange an das Bett einer Schlafenden schleichen sieht.

Eines Abends sagte ich zur Gräfin: ›Sie haben da eine äußerst gewandte Kammerjungfer, Frau Gräfin, wie mir scheint. Darf ich wissen, woher sie ist?‹

‹Ja, ich bin sehr gut bedient‹, antwortete die Gräfin gleichgültig und zerstreut, sich dabei in einem kleinen Handspiegel betrachtend. ›Ich bin außerordentlich zufrieden mit ihr. Aber ich weiß bloß, daß sie nicht aus V. ist. Fragen Sie den Grafen, lieber Doktor, wenn es Sie interessiert, denn er hat sie mir bald nach unserer Verheiratung zugeführt. Sie hatte, wie er mir sagte, bei einer verstorbenen Verwandten von ihm gedient. Ich muß ihm sehr dankbar sein, denn sie scheint gar keinen Fehler zu haben.‹

›Ich finde einen an ihr, Frau Gräfin‹, sagte ich mit gemachtem Ernst.

›Wirklich? Was denn?‹ fragte sie gedehnt.

›Sie ist zu schön‹, sagte ich, ›viel zu schön für eine Kammerjungfer. Man wird sie Ihnen eines Tages entführen.‹

›Sie glauben?‹

›Ja. Und vielleicht wird es ein Mann aus Ihrer Welt sein, Frau Gräfin, der sich in sie vernarrt. Sie ist schön genug, um einem Herzog den Kopf zu verdrehen.‹

Ich sagte dies mit voller Absicht, um zu sondieren, aber die Stirn der Gräfin blieb glatt.

›Es gibt keine Herzöge in V., Doktor‹, sagte sie, ›und wenn so ein Mädel fort will, so hält die Vorliebe, die man für sie hat, sie gewiß nicht zurück. Eulalie bedient mich vortrefflich, aber sie würde gewiß, wie jede andere, eine bessere

Empfindung mißbrauchen und darum hänge ich mich keineswegs an sie.‹ Wir sprachen nicht weiter von ihr. Die Gräfin ahnte offenbar nichts. Es wunderte mich auch gar nicht mehr. Selbst ich, der ich sie doch sofort erkannt und Hauteclaire so oft bei ihrem Vater gesehen hatte, war manchmal versucht, an Eulalie zu glauben. Der Graf hatte bei weitem nicht jene sichere Unbefangenheit in der Lüge; aber sie – sie bewegte sich in ihr wie der Fisch im Wasser. Wie mußte sie ihn lieben, daß sie um seinetwillen einer Stellung entsagte, die die Augen eines ganzen Städtchens, das für sie die ganze Welt war, auf sie zog und ihr früher oder später einen Bewunderer bringen konnte, der sie heiratete! Er gab ihr, indem er sie liebte, weit weniger. Freilich, seinen Stolz mußte es kränken, daß er seiner Geliebten die Demütigungen des Dienstes nicht ersparen konnte. Es lag sogar ein Widerspruch zu seinem sonstigen Wesen darin. Liebte er Hauteclaire genug, um ihr seine junge Frau zu opfern, dann hätte er sie ja doch entführen und mit ihr in Italien leben können, ohne sie einem schimpflichen Konkubinat preiszugeben. Liebte er sie also weniger, als er geliebt wurde? Mitschuldige waren sie, aber das eigentliche Verhältnis der beiden zueinander vermochte ich nicht zu ergründen. Savigny war tadellos gegenüber seiner Frau, aber kam Hauteclaire-Eulalie hinzu, so war er von einer ruhelosen Vorsicht, die jeder anderen Frau als jener kleinen Klosterschülerin alles verraten hätte. Er vermied es, bei kleinen Handreichungen Hauteclaires Hand zu berühren, als wäre es ihm dann unmöglich gewesen, nicht danach zu fassen. Sie dagegen war weniger ängstlich; es war, als wolle sie das Verlangen und die Gefahr beständig herausfordern. Oftmals, wenn sie bei Tisch bediente, streifte sie Nacken und Ohr des Grafen, der dann erblaßte und nach seiner Frau sah, ob sie nichts bemerke. Meiner Treu! Ich war damals jung, und das Kreisen der Moleküle im Organismus, das man die Heftigkeit der Empfindungen nennt, schien mir das einzige des Lebens werte. Darum stellte ich mir auch vor, es müsse ein köstlicher Genuß darin liegen, so unter den Augen der Gattin, die alles erraten konnte, mit einer falschen Dienerin im Konkubinat zu leben. Ja, jetzt begriff ich ihn, den ›Ehebruch unter dem häuslichen Dach‹, wie es der alte Biedermann von Codex nennt!
Aber außer Savignys Erblassen und seiner verhaltenen Erregung bekam ich nichts von dem Roman zu sehen, der zwischen ihnen spielte, indes sie der nach meiner Überzeugung unvermeidlichen Katastrophe entgegensahen. Was ging in ihnen vor? Das reizte mich so sehr, daß ich aus dem Beobachter allmählich zum Spion wurde. Ich ließ mich damals zu häßlichen und niedrigen Dingen herab, obwohl ich mir dessen sehr wohl bewußt war. Wenn ich bei meinen Besuchen das Pferd im Stall einstellte, horchte ich die Dienerschaft über die Herrschaft aus. Aber diese wußte ebensowenig als die Gräfin

selbst. Sie hatte keinen Verdacht gegen Hauteclaire, und ohne einen Zufall, der mir mit einem Schlage mehr entdeckte als all mein Kombinieren und Spionieren, hätte ich noch immer nichts erfahren.
Schon über zwei Monate besuchte ich die Gräfin, deren Zustand sich nicht bessern wollte, und die immer mehr Anzeichen der heute so häufigen Entkräftung zeigte, die die Ärzte unserer entnervten Zeit Anämie getauft haben. Savigny und Hauteclaire spielten ihre schwierige Komödie weiter, ohne durch meine Gegenwart im Schloß ihre Fassung zu verlieren. Dennoch schien es, als seien die Schauspieler ein wenig ermüdet. Serlon war abgemagert, und es hieß in V.: ›Welch ein Mustergatte, dieser Savigny! Er ist ganz niedergedrückt durch die Krankheit seiner Frau! Es ist doch was Schönes um die Liebe!‹
Hauteclaire hatte müde Lider, nicht wie von vielen Tränen, denn diese Augen haben vielleicht nie geweint, sondern wie von vielen schlaflosen Nächten. Savignys Magerkeit und Hauteclaires umrandete Augen mochten übrigens noch andere Ursachen haben. Ich stellte meine Vermutungen über diese äußeren Zeichen bei mir an, ohne mir doch klar zu werden, als ich eines Abends auf einem Heimritt vorüberkam. Ich hatte wie gewöhnlich im Schloß einkehren wollen, aber eine schwere Entbindung hatte mich lange aufgehalten, und so war es zu spät, als ich ans Schloß kam. Ich wußte nicht einmal die Zeit; meine Uhr war stehengeblieben. Aber der Mond, der im Niedergehen begriffen war, wies etwas über Mitternacht auf dem weiten, blauen Zifferblatt des Firmaments und berührte fast die Spitzen der hohen Tannen von Savigny, hinter denen er verschwinden sollte. Sie wissen vielleicht, daß man dies Gehölz durchschneiden und die Mauer des Parkes wie ein Kap umkreisen muß, um auf die Straße von V. zu gelangen. Mitten im dichtesten Dunkel dieses Gehölzes, wo man keinen Schimmer erblickte und keinen Laut vernahm, schlug plötzlich ein seltsames Geräusch an mein Ohr. Ich dachte zuerst, irgendeine arme Taglöhnerin, die des Tages auf dem Feld arbeitet, benutze den Mondschein, um in einem Straßengraben ihre Wäsche zu waschen. Erst nach und nach unterschied ich ein zweites Geräusch, das mich über die Natur des ersteren aufklärte. Es war das Klirren zweier Degen, die sich kreuzten und aufeinanderschlugen. Sie wissen ja, wie sich in der Stille und der dünnen Luft der Nacht jedes Geräusch verschärft und seltsam deutlich wird. So vernahm ich unzweifelhaft das lebendige Klirren der Waffen. ›Die betreiben also immer noch die Liebe auf diese Art!‹ sagte ich mir, die Macht der Gewohnheit bewundernd. Es waren offenbar Serlon und Hauteclaire, die um diese Stunde miteinander fochten. Man hörte die Degen, als ob man sie gesehen hätte. Was ich für das Geräusch der Wäscherin gehalten,war das Aufstampfen der beiden Fechtenden beim Ausfall. Bleich

und fahl im Licht des Mondes, lag das Schloß wie erstorben da. Mit Ausnahme eines einzigen Fensters im äußersten Flügel war alles still und finster. An dem Fenster, das auf einen Balkon ging, waren die Jalousien zu, aber hinter ihnen drang das Geräusch des Aufstampfens und des Klirrens der Florette hervor. Es klang so hell und traf das Ohr so deutlich, daß ich annahm, die Fechtenden hätten um der Julihitze willen die Flügel hinter den Jalousien geöffnet. Ich hielt mit meinem Pferd am Rande des Gehölzes und horchte auf den lebendigen Waffengang, diesen Kampf zweier Liebenden bewundernd, die sich, die Klinge in der Hand, gefunden, und sich nun weiterhin die Klinge in der Hand, liebten, bis nach einer Weile das Waffenklirren und Aufstampfen verstummte.

Die Jalousien wurden geöffnet, und ich hatte gerade noch Zeit, in den Schatten der Tannen zu treten, um nicht bemerkt zu werden. Serlon und Hauteclaire kamen heraus und lehnten sich über das eiserne Geländer des Balkons. Ich konnte sie deutlich sehen. Der Mond versank hinter dem Gehölz, aber das Licht eines Armleuchters im Zimmer hinter ihnen ließ ihre Silhouetten scharf erscheinen. Hauteclaire war so bekleidet, wie ich sie oft bei den Stunden in V. gesehen, mit jenem ledernen Wams, das ihr wie ein Panzer saß und den seidenen Trikots. Savigny trug ungefähr das gleiche Kostüm. Alle beide schlank und kräftig, erschienen sie auf dem hellen Hintergrund wie zwei Statuen der Kraft und der Jugend. Sie haben vor kurzem die stolze Schönheit der beiden, die die Jahre noch nicht zerstört, bewundert. Nun denn, nehmen Sie das zu Hilfe, um sich eine Vorstellung von der Herrlichkeit des Paares zu machen, das ich damals vor mir sah. Sie sprachen, über das Geländer gebeugt, aber zu leise, als daß ich sie verstanden hätte; aber ihre Bewegungen sprachen für sie. In einem Augenblick schlang Savigny leidenschaftlich den Arm um diesen Amazonenkörper, der für den Widerstand geschaffen schien und ihn doch nicht versuchte ... Und fast zu gleicher Zeit hing sich die stolze Hauteclaire an Serlons Hals, und die beiden bildeten miteinander jene herrliche und wollüstige Gruppe des Canova, die wir alle kennen, und Mund an Mund verharrten sie so, lange genug, meiner Treu, um eine Flasche voller Küsse auszutrinken! Es währte gut sechzig Schläge meines Pulses, der damals rascher ging als heute und den dieser Anblick zu noch größerer Eile trieb ...

›Oh! Oh!‹ sagte ich mir, als ich aus dem Gehölz trat und die beiden, immer noch umschlungen, ins Zimmer zurückgekehrt waren, dessen dichte, dunkle Vorhänge sie nun zusammenzogen. ›Sie werden sich mir wohl nächstens einmal anvertrauen müssen. Sie werden bald nicht nur sich allein zu verbergen haben.‹ Ich zog meine Schlüsse als Arzt. Aber ihre Glut machte meine Voraussicht zuschanden. Sie wissen doch, daß Wesen, welche einander zu heftig lieben (der zynische Doktor wandte ein anderes Wort an), keine Kinder haben. Am nächsten Morgen kam ich nach Savigny. Ich fand Hauteclaire, nun wieder Eulalie, an einem Fenster des Korridors sitzend, der zu den Gemächern ihrer Herrin führte. Ein Haufen Wäsche lag herum, und die Fechterin der vorigen Nacht arbeitete daran. Sollte man das glauben? dachte ich, als ich sie so mit ihrer Schürze und die Formen, die ich nachts in dem hellen Rahmen des Balkons wie nackt gesehen, nun in den weiten Falten eines Rocks verschwinden sah. Ich ging vorüber, ohne sie anzureden. Ich sprach sowenig als möglich zu ihr, denn ich wollte mich nicht verraten. Gewöhnlich, wenn ich an ihr vorüberkam, wußte sie so gut, daß ich es sei, daß sie nicht einmal den Kopf erhob. Sie blieb über die Arbeit gebeugt und zeigte mir unter der steifen Haube nur die blauschwarzen Locken und ihren Nackenansatz, auf dem die dichten Löckchen sich wanden, wie die Begierden, die sie erweckten. Vielleicht besaß nie eine Frau gerade diese Art von Schönheit in höherem Maße. Die Männer in V. hatten es oft bemerkt, wenn sie ihre Fechtstunden gab. Sie nannten sie untereinander: ›Fräulein Esau‹ ... Der Teufel lehrt die Weiber, was sie sind, oder vielmehr, sie würden es den Teufel lehren, wenn er es nicht wüßte. Hauteclaire, die doch so wenig kokett war, hatte eine eigene Art, beim Sprechen oder Zuhören diese langen, krausen und rebellischen Haare an ihrem Hals um ihre Finger zu wickeln. Sie mochte wohl wissen, welche Gedanken dieses Spiel erweckte!

Ich hole weit aus, lieber Freund! Aber alles, was dazu beiträgt, Sie mit dem Wesen dieser Hauteclaire vertrauter zu machen, ist wichtig für meine Geschichte.

An jenem Tage war sie doch gezwungen, aufzustehen und mir ihr Antlitz zu zeigen, denn die Gräfin läutete nach ihr und befahl ihr, mir Tinte und Papier für ein Rezept zu bringen. Sie kam, den Fingerhut am Finger, die eingefädelte Nadel, nebst vielen anderen Nadeln an ihrem Busen. Der Stahl dieser Nadeln stand dem verteufelten Mädchen gut, das für den Stahl geboren war und das im Mittelalter den Panzer getragen hätte. Sie stand vor mir, während ich schrieb, mir das Schreibzeug mit jener weichen, edlen Bewegung des Vorderarms hinhaltend, die die Gewohnheit des Fechtens gibt. Als ich die Augen aufschlug und sie ansah, fand ich sie müde von der Nacht. Savigny, der bei meinem Kommen nicht dagewesen war, trat plötzlich ein. Er war noch weit müder als sie ... Er sprach mir vom Zustand der Gräfin, der sich nicht bessern wollte. Er sprach davon wie einer, der darüber ungeduldig ist. Er hatte den bitteren, kurzen, heftigen Ton eines ungeduldigen Menschen. Er ging beim Sprechen auf und nieder. Ich sah ihn kalt an; ich fand die Sache doch etwas stark und den napoleonischen Ton mir gegenüber etwas unpassend. ›Wenn ich deine Frau kurieren würde, dann würdest du nicht mehr die

Nächte hindurch mit deiner Geliebten fechten‹, dachte ich. Ich hätte ihn zum Bewußtsein des Anstandes und der Wirklichkeit zurückgerufen, ihm das Riechsalz einer derben Antwort unter die Nase halten können. Ich begnügte mich jedoch, ihn anzuschauen. Er interessierte mich mehr als je, denn ich fühlte, daß er mehr als je Komödie spielte.
Das heißt: Ungeduldig war er schon; aber nicht weil seine Frau, die Frau, die er betrog, nicht gesund werden wollte. Zum Teufel! Er, der es unter dem eigenen Dach mit einer Dienerin hielt, konnte doch nicht zornig darüber sein, daß seine Frau nicht gesund wurde! Wäre denn, nach ihrer Genesung, der Ehebruch nicht weit schwieriger geworden? Aber dennoch mochte dieser unentschiedene Zustand, dieses Schwanken zwischen Hoffnung und Furcht, ihm auf die Nerven gehen. Hatte er sich's etwa kürzer gedacht? Und, wie ich mir später überlegte, wenn, da der Arzt und die Krankheit kein Ende machen wollten, ihm oder ihr der Gedanke, ein Ende zu machen, gekommen war, so war es vielleicht von jener Zeit ab.«
»Was Doktor! So hätten Sie ...?«
Ich vollendete nicht, so sehr verschlug mir der Gedanke, den er mir eingegeben, die Rede.
Er neigte den Kopf und sah mich an, so ernst wie das Standbild des Kommandeurs, wenn es zusagt, zum Nachtmahl zu kommen.
»Ja«, flüsterte er, in Erwiderung meiner Gedanken. »Wenigstens erfuhr wenige Tage später das ganze Land mit Entsetzen, daß die Gräfin vergiftet worden sei« ...
»Vergiftet!« rief ich aus.
... »Durch ihre Kammerjungfer Eulalie, welche die Phiolen vertauscht und ihrer Herrin ein Fläschchen Tinte eingegeben, statt der Medizin, die ich verschrieben hatte. Ein derartiger Mißgriff war schließlich immerhin möglich. Aber ich wußte ja, daß Eulalie Hauteclaire war! Ich hatte die beiden auf dem Balkon die Canovagruppe bilden sehen. Die Welt hatte das nicht gesehen. Die Welt empfing zuerst den Eindruck, daß ein entsetzlicher Zufall geschehen. Als man aber, zwei Jahre nach der Katastrophe, erfuhr, daß der Graf Serlon von Savigny die Tochter des Stassin – denn es mußte ja doch herauskommen, wer die falsche Eulalie gewesen – öffentlich heiratete und sie in die noch warmen Kissen seiner ersten Gattin, des Fräulein Delphine de Cantor, betten wolle, da erhob sich ein dumpfes Grollen des Verdachts, aber nur leise, als habe man Angst vor den eigenen Worten und Gedanken. Nur wußte im Grunde keiner etwas Näheres darüber. Man wußte nur von der entsetzlichen Mesalliance, wies mit den Fingern auf den Grafen Savigny und mied ihn, als hätte er die Pest. Das war übrigens genug. Sie wissen, welche Schande es ist, oder vielmehr war, denn die Dinge haben sich auch hierzulan-

de sehr geändert, wenn man von einem Manne sagt: ›Er hat sein Dienstmädchen geheiratet!‹ Diese Schande wurde Serlon nachgesagt. Und nur einen gab es, der wußte, daß man ihm noch ganz anderes hätte nachsagen können.«
»Und der konnten doch nur Sie sein, Doktor?« fiel ich ein.
»Der war tatsächlich ich«, fuhr er fort, »aber ich war es nicht allein. Wäre ich es allein gewesen, dann wäre ich stets nur auf vage Vermutungen angewiesen geblieben. Ich hätte nie volle Gewißheit erlangt, und« – fügte er hinzu, den Nachdruck der vollsten Überzeugung in seine Worte legend – »ich habe Gewißheit erlangt! Hören Sie gut zu wieso! Sie können sich denken, daß ich der erste war, der von der Vergiftung der Gräfin erfuhr. Ob schuldig oder nicht, mußten sie mich, den Arzt, doch wohl holen lassen. Man nahm sich nicht die Zeit, zu satteln. Auf ungesatteltem Pferd kam ein Stallbursche nach V. galoppiert, mit ihm ritt ich im Galopp hinaus. Als ich ankam – war das Berechnung? – war es nicht mehr möglich, dem Wüten des Giftes Einhalt zu tun. Serlon kam mir mit verstörter Miene im Hof entgegen und sagte mir, als ich absaß, als fürchte er sich vor seinen eigenen Worten:
›Eine Dienerin hat sich vergriffen.‹ (Er vermied es, ›Eulalie‹ zu sagen, die am nächsten Morgen jeder nannte.) ›Aber, nicht wahr, Doktor, das ist doch nicht möglich? Ist Tinte denn ein Gift?‹
›Das hängt von den Substanzen ab, aus denen sie bereitet ist‹, entgegnete ich. Er führte mich zur Gräfin, die von Schmerzen erschöpft war und deren Gesicht einem Wollknäul glich, der in grüne Farbe gefallen ist ...
Sie war erschreckend anzusehen. Sie lächelte fürchterlich mit ihren blauen Lippen, mit jenem Lächeln, das einem, der da schweigt, sagt: ›Ich weiß wohl, was du denkst.‹ Mit raschem Blick forschte ich, ob Eulalie im Zimmer sei. Ich hätte ihre Haltung in diesem Augenblick sehen mögen. Sie war jedoch nicht da. Hatte sie, so tapfer sie auch war, dennoch Angst vor mir? ... Ach! Damals hatte ich bloß sehr ungewisse Vermutungen.
Die Gräfin hatte sich bei meinem Eintritt mühsam aufgerichtet.
›Da sind Sie ja, Doktor‹, sagte sie, › aber Sie kommen zu spät. Mit mir ist's aus. Nicht um den Arzt, um den Pfarrer hätte man schicken sollen, Serlon. Geh', sag', daß man ihn holen soll. Und dann laßt mich zwei Minuten mit dem Doktor allein. Ich will es!‹
Sie sagte dies ›Ich will es!‹ in einem Ton, den ich nie von ihr gehört; mit der Energie, auf die ihr Kinn und ihre Stirn deuteten.
›Auch ich?‹ fragte Savigny schwach.
›Auch du‹, sagte sie. Fast schmeichelnd fügte sie hinzu: ›Du weißt ja, mein Freund, wir Frauen sind besonders verschämt vor denen, die wir lieben.‹
Kaum war er draußen, als eine entsetzliche Veränderung mit ihr vorging. Sie wurde fahl vor Wut:

›Doktor‹, sagte sie mit haßerfüllter Stimme, ›kein Zufall – ein Verbrechen hat mich umgebracht. Serlon liebt Eulalie, und sie hat mich vergiftet. Ich habe Ihnen nicht geglaubt, als Sie mir sagten, das Mädchen sei zu schön für eine Kammerjungfer. Ich hatte Unrecht. Er liebt dies elende Geschöpf, das mich ermordet hat. Er ist schuldiger als sie, da er sie liebt und mich um ihretwillen verriet. Seit einigen Tagen verkündeten es mir die Blicke, die sie sich über mein Bett zuwarfen. Mehr noch der entsetzliche Geschmack der Tinte, mit der sie mich vergifteten. Aber dennoch nahm ich alles, was man mir gab, denn ich wollte gern sterben! Sprechen Sie mir nichts von Gegengiften. Ich mag keins. Ich will sterben.‹
›Warum haben Sie mich dann rufen lassen, Frau Gräfin?‹
›Das will ich Ihnen sagen‹, entgegnete sie, nach Atem ringend. ›Um Ihnen mitzuteilen, daß man mich vergiftet hat, und Ihnen Ihr Ehrenwort abzufordern, daß Sie das verbergen werden. Es würde ein entsetzliches Aufsehen geben, und das soll nicht sein. Sie sind mein Arzt, und Ihnen wird man's glauben, wenn Sie von jenem Irrtum sprechen, den die zwei erfunden haben, wenn Sie sagen, daß ich gar nicht daran gestorben, sondern zu retten gewesen wäre, wäre nicht meine Gesundheit längst untergraben. Und das müssen Sie mir schwören, Doktor …‹
Da ich nicht antwortete, erriet sie, was in mir vorging. Ich dachte, sie liebe ihren Gatten so sehr, daß sie ihn retten wolle. Diese gewöhnliche und natürliche Erklärung war mir vor allem eingefallen, denn es gibt Frauen, die so zur Liebe und Aufopferung geschaffen sind, daß sie selbst für den Schlag, der sie tötet, keine Rache nehmen. Nur hatte die Gräfin Savigny mir nie den Eindruck gemacht, eine von jenen Frauen zu sein.
›Oh, nicht aus diesem Grunde sollen Sie mir das schwören, Doktor!‹ fuhr sie, wie in Erwiderung meiner Gedanken fort. ›Oh, nein! Ich hasse Serlon in diesem Augenblick zu sehr, als daß ich ihn nicht, trotz seines Verrats, noch lieben sollte – aber ich bin nicht so feige, ihm zu verzeihen! Eifersüchtig und unversöhnlich werde ich aus der Welt gehen. Aber es handelt sich nicht um Serlon, Doktor‹, fügte sie mit Nachdruck hinzu, mir eine Seite ihres Wesens enthüllend, die ich wohl geahnt, aber deren Tiefe ich nicht ermessen hatte – ›es handelt sich um den Grafen von Savigny. Ich will nicht, daß es nach meinem Tode heißt, der Graf von Savigny sei der Mörder seiner Frau gewesen. Ich will nicht, daß man ihn vor die Gerichtsschranken schleppt und ihn anklagt, der Mitschuldige einer ehebrecherischen Giftmischerin zu sein. Ich will nicht, daß dieser Schandfleck auf dem Namen Savigny haften bleibt, den ich getragen habe. Wenn es nur um ihn ginge – er hätte schon den Galgen verdient! Das Herz könnte ich ihm herausreißen! Aber es handelt sich um uns alle, den gesamten Adel des Landes! Wären wir noch, was wir einst

waren, so hätte ich diese Eulalie einfach in eine Oubliette des Schlosses werfen lassen, und es wäre nie wieder die Rede von ihr gewesen! Aber wir sind ja heute nicht mehr die Herren im eigenen Haus! Unsere stille, rasche Justiz steht uns nicht mehr zu Diensten, und mit ihrer öffentlichen skandalösen Gerichtsbarkeit will ich um keinen Preis zu tun haben; und lieber will ich die beiden vereint zurücklassen und rasend vor Wut sterben, als daß dem V.schen Adel die Schmach zuteil werden sollte, einen Giftmischer in seinen Reihen zu haben.‹

Sie sprach mit unglaublicher Gewalt, trotzdem ihre Zähne im Fieberfrost aufeinanderschlugen. Nun erst erkannte ich sie recht: das war die echte Frau aus dem adligen Geblüt, in der noch im Sterben die Aristokratin stärker war als die eifersüchtige Frau. Sie starb, wie es einer Tochter von V., der aristokratischsten Stadt von Frankreich, zukam! Und davon hingerissen, leistete ich ihr den Schwur, ihr Verlangen zu erfüllen, falls sie nicht gerettet werden sollte.

Und ich habe ihn gehalten. Ich rettete sie nicht. Ich vermochte es nicht, denn sie wies alle Mittel zurück. Nach ihrem Tode sagte ich, was sie mir aufgetragen, und überzeugte die Leute sogar. Heute ist Gras über die schreckliche Geschichte gewachsen. Die Zeugen sind tot, ein neues Geschlecht ist herangewachsen. Sie sind der erste, dem ich den düsteren Roman erzählt habe – und auch das nur, weil die beiden unvergänglich schönen, unvergänglich glücklichen, mächtigen Vollblutgeschöpfe hier an uns vorübergekommen, die so weltvergessen und hochmütig durch das Leben wie durch diesen Garten wandeln!«

Ich war entsetzt.... »Wenn das, was Sie mir da erzählen, wahr ist, Doktor, dann ist das Glück dieser beiden doch eine furchtbare Ungerechtigkeit«, sagte ich.

»Eine Ungerechtigkeit oder auch eine Gerechtigkeit, wie Sie wollen«, entgegnete trocken der Doktor Torty, dieser absolute Atheist, »jedenfalls aber ist es eine Tatsache. Sie sind ungewöhnlich glücklich, unverschämt glücklich. Ich habe in meinem ganzen, langen Leben kein vollkommeneres, dauerhaftes Glück gesehen! Und Sie dürfen mir glauben, daß ich scharf aufpaßte, um den Wurm darin zu finden. Ich drang so viel als möglich in das Leben der beiden ein, um einen Riß, einen Sprung an diesem erstaunlichen, empörenden Glück zu entdecken, fand aber nichts als eine beneidenswerte Seligkeit, die ein trefflicher Streich des Teufels gegen den lieben Gott wäre, wenn es einen Teufel und einen Gott gäbe!

Nach dem Tod der Gräfin trachtete ich, wie Sie sich denken können, auf guten Fuß mit dem Grafen zu bleiben. Da ich mich dazu hergegeben hatte, die von ihm verbreitete Mär zu bestätigen, hatte er keinen Grund, mich zu entfernen, und mich interessierte es natürlich ungemein, zu sehen, was nun geschehen würde. Zunächst betrauerte der Graf seine Gattin, wie es dem Mustergatten, für den er galt, zukam. Er lebte zwei Jahre lang in so völliger Zurückgezogenheit auf seinem Schloß, daß es niemand erfuhr, daß er Eulalie – die doch Schuld am Tod der Gräfin trug und die er selbst im Falle ihrer Unschuld anstandshalber hätte entfernen müssen – im Hause behalten hatte. Schon diese Unvorsichtigkeit allein bewies die Unsinnigkeit seiner Leidenschaft. Ich war darum auch durchaus nicht erstaunt, von einem Diener, den ich eines Tages traf, zu hören, Eulalie sei ‚noch immer dort' .... Sein gleichgültiger Ton bewies mir jedoch, daß nach wie vor keiner von den Dienern etwas von dem Verhältnis zwischen ihr und dem Grafen ahnte. ›Die spielen noch immer mit verdeckten Karten‹, sagte ich mir, ›aber warum gehen sie nicht ins Ausland? Der Graf ist reich. Sie können überall im großen Stil leben. Warum geht er nicht durch mit dieser Hexe, die sich, um ihn besser dranzukriegen, lieber auf jede Gefahr hin im Hause des Geliebten festgesetzt, statt ruhig in V. zu bleiben, wo sie sich ungestört begegnen konnten? Ich verstand das nicht ganz. Machte ihre Leidenschaft sie blind gegen alle Vorsicht? Oder wollte Hauteclaire – die mir der stärkere, entschlossenere Charakter schien – im Schloß bleiben, um die öffentliche Meinung auf den Skandal ihrer Heirat mit dem Grafen Savigny vorzubereiten? Der Gedanke an diese Möglichkeit war mir allerdings nie gekommen. Hauteclaire Stassin, die Tocher des alten Fechtlehrers – die wir alle in anliegenden Hosen bei ihren Fechtstunden gesehen –, die sollte Gräfin Savigny werden? Es war ja rein lächerlich! – Daß das Verhältnis zwischen den beiden stolzen Bestien, die sich auf den ersten Blick als Wesen gleicher Art erkannt und den Ehebruch unter den Augen der Gräfin gewagt hatten, fortdauern würde, dachte ich mir schon. Aber an eine Heirat, die den göttlichen Gesetzen, den Empfindungen und Anschauungen des ganzen Landes ins Gesicht schlug, hatte ich, weiß Gott, nicht geglaubt; es lag mir so fern, daß mir die Kunde davon genau so einen Stoß gab, wie irgendeinem jener Tröpfe, die nie etwas vorhersehen und die bei der Nachricht im dortigen Umkreis in ein dumpfes Wutgeheul ausbrachen.

Übrigens kam ich während jener beiden Trauerjahre nicht oft nach Savigny. Was hatte ich auch dort zu suchen? Man befand sich dort vortrefflich, und bis zu einer vielleicht nicht allzufernen Niederkunft bedurfte man meiner Dienste nicht. Dennoch wagte ich von Zeit zu Zeit einen Besuch beim Grafen, von Höflichkeit und Neugier getrieben. Serlon empfing mich, wo er sich gerade aufhielt. Er war durchaus nicht verlegen. Er war freundlich und gesetzt. Ich bin darauf gekommen, daß alle glücklichen Geschöpfe gesetzt sind. Sie tragen ihr Herz vorsichtig in sich, wie eine volle Schale, die der leiseste Stoß

zum Überquellen bringen oder zerschellen kann. Trotz seines Ernstes und seiner schwarzen Kleider leuchtete jedoch ein Abglanz unermeßlicher Seligkeit in Serlons Augen. Das war nicht mehr der Ausdruck der Erleichterung und Befreiung, der nach dem Tod der Gräfin darin geschimmert – das war wirkliches Glück! Obwohl wir uns bei jenen flüchtigen Besuchen nur von gleichgültigen Dingen unterhielten, war der Ton seiner Stimme ein ganz anderer als zuvor. Sie verriet in ihrer warmen Klangfülle, daß er nur mühsam seine überströmenden Gefühle niederhielt. Hauteclaire bekam ich nicht so bald zu sehen. Sie wissen, daß ich mir einbildete, sie scheue meine durchdringenden Blicke. Aber nun brauchte sie dieselben doch nicht mehr zu fürchten! Sie wußte ja nicht, daß die Gräfin sich mir anvertraut, und bei ihrer Kühnheit, ihrem Stolz, mußte es sie eher reizen, mir zu trotzen. So war es auch. Als ich ihr zum erstenmal begegnete, stand das Glück ihr so strahlend auf der Stirn geschrieben, daß die ganze Flasche Tinte, die sie der Gräfin eingegeben, es nicht zu verlöschen gemocht hätte.
Ich traf sie auf der Treppe. Sie kam ziemlich rasch herab, aber als sie mich sah, hielt sie an, offenbar, um mir fest ins Gesicht zu schauen, mit jenen Augen, die Panther zu bändigen vermögen, die meinen aber nicht blendeten. Ihre Kleider umflatterten sie beim raschen Gehen, sie schien vom Himmel niederzusteigen; sie war herrlich in ihrem Glück. Ihr Ausdruck war dem des Grafen weit überlegen. Dennoch ging ich ohne Gruß vorüber, denn wenn Ludwig XIV. auch jedes Kammermädchen grüßte, so waren das doch keine Giftmischerinnen! Sie trug noch immer die Tracht einer Dienerin, nur war eine frohe, stolze Sieghaftigkeit an Stelle der früheren Unterwürfigkeit getreten. Die hat sie auch nie wieder verlassen; eben früher habe ich es neuerdings bemerkt und Sie wohl auch. Es ist das Hervorstechendste an ihr, mehr noch als ihre Schönheit. Jener Schimmer frohlockenden Stolzes über ihr Glück, den sie auch ihrem Gatten mitgeteilt, ist ihr noch heute, nach zwanzig Jahren, treu geblieben. Nie sah ich ihn verblassen oder sich umwölken auf dem Antlitz dieser beiden Auserwählten. Sie haben ihn siegreich den Schmähungen, dem Abfall, der Verachtung der Welt entgegengesetzt und die Gerüchte, die sie eines schändlichen Verbrechens anklagten, dadurch zerstreut.«
»Aber Sie, Doktor«, fiel ich ein, »Sie konnten doch nach dem, was Sie wußten, durch diesen Anschein nicht irregeführt werden? Sie sahen die beiden doch zu jeder Zeit, an jedem Ort?«
»Mit Ausnahme ihres Schlafzimmers, und dort dürften sie diesen Ausdruck nicht gerade einbüßen«, entgegnete der Doktor mit drolliger Bedeutsamkeit, »habe ich sie wohl in jeder Lage ihres Lebens gesehen, seit ihrer Trauung, die sie Gott weiß wo vollziehen ließen, um dem Hallo der Bevölkerung von V.

zu entgehen, die in ihrer Weise nicht minder erbost war als der Adel des Landes. Als sie als offiziell Vermählte heimkehrten, wandte man ihnen allerseits den Rücken. Sie sollten einander ungestört zum Überdruß angehören. Nur haben sie sich nicht übersättigt, wie es schein, sondern sind noch heute gleich heißhungrig aufeinander!
Ich mit meiner Vorliebe für alle Kuriosa und voll Interesse für die beiden moralischen Ungeheuer, zog mich natürlich nicht zurück. Die neue Gräfin empfing mich, als wäre sie ihr Lebtag nichts anderes gewesen. Sie mochte erraten, daß ich ihrer früheren Verkleidung gedachte: ›Ich bin nicht mehr Eulalie‹, sagte sie, ›ich bin Hauteclaire, die glücklich darüber ist, um seinetwillen ein Dienstbote gewesen zu sein.‹ Ich dachte bei mir, daß sie noch etwas ganz anderes gewesen sei; aber da ich sie nun einmal in Savigny aufgesucht hatte, so warf ich alle Skrupel hinter mich und kam immer öfter. Ich muß bekennen, daß ich nach wie vor darauf versessen war, in die Häuslichkeit dieser beiden vollkommen glücklichen Geschöpfe zu dringen, um sie zu belauschen. Nun denn, nicht eine Stunde habe ich dies Glück, das doch durch ein Verbrechen erkauft war, getrübt gesehen. Kein einziges Mal habe ich den Schandfleck dieses gemeinen, feigen Verbrechens das wolkenlose Blau ihres Glückshimmels verdüstern gesehen. Ist das nicht vernichtend für alle Moralisten, die das schöne Axiom von der belohnten Tugend und dem bestraften Laster aufgestellt haben! Geächtet und verlassen, von niemandem aufgesucht als von ihrem Arzt, der aus lauter Neugier fast zum Hausfreund geworden war, taten sie sich durchaus keinen Zwang an. Sie vergaßen meine Gegenwart und lebten ganz im Rausch einer Leidenschaft, der ich, bei all den vielen Erfahrungen meines Lebens, nichts an die Seite zu stellen wüßte. Sie haben es ja gerade miterlebt: sie streiften soeben an mir vorüber, ohne mich zu bemerken! So ist es mir oft im Zusammenleben mit ihnen ergangen … Höflich, liebenswürdig, aber häufig zerstreut, benahmen sie sich mir gegenüber so, daß ich vermutlich nicht wiedergekommen wäre, hätte es mich nicht gereizt, dies unglaubliche Glück zu untersuchen, um zu meiner eigenen Erbauung ein Körnchen von Ermüdung, von Kummer oder Reue zu finden. Aber umsonst! Die Liebe legte alles mit Beschlag, erfüllte sie ganz und gar, erstickte in ihnen allen moralischen Sinn, alles Gewissen, wie ihr das nennt; und angesichts dessen lernte ich die traurige Wahrheit des Wortes verstehen, das mein alter Kollege Broussais scherzhaft vom Gewissen zu sagen pflegte: ›Jetzt seziere ich schon dreißig Jahre lang und hab' noch nie den kleinsten Ohrzipfel von dem Tierchen entdecken können!‹ Bilden Sie sich nicht ein«, fuhr der verteufelte Doktor fort, als habe er in meinen Gedanken gelesen – »daß das, was ich Ihnen da sage, eine These sein soll, der Beweis einer Lehre, die das Vorhandensein des Gewissens leugnet, wie es

Broussais geleugnet. Es gibt da keine These. Ich will Ihre Ansichten nicht erschüttern. Es handelt sich hier lediglich um eine Tatsache, die mich selbst nicht minder in Erstaunen setzte wie Sie. Das Phänomen eines dauernden Glücks, einer Seifenblase, die stetig wächst, ohne jemals zu platzen! Schon ein dauerhaftes Glück an sich ist überraschend; aber ein solches Glück im Verbrechen ist geradezu verblüffend, und seit nun zwanzig Jahren kann ich mich von meiner Überraschung nicht erholen. Der alte Arzt, der alte Beobachter, der alte Moralist – oder Immoralist« (fügte er, als er mich lächeln sah, hinzu) »ist aus dem Text gebracht durch dies Schauspiel, dem er seit so viel Jahren anwohnt und das sich nicht schildern läßt, denn gibt es einen wahren Gemeinplatz, so ist es der, daß das Glück keine Geschichte hat. Auch darstellen läßt sich das Glück, dies Einströmen eines höheren Lebens in unser Dasein, so wenig, wie sich der Kreislauf des Bluts in den Adern darstellen läßt. Nur am Pulsschlag läßt er sich erkennen, und so konstatiere ich das unbegreifliche Glück der beiden Wesen, denen ich so lange schon den Puls fühle. Ich war nie sonderlich poetisch oder sentimental, aber diese Ehe, diese Verwirklichung eines Ideals, die ich für unmöglich hielt, hat mir den Geschmack an allen anderen Ehen verdorben. Ich habe sie alle stets so viel geringer, kälter, farbloser gefunden als die ihre!

Ihr Schicksal, ihr Stern, der Zufall, oder was weiß ich, hat es gefügt, daß sie füreinander leben konnten. Da sie reich sind, hatten sie die nötige Muße, die zum Glück erforderlich ist, die aber ebenso oft zum Grab des Glücks wird. Dem ihren hat sie freilich nichts angehabt! Ihr Leben ist von einer göttlichen Schlichtheit; es gibt keine stürmischen Ereignisse darin. Sie leben auf ihrem Schloß fern von der Welt, die sie nicht brauchen und nach deren Mißbilligung sie ebensowenig fragen wie nach ihrer Anerkennung. Sie trennen sich nie. Wie einst an der Seite ihres Vaters, sieht man Hauteclaire an der Seite des Grafen die Gegend zu Pferde durchstreifen, und die Frauen des Landes renken sich nicht weniger die Hälse nach ihr aus als zu jener Zeit, wo sie noch das geheimnisvolle, dicht verschleierte junge Mädchen war. Nun schlägt sie den Schleier zurück und zeigt ihnen trotzig das Antlitz des Dienstmädchens, dem es gelungen ist, die Gattin seines Herrn zu werden, und entrüstet, aber in tiefem Sinnen kehren sie heim.

Der Graf und die Gräfin von Savigny gehen nicht viel auf Reisen; sie kommen zwar manchmal nach Paris, aber immer nur auf wenige Tage. So spielt ihr ganzes Leben sich in jenem Schloß ab, dem Schauplatz ihres Verbrechens; aber vielleicht ist selbst die Erinnerung daran versunken in der Tiefe ihrer grundlosen Herzen –«

»Und Kinder haben sie nie bekommen?« fragte ich.

»Aha?« sagte der Doktor. »Sie glauben, dies sei der wunde Punkt, so was Sie

die Rache des Schicksals oder die Strafe Gottes nennen? Nein, sie hatten keine Kinder. Erinnern Sie sich! Ich sagte es vorher, daß sie keine haben würden. Sie liebten sich zu heftig. – Ein verzehrendes Feuer vernichtet – aber es schafft nicht. Eines Tages fragte ich Hauteclaire:
›Tut es Ihnen nicht leid, Frau Gräfin, daß Sie keine Kinder haben?‹
›Ich mag keine!‹ rief sie heftig. ›Ich würde meinen Mann dann weniger lieben.‹ Und mit einer Art von Geringschätzung fügte sie hinzu: ›Kinder sind gut für unglückliche Frauen!‹ Und mit diesem Wort, das er für tiefsinnig hielt, schloß der Doktor Torty seine Geschichte.
»So schuldig sie auch sein mag – interessant bleibt diese Hauteclaire immerhin«, sagte ich, als er geendet. »Wäre das Verbrechen nicht, dann würde ich Serlons Liebe begreifen.«
»Vielleicht auch trotz des Verbrechens!« sagte der Doktor, »und ich verstehe sie auch!« fügte er unerschrocken hinzu.

Jules Amédée Barbey d'Aurevilly

Die kleine Roque

I

Der Landbriefträger Médéric Rompel, den die Leute einfach Médéric nannten, verließ das Posthaus in Rouyle-Tors zur gewohnten Stunde. Mit dem langen Schritt des ehemaligen Soldaten ging er durch die kleine Stadt und wählte den kürzesten Weg über die Wiesen von Villaumes, zum Ufer der Brindille, um am Wasser entlang das Dorf Carvelin zu erreichen, wo sein Bestellgang anfing.

Er ging rasch das schmale Flüßchen entlang, das unter dem Weidenbogen in seinem Grasbett schäumte, murrte und sprudelte. Die großen Steine, die seinen Lauf aufhielten, waren von Wasserwülsten umschlungen wie von Krawatten, die in einen Schaumknoten endeten. Stellenweise gab es fußhohe Wasserfälle, sichtbare und unsichtbare, die unter Blättern, unter Schlingpflanzen, unter einem Dach aus grünem Laub zornig lärmten oder sanft flüsterten; wo die Ufer mehr zurücktraten, sah man einen kleinen trüben See, in dem Forellen zwischen all dem Grün schwammen, wie es auf dem Grund stiller Flüsse wächst.

Médéric ging, ohne etwas zu sehen, immer weiter und dachte nichts als: Mein erster Brief ist für Poivron, dann hab' ich einen für Renardet; also muß ich durch den Wald.

Die blaue Bluse, die ein schwarzer Ledergürtel in der Taille zusammenhielt, ging rasch und gleichmäßig die grüne Weidenhecke entlang; und der Stock, der kräftige Stamm einer Stechpalme, marschierte neben ihr und hielt mit den Beinen Schritt.

So kreuzte er die Brindille auf einer Brücke aus einem einzigen Baumstamm, den man von einem Ufer zum andern geworfen hatte, und deren Geländer aus einem Strick bestand, der auf dem rechten und linken Ufer an einem Pfahl befestigt war.

Der Wald gehörte Monsieur Renardet, dem Bürgermeister von Carvelin und größten Grundbesitzer des Ortes; es war ein Stück Gehölz, das sich sehen lassen konnte mit seinen uralten, riesigen Bäumen, die gerade wie Säulen standen und sich eine halbe Meile weit auf dem linken Ufer des Flusses hinzogen, der das unermeßliche Laubdach begrenzte. Am Wasser wuchsen in der Sonne hohe Büsche; aber im Schatten des Waldes fand sich nur Moos, dichtes Moos, weich und glatt, das die stehende Luft mit einem leichten Geruch von Moder und toten Zweigen füllte.

Médéric verlangsamte seinen Schritt, nahm die schwarze, mit roten Tressen besetzte Mütze ab und wischte sich die Stirn; denn es war auf den Wiesen schon heiß, wenn es auch noch kaum acht Uhr morgens war.

Er hatte die Mütze gerade wieder aufgesetzt und seinen gewohnten raschen Schritt angenommen, als er am Fuß eines Baumes ein Messer sah, ein kleines Kindermesser. Er bückte sich danach und entdeckte noch einen Fingerhut und zwei Schritte weiter eine Nadelbüchse.

Er nahm die Sachen an sich und dachte: Ich werde sie dem Bürgermeister abliefern. Im Weitergehen sah er sich aber genau um, als erwarte er, noch etwas zu finden. Plötzlich blieb er stehen, als wenn er gegen einen Schlagbaum gerannt wäre, denn zehn Schritte vor ihm lag auf dem Moose der völlig nackte Körper eines Kindes auf dem Rücken. Es war ein kleines Mädchen von etwa zwölf Jahren. Die Arme waren ausgebreitet, die Beine gespreizt, ein Taschentuch verhüllte das Gesicht. Die Schenkel zeigten Blutflecken.

Médéric trat auf den Fußspitzen näher, als fürchte er, ein Geräusch zu machen. Er riß die Augen auf.

Was war das? Schlief sie? Dann überlegte er sich, daß man morgens um halb acht Uhr nicht ganz nackt im kühlen Baumschatten zu schlafen pflegt. Also war sie tot, und er stand vor einem Verbrechen. Bei diesem Gedanken durchschauerte es ihn kalt, obgleich er ein alter Soldat war. Außerdem war ein Mord in dieser Gegend solch eine Seltenheit, und noch dazu ein Kindesmord; er traute seinen Augen nicht. Keine Wunden waren zu sehen, nichts als das geronnene Blut auf den Beinen. Auf welche Weise war die Kleine getötet worden?

Er stand dicht vor ihr und musterte sie, auf seinen Stock gestützt. Er mußte sie kennen, er kannte ja alle Leute in der Gegend. Da er aber das Gesicht nicht

sah, konnte er ihren Namen nicht erraten. Er bückte sich, um das Taschentuch von ihrem Gesicht zu nehmen, zog die ausgestreckte Hand aber wieder zurück. Hatte er ein Recht, den Körper zu berühren, ehe die Gerichtsbehörde den Todesfall protokolliert hatte? Er stellte sich die Gerichtsbehörde wie eine Art General vor, dem nichts entgeht und dem ein verlorener Knopf ebenso wichtig ist wie ein Messerstich in den Bauch. Das Tuch war vielleicht ein Hauptbeweismittel. Jedenfalls war es ein Beweisstück, das durch die Berührung einer ungeschickten Hand an Wert verlieren konnte.

Also erhob er sich, um rasch den Herrn Bürgermeister aufzusuchen; aber ein anderer Gedanke hielt ihn wieder zurück. Wenn das kleine Mädchen noch lebte, durfte er es nicht verlassen. Er kniete ziemlich weit von ihm vorsichtig nieder und streckte die Hand nach seinem Fuß aus. Er war kalt, eisig, von der schrecklichen, furchtbaren Kälte toten Fleisches, die jeden Zweifel vernichtet. Dem Briefträger drehte sich bei der Berührung das Herz im Leibe um, wie er später erzählte, und der Speichel in seinem Mund trocknete ein. Er sprang auf und eilte durch den Wald zu Renardets Haus. Die Fäuste geballt, den Stock unter dem Arm, den Kopf vorgestreckt, machte er Riesenschritte, und die Ledertasche mit den Briefen und Zeitungen schlug im Takt an seine Hüfte.

Das Haus des Bürgermeisters lag am Ende des Waldes, der sein Park war, und reichte mit einer Ecke bis an den kleinen Teich, den die Brindille bildete. Es war ein sehr altes, großes, viereckiges Haus aus grauen Steinen, das schon Belagerungen ausgehalten hatte, mit einem großen, zwanzig Meter hohen Turm, der ins Wasser hineingebaut war.

Von der Höhe dieses Turmes war in alter Zeit das ganze Land überwacht worden. Er wurde Fuchsturm genannt, ohne daß man wußte, warum er so hieß, und die Besitzer dieses Lehens, das seit mehr als zweihundert Jahren in

derselben Familie war, gehörten zu den halbadeligen Bürgern, denen man vor der Revolution oft in der Provinz begegnete.
Der Briefträger stürzte in die Küche, in der die Dienstboten frühstückten und rief: »Ist der Herr Bürgermeister schon auf? Ich muß ihn gleich sprechen.«
Médéric galt als ein Mann von Gewicht und Autorität, also wußte man gleich, daß etwas Ernstes geschehen sein mußte.
Renardet, dem er gemeldet wurde, ließ ihn zu sich rufen. Der Landbriefträger trat, die Mütze in der Hand, bleich und atemlos ein und fand den Bürgermeister hinter einem langen Tisch sitzend, der mit durcheinandergeworfenen Papieren bedeckt war. Er war ein dicker, hochgewachsener Mann, schwerfällig und rot, stark wie ein Ochse und sehr beliebt in der Gegend, obgleich er sehr jähzornig war. Er war fast vierzig Jahre alt, seit sechs Monaten Witwer und lebte wie ein Landedelmann auf seinem Grund und Boden. Sein aufbrausendes Temperament hatte ihn oft in peinliche Geschichten verwickelt, aber die Richter von Rouy-le-Tors, seine nachsichtigen und diskreten Freunde, halfen ihm immer wieder heraus. Eines Tages hatte er den Postkutscher vom Bock geworfen, weil er seinen Hühnerhund Micmac fast überfahren hätte. Einem Wildhüter, der gegen ihn ausgesagt hatte, weil er ihn, die Flinte im Arm, auf fremdem Jagdgrund getroffen hatte, schlug er die Rippen ein. Einen Unterpräfekten, der auf einer Geschäftsreise ins Dorf kam, die Renardet für eine Wahlagitationsreise hielt, packte er beim Kragen. Er war aus alter Familientradition oppositionell.
Der Bürgermeister fragte: »Was gibt's, Médéric?«
»Ich habe ein kleines Mädchen tot in Ihrem Wald gefunden.«
Renardet, ziegelrot im Gesicht, richtete sich auf:
»Was Sie sagen... Ein kleines Mädchen?«
»Ja, ein kleines Mädchen, ganz nackt, auf dem Rücken, blutig, tot, ganz tot.«
Der Bürgermeister fluchte: »Gottsdonner; ich möchte wetten, daß es die kleine Roque ist. Es ist gemeldet worden, sie sei gestern nicht wieder zu ihrer Mutter nach Hause gekommen. An welcher Stelle haben Sie sie gefunden?«
Der Briefträger bezeichnete den Ort näher, gab Einzelheiten an und erbot sich, den Bürgermeister hinzuführen.
Aber Renardet wurde heftig: »Nein. Ich brauche Sie nicht. Schicken Sie mir sofort den Flurwächter, den Gemeindeschreiber und den Arzt, und machen Sie, daß Sie weiterkommen. Rasch, rasch, fort, und sagen Sie, sie sollen mir in den Wald nachkommen.«
Der Briefträger gehorchte und zog sich zurück, war aber wütend und traurig, weil er bei der Feststellung des Tatbestandes nicht dabei sein sollte.
Der Bürgermeister stand auf, nahm seinen Hut, einen großen, weichen Hut

aus grauem Filz mit sehr breiter Krempe und blieb auf der Schwelle seines Hauses noch einige Augenblicke stehen. Vor ihm breitete sich ein mächtiger Rasenplatz, auf dem drei große Flecke, ein roter, ein blauer und ein weißer, sich schön abhoben, drei große korbförmige Beete mit blühenden Blumen, das eine dem Hause gegenüber, die beiden anderen zu seinen Seiten. Weiterhin ragten die ersten Bäume des Waldes bis in den Himmel auf, während links hinter der zum Teich erweiterten Brindille lichte Wiesen lagen, ein ganzes grünes Flachland, von Wassergräben und Weidenhecken durchschnitten, die wie Fabelwesen, wie Zwerge aussahen; denn sie wurden beständig gestutzt und trugen auf sehr dicken, kurzen Stämmen den zitternden Flaum junger Zweige.

Rechts hinter den Ställen, den Wagenremisen und all den anderen Gebäuden, die zu der Besitzung gehörten, fing das Dorf an, eine reiche Ortschaft, deren Bewohner von Viehzucht lebten.

Renardet stieg langsam die Stufen der Vortreppe hinunter, wendete sich nach links, erreichte das Flußufer und ging langsam, die Hände auf dem Rücken, am Wasser weiter. Er ging mit gesenkter Stirn; von Zeit zu Zeit sah er sich um, ob die Leute, die er hatte rufen lassen, noch nicht kämen.

Als er die ersten Bäume erreicht hatte, blieb er unter ihnen stehen, nahm den Hut ab und wischte sich die Stirn, ganz wie Médéric es gemacht hatte, denn die heiße Julisonne fiel in Feuerströmen auf die Erde herab. Dann setzte er seinen Weg fort, blieb wieder stehen und ging zurück. Auf einmal bückte er sich und tauchte sein Taschentuch in den Fluß zu seinen Füßen und legte es unter den Hut auf den Kopf. Wassertropfen liefen die Schläfen entlang über seine stets blauroten Ohren, über seinen mächtigen roten Hals und verschwanden einer nach dem andern in dem weißen Hemdkragen.

Da niemand erschien, stampfte er mit dem Fuß und rief dann:

»Hallo! Hallo!«

Da erschien der Arzt unter den Bäumen, ein kleiner, hagerer Mann, ein früherer Militärchirurg, der in der Gegend für sehr geschickt galt. Er hinkte, da er im Dienst verwundet worden war, und bediente sich beim Gehen eines Stocks.

Dann erschienen zusammen der Flurwächter und der Gemeindeschreiber. Sie sahen bestürzt aus, kamen keuchend angerannt und bewegten dabei die Arme so heftig, daß sie mehr mit ihnen als mit den Beinen zu laufen schienen.

Renardet sagte zum Arzt: »Sie wissen, worum es sich handelt?«

»Ja, Médéric hat im Wald ein totes Kind gefunden.«

»Also vorwärts!«

Sie gingen, von den beiden anderen gefolgt, Seite an Seite. Ihre Schritte waren lautlos; ihre Augen waren gesenkt und suchten den Boden ab.

Plötzlich streckte Doktor Labarbe den Arm aus: »Da!«
In weiter Entfernung noch sah man unter den Bäumen etwas Helles. Wenn sie nicht gewußt hätten, was es war, hätten sie es kaum erraten. Es schien so leuchtend weiß wie ausgebreitetes Linnen, denn ein durch die Zweige gleitender Sonnenstrahl zog einen breiten Lichtstreif schräg über den Leib des Kindes. Als sie näher kamen, unterschieden sie allmählich die Gestalt, den verhüllten Kopf, der dem Wasser zugewendet lag, und die beiden wie gekreuzigt ausgestreckten Arme.
»Es ist furchtbar heiß«, sagte der Bürgermeister.
Er beugte sich über die Brindille, tauchte sein Taschentuch wieder hinein und legte es auf seine Stirn. Der Arzt, den der Fall interessierte, ging rascher. Bei der Leiche angekommen, bückte er sich, um sie genau zu betrachten, rührte sie aber nicht an. Er hatte seinen Kneifer aufgesetzt und vertiefte sich in den Anblick.
Er sagte, ohne sich aufzurichten: »Notzucht und Mord, was wir gleich feststellen werden. Das kleine Mädchen ist übrigens beinahe eine Frau, sehen Sie sich mal die Brust an.«
Die beiden schon ziemlich entwickelten Brüste hingen, durch den Tod weich geworden, schlaff herab.
Der Arzt hob vorsichtig das Tuch auf, das ihr Gesicht verhüllte. Es sah schwarz und schrecklich aus, mit herausgestreckter Zunge und hervorgequollenen Augen. Er sagte: »Wahrhaftig, der Kerl hat sie nach vollbrachter Notzucht erdrosselt.«

Er betastete den Hals: »Erdrosselt, mit den Händen, die übrigens keine besondere Spur zurückgelassen haben, keinen Nagel- oder Fingerabdruck. Es ist wirklich die kleine Roque.«

Er legte das Tuch zart wieder über ihr Gesicht: »Ich kann hier nichts machen; sie ist mindestens schon zwölf Stunden tot. Man muß das Gericht benachrichtigen.«

Renardet stand mit den Händen auf dem Rücken und musterte starr den kleinen, aufs Moos hingestreckten Körper. Er murmelte: »So ein Schuft! Man sollte übrigens nach den Kleidern suchen.«

Der Arzt befühlte die Hände, die Arme, die Beine der Toten und sagte: »Sie hat sicher ein Bad nehmen wollen. Die Kleider werden am Ufer sein.«

Der Bürgermeister befahl: »Du, Principe (so hieß der Gemeindeschreiber), gehst und suchst die Kleider am Ufer. Du, Maxime (das war der Name des Flurwächters), läufst nach Rouy-le-Tors und holst mir den Untersuchungsrichter mit der Gendarmerie. Sie müssen in einer Stunde hier sein. Verstehst du!«

Die beiden Männer gingen eilig davon, und Renardet sagte zum Doktor: »Welcher Schuft ist hierzuland einer solchen Gemeinheit fähig?«

Der Arzt antwortete: »Wer kann das wissen! Jeder Mensch ist einer solchen Tat fähig, jeder im besondern und niemand im allgemeinen. Irgendein Landstreicher, irgendein Arbeitsloser wird's gewesen sein. Seitdem wir die Republik haben, sind die Landstraßen voll von solchem Gesindel.«

Alle beide waren Bonapartisten.

Der Bürgermeister sagte: »Ja, es kann nur ein Fremder gewesen sein, ein Strolch, ein Kerl ohne Heimat...«

Der Arzt lächelte leicht: »Und ohne Frau. Da er weder Abendessen noch Nachtquartier hatte, wollte er wenigstens... Man ahnt nicht, zu was für Schandtaten die Menschen fähig sind. Wußten Sie übrigens, daß die Kleine verschwunden war?«

Und er berührte mit der Spitze seines Stocks nacheinander alle Finger der Toten, spielte auf ihnen, wie auf den Tasten eines Klaviers.

»Ja, die Mutter ließ mich gestern abend um neun Uhr rufen, weil das Kind zum Abendessen um sieben noch nicht zu Hause war. Wir haben bis Mitternacht auf allen Wegen nach ihr gerufen; an den Wald haben wir nicht gedacht. Zum richtigen Suchen muß man Tageslicht haben.«

»Wollen Sie eine Zigarre?« fragte der Arzt.

»Danke, ich habe keine Lust zu rauchen. Die Geschichte geht mir doch nah.«

Sie blieben beide vor dem zarten, weißen Kinderkörper auf dem dunkeln Moose stehen. Eine große Fliege mit blauem Leib kroch den einen Schenkel entlang, machte bei den Blutflecken halt und setzte dann ihren Weg aufwärts

fort, rückte rasch und stoßweise über die Lende, erkletterte eine Brust, stieg wieder herunter, um die andere zu erforschen. Sie suchte auf der Toten etwas zum Trinken. Die beiden Männer betrachteten den schwarzen, wandernden Punkt.
Der Arzt sagte: »Wie hübsch das aussieht, eine Fliege auf weißer Haut. Die Damen des vorigen Jahrhunderts hatten recht, daß sie sich welche ins Gesicht klebten. Warum ist die Mode eigentlich davon abgekommen?«
Der Bürgermeister schien ihn nicht zu hören; er stand in tiefen Gedanken. Aber plötzlich wandte er sich um. Ein Geräusch hatte ihn überrascht: eine Frau mit Haube und blauer Schürze kam angerannt. Es war die Mutter der kleinen Roque. Als sie Renardet sah, fing sie laut zu weinen an: »Meine Kleine, wo ist meine Kleine?« Sie war so außer sich, daß sie nicht auf die Erde sah. Auf einmal erblickte sie die Leiche, blieb stehen, faltete die Hände, warf beide Arme in die Luft und stieß scharfe, herzzerreißende Schreie aus, die Schreie eines verwundeten Tieres. Dann stürzte sie vor, warf sich auf die Knie und riß dem Kind das Tuch vom Kopf. Als sie das furchtbare Gesicht erblickte, schwarz und verzerrt, sprang sie auf und fiel mit dem Gesicht auf die Erde, verbarg es im Moos und schrie dabei unausgesetzt.
Ihr großer, magerer Körper mit den eng anschließenden Kleidern wurde wie von Krämpfen geschüttelt. Ihre starken Knöchel und ihre dürren Waden in groben, blauen Strümpfen zitterten furchtbar; ihre gekrümmten Finger wühlten ein Loch in den Boden, als wollte sie sich hineinflüchten.
Der Arzt flüsterte bewegt: »Arme Frau!«
Renardet spürte in seinem Innern eine eigentümliche Bewegung; er brach in eine Art lautes Niesen aus, das ihm zugleich aus Nase und Mund kam, zog sein Taschentuch heraus und fing an, hineinzuweinen. Dabei hustete er, schluchzte und schneuzte sich geräuschvoll. Er stammelte: »Ver... ver... ver... verdammtes Schwein, das das getan hat... Ich... ich... möchte sehen, wie man ihm den Kopf abschlägt.«
Principe erschien wieder mit trostlosem Blick und leeren Händen. Er sagte leise: »Ich finde nichts, Herr Bürgermeister, ich kann nichts finden.«
Der schrak zusammen und fragte mit schwerer, tränenerstickter Stimme: »Was findest du nicht?«
»Die Kleider der Kleinen.«
»Suche sie... suche weiter... und... und finde sie, oder du bekommst es mit mir zu tun.«
Der Mann wußte, daß man dem Bürgermeister nicht widersprechen durfte, warf einen furchtsamen Seitenblick auf die Leiche und ging wieder suchen.
Ferne Stimmen wurden unter den Bäumen laut, ein wirrer Lärm, das Geräusch einer sich nähernden Menschenmenge; denn Médéric hatte beim

Bestellen der Briefe die Neuigkeit von Tür zu Tür getragen. Die Leute hatten es, zuerst starr vor Schreck, weitererzählt, dann waren sie zusammengeströmt, hatten geschwatzt, gestritten und die Begebenheit einige Minuten lang erörtert; und jetzt kamen sie, um selbst zu sehen.

Gruppenweise kamen sie, zögernd und unruhig, ein wenig ängstlich von dem ersten Schrecken. Als sie den Körper sahen, blieben sie stehen, wagten sich nicht näher und sprachen leise. Dann nahmen sie sich zusammen, machten einige Schritte, hielten wieder an, rückten von neuem vor und bildeten bald um die Tote, die Mutter, den Arzt und Renardet herum einen dichtgedrängten, sich unruhig bewegenden, geräuschvollen Kreis, der durch plötzliche Stöße Nachkommender immer enger wurde. Bald waren sie ganz nahe bei der Leiche. Einige beugten sich sogar nieder, um sie zu betasten. Der Arzt wies sie zurück. Der Bürgermeister fuhr aus seiner Betäubung auf, wurde wütend, nahm den Stock Doktor Labarbes, stürzte sich auf die Versammelten und rief: »Aus dem Wege... schert euch... dummes Pack... schert euch...« In einem Augenblick war der Kreis der Neugierigen zweihundert Meter weit.

Die Mutter hatte sich erhoben, sich umgesehen, sich hingesetzt und weinte nun, das Gesicht in die Hände gepreßt. Die Menge besprach den Fall; gierige Knabenaugen betrachteten diesen jungen nackten Körper eingehend. Renardet bemerkte es, zog schnell seine Leinenjacke aus und warf sie über das kleine Mädchen, das ganz unter ihr verschwand.

Die Neugierigen näherten sich langsam wieder, der Wald füllte sich mit Menschen; ein unablässiges Stimmengewirr erhob sich unter dem dichten Laub der großen Bäume.

Der Bürgermeister stand in Hemdsärmeln, den Stock in der Hand, in Kampfstellung. Die Neugier des Volkes empörte ihn, und er rief: »Wenn einer von euch näher kommt, spalte ich ihm den Kopf wie einem Hund!«

Die Bauern fürchteten ihn sehr und hielten sich zurück. Doktor Labarbe saß rauchend neben der Mutter, sprach mit ihr und suchte sie abzulenken. Die alte Frau nahm die Hände vom Gesicht und antwortete mit einer Flut von Tränen und goß ihren Schmerz in eine Fülle von Worten. Sie erzählte ihr ganzes Leben, ihre Ehe, den Tod ihres Mannes, eines Ochsentreibers, die Kindheit ihrer Tochter, ihr elendes, mittelloses Witwenleben mit der Kleinen. Sie hatte nur ihre Luise gehabt; und man hatte sie getötet, man hatte sie hier im Wald ermordet. Plötzlich wollte sie sie wieder sehen, sie kroch auf den Knien bis zum Leichnam, hob einen Zipfel der Jacke auf, die sie deckte, ließ ihn wieder fallen und fing wieder zu schreien an. Die Menge schwieg und musterte gierig jede Bewegung der Mutter.

Plötzlich entstand eine große Bewegung; man rief: »Die Gendarmen, die Gendarmen!«

Zwei Gendarmen zeigten sich in der Ferne und kamen in Begleitung ihres Führers und eines kleinen Herrn mit rotem Backenbart eilig näher. Der kleine Rote schwankte wie ein Äfflein auf seiner großen weißen Stute.

Der Flurwächter hatte Monsieur Putoin, den Untersuchungsrichter, gerade in dem Augenblick getroffen, als er aufs Pferd stieg, um seinen täglichen Spazierritt zu machen; denn zum größten Gaudium der Offiziere spielte er den schneidigen Reiter.

Er stieg mit dem Hauptmann ab, drückte dem Bürgermeister und dem Doktor die Hand und warf dabei einen prüfenden Blick auf die Leinwandjacke über dem ausgestreckten Körper.

Als er alle Einzelheiten erfahren hatte, ließ er erst die Leute sich entfernen, die von den Gendarmen aus dem Wald gejagt wurden. Aber sie erschienen bald wieder auf der Wiese und bildeten längs der Brindille auf der andern Seite des Flusses eine Hecke, eine große Hecke aus erregten und sich bewegenden Köpfen.

Der Arzt gab Erklärungen, die Renardet mit einem Bleistift in sein Notizbuch eintrug. Das Ganze wurde aufgenommen, protokolliert und mit Bemerkungen versehen, ohne daß eine neue Entdeckung gemacht worden wäre. Und auch Principe war wieder ohne die Kleider zurückgekommen.

Ihr Verschwinden überraschte alle. Sie konnten es sich nur mit einem Diebstahl erklären; und da die Lumpen des Kindes kaum zwanzig Sous wert waren, erschien selbst der Diebstahl kaum glaubhaft.

Der Untersuchungsrichter, der Bürgermeister, der Hauptmann und der Doktor suchten nun selbst, immer zu zweit, alles ab, schlugen sogar die kleinsten Zweige am Wasser zurück.

Renardet sagte zum Richter: »Wie kommt es, daß dieser Schurke die Lumpen versteckt hat und den Körper so frei liegen ließ?«

Der antwortete mit lauerndem und scharfem Blick: »He! He! Eine List vielleicht? Das Verbrechen hat ein Rohling oder ein gerissener Bursche begangen. In jedem Falle werden wir's bald heraus haben.«
Das Rollen eines Wagens ließ die Köpfe sich wenden. Es kamen ein Beamter der Staatsanwaltschaft, der Gerichtsarzt und der Gerichtsschreiber. Man untersuchte noch einmal alles und unterhielt sich lebhaft.
Renardet sagte plötzlich: »Darf ich die Herren bitten, zum Essen bei mir zu bleiben?«
Alle nahmen lächelnd an. Der Untersuchungsrichter, der fand, man habe sich für heute genug mit der kleinen Roque beschäftigt, wandte sich an den Bürgermeister:
»Ich darf die Leiche doch zu Ihnen bringen lassen, nicht wahr? Sie haben doch gewiß ein Zimmer, in dem sie bis zum Abend bleiben kann?«
Renardet machte ein verwirrtes Gesicht und stotterte: »Ja, nein, ... aufrichtig gestanden, ich möchte lieber, daß sie nicht zu mir gebracht wird... weil... meine Dienstboten... schon... schon von Gespenstern sprechen in... in meinem Turm, im Fuchsturm... Sie wissen... keiner würde bei mir bleiben. Nein... ich möchte die Leiche nicht in meinem Hause haben.«
Der Richter lächelte. »Gut... Ich werde die Leiche also gleich nach Rouy zur gerichtlichen Untersuchung bringen.« Und er wandte sich an den Beamten der Staatsanwaltschaft: »Ich kann doch Ihren Wagen nehmen, nicht wahr?«
»Gern.«
Alle näherten sich wieder der Leiche. Die Mutter saß jetzt neben ihrer Tochter, deren Hand sie gefaßt hatte und starrte stumpf und blöd vor sich hin.
Die beiden Ärzte suchten zu verhindern, daß sie die Kleine fortbringen sehe, aber sie begriff doch, was geschehen sollte, warf sich über den Körper,

umklammerte ihn mit beiden Armen und schrie: »Sie bekommen sie nicht, sie gehört mir, sie gehört mir. Man hat sie mir gemordet; ich will sie behalten, Sie bekommen sie nicht!«

Die Männer standen bewegt und unentschlossen um sie herum. Renardet kniete zu ihr nieder und sagte: »Hören Sie doch, Roque, es muß sein; man muß doch erfahren, wer es getan hat; ohne das bekommt man's nicht heraus. Er soll bestraft werden. Wenn man ihn gefunden hat, bekommen Sie die Leiche zurück, ich verspreche es Ihnen.«

Dies Argument machte Eindruck, und mit haßerfülltem Blick fragte sie: »Wird er gefaßt werden?«

»Ja, ich verspreche es Ihnen.«

Sie erhob sich entschlossen, den Männern Platz zu machen. Der Hauptmann sagte: »Wie sonderbar, daß die Kleider nicht gefunden sind.« Der Mutter kam eine neue Idee in ihren Bauernschädel, und sie fragte: »Wo sind ihre Kleider; sie gehören mir, ich will sie haben. Wo sind sie geblieben?«

Man erklärte ihr, sie seien nicht zu finden; sie aber verlangte sie schreiend und stöhnend mit verzweifelter Hartnäckigkeit: »Sie gehören mir, ich will sie haben; wo sie auch sind, ich will sie haben.«

Je mehr man sie zu beruhigen suchte, desto wilder schluchzte sie. Nicht mehr die Leiche, die Kleider ihrer Tochter wollte sie haben, vielleicht ebenso stark aus dem unbewußten Gefühl des Geizes armer Leute heraus, für die ein Goldstück ein Vermögen bedeutet, wie aus mütterlicher Zärtlichkeit.

Als der Körper, in eine Decke gehüllt, die man von Renardet geholt hatte, im Wagen verschwand, schrie die Alte unter den Bäumen, vom Bürgermeister und dem Hauptmann gestützt: »Nichts mehr, nichts mehr, nichts mehr habe ich in der Welt, nichts mehr, nicht einmal ihr Mützchen, ihr kleines Mützchen; ich habe nichts, nichts, nicht einmal ihr kleines Mützchen.«

Gerade kam der Pfarrer, ein ganz junger, aber schon wohlbeleibter Priester. Er übernahm es, die Mutter fortzuführen, und sie gingen zusammen nach dem Dorf zurück. Ihr Schmerz beruhigte sich unter den süß beschwichtigenden Worten des Geistlichen, der ihr tausend Belohnungen versprach. Aber sie wiederholte unaufhörlich: »Wenn ich nur ihr kleines Mützchen hätte...« Sie klammerte sich an den Gedanken, der im Augenblick alles andere verdrängte.

Renardet rief dem Pfarrer noch nach: »Sie essen doch mit uns, Hochwürden. In einer Stunde.«

Der Priester wandte den Kopf und antwortete: »Gern, Herr Bürgermeister. Ich bin um zwölf bei Ihnen.«

Alle gingen auf das Haus zu, dessen graue Mauern und dessen hohen Turm man durch die Zweige am Ufer der Brindille sah.

Das Essen dauerte lange; man besprach das Verbrechen. Alle waren einer Meinung: irgendein Landstreicher, der zufällig vorübergekommen war, während die Kleine badete, hätte es getan.
Die Amtspersonen kehrten nach Rouy zurück und versprachen, am nächsten Tage zeitig wiederzukommen. Der Arzt und der Pfarrer gingen nach Hause, während Renardet nach einem langen Spaziergang durch die Wiesen wieder in den Wald ging, den er bis zum Einbruch der Nacht, die Hände auf dem Rücken, ganz langsam durchstreifte.
Er ging früh zu Bett und schlief noch, als der Untersuchungsrichter am anderen Morgen in sein Zimmer trat. Der rieb sich die Hände und sagte mit zufriedener Miene: »So, so, Sie schlafen noch! Was? Aber mein Lieber, wir wissen etwas Neues.«
Der Bürgermeister hatte sich in seinem Bett aufgesetzt.
»Was denn?«
»Ja, etwas sehr Eigentümliches. Sie erinnern sich doch, wie die Mutter gestern nach einem Andenken an ihre Tochter verlangte, besonders nach dem Mützchen. Nun, als sie heute morgen die Tür öffnete, fand sie auf der Schwelle die beiden kleinen Holzschuhe des Kindes. Das beweist, daß das Verbrechen von einem Hiesigen begangen ist, von einem, der wohl Mitleid mit ihr hatte. Und dann hat mir der Briefträger noch den Fingerhut, das Messer und die Nadelbüchse der Toten gebracht. Der Mann, der die Kleider forttrug, um sie zu verstecken, muß also diese Sachen aus der Tasche haben fallen lassen. Für mich ist die Tatsache mit den Holzschuhen besonders wichtig, denn sie beweist, daß der Mörder nicht ganz furchtlos ist, daß er in gewisser Weise moralische Kultur hat. Wir wollen, wenn es Ihnen recht ist, mal die Bewohner der Gegend durchnehmen.«
Der Bürgermeister hatte sich erhoben. Er schellte und ließ sich heißes Wasser zum Rasieren bringen. Er sagte: »Gern, aber das wird eine langwierige Geschichte, also wollen wir gleich anfangen.«
Richter Putoin hatte sich rittlings auf einen Stuhl gesetzt; er fröhnte sogar im Zimmer seiner Reitmanie.
Renardet seifte sein Kinn mit dem weißen Schaum ein und sah dabei in den Spiegel; dann zog er das Rasiermesser ab und sagte: »Der Haupteinwohner von Carvelin heißt Josef Renardet, Bürgermeister, reicher Grundbesitzer, ein harter Mann, der Flurwächter und Kutscher prügelt…«
Der Untersuchungsrichter fing an zu lachen: »Das genügt; gehen wir weiter…«
»Der zweitgrößte ist Pelledent, Adjunkt, Viehzüchter, auch ein reicher Grundbesitzer, ein verschmitzter, in Gelddingen sehr geriebener Bauer, aber meiner Meinung nach eines solchen Verbrechens nicht fähig.«

Putoin sagte: »Also weiter.«
Und beim Rasieren und Waschen setzte Renardet die moralische Untersuchung aller Einwohner Carvelins fort. Nach einer zweistündigen Diskussion blieb der Verdacht auf drei ziemlich anrüchigen Leuten haften: auf einem Wilddieb namens Cavalle, einem Forellen- und Krebsfischer mit Namen Paquet und einem Ochsentreiber namens Clovis.

2

Die Untersuchung des Falles dauerte den ganzen Sommer über; aber der Mörder wurde nicht entdeckt. Die Verdächtigen, die man verhaftete, konnten ihre Unschuld leicht nachweisen, und das Gericht mußte die Verfolgung aufgeben.
Aber der Mord schien die ganze Gegend seltsam erregt zu haben. In den Seelen der Einwohner blieb eine Unruhe, ein dunkles Angstgefühl, die Empfindung eines geheimnisvollen Schreckens zurück, die nicht nur durch die Unmöglichkeit, irgendeine Spur des Täters zu entdecken, verursacht war, sondern, und das war die Hauptsache, von dem merkwürdigen Fund der Holzschuhe vor der Tür der Mutter Roque an dem gleichen Morgen. Die Gewißheit, daß der Mörder der Feststellung der Tatsachen beigewohnt hatte, daß er zweifellos noch im Dorf lebte, spukte in den Köpfen, quälte die Geister, schien wie eine beständige Drohung über der Gegend zu schweben. Der Wald wurde ein gefürchteter, gemiedener Ort, in dem Gespenster umgehen sollten.

Früher waren die Einwohner jeden Sonntagnachmittag dort spazierengegangen. Sie hatten sich unter den riesigen Bäumen ins Moos gesetzt oder waren am Wasser entlang spaziert und hatten Ausschau gehalten nach Forellen, die unter dem Grün hinzogen. Die Knaben hatten an gewissen Plätzen, die sie dazu hergerichtet hatten, Kegel geschoben oder Ball gespielt, und die Mädchen waren, in Reihen zu vier oder fünf, Arm in Arm spazierengegangen, hatten mit schreienden Stimmen ihre Lieder gegrölt, die das Ohr beleidigten, deren falsche Töne die stille Luft zerrissen und wie eine ätzende Tinktur die Zahnnerven reizten.

Jetzt ging niemand mehr unter dem dichten, hohen Blattgewölbe, als fürchtete man, dort jedesmal irgendwo einen ausgestreckten Leichnam zu finden.

Der Herbst kam, die Blätter fielen. Sie fielen Tag und Nacht, wirbelten rund und leicht um die dicken Stämme nieder, und man konnte wieder den Himmel durch die Äste sehen. Wenn zuweilen ein Windstoß durch die Wipfel ging, wurde der leise, immerwährende Blätterfall plötzlich stärker, wurde zu einem leise rauschenden Regen und deckte das Moos mit einem dicken, gelben Teppich, der unter den Tritten leise knisterte. Und das fast lautlose, tanzende, unablässige, süße und traurige Gemurmel glich einer Klage, und diese immer fallenden Blätter schienen Tränen zu sein, große Tränen, die die mächtigen, trauernden Bäume Tag und Nacht über das Scheiden des Jahres vergossen, über das Ende der lauen Morgenröten und der milden Abenddämmerungen, über das Ende der heißen, klaren Sonntage und vielleicht auch über das Verbrechen, das in ihrem Schatten begangen worden war, und weil sie hatten mitansehen müssen, wie das Kind zu ihren Füßen vergewaltigt und ermordet wurde. Sie weinten in der Stille des einsamen, öden, verlassenen und gefürchteten Forstes, in dem der Geist, der kleine Geist der Toten umgehen sollte.

Die Brindille war durch Gewitterregen angeschwollen und lief rascher, gelber und zorniger zwischen ihren dürren Ufern und den zwei mageren, nackten Weidenhecken.

Plötzlich fing Renardet wieder an, im Wald spazierenzugehen. Jeden Tag verließ er bei sinkender Nacht das Haus, stieg langsam die Vortreppe hinab und ging ebenso langsam, die Hände in den Taschen, nachdenklich unter den Bäumen hin. Er wanderte lange auf dem weichen Moose, während eine Legion von Krähen, die von überallher zusammengeströmt waren, um in den Wipfeln zu schlafen, scharfe und unheimliche Schreie ausstoßend, sich in die Luft schwangen, um dort wie ein riesiger Trauerschleier im Winde zu flattern. Ab und zu setzten sie sich und bildeten schwarze Flecken auf den Zweigen, die sich vielfältig vom roten Himmel, und dem blutroten herbstlichen Sonnenuntergangshimmel abhoben. Dann plötzlich stiegen sie mit

schrecklichem Gekrächz wieder auf und entfalteten über dem Walde wieder die lange, dunkle Girlande ihres Fluges.
Dann ließen sie sich endlich auf den höchsten Spitzen der Bäume nieder und wurden nach und nach still, während die wachsende Nacht ihr schwarzes Gefieder im Dunkel verschwinden ließ.
Renardet durchirrte noch immer langsam den Wald; wenn ihn dann die dichte Finsternis nach Hause getrieben hatte, warf er sich schwer in seinen Lehnstuhl, der vor dem brennenden Kamin stand, und streckte seine nassen Füße aus, die noch lange über den Flammen dampften.
Eines Morgens durchlief eine große Neuigkeit die Gegend: der Bürgermeister ließ seinen Wald abholzen.
Zwanzig Holzhauer arbeiteten bereits. Sie hatten mit der Ecke am Hause angefangen, und es ging unter Aufsicht des Besitzers rasch vorwärts.
Zuerst erkletterten Leute die Stämme, um die Äste zu kappen. Durch Stricke am Stamm gehalten, umklammerten sie ihn zuerst mit den Armen, dann hoben sie einen Fuß und schlugen mit einem spitzen Stahl, der an der Sohle befestigt war, drauflos. Die Spitze drang ins Holz, blieb stecken, und der Mann erhob sich wie auf einer Stufe, um die zweite Spitze am anderen Fuß ins Holz zu schlagen. Dann kam wieder die erste Spitze an die Reihe und so fort.
Und bei jeder Steigung zogen sie die Stricke, die sie am Baum hielten, höher; ihnen zur Seite hing funkelnd die kleine Axt aus Stahl. Langsam, wie ein Parasit einen Riesen angreift, klommen sie empor, schwerfällig stiegen sie die gewaltige Säule hinan, umarmten sie und drückten ihr die Sporen hinein, ehe sie sie enthaupteten.
Sobald sie die höchsten Äste erreicht hatten, hielten sie an, banden die kleine Axt von der Seite los und schlugen zu. Langsam, methodisch schlugen sie und trafen die Äste dicht am Stamm; und plötzlich kracht der Ast, gibt nach, neigt sich, reißt sich los, fällt und streift im Fallen die Nachbarbäume. Dann stürzt er mit großem Lärm zu Boden, und alle seine Zweiglein zittern noch lange.
Der Boden bedeckt sich mit Trümmern, die andere Männer zerhacken, in Bündel ordnen und häufen, während die noch nicht gefällten Stämme wie überirdisch große Pfähle aussehen, wie riesige Pfosten.
Wenn der Mann, der die Äste kappte, seine Aufgabe erfüllt hatte, ließ er an der Spitze des geraden, schlanken Schaftes den Strick zurück, den er hinaufgebracht hatte, und stieg wieder mit den Sporenschlägen an dem der Krone beraubten Stamm hinab, dem die Fäller dann unten mit gewaltigen, weithin durch den Wald tönenden Axtschlägen zu Leibe gingen.
Wenn die Wunde am Fuß tief genug erschien, zogen ein paar Männer mit

taktmäßigen Schreien den am Wipfel befestigten Strick an, und der riesige Mast krachte plötzlich und stürzte mit einem dumpfen Knall zu Boden, daß es hallte wie ein ferner Kanonenschuß.

Und der Wald wurde jeden Tag kleiner, verlor seine Bäume, wie eine Armee ihre Soldaten verliert.

Renardet wich überhaupt nicht mehr von der Stelle. Vom Morgen bis zum Abend war er da und sah, die Hände auf dem Rücken, dem langsamen Sterben seines Waldes zu. Wenn ein Baum gefallen war, setzte er den Fuß auf ihn wie auf einen Leichnam. Dann erhob er den Blick mit einer Art heimlicher, stiller Ungeduld zum nächsten, als erwarte, als erhoffe er etwas vom Ende dieser Metzelei.

Man näherte sich der Stelle, an der die kleine Roque gefunden worden war. Man erreichte sie eines Abends bei sinkender Dämmerung.

Da der Himmel bedeckt war, wurde es rasch dunkel, und die Holzfäller wollten ihre Arbeit einstellen, um erst am andern Morgen eine riesige Buche zu Fall zu bringen, aber der Besitzer widersetzte sich und verlangte, daß man den Koloß, in dessen Schatten das scheußliche Verbrechen begangen worden war, sofort fälle.

Als der Ästekapper ihn entkleidet hatte und er im Armesündergewand dastand und die Fäller ihn eingekerbt hatten, begannen fünf Männer den am Wipfel befestigten Strick anzuziehen.

Der Baum widerstand; sein mächtiger Stamm hielt, obgleich er bis zur Hälfte gespalten war. Die Arbeiter zogen mit regelmäßigen Sprüngen, bei denen sie sich bis zur Erde niederbogen, alle gleichzeitig den Strick an und ließen dabei einen heiseren Schrei hören, der ihre Anstrengungen kundgab.

Zwei Fäller standen, die Axt in der Faust, wie zwei Henker vor dem Riesen, bereit, noch einmal zuzuschlagen, und Renardet erwartete, die Hand gegen die Rinde des Stammes gestützt, regungslos, aber in unruhiger, nervöser Spannung den Sturz.

Einer der Männer sagte zu ihm: »Sie stehen zu nah, Herr Bürgermeister; wenn er fällt, kann er Sie treffen.«

Er antwortete nicht und trat auch nicht zurück; es sah aus, als wollte er die Buche selbst anpacken, um sie wie einen Gegner im Ringkampf niederzuwerfen.

Plötzlich ging durch die hohe Holzsäule ein Ruck vom Fuß bis zum Wipfel, und sie neigte sich ein wenig, als wollte sie fallen, widerstand aber schließlich doch. Die Arbeiter spannten, dadurch erregt, ihre Arme an und verdoppelten ihre Anstrengung. Als der geborstene Baum stürzte, trat Renardet plötzlich einen Schritt vor, blieb mit hochgezogenen Schultern stehen, um den tödlichen, zermalmenden Schlag zu empfangen.

Aber die Buche wich ein wenig seitwärts, streifte nur seine Hüfte und schleuderte ihn fünf Schritte weiter aufs Gesicht. Die Arbeiter sprangen zu, um ihn aufzuheben; er aber war schon selbst aufgekniet, sah mit irren Augen um sich und fuhr mit der Hand über die Stirn, als erwache er aus einem Wahnsinnsanfall.

Als er wieder auf den Füßen stand, redeten die bestürzten Männer auf ihn ein; sie begriffen nicht, was er getan hatte. Er antwortete stotternd, er sei einen Augenblick ganz verwirrt gewesen, hätte sich wieder als Kind gefühlt und sich eingebildet, er habe noch Zeit, unter dem Baume durchzulaufen, wie die Straßenjungen es tun, wenn sie vor einem schnellfahrenden Wagen über die Straße huschen; er habe mit der Gefahr gespielt, habe seit acht Tagen schon solche Lust in sich wachsen fühlen und sich jedesmal, wenn ein Baum vor dem Fallen krachte, gefragt, ob er wohl, ohne getroffen zu werden, vorbeikäme. Es wäre eine Dummheit, er gebe es zu; aber jeder Mensch habe derart verrückte Minuten und solche Versuchungen zu kindisch dummen Streichen.

Er sprach langsam und suchte nach Worten. Seine Stimme klang dumpf. Dann entfernte er sich und sagte:

»Bis morgen also, meine Freunde, bis morgen.«

In seinem Zimmer setzte er sich an den Tisch, den die Schirmlampe hell beschien, stützte die Stirn in die Hände und schluchzte.

Er weinte lange, trocknete seine Augen, hob den Kopf und sah zur Wanduhr. Es war noch vor sechs. Er dachte: Ich habe noch Zeit bis zum Essen, und schloß die Tür ab. Dann setzte er sich wieder an den Tisch, zog die mittlere

Schublade heraus, nahm einen Revolver und legte ihn ins helle Licht, auf seine Papiere. Der Stahl blinkte und warf Reflexe gleich Flammen.

Renardet betrachtete die Waffe eine Zeitlang mit den trüben Augen eines Betrunkenen; dann erhob er sich und begann auf und ab zu gehen.

Er ging von einem Ende des Zimmers zum andern und blieb von Zeit zu Zeit stehen, um sofort seine Wanderung wieder aufzunehmen. Dann öffnete er plötzlich die Tür zu seinem Ankleidezimmer, tauchte ein Handtuch in den Wasserkrug und netzte sich die Stirn, wie er es am Morgen nach dem Verbrechen gemacht hatte. Darauf ging er wieder auf und ab. Jedesmal, wenn er am Tisch vorüberkam, zog die blinkende Waffe seinen Blick an und reizte seine Hand; aber er sah auf die Uhr und dachte:

Ich hab' noch Zeit.

Es schlug halb sechs. Da packte er den Revolver, öffnete mit einer furchtbaren Grimasse den Mund ganz weit und steckte den Lauf hinein, als wollte er ihn verschlingen. So stand er ein paar Augenblicke, den Finger am Drücker, unbeweglich. Auf einmal aber schüttelten ihn kalte Schauer, und er spie den Revolver auf den Teppich.

Schluchzend fiel er wieder in seinen Stuhl: »Ich kann nicht. Ich wag' es nicht! Lieber Gott! Lieber Gott! Woher soll ich den Mut nehmen, mich zu töten!«

Es wurde an die Tür geklopft; er richtete sich erschrocken auf. Ein Diener sagte: »Das Essen ist aufgetragen, gnädiger Herr.« Er antwortete: »Gut, ich komme.«

Er hob die Waffe vom Boden auf, schloß sie wieder in die Schublade und musterte sich dann im Spiegel, um zu sehen, ob seine Miene nicht gar zu verzerrt wäre. Er war rot im Gesicht wie immer, vielleicht ein klein wenig röter. Das war alles. Er ging hinunter und setzte sich zu Tisch.

Er aß langsam wie einer, der seine Mahlzeit in die Länge ziehen möchte, einer, der sich fürchtet, wieder mit sich allein zu sein. Während abgedeckt wurde, rauchte er ein paar Pfeifen. Endlich ging er wieder in sein Zimmer hinauf.

Sobald er sich eingeschlossen hatte, sah er unters Bett, öffnete alle Schränke, spähte in jeden Winkel, untersuchte jedes Möbel. Dann zündete er die Kerzen auf dem Kamin an, drehte sich ein paarmal um sich selber, durchlief, das Gesicht von Angst verzerrt, mit den Augen die ganze Stube, denn er wußte, er würde sie heute wie jede Nacht sehen, die kleine Roque, das kleine Mädchen, das er vergewaltigt und erwürgt hatte.

Nacht für Nacht kam die furchtbare Vision. Zuerst kam's wie ein Brummen in den Ohren, wie das Geräusch einer Dreschmaschine oder das ferne Rollen eines Zuges auf einer Brücke. Dann begann er zu keuchen, zu ersticken und mußte Hemdkragen und Gürtel aufmachen. Er ging herum, um sein Blut in

rascheren Fluß zu bringen, er versuchte zu lesen, zu singen; alles vergebens, seine Gedanken kehrten gegen seinen Willen zum Mordtag zurück, und er erlebte die geheimsten Einzelheiten mit ihren entsetzlichen Aufregungen von der ersten bis zur letzten Minute wieder.

Als er am Morgen jenes furchtbaren Tages aufgewacht war, hatte er etwas Schwindelgefühl und Kopfweh gehabt, was er der Hitze zuschrieb, und war deshalb bis zum Essen im Zimmer geblieben. Nach der Mahlzeit hatte er ein wenig geruht und war dann erst spät am Nachmittag ausgegangen, um sich unter den Bäumen seines Waldes von dem frischen, beruhigenden Wind umwehen zu lassen.

Aber im Freien bedrückte ihn die schwere Glut der Ebene noch mehr. Die Sonne stand noch hoch am Himmel und goß heiße Lichtströme auf die trockene, dürstende Erde. Kein Lufthauch bewegte die Blätter. Alle Tiere schwiegen, sogar die Grillen. Renardet erreichte die großen Bäume und ging dort, wo die Brindille etwas Kühlung gewährte, unter dem riesigen Laubdach übers Moos. Aber er fühlte sich nicht wohl. Ihm war, als schnüre ihm eine unbekannte, unsichtbare Hand die Kehle zusammen; er dachte fast an nichts, er war ja auch sonst nicht reich an Ideen. Ein einziger unklarer Gedanke nur verfolgte ihn seit drei Monaten, der Gedanke, sich wieder zu verheiraten. Er litt unter der Einsamkeit seines Lebens, litt seelisch und körperlich. Er war seit zehn Jahren daran gewöhnt gewesen, eine Frau neben sich zu fühlen, sie beständig um sich zu haben, ihre täglichen Umarmungen zu genießen, und so sehnte er sich wild und wirr nach der beständigen Berührung mit einer Frau, nach ihrem regelmäßigen Kuß. Seit dem Tode seiner Gattin litt er unaufhörlich, ohne recht zu begreifen, warum; litt darunter, daß er nicht mehr täglich fühlte, wie ihr Kleid seine Beine streifte. Besonders eins fehlte ihm, daß er sich in ihren Armen nicht mehr beruhigen und ausschöpfen lassen konnte. Kaum sechs Monate war er Witwer, aber er sah sich schon überall nach einem jungen Mädchen oder einer Witwe um, die er heiraten könnte, sobald die Trauerzeit vorüber wäre.

Er hatte eine keusche Seele, aber sie lebte in dem Körper eines Herkules, und fleischliche Bilder fingen an, seinen Schlaf und seine wachen Stunden zu beunruhigen. Er verjagte sie; sie kamen wieder; und er sagte zuweilen lächelnd zu sich selber: »Ich bin wie der heilige Antonius.«

Da er auch heute schon mehrfach solche Anfechtungen gehabt hatte, kam ihm der Wunsch, in der Brindille zu baden, um sich zu erfrischen und sein heißes Blut zu kühlen.

Er kannte etwas weiter eine breite und tiefe Stelle, wo die Bauern zuweilen im Sommer badeten. Die suchte er auf.

Dichtbelaubte Weiden verbargen das klare Becken, wo die Strömung ruhte und ein Weilchen schlummerte, ehe sie weiterzog. Als Renardet näher kam, glaubte er ein leichtes Geräusch zu hören, ein schwaches Plätschern, das anders klang als das Anschlagen des Wassers am Ufer. Er bog die Zweige vorsichtig auseinander und spähte aus. Ein kleines Mädchen, ganz nackt, ganz weiß in der durchsichtigen Flut, schlug das Wasser mit beiden Händen, hüpfte auf und ab und drehte sich anmutig um sich selbst. Es war kein Kind mehr und noch kein Weib; sie war voll und entwickelt und hatte dabei doch noch das Aussehen eines frühreifen, schnell emporgeschossenen Wildfangs. Starr vor Überraschung und Angst rührte er sich nicht, und der Atem stockte ihm vor seltsamer, stechender Erregung. So stand er mit pochendem Herzen, ihm war, als wäre einer seiner sinnlichen Träume Wirklichkeit geworden, als lasse eine unreine Fee dies beunruhigende und allzu junge Wesen vor ihm erstehen, eine kleine Bauernvenus, aus den Wellen der Brindille geboren, wie die andere große aus dem Schaum des Meeres.

Plötzlich stieg das Kind aus seinem Bad und schritt, ohne ihn zu sehen, auf ihn zu, um ihre Kleider zu nehmen und sich wieder anzuziehen. Mit jedem Schritt, den sie ihm, aus Furcht vor den spitzen Kieseln trippelnd, entgegentrat, fühlte er sich stärker, fast unwiderstehlich zu ihr hingezogen; eine tierische Erregung durchwühlte sein Fleisch, verwirrte seine Seele und ließ ihn von Kopf bis Fuß zittern.

Sie blieb einige Augenblicke hinter der Weide stehen, die ihn verbarg. Da verlor er die Besinnung, bog die Zweige auseinander, warf sich auf sie und nahm sie in seine Arme. Sie sank hin, zu erschrocken, um widerstehen, zu entsetzt, um schreien zu können, und ohne daß er wußte, was er tat, nahm er sie in Besitz.

Nachdem das Verbrechen geschehen war, erwachte er wie aus einem schweren Traum. Das Kind fing an zu weinen.

»Sei doch still, sei still, ich geb' dir Geld.«

Aber sie hörte nicht auf ihn; sie schluchzte.

»Sei doch still, sei doch still, sei doch still«, sagte er wieder.

Sie schrie und wand sich, um loszukommen.

Er begriff auf einmal, daß er verloren war, und packte sie an der Kehle, um ihr gellendes Schreien zu ersticken.

Sie aber schlug mit der Kraft der Verzweiflung im Kampf um Leben und Tod mit Händen und Füßen um sich. Da legte er seine Riesenhände um die kleine, vom Schreien geschwellte Kehle. In wenigen Augenblicken hatte er sie erwürgt, so wütend drückte er zu. Er hatte sie nicht töten wollen, nur still sein sollte sie.

Dann richtete er sich auf, außer sich vor Entsetzen.

Blutig und mit schwarzem Gesicht lag sie vor ihm. Er wollte fliehen, dann aber erwachte in seiner erschütterten Seele der geheimnisvolle Instinkt, der jedes Wesen in der Gefahr leitet.

Er dachte daran, den Körper ins Wasser zu werfen; aber ein anderer Impuls trieb ihn zu den Kleidern, aus denen er ein kleines Bündel machte. Da er immer Bindfaden bei sich trug, schnürte er es zusammen und verbarg es in einem tiefen Loch im Wasser unter einem Baumstamm, dessen Fuß in der Brindille stand.

Dann eilte er mit großen Schritten davon, erreichte die Wiesen, machte einen großen Umweg, damit er von den Bauern, die weitab wohnten, gesehen würde, war zu seiner Essensstunde zu Hause und erzählte den Dienstboten von seinem weiten Spaziergang.

In der Nacht schlief er, schlief so tief und fest, wie zum Tode Verurteilte zuweilen schlafen.

Er öffnete die Augen erst, als es schon Tag war, und erwartete angstgequält die Stunde, in der er gewöhnlich aufstand.

Dann mußte er der Feststellung des Tatbestandes beiwohnen. Er tat es wie ein Nachtwandler, in einer Betäubung, sah Dinge und Menschen wie im Traum, in einer Rauchwolke, wie etwas zweifelhaft Wirkliches, wie der Geist in Stunden einer Katastrophe zu sehen pflegt.

Nur der gellende Schrei der Mutter Roque ging ihm wirklich ans Herz. In diesem Augenblick wäre er der alten Frau fast zu Füßen gesunken und hätte

gerufen: »Ich hab' es getan!« Aber er bezwang sich. Nur in der Nacht holte er die Holzschuhe hervor und legte sie auf die Schwelle ihres Hauses.
Solange die Untersuchung dauerte, solange er das Gericht leiten und irreführen mußte, war er ruhig, blieb er Herr seiner selbst, schlau und lächelnd. Er sprach in aller Ruhe mit den Gerichtspersonen über alle Vermutungen, die das Hirn durchkreuzten, bekämpfte ihre Meinungen, warf ihre Gründe um. Er empfand sogar ein bitteres und schmerzliches Vergnügen, wenn er ihre Geister verwirren, ihren Scharfsinn trüben konnte, wenn er ihnen bewies, daß sie Unschuldige verdächtigten.
Aber an dem Tag, an dem die Nachforschungen aufgegeben wurden, wurde er nervös, reizbarer als früher, wenn er auch seine Zornausbrüche beherrschte. Plötzliche Geräusche ließen ihn zusammenfahren; er zitterte bei jeder Kleinigkeit, erbebte manchmal vom Scheitel bis zur Sohle, wenn eine Fliege sich auf seine Stirn setzte. Ein Bedürfnis nach Bewegung ergriff ihn und zwang ihn zu ganz wunderlichen Ausflügen, ließ ihn ganze Nächte ruhelos durch sein Zimmer wandern. Nicht gerade, daß er Reue empfunden hätte. Seine brutale Natur gab sich durchaus nicht moralischen Gefühlen oder moralischer Furcht hin. Er war ein energischer, ja jähzorniger Mann, eigentlich von Natur dazu bestimmt, Krieg zu führen, eroberte Länder zu verwüsten und die Besiegten hinzumorden, ein Mensch voll wilder Jäger- und Kämpferinstinkte. Ein Menschenleben bedeutete ihm nichts. Obgleich er der Kirche aus Politik anhing, glaubte er weder an Gott noch an den Teufel und erwartete weder Bestrafung noch Belohnung in einem anderen Leben. Sein Glaubensbekenntnis war eine unbestimmte Philosophie, die er sich aus allen Ideen der Enzyklopädisten des letzten Jahrhunderts zusammengestellt hatte; ihm war die Religion eine moralische Bekräftigung des Gesetzes, und beide waren von Menschen erfunden, um die menschlichen Beziehungen zu regeln.
Jemanden im Duell, im Krieg oder im Streit zu töten oder auch zufällig aus Rache, ja selbst aus Angeberei, erschien ihm lustig und kühn. Solch ein Totschlag hätte in seinem Geiste nicht mehr Spuren hinterlassen als der tödliche Schuß auf einen Hasen. Aber diesem Kind gegenüber fühlte er sich als Mörder. Im Wahnsinn eines unwiderstehlichen Rausches, in einer Art von sinnlichem Sturm, der ihn seiner Vernunft beraubte, hatte er sich an ihr vergriffen. In seinem Herzen, in seinem Fleisch, auf seinen Lippen, sogar in seinen Mörderhänden war eine Art tierischer Liebe zu diesem kleinen Mädchen geblieben und zugleich doch ein furchtbares Grauen vor der, die er so feig überfallen und gemordet hatte. Immer wieder durchlebte er in Gedanken die entsetzliche Szene; und obgleich er sich bemühte, das Bild zu verscheuchen, obgleich er es mit Entsetzen, mit Ekel von sich stieß, fühlte er, wie es

ihn umkreiste, wie es nur den rechten Augenblick abwartete, um wieder zu erscheinen.
Da begann er die Abende zu fürchten und die über ihn niedersinkenden Schatten. Er wußte noch nicht, warum ihm die Finsternis so furchtbar war; aber instinktiv scheute er sie; er fühlte, sie war mit Schrecken bevölkert. Der

helle Tag weiß nichts vom Grauen. Deutlich sieht man im Licht Dinge und Wesen; und nur natürliche Dinge, natürliche Wesen zeigen sich in seiner Klarheit. Aber die Nacht, dichter als Mauern und leer, die unendliche, weite Nacht, wo schreckhafte Dinge uns streifen können, die Nacht, in der man das geheimnisvolle Grauen schleichen fühlt, die Nacht schien ihm eine unbekannte, nahe und drohende Gefahr zu bergen. Welche Gefahr?
Er wußte es bald. Als er eines Abends, es war schon ziemlich spät, in seinem Lehnstuhl saß, glaubte er zu sehen, wie der Vorhang seines Fensters sich bewegte. Er wartete unruhig, mit klopfendem Herzen. Die Falten rührten sich nicht mehr; aber auf einmal bewegten sie sich wieder; wenigstens glaubte er, es zu sehen. Er wagte nicht aufzustehen; er wagte nicht mehr zu atmen; und doch hatte er Mut; er hatte sich oft duelliert, und gern hätte er Diebe bei sich entdeckt.

Bewegte sich der Vorhang wirklich? Das fragte er sich und fürchtete, seine Augen hätten ihn getrogen. Die Bewegung war außerdem nur leise gewesen, ein leichtes Erzittern des Stoffes, eine Art Beben der Falten, kaum solch eine Wellenbewegung, wie der Wind sie hervorbringt. Renardet saß mit starren Augen und vorgestrecktem Hals. Plötzlich erhob er sich, denn er schämte sich seiner Furcht, machte vier Schritte, griff den Vorhang mit beiden Händen und zog ihn ganz vom Fenster zurück. Zuerst sah er nur schwarze Scheiben. Die Nacht, tiefe, undurchdringliche Nacht dehnte sich dahinter bis zum unsichtbaren Horizont. Aufrecht stand er vor dieser unermeßlichen Finsternis. Auf einmal sah er einen Schein, einen Schein, der sich in weiter Ferne bewegte. Er näherte sein Gesicht den Scheiben, dachte, es sei ein Krebsfischer, der in der Brindille wildere; denn Mitternacht war schon vorüber, aber der Schein lief das Wasser entlang unter den Bäumen des Waldes. Da er nichts unterscheiden konnte, schirmte Renardet seine Augen mit beiden Händen. Da plötzlich wurde der Schein zu hellem Licht, und er sah die kleine Roque nackt und blutig auf dem Moose liegen.

Er taumelte entsetzt zurück, stieß gegen seinen Stuhl und stützte sich auf die Lehne. So blieb er ein paar Augenblicke mit stechendem Herzen stehen, dann setzte er sich und grübelte. Er hatte eine Halluzination gehabt, nichts weiter; eine Sinnestäuschung, hervorgerufen durch einen nächtlichen Wanderer, der mit seiner Laterne den Fluß entlang ging. War's ein Wunder, daß die Erinnerung an sein Verbrechen ihm zuweilen das Bild der Toten vor Augen stellte?

Er stand auf, trank ein Glas Wasser und setzte sich wieder. Er dachte: Was soll ich anfangen, wenn es wiederkommt? Und es würde wiederkommen. Er fühlte es, er war dessen sicher. Schon zog das Fenster seinen Blick aufs neue an, rief ihn, verlangte nach ihm. Um es nicht mehr sehen zu müssen, drehte er seinen Stuhl um; dann nahm er ein Buch und versuchte zu lesen, aber er meinte zu hören, daß sich hinter ihm etwas bewege, und drehte seinen Stuhl auf einem Fuß herum. Der Vorhang hatte sich wieder bewegt; diesmal ganz sicher; er konnte nicht mehr zweifeln; er stürzte vor, packte ihn so kräftig, daß er samt der Stange herunterfiel, und preßte sein Gesicht gierig gegen die Scheiben. Er sah nichts. Draußen war alles schwarz, und er atmete auf mit der Freude eines Menschen, dem man eben das Leben gerettet hat.

Er setzte sich wieder, hatte aber gleich den neuen Wunsch, zum Fenster hinzusehen. Seit der Vorhang ganz fort war, bildete es ein schwarzes Loch, das den Blick auf sich zog. Um der gefährlichen Versuchung zu widerstehen, zog er sich aus, löschte das Licht, legte sich nieder und schloß die Augen. Unbeweglich auf dem Rücken liegend, erwartete er den Schlaf. Seine Haut war naß und heiß. Plötzlich drang ein helles Licht durch seine Lider. Er öffnete sie, weil er glaubte, es brenne. Aber alles war schwarz. Er stützte sich halb auf, um zu sehen, ob er das Fenster unterscheiden könne, das ihn immer noch unwiderstehlich anzog. Da er angestrengt hinaussah, entdeckte er ein paar Sterne; er stand auf, durchquerte tastend das Zimmer, fand mit seinen ausgestreckten Händen die Scheiben und drückte seine Stirn dagegen. Unten unter den Bäumen leuchtete der Körper des kleinen Mädchens wie Phosphor und warf einen leichten Schein um sich her.

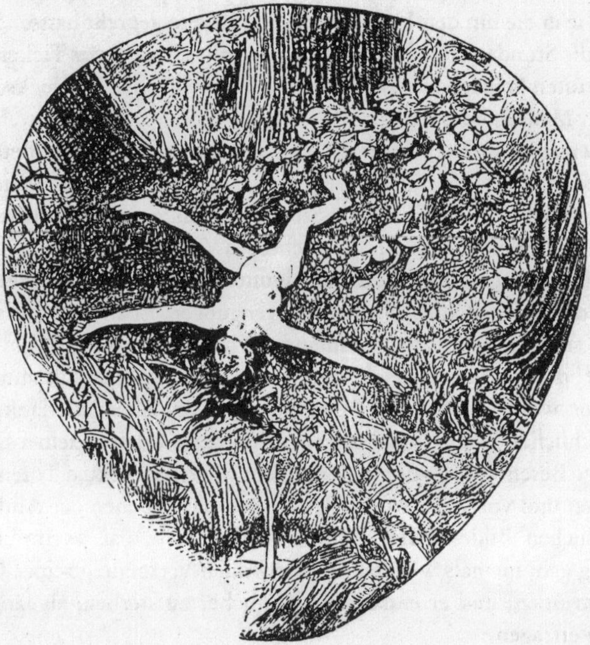

Renardet stieß einen Schrei aus und flüchtete in sein Bett, wo er, den Kopf in die Kissen gedrückt, bis zum Morgen blieb.
Von dem Augenblick an wurde sein Leben unerträglich. Er verbrachte seine Tage in der Angst vor den Nächten; und jede Nacht kam die Vision wieder. Kaum hatte er sich in seinem Zimmer eingeschlossen, so versuchte er, sich zu wehren; aber alles umsonst. Eine unwiderstehliche Kraft hob ihn auf und stieß ihn ans Fenster, als solle er das Gespenst rufen, und sofort sah er dann am Ort des Verbrechens mit gespreizten Beinen und ausgestreckten Armen den Körper liegen, wie man ihn damals gefunden hatte. Dann erhob sich die Tote und kam mit kleinen Schritten wie damals, als das Kind aus dem Fluß stieg, auf ihn zu. Sie kam leise, quer über den Rasen und über das verdorrte

Blumenbeet, dann erhob sie sich in die Luft, auf Renardets Fenster zu. Sie kam wie damals am Tage des Verbrechens auf ihn, ihren Mörder, zu. Und der Mann wich zurück vor der Erscheinung, wich zurück bis an sein Bett, auf das er kraftlos niedersank, denn er wußte, die Kleine war jetzt im Zimmer, hinter dem Vorhang, der sich gleich bewegen würde. Und bis zum Tagesanbruch sah er starr auf diesen Vorhang und glaubte jeden Augenblick, sein Opfer hervortreten zu sehen. Aber sie zeigte sich nicht mehr; sie blieb hinter dem Stoff, der zuweilen erbebte. Und Renardet krampfte die Finger um seine Decke, wie er sie um den Hals der kleinen Roque gepreßt hatte.

Er hörte die Stunden schlagen, hörte in der Stille ringsum das Ticken der Uhr und die lauten Schläge seines Herzens. Und er litt, der Unglückselige, wie noch kein Mensch gelitten hatte.

Sobald der erste weiße Schimmer, der den nahen Tag verkündete, an der Decke erschien, fühlte er sich befreit, endlich allein, allein in seinem Zimmer und schlief ein. Er schlief ein paar Stunden unruhig und fieberhaft, und oft sah er im Traum noch einmal die furchtbare Vision.

Wenn er dann später zum Frühstück hinunterging, fühlte er sich zerschlagen wie nach den größten körperlichen Anstrengungen. Er aß fast nichts, denn er fürchtete sich schon vor der kommenden Nacht.

Er wußte: das war keine Erscheinung; er wußte: die Toten kommen nicht wieder; er wußte, daß seine kranke Seele, von einem Gedanken, einer unauslöschlichen Erinnerung besessen, die einzige Ursache seiner Qual war, die einzige Beschwörerin der von ihr allein wiedererweckten Toten, die von ihr gerufen und vor seine Augen gestellt wurde, in denen der Abdruck des unvergeßlichen Bildes lebte. Aber er wußte auch, daß es für ihn keine Genesung gab, niemals würde er dieser wilden Verfolgung seines Gedächtnisses entrinnen; und er entschloß sich, lieber zu sterben, als länger diese Folter zu ertragen.

Er überlegte, wie er sich töten könnte. Einfach und natürlich, nicht wie ein Selbstmord sollte sein Tod aussehen. Denn er hielt viel auf seinen guten Ruf, auf den Namen, den ihm seine Väter vererbt hatten; und wenn ein Verdacht wegen seines Todes entstünde, würde man zweifellos auch an das unaufgeklärte Verbrechen denken, an den unauffindbaren Mörder, und man würde nicht zögern, ihn der Tat zu beschuldigen.

Eine sonderbare Idee war ihm gekommen, die Idee, sich von dem Baum erschlagen zu lassen, an dessen Fuß er die kleine Roque ermordet hatte. So entschloß er sich, seinen Wald abholzen zu lassen und dabei einen Unglücksfall herbeizuführen. Aber die Buche wollte ihn nicht zerschmettern. Als er nach Hause gekommen war, hatte er in wilder Verzweiflung seinen Revolver genommen und schließlich doch nicht zu schießen gewagt.

Dann war die Stunde des Essens gekommen, er hatte gegessen und war wieder hinaufgegangen. Er wußte nicht, was er tun sollte. Er fühlte sich jetzt, da er der Gefahr entgangen war, feig. Eben war er noch bereit gewesen, fest entschlossen, Herr seines Mutes und seines Willens; jetzt war er schwach und fürchtete den Tod ebenso wie die Tote.

Er stammelte: »Ich wage es nicht mehr, ich wag' es nicht mehr«, und voll Entsetzen musterte er abwechselnd den Revolver und den Vorhang, der das Fenster verbarg. Es war ihm auch, als müßte etwas Fürchterliches geschehen, sobald sein Leben zu Ende wäre! Aber was, was? Würde er ihr begegnen? Erwartete sie ihn nicht, rief sie ihn nicht, Abend für Abend, um ihn zu verderben, um sich zu rächen, um ihn in den Tod zu treiben?

Er fing an, wie ein Kind zu weinen und wiederholte: »Ich wage es nicht mehr, ich wage es nicht mehr.« Dann fiel er auf die Knie und stammelte: »Mein Gott, mein Gott«, aber ohne an Gott zu glauben. Er wagte wirklich nicht mehr, nach seinem Fenster hinzusehen, hinter dem die Erscheinung stand, und nach dem Tisch, auf dem der Revolver blinkte.

Als er sich wieder erhoben hatte, sagte er laut: »So kann es nicht weitergehen, ich muß ein Ende machen.« Der Schall seiner Stimme im stillen Zimmer trieb ihm einen Angstschauer durch alle Glieder; aber da er zu keinem Entschluß kommen konnte, fühlte er, der Finger seiner Hand würde niemals den tödlichen Schuß abdrücken; er steckte den Kopf wieder unter die Bettdecke und dachte nach.

Er mußte irgend etwas finden, was ihn zum Sterben zwingen würde, irgendeine List gegen sich selbst, die ihm keinen Aufschub, kein Zurückweichen möglich machte. Er beneidete die Verbrecher, die von Soldaten zum Schafott geführt werden. Ach, wenn er doch jemand hätte bitten können, ihn zu erschießen; wenn er den Zustand seiner Seele, sein Verbrechen einem zuverlässigen Freunde hätte beichten können, der das Geheimnis bewahren, ihn aber töten würde. Von wem konnte er solch einen furchtbaren Dienst fordern? Von wem? Er ging alle Leute seiner Bekanntschaft durch. Der Arzt? Nein. Er würde es nachher sicher erzählen. Und plötzlich kam ihm ein seltsamer Gedanke. Er wollte dem Untersuchungsrichter schreiben, den er genau kannte, er wollte sich selbst denunzieren. Er würde in diesem Brief alles sagen, das Verbrechen gestehen und die Qualen, die ihn verzehrten, seinen Entschluß zu sterben, sein Zögern und das Mittel, das er angewendet hätte, um seinem sinkenden Mut zu Hilfe zu kommen. Er wollte ihn im Namen ihrer alten Freundschaft anflehen, den Brief zu vernichten, sobald er erfahren hätte, daß der Schuldige sich selbst gerichtet habe. Renardet konnte auf den Richter zählen, er wußte, daß er zuverlässig, diskret, ja nicht einmal einer leisen Andeutung fähig wäre. Er war einer von den Männern, die ein

unbeugsames Gewissen haben, die sich nur durch die Vernunft beherrschen und leiten lassen.
Kaum hatte er diesen Entschluß gefaßt, da erfüllte ihn seltsame Freude. Er war ruhig. Er wollte langsam seinen Brief schreiben, ihn dann, sobald es Tag würde, in den Kasten werfen, der an seinem Hof angebracht war, dann auf den Turm steigen, um den Briefträger kommen zu sehen, und wenn die blaue Bluse fort wäre, würde er sich kopfüber auf die Felsen stürzen, auf denen die Fundamente ruhten. Er würde schon dafür sorgen, daß die Arbeiter, die seinen Wald fällten, ihn zuerst fänden. Er könnte auf die vorspringende Stufe klettern, die den Fahnenmast trug. Den Mast würde er mit einem Ruck zerbrechen und sich mit ihm hinunterstürzen. Das würde wie ein Zufall aussehen. Da er so schwer war und der Turm so hoch, würde er gleich tot sein.
Er stieg sofort aus dem Bett, setzte sich an den Tisch und begann zu schreiben. Er vergaß nichts, keine Einzelheit des Verbrechens, keine Einzelheit aus seinem Leben voller Angst und Schrecken und sagte zum Schluß, er habe sich selbst verurteilt, er werde den Verbrecher hinrichten und bäte seinen Freund, seinen alten Freund, nur dafür zu sorgen, daß niemand sein Andenken verunglimpfe.
Als er den Brief beendet hatte, sah er, daß es schon Tag war. Er verschloß ihn, siegelte ihn zu, schrieb die Adresse, stieg dann mit leichten Schritten hinunter, lief zu dem kleinen weißen Kasten, der an der Mauerecke am Hof angebracht war, warf den Brief, der seiner Hand die Kraft genommen hatte, hinein, kam rasch zurück, verriegelte die Haustür von innen und stieg auf seinen Turm, um das Kommen des Landbriefträgers abzuwarten, der sein Todesurteil forttragen sollte. Endlich fühlte er sich ruhig, frei, gerettet.
Ein kalter, trockener Wind, ein eisiger Wind fuhr ihm übers Gesicht. Mit offenem Mund atmete er ihn gierig ein, trank er seine kalte Liebkosung. Der Himmel war rot, feurig rot, und die weißbereifte Ebene leuchtete unter den ersten Strahlen der Sonne, als wäre sie mit gestoßenem Glas bestäubt. Mit bloßem Kopf stand Renardet, sah übers weite Land hinaus, links über die Wiesen, rechts über das Dorf, dessen Schornsteine zu rauchen begannen.
Zu seinen Füßen sah er die Brindille über die Felsen fließen, auf denen er bald zerschmettert liegen würde. Er fühlte sich in dem schönen, eisigen Morgenrot wie neu geboren, voll Kraft und Leben. Das Licht überstrahlte, umwogte ihn, durchdrang ihn wie eine Hoffnung. Tausend Erinnerungen sprangen auf, Erinnerungen an ähnliche Morgen, an schnelles Wandern auf hartgefrorener Erde, die unter den Tritten klang, an fröhliche Pirschgänge an den Teichufern, wo die Wildenten schlummern. Alle guten Dinge, die er liebte, die guten Dinge des Lebens, erwachten in seiner Erinnerung, stachelten ihn

zu neuen Wünschen, erweckten alle starken Begierden seines tätigen, kraftvollen Körpers in ihm.
Und er sollte sterben? Warum? Er sollte sich plötzlich töten, weil er seinen Schatten fürchtete? Ein Nichts? Er war reich und noch jung! Welche Torheit! Er brauchte ja nur Zerstreuung, andere Umgebung, eine Reise, um zu vergessen! Schon heute nacht hatte er das Kind nicht gesehen, weil er sich ganz in andere Dinge vertieft hatte. Vielleicht würde es überhaupt nicht wiederkommen. Und wenn es ihn auch in diesem Hause heimsuchte, anderswo würde es ihn sicher in Ruhe lassen. Die Erde war so groß und die Zukunft so weit, warum sterben?
Sein Blick irrte über die Wiesen, und er sah, auf dem Fußweg, der den Fluß entlang lief, einen blauen Punkt. Es war Médéric, der die Briefe aus der Stadt brachte und die Briefe der Dörfler holen wollte.
Renardet zuckte zusammen, ein jäher Schmerz durchdrang ihn, und er stürzte die Wendeltreppe hinunter, um sich den Brief zurückzuholen, ihn dem Briefträger wieder abzufordern.
Es scherte ihn nicht mehr, ob man ihn sähe; er lief durch das bereifte Gras und traf vor dem Kasten mit dem Briefträger zusammen.
Der Mann hatte gerade das Holztürchen geöffnet und entnahm die wenigen Briefschaften.
Renardet sagte:
»Guten Tag, Médéric.«

»Guten Tag, Herr Bürgermeister.«
»Ach, hören Sie mal, Médéric, ich hab' da einen Brief in den Kasten geworfen, den ich zurückhaben möchte. Bitte, geben Sie ihn mir wieder.«
»Schön, Herr Bürgermeister, den können Sie haben.«
Der Briefträger hob den Blick und sah befremdet in Renardets Gesicht. Seine Backen waren blaurot, sein Blick trübe, die Augen schwarz umrändert und gleichsam in den Kopf eingesunken, die Haare waren zerwühlt, der Bart wirr, die Krawatte gelöst. Man sah ihm an, daß er nicht geschlafen hatte.
Der Mann fragte: »Sind Sie krank, Herr Bürgermeister?«
Renardet, dem auf einmal einfiel, daß er sonderbar aussehen müsse, verlor die Fassung und stammelte: »Nein, ach nein. Ich bin nur schnell aus dem Bett gesprungen, um den Brief zurückzuholen... Ich habe geschlafen... Verstehen Sie...?«
Ein unbestimmter Verdacht blitzte im Kopf des alten Soldaten auf.
»Was für einen Brief denn?« fragte er.
»Den, den Sie mir gleich wiedergeben werden.«
Jetzt zögerte Médéric, denn das Benehmen des Bürgermeisters erschien ihm unnatürlich. Es stand am Ende ein Geheimnis in dem Brief, ein politisches Geheimnis. Er wußte, daß Renardet kein Republikaner war, und kannte alle Kniffe und Listen, die bei den Wahlen eine Rolle spielen.
Er fragte: »An wen ist der Brief?«
»An Herrn Putoin, den Untersuchungsrichter. Sie wissen ja, Putoin ist mein Freund!«
Der Briefträger kramte die Briefschaften durch und fand das Gesuchte. Er betrachtete ihn, drehte ihn in den Fingern hin und her, sehr verlegen, sehr beunruhigt, in der Furcht, entweder einen schweren Fehler zu begehen oder sich den Bürgermeister zum Feind zu machen.
Als Renardet sein Zögern sah, machte er eine Bewegung, als wolle er ihm den Brief entreißen. Diese plötzliche Geste überzeugte Médéric, daß es sich um ein wichtiges Geheimnis handle, und er beschloß, koste es, was es wolle, seine Pflicht zu tun.
Er warf den Brief in seinen Sack, verschloß ihn und sagte: »Nein, ich kann es nicht, Herr Bürgermeister. Da ich gesehen habe, daß er ans Gericht ist, darf ich's nicht tun.«
Eine furchtbare Angst zog Renardets Herz zusammen, er stotterte: »Aber Sie kennen mich doch, Sie kennen doch auch meine Handschrift.«
»Ich kann nicht.«
»Aber Médéric, Sie wissen doch, daß ich nicht imstande wäre, Sie zu betrügen; ich sage Ihnen doch, ich muß den Brief zurück haben.«
»Nein, ich darf es nicht.«

Eine Zorneswelle überschäumte den gewalttätigen Geist Renardets: »Heiliges Donnerwetter, ich sage Ihnen, nehmen Sie sich in acht. Sie wissen, ich spaße nicht und kann Sie ohne weiteres um Ihre Stelle bringen. Und vor allen Dingen, mein Bester, ich bin der Bürgermeister, und ich befehle Ihnen jetzt, mir den Brief wiederzugeben.«
Der Briefträger antwortete im festen Ton: »Nein, ich darf nicht, Herr Bürgermeister.«
Da verlor Renardet den Kopf, er packte ihn an den Armen, um ihm die Tasche zu entreißen; aber der Mann befreite sich mit einem Stoß und hob seinen dicken Stechpalmenstock. Ganz ruhig sagte er: »Rühren Sie mich nicht an, Herr Bürgermeister, oder ich schlage zu. Hüten Sie sich, ich tue meine Pflicht!«

Renardet fühlte, daß er verloren war, er wurde auf einmal demütig und sanft und bat wie ein weinendes Kind.
»Hören Sie doch, lieber Freund, geben Sie mir den Brief, ich werde es Ihnen lohnen, ich gebe Ihnen Geld, da, da, ich gebe Ihnen hundert Franken, hören Sie doch, hundert Franken.«
Der Mann drehte ihm den Rücken und ging.
Renardet folgte ihm atemlos und stammelte:
»Médéric, Médéric, hören Sie, ich gebe Ihnen tausend Franken, tausend Franken.«
Der Briefträger ging weiter, ohne zu antworten.
Renardet fing an zu heulen: »Sie machen Ihr Glück, hören Sie, ich gebe Ihnen... fünfzigtausend Franken... fünfzigtausend Franken für den einen

Brief... Warum wollen Sie ihn mir nicht geben?... Wollen Sie?... Sie wollen nicht?... Nun also, hunderttausend... ich gebe Ihnen hunderttausend Franken, verstehen Sie... hunderttausend Franken.«

Der Briefträger wendete sich mit hartem Gesicht und strenger Miene nach ihm um. »Genug, oder ich wiederhole vor Gericht, was Sie mir eben gesagt haben.«

Renardet blieb stehen. Es war also alles aus. Er hatte keine Hoffnung mehr. Er kehrte um und rannte wie ein gehetztes Wild seinem Hause zu.

Da blieb auch Médéric stehen und sah bestürzt seiner Flucht nach. Er sah den Bürgermeister in sein Haus treten, als müsse noch etwas Überraschendes kommen. Und bald erschien auch wirklich die hohe Gestalt Renardets auf dem Fuchsturm. Er rannte wie ein Wahnsinniger um die Plattform herum; dann packte er die Fahnenstange, schüttelte sie wütend, aber sie widerstand, und plötzlich warf er sich wie ein Schwimmer, der einen Kopfsprung machen will, mit ausgebreiteten Armen ins Leere.

Médéric stürzte fort, um ihm aufzuhelfen. Als er durch den Park lief, sah er die Holzfäller zur Arbeit gehen. Er rief sie an und schrie ihnen den Unglücksfall zu; sie fanden am Fuße der Mauer einen blutenden Körper, dessen Kopf an einem Felsen zerschmettert war. Die Brindille spielte um diesen Felsen, und auf ihrem hier breiter werdenden Wasser, das klar und ruhig floß, sah man einen langen rosaroten Faden schwimmen: Hirn und Blut.

Guy de Maupassant

Rußland

Taman*

Taman ist das ekelhafteste Nest von allen russischen Seestädten. Ich wäre dort fast verhungert, und außerdem wollte man mich noch ertränken. Ich kam mit dem Postkarren spät in der Nacht an. Der Kutscher hielt mit dem ermüdeten Dreigespann vor dem einzigen Steinhaus am Eingang der Stadt. Der Wachtposten, ein Schwarzmeerkosak, schrie, als der Klang des Glöckleins ihn aus dem Schlaf aufstörte, mit wilder Stimme: »Wer da?« Dann kam der Polizeiwachtmeister und der Büttel. Ich erklärte ihnen, daß ich ein Offizier sei, zur aktiven Armee in amtlichem Auftrage müsse, und verlangte Quartier. Der Büttel führte uns durch die Stadt. Vor welchem Hause wir auch halten mochten – alles war besetzt. Es war kalt, ich hatte drei Nächte nicht geschlafen, war todmüde und abgehetzt und geriet in Wut. »Bring' mich irgendwohin, du Räuber! Meinetwegen zum Teufel, wenn ich nur ein Unterkommen finde«, schrie ich. »Es ist noch ein Quartier da«, erwiderte der Büttel, und kraute den Kopf, »aber Euer Wohlgeboren wird es dort nicht gefallen; es geht dort nicht mit rechten Dingen zu.« Ich verstand nicht, was er damit meinte, und befahl ihm, mich hinzuführen; nach langen Irrfahrten durch schmutzige Quergassen, in denen ich rechts und links nur verfallene Zäune sah, langten wir vor einer kleinen Hütte dicht am Meeresufer an.

Der volle Mond beleuchtete das Schilfdach und die weißen Wände meiner neuen Wohnung; auf dem Hof, den eine steinerne Mauer umgab, stand eine zweite verfallene Hütte, noch kleiner und älter als die erste. Das Ufer fiel hart an der Mauer des Hauses steil zum Meer ab und unten plätscherten und murmelten, ohne je zu verstummen, die dunkelblauen Wellen. Der Mond blickte leise auf das unruhige, ihm doch so gefügige Element, und ich erkannte in seinem Licht fern vom Strand zwei Schiffe, deren schwarzes Takelwerk wie Spinngewebe sich regungslos von dem bleichen Himmelsrand abhob. Im Hafen sind Schiffe, dachte ich, morgen begebe ich mich nach Gelendschik.**

Als Burschen hatte ich einen Linienkosaken. Ich befahl ihm, meinen Koffer vom Wagen zu nehmen und den Kutscher zu entlassen, und rief nach dem Wirt. Aber ich erhielt keine Antwort. Alles blieb stumm. Ich klopfte – alles

---

* Städtchen auf der gleichnamigen Halbinsel, die zwischen dem Schwarzen und Asowschen Meere, der Krim gegenüber, liegt.

** Dorf an der Ostküste des Schwarzen Meeres, an der gleichnamigen Bucht, etwa 30 km südwärts von Noworossijsk gelegen, von den Russen 1831 als Festung ausgebaut.

blieb stumm. Was sollte das bedeuten? Endlich kam aus dem Haus ein Knabe von etwa vierzehn Jahren geschlichen.

»Wo ist der Wirt?« – »Nicht da.« – »Was, überhaupt nicht da?« – »Überhaupt nicht.« – »Und die Wirtin?« – »In die Vorstadt gegangen.« – »Wer macht mir denn die Tür auf?« sagte ich und stieß gegen sie mit dem Fuß. Die Tür sprang von selbst auf; aus der Hütte wehte es feucht. Ich zündete ein Schwefelhölzchen an und hielt es dem Jungen vor die Nase: es beleuchtete zwei weiße Augäpfel. Er war blind, ganz blind von Geburt. Er stand unbeweglich vor mir, und ich vertiefte mich in die Betrachtung seiner Gesichtszüge.

Ich muß gestehen, daß ich ein starkes Vorurteil gegen alle Blinden, Einäugigen, Tauben, Stummen, Lahmen, Einarmigen, Buckligen usw. habe. Ich habe bemerkt, daß immer ein merkwürdiges Verhältnis zwischen dem Äußern eines Menschen und seiner Seele besteht: wie wenn beim Verlust eines Körperteils die Seele auch irgendeinen Sinn verlöre.

Ich betrachtete also das Gesicht des Blinden; was kann man aber in einem Gesicht lesen, das keine Augen hat?... Lange sah ich ihn mit unwillkürlichem Bedauern an, als plötzlich ein kaum merkliches Lächeln über seine dünnen Lippen zuckte, das auf mich, ich weiß nicht warum, einen höchst unangenehmen Eindruck machte. In meinem Kopf stieg der Verdacht auf, dieser Blinde könnte gar nicht so blind sein, wie er aussehe; vergebens suchte ich mir einzureden, daß man einen Augapfel ohne Pupille nicht vortäuschen könne, – und welchen Zweck hätte das auch haben können? Aber was soll man machen? Ich zeige mich oft in Vorurteilen befangen...

»Bist du der Sohn des Wirts?« fragte ich ihn endlich. »Nein.« – »Wer bist du denn?« – »Ein armes Waisenkind.« – »Hat die Wirtin Kinder?« – »Nein; sie hatte eine Tochter, die ist mit einem Tataren übers Meer durchgebrannt.« – »Mit was für einem Tataren?« – »Der Teufel mag es wissen! Ein Krimtatare, Fährmann aus Kertsch*.«

Ich trat in die Hütte; zwei Bänke und ein Tisch, eine riesige Truhe vor dem Ofen bildeten die ganze Ausstattung. An der Wand kein einziges Heiligenbild – ein böses Zeichen! Durch eine zerbrochene Fensterscheibe blies der Seewind hinein. Ich holte ein Wachsstümpfchen aus meinem Koffer, zündete es an und begann meine Sachen auszupacken: stellte Säbel und Gewehr in die Ecke, legte die Pistolen auf den Tisch, deckte die Burka auf die Bank, der Kosak legte die seine auf die andere. Nach zehn Minuten schnarchte er, ich aber konnte nicht einschlafen: vor meinen Blicken bewegte sich im Dunkeln immer der Knabe mit den weißen Augen.

So verging ungefähr eine Stunde. Der Mond schien ins Fenster hinein und sein Strahl spielte auf dem Lehmboden der Hütte. Plötzlich huschte ein

* Kertsch liegt Taman gegenüber, an der äußersten Ostspitze der Krim.

Schatten über den hellen Streifen, der den Fußboden durchschnitt. Ich richtete mich auf und sah aus dem Fenster; jemand lief zum zweitenmal vorüber und verschwand Gott weiß wohin. Ich konnte nicht annehmen, daß dieses Geschöpf das steile Ufer hinabgelaufen wäre; aber sonst hätte es nirgends bleiben können. Ich stand auf, warf mein Beschmet über, legte den Dolch um und ging ganz leise aus der Hütte; mir entgegen kam der blinde Knabe. Ich drückte mich an den Zaun, und er ging mit sicherem aber behutsamem Schritt an mir vorüber. Unter dem Arm trug er ein Bündel; er schlug die Richtung nach dem Hafen ein und ging den schmalen steilen Fußweg hinab. An jenem Tage werden die Stummen reden und die Blinden sehen, dachte ich und folgte ihm in einer Entfernung, die es mir ermöglichte, ihn nicht aus den Augen zu verlieren.

Inzwischen fing der Mond an, sich in Wolken zu hüllen und auf dem Meere stieg Nebel auf; matt schimmerte durch seinen Schleier die Laterne am Steven des nächstgelegenen Schiffes; an das Ufer schlug der Wellenschaum und drohte es jeden Augenblick zu überschwemmen. Mit großer Mühe kletterte ich die Steile abwärts, – und nun sah ich: der Blinde blieb stehen und wandte sich dann unten nach rechts; er ging so dicht am Wasser, daß es schien, als müsse die Welle ihn sofort ergreifen und forttragen; aber es war augenscheinlich nicht sein erster Spaziergang, wie man aus der Sicherheit schließen konnte, mit der er von einem Stein auf den andern trat und Löchern auswich. Endlich blieb er stehen; er schien aufzuhorchen; dann setzte er sich auf die Erde und legte das Bündel neben sich. Hinter einem vorspringenden Felsen am Strand versteckt, beobachtete ich alle seine Bewegungen. Nach einigen Minuten zeigte sich auf der entgegengesetzten Seite eine weiße Gestalt; sie ging auf den Blinden zu und setzte sich neben ihn. Der Wind trug ab und zu Stücke ihres Gesprächs zu mir herüber.

»Nun, Blinder?« sagte eine weibliche Stimme. »Der Sturm ist heftig; Janko kommt nicht.« – »Janko fürchtet den Sturm nicht«, antwortete der Blinde. »Der Nebel wird dichter«, antwortete wieder die weibliche Stimme und sie klang traurig. »Im Nebel kommt man leichter an den Wachtschiffen vorbei«, war die Antwort. »Und wenn er ertrinkt?« – »Was tut's? Dann gehst du nächsten Sonntag ohne neues Band in die Kirche.«

Nun trat Schweigen ein. Mich verblüffte aber eins: der Blinde hatte mit mir in kleinrussischer Mundart gesprochen, jetzt aber redete er ein ganz reines Russisch.

»Siehst du, ich habe recht«, sagte der Blinde wieder und klatschte in die Hände. »Janko fürchtet weder das Meer, noch Wind und Nebel, noch die Strandwächter. Horch! Das sind die Wellen, die so plätschern! Mich betrügt man nicht; das sind seine langen Ruder.«

Das Weib sprang auf und blickte unruhig in die Ferne.
»Du redest irre, Blinder!« sagte sie. »Ich sehe nichts.«
Ich muß gestehen, daß ich mir vergeblich Mühe gab, in der Ferne irgend etwas zu erkennen, das einem Boot ähnlich gewesen wäre. So vergingen etwa zehn Minuten, da zeigte sich zwischen den Wellenbergen ein schwarzer Punkt: er wurde bald größer, bald kleiner. Langsam auf die Wellenkämme emporkletternd, schnell von ihnen herabstürzend, näherte sich ein Boot dem Ufer. Ein kühner Schiffer, der sich in solcher Nacht über die zwanzig Werst breite Meerenge gewagt hatte! Und wichtige Gründe mußten ihn dazu bewogen haben! Während ich dies dachte, sah ich mit unwillkürlichem Herzklopfen auf das arme Boot; aber es tauchte, wie eine Ente, und hüpfte dann, mit den Rudern schlagend wie mit Flügeln, wieder heil aus der Tiefe empor, von Schaumperlen umspritzt; nun, dachte ich, müßte es im Schwunge an das Ufer schlagen und in kleine Stücke zerschmettert werden; aber es drehte sich geschickt seitwärts und fuhr unbeschädigt in die kleine Bucht hinein. Ihm entstieg ein Mann von mittlerem Wuchs, in einer tatarischen Schaffellmütze; er gab ein Zeichen mit der Hand, und alle drei machten sich daran, etwas aus dem Boot auszuladen; die Last war so groß, daß ich bis heute nicht begreife, wie das Boot nicht gesunken ist. Jeder lud sich ein Bündel auf die Schulter und dann gingen sie den Strand entlang; ich verlor sie bald aus den Augen. Ich mußte nach Hause; aber ich gestehe, daß mich diese sonderbaren Dinge sehr beunruhigten, und ich konnte den Morgen kaum erwarten.
Mein Kosak war sehr erstaunt, als er erwachte und mich ganz angekleidet sah; ich verschwieg ihm aber die Ursache. Nachdem ich mich einige Zeit an dem Blick aus dem Fenster – dem mit kleinen Wolkenfetzchen besäten blauen Himmel, dem fernen Ufer der Krim, das als violetter Streifen hinläuft und mit einem Felsen endet, auf dessen Gipfel sich ein Leuchtturm erhebt – erfreut hatte, begab ich mich nach der Festung Fanagoria, um vom Kommandanten zu erfahren, wann ich nach Gelendschick abreisen könnte.
O weh! Der Kommandant konnte mir nichts Bestimmtes sagen. Die Schiffe im Hafen waren alle entweder Wachtschiffe oder Kauffahrer, die noch nicht einmal angefangen hatten, Ladung aufzunehmen. »Vielleicht kommt nach drei, vier Tagen ein Postschiff«, sagte der Kommandant, »und dann wollen wir sehen.« Finster und verstimmt kam ich nach Hause. In der Tür empfing mich der Kosak mit erschrockenem Gesicht.
»Es ist bös, Euer Wohlgeboren«, sagte er zu mir.
»Ja, mein Lieber, Gott weiß, wann wir von hier wegkommen!« Nun wurde er noch unruhiger; er beugte sich zu mir herüber und flüsterte: »Hier geht's nicht mit rechten Dingen zu! Ich traf heute den Polizeiwachtmeister; ich

kenne ihn, er war voriges Jahr in unserer Truppe; als ich ihm sagte, wo wir Quartier genommen hätten, antwortete er mir: ›Da geht's nicht mit rechten Dingen zu. Bruder, das sind schlechte Menschen!‹ Und wirklich, was ist das für ein Blinder! Überall geht er allein hin, auf den Markt nach Brot, und Wasser holen... Hier ist man, scheint's, daran schon gewöhnt.«

»Ja, hat sich wenigstens die Wirtin gezeigt?«

»Heute, als Sie fort waren, kam eine Alte und ihre Tochter.«

»Was für eine Tochter? Sie hat keine Tochter.«

»Dann mag Gott wissen, wer sie ist, wenn's nicht die Tochter ist; die Alte sitzt jetzt in ihrer Hütte.«

Ich trat ein. Der Ofen war stark geheizt, und es wurde in ihm ein für arme Leute ziemlich reichliches Mittagessen gekocht. Die Alte antwortete auf alle meine Fragen, sie sei taub und höre nichts. Was sollte ich mit ihr anfangen? Ich wandte mich an den Blinden, der vor dem Ofen saß und Reisig ins Feuer stopfte. »Gesteh mal, du blinder Teufel«, sagte ich und packte ihn am Ohr, »wo bist du nachts mit dem Bündel hingegangen?« Da fing mein Blinder zu weinen an, schrie und stöhnte: »Wohin bin ich gegangen? Nirgends bin ich gegangen!... Mit einem Bündel? Was für ein Bündel?« – Die Alte hatte es diesmal gehört und brummte: »Was denken Sie sich da aus! Und noch von einem Krüppel! Warum greifen Sie ihn an? Was hat er Ihnen getan?« Mir wurde das überdrüssig, ich ging hinaus, fest entschlossen, den Schlüssel zu diesem Rätsel zu finden.

Ich wickelte mich in meine Burka und setzte mich auf einen Stein vor dem Zaune, um hinauszuschauen; vor mir dehnte sich das durch den nächtlichen Sturm erregte Meer und sein eintöniges Rauschen, das dem Grollen einer einschlummernden Stadt ähnelt, erinnerte mich an alte Zeiten, trug meine Gedanken nach Norden, in unsere kalte Residenz. Von Erinnerungen bewegt, vergaß ich mich... So verging wohl eine Stunde, vielleicht auch mehr... Plötzlich traf etwas wie ein Lied mein Ohr. Ja, es war ein Lied, und eine frische weibliche Stimme sang es. Aber von wo kam es? Ich horchte auf – eine gefällige Melodie, bald gedehnt und traurig, bald schnell und lebhaft. Ich blickte um mich – niemand zu sehen; ich horchte wieder – die Töne schienen vom Himmel zu kommen. Ich sah nach oben: auf dem Dach meiner Hütte stand ein Mädchen in gestreiftem Kleide mit gelösten Zöpfen – eine richtige Wassernixe. Die Augen mit der flachen Hand gegen die Sonne schützend, blickte sie scharf in die Ferne; bald lachte sie und sprach mit sich selbst, bald stimmte sie wieder ihr Lied an.

Ich habe dieses Lied Wort für Wort behalten.

Durch die freie Weite ziehn
Auf dem grünen Meere
Viele Schifflein hin und her,
Alle mit weißen Segeln.

Unter all den Schiffen treibt
Auch mein kleiner Nachen,
Ohne Segel, ohne Mast
Lenken ihn nur zwei Ruder.

Wenn sich wild der Sturm erhebt,
Breiten die alten Schiffe
Ihre weißen Flügel aus,
Fliegen nach allen Seiten.

Vor dem Meere will ich mich
Tief zu Boden neigen:
»O du wildes, böses Meer,
Laß meinen Kahn in Frieden.«

»Viele teure Schätze hat
Ja mein Kahn geladen,
Und es lenkt in dunkler Nacht
Ihn ein wilder Geselle.«

Unwillkürlich kam mir der Gedanke, daß ich in der Nacht dieselbe Stimme gehört hatte. Ich sann einen Augenblick nach und als ich wieder auf das Dach blickte, war das Mädchen nicht mehr da. Plötzlich huschte sie an mir vorüber, ein andres Lied vor sich hin summend, und lief, mit den Fingern Schnippchen schlagend, zur Alten hinein. Gleich darauf hörte ich sie beide heftig streiten. Die Alte brummte, das Mädchen lachte laut. Und nun kommt meine Undine wieder herausgehüpft. Als sie an mir vorbei kam, blieb sie steh'n und sah mir scharf in die Augen, gleichsam verwundert über meine Anwesenheit; dann wandte sie sich lässig ab und ging langsam zum Hafen. Das war aber noch nicht alles: den ganzen Tag wimmelte sie um meine Wohnung herum; das Singen und Springen hörte keinen Augenblick auf. Seltsames Wesen! Auf ihrem Gesicht waren keinerlei Zeichen des Wahnsinns zu sehen; im Gegenteil, ihre Augen blickten mich munter und durchdringend an, und es schien diesen Augen eine magnetische Gewalt gegeben zu sein; es war, als warteten sie immer auf eine Frage. Doch kaum fing ich an zu reden, so lief sie schelmisch lächelnd davon.
Wirklich, ich hatte noch nie ein ähnliches Weib gesehen. Sie war durchaus

keine Schönheit, aber ich habe meine Vorurteile auch in bezug auf die Schönheit. Sie hatte viel Rasse... Rasse bedeutet bei Weibern wie bei Pferden sehr viel; diese Entdeckung hat das junge Frankreich gemacht. Man erkennt die Rasse zumeist am Gang, an Händen und Füßen; besonders die Nase hat viel zu bedeuten. Eine regelmäßige Nase ist in Rußland seltener als ein kleiner Fuß. Meine Sängerin schien nicht älter als achtzehn Jahre. Die ungewöhnliche Biegsamkeit ihrer Gestalt, die besondere, ihr allein eigentümliche Art, den Kopf zu neigen, die langen blonden Haare, der goldige Schimmer der leicht gebräunten Haut auf Hals und Schultern und die ausnehmend regelmäßige Nase – alles das bezauberte mich. Obgleich ich in ihren Seitenblicken etwas Wildes und Verdächtiges las, obgleich ihr Lächeln etwas Unbestimmtes hatte, – die Macht des Vorurteils war stärker; die regelmäßige Nase raubte mir den Verstand; ich glaubte Goethes Mignon, dieses seltsame Geschöpf seiner deutschen Phantasie, gefunden zu haben; und wirklich, es war viel Ähnlichkeit vorhanden: dieselben schnellen Übergänge von größter Unruhe zu völliger Unbeweglichkeit, dieselben rätselhaften Reden, dieselben Sprünge, seltsamen Lieder...

Gegen Abend hielt ich sie vor der Tür an und ließ mich in folgendes Gespräch mit ihr ein:

»Sag' mal, du Schöne«, fragte ich, »was hast du heute auf dem Dache gemacht?« – »Ich wollte sehen, woher der Wind weht.« – »Was geht das dich an?« – »Woher der Wind weht, daher kommt das Glück.« – »Hast du etwa mit deinem Lied das Glück locken wollen?« – »Wo man singt, da ist man auch glücklich.« – »Wenn du dir aber Leid heransingst?« – »Was tut's? Wo's nicht besser ist, da ist's schlechter, und vom Bösen zum Guten ist's auch wieder nicht weit.« – »Wer hat dich dieses Lied gelehrt?« – »Keiner hat mich's gelehrt; wenn mir's einfällt, sing' ich; wer's hören soll, der hört's; und wer's nicht hören soll, der versteht's nicht.« – »Und wie heißt du, Sängerin?« – »Wer mich getauft hat, der weiß es.« – »Und wer hat dich getauft?« – »Was weiß ich?« – »So eine Geheimniskrämerin! Aber ich hab' etwas von dir erfahren (sie verzog weder das Gesicht, noch zuckten ihre Lippen, als wäre nicht von ihr die Rede). Ich habe erfahren, daß du gestern nacht an den Strand gegangen bist.« Und nun erzählte ich ihr mit wichtiger Miene alles, was ich gesehen hatte, in der Meinung, sie dadurch verlegen zu machen. Nichts dergleichen! Sie lachte aus vollem Halse. »Sie haben viel geseh'n, aber wissen wenig; und was Sie wissen, das halten Sie hübsch verschlossen.« – »Wenn ich's nun zum Beispiel dem Kommandanten meldete?« Und dabei machte ich ein sehr ernstes, sogar strenges Gesicht. Sie sprang plötzlich in die Höhe, fing an zu singen und verschwand, wie ein Vöglein, das man aus dem Busch gescheucht hat. Meine letzten Worte waren völlig unangebracht; ich

ahnte damals gar nicht, was sie bedeuteten, später aber hatte ich Gelegenheit, sie zu bereuen.
Kaum war die Dämmerung gekommen, so ließ ich den Kosaken meinen Teekessel feldmarschmäßig warm machen, zündete eine Kerze an und setzte mich an den Tisch, meine Reisepfeife rauchend. Ich war schon beim zweiten Glas Tee, als plötzlich die Türe knarrte; das leise Rauschen eines Kleides und leichte Schritte ertönten hinter mir; ich zuckte zusammen und drehte mich um – sie war es, meine Undine. Sie setzte sich still und stumm mir gegenüber und richtete ihre Augen auf mich; ich weiß nicht warum – aber dieser Blick schien mir wunderbar zärtlich: er gemahnte mich an einen jener Blicke, die in alten Zeiten so eigenmächtig mit meinem Leben gespielt hatten. Sie schien eine Frage zu erwarten; aber ich schwieg in unerklärlicher Verwirrung. Über ihrem Gesicht lag eine matte Blässe, die von seelischer Erregung sprach; ihre Hand fuhr zwecklos über den Tisch hin und her und ich bemerkte, daß sie leise bebte; ihre Brust hob sich bald hoch, bald schien sie den Atem anzuhalten. Diese Komödie fing an, mir langweilig zu werden, und ich war nahe daran, das Schweigen in höchst prosaischer Weise zu brechen, indem ich ihr ein Glas Tee anbot, – da sprang sie plötzlich auf, legte die Arme um meinen Hals und ein feuchter, feuriger Kuß schlug an meine Lippen. Mir wurde es dunkel vor den Augen, mir schwindelte, ich preßte sie mit der ganzen Kraft jugendlicher Leidenschaft in meine Arme, aber sie entglitt mir wie eine Schlange, nachdem sie mir noch ins Ohr geflüstert hatte: »Heute nacht, wenn alle schlafen, komm ans Meer.« Und wie ein Pfeil schoß sie aus dem Zimmer. Im Flur warf sie Teekessel und Kerze um, die auf dem Fußboden standen. »So ein Satansmädel!« schrie der Kosak, der sich auf Stroh gebettet hatte und hoffte, sich mit den Resten des Tees zu wärmen. Jetzt erst kam ich zu mir.
Nach etwa zwei Stunden, als im Hafen alles still geworden war, weckte ich meinen Kosaken. »Wenn ich einen Pistolenschuß abgebe«, sagte ich zu ihm, »so lauf sofort an den Strand.« Er riß die Augen auf und antwortete mechanisch: »Zu Befehl, Euer Wohlgeboren.« Ich steckte die Pistole in den Gürtel und ging hinaus. Sie erwartete mich am Rande des Abstiegs; ihre Kleidung war mehr als leicht, ein kleines Tuch umgürtete ihre schlanke Gestalt.
»Folgen Sie mir«, sagte sie, meine Hand fassend, und wir begannen hinabzusteigen.
Ich weiß nicht, wie ich mir nicht den Hals gebrochen habe; unten bogen wir rechts ab und gingen denselben Weg, auf dem ich tags vorher dem Blinden nachgeschlichen war. Der Mond war noch nicht aufgegangen und nur zwei Sternlein schimmerten auf dem dunkelblauen Himmelsgewölbe wie zwei rettende Leuchtfeuer. Die schweren Wellen rollten in gleichmäßigem Takt

einher, das einsame Boot, das halb an das Ufer gezogen war, nur leise emporhebend. »Steigen wir in das Boot«, sagte meine Begleiterin. Ich zögerte: ich bin kein Liebhaber von sentimentalen Wasserpartien; aber es war keine Zeit mehr, zurückzutreten. Sie sprang ins Boot, ich folgte ihr, und ehe ich mich dessen versah, trieben wir schon ins Meer hinaus. »Was heißt das?« sagte ich zornig. »Das heißt«, erwiderte sie, indem sie mich auf die Bank niederdrückte und die Arme um meinen Leib schlang, – »das heißt, daß ich dich lieb habe ...« Und ihre Wange preßte sich an die meine und ich fühlte auf meinem Gesicht ihren flammenden Atem. Plötzlich fiel etwas klatschend ins Wasser: ich griff an meinen Gürtel – die Pistole war weg. Da stieg ein entsetzlicher Verdacht in meiner Seele auf, der mir alles Blut in den Kopf trieb! Ich sah mich um, – wir waren wohl schon fünfzig Klafter vom Ufer entfernt, und ich kann nicht schwimmen! Ich wollte sie zurückstoßen, aber sie krallte sich wie eine Katze an meinen Kleidern fest, und mit einem Male hätte mich ein starker Stoß fast ins Meer geworfen. Das Boot geriet ins Schwanken, aber ich richtete mich auf und zwischen uns entspann sich ein verzweifelter Kampf; die Wut verlieh mir Kraft, doch ich bemerkte bald, daß meine Gegnerin mir an Gewandtheit überlegen war... »Was willst du?« schrie ich, ihre kleinen Hände fest zusammenpressend; ihre Finger knackten, aber sie schrie nicht auf: ihre Schlangennatur überstand diese Folter.

»Du hast es gesehen«, sagte sie, »du willst es melden«, – und mit einer übernatürlichen Kraftanstrengung schleuderte sie mich gegen den Rand des Bootes; wir hingen nun beide bis zum Gürtel über Bord hinaus; der Augenblick war kritisch. Ich stemmte das Knie gegen den Boden, packte sie mit einer Hand am Zopf, mit der andern an der Gurgel, sie ließ meinen Rock los, und sofort stieß ich sie ins Wasser.

Es war schon ziemlich dunkel; ihr Kopf tauchte zweimal aus dem Meerschaum empor; weiter sah ich nichts.

Auf dem Boden des Kahns fand ich die Hälfte eines alten Ruders, und nach langen Anstrengungen kam ich endlich an die Landungsstelle zurück. Als ich den Strand entlang zu meiner Hütte schlich, blickte ich unwillkürlich nach der Seite, wo tags vorher der Blinde den nächtlichen Schiffer erwartet hatte; der Mond rollte schon am Himmel, und ich glaubte eine weiße Gestalt am Ufer sitzen zu sehen; von Neugier getrieben, schlich ich heran und legte mich über dem steilen Abstieg ins Gras; wenn ich den Kopf etwas vorstreckte, konnte ich vom Felsen alles deutlich sehen, was unten vor sich ging, und ich war nicht sehr erstaunt, aber beinahe erfreut, als ich meine Nixe erkannte. Sie drückte den Meerschaum aus ihren langen Haaren; das nasse Hemd ließ ihre schlanke Gestalt und die volle Brust deutlich sehen. Bald zeigte sich in der Ferne ein Boot, es näherte sich schnell; ihm entstieg, wie tags vorher, ein

Mann in einer Tatarenmütze, aber mit nach Kosakenart kurzgeschnittenem Haar, im Ledergurt stak ein großes Messer. »Janko«, sagte sie, »alles ist verloren.« Das Gespräch wurde dann so leise fortgesetzt, daß ich nichts verstehen konnte. »Wo ist denn der Blinde?« sagte Janko endlich mit erhobener Stimme. »Ich hab' ihn fortgeschickt«, war die Antwort. Einige Minuten danach erschien der Blinde, einen Sack auf dem Rücken schleppend, der ins Boot geworfen wurde.

»Höre, du Blinder!« sagte Janko, »bewache jenen Platz... du weißt? Da sind kostbare Waren... Sage dem (den Namen konnte ich nicht hören), daß ich ihm nicht mehr dienen kann; das Geschäft geht schlecht, er sieht mich nicht mehr wieder; es ist jetzt gefährlich; ich geh' mir anderwärts Arbeit suchen, er aber findet keinen solchen kühnen Burschen mehr. Und sag' ihm, daß, wenn er die Arbeit besser bezahlen würde, auch Janko ihn nicht verlassen hätte; mir aber stehen alle Wege offen, wo der Wind weht und das Meer rauscht.« – Nach kurzem Schweigen fuhr Janko fort: »Sie kommt mit mir; sie kann nicht hier bleiben; der Alten aber sage, sie könnte jetzt auch sterben; sie hat lang genug gelebt. Uns sieht sie nicht mehr wieder.«

»Und ich?« sagte der Blinde mit kläglicher Stimme.

»Was brauch' ich dich?« war die Antwort.

Unterdessen sprang meine Undine in das Boot und winkte dem Genossen mit der Hand. Er legte dem Blinden etwas in die Hand und sagte: »Da, kauf' dir Pfefferkuchen!« – »Ist das alles?« sagte der Blinde. »Da hast du noch«, – und eine Münze fiel klirrend auf den Stein. Der Blinde hob sie nicht auf. Janko stieg ins Boot; der Wind wehte vom Strande; sie richteten ein kleines Segel auf und fuhren schnell davon. Lange schimmerte das weiße Segel inmitten der dunkeln Wellen im Mondlicht; der Blinde saß immer noch am Ufer; und nun vernahm ich etwas wie Schluchzen: der blinde Knabe weinte wirklich, lange, lange... Mir wurde traurig zumute. Warum hatte das Schicksal mich in die friedliche Gemeinschaft dieser ehrlichen Schmuggler gestoßen? Wie ein Stein, den man in einen glatten Brunnen wirft, hatte ich ihre Ruhe gestört, und wie ein Stein wäre ich dabei fast selbst auf den Boden gesunken.

Ich ging ins Haus zurück. Im Flur knisterte die heruntergebrannte Kerze auf einem Holzteller, und mein Kosak schlief, trotz meines Befehls, ganz fest, das Gewehr mit beiden Händen umklammert. Ich ließ ihn in Ruhe, nahm die Kerze und trat ins Zimmer. O weh! Meine Kassette, mein Säbel mit Silberbelag, mein Daghestaner Dolch, das Geschenk eines Freundes, – alles war weg! Jetzt erst erriet ich, was für Sachen der verdammte Blinde geschleppt hatte. Ich weckte den Kosaken mit einem recht unhöflichen Stoß, schalt ihn, fluchte, aber es war nichts mehr zu machen! Wäre es nicht lächerlich gewesen, wenn ich mich beim Kommandanten beschwert hätte, daß mich ein blinder Knabe bestohlen und ein achtzehnjähriges Mädchen beinahe ertränkt hätte? Gottlob bot sich am nächsten Morgen eine Reisegelegenheit, und ich verließ Taman. Was aus der Alten und dem armen Blinden geworden ist, weiß ich nicht. Und was kümmern mich schließlich auch die Freuden und Leiden der Menschen, mich, einen reisenden Offizier, und noch dazu mit einem Paß, der den Vermerk trägt: »In dienstlichen Angelegenheiten«.

Michail Jurjewitsch Lermontow

Die Geschichte des Leutnants Jergunow

1

An jenem Abend erzählte uns Kusma Wassiljewitsch Jergunow wieder einmal seine Geschichte. Er erzählte sie regelmäßig einmal im Monat, wir aber hörten jedesmal mit unvermindertem Vergnügen zu, obwohl wir sie mit all ihren Einzelheiten schon so gut wie auswendig kannten. Diese Einzelheiten hatten, wie man es ausdrücken könnte, den ursprünglichen Stamm der Erzählung bereits so überwuchert, wie Eierpilze zuweilen einen abgehauenen Baumstumpf überwuchern. Da wir den Charakter unseres Freundes nur zu gut kannten, gelang es uns mühelos, das, was er uns verschwieg oder zufällig ausließ, zu ergänzen. Aber Kusma Wassiljewitsch ist inzwischen gestorben, und somit ist niemand mehr da, der seine Geschichte erzählen könnte; aus diesem Grund entschlossen wir uns, sie der Allgemeinheit zugänglich zu machen.

2

Dies alles geschah vor einigen vierzig Jahren, als Kusma Wassiljewitsch noch jung war. Er erzählte von sich, daß er damals ein Geck und ein hübscher Bursche gewesen sei, schön wie Milch und Blut, mit roten Lippen, lockigen Haaren und Falkenaugen. Wir glaubten ihm gern, obwohl nichts davon mehr an ihm zu sehen war. Wir empfanden Kusma Wassiljewitsch als einen Menschen von äußerst nichtssagendem Äußeren, sein Gesicht zeigte einfache und ein wenig verschlafene Züge, sein Körper war fett und nicht gerade wohlproportioniert. Allerdings muß man hinzufügen, daß die Jahre jede Schönheit hinfällig machen können! Das Geckenhafte hatte sich bei Kusma Wassiljewitsch stärker erhalten. Er trug noch im Alter enge Beinkleider mit Strippen, schnürte seinen wohlbeleibten Bauch, schor sich im Nacken die Haare, wogegen er sie vorn an der Stirn gelockt trug, und färbte sich den Schnurrbart mit persischer Pomade, deren Farbe jedoch weit eher ins Purpurfarbene und Grüne spielte, als daß sie schwarz aussah. Trotz alledem konnte man Kusma Wassiljewitsch als einen durchaus respektablen Edelmann bezeichnen, wenn er es auch liebte, beim Kartenspiel einen unerlaubten Blick zu riskieren, das heißt, seinem Nachbarn in die Karten zu schauen; aber er tat das weniger aus Habsucht, als aus Sparsamkeit, denn er liebte es durchaus nicht, unnütz Geld zu vertun. Allein lassen wir jetzt die Späße, wenden wir uns lieber der Sache zu.

3

Das Ganze spielte sich im Frühjahr ab, und zwar in der damals noch neuen Stadt Nikolajew, wohin Kusma Wassiljewitsch in dienstlichem Auftrag geschickt worden war. (Er diente damals als Leutnant in der Marine.) Seine Obrigkeit hatte ihm als einem zuverlässigen und verständigen Offizier die Aufsicht über einige Hafenbauten anvertraut und stellte ihm von Zeit zu Zeit ziemlich bedeutende Summen zur Verfügung, die er, der größeren Sicherheit wegen, beständig in einem Ledergürtel, den er auf seinem bloßen Körper trug, bei sich hatte. Kusma Wassiljewitsch zeichnete sich in der Tat durch Vernunft aus und lebte trotz seiner Jugend geradezu vorbildlich; er vermied peinlichst alle irgendwie unanständigen Handlungen, rührte niemals Karten an, trank keinen Wein und entsagte sogar der Gesellschaft, so daß seine ruhigeren Kameraden ihm den Spitznamen »das hübsche Mädchen« gegeben hatten, die wilderen ihn aber dreist »den Verzagten« oder »den Duckmäuser« nannten. Und nur eine einzige kleine Sünde konnte Kusma Wassiljewitsch nachgesagt werden, nämlich seine herzliche Zuneigung zum schönen Geschlecht; allein auch in dieser Hinsicht verstand er es vortrefflich, seine Leidenschaften zu zügeln und erlaubte sich nicht das geringste. Er erhob sich früh und legte sich ebenso früh schlafen, seine Pflichten erfüllte er gewissenhaft, und seine einzige Zerstreuung bestand in abendlichen, ziemlich ausgedehnten Spaziergängen, die ihn durch die äußeren Straßen von Nikolajew führten. Bücher las er nie, denn er fürchtete den Blutandrang zum Gehirn; und noch in jedem Frühjahr trank er eine ganz besondere Flüssigkeit gegen Vollblütigkeit. Wenn er seine Uniform anzog, bürstete er sie vorher auf das peinlichste aus und schritt dann in gesetztem Gang an den Bäumen der Fruchtgärten entlang, er blieb häufig stehen und freute sich an den Schönheiten der Natur; er pflückte auch gelegentlich ein Blümchen zur Erinnerung und empfand dann eine gewisse Genugtuung. Besonderen Genuß jedoch bereitete es ihm, wenn sich ihm die Gelegenheit bot, einer Schönheit zu begegnen, etwa einem hübschen Bürgermädchen, das den Schal um die Schultern, ein Körbchen am entblößten Arm und ein buntes Tüchlein auf dem Kopf, nach Hause eilte. Da er, wie er es selber ausdrückte, von zwar empfindsamer, aber dennoch bescheidener Gemütsveranlagung war, sprach Kusma Wassiljewitsch so ein Mädchen niemals an, indes er lächelte ihm freundlich zu und konnte ihm lange und aufmerksam nachschauen... Dann seufzte er jedesmals tief auf und begab sich mit dem gleichen gesetzten Schritt nach Hause, setzte sich dort ans Fenster und träumte ein halbes Stündchen vor sich hin, wobei er vorsichtig aus seiner großen Meerschaumpfeife, die ihm sein Taufvater, ein Polizeileutnant deutscher Herkunft, verehrt hatte, kräftigen Tabak rauchte.

4

Als Kusma Wasiljewitsch eines Tages kurz vor der Abenddämmerung durch eine menschenleere Seitenstraße nach Hause zurückkehrte, hörte er hastige Schritte hinter sich und stammelnde Worte, gelegentlich von einem Schluchzen unterbrochen. Er drehte sich um und gewahrte ein zwanzigjähriges Mädchen mit einem ungewöhnlich angenehmen, aber völlig verstimmten und verweinten Gesicht. Es machte den Eindruck, als hätte ein großes und unerwartetes Leid sie betroffen; sie lief und stolperte beim Laufen, sie sprach mit sich selber, ächzte und rang die Hände; ihre blonden Haare waren ganz in Unordnung geraten, ihr Halstuch jedoch war ihr auf die Schultern hinabgeglitten und wurde nur noch von einer Nadel gehalten. Gekleidet war das Mädchen wie ein Fräulein und nicht wie ein Bürgerkind.
Kusma Wassiljewitsch trat zu Seite; das Gefühl des Mitleids war stärker als die Befürchtung, kleinherzig erscheinen zu können, und darum berührte er, als sie an ihm vorüberkam, mit der Hand höflich den Schirm seines Tschakos und fragte sie nach der Ursache ihrer Tränen.

»Denn vielleicht«, fügte er hinzu und legte die Hand an seinen Marinedolch, »könnte ich als Militär Ihnen helfen.«
Das Mädchen blieb stehen und begriff offenbar im ersten Augenblick nicht ganz, was er von ihr wollte; trotzdem freilich begann sie sogleich in einem nicht ganz reinen Russisch mit ihm zu sprechen, und zwar so hastig, als wäre sie über diese Gelegenheit, sich aussprechen zu können, erfreut.
»Ich bitte Sie, mein Herr Offizier«, begann sie, und die Tränen strömten nur so über ihre hübschen Bäckchen. »Was soll das heißen! Das ist ja schrecklich – weiß Gott, was das ist! Ich bitte Sie, man hat uns ganz und gar ausgeplündert! Die Köchin hat alles fortgetragen, einfach alles, das Service, die Schatulle und die Kleider... ja... sogar die Kleider und auch die Strümpfe und die Wäsche... ja... und auch den Handarbeitsbeutel der Tante, und dort lag doch noch ein Fünfundzwanzig-Rubel-Schein in einem ganz winzigen Etui und zwei silberne Löffelchen... dann noch die Saloppe (Morgenrock), einfach alles... Und ich erzählte das alles dem Herrn Polizeileutnant, der Herr Polizeileutnant aber antwortete mir: ›Gehen Sie hinaus, ich glaub nichts davon, ich glaub nichts... Ich will davon nichts hören, Sie selber sind auch so eine!‹ Ich antwortete: ›Ich bitte Sie, die Saloppe...‹ Er aber: ›Ich will davon nichts hören!‹ Ist das etwa nicht kränkend, mein Herr Offizier! ›Gehen Sie hinaus‹, sagte er... Ja, wohin soll ich denn gehen?«
Das Mädchen begann krampfhaft, ja fast schreiend zu schluchzen und lehnte sich, da sie völlig außer Rand und Band war, an Kusma Wassiljewitschs Schulter... Jetzt war an ihm die Reihe, verwirrt zu werden, regungslos stand er da und konnte nur hin und wieder sprechen: »Beruhigen Sie sich doch, beruhigen Sie sich!« und mußte dennoch die ganze Zeit über den schmalen, unablässig bebenden Nacken des bekümmerten Mädchens betrachten.
»Gestatten Sie mir, Sie zu begleiten«, sagte er schließlich, wobei er mit dem Zeigefinger flüchtig ihre Schultern berührte. »Hier auf der Straße, Sie werden das begreifen, geht das ganz und gar nicht. Sie werden mir ihre Beschwerde mitteilen und ich... als Offizier... werde natürlich alles dran setzen...«
Das Mädchen blickte auf, und es hatte den Anschein, als betrachte sie jetzt zum ersten Mal den jungen Mann, der sie sozusagen in seinen Armen hielt. Offenbar schämte sie sich, sie wendete sich ab und trat, immer noch schluchzend, einige Schritte beiseite. Kusma Wassiljewitsch wiederholte seinen Vorschlag. Das Mädchen sah ihn durch ihre ins Gesicht hängenden, immer noch von Tränen nassen Haare von der Seite an (an dieser Stelle beteuerte uns Kusma Wassiljewitsch noch ein jedesmal, wenn er die Geschichte erzählte, daß der Blick durch ihn »wie ein Schusterpfriemen« durchgefahren sei, und einmal versuchte er sogar, uns diesen erstaunlichen Blick vorzuführen) und

legte darauf ihr Händchen auf den brezelförmig gekrümmt dargebotenen Arm des dienstfertigen Leutnants und begab sich in seiner Begleitung zu ihrer Wohnung.

5

Kusma Wassiljewitsch hatte zeit seines Lebens wenig Umgang mit Damen gehabt und wußte daher anfangs nicht recht, womit er das Gespräch beginnen sollte, aber seine Begleiterin kam ihm zu Hilfe und plauderte sehr beredt, wobei sie freilich unablässig die unstillbar hervorquellenden Tränen trocknen mußte. Nach wenigen Augenblicken wußte Kusma Wassiljewitsch bereits, daß sie Emilie Karlowna hieß, daß sie aus Riga stammte und nach Nikolajew nur gekommen sei, um ihre Tante, die ebenfalls aus Riga stammte, zu besuchen, daß ihr Papa gleichfalls Militär gewesen sei, doch daß er »an der Brust« gestorben sei, daß ihre Tante eine russische Köchin gehabt hätte, und zwar eine sehr gute und sehr billige, nur freilich ohne Papiere, und daß diese selbe Köchin an eben diesem Tag sie bestohlen hätte und darauf spurlos verschwunden sei. Und daß es somit notwendig gewesen sei, zur Polizei zu gehen – in die Polizei... Aber bei diesen Worten kam die Erinnerung an den Quartalvorsteher und an die erlittene Kränkung aufs neue über sie... und aufs neue ertönte ihr Schluchzen. Und wieder sah sich Kusma Wassiljewitsch in Verlegenheit, womit er sie trösten könnte... Das Mädchen dagegen, dessen Stimmungen offenbar ebenso schnell kamen, wie sie gingen, blieb unvermittelt stehen, reichte ihm die Hand und sagte gelassen: »Hier ist unsere Wohnung!«

6

Die Wohnung bestand aus einem dürftigen, geradezu in die Erde gewachsenen Häuschen mit vier winzigen Fenstern an der Straßenfront. Das dichte Grün des Geraniums verbarg das Innere vor fremden Augen, und nur aus einem Fenster drang ein Lichtschein. Die Nacht brach bereits herein. Vor dem Häuschen und fast in gleicher Höhe mit ihm zog sich ein Bretterzaun mit einem kaum erkennbaren Pförtchen. Das Mädchen trat heran und klopfte, da die Pforte verschlossen war, ungeduldig mit dem eisernen Ring an das verrostete Schloß. Hinter dem Zaun wurden schwere Schritte hörbar, als käme dort jemand, nachlässig in abgetretenen Pantoffeln schlurfend. Und gleich darauf fragte eine schrille Stimme etwas auf deutsch, was Kusma Wassiljewitsch nicht verstand; als ein echter Marineoffizier kannte er natürlich nur eine Sprache, nämlich die russische. Das Mädchen antwortete eben-

falls auf deutsch; das Pförtchen wurde ein wenig geöffnet, und sogleich nachdem das Mädchen hineingeschlüpft war, Kusma Wassiljewitsch vor der Nase zugeschlagen. Dennoch hatte er im Halbdunkel der sommerlichen Abenddämmerung die Gestalt einer dicken alten Frau in einem roten Tuch mit einer trübbrennenden Laterne in der Hand bemerkt. Überrascht blieb Kusma Wassiljewitsch einige Augenblicke regungslos auf der Straße stehen; aber bei dem Gedanken, daß man mit ihm, einem Offizier, so unhöflich umgegangen war (Kusma Wassiljewitsch legte großen Wert auf seinen Rang), fühlte er einen solchen Ansturm von Unwillen in sich aufsteigen, daß er schroff kehrtmachte, um sich nach Hause zu begeben. Allein er hatte noch keine zehn Schritte zurückgelegt, da öffnete sich die Pforte von neuem, auf der Schwelle erschien das Mädchen, das offenbar schon Zeit gefunden hatte, der Alten alles zuzuflüstern, und rief ihm laut nach:
»Wohin denn, mein Herr Offizier! Bitte treten Sie doch ein!«
Kusma Wassiljewitsch zögerte ein wenig und kehrte darauf zurück.

7

Seine neue Bekannte, die wir von nun ab Emilie nennen werden, führte ihn durch eine feuchte und dunkle Kammer in ein ziemlich großes, wenn auch niedriges und unaufgeräumtes Zimmer, dessen Hinterwand ein riesiger Schrank einnahm, außerdem befand sich noch ein mit Wachsleinwand überzogener Diwan im Zimmer, an der Wand hingen zwei längst rissig gewordene Porträts von Bischöfen und über der Tür das Bildnis eines Türken im Turban; Kästchen und Schächtelchen standen überall herum, aber auch vereinzelte Stühle und endlich auch ein schiefbeiniger Tisch, auf dem neben einem nicht ganz leergetrunkenen Glas mit Kwaß eine Männermütze lag. Gleich hinter Kusma Wassiljewitsch betrat auch jene Alte im roten Tuch, die er an der Pforte bemerkt hatte, das Zimmer. Es stellte sich heraus, daß sie eine äußerst unvorteilhaft aussehende Jüdin mit verdrießlichen Schweinsäuglein und grauen Schnurrbarthaaren auf der abstehenden Oberlippe war. Emilie stellte sie Kusma Wassiljewitsch vor und sagte:
»Dies ist mein Tantchen, Madame Fritsche.«
Zwar war Kusma Wassiljewitsch über den Anblick einigermaßen erstaunt, allein er hielt es dennoch für seine Pflicht, ihr eine Verbeugung zu machen. Madame Fritsche sah ihn aus ihren tiefliegenden Augen an, entgegnete kein Wort und fragte ihre Nichte in russischer Sprache, ob sie nicht einen Tee wolle?
»Ach ja, Tee!« Emilie stimmte sogleich zu, »Nicht wahr, mein Herr Offizier, Sie werden Tee trinken? Ja, Tantchen, geben Sie uns Tee!... Aber

warum stehen Sie denn noch immer, Herr Offizier? Setzen Sie sich! Ach, wie umständlich Sie sind! Erlauben Sie, daß ich das Halstuch ablege.«

Wenn Emilie sprach, drehte sie unablässig den Kopf bald nach der einen, bald nach der anderen Seite und zuckte beständig mit den Schultern; so ähnlich machen es Vögel, wenn sie auf einem hohen kahlen Zweig sitzen und von allen Seiten von der Sonne beleuchtet werden.

Kusma Wassiljewitsch nahm Platz und brachte, nachdem er seiner Haltung die entsprechende Würde dadurch verliehen hatte, daß er sich auf seinen Marinedolch stützte und die Augen niederschlug, das Gespräch auf den Diebstahl. Aber Emilie unterbrach ihn sogleich.

»Beunruhigen Sie sich nicht, es hat nicht viel zu bedeuten; Tantchen sagte mir soeben, daß die wichtigsten Gegenstände bereits gefunden seien.« Madame Fritsche hatte etwas vor sich hin gebrummt und war gleich darauf aus dem Zimmer gegangen. »Es wäre nicht einmal nötig gewesen, zur Polizei zu gehen; aber ich konnte es nicht ertragen, so bin ich nun einmal... Sie verstehen wohl kein Deutsch?. .. Ich bin immer so flink, immer so rasch! Jetzt denke ich nicht mehr daran... aber auch gar nicht!«

Kusma Wassiljewitsch blickte Emilie an. Und in der Tat, ihr Gesicht zeigte jetzt den allersorglosesten Ausdruck. Alles in diesem hübschen Gesichtchen lächelte: die von fast blonden Wimpern umkränzten Augen sowohl, als auch die Lippen und die Wangen und das Kinn und das Grübchen im Kinn und sogar die Spitze der ein wenig nach oben gestülpten Nase. Sie trat vor einen kleinen Spiegel, der sich neben dem Schrank befand, und begann, durch die Zähne summend und blinzelnd, ihr Haar zurechtzumachen. Aufmerksam verfolgte Kusma Wassiljewitsch jede ihrer Bewegungen. Sie gefiel ihm ausgezeichnet.

8

»Entschuldigen Sie, bitte«, sagte sie, indem sie sich ein wenig vom Spiegel abkehrte, »daß ich Sie auf diese Weise... zu mir gebracht habe. Es ist Ihnen vielleicht unangenehm?«

»O ich bitte Sie!«

»Ich sagte Ihnen schon, ich bin immer so rasch. Ich handle immer und überlege erst danach. Und manchmal denke ich gar nicht nach... Wie heißen Sie denn, Herr Offizier? Darf man danach fragen?« fügte sie hinzu, indem sie an ihn herantrat und die Arme kreuzte.

»Ich heiße Jergunow, Kusma Wassiljewitsch.«

»Jergu... Ach, das ist kein guter Name! Das heißt, er ist zu schwer für mich. Ich werde Sie Herr Florestan nennen. Wir hatten in Riga einen Herrn

Florestan. Er war sehr hübsch. Genauso wie Sie. Aber wie breitschultrig Sie sind! Der richtige russische Held. Ich liebe die Russen... ich bin selber eine Russin... mein Papachen war Offizier. Meine Hände sind weißer als die Ihren!« Sie hob die Hände über den Kopf und schwenkte sie einige Male durch die Luft, damit das Blut aus ihnen weiche, und ließ sie darauf sinken. »Sehen Sie? Ich wasche sie mit griechischer Seife – mit parfümierter. Riechen Sie nur daran... Ach! Doch nicht küssen... Ich zeigte sie Ihnen nicht deswegen... Wo dienen Sie eigentlich?«
»Ich diene in der Flotte, in der neunzehnten Schwarzmeerbesatzung.«
»Ah! Sie sind ein Seemann! Wie ist es, erhalten Sie ein großes Gehalt?«
»Nein... nicht gerade.«
»Sie müssen sehr tapfer sein. Man sieht es Ihren Augen sofort an. Was für dichte Augenbrauen Sie haben! Man sagt, man müsse sie zur Nacht mit Fett einschmieren, damit sie ordentlich wüchsen. Allein warum tragen Sie keinen Schnurrbart?«
»Die Vorschrift erlaubt es nicht.«
»Ach! Aber das ist gar nicht gut! Und was haben Sie da, ist das ein Messer?«
»Das ist unser Dolch; dieser Dolch ist sozusagen ein Erkennungsmerkmal der Seeleute.«
»Ah! Ein Dolch! Und ist er scharf? Darf ich ihn ansehen?« Mit vieler Mühe und indem sie auf die Lippen biß und die Augen zusammenkniff, zog sie den Stahl aus der Scheide und drückte ihre Nase daran. »Oh, ist der stumpf! Ich könnte Sie damit gleich töten.«
Sie fuchtelte mit dem Dolch in der Richtung auf Kusma Wassiljewitsch. Er gab sich den Anschein, als hätte sie ihn erschreckt und begann zu lachen. Und auch sie lachte.
»Ihr habt Pardon, ich begnadige Sie«, fuhr sie fort und nahm eine majestätische Pose an. »Da haben Sie Ihre Waffe wieder! Und wie alt sind Sie eigentlich?« fragte sie plötzlich.
»Fünfundzwanzig.«
»Ich bin erst neunzehn! Wie komisch das ist! Ach!« Emilie begann hierbei so schallend zu lachen, daß sie sich sogar ein wenig nach hinten überbeugte. Kusma Wassiljewitsch blieb auf seinem Stuhl sitzen, jedoch er blickte noch aufmerksamer als zuvor ihr rosiges, vor Lachen zitterndes Gesicht an, denn sie gefiel ihm immer mehr und mehr.
Emilie verstummte plötzlich und trat, immer noch durch die Zähne summend – es war offenbar Ihre Gewohnheit geworden – wieder vor den Spiegel.
»Können Sie singen, Herr Florestan?«
»Ganz und gar nicht. Ich habe es nicht gelernt.«
»Oder spielen Sie vielleicht auf der Gitarre? Auch nicht? Ich kann es. Ich

habe eine Gitarre mit Perlmuttereinsatz, freilich sind die Saiten gerissen. Man müßte neue kaufen. Wollen Sie mir dazu Geld geben, Herr Offizier? Ich will Ihnen ein wunderschönes deutsches Lied vorsingen.« Sie seufzte und schloß die Augen. »Ach, wie hübsch es ist! Aber tanzen können Sie doch? Auch das nicht? Unmöglich! Ich will es Sie lehren. Schottisch und einen russischen Walzer. Tra-la-la, tra-la-la, tra-la-la...« Emilie hüpfte hin und her. »Schaun Sie, was ich für Schühchen habe! Aus Warschau. Oh! Wir wollen viel tanzen, Herr Florestan! Aber wie werden Sie mich nennen?«

Kusma Wassiljewitsch fletschte mit den Zähnen und errötete bis über die Ohren.

»Ich werde Sie schönste Emilie nennen!«

»Nein! nein! Nennen Sie mich: mein Schätzchen, mein Zuckerpüppchen! Sprechen Sie es nach.«

»Mit dem größten Vergnügen, nur fürchte ich, es wird zu schwer für mich sein...«

»Das macht nichts, ganz gleich. Sagen Sie: mein...«

»Me... in...«

»Zucker...«

»Zuk... ker...«

»Püppchen! Püppchen! Püppchen!«

»Pju... Pju... Das geht nicht. Das kommt gar nicht schön bei mir heraus.«

»Nein! Sie müssen... Sie müssen es! Und wissen Sie, was es bedeutet? Es bedeutet auf deutsch das allerangenehmste Wort für junge Damen. Ich werde es Ihnen später erklären. Hier kommt Tantchen mit dem Samowar. Bravo! Bravo! Tantchen, ich werde Tee mit Rahm trinken... Hast du Rahm?«

»So schweige doch!« entgegnete die Tante.

9

Kusma Wassiljewitsch blieb bei Madame Fritsche bis um Mitternacht. Seit er in Nikolajew weilte, hatte er noch keinen so angenehmen Abend verbracht. Er mußte allerdings einige Male unwillkürlich daran denken, daß es für ihn, einen Offizier und Edelmann, eigentlich nicht ganz schicklich sei, mit Personen in der Art dieser aus Riga stammenden jungen Dame und ihrer Tante Umgang zu pflegen, indes Emilie war so hübsch, sie plauderte so niedlich und sah ihn dabei so freundlich an, daß er sich nicht erst lange über seine Herkunft und seinen Rang Gedanken machte, sondern diesmal seinem Vergnügen nachzugeben beschloß. Und nur ein Umstand war da, der ihm eine nicht gerade angenehme Empfindung verursachte. Als nämlich das Gespräch zwischen ihm, Emilie und Madame Fritsche lebhaft geworden war, öffnete

sich die Tür zum Vorzimmer ein wenig und durch den Spalt schob sich vorsichtig ein Männerarm in einem dunklen Ärmel, dessen Aufschlag von drei winzigen Silberknöpfen geschmückt war, und legte ebenso vorsichtig ein großes Bündel auf den Stuhl, der neben der Tür stand. Beide Damen eilten sogleich hastig zum Stuhl und musterten den Inhalt des Bündels. »Aber das sind doch nicht die gleichen Löffel!« rief Emilie, doch im gleichen Augenblick erhielt sie einen Ellenbogenstoß von der Tante, und diese brachte das Bündel fort, ohne es erst wieder zuzubinden. Es kam Kusma Wassiljewitsch vor, als wäre auf dem einen Knoten des Bündels ein roter Fleck gewesen, der geradezu wie Blut aussah.

»Was war das?« fragte er Emilie. »Hat man Ihnen noch einige der gestohlenen Gegenstände zurückgebracht?«

»Ja«, entgegnete Emilie zögernd, »noch einige.«

»War das Ihr Diener, der sie gefunden hat?«

Emilie runzelte die Stirn.

»Was für ein Diener? Bei uns gibt es keinen Diener.«

»Dann war es also irgendein anderer Mann?«

»Zu uns kommen keine Männer.«

»Aber erlauben Sie einmal, erlauben Sie... Ich sah doch den Aufschlag eines Männerrockes oder Uniformkittels. Und außerdem diese Mütze da...«

»Niemals kommen zu uns Männer, niemals«, wiederholte Emilie hartnäkkig. »Was haben Sie denn gesehen?...Sie haben nichts gesehen! Und die Mütze da gehört mir.«

»Wie das?«

»Sehr einfach. Ich brauche sie zur Maskerade... Sie gehört eben mir und punktum!«

»Wer war es denn, der das Bündel hergebracht hat?«

Emilie entgegnete nichts, sondern schritt mit schmollenden Lippen hinter Madame Fritsche aus dem Zimmer. Nach zehn Minuten kehrte sie ohne die Tante zurück, doch als Kusma Wassiljewitsch sich aufs neue anschickte, sie auszufragen, sah sie ihn ruhig an, sagte, daß ein Kavalier sich schämen sollte, neugierig zu sein (bei diesen Worten veränderte sich ihr Gesicht ein wenig, es war fast so, als wäre es dunkler geworden), und bat ihn, während sie aus dem Tischchen ein Spiel alter Karten nahm, ihr die Karten auf ihr Glück und den Herzkönig zu legen.

Kusma Wassiljewitsch lachte und nahm die Karten, sogleich waren auch alle unangenehmen Gedanken aus seinem Kopf verschwunden.

Allein sie kehrten an dem gleichen Tag noch einmal zu ihm zurück. Und zwar geschah das so: er war durch das Pförtchen bereits auf die Straße gelangt, hatte von Emilie Abschied genommen und rief ihr zum letztenmal

»Adieu, Zuckerpüppchen!« zu, als plötzlich ein mittelgroßer Mann an ihm vorüberschoß; dieser kehrte ihm einen Augenblick hindurch das Gesicht zu (die Nacht war längst hereingebrochen, doch der Mond schien ziemlich hell), und Kusma Wassiljewitsch erblickte ein hageres Zigeunerantlitz mit dichten schwarzen Augenbrauen und einem ebensolchen Schnurrbart, schwarzen Augen und einer Hakennase. Der Mann glitt sogleich um die Ecke, Kusma Wassiljewitsch aber war es, als hätte er ihn erkannt, freilich nicht das Gesicht, denn dieses hatte er niemals vorher gesehen, dafür jedoch den Ärmelaufschlag: klar funkelten im Lichte des Mondes die drei silbernen Knöpfe. Dem vorsichtigen Leutnant kamen schwere Bedenken; zu Hause rauchte er diesmal nicht, wie es sonst seine Gewohnheit war, seine Meerschaumpfeife. Die unerhoffte Bekanntschaft mit der liebenswürdigen Emilie und die angenehmen Stunden, die er in ihrer Gesellschaft verbracht hatte, waren ebenfalls danach angetan, die erregte Stimmung seiner Gefühle noch mehr zu steigern.

10

Welcher Art immer die Befürchtungen waren, die damals in Kusma Wassiljewitsch aufstiegen, sie zerstreuten sich schon bald und ließen keine Spur zurück. Es wurde ihm zur Gewohnheit, die beiden aus Riga stammenden Damen zu besuchen. Der leicht entzündbare Leutnant näherte sich Emilie immer mehr. Im Anfang schämte er sich zwar dieser Bekanntschaft und verbarg seine Besuche, aber schon kurze Zeit danach hörte er auf, sich zu schämen und sich zu verstecken; es endete naturgemäß damit, daß er bei seiner neuen Bekannten lieber als bei jedem anderen Menschen weilte, von seinen eigenen, trostlosen vier Wänden ganz zu schweigen. Madame Fritsche erweckte keinerlei unangenehme Empfindungen mehr in ihm, obwohl sie ihn noch immer genauso unfreundlich und rauh behandelte wie im Anfang. Wenig begüterte Personen in der Art der Frau Fritsche schätzen an ihren Gästen hauptsächlich die Freigebigkeit; Kusma Wassiljewitsch dagegen war geizig und brachte nichts außer Rosinen, griechischen Nüssen und Lebkuchen mit... Nur ein einziges Mal hatte er sich, wie er selber zu sagen pflegte, »ruiniert«, er hatte Emilie ein leichtes, rosiges Halstuch aus echtem französischen Stoff geschenkt; jedoch noch am gleichen Tag brannte sie mit der Kerze ein Loch in sein Geschenk. Er schalt sie deswegen aus; da knüpfte sie das Halstuch an den Schwanz der Katze; er ärgerte sich darüber, sie aber lachte ihm ins Gesicht. Kusma Wassiljewitsch mußte sich schließlich und endlich eingestehen, daß die Damen aus Riga ihn nicht nur nicht respektierten, sondern daß sie ihm auch durchaus kein Vertrauen entgegenbrachten; er wurde niemals ohne weiteres ins Haus gelassen und mußte manchmal lange warten, ja, man schickte ihn zuweilen sogar ohne alle Umstände fort oder plauderte in seiner Gegenwart, wenn man etwas vor ihm zu verbergen hatte, in deutscher Sprache. Emilie wollte ihm niemals Rechenschaft über ihr Tun und Treiben ablegen und antwortete auf alle seine Fragen immer nur unbestimmt, als hätte sie seine Worte nicht recht gehört; das Schlimmste aber war, daß mehrere Zimmer dieses Hauses, das nur von der Straße aus wie eine Hütte aussah und in Wirklichkeit ziemlich geräumig war, stets für ihn verschlossen blieben. Trotz alledem hörte Kusma Wassiljewitsch jedoch keineswegs mit seinen Besuchen auf, ganz im Gegenteil, diese wurden immer häufiger; denn sei es, wie immer es sei, es waren doch lebendige Menschen, die er sah. Außerdem wurde auch seine Eitelkeit durch den Umstand befriedigt, daß Emilie fortfuhr, ihn Florestan zu nennen, und ihn immer noch für einen ungewöhnlich schönen Mann hielt und ihm häufig beteuerte, daß er Augen hätte, »wie die Augen eines Paradiesvogels!«

11

Als der Sommer auf dem Höhepunkt war, begab sich Kusma Wassiljewitsch eines Tages um die Mittagszeit, nachdem er sich den ganzen Vormittag über in praller Sonne mit Unternehmern und Arbeitern hatte ärgern müssen, zerschlagen und abgequält zum Pförtchen des ihm nur allzu gut bekannten Hauses.

Er klopfte, man ließ ihn ein. Er wälzte sich in den sogenannten Salon und legte sich sofort auf den Diwan. Emilie trat zu ihm und trocknete seine nasse Stirn mit einem Tuch.

»Wie müde er ist, der Kleine! Wie heiß ihm ist!« sagte sie mitleidig. »Mein Gott! wenigstens den Kragen aufmachen. Herrje! Wie das Herz klopft.«

»Ich bin ganz erschöpft, Liebste«, klagte Kusma Wassiljewitsch. »Ich bin vom Morgen an auf den Beinen und stand die ganze Zeit in der Sonne. So ein Pech! Ich wollte eigentlich nach Hause. Aber dort erwarten mich bestimmt wieder diese Drachen, die Unternehmer! Und bei euch ist es schön kühl... ich hätte gern ein wenig geschlafen.«

»Warum nicht! Schlaf nur, mein Hühnchen; hier wird dich niemand stören...«

»Aber ich geniere mich...«

»Was da! Wozu genieren! Schlaf nur. Ich werde dich derweilen... wie sagt man doch bei euch?... einlullen.« – »Schlaf, mein Kindchen, schlafe!« sang sie.

»Wenn ich vorher noch einen Schluck Wasser bekommen könnte...«

»Da hast du ein Glas Wasser. Es ist ganz frisch! Wie Kristall! Wart nur, ich leg dir ein Kissen unter den Kopf. Und das hier ist wegen der Fliegen.«
Sie deckte sein Gesicht mit einem Tuch zu.
»Danke, mein Täubchen... Ich will nur... ein klein wenig einnicken...«
Kusma Wassiljewitsch schloß die Augen und schlief sogleich ein.
»Schlaf, mein Kindchen, schlafe!« sang Emilie und schaukelte sich dabei und mußte sowohl über ihr Lied als auch über ihre Bewegung leise lachen.
»Welch ein großes Kind ich da habe!« dachte sie. »Ein Bub!«

12

Der Leutnant erwachte nach anderthalb Stunden. Noch im Halbschlaf war ihm als berühre ihn jemand, als beuge sich jemand über ihn und atme ganz in seiner Nähe. Er fuhr auf und riß das Tuch herunter. Dicht neben seinem Lager kniete Emilie; der Ausdruck ihres Gesichtes kam ihm seltsam vor. Sie sprang sogleich auf und ging zum Fenster, wobei sie etwas in ihre Tasche steckte.
Kusma Wassiljewitsch streckte sich.
»Ich scheine ja mächtig geschlafen zu haben!« meinte er gähnend. »Komm doch mal her, mein süßes Fräulein!«
Emilie näherte sich ihm.
Er richtete sich flink auf, steckte die Hand in ihre Tasche und zog eine kleine Schere hervor.
»Ach, herrje!« rief Emilie unwillkürlich.
»Das...das ist ja eine Schere?« murmelte Kusma Wassiljewitsch.
»Nun freilich. Und was dachtest denn du... vielleicht eine Pistole? Ach, was für ein komisches Gesicht du machst! Zerknittert ist es wie ein Kissen, und die Haare auf dem Hinterkopf sind ganz struppig... Und du lachst nicht einmal. Ach, ach! Und wie verquollen deine Augen sind... Ach!«
Emilie brach in ein Gelächter aus.
»Schon gut«, knurrte Kusma Wassiljewitsch und stand vom Diwan auf. »Wozu die Zähne so sinnlos fletschen. Wenn du dir nichts Gescheiteres ausdenken kannst, werde ich fortgehen... Ich gehe«, wiederholte er, als er sah, daß sie nicht aufhörte.
Emilie hörte auf zu lachen.
»Schon gut, bleib nur; ich tu's nicht mehr... Laß mich nur deine Haare in Ordnung bringen...«
»Nein, wozu... Laß doch! Ich werde lieber gehen«, sagte Kusma Wassiljewitsch und faßte nach seiner Mütze.
Emilie schmollte.

»Pfui, was für ein Böser! Der echte Russe! Alle Russen sind bös! Da geht er wahrhaftig. Pfui. Gestern hat er mir fünf Rubel versprochen und heute gibt er sie mir nicht und geht noch dazu fort.«

»Ich habe heute kein Geld bei mir«, knurrte Kusma Wassiljewitsch, als er schon in der Tür war. »Leb wohl!«

Emilie schaute ihm nach und drohte mit dem Finger.

»Kein Geld! Höre doch einer an, was er da sagt! Ach, was für Betrüger die Russen sind! Aber warten Sie nur, Sie Mops, Sie... Tantchen, kommen Sie doch her, ich muß Ihnen was erzählen.«

Als Kusma Wassiljewitsch sich am Abend des gleichen Tages zu Bett begab und auskleidete, bemerkte er, daß am oberen Rande seines Ledergürtels die Naht etwa anderthalb Zoll weit aufgegangen war. Da er ein ordentlicher Mensch war, nahm er sogleich Nadel und Faden, fädelte ein und nähte selber die schadhafte Stelle zu, übrigens schenkte er dem Vorfall keinerlei Beachtung, da der Umstand augenscheinlich zu geringfügig war.

13

Den ganzen nächsten Tag über widmete sich Kusma Wassiljewitsch seinen Dienstpflichten; er verließ das Haus sogar nach dem Mittagessen nicht und war bis tief in die Nacht hinein im Schweiße seines Angesichts damit beschäftigt, einen Bericht an die Obrigkeit zu entwerfen und ins reine zu schreiben, wobei er unentwegt gewisse Buchstaben miteinander verwechselte und jedesmal nach einem »aber« ein Ausrufungszeichen stellte und nach einem »übrigens« ein Semikolon. Am Morgen darauf brachte ihm ein barfüßiger kleiner Jude in zerrissenem Röckchen einen Brief von Emilie, den ersten Brief, den Kusma Wassiljewitsch von ihr erhielt. »Mein allerliebster Florestan«, schrieb sie ihm, »hast Du Dich wirklich über Dein Zuckerpüppchen so geärgert, daß Du gestern nicht gekommen bist? Bitte, sei nicht mehr böse, wenn Du nicht willst, daß Deine lustige Emilie sehr viel weinen soll, und komm heute unbedingt um 5 Uhr abends.« Die Zahl 5 war von zwei Kränzen umgeben. »Ich werde sehr, sehr froh darüber sein. Deine Dich liebende Emilie.« Kusma Wassiljewitsch war innerlich über die Gelehrsamkeit seiner Liebsten sehr erstaunt, er gab dem kleinen Juden eine Kopeke und befahl zu sagen, es sei gut, er würde kommen.

14

Kusma Wassiljewitsch hielt Wort. Noch hatte es nicht fünf Uhr geschlagen, da stand er bereits vor dem Pförtchen der Frau Fritsche. Zu seinem Erstaunen jedoch war Emilie nicht zu Hause; die Hausfrau selber empfing ihn und teilte ihm mit, nachdem sie zuvor – o Wunder! – einen Knicks vor ihm gemacht hatte, daß Emilie durch unvorhergesehene Umstände gezwungen worden sei, fortzugehen, doch daß sie bald zurückkäme und ihn bäte, sie zu erwarten. Frau Fritsche trug diesmal eine saubere weiße Haube; sie lächelte, sie sprach mit einschmeichelnder Stimme und bemühte sich ganz offensichtlich, ihrem düsteren Gesicht einen freundlichen Ausdruck zu verleihen, aber man kann nicht sagen, daß ihr Antlitz hierdurch wesentlich gewann, im Gegenteil, es erhielt durch ihre Bemühung einen neuen bedrohlichen Zug. »Setzen Sie sich nur, mein Herr, setzen Sie sich«, sagte sie, indem sie ihm einen Sessel heranrückte, »wenn Sie gestatten, werden wir Sie bewirten!« Madame Fritsche machte aufs neue einen Knicks vor ihm und verließ das Zimmer, allein sie kehrte gleich darauf mit einer Tasse Schokolade, die auf einem kleinen eisernen Untersetzer stand, zurück. Die Schokolade schmeckte sehr merkwürdig, trotzdem jedoch leerte Kusma Wassiljewitsch die ganze Tasse mit Vergnügen, obwohl er durchaus nicht begreifen konnte, weswegen dieser Eifer in Madame Fritsche gefahren war und was das Ganze zu bedeuten hatte. Emilie freilich wollte und wollte nicht heimkehren, und er war bereits daran, die Geduld zu verlieren, weil er sich langweilte, als er plötzlich hinter der Wand die Töne einer Gitarre hörte. Zuerst war es nur ein Akkord, doch diesem folgten ein zweiter, dritter und vierter und immer lauter und voller schallten die Töne. Kusma Wassiljewitsch wunderte sich: er wußte freilich, daß Emilie eine Gitarre besaß, aber die hatte doch nur drei Saiten; er war immer noch nicht dazu gekommen, die fehlenden zu kaufen; und zudem war doch Emilie gar nicht zu Hause. Wer also konnte das wohl sein? Aufs neue ertönte ein Akkord und diesmal so laut, als erklänge er im gleichen Zimmer... Kusma Wassiljewitsch drehte sich um und stieß vor Schrecken fast einen Schrei aus. Auf der Schwelle einer niedrigen Tür, die er bis dahin nicht bemerkt hatte, da der schwere Schrank sie verdeckte, stand ein ihm unbekanntes Wesen; es war kein Kind mehr, doch war es auch kein erwachsenes Mädchen. Es trug ein weißes Kleidchen mit buntem Muster und dazu rote Stiefelchen mit hohen Absätzen; die dichten schwarzen Haare, die oben von einem goldnen Reifen zusammengefaßt wurden, fielen wie ein Schleier von dem kleinen Köpfchen auf den mageren Körper herab. Durch ihre weiche Fülle schimmerte der dunkle Glanz der riesigen Augen; die Gitarre ruhte unbeweglich in den nackten braunen Ärmchen, die von Ketten und Ringen geradezu strotzten. Das Gesicht war kaum zu erkennen, so klein und dunkel war es, allein die Lippen leuchteten rot, und es zeigte sich der Umriß einer schmalen und geraden Nase. Kusma Wassiljewitsch stand geraume Zeit starr da, als wäre er angewurzelt, und starrte, ohne auch nur einmal zu

blinzeln, aufmerksam das sonderbare Geschöpf an; doch auch dieses blickte ihn an und blinzelte ebenfalls nicht und rührte sich nicht. Endlich kam er zu sich und näherte sich.
Das dunkle Gesichtchen zeigte nach und nach ein Lächeln, die weißen Zähne schimmerten plötzlich auf, der Kopf richtete sich in die Höhe, die Locken wurden zurückgeschüttelt, und mit einemmal zeigte sich die ganze ausgeprägte und zarte Schönheit des Antlitzes. »Was ist denn das für ein Teufelchen?« fuhr es Kusma Wassiljewitsch durch den Kopf, und er redete es, indem er sich herunter beugte, halblaut an:
»Figürchen! He, Figürchen! Wer sind denn Sie?«
»Hierher, hierher«, rief das »Figürchen« mit einer ein wenig heiseren Stimme und in einer langsamen, gar nicht russischen Sprache mit falschen Betonungen, sie bewegte sich dabei zwei Schritte rückwärts.
Kusma Wassiljewitsch folgte ihr und trat über die Schwelle, er befand sich gleich darauf in einem winzigen Zimmerchen ohne Fenster, dessen Wände und Fußböden von dicken Teppichen aus Kamelhaar bedeckt waren. Ein starker Ambraduft empfing ihn. Zwei gelbe Wachskerzen brannten auf einem runden Tisch, der vor einem niedrigen türkischen Diwan stand. In der einen Ecke befand sich ferner ein kleines Bettchen, von einem Betthimmel aus Seidenbändern überragt, neben dem Kopfende hing ein Rosenkranz aus Bernstein, mit einer roten Troddel verziert.
»Wollen Sie mir nicht endlich sagen, wer Sie sind?« wiederholte Kusma Wassiljewitsch.
»Die Schwester... Emiliens Schwester.«
»Sie sind ihre Schwester? Und Sie wohnen hier?«
»Ja... ja...«
Kusma Wassiljewitsch verspürte plötzlich den Wunsch, das »Figürchen« zu berühren. Sie wich zurück.
»Wieso kommt es, daß sie mir nie von Ihnen gesprochen hat?«
»Es geht ja nicht... es geht nicht... .«
»Sie verbergen sich also... Sie verstecken sich?«
»Ja...«
»Gibt es einen Grund dafür?«
»Es gibt... es gibt...«
»Hm!« Kusma Wassiljewitsch wollte wiederum das »Figürchen« berühren, allein sie wich aufs neue zurück. »Deswegen also habe ich Sie nie bemerkt. Ich muß gestehen, daß ich keine Ahnung von Ihrer Existenz gehabt habe. Und Madame Fritsche, die Alte, ist also ebenfalls Ihre Tante?«
»Ja... Tante.«
»Hm! Es scheint, daß Sie nicht viel Russisch können. Wie heißen Sie?«

»Kolibri.«
»Wie?«
»Kolibri.«
»Kolibri? Ein ungewöhnlicher Name! Wenn ich mich recht erinnere, gibt es in Afrika solche Insekten?«

15

Kolibri lachte ein kurzes, seltsames Lachen... es hörte sich an, als würden in ihrer Kehle Gläser aneinander gerieben. Sie schüttelte den Kopf, schaute sich um, legte die Gitarre auf den Tisch, näherte sich flink der Tür und schlug diese plötzlich zu. Sie bewegte sich flink und lebhaft mit einem kaum hörbaren schnellen Geräusch, ganz so wie Eidechsen es tun; ihr Haar hing ihr im Rücken bis über die Kniekehlen herunter.
»Warum haben Sie die Tür geschlossen?« fragte Kusma Wassiljewitsch.
Kolibri legte den Finger an die Lippen: »Emilie... Nicht nötig... ist überflüssig.«
Über Kusma Wassiljewitschs Gesicht flog ein breites Grinsen.
»Sind Sie am Ende eifersüchtig auf sie?«
Kolibri zog die Augenbrauen in die Höhe.
»Wie?«
»Ob Sie eifersüchtig sind... oder böse«, erläuterte Kusma Wassiljewitsch.
»O ja!«
»Schau, schau! Viel Ehre!... Hören Sie einmal, wie alt sind Sie denn?«
»Zehnsieben.«
»Siebzehn wollen Sie wohl sagen?«
»Ja.«
Aufmerksam betrachtete Kusma Wassiljewitsch ihre phantastische Gestalt.
»Was Sie für ein hübsches Ding sind«, sagte er eindringlich. »Ein Wunder! Wahrhaftig ein Wunder! Diese Haare! Diese Augen! Und erst die Brauen, die Augenbrauen!... Oho!«
Kolibri lachte aufs neue und bewegte wiederum ihre wundervollen Augen.
»Ja, ich bin ein schönes Mädchen! Setzen Sie sich... ich werde mich neben Sie setzen.«
»Bitte schön, sehr gerne... Aber wieso sind Sie denn eine Schwester von Emilie? Sie sehen ihr ganz und gar nicht ähnlich.«
»Nein... ich Schwester... Kusin. Da... nehmen Sie ein Blum. Schön Blum. Sie duftet.« Sie nahm einen weißen Fliederzweig, der in ihrem Gürtel stak, roch daran, biß ein Blättchen ab und gab ihm den ganzen Zweig. »Wollen Sie eingemachtes? Gutes... aus Konstantinopel... Sorbet (Fruchtgetränk).«

Kolibri zog bei diesen Worten aus einer kleinen Kommode eine in einen purpurroten, mit stählernem Glitzern schimmernden Seidenfetzen eingewickelte vergoldete Büchse hervor, ein silbernes Löffelchen, eine geschliffene Kristallkaraffe mit Wasser und ein ebensolches Glas. »Nehmen Sie Sorbet, Herr, schmeckt sehr wunderschön. Ich dazu singen... Wollen Sie?« Sie nahm die Gitarre.

»Sie singen also?« fragte Kusma Wassiljewitsch, nachdem er von dem tatsächlich vortrefflichen Sorbet einen Löffel voll zu sich genommen hatte.

»O ja!« Sie warf ihr Haar zurück, neigte den Kopf auf die Seite und griff einige Akkorde, wobei sie sehr genau ihre Fingerspitzen und den Griff der Gitarre betrachtete... und plötzlich begann sie zu singen, ihre Stimme war im Gegensatz zu ihrem Wuchs stark und angenehm, obwohl sie ein wenig guttural klang und für Kusma Wassiljewitschs Ohr sogar etwas zu wild war. »Ach, du mein Kätzchen!« mußte er denken. Sie sang ein trauriges und durchaus nicht russisches Lied, die Sprache war Kusma Wassiljewitsch völlig unbekannt. Er bemerkte oft, daß Laute wie »kcha, gcha« in ihrem Gesang vorkamen, und gegen das Ende wiederholte sie ein langgedehntes »Sintamar« oder »Sinzimar«, irgend etwas in der Art, wobei sie den Kopf auf ihren Arm stützte, seufzte und schließlich die Gitarre auf die Knie sinken ließ.

»Gut?« fragte sie. »Wollen noch?«

»Mit dem größten Vergnügen«, entgegnete Kusma Wassiljewitsch. »Aber warum machen Sie so ein Gesicht, als wären Sie immer traurig? Wollen Sie nicht auch ein wenig Sorbet zu sich nehmen?«

»Nein... Sie sollen. Ich will noch... So wird lustiger sein.« Und sie sang ein anderes Lied, etwas in der Art eines Tanzliedes und immer noch in der gleichen unbekannten Sprache. Wieder hörte Kusma Wassiljewitsch die früheren gutturalen Laute. Ihre braunen Fingerchen liefen nur so über die Saiten, wie kleine Spinnen. Sie beendete das Lied diesmal, indem sie laut »ganda!« oder »gassa!« schrie und mit der Faust auf den Tisch schlug, wobei ihre Augen zu blitzen begannen...

16

Kusma Wassiljewitsch saß wie in einem Rausch da. Der Kopf wirbelte ihm. Dies alles war so unerwartet... Und zudem dieser Duft und dieser Gesang... die Kerzen... der Sorbet mit dem Vanillegeschmack... Kolibri aber rückte ihm immer näher, ihre Haare glänzten und raschelten, sie strahlte soviel Wärme aus und hatte dennoch ein so trauriges Gesicht... »Eine Nymphe!« mußte Kusma Wassiljewitsch denken. Es war ihm gar nicht recht wohl zumute.

»Mein Seelchen«, sagte er, »gestehen Sie nur, daß Sie heute die Absicht gehabt haben, mich hereinzurufen.«
»Sie sind jung, hübsch... Ich liebe solche.«
»So, so! Doch was wird Emilie dazu sagen? Sie hat mir einen Brief geschrieben; sie muß gleich kommen.«
»Sagen Sie ihr... nichts! Sonst Unglück! Mord!«
Kusma Wassiljewitsch lachte nur.
»Ist sie wirklich so böse?«
Kolibri nickte einige Male nachdrücklich mit dem Kopf.
»Und Madame Fritsche auch nichts. Nie! Nie! Nie!« Sie klopfte leise an ihre Stirne. »Verstehst du, Offizier?«
Kusma Wassiljewitsch runzelte die Brauen.
»Ein Geheimnis also?«
»Ja... ja.«
»Meinetwegen... ich will kein Wörtchen sagen. Aber dafür mußt du mir einen Kuß geben.«
»Nein, nachher... wenn du gehst.«
»Was du sagst!« Kusma Wassiljewitsch beugte sich über sie, doch sie lehnte sich langsam zurück und wurde ganz steif wie eine Schlange, auf die man im Waldesdickicht unversehens gestoßen ist. Kusma Wassiljewitsch sah sie an.
»Schau mir einer an!« sagte er schließlich. »Wie böse du sein kannst! Also dann nicht, Gott mit dir!«
Kolibri wurde nachdenklich und kehrte sich zum Leutnant um... Plötzlich ertönten drei gemessene, dumpfe Schläge irgendwo im Haus. Kolibri lachte, sie platze beinahe.
»Heute nein, morgen ja. Komm morgen.«
»Um welche Zeit?«
»Um sieben... abends.«
»Und was wird Emilie sagen?«
»Emilie... nein; nicht da sein.«
»Glaubst du? Nun gut. Aber morgen mußt du mir sagen...«
»Wie?« Jedesmal wenn Kolibri fragte, nahm ihr Gesicht einen völlig kindlichen Ausdruck an.
»Warum du dich solange vor mir verborgen gehalten hast!«
»Ja... ja; morgen wird alles sein, wird Ende sein.«
»Also sieh zu, ich will dir auch ein Geschenk mitbringen...«
»Nein... nicht nötig.«
»Warum denn? Ich sehe doch, daß du dich zu putzen liebst.«
»Nicht nötig. Dies... und dies... und dies...«, und sie wies hierbei mit dem Finger auf ihr Gewand, auf ihre Ringe, ihre Armbänder, kurz auf alles, was

sie umgab, »ist alles mein. Kein Geschenk. Nehm ich nicht.«
»Wie du willst! Und jetzt muß ich wohl gehen?«
»O ja!« Kusma Wassiljewitsch erhob sich. Kolibri stand ebenfalls auf.
»Leb wohl, kleines Spielzeug! Und was ist mit dem Kuß?«
Kolibri flatterte plötzlich auf, sie warf geschickt ihre beiden Arme um den Hals des jungen Leutnants, aber ihren Kuß konnte man eigentlich keinen Kuß nennen, es war mehr als pickte sie ihn in die Oberlippe. Er wollte sie küssen, doch da war sie schon fortgesprungen und stand hinter dem Diwan.
»Also morgen um sieben Uhr?« fragte er, nicht ohne eine gewisse Verwirrung.
Sie nickte nur und faßte dann mit zwei Fingern eine lange Strähne ihres eigenen Haares und biß mit ihren scharfen Zähnchen hinein.
Kusma Wassiljewitsch winkte ihr mit der Hand zu, ging hinaus und zog die Tür hinter sich zu. Er hörte noch, wie Kolibri hastig an die Tür heranlief... Hell klirrte der Schlüssel im Schloß.

17

In Frau Fritsches Salon war kein Mensch. Kusma Wassiljewitsch begab sich unverzüglich ins Vorzimmer. Er wünschte keineswegs, jetzt mit Emilie zusammenzutreffen. Als er hinausging, begegnete ihm die Hausfrau.
»Ah! Sie gehen schon Herr Leutnant«, sagte sie, immer noch mit dem gleichen heuchlerischen und drohenden Ausdruck. »Wollen Sie nicht mehr auf Emilie warten?«
Kusma Wassiljewitsch setzte die Mütze auf.
»Ich muß Ihnen sagen, Madame, daß ich nicht mehr länger warten kann. Vermutlich werde ich auch morgen nicht kommen. Bitte, richten Sie ihr das aus.«
»Gut, ich will's ausrichten. Aber Sie haben sich doch hoffentlich nicht gelangweilt, Herr Leutnant?«
»Nein; gelangweilt habe ich mich nicht.«
»Na, also. Wir bitten um Verzeihung.«
»Leben Sie wohl.«
Als Kusma Wassiljewitsch wieder zu Hause war und sich auf seinem Bett ausgestreckt hatte, mußte er tief und lange nachdenken. Er war unsagbar überrascht. »Was für eine Verwirrung!« rief er mehrfach aus. Und warum Emilie ihm wohl geschrieben hatte? Sie hatte doch selber die Zusammenkunft anberaumt, und nun war sie nicht einmal erschienen?... Er zog ihr Billett hervor, drehte es in der Hand und roch daran: es roch nach Tabak und war an einer Stelle korrigiert; dort stand zu lesen: »weinen soll«, aber anfangs

war geschrieben: »weinen wird.« Allein was konnte man hieraus für Schlüsse ziehen? Und war es wirklich möglich, daß die Haufrau nichts von allem wußte? Und dann sie... Wer war sie? Ja, wer nur war sie? Die bezaubernde Kolibri, dieses »Spielzeug«, dieses »Figürchen« wollte ihm nicht aus dem Kopf, und mit Ungeduld erwartete er den morgigen Abend, obwohl er sich insgeheim vor diesem »Spielzeug« und »Figürchen« eigentlich mehr fürchtete.

18

Am folgenden Tag begab sich Kusma Wassiljewitsch noch vor dem Mittagessen auf den Markt und kaufte dort in einer Bude nach energischem Feilschen ein winziges goldenes Kreuzchen, das an einem Sammetbändchen hing. »Beteuert sie auch«, überlegte er dabei, »daß sie kein Geschenk wünscht, so weiß ich nur zu gut, was dergleichen Worte zu bedeuten haben; und wenn sie wirklich in der Tat so bescheiden sein sollte – Emilie wird es gewiß nicht verschmähen.« Dieses waren die Erwägungen unseres Don Juan aus Nikolajew, der damals vermutlich nicht einmal eine Ahnung davon hatte, welcher Art der echte Don Juan war und zu wem er im Gedächtnis der Menschen wurde. Um sechs Uhr abends rasierte Kusma Wassiljewitsch sich auf das peinlichste und ließ darauf einen bekannten Barbier holen, dem er befahl, den Haarschopf gehörig zu pomadisieren und zu kräuseln, welcher Aufgabe sich dieser mit großem Eifer unterzog und dabei sogar ein amtliches Papier, das er zu Papilloten verwenden mußte, nicht schonte; als das geschehen war, zog Kusma Wassiljewitsch seine soeben vom Schneider gekommene neue Uniform an, nahm ein Paar Handschuhe aus Leder in die rechte Hand und verließ, nachdem er sich gehörig mit wohlriechendem Wasser besprengt hatte, das Haus. Dieses Mal beschäftigte sich Kusma Wassiljewitsch bei weitem mehr mit seinem Äußeren als an jenen Tagen, da er zu seinem »Zuckerpüppchen« ging, aber es geschah nicht etwa, weil ihm Kolibri mehr gefallen hätte als Emilie, sondern weil in dem »Spielzeug« etwas derartig Rätselhaftes lag, daß unwillkürlich sogar die träge Phantasie, über die der junge Leutnant verfügte, in Bewegung geriet.

19

Madame Fritsche empfing ihn genauso wie gestern und erklärte ihm, als wären die beiden übereingekommen, sich etwas vorzulügen, aufs neue, daß Emilie auf kurze Zeit fortgegangen sei und ihn bäte, sie zu erwarten. Kusma Wassiljewitsch neigte den Kopf zum Zeichen seines Einverständnisses und

nahm Platz. Und wieder lächelte Madame Fritsche, das heißt, sie zeigte ihre gelben Zähne, und entfernte sich, ohne ihm freilich diesmal Schokolade angeboten zu haben.
Kusma Wassiljewitsch heftete seinen Blick auf die geheimnisvolle Tür. Doch sie blieb verschlossen. Er hustete zweimal laut, um damit ein Zeichen zu geben, daß er gekommen sei... Allein die Tür bewegte sich nicht. Er hielt den Atem an und horchte... Nicht das geringste Geräusch noch irgendein Lärm waren vernehmbar; es erweckte fast den Eindruck, als sei alles ringsum ausgestorben. Kusma Wassiljewitsch stand auf und näherte sich auf Zehenspitzen der Tür – er versuchte sogar, nachdem er sie vergebens mit den Fingern abgetastet hatte, sie mit dem Knie aufzudrücken... Jedoch auch das half nichts. Er bückte sich schließlich und rief zweimal im kräftigsten Flüsterton: »Kolibri, Kolibri... Kleines Spielzeug!« Aber er erhielt keine Antwort. Da richtete sich Kusma Wassiljewitsch auf, zog seine Uniform zurecht und schritt, nachdem er noch ein wenig gezögert hatte, mit bereits festeren Schritten zum Fenster hin und trommelte an dessen Scheiben. Ärger stieg in ihm auf und Unwillen; der Offiziersstolz sprach in ihm: »Welch ein Unfug!« Er mußte denken: »Für wen halten die mich eigentlich? Wenn es nicht anders geht, werde ich eben mit den Fäusten hämmern, dann wird sie wohl Antwort geben müssen! Die Alte wird es freilich hören... Doch wenn schon. Ich bin nicht schuld daran!« Er drehte sich hastig auf den Absätzen um... Die Tür stand halb geöffnet.

20

Kusma Wassiljewitsch begab sich sogleich auf den Zehenspitzen in das geheime Zimmer. Kolibri lag in einem weißen Kleidchen, das von einem breiten roten Gürtel zusammengehalten wurde, auf dem Diwan und lachte, indem sie ihre untere Gesichtshälfte mit einem Tuch zudeckte, geräuschlos, aber von Herzen. Sie hatte diesmal ihr Haar aufgesteckt, sie hatte es in zwei lange, straffe Zöpfe geflochten und mit roten Bändern durchzogen; ihre winzigen über Kreuz liegenden Füßchen trugen die gestrigen Schuhe; aber ihre Füße waren heute nackt; wenn man sie ansah, hätte man denken können, daß sie dunkle Seidenstrümpfe angezogen habe. Der Diwan stand heute anders als am Tage zuvor, man hatte ihn näher an die Wand gerückt; auf dem Tisch befanden sich auf einem chinesischen Untersetzer eine dickbäuchige bunte Kaffeekanne und daneben eine geschliffene Zuckerdose und zwei kleine blaue Porzellantassen. Dort lag auch die Gitarre, und von einer sehr großen Räucherkerze stieg der graue Rauch zur Decke auf.
Kusma Wassiljewitsch näherte sich dem Diwan und bückte sich über Kolibri,

aber noch ehe es ihm gelang, ein Wörtchen zu sagen, hatte sie bereits die Hand ausgestreckt und, ohne dabei aufzuhören in ihr Tuch zu lachen, mit ihren kleinen harten Fingern seine Haare gepackt und im gleichen Augenblick seine ganze wohlgeordnete Frisur zerzaust.

»Was soll denn das?« rief Kusma Wassiljewitsch, dem dieser unzeremonielle Empfang offengestanden nur wenig zusagte: »Ach, du Schelmin!«

Kolibri nahm das Tuch von ihrem Gesicht.

»So war nicht gut; jetzt ist besser.« Sie rückte ein wenig auf dem Diwan und zog die Füße näher heran. »Setzen Sie sich... dort.«

Kusma Wassiljewitsch setzte sich auf den Platz, den sie ihm anwies.

»Warum rückst du so weit fort?« fragte er nach einer kleinen Pause. »Hast du vielleicht Furcht vor mir?«

Kolibri rollte sich zusammen und blickte ihn von der Seite an.

»Ich nicht fürchten... Nein.«

»Du sollst nicht so scheu sein«, fuhr Kusma Wassiljewitsch in belehrendem Ton fort. »Du erinnerst dich doch hoffentlich an dein gestriges Versprechen, mich zu küssen?«

Kolibri umschlang mit beiden Armen ihre Knie, legte den Kopf darauf und blickte ihn von neuem an.

»Erinnern mich.«

»Na also. Und du mußt dein Wort halten.«

»Ja... muß.«

»In dem Falle...«, begann Kusma Wassiljewitsch und näherte sich ihr.

Kolibri zog einen ihrer Zöpfe, die sie gleichzeitig mit den Knien umfaßt hatte, vor und schlug ihn damit auf die Hand.

»Ruhig, Herr!«

Kusma Wassiljewitsch wurde ganz verlegen.

»Was für Augen sie hat, dies Räubermädchen«, murmelte er vor sich hin. »Aber«, fügte er mit erhobener Stimme hinzu, »warum hast du mich denn eingeladen... in dem Falle?«

Kolibri reckte den Hals wie ein Vogel... Sie horchte auf. Kusma Wassiljewitsch war plötzlich aufgeregt.

»Emilie?« fragte er.

»Nein.«

»Jemand anderes?«

Kolibri zuckte mit den Achseln.

»Ja, hörst du denn überhaupt was?«

»Es ist nichts.« Mit der gleichen vogelartigen Bewegung zog Kolibri ihren eiförmig gebauten Kopf zurück.

»Ist nichts.«

»Nichts! Dann darf ich wohl jetzt…«, Kusma Wassiljewitsch wollte sich abermals Kolibri nähern, zog aber im gleichen Augenblick die Hand zurück. Auf seinem Finger traten Blutstropfen hervor. »Was sind das für Dummheiten!« rief er und schüttelte den Finger. »Immer eure Nadeln! Was zum Teufel ist denn das überhaupt für eine Nadel«, fügte er hinzu, als er die lange goldene Haarnadel gewahrte, die Kolibri langsam in ihren Gürtel steckte. »Das ist ja ein Dolch, das ist ein Stachel… Ja, ja, dein Stachel ist es, und du bist eine Wespe, ja, das bist du, eine Wespe, verstanden?«
Kusma Wassiljewitschs Vergleich mußte Kolibri offenbar sehr gut gefallen haben; sie brach in ein feines Lachen aus und sagte einige Male:
»Ja, kann stechen… kann stechen.«
Kusma Wassiljewitsch sah sie an und mußte denken: »Da lacht sie, aber ihr Gesicht ist immer noch ganz traurig.«
»Schau mal, was ich dir zeigen werde«, fügte er laut hinzu. Er zog sein Geschenk aus der Tasche und ließ es in der Luft tanzen. »Schau doch mal… Gefällt dir das Ding?«
Gleichgültig blickte Kolibri auf.
»Ah! Ein Kreuz! Tragen wir nicht.«
»Wie? Ihr tragt kein Kreuz? Ja, bist du denn eine Jüdin, oder wie?«
»Tragen wir nicht«, wiederholte Kolibri und blickte mit einer plötzlichen Unruhe über ihre Schulter. »Wollen Sie? Werde singen…«, fragte sie hastig.
Kusma Wassiljewitsch legte das Kreuzchen wieder in die Rocktasche und schaute sich ebenfalls um. Er hatte ein leises Knistern hinter der Wand gehört…
»Was war das?« murmelte er.
»Ein Maus… ein Maus«, rief Kolibri hastig und umarmte seinen Kopf mit ihren glatten elastischen Armen so plötzlich, daß es Kusma Wassiljewitsch völlig überraschte, ein schneller Kuß verbrannte seine Wange… ganz so, als hätte man eine glühende Kohle daran gedrückt.
Er preßte Kolibri in seine Arme, allein sie entglitt ihm wie eine Schlange, war doch ihr Leib kaum stärker als ein Schlangenkörper – und sprang auf.
»Wart«, flüsterte sie, »wollen vorher Kaffee trinken…«
»Laß doch! Wozu Kaffee! Nachher.«
»Nein, jetzt! Jetzt ist heiß, später kalt.« Sie faßte die Kaffeekanne am Henkel und begann, den Kaffee in die beiden Tassen zu gießen. Der Kaffee floß in schmalem Strahl, der aussah, als wäre er gekräuselt; Kolibri legte den Kopf auf die Schulter und schaute zu, wie es strömte. »Da, nimm Zucker… trink… ich auch!«
Kusma Wassiljewitsch warf ein Stück Zucker in die Tasse und trank sie mit einem Schluck aus. Der Kaffee war sehr stark und hatte einen bitteren

Geschmack. Kolibri blickte ihn lächelnd an und bewegte ein wenig die Nüstern über ihrem Tassenrand. Darauf ließ sie die Tasse langsam sinken.
»Warum trinkst du nicht?« fragte Kusma Wassiljewitsch.
»Ich... nach und nach...«, entgegnete sie.
Kusma Wassiljewitsch wurde feurig.
»Setz dich doch endlich neben mich!«
»Sofort.« Sie beugte den Kopf und ergriff, ohne den Blick von Kusma Wassiljewitsch zu lassen, die Gitarre. »Will vorher noch singen.«
»Schon gut, setz dich nur.«
»Und werde tanzen. Willst du?«
»Du tanzst? Das würde ich allerdings gerne sehen. Aber geht es nicht nachher?«
»Nein, jetzt... Und ich liebe dich sehr.«
»Du liebst mich! Dann schau doch... nun denn, so tanz, wenn du es durchaus willst, du sonderbares Ding!«

21

Kolibri stand am anderen Tischrand und begann, nachdem ihre Finger einige Male flüchtig über die Saiten der Gitarre geglitten waren, zum größten Erstaunen von Kusma Wassiljewitsch, der eine lustige und lebendige Melodie erwartet hatte, ein langsames, einförmiges Rezitativ zu singen, wobei sie jeden einzelnen Ton fast mühsam hervorstieß und mit einem gemessenen Wiegen des Körpers nach rechts und nach links begleitete. Sie lächelte nicht und zog sogar die Brauen noch mehr zusammen, diese hohen, runden, schmalen Brauen, zwischen denen ein blaues, vermutlich mit Pulver eingeätztes Zeichen, das wie ein orientalischer Buchstabe aussah, scharf hervortrat. Sie hielt ihre Augen fast geschlossen, aber immer noch leuchteten trübe die Pupillen durch die tief herabgesenkten Augenwimpern, und sie hielt sie noch immer starr auf Kusma Wassiljewitsch gerichtet. Er konnte seinen Blick von diesen wunderbaren, drohenden Augen nicht abwenden, von diesem bräunlichen, nach und nach immer rosiger werdenden Gesicht, von den halbgeöffneten, regungslosen Lippen und von den zwei schwarzen Schlangen, die gemessen zu den beiden Seiten des schönen Köpfchens schwankten. Kolibri schaukelte sich immer noch, ohne ihre Stellung zu ändern, doch allmählich gerieten ihre Füße in Bewegung; sie bewegte sie leise, indem sie bald die Fußspitze, bald wieder den Absatz erhob. Nur einmal drehte sie sich plötzlich geschwind um und schrie durchdringend auf, wobei sie die Gitarre hoch in der Luft schwenkte... Dann aber fiel sie aufs neue in den früheren gleichförmigen Tanz, der immer noch von dem gleichen einförmigen Gesang begleitet wurde. Kusma Wassiljewitsch saß währenddessen seelenruhig auf dem Diwan und fuhr fort, Kolibri anzublicken. Eine eigenartige, ungewöhnliche Empfindung war in ihm. So leicht und frei war ihm zumute, vielleicht sogar ein wenig zu leicht; es war ganz so, als fühle er seinen Körper nicht mehr, als schwimme er, doch gleichzeitig hatte er das Gefühl, als kröchen Ameisen über seine Haut, eine angenehme Kraftlosigkeit war in seinen Beinen, und seine Lider und Lippen kitzelte eine süße Schläfrigkeit. Er hatte keinen Wunsch und keine Gedanken mehr, es war ihm so wohl, als schläfre ihn jemand ein, als »lulle« man ihn ein, wie Emilie zu sagen pflegte, und leise flüsterte er vor sich hin: »Kleines Spielzeug!« Von Zeit zu Zeit glitten Wolken über das Gesicht des »kleinen Spielzeuges«... »Warum nur?« mußte sich Kusma Wassiljewitsch fragen. »Das macht der Weihrauch«, beruhigte er sich... »Soviel blauer Rauch ist im Zimmer.« Und wieder schläferte ihn jemand ein und sprach ihm leise gute Worte ins Ohr... Doch sie wurden nie zu Ende gesprochen. Plötzlich dagegen öffnete »Kleines Spielzeug« die großen Augen, sie waren ganz ungewöhnlich groß, fast wie Brückenbogen... Die Gitarre fiel nieder und gab, als sie den Boden berührte, irgendwo in unendlicher Ferne einen Klang von sich. Ein naher und guter Freund Kusma Wassiljewitschs umfaßte ihn sanft und fest von hinten und richtete ihm die Halsbinde. Kusma Wassiljewitsch sah dicht vor seinem Antlitz die gebogene Nase, den dichten Schnurrbart und die durchdringenden Augen des Unbekannten, auf dessen Ärmel der Aufschlag mit den drei Knöpfen war... Und sah er auch die Augen dort, wo der Schnurrbart hätte sein sollen, und den Schnurrbart dagegen, wo die Augen zu sein hatten, und war auch die Nase selber ganz umgekehrt, so setzte dies alles Kusma Wassiljewitsch gar nicht in Erstaunen, im Gegenteil, er fand, daß es sich so gehöre; er beabsichtigte eigentlich, der Nase »Guten Tag, Bruder Grigorij« zuzurufen, allein er änderte diese Absicht ab und zog vor...

Er zog vor, sich unverzüglich mit Kolibri nach Zargrad zu seiner bevorstehenden Vermählung zu begeben, war sie doch eine Türkin und hatte ihn doch sein Kaiser jetzt zum wirklichen Türken ernannt.

22

Zur rechten Zeit war auch ein Boot da: er setzte den Fuß hinein, und obwohl er zunächst aus Ungeschicklichkeit stolperte und so hart aufschlug, daß er einige Zeit hindurch nicht mehr wußte, wo er sich befand, kam er doch wieder zurecht und setzte sich auf die Bank und schwamm darauf jenen großen Fluß hinunter, der auf der Karte, die an der Wand des Gymnasiums in Nikolajew hing, als Strom der Zeit nach Zargrad fließt. Mit großer Freude schwamm er den Fluß hinunter und beobachtete die Scharen der roten Eidergänse, die ihm unablässig entgegenzogen; aber sie ließen ihn niemals nah herankommen, sondern tauchten und verwandelten sich in runde, rosige Flecken. Auch Kolibri reiste mit ihm; doch da sie vor der Hitze Angst hatte, befand sie sich unter dem Boot und klopfte nur zuweilen an den Boden... Und endlich erreichten sie Zargrad. Die Häuser waren, wie es für Häuser schicklich ist, in der Art von Tiroler Hüten. Die Türken hatten große und würdige Gesichter; doch es war nicht gut, sie zu lange anzuschauen; sie verzerrten sich und schnitten dann immer Grimassen und fielen schließlich ganz und gar auseinander, wie tauender Schnee. Und da war auch schon der Palast, den er mit Kolibri bewohnen sollte... Prächtig war der eingerichtet! Die Wände mit Generalsborten, überall Epauletten, in allen Ecken Diener, die in Hörner stießen, und in den Salon konnte man mit dem Boot fahren. Und natürlich war auch ein Porträt von Mohammed da... Kolibri jedoch läuft immer weiter durch die Zimmer, und ihre Zöpfe schleifen hinter ihr auf dem Fußboden her; und sie will sich um keinen Preis umdrehen und wird immer kleiner und immer kleiner... Und schon ist es nicht mehr Kolibri, sondern ein Bub in einem Kittel, und er ist sein Erzieher, und er muß mit diesem Bub in ein Fernrohr kriechen, und das Fernrohr wird immer enger und enger, und schon kann man sich nicht mehr bewegen, weder vorwärts noch rückwärts, und atmen kann man auch nicht mehr, und etwas stürzt auf seinen Rücken... und er hat Erde im Mund...

23

Kusma Wassiljewitsch öffnete die Augen. Es war hell ringsum und still... es roch nach Essig und Pfefferminz. Über ihm und zu beiden Seiten war etwas Weißes; er schaute genauer hin. Es war ein Bettvorhang. Er wollte den Kopf erheben... doch das ging nicht, die Hand... das ging ebenfalls nicht. Was konnte das nur zu bedeuten haben? Er schlug die Augen nieder... Vor ihm lag ein langer Körper ausgestreckt, und dieser Körper war mit einer gelben wollenen Decke, die einen braunen Saum hatte, bedeckt. Und dieser Körper war offenbar Kusma Wassiljewitsch eigener Körper. Er versuchte zu schreien... aber es kam nichts dabei heraus. Er versuchte es noch einmal und nahm hierzu all seine Kraft zusammen... ein welkes Stöhnen erklang und bebte dicht unter seiner Nase. Schwere Schritte wurden hörbar, eine sehnige Hand schob den Bettvorhang zurück. Vor ihm stand ein grauer Invalide in einem geflickten Militärmantel und sah ihn an... Und auch er sah den Invaliden an. Ein großer Zinnkrug näherte sich Kusma Wassiljewitschs Lippen. Gierig schlürfte Kusma Wassiljewitsch das kalte Wasser. Seine Zunge löste sich.

»Wo bin ich?« fragte Kusma Wassiljewitsch. »Na, jetzt werden wir also leben«, sagte der Mann in der Uniform. »Sie sind im Lazarett«, fügte er laut hinzu, »aber sie müssen noch ruhen, es ist schädlich für Sie, zu sprechen.« Kusma Wassiljewitsch wollte sich gerade wundern, doch da fiel er von neuem in die Bewußtlosigkeit des Vergessens.
Am nächsten Morgen kam der Arzt. Kusma Wassiljewitsch hatte die Besinnung bereits wiedererlangt. Der Arzt wünschte ihm Glück zur Genesung und befahl, ihm einen neuen Verband um den Kopf zu machen.
»Wie? Um den Kopf? Ja, ist denn…«
»Sie dürfen nicht sprechen, Sie dürfen sich nicht aufregen«, unterbrach ihn der Arzt. »Sie sollen jetzt stilliegen und dem Höchsten Schöpfer danken. Wo sind die Kompressen, Popljowkin?«
»Aber wo ist denn das Geld… das Staatsgeld…«
»Na, jetzt redet er schon wieder irre… Mehr Eis, Popljowkin!«

24

So verging eine Woche. Kusma Wassiljewitschs Genesung hatte mittlerweile solche Fortschritte gemacht, daß die Ärzte es für möglich hielten, ihm die Begebenheiten, die ihm zugestoßen waren, mitzuteilen. Er erfuhr folgendes. Das Haus der Frau Fritsche hatte er zum letzten Mal am 16. Juni um sieben Uhr abends betreten, am 17. Juni aber, das heißt, fast einen Tag später, war er um die Mittagszeit von einem Hirten in einer Schlucht neben der großen Landstraße nach Cherson, zwei Werst von Nikolajew, bewußtlos mit zerschlagenem Kopf und blutroten Flecken auf dem Nacken aufgefunden worden. Rock und Weste waren aufgeknöpft, alle Taschen umgestülpt, seine Mütze und sein Marinedolch fehlten und ebenso der lederne Gürtel mit dem Geld. Nach dem zerdrückten Gras und der breiten Spur im Sand und Lehm zu schließen, war der unglückliche Leutnant bis zum Grund der Schlucht geschleift worden, und dort erst hatte man ihm die Schläge aufs Haupt versetzt – keine Beilhiebe, sondern eher Säbelhiebe, und sie rührten vermutlich von seinem eigenen Marinedolch her; entlang der ganzen Spur war kein Blutstropfen zu sehen, dort jedoch, wo man ihn fand, hatte sich um sein Haupt eine ganze Blutlache gebildet. Es stand fest, daß die Mörder ihn anfangs berauscht und dann zu erwürgen versucht hatten und ihn endlich nachts vor die Stadt brachten und in die Schlucht schleiften, um ihm dort endgültig den Garaus zu machen. Und nur dank seiner wahrhaft eisernen Verfassung war Kusma Wassiljewitsch mit dem Leben davongekommen. Das Bewußtsein hatte er erst am 22. Juli zurückerlangt, das heißt, nach fünf Wochen.

25

Kusma Wassiljewitsch meldete das Unglück, das ihn betroffen hatte, unverzüglich der Obrigkeit, mündlich und schriftlich berichtete er alle Einzelheiten der Sache und teilte ebenfalls die Adresse der Madame Fritsche mit. Die Polizei stürzte sich auf das bezeichnete Haus, aber sie fand darin keine Sterbensseele vor; die Vögel hatten schon längst das Nest verlassen. So nahm man denn den Hausherrn vor; doch der war ein uralter und tauber Kleinbürger, von ihm konnte man nur wenig Gescheites erfahren. Er lebte selber in einem ganz anderen Quartal und wußte nur das eine: vor etwa vier Monaten hatte er sein Haus einer Jüdin vermietet, deren Paß auf den Namen Schmul oder Schmulke lautete, und diesen Umstand ordnungsgemäß dem Polizeirevier angezeigt. »Es kam auch noch ein anderes Frauenzimmer zu ihr«, sagte er aus, »die auch einen Paß hatte« – aber welches Gewerbe die beiden betrieben, sei ihm nicht bekannt; und ob sie noch andere Mieter bei sich aufgenommen habe – davon wisse er nichts; er hätte in jenem Hause einen Burschen gehabt, der als Hausmeister dort lebte, doch der sei fortgezogen; der neue Hausmeister dagegen hätte erst kürzlich am 1. Juli seinen Posten angetreten. Man zog Erkundigungen bei der Polizei ein, und da stellte sich heraus, daß die Schmulke gleichzeitig mit ihrer Gefährtin, deren wirklicher Name Friederike Bengel lautete, die Stadt Nikolajew etwa am 20. Juni mit unbekanntem Reiseziel verlassen hatte. Den geheimnisvollen Mann mit dem Gesicht eines Zigeuners und den drei Knöpfen auf dem Ärmelaufschlag, wie auch die dunkle ausländische Dirne mit den großen Zöpfen hatte keiner gesehen. Kaum hatte Kusma Wassiljewitsch das Lazarett verlassen, da besuchte er selber das Haus, das für ihn so verhängnisvoll geworden war. In dem kleinen Zimmer, in welchem er mit Kolibri geplaudert hatte und in dem es noch immer nach Ambra roch, befand sich noch eine zweite versteckte Tür; vor diese war damals, als er seinen zweiten Besuch machte, der Diwan gerückt worden, und durch sie war vermutlich der Mörder eingedrungen, der ihn von hinten gepackt hatte. Kusma Wassiljewitsch reichte eine formelle Klage ein, und es begann ein Prozeß. Einige mit Aktenzeichen versehene Papiere und Vorschriften flogen alsbald in alle Winde; rechtzeitig trafen die entsprechenden Meldungen und Bescheide ein … aber damit war auch alles zu Ende. Die verdächtigen Personen waren wie ins Wasser getaucht – und mit ihnen waren die gestohlenen staatlichen Gelder, eintausendneunhundertsiebzehn Rubel mit Kopeken in Papier und Gold, verschwunden. Die Summe war für die damalige Zeit nicht klein! Sie wurde noch nach zehn Jahren von Kusma Wassiljewitsch abbezahlt, bis der Rest ihm schließlich durch ein allerhöchstes Manifest erlassen wurde.

26

Er selber war anfangs fest davon überzeugt, daß Emilie, sein listiges »Zukkerpüppchen«, schuld an dem ganzen Unglück und die Anstifterin der Verschwörung war. Er erinnerte sich, daß er am Tage seiner letzten Zusammenkunft mit ihr unvorsichtig auf dem Diwan eingenickt war und daß sie, als er aufwachte, dicht vor ihm kniete und ganz verwirrt war, und wie er endlich noch am gleichen Abend die schadhafte Stelle an seinem Ledergürtel bemerkt hatte, eine schadhafte Stelle, deren Ursache augenscheinlich ihre Schere gewesen war. »Sie hatte offenbar den Gürtel entdeckt«, überlegte Kusma Wassiljewitsch, »und es darauf der alten Teufelin und den beiden andern Teufeln gesagt, sie lockte mich hin, indem sie mir den Brief schrieb... und als Folge davon wurde ich so zugerichtet. Aber wer hätte das von ihr voraussetzen können!« Lebhaft stellte er sich dabei Emiliens hübsches und gutherziges Gesicht und ihre hellen Äuglein vor... »O Weiber! Weiber!« rief er, mit den Zähnen knirschend: »Krokodilsbrut!« Allein als er endgültig das Lazarett verließ und wieder in sein Haus übersiedelte, erfuhr er etwas, das ihn nicht nur in Erstaunen versetzte, sondern ihn in die äußerste Verwirrung geraten ließ. Am gleichen Tage nämlich, als man ihn halbtot in die Stadt gebracht hatte, war ein Mädchen, das der Beschreibung nach Emilie glich, ganz in Tränen und mit aufgelösten Haaren in sein Haus gelaufen, hatte sich bei seinem Burschen nach seinem Befinden erkundigt und war dann wie eine Verrückte ins Lazarett gestürzt. Im Lazarett hatte man ihr gesagt, daß Kusma Wassiljewitsch zweifellos sterben würde, und sie war händeringend mit dem Ausdruck der größten Verzweiflung auf ihrem Gesicht verschwunden. Es war nur zu offensichtlich, daß sie den Mord weder vorausgesehen noch erwartet hatte. Oder hatte man sie am Ende selber betrogen und ihr nicht den auf sie entfallenden Anteil gegeben? Oder war es gar Reue, die plötzlich über sie gekommen war? Immerhin hatte sie Nikolajew gemeinsam mit jener abscheulichen Alten, die zweifellos alles wußte, verlassen. Kusma Wassiljewitsch kannte sich in diesen Rätseln nicht mehr aus und langweilte seinen Burschen gehörig, weil er ihn unablässig veranlaßte, immer aufs neue das Äußere jenes Mädchens zu beschreiben und ihre Worte zu wiederholen.

27

Anderthalb Jahre verstrichen, da erhielt Kusma Wassiljewitsch eines Tages einen Brief in deutscher Sprache von Emilie, alias Friederike Bengel, den er unverzüglich übersetzen ließ und uns mehrfach zeigte. Der Brief war voller orthographischer Fehler und wimmelte von Ausrufungszeichen; auf dem

Umschlag war ein Stempel »Breslau«. Hier folgt eine nach Möglichkeit getreue Übersetzung des Briefes:

»Mein teurer, unvergeßlicher und unvergleichlicher Florestan! Herr Leutnant Jergenhof!

Wie oft setzte ich bereits an, Ihnen zu schreiben! Aber leider verschob ich es immer wieder, obwohl der Gedanke, daß Sie mich vielleicht für die Mithelferin an jener schrecklichen Missetat halten, für mich immer der tödlichste Gedanke gewesen ist! O mein lieber Herr Leutnant! Glauben Sie mir, der Tag, an dem ich erfuhr, daß Sie am Leben geblieben und gesund geworden wären, war der glücklichste Tag meines Lebens! Aber ich habe nicht die Absicht, mich ganz und gar zu rechtfertigen! Ich will nicht lügen! Ich war es wirklich, die als erste Ihre Gewohnheit entdeckte, Geld auf dem Leibe zu tragen! (Übrigens machen es in unsern Ländern alle Fleischer und Fleischhändler so!) Und da beging ich die Unvorsichtigkeit, ein wenig davon zu sprechen! Ich sagte damals sogar im Scherz, daß es gut wäre, Ihnen ein wenig von diesem Geld fortzunehmen! Die alte Hexe aber (Herr Florestan! Sie war nicht meine Tante) verabredete sich darauf mit diesem gottlosen Abschaum Luigi und seiner Mithelferin! Ich schwöre es Ihnen beim Grabe meiner Mutter, daß ich bis jetzt nicht weiß, was das für Menschen waren! Ich weiß nur, daß sein Name Luigi war und daß beide aus Bukarest gekommen und vermutlich große Verbrecher waren, denn sie verbargen sich vor der Polizei und hatten Geld und Kostbarkeiten. Luigi war ein schreckliches Subjekt; einen Mitmenschen töten bedeutete für ihn gar nichts! Er sprach alle Sprachen – und er war es, der damals die von der Köchin gestohlenen Sachen zurückgebracht hatte! Aber fragen Sie nicht, wie! Alles, alles konnte er tun, er war ein schrecklicher Mensch! Er beteuerte der Alten, daß er Sie nur ein bißchen betrunken machen und dann vor die Stadt bringen und dort aus dem Wagen werfen wollte, er würde später aussagen, daß er nichts wüßte, und daß Sie selber an allem schuld seien, da Sie vermutlich irgendwo zuviel getrunken hätten! Aber der Bösewicht hatte wohl schon damals im Sinn, daß es besser sei, Sie ganz umzubringen, damit kein Hahn mehr nach Ihnen krähe! Er schrieb darauf einen Brief in meinem Namen an Sie, mich aber hatte die Alte derweilen mit List fortgeschafft! Ich ahnte nichts und hatte schreckliche Angst vor Luigi! Er hatte mir nämlich gesagt: ›Ich stech dich ab, wie ein Kalb werde ich dich abstechen!‹ Und dabei bewegte er so furchtbar den Schnurrbart! Man hatte mich damals in eine lustige Gesellschaft gebracht... Ich schäme mich so, Herr Leutnant! Und auch heute noch weine ich die bittersten Tränen, wenn ich daran denke!... Es scheint mir immer... ach, ich bin nicht für diese Beschäftigung geboren... Aber daran kann man nichts mehr ändern, und so geschah es denn! Ich war sehr erschrocken und

mußte notgedrungen fortreisen, denn wenn uns die Polizei auf die Spur gekommen wäre, was wäre dann wohl mit mir geschehen? Der verdammte Luigi floh, sobald er erfuhr, daß Sie am Leben geblieben waren. Schon bald darauf trennte ich mich von allen, und wenn ich jetzt auch häufig ohne ein Stück Brot bin, so hat doch meine Seele Frieden! Sie werden mich vielleicht fragen, warum ich überhaupt nach Nikolajew gekommen bin? Doch ich kann darauf nicht antworten! Ich habe es schwören müssen! Ich beende den Brief mit einer Bitte, die für mich sehr, sehr wichtig ist: ich bitte Sie, wenn Sie noch manchmal an Ihre kleine Freundin Emilie zurückdenken, an sie nicht wie an eine schwarze Verbrecherin zu denken! Der ewige Gott sieht mein Herz! Ich habe eine schlechte Moralität und bin leichtsinnig, aber ich bin nicht böse. Und ich werde Sie immer lieben und an Sie denken, mein unvergleichlicher Florestan, und werde Ihnen immer das Beste auf diesem Erdenrund wünschen! Ich weiß nicht, ob mein Brief Sie erreichen wird, doch sollte er Sie erreichen, so schreiben Sie mir einige Zeilen, damit ich sehe, daß Sie meinen Brief erhalten haben! Damit werden Sie sehr glücklich machen Ihre Ihnen ewig ergebene Emilie.
PS. Schreiben Sie mir unter der Chiffre F.E. poste restante, Breslau, Schlesien. Ich schreibe Ihnen auf deutsch; ich kann meinen Gefühlen auf keine andere Weise Ausdruck verleihen; Sie dagegen können mir russisch schreiben.«

28

»Nun, und? Haben Sie ihr geantwortet?« fragten wir Kusma Wassiljewitsch.
»Ich wollte es, ich wollte es oft. Aber wie hätte ich ihr schreiben sollen? Deutsch kann ich nicht, und russisch... Wer hätte es ihr übersetzt? So habe ich denn schließlich nicht geschrieben.«
Jedesmal, wenn Kusma Wassiljewitsch seine Erzählung beendete, seufzte er, schüttelte den Kopf und pflegte dann zu sagen: »Ja, das ist die Jugend!« Und wenn in der Schar seiner Zuhörer zufällig ein Neuling war, der die berühmte Geschichte zum erstenmal hörte, dann pflegte er dessen Hand zu nehmen und bei sich auf den Schädel zu legen und ließ ihn die Narbe fühlen, die von jener Wunde zurückgeblieben war... Die Wunde muß tatsächlich furchtbar gewesen sein, denn die Narbe reichte von einem Ohr bis zum andern.

Iwan Sergejewitsch Turgenjew

Der Mann der Akulka

Es war schon spät in der Nacht, wohl in der zwölften Stunde. Ich war schon eingeschlafen, – da erwachte ich plötzlich. Der trübe Schein des fernen Nachtlichts erhellte kaum die nächsten Schlafstätten... Fast alle schliefen. Sogar Ustijanzeff schlief, und in der Stille hörte man, wie schwer er atmete und wie der Schleim in seinem Hals bei jedem Atemzug brodelte. Da ertönten draußen auf dem Flur die schweren Schritte der nahenden Ablösung. Ein Gewehrkolben stieß schwer auf den Boden. Die Tür des Krankenzimmers öffnete sich: der Gefreite trat leise ein und zählte die Kranken. Nach einer Minute war die Tür wieder verschlossen, die neue Wache trat an, die Schritte des Wachkommandos entfernten sich, und wieder trat die Stille ein. Nun erst bemerkte ich, daß nicht weit von mir, links von meinem Bett, zweie nicht schliefen und miteinander zu flüstern schienen. Das kam zuweilen vor: es lagen manche monatelang nebeneinander, ohne daß je ein Wort zwischen ihnen gewechselt wurde, und dann plötzlich in einer Nacht, in einer schweren Stunde, fängt der eine zu sprechen an und breitet vor dem anderen, lauschenden, seine ganze Vergangenheit aus.

Offenbar flüsterten sie schon lange miteinander. Den Anfang hatte ich nicht gehört, und auch jetzt konnte ich nicht alles vernehmen, doch allmählich gewöhnte sich mein Ohr daran, und so vernahm ich bald auch die einzelnen Worte. Ich konnte nicht schlafen: was sollte ich tun, wenn ich nicht zuhörte?...

Der eine erzählte, halb liegend im Bett, den Kopf erhoben und vorgestreckt, damit ihn der Genosse besser höre. Augenscheinlich war er erregt, es quälte ihn etwas, und er wollte erzählen. Sein Zuhörer saß finster und gleichmütig auf seinem Lager, die Füße ausgestreckt, hin und wieder brummte er etwas als Antwort oder zum Zeichen seines Interesses, was er aber mehr anstandshalber als aus wirklicher Teilnahme zu tun schien, und stopfte fortwährend aus einem Horn Tabak in die Nase. Er war ein Soldat aus der Strafkompanie, Tscherewin hieß er, ein Mann von ungefähr fünfzig Jahren, ein mürrischer Pedant, ein kalter Raisonneur und selbstgefälliger Dummkopf. Der Erzähler, Schischkoff, war ein junger, noch nicht dreißigjähriger Arrestant unserer Zivilabteilung, der in der Schneiderwerkstätte arbeitete. Bis dahin hatte ich ihm wenig Beachtung geschenkt; und auch später, solange ich im Dstrogg lebte, zog es mich nicht zu ihm. Er war ein leerer, unverständiger Mensch. Zuweilen schwieg er lange Zeit, war mürrisch, unfreundlich, sprach wochenlang kein Wort. Zuweilen aber mischte er sich in Dinge ein, die ihn nichts angingen, verbreitete Klatschgeschichten, regte sich wegen der nichtigsten Sachen auf, trieb sich in allen Kasernen umher, redete unendlich, schien aus der Haut zu fahren. Verprügelte man ihn, so schwieg er wieder. Er war feig und geizig. Alle mißachteten ihn und behandelten ihn auch danach. Er war klein von Wuchs und mager, mit bald seltsam unruhigem, bald wieder stumpf brütendem Blick. Hatte er etwas zu erzählen, so begann er eifrig und erregt, sogar mit lebhaften Gesten – bis er plötzlich abbrach oder auf anderes überging, sich von neuen Einzelheiten hinreißen ließ und ganz vergaß, wovon er zuerst gesprochen hatte. Er stritt sehr oft mit den anderen, und wenn er es tat, so warf er dem Gegner unbedingt etwas vor, etwa wie sehr jener ihm Unrecht getan habe und wie groß seine Schuld vor ihm sei, und er sprach mit Gefühl und war sogar den Tränen nahe... Er spielte nicht schlecht die Balalaika und er spielte sie gern, und an Feiertagen tanzte er sogar, und tanzte gut, wenn man ihn, was auch vorkam, dazu veranlaßte... Es war sehr leicht, ihn zu etwas zu veranlassen... Nicht, daß er so gehorsam gewesen wäre, aber er schloß gern Freundschaft und tat dann alles, um dem neuen Freund gefällig zu sein.

Es dauerte ziemlich lange, bis ich begriff, wovon sie sprachen. Auch schien es mir zuerst, daß er immer abwich vom eigentlichen Thema und sich von Nebensächlichem ablenken ließ. Vielleicht entging es ihm auch nicht, daß Tscherewin für seine ganze Erzählung überhaupt kein Interesse übrig hatte, doch wollte er sich, glaube ich, absichtlich einreden, daß sein Zuhörer ganz Ohr sei. Vielleicht wäre es ihm auch sehr schmerzlich gewesen, sich vom Gegenteil zu überzeugen.

»... Kam er so auf den Markt«, erzählte er jetzt weiter, »dann grüßten ihn alle, sie fühlten sozusagen, das ist ein Reicher!«

»Er handelte, sagst du?«

»Nun, ja, gewiß doch. Unter den Kleinbürgern bei uns war die Armut groß. Das reine Elend. Die Weiber trugen das Wasser aus dem Fluß das steile Ufer hinauf, um dort die Gemüsegärten zu begießen, im Herbst aber hatten sie für die ganze Plage nicht einmal Kohl zur Suppe. Nichts zu wollen. Nun, er aber hatte ein großes Stück Land, ließ das Feld von Knechten bearbeiten, hielt ihrer ganze drei, und dann hatte er noch einen ganzen Bienengarten, handelte mit Honig und auch mit Vieh, und doch war er in unserem Ort sehr geachtet, mußt du wissen. Alt war er auch schon, an die siebzig Jahr, die Knochen wurden ihm schon steif, hatte einen grauen langen Bart, war ein großer Mann. Kam er so im Fuchspelz auf den Markt, da wurde er von allen Seiten gegrüßt. Sehr ehrerbietig. –

›Guten Tag, Väterchen Ankudim Trofimytsch!‹

›Hab auch du einen guten Tag‹, sagt er. Keinen, wie du siehst, verachtete er.

›Laßt's Euch wohlgehen, Ankudim Trofimytsch!‹

›Danke, wie geht es Euch?‹ fragt er.

›Ach, unsere Geschäfte sind weiß wie Ruß,* wie aber geht es Euch, Väterchen?‹

›Auch wir leben‹, sagt er, ›trotz unserer Sünden.‹

›So laßt's Euch denn wohlgehen, Ankudim Trofimytsch!‹ Niemand also wird von ihm verachtet, und spricht er, so ist jedes Wort einen Rubel wert. Er war auch sehr bibelkundig, verstand zu lesen und zu schreiben, er las aber nur die heilige Schrift. Dann setzte er die Alte, sein Weib, vor sich hin: ›Jetzt höre, Weib, und begreife!‹ sagt er, und dann fängt er an, auszulegen und alles zu erklären, wie das da gemeint ist. Aber seine Alte war noch gar nicht alt, sie war seine zweite Frau, die er sozusagen der Kinder wegen geheiratet hatte, denn von der ersten hatte er keine. Nun, aber von der zweiten, der Maria Stepanowna, hatte er zwei noch unerwachsene Söhne, von denen der jüngere, Wassja, ihm noch mit sechzig Jahren geboren worden war, und außerdem hatte er noch eine Tochter, Akulka, das war die älteste und damals achtzehn Jahre alt.«

»Und das war sie, deine Frau?«

»Wart, zuerst kommt noch Filka Morosoff. Du, sagt der Filka dem Ankudim, zahl mir mal jetzt das Geld aus; gib mir alle vierhundert her. Ich will nicht mit dir handeln und deine Akulka, sagt er, will ich auch nicht. Jetzt, sagt er, lebe ich blau. Meine Eltern, sagt er, sind jetzt gestorben, daher werde ich jetzt mein Geld versaufen und dann gehe ich unter die Soldaten und komme nach zehn Jahren als Feldmarschall wieder. Ankudim gab ihm auch richtig das Geld ab, denn sein Vater und Ankudim hatten mit gemeinschaftlichem Kapital gehandelt. – ›Ein verlorener Mensch bist du‹, sagt ihm der Alte. Er aber antwortet ihm: ›Nun, noch weiß man nicht, ob ich verloren bin, bei dir aber, du Graubart, kann man ja nur lernen, mit dem Pfriem Milch zu löffeln. Du‹, sagt er, ›willst mit jeder Kopeke reich werden, sammelst noch jeden Schmutz, weil er sich vielleicht doch noch zur Kohlsuppe eignet. Ich aber spucke darauf. Du sammelst und sammelst, bis du des Teufels bist. Ich aber‹, sagte er, ›ich habe Charakter! Deine Akulka aber nehme ich trotzdem nicht; ich habe‹, sagte er, ›sowieso schon mit ihr geschlafen ...‹

›Was!‹ schreit Ankudim, ›wie wagst du es, eines ehrenhaften Vaters ehrenhafte Tochter zu beschimpfen! Wann hast du mit ihr geschlafen, du Schlangenbrut, du Hechtsblut!‹ Und selbst bebt er am ganzen Körper. So erzählte Filka später.

›Haha, nicht nur keinen Filka Morosoff wird sie jetzt bekommen‹, sagt er, ›ich werde dafür sorgen, daß Eure Akulka überhaupt keiner mehr nehmen wird, auch der Mikita Grigorjitsch nicht, denn sie ist ja doch ehrlos. Schon seit dem Herbst haben wir zusammengelebt, jetzt aber gehe ich für keine

* D.h. ebensowenig wie Ruß weiß ist, ebensowenig machen wir Geschäfte.

hundert Krebse mehr darauf ein. Versuch doch: leg mir gleich hundert auf den Tisch, da wirst du sehen, daß ich nicht einwillige...‹

Und da hub dann das Prassen an, das war was! Die ganze Erde drehte er um, durch die ganze Stadt hörte man seine Gelage. Er hatte sich noch Freunde ausgesucht, einen Haufen Geld besaß er, drei Monate lang wurde gepraßt, bis alles aus war. ›Ich werde‹, sagte er bisweilen, ›wenn das Geld alle ist, das Haus verkaufen, alles verkaufen, und dann gehe ich unter die Landstreicher oder unter die Soldaten!‹ Vom Morgen bis zum Abend praßte er und fuhr mit einem schellengeschmückten Zweispänner durch die Stadt. Aber die Mädels liebten ihn wie keinen anderen, so etwas sieht man gar nicht wieder. Auch verstand er gut zu spielen, und er spielte auf allen Instrumenten.«

»Dann hatte er also mit der Akulka schon vorher die Sache gehabt?«

»Wart nur. Ich hatte damals auch gerade meinen Vater beerdigt, und meine Mutter backte Pfefferkuchen, arbeitete also auch für Ankudim, und davon lebten wir. Wir hatten aber ein schlechtes Leben. Nun, wir hatten auch unser Landstück hinter dem Walde, säten auch unser Korn, aber nach dem Tode des Vaters war es doch aus mit der Herrlichkeit, denn auch ich lebte blau, mußt du wissen. Von der Mutter holte ich das Geld mit Schlägen heraus...«

»Das ist nicht gut, wenn du sie geschlagen hast. Das ist eine große Sünde.«

»Ich war aber, mußt du wissen, vom Morgen früh bis Abend spät besoffen. Unser Häuschen ging noch an, nichts zu sagen, war es auch verfault, so gehörte es doch uns, aber innen drin da war nichts zu beißen. Da saßen wir denn ohne Essen und kauten manche Woche am Hungertuch. Die Mutter schilt mich, aber was mache ich mir draus!... Ich, mußt du wissen, wich damals keinen Schritt von Filka Morosoff. Vom Morgen bis zum Abend war ich bei ihm. ›Spiel‹, sagte er, ›auf der Gitarre und tanz, ich aber werde liegen und Geld auf dich werfen, denn ich bin der reichste Mensch.‹ Und was er nicht alles tat! Nur Gestohlenes nahm er nicht. ›Ich bin kein Dieb‹, sagt er, ›sondern ein ehrlicher Mensch.‹ – Und eines Tages sagte er: ›Kommt, gehen wir und streichen wir der Akulka die Haustür mit Pech an, denn ich will nicht, daß sie Mikita Grigorjitsch heiratet. Das ist mir jetzt wichtiger als alles andere‹, sagt er.

Ankudim aber hatte schon früher die Absicht gehabt, das Mädchen dem Mikita Grigorjitsch zu geben. Mikita war auch schon alt, ein Witwer mit einer Brille auf der Nase, und er handelte gleichfalls. Als der nun hörte, was für Gerüchte über Akulka umgingen, da sagte er natürlich ab. ›Mir, Ankudim Trofimytsch‹, sagt er, ›mir würde es zur großen Unehre gereichen, und auch will ich in meinen alten Jahren überhaupt nicht mehr heiraten.‹

Und so gingen wir und strichen Akulkas Tür mit Pech an. Sie aber wurde dafür geprügelt, unaufhörlich geprügelt... Marja Stepanowna schreit: ›Das

überlebe ich nicht!‹ und der Alte sagt: ›In alter Zeit und unter ehrsamen Patriarchen würde ich sie‹, sagt er, ›auf dem Scheiterhaufen totgeprügelt haben, heutzutage aber‹, sagt er, ›ist in der Welt nichts als Finsternis und Fäulnis.‹ Die Nachbarn in der ganzen Straße hatten die Akulka schreien gehört: sie wurde vom Morgen bis zum Abend geschlagen. Filka aber sagt auf dem Markt, daß es alle hören: ›Ein prächtiges Mädchen ist die Akulka, meine Freundin. Hübsch gewachsen, rein gekleidet, fragt mal, wen sie liebt! Ich‹, sagt er, ›ich habe ihnen dort eins auf die Nase gegeben, das werden sie nicht sobald vergessen.‹ Da traf auch ich einmal die Akulka, als sie mit Wassereimern ging, ich aber schrie ihr nach: ›Guten Tag, Akulina Kudimowna! Ich grüße Euer Gnaden! Sauber bist du, woher kommt das, sag mal, wen du liebst!‹ Sie aber blickte mich nur einmal an, so große Augen hatte sie, selbst aber war sie so mager geworden wie ein Holzspan. Als sie mich anblickte, glaubte ihre Mutter, daß sie mir zulachte, und schrie ihr vom Hoftor zu: ›Lachst du schon wieder, du Schamlose!‹ Und so wurde sie an diesem Tage wieder geprügelt. Eine ganze geschlagene Stunde. ›Ich werde sie noch totprügeln, sie ist nicht mehr meine Tochter‹, schrie die Mutter.«

»Sie war also eine Herumtreiberin?«

»Nein, du, höre nur zu, Freundchen. Als wir so immer noch fortfahren, Filka und ich, zu trinken, da kam eines Tages meine Mutter zu mir, ich aber lag auf dem Rücken. ›Was liegst du, Elender‹, sagt sie, ›du Räuber, du Tagedieb!‹ Schimpft mich also. ›Heirate doch‹, sagt sie, ›die Akulka ist jetzt zu haben, heirate sie. Die Alten werden froh sein, wenn sie noch einen wie dich für sie bekommen. Und dreihundert Rubel geben sie allein in barem Geld.‹ Ich aber sage: ›Aber sie ist doch jetzt‹, sage ich, ›vor der ganzen Welt entehrt!‹ – ›Du Dummkopf‹, sagt sie, ›mit dem Kranz ist alles gutgemacht,

und für dich ist es doch um so besser, wenn sie schuldig vor dir ist: Wir aber werden das Geld brauchen können. Ich habe schon‹, sagt sie, ›mit Maria Stepanowna gesprochen. Sie hörte mir sehr aufmerksam zu. Ich aber sage: ›Geld, zwanzig Rubel in Silber auf den Tisch, dann heirate ich.‹ – Und was glaubst du wohl: ich war in einem Strich bis zur Hochzeit besoffen. Und da kam noch Filka Morosoff mit seinen Drohungen:
›Ich werde dir‹, sagte er, ›als Akulinas Mann, alle Rippen eindrücken und mit deinem Weibe, wenn ich nur will, jede Nacht zusammen schlafen.‹
Ich aber sage ihm: ›Das lügst du, du Hund!‹ Da aber hat er mir auf offener Straße solche Schmach angetan, daß ich nach Hause ging und sagte: ›Ich will nicht heiraten, wenn man mir nicht sofort noch fünfzig Rubel auf den Tisch legt!‹«
»Und man gab sie dir auch wirklich zum Weibe?«
»Mir? Weshalb sollte man nicht? Wir waren doch keine ehrlosen Leute. Mein Vater hatte erst in der letzten Zeit durch eine Feuersbrunst alles verloren, früher aber hatten wir noch reicher als sie gelebt. Ankudim sagte wohl: ›Du hast nichts.‹ – Ich aber antwortete ihm: ›Das schon, aber bei Euch hat man die Türpfosten mit Pech beschmiert.‹ – Er aber sagt: ›Willst du jetzt noch großtun? Beweise du zuerst, daß sie unehrlich ist, allen Menschen kann man nicht den Mund zubinden. Hier ist Gott und dort ist die Tür‹, sagt er, ›du brauchst das Geld nicht zu nehmen. Nur mußt du das erhaltene zurückgeben.‹ Da machte ich denn mit Filka Morosoff ein Ende: ich ließ ihm durch Mitrij Bykoff sagen, daß ich ihn jetzt vor der ganzen Welt ehrlos machen würde, aber bis zur Hochzeit, mußt du wissen, war ich in einem Strich besoffen. Erst vor der Trauung erwachte ich. Als wir dann aus der Kirche wieder zurückgekommen waren und man uns hingesetzt hatte, da sagte Mitrofan Stepanytsch, also der Onkel:
›Wenn es auch nicht ehrenhaft ist, so ist es doch fest, die Sache ist jetzt gemacht, vollzogen und damit abgetan.‹
Der Alte, der Ankudim, war gleichfalls betrunken und weinte, saß auf seinem Stuhl, und die Tränen rollten ihm über die Backen in den Bart. Nun, ich aber, Freundchen, machte es damals so: ich steckte eine Knute in die Tasche, die ich schon vor der Trauung bereitgelegt hatte, und so beschloß ich denn, mich an der Akulka zu rächen, damit sie wußte, was das heißt, durch ehrlosen Betrug einen Mann zu bekommen, und damit auch die anderen erführen, daß ich sie nicht als Narr geheiratet hatte...«
»Ganz recht! Damit sie es sich für nächstens merkt...«
»Nein, Freundchen, du wart noch etwas und hör mich an. In unserer Gegend ist es Sitte, daß man sogleich von der Trauung ins Hochzeitsgemach geht, die anderen aber trinken inzwischen ruhig weiter. Und so ließ man denn uns

beide allein im Hochzeitsgemach. Sie sitzt so bleich auf dem Bettrand, kein Blutstropfen im Gesicht. Das war die Angst, mußt du wissen. Ihr Haar war auch ganz wie Flachs so hell. Und ihre Augen waren blau und groß. Und immer schwieg sie, nie hörte man sie, ganz wie eine Stumme im Hause. Ganz wunderbar war sie. Aber was meinst du wohl, Freundchen, kannst du dir das denken: ich hatte doch schon die Knute vorbereitet und hier gleich neben dem Bett hingelegt, sie aber war, Freundchen, sie aber war, wie sich zeigte – vollkommen unschuldig vor mir.«

»Was!?«

»Ganz und gar. Wie jede andere Ehrenwerte aus ehrenwertem Hause. Aber nun sag du mir doch, Freundchen, wofür hatte sie nun nach alledem diese Qualen erduldet! Warum hatte denn der Filka Morosoff sie vor der ganzen Welt entehrt?«

»Hm, ja...«

»Da kniete ich denn vor ihr nieder, gleich dort vor dem Bett, faltete die Hände: ›Täubchen‹, sage ich, ›Akulina Kudimowna, verzeih mir dummen Menschen, daß ich dich auch für so eine gehalten habe. Verzeih mir‹, sage ich, ›mir Elendem!‹ Sie aber sitzt vor mir auf dem Bett, sieht mich an, legt mir beide Hände auf die Schultern, lacht, aber dabei rollen ihr die Tränen über die Wangen; sie lacht und weint... Wie ich da zu den anderen wieder hinausging, da sagte ich: ›Begegnet mir jetzt noch einmal Filka Morosoff, so hat er zum längsten auf der Welt gelebt!‹ Die Alten aber wußten gar nicht mehr, wie sie noch beten sollten: die Mutter fiel ihr zu Füßen und schrie fast vor Schluchzen. Der Alte aber sagte: ›Hätten wir es nur gewußt oder geahnt, so hätten wir dir, meine geliebte Tochter, einen ganz anderen Mann ausgesucht.‹ Und wie wir am nächsten Sonntag in die Kirche gingen, da trug ich eine schmucke Fellmütze, einen Rock aus feinem Tuch und Beinkleider in reichen Falten. Sie trug einen neuen Hasenpelz und ein seidenes Tüchlein. Siehst du, so gingen wir. Die Leute hatten ihre Freude an uns...«

»Nun, schön.«

»Nun, aber höre nur weiter. Am nächsten Tage nach der Hochzeit lief ich von den Gästen fort, obschon ich betrunken war – riß mich aber los und lief. ›Gebt ihn her, den Taugenichts Filka Morosoff, gebt ihn nur her, den Schuft!‹ so schrie ich, – schrie es auf dem Markt, mußt du wissen. Nun, ich war ja auch noch betrunken; da wurde ich denn nicht weit von Wlassoffs eingefangen und mit Gewalt von drei Mann nach Haus gebracht. Im ganzen Ort aber weiß man's schon. Die Mädchen und Weiber auf dem Markt stecken die Köpfe zusammen: ›Wißt ihr es schon, habt ihr es schon gehört? Die Akulka ist ja ganz unschuldig gewesen!‹ Filka aber sagte mir kurz darauf in Gegenwart von anderen, und sagt mir so: ›Verkauf deine Frau, – wirst

betrunken sein. Bei uns‹, sagt er, ›hatte der Soldat Jaschka nur deswegen geheiratet: bei seinem Weibe hat er nie geschlafen, dafür aber war er drei Jahre lang betrunken.‹ Ich sage ihm: ›Du bist ein Schurke!‹
›Du aber bist ein Dummkopf‹, sagt er. ›Man hat dich doch in betrunkenem Zustand verheiratet, was könntest du dann da beurteilen?‹
Ich kam nach Haus und schrie: ›Ihr‹, sage ich, ›ihr habt mich betrunken mit ihr verheiratet!‹ Die Mutter wollte mich wohl noch bereden, ich aber sagte: ›Dir sind die Ohren mit Gold vollgestopft, du hörst nichts anderes. Gib mal die Akulka her!‹ Nun, und dann fing das Prügeln an. Ich prügelte sie, mußt du wissen, ich prügelte sie zwei Stunden, bis ich selbst umfiel. Drei Wochen lag sie im Bett, ohne aufzustehen.«
»Es ist ja wahr«, meinte Tscherewin phlegmatisch, »schlägst du sie nicht, so... hattest du sie denn mit einem Liebhaber überrascht?«
»Nein, das nicht«, sagte nach einigem Schweigen und gleichsam sich überwindend Schischkoff. »Es kränkte mich aber doch gar zu sehr, daß die Menschen mich so beleidigen durften, und der Anstifter von allem war natürlich der Filka. ›Deine Frau‹, sagt er, ›ist für dich nur ein Modell‹, sagt er, ›damit die Leute sie ansehen.‹ Und einmal feierte er wieder ein großes Fest und hatte auch mich zu Gast geladen, und da sagte er: ›Seine Frau‹, sagt er, ›ist edelmütig und ehrerbietig, ist hübsch und freundlich, und jedermann beneidet ihn jetzt! Aber hast du schon vergessen, Bursche, wie du selbst ihre Tür mit Pech beschmiert hast?‹
Ich saß dort betrunken auf dem Stuhl, da faßte er mich an den Haaren und schüttelte mich und drückte mich nieder. ›Tanz‹, sagt er ›Akulinas Mann, ich werde dich so an den Haaren halten, du aber tanz zu meiner Belustigung!‹
›Ein Schurke bist du!‹ schreie ich.
Er aber sagt zu mir: ›Ich werde mit meiner ganzen Horde zu Akulka fahren, zu deiner Frau, und sie in deiner Gegenwart mit Ruten prügeln, soviel ich will.‹ So fürchtete ich denn, glaub oder glaub mir nicht, einen ganzen Monat, das Haus zu verlassen: wenn er inzwischen kommt, dachte ich, und ihr und meinem Hause die Schande antut, – was dann? Und da fing ich denn an, sie zu prügeln...«
»Wozu da prügeln! Hände kann man binden, von Zungen aber bindest du keine einzige. Viel schlagen taugt auch nicht. Bestrafe, belehre, dann aber sei auch wieder gut zu ihr. Dafür ist sie doch Weib.«
Schischkoff schwieg eine Zeitlang.
»Es kränkte mich«, begann er dann von neuem, »und da wurde mir das Prügeln zur Gewohnheit: manchen Tag prügelte ich sie vom Morgen bis zum Abend. Schlage ich sie nicht, so ist es langweilig. Sie saß gewöhnlich am Fenster, sieht hinaus, schweigt, weint... Immer weinte sie, sie tat mir

wirklich leid, aber ich schlug sie. Meine Mutter schalt mich oft genug ihretwegen: ›Ein Elender bist du‹, sagt sie, ›ein Zuchthausknecht!‹ – Ich aber schreie: ›Ich werde sie totschlagen! und daß mir jetzt niemand was zu sagen wagt, denn man hat mich mit Betrug verheiratet!‹
Zuerst kam noch der alte Ankudim selbst: ›Du bist doch nicht weiß Gott was für eine Persönlichkeit, daß man mit dir nicht fertig werden könnte, ich werde schon einen Richter finden, der dir anderes beibringen wird!‹ Dann aber ließ er es bleiben und kam nicht wieder. Maria Stepcnowna aber war ganz still geworden. Einmal kam sie und bittet unter Tränen: ›Ich bin mit einer Belästigung zu dir gekommen, Iwan Sfemjonytsch, sie ist nicht groß, aber die Bitte ist um so größer. Schenk uns Sonnenlicht und Freude‹, sagt sie, verbeugt sich tief vor mir, ›besänftige dich, verzeihe du ihr! Böse Menschen haben unsere einzige Tochter verleumdet, du aber weißt doch selbst, daß du ein unschuldiges Mädchen zum Weibe bekommen hast...‹ Und sie verbeugt sich bis zur Erde vor mir, weint. Ich aber mache mich stolz: ›Ich will euch alle überhaupt nicht anhören! Werde jetzt mit euch allen machen, was ich will, denn ich kann mich jetzt nicht beherrschen. Filka Morosoff aber‹, sage ich, ›ist mein Kamerad und bester Freund...‹«
»Gingt also wieder beide durch?«
»Wo! Bei dem konnte man überhaupt nicht mehr ankommen! Sein eigen Hab und Gut hatte er bis aufs Letzte verpraßt und dann hatte er sich einem reichen Kleinbürger verkauft, um für dessen ältesten Sohn unter die Soldaten zu gehen. In unserer Gegend aber ist ein solcher bis zu dem Tage, wo er fortgeführt wird, der erste Herr im Hause dessen, für den er geht, dann muß dort alles vor ihm im Staube liegen, er aber ist unumschränkter Herr im Hause. Geld erhält er eine Menge, bis zum Abgang aber lebt er im Hause, lebt dort ein halbes Jahr womöglich, und wie er dann die Besitzer behandelt, das ist gar nicht auszureden, – bring nur die Heiligen hinaus! ›Ich‹, sagt er, ›gehe, mußt du wissen, für deinen Sohn unter die Soldaten, folglich müßt ihr mich alle achten, oder sonst sage ich ab!‹ Und so lebte denn auch Filka großartig, schläft mit der Tocher, zieht den Hausherrn jeden Tag nach dem Essen am Bart, – alles nur zu seinem Vergnügen. Jeden Tag muß für ihn die Badestube geheizt werden und für den Dampf muß auf die heißen Ofensteine nicht Wasser, sondern Branntwein gegossen werden, und viel fehlte nicht, so hätte er noch verlangt, von den Badeweibern auf den Händen hineingetragen zu werden. Kommt er von einer Spazierfahrt zurück, so bleibt er auf der Straße stehen: ›Ich will nicht durch das Hoftor, reißt den Zaun nieder!‹ sagt er, und so wird neben dem Hoftor der Zaun niedergerissen und dann erst spaziert er hinein. Endlich war die Zeit vorüber, er mußte unter die Soldaten. Eine Menge Volks begleitet ihn, die ganze Straße ist voll Menschen: Filka

Morosoff fährt fort! Er aber grüßt nach allen Seiten. Akulka aber kam gerade aus dem Gemüsegarten zurück. Wie Filka sie erblickt – es war dicht vor unserem Hoftor, – da schreit er: ›Halt!‹ springt aus dem Wagen, geht geradenwegs auf sie zu und verbeugt sich bis zur Erde vor ihr! ›Du meine Seele‹, sagt er, ›mein Licht, zwei Jahre liebte ich dich, jetzt aber führt man mich mit Musik zu den Soldaten. Vergib mir‹, sagt er, ›du ehrenhafte Tochter eines ehrenhaften Vaters, denn ich Elender bin sündig vor dir, ich allein trage an allem die Schuld!‹ Und er verbeugt sich zum zweitenmal bis zur Erde vor ihr. Die Akulka aber stand zuerst ganz wie erstarrt, dann aber verneigte sie sich tief vor ihm und sagte: ›Verzeih auch du mir, kühner Jüngling, doch habe ich nichts Böses von dir erfahren.‹

Ich ging ihr nach ins Haus: ›Was hast du ihm gesagt, du Hündin?‹ Sie aber, glaub oder glaub mir nicht, sie sah mich nur an und sagte: ›Ich liebe ihn jetzt mehr als mein Leben!‹«

»Sieh mal an!...«

»Ich sprach an diesem Tage kein Wort zu ihr... Erst am Abend sagte ich: ›Akulka! Jetzt werde ich dich totschlagen‹, sagte ich. In der Nacht fand ich keinen Schlaf, ging in den Flur und trank etwas Kwas. Es zeigte sich schon die Morgenröte am Himmel. Ich ging in die Stube zurück. ›Akulka‹, sage ich, ›steh auf, wir müssen auf das Feld hinaus fahren.‹ Ich hatte auch früher schon davon gesprochen, daß ich hinfahren würde, die Mutter wußte es schon. ›Das ist gut‹, hatte sie gesagt, ›jetzt ist Arbeitszeit, der Knecht aber soll dort schon den dritten Tag faulenzen.‹ Ich schirrte schweigend das Pferd an, sage kein Wort. Wenn man aus unserem Städtchen hinausfährt, so beginnt sogleich ein Fichtenwald, auf fünfzehn Werst zieht er sich hin, und hinter dem Walde lag unser Acker. Als wir so an drei Werst durch den Wald gefahren waren, hielt ich das Pferd an: ›Steh auf, Akulina‹, sage ich, ›dein Ende ist gekommen.‹ Sie sah mich an und erschrak, stieg aus dem Wagen, steht, schweigt. ›Ich habe dich satt‹, sage ich, ›bet zu Gott!‹ Und wie ich sie dann so an den Haaren erfaßte – ihre Zöpfe waren so lang und dick, wickelte sie mir um die Hand, – drückte sie hinterrücks nieder und klemmte sie zwischen die Knie, riß mein Messer hervor, bog ihr den Kopf zurück und stieß ihr das Messer in die Kehle... Wie sie da aufschrie und das Blut spritzte, da warf ich das Messer fort, umfing sie mit beiden Armen von vorn, warf mich mit ihr zur Erde, umklammerte sie und schrie über ihr, schrie und schrie; und sie schreit und ich schreie. Sie zittert und schlägt um sich, will sich von meinen Armen befreien, das Blut aber, das Blut – strömt mir über das Gesicht, über die Hände, es sprudelt nur so hervor, sprudelt nur so. Da überkam mich plötzlich Angst, ich ließ sie liegen, ließ das Pferd stehen, selbst aber lief ich, was ich laufen konnte, lief und lief, hinter den Gemüsegärten vorbei, und lief in unsere Badestube, wir hatten noch so eine alte, die nicht mehr benutzt wurde, die stand da am Hause: ich verkroch mich unter die Schwitzbänke und sitze da in einer Ecke. Bis zur Nacht saß ich dort.«

»Und die Akulka? Wie blieb's denn mit der?«

»Sie aber muß wohl nach mir aufgestanden sein, um gleichfalls nach Haus zu gehen. Wenigstens hat man sie so hundert Schritt von jenem Ort gefunden.«

»Also hattest du nicht ganz durchgeschnitten.«

»Ja...« Schischkoff stockte einen Augenblick.

»Da ist so eine Ader«, bemerkte Tscherewin, »wenn du sie, diese selbe Ader, nicht mit dem ersten Hieb durchschneidest, so lebt der Mensch immer noch weiter, und wieviel Blut auch herausfließt, der Mensch stirbt nicht.«

»Aber sie starb doch. Tot hatte man sie am Abend gefunden. Man machte sofort Anzeige davon, man fing an, mich zu suchen und fand mich noch vor der Nacht in der Badestube... Jetzt ist es schon das vierte Jahr, daß ich hier lebe«, fügte er nach kurzem Schweigen hinzu.

»Hm... Es ist ja... wahr: schlägt man nicht, – dann kommt auch nichts Gutes heraus«, meinte ruhig und methodisch Tscherewin, indem er wieder das Horn hervorzog. Langsam und teilweise mit Unterbrechungen begann er seinen Tabak zu schnupfen. »Und andererseits wiederum«, fuhr er fort, »bist du dabei doch ein großer Dummkopf gewesen, was man dir auch jetzt noch ansieht. Ich traf auch einmal mein Weib mit einem Liebhaber an. Da führte ich sie denn in den Schuppen, legte die Pferdeleine doppelt. ›Wem‹, fragte ich, ›schwörst du nun Treue? Wem?‹ Und dann prügelte ich sie, prügelte, prügelte, mit der Pferdeleine nämlich, anderthalb Stunden, sie aber schrie: ›Werde deine Füße waschen‹, schrie sie, ›und das Wasser nachher trinken.‹ Awdotja hieß sie.«

Fjodor Michailowitsch Dostojewski

Lady Macbeth von Mzensk

1

Zuweilen begegnet man bei uns Menschen, deren man sich, mögen auch noch so viel Jahre vergehen, niemals ohne Herzklopfen erinnert. Zu ihnen gehört die Kaufmannsfrau Katerina Lwowna Ismailowa, die einst ein furchtbares Drama entfesselte, nach dem unsere Edelleute, etwas ungezwungen, sie »Lady Macbeth von Mzensk« zu nennen pflegten.
Katerina Lwowna war keine Schönheit, aber eine Frau von sehr angenehmen Äußeren. Sie war nur vierundzwanzig Jahre alt, von nicht sehr hohem, aber schlankem Wuchs, hatte einen wie aus Marmor gemeißelten Hals, runde Schultern, feste Brüste, ein gerades dünnes Näschen, schwarze, lebendige Augen, eine hohe, weiße Stirn und schwarze, fast schon blauschwarze Haare. Man hatte sie mit unserem Kaufmann Ismailow aus Tuskar im Gouvernement Kursk verheiratet, nicht aus Liebe oder irgendeiner Neigung sondern einfach aus dem Grunde, weil Ismailow bei ihr angehalten hatte und sie ein armes Mädchen war, dem nicht viel zu wählen übrig blieb.
Das Haus der Ismailows war nicht das letzte in unserer Stadt; sie handelten mit feinstem Weizenmehl, hatten im Kreis eine große Mühle gepachtet und besaßen einen einträglichen Garten und ein schönes Haus in der Stadt. Überhaupt waren sie vermögende Kaufleute. Ihre Familie war zudem sehr klein: der Schwiegervater Boris Timofejewitsch Ismailow, schon fast achtzig Jahre alt, längst Witwer; sein Sohn Sinowij Borisytsch, der Mann Katerina Lwownas, auch schon über fünzig Jahre alt, und Katerina Lwowna selbst, – das waren alle. Schon fünf Jahre mit Sinowij Borisytsch verheiratet, hatte Katerina Lwowna keine Kinder. Auch von seiner ersten Frau, mit der er zwanzig Jahre gelebt hatte, bevor er verwitwet war und Katerina Lwowna heiratete, besaß Sinowij Borisytsch keine Erben. Er dachte und hoffte, daß Gott wenigstens von seiner zweiten Ehe seinem Kaufmannsnamen und Kapital einen Nachfolger schenken würde; aber auch mit Katerina Lwowna glückte es ihm nicht.
Diese Kinderlosigkeit bekümmerte Sinowij Borisytsch sehr, und nicht nur ihn, sondern auch den Greis Boris Timofejitsch, und auch Katerina Lwowna selbst war hierüber sehr unglücklich. In dem verschlossenen Kaufmannshaus mit dem hohen Zaun und den losgelassenen Kettenhunden war es so grenzenlos öde, daß die junge Frau vor lauter Schwermut schon oft fast den Verstand verloren hatte, und sie wäre froh, weiß Gott wie froh gewesen, wenn sie ein kleines Kind zum Hätscheln gehabt hätte. Und dann wurde sie auch der Vorwürfe überdrüssig: »Warum, wozu hast du denn geheiratet;

weshalb bürdest du einem Menschen dieses Schicksal auf, du Unfruchtbare«, – als wenn sie wirklich vor ihrem Mann, ihrem Schwiegervater und der ganzen ehrenwerten Kaufmannsverwandtschaft irgendein Verbrechen begangen hätte.

Bei allem Reichtum und Überfluß war das Leben für Katerina Lwowna im Hause des Schwiegervaters trostlos langweilig. Auf Besuche fuhr sie selten, und wenn sie auch zuweilen mit ihrem Mann bei seiner Kaufmannssippschaft zu Gast war, so geschah auch dies nicht zu ihrem Vergnügen. Die Leute waren alle streng: beobachteten sie, wie sie sich setzte, wie sie ging, wie sie aufstand; aber Katerina Lwowna hatte einen leidenschaftlichen Charakter und war als armes Mädchen an Einfachheit und Freiheit gewöhnt: mit den Eimern zum Fluß zu laufen, im Hemdchen unterhalb der Landungsstelle zu baden oder einen vorübergehenden Burschen durch den Zaun mit Sonnenblumenhülsen zu überschütten; hier aber war alles anders.

Der Schwiegervater und der Mann stehen früh auf, trinken um sechs Uhr morgens Tee und gehen dann an ihre Geschäfte, aber sie wandelt allein aus einem Zimmer ins andere. Überall ist es sauber, überall still und leer, die Öllämpchen strahlen vor den Heiligenbildern, aber nirgends im Hause ein lebendiger Laut, eine menschliche Stimme.

Katerina Lwowna geht und geht durch die leeren Zimmer, beginnt aus Langeweile zu gähnen und kriecht die kleine Treppe hinauf in ihr eheliches Schlafgemach, das sich in einem hohen, nicht sehr großen Halbgeschoß befindet. Dort sitzt sie ein wenig, sieht, wie man bei den Speichern den Hanf aufhängt, oder Weizenmehl ausschüttet, – wieder gähnt sie, legt sich für ein Stündchen schlafen, – und wenn sie aufwacht, dieselbe russische Langeweile, die Langeweile eines Kaufmannshauses, vor der man sich, wie man sagt, mit Vergnügen sogar aufhängt. Das Leben machte Katerina Lwowna keine Freude, auch gab es, außer der Kiewschen Heiligenchronik, keine Bücher im Hause.

So lebte Katerina Lwowna im reichen Hause ihres Schwiegervaters mit ihrem unfreundlichen Mann schon volle fünf Jahre ein langweiliges Leben; aber niemand, wie dies so zu sein pflegt, schenkte ihrer Langeweile die geringste Aufmerksamkeit.

2

Im sechsten Frühjahr von Katerina Lwownas Ehe brach bei Ismailows der Mühlendamm. Grade zu jener Zeit hatte die Mühle viele Aufträge zu erledigen, und der Dammbruch war ungeheuer: das Wasser war unter die Sohle des leeren Mühlenteiches verschwunden, und es war unmöglich, diesen mit schneller Hand wieder anzufüllen. Sinowij Borisytsch trieb aus der ganzen Umgebung Leute zusammen und blieb selbst ganz bei der Mühle; die Geschäfte in der Stadt führte der alte Vater allein, und Katerina Lwowna schmachtete im Hause tagein tagaus völlig verlassen. Anfangs war es ihr ohne Mann noch langweiliger, aber dann schien es ihr so fast besser: allein fühlte sie sich freier. Ihr Herz hatte niemals besonders an ihm gehangen, und ohne ihn hatte sie einen Hausherrn weniger, dem sie gehorchen mußte.

So saß Katerina Lwowna einst in ihrem Dachzimmer am Fenster, gähnte und gähnte, ohne an irgend etwas Bestimmtes zu denken, und schließlich schämte sie sich, daß sie so gähnte. Draußen war das Wetter so wundervoll: warm, hell, fröhlich, und durch das grüne Holzgitter des Gartens sah sie in den Bäumen die ausgelassenen kleinen Vögel von Zweig zu Zweig flattern.

»Was sitze ich hier und gähne?« dachte Katerina Lwowna. »Will mal aufstehen, auf dem Hof umherspazieren oder in den Garten gehn.«

Katerina Lwowna warf sich eine alte schwere Pelzjacke um und ging hinaus. Draußen war die Luft so hell und so stark, und von den Speichern dröhnte ein so lustiges Gelächter.

»Was freut ihr euch so?« fragte Katerina Lwowna die Kaufgesellen des Schwiegervaters.

»Seht nur, Mütterchen Jekaterina Jlwowna, wir haben ein lebendiges Schwein gewogen«, antwortete ihr der alte Aufseher.

»Was für ein Schwein?«

»Das Schwein Aksinja, das den Sohn Wassilij geboren und uns nicht zur Taufe eingeladen hat«, erzählte keck und fröhlich ein junger Bursch mit dreistem, hübschem Gesicht, das pechschwarze Locken und ein kaum sprossendes Bärtchen umrahmten.

Aus dem Mehlkübel, der am Waagebalken hing, guckte in diesem Augenblick die dicke Fratze der rotbackigen Köchin Aksinja hervor.

»Teufel, abscheuliche Teufel!« schimpfte die Köchin, indem sie bemüht war, sich am eisernen Waagebalken festzuhalten und aus dem schwankenden Kübel hinauszukriechen.

»Acht Pud vor dem Mittag wiegt sie, frißt sie aber noch einen Korb voll Heu, werden die Gewichte nicht mehr reichen!« erklärte wieder der hübsche Bursche, drehte den Kübel um und warf die Köchin auf einen in der Ecke zusammengelegten Mehlsack.

Mit lustigem Schimpfen begann sich die Köchin zu ordnen.

»Na, und wieviel werde ich denn wiegen?« scherzte Katerina Lwowna, ergriff die Schnüre und stellte sich auf das Brett.

»Drei Pud sieben Pfund«, antwortete derselbe hübsche Bursche Sergej, indem er die Gewichte auf die Waagschale warf. – »Ein Wunderding!«

»Was wunderst du dich denn?«
»Daß Ihr drei Pud wiegt, Katerina Jlwowna. Euch müßte man, denke ich mir, den ganzen Tag auf Händen tragen, – ohne zu ermüden, und würde es nur als ein Vergnügen fühlen.«
»Was, bin ich denn kein Mensch? Sei unbesorgt: du würdest auch ermüden«, antwortete leicht errötend Katerina Lwowna, die solcher Reden ganz entwöhnt war und plötzlich das Bedürfnis fühlte, zu plaudern und mit fröhlichen und scherzhaften Worten zu schwatzen.
»Bei Gott nicht! Bis nach Arabien, ins glückliche, würde ich Euch tragen!« antwortete ihr Sergej auf ihre Bermerkung.
»Du überlegst es dir nicht richtig, junger Mann«, sagte ein älteres Männchen, das Mehl schüttete. »Was ist denn die Schwere in uns? Wiegt denn unser Körper? Unser Körper, mein Lieber, wiegt überhaupt nichts: unsere Kraft wiegt, – nicht der Körper!«
»Ja, als Mädchen war ich schrecklich stark«, konnte Katerina Lwowna nicht unterdrücken, zu sagen. »Selbst Männer konnten mich nicht bezwingen.«
»Erlaubt, wenn das wahr ist, Euer Händchen«, bat der hübsche Bursche.
Katerina Lwowna wurde verwirrt, streckte aber die Hand aus.
»Oh, laß den Ring los: das schmerzt!« schrie Katerina Lwowna auf, als Sergej ihre Hand in der seinen preßte, und stieß mit der freien Hand gegen seine Brust.
Der Bursche ließ die Hand der Herrin frei und flog von ihrem Stoß zwei Schritte zur Seite.
»Und da soll man glauben, daß das eine Frau ist!« wunderte sich das alte Männchen.
»Nein, erlaubt, daß ich Euch so fasse, mit den Armen!« schlug Sergej vor, indem er die Locken zurückwarf.
»Nun, faß mich«, antwortete Katerina Lwowna ausgelassen, und hob ihre kleinen Ellbogen in die Höhe.
Sergej umfing die junge Herrin und drückte ihre feste Brust an sein rotes Hemd. Katerina Lwowna konnte nur noch ihre Schultern bewegen, und Sergej hob sie vom Boden auf, hielt sie auf seinen Händen, drückte sie und setzte sie sachte auf das umgeworfene Mehlmaß.
Katerina Lwowna vermochte ihre gerühmte Kraft nicht einmal anzuwenden. Rot – überrot ordnete sie, auf dem Mehlmaß sitzend, ihren von den Schultern herabgeglittenen Pelz und ging still aus dem Speicher, während Sergej keck die Handlanger anschrie:
»Nun, ihr Herrgottslümmel! Schüttet das Mehl, das Maß voll: ich zähl; fester gepreßt: unser der Rest!«
Als dächte er überhaupt nicht mehr daran, was eben vorgefallen war.

»Ein Mädchenjäger, dieser verfluchte Serjoscha!« erzählte, sich hinter Katerina Lwowna herschleppend, die Köchin Aksinja. »Keine kann ihm widerstehen, – seinem Wuchs, seinem Gesicht, seiner Schönheit. Jede beliebige Frau verlockt der Spitzbube sofort, verlockt und bringt sie zur Sünde. Und wie unbeständig der Leichtfuß ist, überunbeständig – unbeständig!«

»Aber du, Aksinja«, sagte die junge Herrin, indem sie vorausging: »ist dein kleiner Junge lebendig?«

»Lebendig, Mütterchen, lebendig! Wo man sie nicht braucht, da bleiben sie ja leben.«

»Und von wo hast du ihn denn?«

»J–i! Einfach so, ein uneheliches, – man lebt doch im Volke, – ein uneheliches.«

»Ist er schon lange bei uns, dieser Bursche?«

»Wer? Sergej?«

»Ja.«

»Ein Monat wird es sein. Diente zuvor bei den Kontschonow, der Herr hat ihn dort fortgejagt.« Aksinja senkte ihre Stimme und fügte hinzu: »Man erzählt sich, daß er mit der Herrin selbst Liebeshändel hatte... Diese dreimal verfluchte Seele, was für ein Frechling!«

3

Warme, milchhelle Dämmerung lag über der Stadt. Sinowij Borisytsch war noch nicht von der Mühle zurückgekehrt. Boris Timofejitsch war auch nicht zu Hause: er war zu einem alten Freund zum Namenstag gefahren und hatte angesagt, daß man ihn auch zum Abendessen nicht erwarten solle. Katerina Lwowna hatte, vor lauter Nichtstun, früh zu Abend gespeist, öffnete in ihrem Dachzimmer das Fenster, lehnte sich an die Brüstung und knackte Sonnenblumenkerne. Die Leute hatten in der Küche gegessen und gingen schlafen: in die Scheune, in die Speicher und auf den hohen, duftenden Heuboden. Als letzter trat Sergej aus der Küche. Er ging über den Hof, ließ die Kettenhunde los, pfiff vor sich hin und blickte, indem er am Fenster Katerina Lwownas vorüberging, zu ihr hinauf und grüßte sie, sich tief verneigend.

»Guten Abend«, sagte leise Katerina Lwowna von ihrem Fenster aus, und der Hof verstummte.

»Herrin!« flüsterte jemand nach zwei Minuten hinter der verschlossenen Tür Katerina Lwownas.

»Wer ist da?« fragte Katerina Lwowna erschrocken.

»Erschreckt nicht: ich bin es, Sergej«, antwortete der Kaufgeselle.

»Was brauchst du, Sergej?«
»Möchte Euch, Katerina Lwowna, um eine Kleinigkeit bitten: erlaubt mir, für eine Minute einzutreten.«
Katerina Lwowna drehte den Schlüssel um und ließ Sergej herein.
»Was brauchst du?« fragte sie, und trat zurück ans Fenster.
»Bin zu Euch gekommen, Katerina Lwowna, um Euch zu bitten, ob Ihr nicht irgendein Büchlein zum Lesen hättet. Die Langeweile drückt sehr.«
»Ich habe gar keine Bücher, Sergej«, antwortete Katerina Lwowna.
»Eine solche Langeweile«, klagte Sergej.
»Was mußt du dich langweilen!«
»Aber ich bitte Euch: ich bin ein junger Mensch, und wir leben wie in einem Kloster, vor mir, vielleicht bis zum Sarg, keine andere Aussicht, als in dieser Einsamkeit zugrunde zu gehen. Zuweilen kommt sogar die Verzweiflung.«
»Warum heiratest du denn nicht?«
»Das ist leicht gesagt, Herrin, heiraten? Wen soll ich denn heiraten? Ich bin ein unbedeutender Mensch; eine reiche Tochter wird mich nicht nehmen, und in der Armut ist alles bei uns, Katerina Lwowna, Ihr werdet es selbst wissen, so ungebildet. Können die denn etwas von der Liebe begreifen, wie es sich gehört! Bitte, seht selbst, was für einen Begriff sogar die Reichen davon haben. Für jeden andern mit Gefühl wäret Ihr, kann man sagen, eine Freude, aber man hält Euch hier wie einen Kanarienvogel im Käfig.«
»Ja, ich langweile mich«, entfuhr es Katerina Lwowna.
»Wie sollt Ihr Euch nicht langweilen, Herrin, in einem solchen Leben! Wenn Ihr wenigstens jemanden zur Seite hättet, wie es die anderen tun...«
»Nun, das... war nicht so gemeint. Wenn mir nur ein Kindchen geboren würde, dann würde ich mit ihm, scheint mir, wieder fröhlich werden.«
»Aber dies, erlaubt mir, Herrin zu bemerken, – auch ein Kindchen kommt doch von irgend etwas, und nicht von selbst. Ein Lied wird gesungen: ›Ohne Freund, den lieben, muß dich Gram betrüben, und dieser Gram, Katerina Jlwowna, schmerzt meinem eigenen Herzen so sehr, daß ich ihn am liebsten mit einem Dolch aus meiner Brust herauschneiden und ihn vor Eure Füße werfen wollte. Und leichter, hundertmal leichter wäre es mir dann...«
Sergejs Stimme zitterte.
»Was erzählst du mir da von deinem Herzen? Das geht mich nichts an. Geh nur...«
»Nein, erlaubt, Herrin«, stieß Sergej hervor, am ganzen Körper bebend, indem er sich Katerina Lwowna näherte. »Ich weiß, sehe, fühle deutlich und begreife, daß auch Ihr es nicht leichter habt auf der Welt, als ich; aber jetzt«, flüsterte er nur mit einem Atemhauch, »jetzt in dieser Minute liegt alles in Euren Händen und Eurer Macht.«

»Was willst du? Was? Was bist du zu mir gekommen? Ich werfe mich zum Fenster hinaus«, sagte Katerina Lwowna, von einer unbeschreiblichen Angst ergriffen, und hielt sich mit der Hand an die Brüstung.
»Du mein unvergleichliches Leben! Was willst du dich hinunterstürzen?« flüsterte Sergej keck, riß die junge Herrin vom Fenster und umarmte sie kräftig.
»Laß los, laß los!« stöhnte leise Katerina Lwowna, indem sie unter den glühenden Küssen Sergejs schwach wurde und sich selbst gegen ihren Willen an seine mächtige Gestalt anschmiegte.
Sergej hob die Herrin wie ein Kind auf die Hände und trug sie in den dunklen Winkel.
Im Zimmer herrschte völlige Stille, die nur vom regelmäßigen Ticken der über dem Kopfende von Katerina Lwownas Bett hängenden Taschenuhr ihres Mannes unterbrochen wurde; aber dies störte sie in keiner Weise.
»Geh«, sagte Katerina Lwowna nach einer halben Stunde, ohne Sergej anzusehen, indem sie sich vor einem kleinen Spiegel die zerwühlten Haare ordnete.
»Warum soll ich jetzt von hier fortgehen?« antwortete ihr Sergej mit glücklicher Stimme.
»Der Schwiegervater schließt die Haustür ab.«
»Ach du unschuldiges Herz! Als ob der Weg zur Frau nur durch die Tür ginge! Zu dir, oder von dir, – für mich gibt es überall Türen!« entgegnete der Bursche, indem er auf die Säulen der Galerie wies, die am Haus entlang lief.

4

Sinowij Borisytsch blieb noch eine Woche aus, und diese ganze Woche vergnügte sich seine Frau jede Nacht bis zum Morgengrauen mit Sergej.
In diesen Nächten wurden im Schlafzimmer Sinowij Borisytschs viel Weine aus dem Keller des Schwiegervaters getrunken, viel leckere Süßigkeiten verzehrt, die verzuckerten Lippen der Herrin geküßt und mit den schwarzen Locken auf dem weichen Kopfkissen gespielt. Aber der Weg geht nicht immer glatt, zuweilen gibt es auch Hindernisse.
Boris Timofejitsch konnte nicht schlafen: der Greis irrte im bunten Hemd durch das stille Haus, trat an das eine Fenster, an das andere, blickt hinaus und sieht, wie an der Säule unter dem Fenster der Schwiegertocher sich leise, ganz leise das rote Hemd Sergejs herunterläßt. Welche Entdeckung! Boris Timofejitsch sprang hinaus und packte den Burschen an den Beinen. Dieser holte schon aus, um dem Alten mit ganzer Kraft eins hinter das Ohr zu versetzen, hielt aber inne, indem er sich besann, daß Lärm entstehen würde.

»Sprich«, sagte Boris Timofejitsch, »wo warst du Dieb?«
»Wo ich war«, antwortete Sergej, »dort bin ich nicht mehr, Boris Timofejitsch.«
»Hast du bei der Schwiegertochter genächtigt?«
»Auch das weiß ich, wo ich genächtigt habe; aber du, Boris Timofejitsch, höre, was ich dir sage: was gewesen ist, das bringst du nicht mehr zurück; bring deshalb wenigstens keine Schande über dein Kaufmannshaus. Sag, was du jetzt von mir willst? Welche Genugtuung wünscht du?«
»Ich möchte dir, Natter, fünfhundert Peitschenhiebe versetzen«, antwortete Boris Timofejitsch.
»Meine Schuld – dein Wille«, erklärte sich der Bursche einverstanden. »Sag, wohin soll ich dir folgen, und tröste dich: trink mein Blut.«
Boris Timofejitsch führte Sergej in seine steinerne Handkammer und schlug ihn mit der Nagaika, bis er selbst ganz erschöpft war. Sergej gab nicht einen Laut von sich, hatte aber dafür den halben Ärmel seines Hemdes mit den Zähnen zerbissen.
Boris Timofejitsch ließ Sergej in der Kammer liegen, bis sein vom Eisen zerschlagener Rücken ausheilen würde; er schob ihm einen Tonkrug mit Wasser hin, sperrte ihn mit einem großen Schloß ein und schickte nach dem Sohn.
Aber hundert Werst auf Landwegen legt man auch jetzt nicht schnell in Rußland zurück, und Katerina Lwowna konnte ohne Sergej auch keine Stunde mehr leben. Auf einmal richtete sie sich in der ganzen Größe ihrer erwachten Natur auf und wurde so entschlossen, daß sie sich durch nichts beirren ließ. Sie erforschte, wo Sergej war, sprach mit ihm durch die eiserne Tür und stürzte davon, die Schlüssel zu suchen. »Laß, Väterchen, Sergej los!« bat sie den Schwiegervater.
Der Greis wurde grün vor Wut. Eine solche schamlose Dreistigkeit hatte er von der schuldigen aber bisher immer gehorsamen Schwiegertochter nicht erwartet.
»Also du bist eine solche Person«, begann er Katerina Lwowna zu schmähen.
»Laß ihn los«, bat sie, »ich schwöre dir, daß noch nichts Schlimmes zwischen uns vorgefallen ist.«
»Nichts Schlimmes vorgefallen«, sagte er und knirschte mit den Zähnen. »Und womit habt ihr euch denn in den Nächten beschäftigt? Die Kissen deines Mannes ausgeklopft?«
»Wenn dein Mann zurückkehrt«, erklärte Boris Timofejewitsch, »dann werden wir dich, anständige Frau, mit unseren eigenen Händen im Pferdestall verprügeln.«

5

Boris Timofejitsch aß am Abend Pilze mit Grütze, und er verspürte Sodbrennen; plötzlich packte es ihn unter der Herzgrube, er mußte furchtbar erbrechen, und gegen Morgen starb er, und zwar ganz so, wie die Ratten in den Speichern krepierten, für die Katerina Lwowna mit einem ihrer Obhut anvertrauten gefährlichen weißen Pülverchen eigenhändig eine besondere Speise zu bereiten pflegte.

Katerina Lwowna befreite ihren Sergej aus der steinernen Kammer des Alten und legte ihn, ohne daß jemand es merkte, auf das Bett des Mannes, damit er sich von den Schlägen des Schwiegervaters erholte. Boris Timofejitsch wurde aber, ohne jeden Verdacht, nach christlichem Brauch beerdigt. Niemand sah in seinem Tod irgend etwas Ungewöhnliches: er war gestorben, nachdem er Pilze gespeist, wie viele sterben, wenn sie Pilze gegessen haben. Boris Timofejitsch wurde schnell beerdigt, man wartete nicht einmal die Rückkehr des Sohnes ab, weil das Wetter sehr warm war, und der nachgesandte Bote Sinowij Borisytsch in der Mühle nicht angetroffen hatte. Diesem bot sich durch Zufall irgendein billiger Waldkauf, noch hundert Werst weiter: er war hingefahren, sich den Wald anzusehen, und hatte niemandem unterwegs den Ort genannt.

Nachdem Katerina Lwowna dies erledigt hatte, kam sie erst recht in Schwung. Schon so war sie keine Frau von allzu großer Schüchternheit, jetzt konnte aber niemand erraten, was sie sich in den Kopf gesetzt hatte; sie ging stolz einher, ordnete alles im Hause an und ließ Sergej überhaupt nicht mehr von ihrer Seite. Anfangs verwunderten sich die Leute, aber Katerina Lwowna verstand es, jeden mit ihrer freigebigen Hand zu gewinnen, und alle Verwunderung hörte mit einem Male auf. »Die Herrin hat mit Sergej angebändelt«, erriet man, »nichts weiter. Das ist ihre Sache, und sie wird es auch zu verantworten haben.«

Mittlerweile wurde Sergej gesund, er bog sich gerade und stolzierte wieder als kecker Bursch, als lebendiger Jagdfalke neben Katerina Lwowna, und wieder begann ihr verliebtes Leben. Aber die Zeit rollte nicht für sie allein; nach langer Abwesenheit eilte der betrogene Gatte Sinowij Borisytsch heim.

6

Nach dem Mittag war es glutheiß, und die behenden Fliegen quälten unerträglich. Katerina Lwowna schloß die Fensterladen im Schlafzimmer, hängte noch von innen ein wollenes Tuch vor und legte sich mit Sergej auf das hohe Kaufmannsbett auszuruhen. Halb schläft sie, halb liegt sie wach, sie erstickt fast vor Hitze, Schweiß bedeckt ihr Gesicht, und sie atmet heiß und schwer. Katerina Lwowna fühlt, daß es an der Zeit ist, aufzuwachen, in den Garten zu gehen, Tee zu trinken, aber sie kann unmöglich aufstehen. Schließlich kam die Köchin und klopfte an die Tür: »Der Samowar unter dem Apfelbaum erlischt.«

Katerina Lwowna richtet sich gewaltsam auf und begann den Kater zu liebkosen, der sich zwischen ihr und Sergej rieb, solch ein herrlicher, grauer, großer, rundlich-wohlgenährter Kater... mit einem Schnurrbart, ganz wie beim Dorfschulzen. Katerina Lwowna grub sich tiefer in sein buschiges Fell, und er kriecht mit seinem Maul immer näher zu ihr: stößt mit der stumpfen Schnauze an ihre feste Brust, und schnurrt selbst ein so stilles Lied, als erzählte er ihr von der Liebe.

»Wie mag nur dieser Kater hergekommen sein?« dachte Katerina Lwowna. »Ich habe Sahne dort aufs Fenster gestellt: natürlich leckt er, dieser Unverschämte, sie mir aus. Ich muß ihn fortjagen«, entschloß sie sich und wollte den Kater packen und hinauswerfen, aber er entwich wie Nebel zwischen ihren Fingern. »Aber woher ist denn dieser Kater bei uns erschienen?« überlegte sich Katerina Lwowna unter Alpdrücken. »Niemals haben wir im Schlafzimmer einen Kater gehabt, –und sieh nur, was für einer sich jetzt eingeschlichen hat!« Und wieder wollte sie ihn mit der Hand greifen, und wieder war er nicht da. »Aber was ist dies denn? Ist dies denn wirklich ein Kater?« dachte Katerina Lwowna. Schrecken packte sie plötzlich und verjagte den letzten Schlummer. Katerina Lwowna sah sich im Zimmer um: nirgends war ein Kater, nur der hübsche Sergej liegt da und drückt mit seiner mächtigen Hand ihre Brust an sein glühendes Gesicht.

Katerina Lwowna stand auf, setzte sich aufs Bett, küßte und liebkoste Sergej, brachte das zerdrückte Federbett in Ordnung und ging in den Garten; die Sonne war schon tief herabgeglitten, und auf die heiß durchglühte Erde senkte sich ein wunderbarer, zauberhafter Abend.

»Habe mich verschlafen«, sagte Katerina Lwowna der Aksinja und setzte sich auf den Teppich unter dem blühenden Apfelbaum, Tee zu trinken. »Und was kann dies bedeuten, Aksinjuschka?« fragte sie die Köchin, indem sie die Untertasse mit dem Teetuch abwischte.

»Was denn, Mütterchen!«

»Nicht im Traum, sondern ganz wach sah ich irgendeinen Kater zu mir kriechen.«

»Was? Ein Kater?«

»Wirklich, ein Kater kam gekrochen.«

Katerina Lwowna erzählte, wie der Kater zu ihr gekrochen war.

»Und warum mußtest du ihn auch liebkosen?«

»Ja, das weiß ich selbst nicht, weshalb ich ihn liebkoste.«
»Wirklich sonderbar!« rief die Köchin aus.
»Ich selbst kann mich nicht genug darüber wundern.«
»Das bedeutet unbedingt etwas in der Art, daß dir irgend jemand zugetrieben wird, oder auch daß sonst irgend etwas passiert.«
»Aber was denn, was?«
»Nun was, – ja, das kann dir, meine Liebe, niemand erklären, was, – aber irgend etwas wird schon passieren.«
»Habe immer den Mond im Traume gesehen, und dann dieser Kater«, fuhr Katerina Lwowna fort.
»Der Mond – das bedeutet ein kleines Kind.« Katerina Lwowna errötete.
»Soll ich nicht Sergej zu dir rufen?« forschte Aksinja weiter, sich zur Vertrauten aufdrängend.
»Gut«, antwortete Katerina Lwowna, »geh und ruf ihn: er soll hier ein wenig Tee trinken.«
Aksinja watschelte wie eine Ente zum Gartenpförtchen.
Katerina Lwowna erzählte auch Sergej vom Kater.
»Das ist nur Einbildung«, antwortete Sergej.
»Warum habe ich aber früher solche Einbildungen nie gehabt, Serjoscha?«
»Vieles ist früher nicht gewesen! Früher, da sah ich dich nur mit den Augen und verging – aber jetzt! Deinen ganzen weißen Körper besitze ich.«
Sergej umfaßte Katerina Lwowna, wirbelte sie durch die Luft und warf sie ausgelassen auf den weichen Teppich.
»Uff, mein Kopf ist ganz verwirrt«, sagte Katerina Lwowna. »Serjoscha! Komm hierher; setz dich neben mich«, rief sie zärtlich, indem sie sich in einer üppigen Stellung dehnte.
Der junge Bursche beugte sich, trat unter den niedrigen Apfelbaum, der mit weißen Blüten überdeckt war, und setzte sich auf den Teppich zu Katerina Lwownas Füßen.
»Du vergingst also nach mir, Serjoscha?«
»Wie sollte ich denn nicht vergehen.«
»Wie vergingst du denn? Erzähle mir davon.«
»Ja, wie soll ich davon erzählen? Kann man denn das erklären, wie man vergeht? Ich sehnte mich.«
»Warum habe ich denn das nicht gefühlt, Serjoscha, daß du dich nach mir sehntest? Man sagt doch, daß man so etwas fühlt!«
Sergej schwieg.
»Warum hast du dann aber Lieder gesungen, wenn du nach mir schmachtetest? Was? Ich hörte dich doch auf dem Hof singen«, fuhr sie fort, ihn liebkosend zu fragen.

»Was ist denn dabei, daß ich sang? Die Mücke summt ihr ganzes Leben, und doch nicht aus Freude«, antwortete trocken Sergej.
Es entstand eine Pause. Katerina Lwowna war über diese Bekenntnisse Sergejs von höchster Begeisterung erfüllt.
Sie wollte sprechen, aber Sergej wurde finster und schwieg.
»Sieh, Serjoscha, welch ein Paradies!« rief Katerina Lwowna aus, indem sie durch die dichten Blütenzweige zum klaren, blauen Himmel blickte, wo der Vollmond rund und heiter stand.
Der Mondschein rieselte durch die Blätter und Apfelblüten und warf die wunderlichsten hellen Flecke auf das Gesicht und die ganze Gestalt der ausgestreckt liegenden Katerina Lwowna, die Luft war still; nur ein leichter warmer Windhauch bewegte kaum die verschlafenen Blätter und verbreitete einen zarten Duft von den blühenden Gräsern und Bäumen. In der Luft lag etwas Verzehrendes, etwas, das zu Trägheit, zu Zärtlichkeit und dunklen Wünschen verlockte.
Da Katerina Lwowna keine Antwort erhielt, verstummte sie und blickte durch die hellrosa Apfelblüten zum Himmel hinauf. Auch Sergej schwieg; nur beschäftigte ihn nicht der Himmel. Mit beiden Händen seine Knie umfassend, starrte er angestrengt auf seine Stiefel.
Goldene Nacht! Stille, Duft und wohltuende, belebende Wärme. Weit unterhalb der Schlucht, hinter dem Garten, hat jemand ein Lied angestimmt; am Zaun im dichten Faulbaumgestrüpp schnalzt und schlägt laut eine Nachtigall; im Käfig auf hoher Stange piepst eine verschlafene Wachtel; und hinter der Bretterwand im Stall seufzt tief das fette Pferd, während eine fröhliche Meute hinter dem Gartenzaum geräuschlos vorüberjagt und im schwarzen Schatten der halbzerfallenen alten Salzspeicher verschwindet.
Katerina Lwowna stützt sich auf den Ellbogen und sieht auf das hohe Gartengras; und die Gräser spielen im Mondschein, der über die Blumen und Blätter der Bäume rieselt. Diese launischen hellen Flecke blinken und zittern über dem versilberten Gras wie lebendige feurige Schmetterlinge, oder als ob der ganze Rasen unter den Bäumen von einem Mondnetz überworfen sich hin und her bewegt.
»Ach, Serjoscha, wie ist das herrlich!« rief Katerina Lwowna aus, indem sie sich umschaute.
Sergej sah sich gleichgültig um.
»Was bist du so unfroh, Serjoscha? Bist du meiner Liebe überdrüssig?«
»Wozu das leere Geschwätz!« antwortete Sergej trocken, beugte sich nieder und küßte träge Katerina Lwowna.
»Du Treuloser, Serjoscha«, schalt Katerina Lwowna eifersüchtig, »du Unbeständiger!«

»Sogar diese Worte kann ich nicht auf mich beziehen«, antwortete Sergej mit ruhiger Stimme.

»Warum küßt du mich dann so?«

Sergej verstummte ganz.

»So tun nur die Männer mit ihren Frauen«, antwortete Katerina Lwowna, indem sie mit seinen Locken spielte, »wenn sie einander den Staub von den Lippen abwischen. Du sollst mich so küssen, daß von diesem Apfelbaum über uns eine junge Blüte auf die Erde herabfällt.«

»So, so«, flüsterte Katerina Lwowna, indem sie ihn umschlang und mit leidenschaftlicher Hingabe küßte.

»Höre, Serjoscha, was ich dir sagen will«, begann Katerina Lwowna nach einiger Zeit, »warum sagen alle einstimmig von dir, daß du treulos seist?«

»Wer schwatzt denn so von mir?«

»Nun, die Leute sprechen so.«

»Vielleicht weil ich denen untreu wurde, die ganz unwürdig waren.«

»Warum ließest du dich aber, Dummkopf, mit solchen ein? Mit Unwürdigen darf man auch keine Liebschaft haben.«

»Rede nur! Wird diese Sache denn mit Verstand betrieben? Man wird nur verlockt. Du hast ganz einfach, ohne irgendwelche Absichten, das Gebot mit ihr übertreten, und sie hängt sich dir schon an den Hals. Und das ist Liebe!«

»Höre mich, Serjoscha! Wie es mit den anderen war, das weiß ich nicht und will auch nichts davon wissen; wie du mich nun zu unserer jetzigen Liebe selbst verführt hast und selbst weißt, daß ich, wenn auch mit eigenem Willen, doch ebensosehr auch durch deine List dazu gebracht wurde, so werde ich mich, wenn du, Serjoscha, mir untreu wirst, wenn du mich um irgendeiner anderen willen verläßt, so werde ich mich, – verzeih mir, mein Herzensfreund, – nicht lebend von dir trennen.«

Sergej fuhr auf.

»Katerina Lwowna, du mein helles Licht!« sagte er. »Sieh doch selbst, was uns beiden bevorsteht. Ich bin nachdenklich, aber begreifst du denn nicht, – wie soll ich denn nicht nachdenklich sein? Vielleicht ist mein ganzes Herz in geronnenem Blut ertrunken!«

»Sprich, Serjoscha, sprich von deinem Kummer.«

»Was soll man denn da noch sprechen? Jetzt gleich wird dein Mann heimkehren, – und du, Sergej Philippytsch, fort mit dir auf den hinteren Hof zu den Musikanten, und schau dort vom Speicher aus zu, wie bei Katerina Lwowna im Schlafzimmer die Kerze brennt, wie sie das weiche Federbett zurechtklopft und sich mit ihrem gesetzlichen Sinowij Borisytsch schlafen legt.«

»Das wird nicht sein!« erklärte Katerina Lwowna vergnügt und fuhr mit ihrer kleinen Hand durch die Luft.

»Wie wird das nicht sein! Ich weiß aber, daß es ganz unmöglich anders sein kann. Und ich habe auch ein Herz, Katerina Jlwowna, und kann meine Qualen sehen.«
»Nun, genug davon.«
Katerina Lwowna war diese Eifersucht Sergejs angenehm, und lachend begann sie ihn wieder zu küssen.
»Und doch muß ich es wiederholen«, fuhr Sergej fort, indem er leise seinen Kopf den bis zur Schulter nackten Armen Katerina Lwownas entzog, »daß meine völlig unbedeutende Stellung mich immer wieder zwingt, so und nicht anders die Sache zu bedenken. Wäre ich einer euresgleichen, irgendein Herr oder Kaufmann, so würde ich nie im Leben von Euch lassen, Katerina Lwowna. Aber so, überlegt es Euch selbst: was bin ich vor Euch für ein Mensch? Wenn ich jetzt sehen werde, wie man Euch an den weißen Händchen nehmen und ins Schlafzimmer führen wird, muß ich das alles in meinem Herzen ertragen und werde mich vielleicht mein Leben lang dafür verachten müssen. Katerina Lwowna! Ich bin ja nicht wie die andern, denen es ganz gleich ist, wenn sie nur Freude von den Frauen bekommen. Ich fühle, was Liebe ist, und wie sie, wie eine schwarze Schlange, an meinem Herzen saugt...«
»Was sprichst du mir immer von solchen Dingen?« unterbrach ihn Katerina Lwowna.
Ihr tat Sergej leid.
»Katerina Lwowna! Wie soll man nicht davon sprechen? Wenn ihm vielleicht schon alles berichtet und geschrieben ist, und nicht irgendwann, in weiter Zukunft, sondern vielleicht schon morgen von Sergej hier nichts mehr zu sehen sein wird?«
»Nein, nein, davon darfst du nicht sprechen, Serjoscha! Das wird niemals sein, daß ich ohne dich bliebe«, beruhigte ihn Katerina Lwowna immer mit den gleichen Zärtlichkeiten. »Wenn es zu irgend etwas kommen sollte, ...wird er, oder werde ich nicht leben, aber du wirst bei mir sein.«
»Das ist ganz unmöglich, Katerina Lwowna«, antwortete Sergej, indem er traurig seinen Kopf schüttelte. – »Ich werde mein Lebtag dieser Liebe nicht froh werden. Wenn ich jemanden liebte, der nicht mehr wäre, als ich selbst, dann wäre ich zufrieden. Wie kann ich Euch als meine beständige Geliebte haben? Ist das denn für Euch eine Ehre, – Geliebte zu sein? Ich wollte vor dem heiligen, ewigen Altar Euer Mann sein: wenn ich mich auch immer jünger als Euch fühlte, so könnte ich doch wenigstens allen öffentlich zeigen, wie sehr ich durch meine Ehrerbietung Eure Liebe verdiente...«
Katerina Lwowna wurde ganz betäubt durch diese Worte Sergejs, durch diese Eifersucht, diesen Wunsch, sie zu heiraten, – einen Wunsch, der für

jede Frau immer angenehm ist. Sie war jetzt bereit, für Sergej ins Feuer, ins Wasser, ins Gefängnis zu gehen oder sich ans Kreuz schlagen zu lassen. Er hatte sie so sehr in sich verliebt gemacht, daß ihre Leidenschaft für ihn gar keine Grenzen kannte. Sie verlor den Verstand vor Glück; ihr Blut kochte, und sie konnte nichts mehr hören. Sie drückte schnell mit der Hand die Lippen Sergejs zu, preßte seinen Kopf an ihre Brust und sagte:

»Nun, ich weiß schon, wie ich dich zum Kaufmann machen und mit dir, ganz wie es sich gehört, leben werde. Mach mich nur nicht unnütz traurig, bevor die Sache noch nicht so weit ist.«

Und wieder folgten Küsse und Zärtlichkeiten.

Der alte Aufseher, der in der Scheune schlief, hörte im festen Schlaf Geflüster und leises Lachen, wie von ausgelassenen Kindern, die sich über das schwache Alter lustig machen; dann wieder ein helles und fröhliches Gelächter, als ob jemand von Wassernixen gekitzelt würde. Sich im Mondlicht badend, über den weichen Teppich rollend, tollte und spielte Katerina Lwowna mit dem jungen Gesellen. Der buschige Apfelbaum überschüttete sie mit jungen weißen Blüten. Die kurze Sommernacht ging vorüber, der Mond verbarg sich hinter dem steilen Dach der hohen Speicher und blickte immer matter und matter schräg auf die Erde; vom Dach der Küche tönte ein druchdringendes Katzenduett; dann hörte man ein Gezisch, ein böses Fauchen, und gleich darauf rollten zwei oder drei Kater den an das Dach gestellten Bretterhaufen herunter.

»Gehen wir schlafen«, sagte Katerina Lwowna langsam, wie zerschlagen, und erhob sich vom Teppich, und wie sie nur im Hemd und weißen Röckchen gelegen hatte, ging sie auch durch das stille, totenstille Kaufmannshaus, und Sergej trug den Teppich und die Bluse hinter ihr her, die sie aus Übermut abgeworfen hatte.

7

Kaum hatte Katerina Lwowna die Kerze ausgelöscht und sich völlig entkleidet auf das weiche Pfühl gelegt, fiel sie in tiefen Schlaf. Nach den ausgelassenen Spielen schlief sie so fest ein, daß auch ihre Füße und Hände schliefen; aber wieder hörte sie durch den Schlaf, als öffnete sich die Tür und als fiele der Kater von neulich schwer auf das Bett.

»Was ist denn das für eine Strafe mit diesem Kater?« dachte die ermüdete Katerina Lwowna. »Die Tür habe ich diesmal absichtlich mit meinen eigenen Händen verriegelt, das Fenster ist geschlossen, und er ist wieder da. Ich werfe ihn sofort hinaus«, sie wollte aufstehn, aber die verschlafenen Hände und Füße gehorchten ihr nicht; und der Kater schnurrte so sonderbar, als

spräche er wieder menschliche Worte. Durch alle Glieder Katerina Lwownas kribbelte es wie von kleinen Ameisen.
»Nein«, dachte sie, »ich muß morgen unbedingt das Bett mit Weihwasser besprengen, weil dieser sonderbare Kater mich heimsucht.«
Aber der Kater schnurrt und murrt an ihrem Ohr und spricht: »Was bin ich denn für ein Kater! Du hast es dir sehr klug überlegt, Katerina Lwowna, daß ich gar kein Kater bin, sondern der angesehene Kaufmann Boris Timofejitsch. Ich bin nur deshalb so unscheinbar geworden, weil alle meine Eingeweide im Innern von der Speise meiner Schwiegertochter zerplatzt sind. Deshalb«, so schnurrt er, »bin ich auch so klein geworden, und erscheine jetzt denen als ein Kater, die nicht begreifen, wer ich in Wirklichkeit bin. Nun, wie lebst du, was treibst du jetzt, Katerina Lwowna? Wie erfüllst du treu das Gebot? Ich bin nur deshalb vom Kirchhof gekommen, um zu sehen, wie du mit Sergej Philippytsch das Bett deines Mannes anwärmst. Schnurrmurr, ich sehe ja nichts. Fürchte dich nicht vor mir: von deiner Speise sind mir auch die Augen herausgekrochen. Sieh mir in die Augen, Liebchen, fürchte dich nicht!«
Katerina Lwowna blickte auf und schrie aus Leibeskräften. Zwischen ihr und Sergej lag wieder der Kater, aber der Kopf des Katers war ganz so groß wie beim toten Boris Timofejitsch, und an Stelle der Augen hatte er feurige Kugeln, die sich nach allen Seiten drehten und drehten!
Sergej wachte auf, beruhigte Katerina Lwowna und schlief wieder ein; aber ihr war aller Schlaf vergangen, und das zur rechten Zeit.
Sie lag da mit offenen Augen und hörte plötzlich, wie jemand über das Hoftor kriecht. Da stürzen auch schon die Hunde vor, werden aber gleich still, als begrüßten sie jemand. Wieder verging eine Minute, dann klirrte unten der Riegel und die Haustür öffnete sich.
»Entweder kommt mir dies nur so vor, oder Sinowij Borisytsch ist heimgekehrt, denn die Haustür ist mit seinem Schlüssel geöffnet worden«, überlegte Katerina Lwowna und weckte schnell Sergej.
»Horch, Serjoscha«, sagte sie, und stützte sich selbst auf den Ellbogen und lauschte.
Auf der Treppe, leise und behutsam einen Fuß nach dem andern vorsetzend, näherte sich wirklich jemand der verschlossenen Schlafzimmertür.
Katerina Lwowna sprang schnell im Hemd aus dem Bett und öffnete das Fenster. Sergej schwang sich im selben Augenblick barfüßig auf die Galerie und umklammerte mit den Füßen den Pfosten, an dem er sich schon öfters aus dem Schlafzimmer der Herrin hinabgelassen hatte.
»Nein, das ist nicht nötig, nicht nötig! Leg dich hier hin... geh nicht weit fort«, flüsterte Katerina Lwowna und warf Sergej durchs Fenster Stiefel und

Kleider nach, schlüpft selbst wieder unter die Decke und wartet.
Sergej gehorchte Katerina Lwowna: er huschte nicht am Pfosten hinunter, sondern kauerte sich auf der Galerie hin.
Katerina Lwowna hörte inzwischen, wie ihr Mann an die Tür getreten war und mit verhaltenem Atem lauschte. Sie hörte sogar, wie schnell sein eifersüchtiges Herz schlug; aber kein Erbarmen, sondern ein böses Lachen kam über Katerina Lwowna.
»Suche den gestrigen Tag«, dachte sie lächelnd und wie ein unschuldiges Kind atmend.
Dies dauerte zehn Minuten; aber schließlich wurde es Sinowij langweilig, hinter der Tür zu stehen und zu horchen, wie seine Frau schläft: er klopfte an.
»Wer da?« fragte Katerina Lwowna nicht sehr eilig und wie mit verschlafener Stimme.
»Ich!« antwortete Sinowij Borisytsch.
»Bist du es, Sinowij Borisytsch?«
»Nun ich! Als ob du es nicht hörtest!«
Katerina Lwowna sprang, wie sie lag, im Hemd auf, ließ den Mann ins Zimmer und schlüpfte wieder ins warme Bett.
»Gegen Morgen wird es ein wenig kalt«, sagte sie, indem sie sich in die Decke einwickelte.
Sinowij Borisytsch trat ein, sah um sich, betete, entzündete die Kerze und blickte noch einmal umher.
»Wie geht es, wie steht es?« fragte er seine Frau.
»Ganz gut«, antwortete Katerina Lwowna, stand auf und zog sich eine lose Zitzbluse an.
»Soll ich den Samowar aufstellen?« fragte sie. »Ruf Aksinja, sie mag ihn aufstellen.«
Katerina Lwowna schlüpfte mit den bloßen Füßen in die Stiefel und lief hinaus. Sie blieb eine halbe Stunde fort. In dieser Zeit blies sie selbst das Feuer im Samowar an und flog leise zu Sergej auf die Galerie hinaus.
»Bleib dort sitzen«, flüsterte sie.
»Wie lange soll ich denn sitzen?« fragte Serjoscha auch flüsternd.
»Oh, wie bist du unverständig! Sitz, bis ich es dir sage.«
Und Katerina Lwowna selbst setzte ihn auf die alte Stelle.
Von hier auf der Galerie konnte Sergej alles hören, was im Schlafzimmer vor sich ging. Er hörte, wie es wieder an der Tür klopfte und Katerina Lwowna beim Mann eintrat. Wort für Wort konnte er vernehmen.
»Was hast du dich so lange umhergetrieben?« fragte Sinowij Borisytsch seine Frau.

»Habe den Samowar aufgestellt«, antwortete sie ruhig.
Es entstand eine Pause. Sergej hörte, wie Sinowij Borisytsch seinen Rock aufhängte. Jetzt wusch er sich, prustete und spritzte mit dem Wasser nach allen Seiten; jetzt bat er um ein Handtuch; wieder begann er zu sprechen.
»Nun, und wie habt Ihr Väterchen beerdigt?« erkundigte er sich.
»Er starb«, antwortete die Frau, »und wurde beerdigt.«
»Wie ist das verwunderlich schnell gegangen!«
»Gott mag es wissen«, antwortete Katerina Lwowna und klapperte mit den Tassen.
Sinowij Borisytsch ging traurig im Zimmer auf und ab.
»Und wie habt Ihr Eure Zeit verbracht?« fragte er wieder seine Frau.
»Unsere Freuden sind jedem bekannt: auf Bälle fahren wir nicht, und ins Theater ebensowenig.«
»Auch für Euren Mann scheint Ihr wenig Freude übrig zu haben«, fuhr Sinowij Borisytsch fort, indem er sie von der Seite ansah.
»Wir sind ja nicht mehr jung, um uns närrisch, ganz ohne Verstand zu begrüßen. Wie soll man sich noch freuen? Ich laufe umher und sorge für Euer Wohlbehagen.«
Katerina Lwowna lief wieder hinaus, um den Samowar zu holen, schlüpfte wieder zu Sergej, zupfte ihn und sagte: »Schlaf nicht ein, Serjoscha!«
Sergej wußte nicht, wohin das alles führen sollte, hielt sich aber bereit.
Katerina Lwowna kehrte zurück. Sinowij Borisytsch kniete auf dem Bett und hing am Kopfende seine silberne Uhr mit der perlenbestickten Schnur auf.
»Weshalb habt Ihr, Katerina Lwowna, da Ihr doch allein wart, das Bett für zwei hergerichtet?« fragte er plötzlich ein wenig sonderbar seine Frau.
»Ich erwartete Euch immer«, antwortete Katerina Lwowna, indem sie ihn ruhig ansah.
»Dafür danke ich Euch ganz ergebenst... Aber woher ist dieser Gegenstand auf Euer Federbett gelangt?«
Sinowij Borisytsch hob einen kleinen wollenen Gürtel Sergejs vom Laken auf und hielt ihn am Zipfel vor den Augen der Frau.
Katerina Lwowna überlegte nicht einen Augenblick.
»Ich fand ihn im Garten«, sagte sie, »und band mir damit den Rock auf.«
»Ja!« meinte Sinowij Borisytsch mit besonderer Betonung, »wir haben auch mancherlei von Euren Röcken gehört.«
»Was habt Ihr denn gehört?«
»Allerlei schöne Dinge von Euch.«
»Ich weiß von gar keinen solchen Dingen.«
»Nun, das werden wir noch alles untersuchen, alles untersuchen«, antworte-

te Sinowij Borisytsch, indem er der Frau die geleerte Tasse hinschob.
Katerina Lwowna schwieg.
»Wir werden alle diese Eure Dinge, Katerina Lwowna, ganz genau aufklären«, sagte nach langer Pause noch einmal Sinowij Borisytsch, indem er die Augenbrauen gegen seine Frau richtete.
»Eure Katerina Lwowna ist nicht sehr ängstlich. Sie fürchtet sich nicht allzu sehr davor«, antwortete sie.
»Was! Was!« rief Sinowij Borisytsch mit gehobener Stimme. »Sieh dich vor! Du bist ja merkwürdig redselig geworden!«
»Und warum sollte ich denn nicht redselig sein?« entgegnete Katerina Lwowna.
»Ihr solltet besser auf Euch achtgeben.«
»Ich brauche nicht auf mich achtzugeben. Da hat Euch jemand mit spitzer Zunge was vorgeschwatzt, und ich muß mir jeden Schimpf gefallen lassen! Das ist mal was Neues!«
»Keine spitzen Zungen, aber hier wird wohl auch von Euren Liebschaften einiges bekannt sein.«
»Von was für Liebschaften?« schrie, ungekünstelt auffahrend, Katerina Lwowna.
»Ich weiß, von welchen.«
»Wenn Ihr wißt, dann sagt es deutlicher!«
Sinowij Borisytsch schwieg und schob wieder die leere Tasse der Frau hin.
»Da seht, Ihr wißt nicht, was Ihr sagen sollt«, äußerte sich Katerina Lwowna mit Verachtung, indem sie den Teelöffel des Mannes auf die Untertasse warf. – »Nun, so sagt doch, von wem hat man Euch erzählt? Wer ist denn mein Liebhaber?«
»Ihr werdet es schon erfahren, beeilt Euch nicht zu sehr.«
»Was, hat man Euch von Sergej irgendwas vorgeschwatzt?«
»Wir werden es schon erfahren, Katerina Lwowna, wir werden es schon erfahren. Unsere Gewalt über Euch hat niemand genommen und kann niemand nehmen... Ihr selbst werdet davon reden...«
»So was kann ich nicht ausstehn!« schrie Katerina Lwowna auf, mit den Zähnen knirschend, und bleich wie ein Linnen sprang sie plötzlich zur Tür hinaus.
»Nun, da habt Ihr ihn«, sagte sie nach einigen Sekunden, indem sie Sergej am Ärmel ins Zimmer führte. »Fragt ihn und mich aus, was Ihr wissen wollt. Vielleicht erfährst du auch etwas mehr, als du wissen willst?«
Sinowij Borisytsch war sprachlos. Er blickte bald auf den bei der Schwelle stehenden Sergej, bald auf die Frau, die sich mit gekreuzten Armen ruhig auf den Bettrand gesetzt hatte, und begriff nicht, wohin das führen sollte.

»Was tust du, Schlange?« stieß er endlich gewaltsam hervor, ohne sich vom Stuhl zu erheben.

»Frag doch nach dem, was du so gern wissen willst«, antwortete Katerina Lwowna dreist, »du wolltest mich mit einem Strafgericht schrecken«, fuhr sie fort, indem sie mit den Augen bedeutsam blinzelte, »dazu wird es niemals kommen; was ich mit dir anfangen werde, das werde ich auch tun.«

»Was heißt das? Hinaus!« schrie Sinowij Borisytsch Sergej an.

»Das wollen wir sehn!« spottete Katerina Lwowna.

Sie schloß schnell die Tür ab, steckte den Schlüssel in die Tasche und warf sich wieder in ihrer losen Bluse auf das Bett.

»Komm nur, Serjoschetschka, komm nur, komm, mein Täubchen!« lockte sie den Burschen zu sich.

Sergej schüttelte seine Locken und setzte sich dreist neben die Herrin.

»Herr, mein Gott! Was heißt das? Was tut ihr, Barbaren?« schrie, ganz rot im Gesicht, Sinowij Borisytsch, und erhob sich vom Stuhl.

»Was? Oder gefällt dir das nicht? Sieh nur, sieh nur, mein heller Falke, wie schön das ist!«

Katerina Lwowna lachte und küßte leidenschaftlich Sergej vor ihrem Mann.

In diesem Augenblick loderte eine betäubende Ohrfeige auf ihrer Wange, und Sinowij Borisytsch stürzte zum offenen Fenster.

8

»Ah–ah, so! ... Nun, lieber Freund, danke schön. Darauf habe ich nur gewartet!« schrie Katerina Lwowna auf. »Nun, jetzt sehen wir, mag es nun nicht nach deinem und nicht nach meinem Willen geschehen ...«

Mit einem Ruck stieß sie Sergej von sich, stürzte auf ihren Mann, und bevor Sinowij Borisytsch das Fenster erreichen konnte, packte sie ihn von hinten mit ihren dünnen Fingern an der Kehle und warf ihn, wie ein feuchtes Hanfbündel, zu Boden.

Schwer niederfallend und im vollen Schwung mit dem Hinterkopf auf den Boden stoßend, verlor Sinowij Borisytsch völlig den Verstand. Eine so schnelle Entscheidung hatte er nicht erwartet. Die erste Gewaltanwendung seiner Frau zeigte ihm, daß sie sich zu allem entschlossen hatte, um sich von ihm zu befreien, und daß seine gegenwärtige Lage außerst gefährlich war. Sinowij Borisytsch überlegte sich dies alles blitzschnell im Augenblick, als er niederstürzte, und schrie nicht, da er wußte, daß seine Stimme niemandes Ohr erreichen und die Sache nur noch beschleunigen würde. Schweigend führte er seine Augen umher und ließ sie mit einem Ausdruck von Wut auf seiner Frau haften, deren Finger kräftig seine Kehle drückten.

Sinowij Borisytsch wehrte sich nicht, seine Arme mit den fest geballten Fäusten lagen ausgestreckt und zitterten krampfhaft. Der eine war völlig frei, den anderen preßte Katerina Lwowna mit dem Knie an den Fußboden.

»Halt ihn!« flüsterte sie gleichmütig Sergej zu, indem sie selbst sich dem Mann zuwandte.

Sergej setzte sich auf ihn, drückte seine beiden Arme mit den Knien fest und wollte unter den Händen Katerina Lwownas die Kehle packen, schrie aber im selben Augenblick verzweifelt auf. Beim Anblick seines Beleidigers rief ein blutiges Rachegefühl die letzte Kräfte Sinowij Borisytschs wach: er riß mit aller Gewalt die Arme unter den Knien Sergejs heraus, griff in dessen schwarze Locken und biß, wie ein Tier, in seine Kehle. Aber das dauerte nicht lange: Sinowij Borisytsch stöhnte auf und ließ den Kopf fallen.

Katerina Lwowna stand, bleich, fast ohne zu atmen, über dem Mann und dem Liebhaber; in ihrer rechten Hand hielt sie einen schweren Leuchter am oberen Teil, den schweren Teil nach unten. Über die Schläfe und Wange Sinowij Borisytsch lief ein dünner Streifen roten Blutes.

»Den Popen...« stöhnte dumpf Sinowij Borisytsch, indem er mit Ekel seinen Kopf möglichst weit von dem auf ihm sitzenden Sergej zurückwarf. – »Beichten«, murmelte er noch undeutlicher, zitternd und von der Seite auf das unter den Haaren sich ansammelnde warme Blut blickend.

»Du bist auch so gut genug«, flüsterte Katerina Lwowna. »Nun, wir müssen Schluß machen«, sagte sie zu Sergej, »drück ihm ordentlich die Kehle zu.«

Sinowij Borisytsch röchelte.

Katerina Lwowna beugte sich nieder, preßte mit ihren Händen die Hände Sergejs noch fester um die Kehle des Mannes und legte ihr Ohr an seine Brust. Nach fünf stillen Minuten erhob sie sich und sagte: »Genug, er ist erledigt.«

Sergej stand auch auf und schöpfte Atem. Sinowij Borisytsch lag tot da, mit zusammengedrückter Kehle und eingeschlagener Schläfe. Unter dem Kopf an der linken Seite war etwas Blut, das aber aus der geronnenen und von Haaren verstopften Wunde nicht mehr floß.

Sergej trug Sinowij Borisytsch in den Keller, der sich unter der steinernen Kammer befand, wo er selbst noch kürzlich vom verstorbenen Boris Timofejitsch eingeschlossen worden war, und kehrte dann in das Dachzimmer zurück. Inzwischen hatte Katerina Lwowna mit aufgestreiften Ärmeln und hoch aufgeschürztem Rock den Blutflecken, den Sinowij Borisytsch auf dem Fußboden des Schlafzimmers zurückgelassen hatte, mit Schwamm und Seife sorgfältig ausgewaschen. Das Wasser im Samowar, aus dem Sinowij Borisytsch noch soeben Tee getrunken, war noch nicht erkaltet, und der Fleck wurde ohne jede Spur getilgt.

Katerina Lwowna nahm den kupfernen Spülnapf und den eingeseiften Schwamm.

»Leuchte«, sagte sie zu Sergej, indem sie zur Tür ging. »Tiefer, tiefer«, und sie betrachtete aufmerksam alle Bretter des Fußbodens, über die Sergej Sinowij Borisytsch bis zum Keller geschleppt hatte.

Nur an zwei Stellen waren auf dem gestrichen Fußboden winzige Flecke, groß wie Kirschen. Katerina Lwowna rieb sie mit dem Schwamm, und sie verschwanden.

»Da hast du's: kriech nicht wie ein Dieb zur Frau, belauere sie nicht!« sagte Katerina Lwowna, indem sie sich aufrichtete und zum Keller blickte.

»Jetzt genug«, meinte Sergej, und erbebte beim Ton seiner eigenen Stimme.

Als sie ins Schlafzimmer zurückkehrten, entzündete sich im Ofen ein dünner Streifen der Morgenröte und blickte, die Blüten der Apfelbäume vergoldend, durch die grünen Stäbe des Gartenzaunes ins Schlafzimmer Katerina Lwownas.

Über den Hof, im übergeworfenen Halbpelz, trottelte, sich bekreuzigend und gähnend, der alte Aufseher aus der Scheune in die Küche.

Katerina Lwowna zog vorsichtig an der Schnur des Fensterladens und betrachtete aufmerksam Sergej, als wollte sie seine Seele durchschauen.

»So, jetzt bist du also Kaufmann«, sagte sie, indem sie ihre weißen Arme auf seine Schulter legte.

Sergej antwortete ihr nichts.

Seine Lippen bebten, und Fieber schüttelte ihn. Katerinas Lippen waren kalt.

Nach zwei Tagen bekamen Sergejs Hände große Schwielen vom Brecheisen und schweren Spaten; dafür war aber auch Sinowij Borisytsch in seinem Keller so gut eingescharrt, daß ohne Hilfe seiner Witwe und ihres Liebhabers niemand ihn vor der Auferstehung aller hätte finden können.

9

Sergej hatte sich ein hochrotes Tuch um den Hals gebunden und klagte, daß sein Hals irgendwie verschleimt wäre. Noch bevor die Wundmale verheilten, die von Sinowij Borisytsch' Zähnen Sergej zugefügt worden waren, wurde Katerina Lwownas Mann vermißt. Sergej selbst fing noch häufiger als die anderen an, von ihm zu reden. Saß er abends mit den Burschen auf der Bank beim Gartenpförtchen, so fragte er: »Wie kommt es denn, daß unser Herr noch immer nicht heimkehrt?«

Die Burschen wunderten sich auch.

Und dann kam von der Mühle die Nachricht, daß der Herr Pferde genommen und schon längst nach Hause gefahren sei. Der Kutscher, der ihn gefahren hatte, erzählte, daß Sinowij Borisytsch wie verstört gewesen wäre und ihn etwas sonderbar entlassen hätte: drei Werft von der Stadt sei er beim Kloster vom Wagen gestiegen, habe den Beutel genommen und sei gegangen. Als man dies hörte, wunderte man sich noch mehr.

Sinowij Borisytsch war verschwunden und blieb verschwunden.

Es wurde nachgeforscht, aber nichts gefunden: es war, als wäre er ins Wasser gefallen. Nach den Angaben des arretierten Kutschers erfuhr man nur, daß der Kaufmann beim Kloster oberhalb des Flusses ausgestiegen und von dort weitergegangen sei. Die Sache klärte sich nicht auf, und inzwischen lebte Katerina Lwowna als Witwe mit Sergej in völliger Freiheit. Man riet aufs Geratewohl, daß Sinowij Borisytsch bald dort und bald dort sei, aber Sinowij Borisytsch kehrte immer nicht zurück, und Katerina Lwowna wußte besser als alle, daß er in keinem Fall zurückkehren könnte.

So verging ein Monat, ein zweiter, ein dritter, und Katerina Lwowna fühlte sich schwanger.

»Das Geld kommt an uns, Serjoschetschka: ich habe einen Erben«, sagte sie zu Sergej und ging zum Magistrat: sie fühle sich schwanger, im Geschäft sei ein Stillstand eingetreten, man möge es ihr übergeben.

Das Geschäft durfte noch nicht aufhören. Katerina Lwowna war die gesetzliche Frau ihres Mannes; Schulden waren nicht vorhanden, also mußte man es ihr übergeben. Und man übergab es ihr.

So lebte Katerina Lwowna und herrschte, und Serjoga wurde schon von allen Sergej Philippytsch genannt; aber da kam plötzlich, ganz unerwartet, ein neues Unheil. Man schrieb aus Liwni an den Bürgermeister, daß Boris Timofejitsch nicht nur mit seinem eigenen Vermögen Handel getrieben, sondern auch zu noch größerem Teil Gelder seines unmündigen Neffen Fedor Sacharow Ljamin im Geschäft liegen hätte, und daß man diese Sache ordnen und nicht alles Katerina Lwowna übergeben dürfe. Als diese Nachricht kam, sprach der Bürgermeister mit Katerina Lwowna, und nach einer Woche langte ein altes Mütterchen mit einem kleinen Jungen an.

»Ich bin«, sagte sie, »die Stiefschwester des verstorbenen Boris Timofejitsch, und dies ist mein Neffe Fedor Ljamin.«

Katerina Lwowna nahm sie auf.

Sergej, der vom Hof aus die Ankunft und diesen durch Katerina Lwowna erwiesenen Empfang beobachtet hatte, wurde bleich wie ein Handtuch.

»Was ist mit dir?« fragte ihn die Herrin, als sie seine Totenblässe bemerkte, wie er eintrat und im Vorzimmer stehen blieb.

»Nichts«, antwortete er, indem er sich umwandte. »Ich denke nur: wie wunderbar ist dieses Paar!« fügte er mit einem Seufzer hinzu, und schloß die Tür hinter sich.

»Nun, was wird jetzt werden?« fragte Sergej Philippytsch Katerina Lwowna, als er nachts mit ihr beim Samowar saß. »Jetzt, Katerina Jlwowna, geht all unser Glück in Stücke.«

»Weshalb denn in Stücke, Serjoscha?«

»Weil jetzt alles geteilt wird. Wie soll man mit einem leeren Geschäft?«

»Wird es für dich denn zu wenig sein, Serjoscha?«

»Ach, nicht auf mich kommt es an; aber ich meine nur, daß wir kein Glück haben werden.«

»Wie denn? Warum sollen wir, Serjoscha, kein Glück mehr haben?«

»Weil ich aus Liebe zu Euch, Katerina Jlwowna, Euch wie eine richtige Dame sehen wollte, und nicht so, wie Ihr bisher gelebt habt«, antwortete Sergej Philippytsch. »Aber jetzt kommt es grade umgekehrt, daß wir mit verringertem Vermögen sogar noch bescheidener werden leben müssen als zuvor.«

»Aber habe ich es denn anders nötig, Serjoschetschka?«

»Vielleicht habt Ihr es, Katerina Jlwowna, wirklich nicht nötig, aber für mich, wie ich Euch liebe, und vor den bösen und neidischen Augen der Leute, wird dies furchtbar schmerzlich sein. Euch mag das alles natürlich gleich sein, aber ich weiß nur das eine, daß ich durch diese Umstände niemals glücklich sein kann.«

Und immer wieder und wieder versicherte Sergej Katerina Lwowna, daß er durch Fedja Ljamin zum allerunglücklichsten Menschen geworden wäre, da er der Möglichkeit beraubt sei, sie, Katerina Lwowna, vor der ganzen Kaufmannschaft zu erhöhen und auszuzeichnen. Und jedesmal kam Sergej zu dem Schluß, daß, wenn dieser Fedja nicht wäre, so würde sie, Katerina Lwowna, das ganze Vermögen erhalten, neun Monate nach Verschwinden des Mannes ein Kind gebären und dann wäre ihr Glück ohne Ende und ohne Grenzen. –

10

Dann plötzlich hörte Sergej ganz auf, vom Erben zu sprechen. Sobald diese Reden Sergejs aufhörten, setzte sich Fedja Ljamin im Kopf und Herzen Katerina Lwownas fest. Sie wurde nachdenklich und sogar gegen Sergej unfreundlich. Ob sie sich schlafen legte, in der Wirtschaft umherging oder zu Gott betete, immer mußte sie über dies eine grübeln: »Warum denn? Warum soll ich auch durch ihn das Vermögen verlieren? So viel hab ich gelitten, so viel Sünden auf meine Seele genommen – und er kommt ganz einfach dahergefahren und nimmt es mir ... Und wenn es noch ein Erwachsener wäre, aber ein Kind, ein Knabe ...«

Früh kamen die ersten Fröste. Von Sinowij Borisytsch war natürlich nichts zu hören. Katerina Lwowna wurde stark und ging immer nachdenklich umher; in der Stadt wurde viel geklatscht, wie und weshalb die junge Ismailowa immer unfruchtbar gewesen war, immer dünner wurde und welkte und jetzt plötzlich sich vorne aufzublähen begann. Und der heranwachsende Miterbe Fedja Ljamin tummelte sich im leichten Eichhornpelz auf dem Hof und zerbrach das Eis in den Pfützen.

»He, Feodor Ignatjitsch! He, Kaufmannssohn!« pflegte die Köchin Aksinja ihn anzurufen, wenn sie über den Hof lief, »paßt es sich denn für dich, einen Kaufmannssohn, in den Pfützen zu panschen?«

Und der Miterbe, der Katerina Lwowna und ihren Liebhaber so sehr verdroß, sprang wie ein sorgloser Ziegenbock umher und schlief noch sorgloser gegenüber seiner ihn pflegenden Tante, ohne zu ahnen, daß er irgend jemandes Weg gekreuzt oder irgendein Glück getrübt hatte.

Schließlich holte sich Fedja die Windpocken, eine Erkältung mit Brustschmerzen schloß sich an, und der Knabe legte sich hin. Anfangs versuchte man, ihn mit Kräutern zu heilen, dann aber schickte man nach dem Arzt.

Der Arzt kam gefahren, verschrieb Arzneien, die dem Knaben stündlich eingegeben wurden, bald von der Tante selbst, bald auch von Katerina Lwowna, die um diesen Dienst gebeten wurde:

»Sei so gut, Katerinuschka«, sagt die Tante, »du trägst selbst ein Kind, erwartest Gottes Willen; hilf mir ein wenig.«

Katerina Lwowna schlug es der Alten nicht ab. Wenn diese zur Vesper ging, für den »auf dem Krankenlager liegenden Knaben Feodor« zu beten, oder zur Frühmesse, etwas für ihn zu opfern, saß Katerina Lwowna beim Kranken, fütterte ihn und gab ihm rechtzeitig die Arzneien.

So ging die Alte auch zur Abendmesse vor dem Mariä Opferfest und bat Katerinuschka, auf Fedjuschka zu achten.

Katerina Lwowna trat bei Fedja ein; er saß im Bett in seinem kleinen Eichhornpelz und las ein Heiligenbuch.

»Was liest du da, Fedja?« fragte ihn Katerina Lwowna, indem sie sich auf einen Stuhl setzte.

»Das Leben der Heiligen, Tantchen.«

»Ist das ergötzlich?«

»Sehr ergötzlich, Tantchen.«

Katerina Lwowna stützte sich mit der Hand auf und begann Fedja, der die Lippen bewegte, zu betrachten, und plötzlich war es, als hätten sich die Dämonen von den Ketten gerissen, und die früheren Gedanken setzten sich mit einemmal fest: wieviel Böses ihr dieser Knabe zufüge, und wie gut es sein würde, wenn er nicht da wäre.

»Und wie wäre es«, dachte Katerina Lwowna, »er ist doch krank; man gibt ihm Arzneien... was gibt es nicht alles für Krankheiten... Der Arzt kann ja auch eine falsche Arznei verschrieben haben.«
»Mußt du jetzt eine Medizin einnehmen, Fedja?«
»Bitte, Tantchen«, antwortete der Knabe, nahm den Löffel und fügte hinzu: »Sehr ergötzlich, Tantchen, was von den Heiligen geschrieben wird.«
»Nun, so lies«, sagte Katerina Lwowna, und sah sich mit einem kalten Blick im Zimmer um, der auf dem vom Frost bemalten Fenster haften blieb.
»Man muß die Fensterläden schließen«, sagte sie und ging hinaus in das Gastzimmer und von dort in den Saal und dann hinaus in ihr Schlafzimmer, wo sie sich hinsetzte.
Nach fünf Minuten trat Sergej schweigend bei ihr ein, in einem von dichtem Katzenfell eingefaßten Halbpelz.
»Sind die Fenster geschlossen?« fragte ihn Katerina Lwowna.
»Geschlossen«, antwortete abgerissen Sergej, schnäuzte mit der Lichtschere den Docht der Kerze und stellte sich an den Ofen.
Es herrschte Schweigen.
»Die Nachtmesse dauert heute lange?« fragte Katerina Lwowna.
»Morgen ist ein großer Feiertag: der Gottesdienst wird lange währen«, antwortete Sergej.
Wieder entstand eine Pause.
»Ich muß zu Fedja hinunter: er ist dort allein«, sagte Katerina Lwowna, indem sie sich erhob.
»Allein?« fragte Sergej und sah sie mit gesenkter Stirne an.
»Allein«, antwortete sie ihm flüsternd, »und was?«
Und von Auge zu Auge flammte es wie ein Blitz, aber keiner sagte dem andern weiter ein Wort.
Katerina Lwowna stieg hinunter, ging durch die leeren Zimmer: überall war es still; die Öllämpchen vor den Heiligenbildern brannten ruhig; über die Wände lief ihr eigener Schatten; die von den Läden geschlossenen Fenster begannen aufzutauen und tränten. Fedja saß im Bett und las. Als er Katerina Lwowna sah, sagte er nur:
»Tantchen, legt, bitte, dieses Buch fort, und gebt mir jenes vom Heiligenbilderschrein.«
Katerina Lwowna erfüllte die Bitte ihres Neffen und reichte ihm das Buch.
»Willst du nicht schlafen, Fedja?«
»Nein, Tantchen, ich werde das Mütterchen erwarten.«
»Was willst du sie erwarten?«
»Sie hat mir geweihtes Brot von der Nachtmesse versprochen.«
Katerina Lwowna erbleichte plötzlich: das eigene Kind bewegte sich zum

erstenmal unter ihrem Herzen, und durch ihre Brust zog ein Kälteschauer. Sie blieb in der Mitte des Zimmers stehen und ging hinaus, die erkalteten Hände reibend.

»So!« murmelte sie, indem sie leise in ihr Schlafzimmer hinaufstieg, wo sie Sergej in derselben Stellung am Ofen antraf.

»Was?« fragte kaum hörbar Sergej und hüstelte.

»Er ist allein.«

Sergej zog die Brauen zusammen und atmete schwer.

»Gehen wir«, sagte Katerina Lwowna, indem sie sich mit einem Ruck zur Tür wandte.

Sergej zog sich schnell die Stiefel aus und fragte:

»Was nehmen wir mit?«

»Nichts«, antwortete Katerina Lwowna nur mit einem Hauch und führte ihn leise hinter sich an der Hand.

11

Der kranke Knabe fuhr zusammen und ließ das Buch auf die Knie sinken, als Katerina zum drittenmal bei ihm eintrat.

»Was ist mit dir, Fedja?«

»Ach, Tantchen, ich habe mich irgendwie erschreckt«, antwortete er.

»Warum hast du dich denn erschreckt?«

»Wer ist denn mit Euch gegangen, Tantchen?«

»Wo? Niemand ist mit mir gegangen, mein Liebling.«

»Niemand?«

Der Knabe streckte sich zum Fußende des Bettes, kniff die Augen zusammen, blickte zur Tür und beruhigte sich.

»Das schien mir wohl nur so«, sagte er.

Katerina Lwowna blieb stehen und stützte sich auf das Kopfende des Bettes. Fedja sah sie an und sagte ihr, daß sie ganz bleich sei.

Als Antwort auf diese Bemerkung hustete Katerina Lwowna willkürlich und blickte erwartungsvoll auf die Tür des Gastzimmers. Dort knackte nur leise der Fußboden.

»Ich lese das Leben meines Schutzpatrons, des Heiligen Theodoros Stratilatos. Wie war er Gott wohlgefällig!«

Katerina Lwowna stand schweigend.

»Wollt Ihr, Tantchen, so setzt Euch, und ich lese Euch vor?« drängte sich zärtlich der Neffe zu ihr.

»Warte, ich werde nur das Lämpchen vor dem Heiligenbild im Saal richten«, entgegnete Katerina Lwowna und ging eilig hinaus.

Im Gastzimmer hörte man ein ganz leises Geflüster; aber in der allgemeinen Lautlosigkeit drang es bis zum scharfen Ohr des Kindes.

»Tantchen! Was ist denn das? Mit wem flüstert Ihr denn dort?« schrie, mit Tränen in der Stimme, der Junge. – »Kommt her, Tantchen: ich fürchte mich«, rief er noch weinerlicher nach einer Sekunde, und er hörte, wie Katerina Lwowna im Gastzimmer »nun!« sagte, was der Knabe auf sich bezog.

»Was fürchtest du dich?« fragte ihn Katerina Lwowna mit etwas heiserer Stimme, indem sie keck und entschlossen eintrat und sich so am Bett hinstellte, daß sie die Tür zum Gastzimmer verdeckte. »Leg dich hin«, sagte sie ihm darauf.

»Das will ich nicht, Tantchen.«

»Nein, Fedja, du mußt mir gehorchen, leg dich, es ist Zeit, ...leg dich«, wiederholte Katerina Lwowna.

»Aber Tantchen! Ich will doch gar nicht.«

»Nein, leg dich, leg dich«, sagte Katerina Lwowna mit wieder veränderter, nicht fester Stimme, griff den Jungen unter den Arm und legte ihn nieder.

In diesem Augenblick schrie Fedja entsetzt auf: er erblickte Sergej, der bleich und barfüßig eintrat.

Katerina Lwowna schloß mit ihrer Hand den vor Entsetzen aufgerissenen Mund des erschreckten Kindes und rief:

»Jetzt schnell; halt ihn fest, daß er sich nicht losstrampelt!«

Sergej packte Fedja an den Händen und Füßen, und Katerina Lwowna bedeckte mit einer Bewegung das kindliche Gesicht des Märtyrers mit dem großen Federkissen und wälzte sich selbst darauf mit ihrer kräftigen, festen Brust.

Vier Minuten herrschte im Zimmer Grabesschweigen.

»Fertig«, flüsterte Katerina Lwowna und richtete sich grade auf, um alles in Ordnung zu bringen, als die Mauern des stillen Hauses, das so viele Verbrechen barg, von betäubenden Schlägen erdröhnten: die Fenster klirrten, der Boden wankte, die Ketten der hängenden Lampen vor den Heiligenbildern zitterten und irrten an den Wänden wie phantastische Schatten.

Sergei erbebte und stürzte, so schnell er konnte, hinaus; Katerina Lwowna warf sich hinter ihm her, aber der Höllenlärm folgte ihnen nach. Es schien, als ließen überirdische Mächte das sündige Haus in seinen Grundfesten wanken.

Katerina Lwowna fürchtete, daß der vom Entsetzen gejagte Sergej auf den Hof hinauslaufen und sich durch seinen Schrecken verraten würde; aber er stürzte stracks hinauf zum Dachzimmer.

Die Treppe hinauflaufend, stieß Sergej im Dunkeln mit der Stirn an die halbgeöffnete Tür und flog stöhnend hinunter, durch den abergläubischen Schrecken völlig um den Verstand gebracht.

»Sinowij Borisytsch, Sinowij Borisytsch!« murmelte er, den Kopf voran die Treppe hinunter fliegend und Katerina Lwowna im Sturz mit sich reißend.

»Wo?« fragte sie ihn.

»Hier über uns ist er mit einem Eisenblech vorübergeflogen, da ist er wieder, oh, oh!« schrie Sergej: »er dröhnt, er dröhnt wieder.«

Jetzt war es klar, daß eine Menge Hände an alle Fenster von der Straße her klopften und daß jemand die Tür zu erbrechen suchte.

»Narr! Steh auf, Narr!« schrie Katerina Lwowna und mit diesen Worten schlüpfte sie selbst zu Fedja hinein, legte seinen toten Kopf in der allernatürlichsten, schlafenden Lage auf das Kissen und öffnete mit fester Hand die Tür, durch die ein Volkshaufen hereinbrach.

Das Schauspiel war furchtbar. Katerina Lwowna blickte über die Menge, die das Haus umlagerte, während über den hohen Zaun reihenweise unbekannte Leute in den Hof kletterten und auf der Straße ein Geschwirr menschlicher Stimmen dröhnte.

Katerina Lwowna kam noch nicht zur Besinnung, als die Menge, die den Eingang umringte, sie niederriß und ins Haus warf.

12

Diese ganze Ansammlung und Erregung war auf folgende Weise entstanden: zur Nachtmesse vor dem Mariä Opferfest strömt in allen Kirchen der recht großen und von Geschäften belebten Kreisstadt, in der Katerina Lwowna wohnte, viel Volk zusammen und in der Kirche, wo am anderen Tage der Hauptaltar errichtet wird, hätte auch im Vorhof kein Apfel zu Boden fallen können. Dort singen gewöhnlich die Sänger, junge Kaufgesellen, die von einem besonderen Dirigenten, auch einem Liebhaber der Gesangskunst, geleitet werden.

Unser Volk ist gottesfürchtig, sorgt sich um die Kirche Gottes und ist dazu einigermaßen künstlerisch veranlagt: ein schöner Gottesdienst und ein guter vielstimmiger Gesang sind einer seiner höchsten und reinsten Genüsse. Wo die Sänger singen, dort versammelt sich bei uns fast die Hälfte der Stadt, besonders die kaufmännische Jugend: Kaufgesellen, Jungen, Burschen, die Meister von den Fabriken und die Kaufherren selbst mit ihren Ehehälften, – alle versammeln sich in einer Kirche; jeder möchte wenigstens auf den Vorstufen stehen, wenigstens unter dem Fenster in glühender Hitze oder im knirschenden Frost zuhören, wie die Oktave orgelt und der hoch anschwellende Tenor die schwierigsten Passagen überwindet.

In der Pfarrkirche des Ismailowschen Hauses war der Altar für das Mariä Opferfest hergerichtet und deshalb befand sich am Vorabend dieses Feiertages, grade zur Zeit des geschilderten Vorganges mit Fedja, die Jugend der ganzen Stadt in dieser Kirche und erörterte, als man lärmend auseinanderging, die Vorzüge des bekannten Tenors.

Aber nicht alle beschäftigte diese Frage des Gesanges: in der Menge waren auch Leute, die sich für andere Dinge interessierten.

»Da erzählt man sich, Kinder, allerlei sonderbare Sachen von der jungen Ismailowa«, sagte, sich dem Ismailowschen Hause nähernd, ein junger Maschinist, den ein Kaufmann für seine Dampfmühle aus Petersburg hergeholt hatte: »Man erzählt sich, daß sie mit ihrem Kaufgesellen Serjoschka zu jeder Zeit Liebeshändel treibe...«

»Das ist ja allen bekannt«, antwortete ein mit einem blauen Tuch bezogener Schafpelz. »Sie war auch heute nicht in der Kirche.«

»Wozu die Kirche? Solch ein gemeines Frauenzimmer fürchtet ja weder Gott, noch das Gewissen, noch die Augen der Menschen.«

»Aber seht, da brennt noch Licht bei ihnen«, bemerkte der Maschinist, indem er auf den hellen Streifen zwischen den Fensterläden wies.

»Sehen wir mal durch den Spalt, was dort geschieht?« flüsterten ein paar Stimmen.

Der Maschinist stützte sich auf die Schultern zweier Kameraden, kaum hatte er aber die Augen an die Spalte der Fensterladen gelegt, so schrie er aus Leibeskräften:
»Brüder, meine Brüder! Man würgt hier jemand, man würgt!«
Und der Maschinist hämmerte verzweifelt mit den Händen an den Fensterladen. Zehn andere folgten seinem Beispiel: sprangen ans Fenster und donnerten mit den Fäusten.
Die Menge vergrößerte sich mit jedem Augenblick, und das Ismailowsche Haus wurde, wie uns bekannt, umlagert.
»Ich habe es selbst gesehen, mit meinen eigenen Augen gesehen«, bezeugte der Maschinist über dem toten Fedja: »Der Knabe lag auf dem Bett ausgestreckt, und die beiden würgten ihn.«
Sergej wurde noch am selben Abend auf die Polizei abgeführt, Katerina Lwowna aber in ihr oberes Zimmer gebracht, wo zwei Wachen aufgestellt wurden.
Im Ismailowschen Hause war es unerträglich kalt: die Öfen wurden nicht geheizt, die Tür stand immer offen: eine Menge Neugieriger löste die andere ab. Alle kamen, den im Sarge liegenden Fedja und auch einen anderen großen Sarg sich anzusehen, dessen Deckel von einem breiten Tuch überdeckt war. Auf Fedjas Stirn lag ein weißes Atlasband, das die rote Schnittwunde verdeckte, die nach der Leichenöffnung zurückgeblieben war. Durch die gerichtsärztliche Untersuchung war festgestellt worden, daß Fedja durch Erstickung gestorben war, und schon bei den ersten Worten des Geistlichen über das Jüngste Gericht und die Bestrafung der Reuelosen weinte und gestand freimütig der zur Leiche geführte Sergej nicht nur die Ermordung Fedjas, sondern bat auch, den von ihm eingescharrten Sinowij Borisytsch auszugraben. Die Leiche von Katerina Lwownas Mann war, im trockenen Sande verscharrt, noch nicht ganz verwest: man holte sie heraus und legte sie in einen großen Sarg. Als Mitbeteiligte bei beiden Verbrechen nannte Sergej, zum allgemeinen Entsetzen, die junge Frau. Katerina Lwowna antwortete auf alle Fragen nur: »Ich weiß von alledem nichts.« Bei der gerichtlichen Gegenüberstellung zwang man Sergej, sie zu überführen. Nachdem sie seine Geständnisse angehört hatte, sah Katerina Lwowna ihn mit stummem Staunen aber ohne Zorn an und sagte darauf gleichmütig:
»Wenn es ihm gefiel, dies zu sagen, so brauche ich es nicht länger zu leugnen: ich habe ihn getötet.«
»Wozu denn?« fragte man sie.
»Für ihn«, antwortete sie und zeigte auf den mit gesenktem Kopf dastehenden Sergej.
Die Verbrecher wurden ins Gefängnis gesetzt und die furchtbare Angelegen-

heit, die eine allgemeine Entrüstung erregte, wurde sehr schnell entschieden. Ende Februar wurde Sergej und der Kaufmannswitwe dritter Gilde Katerina Lwowna vor dem Kriminalgericht mitgeteilt, daß sie zur Prügelstrafe auf dem Marktplatz ihrer Stadt und dann zur Zwangsarbeit verurteilt seien. Anfang März, an einem frostigen Morgen, zählte der Scharfrichter die festgesetzte Zahl blauroter Striemen auf den entblößten weißen Rücken Katerina Lwownas, und darauf auch eine Portion auf die Schultern Sergejs, und stempelte sein hübsches Gesicht mit den drei Abzeichen der zur Zwangsarbeit Verschickten.

Während dieser ganzen Zeit erregte Sergej aus irgendeinem Grunde viel größeres Mitgefühl als Katerina Lwowna. Beschmiert und blutbefleckt fiel er hin, als er vom schwarzen Schafott herabstieg. Katerina Lwowna ging still hinunter und war nur bemüht, daß das dicke Hemd und der grobe Arrestantenkittel ihren zerrissenen Rücken nicht berührten.

Selbst als man ihr im Krankenhaus des Gefängnisses ihr Kind brachte, sagte sie nur: »Nun, nehmt es nur fort!« drehte sich zur Wand und fiel ohne jeden Laut, ohne jede Klage mit der Brust auf die harte Pritsche.

13

Die Gruppe, in die Sergej und Katerina Lwowna gerieten, trat ihren Marsch an, als der Frühling nur im Kalender verzeichnet stand, und die Sonne, wie man im Volk sagt, »hell leuchtet, aber nicht warm brennt.«

Das Kind Katerina Lwownas hatte man der alten Schwester Boris Timofejitsch' zur Pflege gegeben, da es, als gesetzlicher Sohn des Ermordeten, als einziger Erbe des ganzen Ismailowschen Vermögens zurückblieb. Katerina Lwowna war damit sehr zufrieden und gab das Kind gleichmütig fort. Ihre Liebe zum Vater des Kindes übertrug sich, wie die Liebe vieler allzu leidenschaftlicher Frauen, mit keinem Teil auf das Kind.

Übrigens gab es für sie weder Licht noch Finsternis, weder Böses noch Gutes, weder Langeweile noch Freude; sie begriff nichts, liebte niemand und auch sich nicht. Sie wartete mit Ungeduld nur auf den Ausmarsch auf den Weg, wo sie ihren Serjoschka wiederzusehen hoffte, und vergaß ganz, an das Kind auch nur zu denken.

Katerina Lwowna wurde in ihren Hoffnungen nicht getäuscht: der mit schweren Ketten gefesselte und gebrandmarkte Sergej trat in einem Haufen mit ihr zusammen aus der Gefängnispforte.

An jede widerliche Lage gewöhnt sich der Mensch, und in jeder Lage bewahrt er nach Möglichkeit die Fähigkeit, seine kärglichen Freuden zu genießen; Katerina Lwowna brauchte sich aber nicht einmal anzupassen: sie sah wieder Sergej, um mit ihm zusammen erblühte ihr sogar der Weg zur Zwangsarbeit voll Glück.

Wenig wertvolle Sachen hatte Katerina Lwowna im bunten hanfleinenen Sack mitgenommen, und noch weniger bares Geld. Aber auch alles dies hatte sie, noch lange bevor sie Nischnij-Nowgorod erreichten, unter den Aufsehern verteilt, nur um neben Sergej auf der Straße zu gehen und um neben ihm ein Stündchen in dunkler Nacht im kalten, engen Etappenkorridor zu stehen.

Aber der gebrandmarkte Liebhaber Katerina Lwownas wurde immer unfreundlicher zu ihr; die heimlichen Zusammenkünfte, für die sie, hungrig und durstig, die letzten Groschen aus ihrem dünnen Beutel hergab, schätzte er nicht besonders und sagte ihr sogar wiederholt:

»Statt das Geld dem Aufseher zu geben, um dich mit mir in den Korridorwinkeln umherzudrücken, solltest du es lieber mir geben.«

»Ich gab ihm nur einen Groschen, Serjoschenka«, rechtfertigte sich Katerina Lwowna.

»Ist denn ein Groschen kein Geld? Viele wirst du wohl kaum davon auf dem Wege aufgelesen haben, und hast doch, scheint mir, nicht wenige schon ausgegeben.«

»Dafür haben wir uns aber doch gesehen, Serjoscha.«

»Was ist das denn für ein Vergnügen, sich nach einer solchen Qual zu sehen? Ich würde am liebsten nicht an ein Wiedersehen denken.«

»Aber mir, Serjoscha, ist alles gleich: wenn ich dich nur sehe.«

»Das alles sind Dummheiten«, antwortete Sergej.

Katerina Lwowna biß sich zuweilen bei solchen Antworten bis aufs Blut in die Lippen, und zuweilen traten in ihre nie weinenden Augen Tränen der Wut und Erbitterung im Dunkel ihrer nächtlichen Zusammenkünfte; aber alles erduldete sie, alles trug sie schweigend und wollte sich selbst betrügen.

In diesem neuen Verhältnis zueinander gelangten sie so bis Nischnij-Nowgorod. Hier vereinigte sich ihre Gruppe mit einer anderen, die aus dem Gebiet von Moskau nach Sibirien zog.

In diesem bunt zusammengewürfelten Haufen befanden sich in der weiblichen Abteilung zwei sehr interessante Personen: die Soldatenfrau Fiona aus Jaroslaw, eine wundervolle, üppige Frau von hohem Wuchs, mit einem dicken schwarzen Zopf und schmachtenden braunen Augen, die von geheimnisvollen, dichten Wimpern überschattet waren; und eine siebzehnjährige, scharfäugige Blondine mit zart-rosiger Haut, einem winzigen Mündchen, Grübchen auf den frischen Wangen und goldblonden Locken, die unter der Arrestantenmütze eigenwillig auf die Stirn fielen. Dieses Mädchen wurde in der Gruppe Sonetka genannt.

Die schöne Fiona war von sanfter und träger Natur. In ihrer Gruppe kannte sie jeder, und keiner der Männer freute sich besonders, wenn er bei ihr einen Erfolg hatte, und keiner war betrübt, wenn er sah, wie sie denselben Erfolg einem anderen Bewerber zuteil werden ließ.

»Unsere Fiona ist eine gutmütige Person: niemandem schlägt sie was ab«, scherzten die Arrestanten einstimmig.

Aber Sonetka war von ganz anderer Art.

Von ihr sagte man:

»Um die Hände windet sie sich, aber in die Hände gibt sie sich nicht.«

Sonetka hatte Geschmack, war streng und sogar sehr streng in der Wahl; sie wollte, daß ihr die Leidenschaft nicht wie irgendeine einfache Grütze, sondern in pikanter und gewürzter Zubereitung, unter Qualen und mit Opfern entgegengebracht würde; Fiona war dagegen die russische Einfalt, die selbst dazu zu faul ist, irgend jemandem »geh fort!« zu sagen, und die nur das eine weiß, daß sie ein Weibsbild ist. Solche Frauen werden in den Räuberbanden, Arrestantengruppen und den Petersburger sozialistischen Kommunen sehr hoch geschätzt.

Das Erscheinen dieser beiden Frauen in der Gruppe, die sich mit der Sergejs und Katerina Lwownas vereinigte, sollte für letztere von tragischer Bedeutung werden.

14

Schon in den ersten Tagen des gemeinsamen Marsches der vereinigten Arrestantengruppen von Nischnij-Nowgorod nach Kasan bemühte sich Sergej sichtbar, die Zuneigung der Soldatenfrau Fiona zu gewinnen und blieb nicht ohne Erfolg. Die schöne Fiona ließ Sergej nicht verschmachten, wie sie in ihrer Gutmütigkeit niemanden schmachten ließ. In der dritten oder vierten Etappe hatte sich Katerina Lwowna schon im ersten Morgengrauen eine Zusammenkunft mit Serjoschetschka erkauft und lag wach: immer in Erwartung, daß der Aufseher eintreten, sie leise anstoßen und ihr zuflüstern würde: »lauf schnell!« Einmal öffnente sich die Tür und irgendeine Frau schlüpfte in den Korridor; wieder öffnete sich die Tür und wieder sprang eine Arrestantin schnell auf und verschwand ebenfalls hinter dem Aufseher; endlich wurde an dem Kittel gezogen, mit dem Katerina Lwowna bedeckt war. Die junge Frau erhob sich schnell von der Pritsche, warf sich den Kittel um die Schultern und drängte den vor ihr stehenden Aufseher vorwärts.

Als Katerina Lwowna durch den Korridor ging, stieß sie nur an einer Stelle, die von einem blinden Talglämpchen beleuchtet war, auf zwei oder drei Paare, die sich von weitem durch nichts bemerkbar machten. Wie Katerina

Lwowna an der Männerabteilung vorüberging, hörte sie durch das kleine Fenster, das in der Tür angebracht war, ein verhaltenes Gekicher.
»Wie die lärmen«, brummte der Aufseher, hielt Katerina Lwowna an den Schultern an, stieß sie in einen Winkel und entfernte sich.
Katerina Lwowna betastete mit der Hand einen Kittel und einen Bart; mit der anderen streifte sie ein heißes Frauengesicht.
»Wer ist da?« fragte Sergej halblaut.
»Aber wie kommst du her? Mit wem bist du da?«
Katerina Lwowna riß im Dunkeln das Kopftuch von ihrer Rivalin. Diese schlüpfte zur Seite, stolperte über irgend jemand im Korridor und flog davon.
Aus der Männerabteilung dröhnte vergnügtes Gelächter.
»Elender!« zischte Katerina Lwowna und schlug Sergej mit dem Tuch, das sie vom Kopf seiner neuen Freundin gerissen hatte, ins Gesicht.
Sergej hatte schon die Hand erhoben; aber Katerina Lwowna entschlüpfte leicht durch den Korridor in ihre Tür. Das Gelächter aus der Männerabteilung dröhnte so laut hinter ihr her, daß der Wachtposten, der apathisch beim Talglämpchen stand und sich auf die Stiefel spuckte, den Kopf hob und brüllte:
»Ruhe!«
Katerina Lwowna legte sich schweigend hin und lag so bis zum Morgen. Sie wollte sich einreden: »ich liebe ihn ja nicht«, fühlte aber, daß sie ihn noch mehr, noch heißer liebte. Und immer wieder spürte sie, wie seine Hand unter dem Kopf jener zitterte, und wie sein anderer Arm ihre heißen Schultern umfangen hielt.
Die arme Frau weinte und wünschte sich, daß dieselbe Hand unter ihrem Kopfe wäre, und daß seine andere Hand ihre krampfhaft zitternden Schultern umfaßte.
»Nun, so gib mir doch mein Kopftuch«, weckte sie am Morgen die Soldatenfrau Fiona.
»Also warst du es?...«
»Gib es mir bitte!«
»Und warum willst du uns trennen?«
»Wie trenne ich euch denn? Ist denn das wirklich irgendeine Liebe, die dich ärgern kann?«
Katerina Lwowna dachte einen Augenblick nach, holte dann unter dem Kissen das nachts entrissene Tuch hervor, warf es Fiona zu und drehte sich zur Wand.
Es wurde ihr leichter.
»Pfui«, sagte sie sich, »werde ich denn auf diesen gemalten Waschkübel

eifersüchtig sein? Mag sie verfaulen! Es ist unter meiner Würde, mich auch nur mit ihr zu vergleichen.«

»Aber du, Katerina Lwowna, höre mal dies«, sagte ihr am anderen Tage Sergej, auf der Straße neben ihr hergehend, »erstens merke dir, bitte, daß ich nicht Sinowij Borisytsch bin und dann, daß auch du jetzt keine große Kaufmannsfrau bist: deshalb bilde dir nichts ein, sei so gut. Ziegenhörner werden bei uns nicht gekauft.«

Katerina Lwowna antwortete hierauf nichts, und eine Woche lang ging sie neben Sergej, ohne ein Wort, ohne einen Blick zu tauschen. Als Beleidigte blieb sie fest und wollte nicht nach diesem ersten Streit mit Sergej den ersten Schritt zur Versöhnung machen.

Aber in dieser Zeit, als Katerina Lwowna auf Sergej zornig war, begann dieser, sich an die weiße Sonetka heranzumachen und mit ihr anzubändeln. Bald grüßte er sie mit einem besonders innigen Gruß, bald lächelte er, und dann, wenn sie sich trafen, griff er nach ihr, sie zu umarmen und an sich zu drücken. Katerina Lwowna sah dieses alles, und immer heißer kochte ihr Herz.

»Soll ich mich denn mit ihm versöhnen, wie?« überlegte sich Katerina Lwowna, stolpernd und die Erde unter sich nicht sehend.

Doch jetzt als erste den Schritt zur Versöhnung zu tun, verbot ihr der Stolz mehr als zuvor. Aber in dieser Zeit trieb sich Sergej immer aufdringlicher hinter Sonetka her, und alle merkten schon, daß die unzugängliche Sonetka, die sich sonst immer wie ein Aal schlängelte, sich aber nie in die Hände gab, mit einemmal zahm zu werden begann.

»Du hast dich über mich beklagt«, sagte einmal Fiona zu Katerina Lwowna, »aber was habe ich dir angetan? Die Geschichte mit mir war und ist gewesen, aber du solltest jetzt nach Sonetka sehen.«

»Hol ihn der Teufel, meinen Stolz: unbedingt muß ich mich heute versöhnen«, beschloß Katerina Lwowna, nur noch daran denkend, wie sie das am besten anfangen könnte.

Aus dieser schwierigen Lage befreite sie Sergej selbst.

»Jlwowna!« rief er ihr auf einer Rast zu. »Komm heute Nacht auf einen Augenblick zu mir heraus: ich habe mit dir zu sprechen.«

Katerina Lwowna schwieg.

»Was, vielleicht bist du noch böse und kommst nicht?«

Katerina Lwowna antwortete wieder nichts.

Aber Sergej, und auch alle, die Katerina Lwowna beobachteten, sahen, wie sie, als sie sich der Etappenstation näherten, sich an den ältesten Aufseher heranmachte und ihm siebzehn Kopeken zusteckte, die sie sich vom Gemeindealmosen aufgespart hatte.

»Sobald ich mehr gesammelt habe, gebe ich Euch den Rest«, bat Katerina Lwowna.

Der Aufseher steckte das Geld in den Aufschlag des Ärmels und sagte: »Gut!«

Als diese Unterhandlungen beendet waren, krächzte Sergej und gab Sonetka ein Zeichen.

»Ach du, Katerina Jlwowna!« sagte er, auf den Stufen beim Eingang ins Etappenhaus sie umarmend, »Kinder, auf der ganzen Welt gibt es keine andere, wie diese!«

Katerina Lwowna errötete und atmete schwer vor Glück.

Sobald sich in der Nacht die Türe leise öffnete, sprang sie hinaus und suchte mit den Händen Sergej im dunklen Korridor.

»Meine Katja!« sagte Sergej, sie umarmend.

»O du mein Bösewicht!« antwortete Katerina Lwowna unter Tränen und drängte sich mit den Lippen an ihn.

Der Wachtposten ging im Korridor auf und ab, blieb stehen, spuckte auf seine Stiefel und ging wieder; hinter den Türen schnarchten die müden Arrestanten, eine Maus nagte an einer Feder, unter dem Ofen zirpten die Heimchen um die Wette, und Katerina Lwowna war noch immer beseligt.

Aber die Verzückungen ermüdeten, und die unentrinnbare Prosa ließ sich vernehmen.

»Schrecklich, wie das schmerzt: vom Knöchel bis zu den Knien reißt es nur so in den Knochen«, beklagte sich Sergej, neben Katerina Lwowna auf dem Fußboden im Winkel des Korridors sitzend.

»Was soll man da tun?« fragte sie ihn, sich unter seinem Kittel an ihn schmiegend.

»Soll ich mich für das Lazarett in Kasan melden?«

»Ach, Serjoscha, wozu?«

»Aber was soll ich denn tun, wenn es so schrecklich schmerzt?«

»Wie willst du zurückbleiben, und mich wird man weiter jagen?«

»Aber was soll ich tun? Es reißt, es reißt, sag ich dir, als fräße sich die ganze Kette in die Knochen hinein. Höchstens, wenn ich mir noch wollene Strümpfe anziehen könnte«, sagte Sergej nach einer kleinen Weile.

»Strümpfe? Ich habe noch, Serjoscha, neue Strümpfe.«

»Ach, wozu!« antwortete Sergej.

Katerina Lwowna schlüpfte, ohne ein Wort weiter zu sagen, in die Kammer, kramte auf der Pritsche ihr Säckchen aus und sprang wieder schnell zu Sergej hinaus mit einem Paar dicker, blauer, wollener Strümpfe, mit hellen Pfeilen an der Seite.

»So wird es jetzt besser sein«, sagte Sergej, als er sich von Katerina Lwowna

verabschiedete und ihre letzten Strümpfe annahm.
Katerina Lwowna kehrte glücklich auf ihre Pritsche zurück und schlief fest ein.
Sie hörte nicht, wie nach ihrer Rückkehr Sonetka in den Korridor hinaustrat, und wie leise sie von dort erst kurz vor Morgen zurückkehrte.
Dies alles ereignete sich zwei Etappen vor Kasan.

15

Ein kalter, trüber Tag mit heftigen Windstößen und Regen, der mit Schnee vermengt war, begrüßte unwirsch die Arrestanten, als sie aus der Pforte der dumpfen Etappe hinaustraten. Katerina Lwowna kam recht munter heraus, aber kaum hatte sie sich in der Reihe aufgestellt, erbebte sie und wurde grün. Vor ihren Augen wurde es schwarz; alle ihre Glieder schmerzten und wurden schwach. Vor Katerina Lwowna stand Sonetka in den ihr gut bekannten blauen Wollstrümpfen mit den hellen Pfeilen.
Katerina Lwowna ging wie leblos vorwärts; nur ihre Augen blickten furchtbar auf Sergej und ließen nicht ab von ihm.
Auf der ersten Rast trat sie ruhig an Sergej heran, zischte: »Schurke!« und spie ihm unerwartet gerade in die Augen.
Sergej wollte sich auf sie stürzen; aber man hielt ihn zurück.
»Warte nur!« stieß er hervor und wischte sich ab.
»Sie behandelt dich aber gut!« machten sich die Arrestanten über Sergej lustig, und besonders vergnügt stimmte Sonetka in das Gelächter ein.

Diese kleine Intrige war ganz nach ihrem Geschmack.
»Nun, das wird dir nicht so durchgelassen!« drohte Sergej.
Vom Unwetter und Marsch ermüdet, schlief Katerina mit zerschlagener Seele nachts auf der Pritsche im Etappenhause und hörte nicht, wie zwei Männer in die Frauenabteilung eintraten.
Bei ihrem Eintritt richtete sich Sonetka auf ihrer Pritsche auf, zeigte schweigend mit der Hand auf Katerina Lwowna, legte sich wieder hin und hüllte sich in ihren Kittel:
In diesem Augenblick flog Katerina Lwownas Kittel ihr auf den Kopf, und über ihren Rücken, der nur von einem groben Hemde bedeckt war, sauste aus voller Männerkraft das dicke Ende einer doppelt gedrehten Schnur.
Katerina Lwowna schrie auf; aber ihre Stimme erstickte im Kittel, der ihren Kopf verhüllte. Sie riß sich, aber auch ohne Erfolg: auf ihren Schultern saß ein gesunder Arrestant und hielt kräftig ihre Hände.
»Fünfzig«, hatte endlich eine Stimme abgezählt, die man nicht schwer als Sergejs erkennen konnte, und die nächtlichen Besucher verschwanden mit einemmal hinter der Tür.
Katerina Lwowna befreite ihren Kopf und sprang auf: niemand war da, nur ganz in der Nähe kicherte jemand schadenfroh unter dem Kittel. Katerina Lwowna erkannte das Lachen Sonetkas.
Diese Beleidigung war ohne Grenzen; ohne Grenzen waren auch die Gefühle der Wut, die in diesem Augenblick in der Seele Katerina Lwownas kochten. Ohne Besinnung stürzte sie vor, und ohne Besinnung fiel sie auf die Brust Fionas, die sie zurückhielt.
An dieser vollen Brust, die noch kürzlich dem treulosen Liebhaber Katerina Lwownas das süße Vergnügen des Lasters gewährt hatte, weinte sie nun ihren unerträglichen Gram aus, und wie ein Kind an die Mutter, schmiegte sie sich an ihre törichte und aufgedunsene Rivalin. Jetzt waren sie einander gleich: sie waren beide auf ihren Wert geprüft und beide verschmäht worden. Sie waren gleich! ... Fiona, die sich bei der ersten Gelegenheit preisgab und Katerina Lwowna, die ein Liebesdrama zu Ende spielte!
Für Katerina Lwowna war übrigens nichts mehr beleidigend. Nachdem sie sich ausgeweint hatte, versteinerte sie und sah mit gleichmütiger Ruhe dem Ruf zum Weitermarsch entgegen.
Die Trommel schlug: tach-tararach-tach; auf den Hof wälzten sich die gefesselten und ungefesselten Arrestanten hinaus: Sergej, Fiona, Sonetka, Katerina Lwowna, ein Altgläubiger, zusammengefesselt mit einem Juden, ein Pole, an einer Kette mit einem Tataren.
Alle drängten sich zusammen, reihten sich dann aneinander in irgendeine Ordnung und marschierten.

Ein trübseliger Anblick: ein Häuflein Menschen, losgerissen von der Welt und jeder Hoffnung auf eine bessere Zukunft beraubt, versinkt im kalten schwarzen Kot der Landstraße. Ringsumher ist alles zum Entsetzen fürchterlich: endloser Dreck, ein grauer Himmel, entblätterte nasse Weiden, und in ihren auseinandergespreizten Zweigen eine Krähe mit gesträubten Federn. Der Wind stöhnt und wütet, heult und brüllt.
In diesen höllischen, die Seele zerreißenden Lauten, die das ganze Entsetzen des Bildes vollenden, tönen die Worte der Frau und des biblischen Hiob: »Verfluch den Tag deiner Geburt und stirb.«
Wer diese Worte nicht hören will, wen auch in dieser traurigen Lage der Gedanke an den Tod nicht tröstet, sondern erschreckt, der muß sich bemühen, diese heulenden Stimmen mit etwas noch Schrecklicherem zu übertönen. Das versteht der einfache Mensch sehr gut: er gibt dann seiner ganzen tierischen Natur freien Lauf, beginnt zu spaßen und über sich selbst, die Menschen und sein Gefühl sich lustig zu machen. Auch ohnehin nicht allzu zart, wird er jetzt von diabolischer Bosheit.
»Wie, Kaufmannsfrau? Befinden sich eure Hochwohlgeboren noch immer bei voller Gesundheit?« fragte unverschämt Sergej Katerina Lwowna, sobald der Arrestantenzug hinter einem aufgeweichten Hügel das Dorf verlassen hatte, wo sie die Nacht verbrachten.
Nach diesen Worten wandte er sich sofort an Sonetka, bedeckte sie mit seinem Rock und sang mit hohem Falsett:
»Hinterm Fenster blinkt im Schatten dunkelbraun dein Zöpfchen. Ach, du schläfst nicht, ach, du schläfst nicht, süßes Schelmenköpfchen. Ich bedeck dich mit dem Rock, daß man dich nicht sähe.«
Bei diesen Worten umarmte Sergej Sonetka und küßte sie laut vor dem ganzen Haufen...
Katerina Lwowna sah dies alles und sah es nicht: sie ging schon ganz wie leblos. Man stieß sie an und zeigte ihr, wie schamlos Sergej es mit Sonetka trieb. Alle machten sich über sie lustig.
»Rührt sie nicht an«, verteidigte sie Fiona, als jemand die stolpernde Katerina Lwowna lachend vorwärts stoßen wollte. »Seht ihr Teufel denn nicht, daß die Frau ganz krank ist?«
»Ihre Füßchen werden wohl naß geworden sein«, spaßte ein junger Arrestant.
»Von vornehmer Kaufmannsfamilie: zarter Erziehung!« rief Sergej.
»Wenn sie wenigstens warme Strümpfe hätte!« fuhr er fort.
Katerina Lwowna erwachte wie aus tiefem Schlaf.
»Elender Lump!« stieß sie hervor, »lach nur, Elender, lach nur!«
»Nein, das sage ich gar nicht zum Spaß: seht nur, – Sonetka hat sehr gute

Strümpfe, da dachte ich nur: ob nicht unsere Kaufmannsfrau sie vielleicht kaufen will!«

Viele lachten. Katerina Lwowna ging, wie ein aufgezogener Automat.

Das Unwetter wurde immer schlimmer. Aus den grauen Wolken, die den Himmel bedeckten, fiel der Schnee in nassen Flocken, die, kaum daß sie die Erde berührten, sofort schmolzen und den bodenlosen Dreck noch vergrößerten. Endlich zeigte sich ein dunkler, bleigrauer Streifen, dessen jenseitiger Rand unsichtbar blieb. Dieser Streifen war die Wolga. Über der Wolga ging ein kräftiger Wind, der die langsam sich hebenden, breitschlündigen dunklen Wogen auf und nieder trieb.

Der durchnäßte und fröstelnde Arrestantenhaufen näherte sich langsam der Überfahrt und blieb stehen, um die Fähre zu erwarten.

Die nasse, dunkle Fähre legte an; die Aufseher begannen die Arrestanten zu verteilen.

»Auf dieser Fähre, sagt man, soll es Schnaps geben«, meinte ein Arrestant, als die Fähre, von nassen Schneeflocken überschüttet, vom Ufer abstieß und auf den Wogen des über die Ufer getretenen Stromes schaukelte.

»Ja, das wäre jetzt wirklich nicht übel«, meinte Sergej, und um Sonetka einen Spaß zu machen, fuhr er fort: »Jlwowna, Kaufmannsfrau, aus alter Freundschaft: bewirte uns mit einem Schnäpschen. Geize nicht. Denk, meine einst Geliebte, an unsere frühere Liebe, wie wir zusammen, meine Freunde, uns vergnügt und die langen Herbstnächte durchwacht und deine Angehörigen ohne Popen zur ewigen Ruhe geleitet haben!«

Katerina Lwowna zitterte vor Kälte. Außer der Kälte, die ihr unter dem durchnäßten Kleide bis auf die Knochen drang, ging noch etwas anderes in Katerina Lwownas Körper vor. Ihr Kopf brannte wie in Feuer; ihre Augen waren erweitert, von einem irrenden, scharfen Glanz belebt und starrten unbeweglich in den Wogengang.

»Ja, ein Schnäpschen würde auch ich gern trinken: es ist nicht zum Aushalten kalt«, lachte hell Sonetka.

»Kaufmannsfrau, so bewirte uns doch!« höhnte Sergej.

»O du Gewissenloser!« sagte Fiona, vorwurfsvoll den Kopf schüttelnd.

»Das macht dir wenig Ehre«, unterstützte ein kleiner Arrestant Gordjuschka die Soldatenfrau.

»Wenn schon nicht vor ihr, so solltest du dich vor uns schämen!«

»Ach du Allerwelts-Weibsstück!« schrie Sergej Fiona an. »Mich schämen? Was soll ich mich da noch schämen? Ich habe sie vielleicht überhaupt nie geliebt, und jetzt ... da ist mir Sonetkas zertrampelter Stiefel lieber, als ihre Fratze, dieser verprügelten Katze: was kannst du mir also da noch vorhalten? Mag sie nur den schiefmäuligen Gordjuschka lieben, oder ... (er sah sich nach einem rotznasigen Wachtposten um, der in einem Kosakenmantel mit Soldatenmütze und Kokarde auf einem Pferd saß und fügte hinzu): oder noch besser sich an den von der Etappe heranmachen: unter seinem Mantel wird es wenigstens trocken sein!«

»Und alle würden sie dann Offiziersfrau nennen!« platzte Sonetka aus.

„Und wie! Und Strümpfe würde sie spielend erlangen", fiel Sergej ein.

Katerina Lwowna verteidigte sich nicht: sie blickte immer starrer in die Wogen und bewegte die Lippen. Zwischen den gemeinen Worten Sergejs hörte sie das Heulen und Dröhnen der sich öffnenden und sich überschlagenden Wogenkämme.

Und da erschien ihr plötzlich in der einen sich überstürzenden Woge der blaue Kopf von Boris Timofejitsch, aus einer anderen blickte schwankend ihr Mann hervor, mit Fedja in den Armen, der das Köpfchen gesenkt hatte. Katerina Lwowna will ein Gebet sprechen und bewegt ihre Lippen, aber ihre Lippen flüstern: „Wie wir uns zusammen vergnügt, die langen Herbstnächte durchwacht, Menschen von der hellen Erde zum grausamen Tode geleitet haben."

Katerina Lwowna zitterte. Ihr irrer Blick wurde starr und wild. Ihre Arme streckten sich einmal und noch einmal aus und fielen wieder herab. Noch eine Minute und sie schwankte plötzlich, ohne den Blick vom dunklen Wasser abzuwenden, beugte sich nieder, packte Sonetka an den Beinen und warf sich mit ihr mit einem Ruck über das Geländer der Fähre.

Alle erstarrten vor Entsetzen.

Katerina Lwowna erschien noch einmal auf dem Kamm der Woge und tauchte wieder unter, eine andere Welle trug Sonetka empor.

„Die Stange! Werft die Stange!" schrie man auf der Fähre.

Die schwere Rettungsstange wurde an der langen Schnur aufgezogen und fiel ins Wasser. Sonetka war wieder untergetaucht. Nach zwei Sekunden hob sie, schnell von der Strömung fortgetrieben, noch einmal die Arme hoch, aber im selben Augenblick tauchte aus einer anderen Woge dicht neben ihr über dem Wasser Katerina Lwowna auf, warf sich, wie ein starker Hecht auf eine weichschuppige Plötze, und beide zeigten sich nicht mehr. –

Nikolaj Semjonowitsch Leskow

[illegible]

[illegible]

[illegible]

[illegible]

[illegible]

Vereinigte Staaten von Amerika

Der entwendete Brief

Nil sapientiae odiosius acumine nimio.
Seneca

Ich war im Jahre 18.. in Paris und erfreute mich an einem dunklen, stürmischen Herbstabend mit meinem Freund August Dupin in dessen kleinem Bibliotheks- oder Studierzimmer des doppelten Genusses einer Meerschaumpfeife und beschaulichen Nachdenkens. Seit wenigstens einer Stunde waren wir in tiefes Schweigen versunken, und jeder zufällige Beobachter hätte geglaubt, daß wir uns angelegentlichst und ausschließlich mit den Rauchwolken beschäftigten, die das ganze Zimmer einhüllten. Ich erwog jedoch in Gedanken noch einige Punkte der Unterredung, die ich zu Anfang des Abends mit meinem Freund gehabt und welche sich auf die Begebenheiten in der Rue Morgue und auf den geheimnisvollen Mord der Marie Rogêt bezogen hatte. Ich mußte es deshalb für ein sonderbares Zusammentreffen halten, daß, als sich die Tür unseres Zimmers öffnete, unser alter Bekannter, Herr G., der Pariser Polizeipräfekt, eintrat.

Wir begrüßten ihn auf das herzlichste; denn wenn dieser Mann auch manche verächtliche Eigenschaft besaß, so war er doch sehr unterhaltend, und wir hatten ihn sehr lange nicht gesehen. Da wir bis jetzt im Dunkeln gesessen hatten, erhob sich Dupin, um eine Lampe anzuzünden, doch setzte er sich sogleich wieder, als G. sagte, er sei gekommen, um uns um Rat zu fragen oder vielmehr die Meinung meines Freundes über ein Amtsgeschäft einzuholen, das ihm schon große Unruhe bereitet habe.

»Wenn es sich um einen Fall handelt, der Nachdenken erfordert«, warf Dupin ein und hielt mit dem Anzünden inne, »so ist es besser, wir prüfen ihn im Dunkeln.«

»Das ist wieder eine Ihrer Sonderbarkeiten«, sagte der Präfekt, der geneigt war, alles, was über sein Begriffsvermögen hinausging, »sonderbar« zu nennen, und daher mitten in einer unendlichen Schar von »Sonderbarkeiten« lebte.

»Sehr richtig«, antwortete Dupin, während er den Gast mit einer Pfeife versorgte und einen bequemen Sessel für ihn heranschob.

»Um was für Schwierigkeiten handelt es sich denn wieder?« fragte ich. »Doch nicht um eine neue Mordsache?«

»O nein, um nichts Derartiges. Eigentlich liegt der Fall sehr einfach, und ich zweifle nicht im geringsten, daß wir auch allein mit ihm fertig werden. Aber ich dachte mir, Dupin würde gern Näheres über die Sache erfahren, weil sie so außerordentlich ›sonderbar‹ ist.«

»Einfach und sonderbar!« sagte Dupin.

»Allerdings, und doch ist dieser Ausdruck noch nicht exakt genug. Der Fall hat uns alle vollständig verblüfft, denn, so einfach er ist, es weiß doch keiner von uns recht aus noch ein.«

»Vielleicht ist es gerade die Einfachheit, welche Sie auf die falsche Fährte leitet«, meinte mein Freund.

»Wie kann man nur solchen Unsinn reden«, antwortete der Präfekt und lachte herzlich.

»Vielleicht ist das Geheimnis zu leicht zu durchschauen«, sagte Dupin.

»Du lieber Himmel, hat man je so was gehört?«

»Vielleicht ist die ganze Sache zu durchsichtig.«

»Ha! Ha! Ha! – Ho! Ho! Ho!« lachte unser Gast vor Vergnügen laut auf. »Dupin, ich werde noch mal an Ihren Witzen sterben.«

»Um was handelt es sich denn eigentlich?« fragte ich.

»Das sollen Sie gleich hören«, antwortete der Präfekt, blies eine dicke, beschauliche Rauchwolke von sich und lehnte sich bequem in seinen Sessel zurück. »Ich will es Ihnen in ein paar Worten sagen; doch muß ich vorausschicken, daß meine Angelegenheit die größte Diskretion erfordert. Ich könnte meine Stellung einbüßen, wenn es bekannt würde, daß ich diese Sache irgend jemandem anvertraut hätte.«

»Nur weiter«, sagte ich.

»Oder auch nicht«, sagte Dupin.

»Nun gut also. Ich habe persönlich von höchster Stelle die Nachricht erhalten, daß aus den königlichen Gemächern ein äußerst wichtiges Dokument entwendet worden ist. Die Person, die es sich angeeignet hat, ist bekannt; daß man sie ungerecht verdächtigt, ist ausgeschlossen, denn man hat sie bei der Tat beobachtet. Man weiß ebenfalls, daß sich das Schriftstück noch in ihrem Besitz befindet.«

»Woher weiß man das?« fragte Dupin.

»Man schließt es mit absoluter Gewißheit aus der Natur des Dokumentes«, erwiderte der Präfekt, »sowie auch aus der Tatsache, daß sich gewisse Resultate noch nicht ergeben haben, die sofort zutage treten würden, wenn es aus dem Besitz des Diebes in andere Hände überginge – das heißt, wenn er es zu dem Zweck verwendete, zu dem allein er es gestohlen haben kann.«

»Werden Sie doch ein wenig deutlicher«, sagte ich.

»Gut, dann will ich so weit gehen und noch verraten, daß dieses Papier seinem Besitzer eine gewisse Macht verleiht, und zwar in einer Sache, in der diese Macht von unermeßlichem Werte ist.« Der Präfekt liebte es, sich diplomatischer Redewendungen zu bedienen.

»Ich verstehe noch immer nicht recht«, sagte Dupin.

»So? Nun, wenn man das Dokument einer dritten Person, deren Namen ich verschweigen will, übergeben würde, wäre die Ehre einer anderen, sehr hochstehenden Person kompromittiert, und diese Tatsache gibt dem Inhaber des Schriftstückes Gewalt über die erlauchte Person, deren Ehre und deren Friede auf diese Weise in steter Gefahr schwebt.«

»Aber diese Gewalt«, warf ich ein, »könnte doch nur ausgeübt werden, wenn der Dieb wüßte, daß der Bestohlene um seinen Diebstahl weiß. Wer aber würde wagen...«

»Der Dieb«, sagte G., »ist der Minister D., der alles wagt, ohne sich Skrupel zu machen, ob seine Handlungen eines Mannes würdig sind oder nicht. Er ging bei seinem Diebstahl ebenso scharfsinnig wie kühn zu Werke. Das fragliche Dokument – um es frei herauszusagen: den Brief also – hatte die bestohlene Person erhalten, als sie sich im königlichen Boudoir allein befand. Während des Lesens wurde sie durch den Eintritt der anderen erlauchten Persönlichkeit, vor der sie ihn gerade sorgfältig verbergen wollte, unterbrochen; nach einem eiligen und vergeblichen Versuch, ihn in einer Schublade zu verbergen, war sie gezwungen, ihn offen, wie er war, auf dem Tisch liegen zu lassen. Die Seite mit der Adresse war nach oben gekehrt, und so kam es, daß der Brief, von dessen Inhalt nichts zu sehen war, weiter nicht bemerkt wurde. Nach diesem kleinen Zwischenfall tritt der Minister D. ein. Sein Luchsauge bemerkt das Papier, erkennt die Handschrift der Adresse, beobachtet die Verwirrung der Person, an die der Brief gerichtet war, und durchschaut das Geheimnis sofort. Nach einigen geschäftlichen Erörterungen, die er in seiner bekannten Art herunterhaspelt, zieht er einen Brief hervor, der mit jenem anderen einige Ähnlichkeit hat, tut, als wolle er einen Blick hineinwerfen und legt ihn sodann dicht neben jenen hin. Dann redet er wieder etwa eine Viertelstunde lang über Staatsgeschäfte. Als er sich schließlich verabschiedet, nimmt er statt seines eigenen den Brief vom Tisch, der ihm nicht gehört. Die rechtmäßige Eigentümerin sah es, wagte jedoch nicht, darauf aufmerksam zu machen, da jene dritte Person, vor der sie das Schreiben verbergen mußte, dicht neben ihr stand. Der Minister verließ das Gemach, sein eigener, durchaus unwichtiger Brief blieb auf dem Tische zurück.«

»Hier haben Sie also«, wandte sich Dupin zu mir, »einen Fall, in dem der Dieb die Gewalt, von der wir eben redeten, in vollstem Maße besitzt: ›Er weiß, daß der Bestohlene von seiner Tat unterrichtet ist.‹«

»Ja«, erwiderte der Präfekt, »und die so erlangte Gewalt ist während der letzten Monate in gefährlichem Umfang zu politischen Zwecken angewendet worden. Die bestohlene Person überzeugt sich von Tag zu Tag mehr von der Notwendigkeit, den Brief zurückzuerlangen. Doch kann das natürlich nicht offen geschehen. Jetzt hat sie mir voller Verzweiflung die Sache übertragen.«

»Ich glaube, man hätte auch unmöglich einen scharfsinnigeren Vermittler finden können«, sagte Dupin aus einem ganzen Wirbelwind von Rauchwolken heraus.

»Sehr schmeichelhaft«, erwiderte der Präfekt, »aber es ist immerhin möglich, daß man diese Meinung tatsächlich von mir hat.«

»Es ist klar«, sagte ich, »daß der Brief, wie Sie bemerkten, noch im Besitz des Ministers ist; denn nur der Besitz und nicht die Anwendung des Briefes verleiht ihm seine schädliche Gewalt. Sobald er Gebrauch von dem Brief gemacht hat, ist die durch ihn erlangte Macht dahin.«

»Das ist richtig«, sagte G., »und von dieser Überzeugung ging auch ich aus. Meine erste Sorge war, die Wohnung des Ministers vollständig durchsuchen zu lassen. Die Hauptschwierigkeit bei diesem Unternehmen bestand darin, daß es ohne sein Wissen geschehen mußte. Man warnte mich oft und dringend vor dem Unheil, das er anrichten würde, wenn er unseren Plan nur im geringsten ahnte.«

»Aber solche Nachsuchungen«, sagte ich, »sind doch gerade Ihre Stärke. Die Pariser Polizei hat dergleichen doch schon oft vorgenommen.«

»O gewiß! Und deshalb verzweifelte ich auch nicht. Außerdem erleichterten mir die Lebensgewohnheiten des Ministers mein Vorhaben in hohem Grade. Er bleibt oft die ganze Nacht von zu Hause fort. Seine Dienerschaft ist durchaus nicht zahlreich. Ihre Schlafzimmer liegen ziemlich weit von den Räumen des Ministers entfernt, und da sie zumeist Neapolitaner sind, kann man sie leicht betrunken machen. Wie Sie wissen, habe ich Schlüssel, mit denen ich jedes Zimmer, jedes Kabinett in Paris öffnen kann. Seit drei Monaten ist wohl keine Nacht vergangen, in der ich nicht stundenlang in eigener Person die Wohnung des Ministers durchsucht hätte. Es handelt sich hier um meine Ehre und – nun verrate ich ein Geheimnis – um eine enorme Belohnung. Deshalb stellte ich die Nachsuchungen auch nicht eher ein, bis ich mich fest davon überzeugt hatte, daß der Dieb ein listigerer Mann sei als ich selbst. Ich darf mir das Zeugnis ausstellen, daß ich alle Ecken und Winkel, in denen man den winzigsten Papierfetzen hätte verbergen können, gründlichst durchforscht habe.«

»Aber ist es nicht möglich«, warf ich ein, »daß der Minister, obwohl zweifellos noch im Besitz des Briefes, diesen irgendwo anders als in seinem Hause verborgen hält?«

»Das ist nicht anzunehmen«, sagte Dupin. »Wie die Dinge bei Hofe und

besonders die Intrigen, in die D. bekanntermaßen verwickelt ist, nun einmal liegen, ist es von größter Wichtigkeit, das Dokument jederzeit bei der Hand zu haben, um es jeden Augenblick vorzeigen zu können – ja, dieser Punkt ist fast so wichtig, wie der Besitz des Schriftstückes selbst.«
»Um es jeden Augenblick vorzeigen zu können?« wiederholte ich.
»Das heißt, zerstören zu können«, meinte Dupin.

»Jedenfalls«, bemerkte ich. »Das Papier muß also in der Wohnung sein. Daß der Minister es nicht mit sich herumträgt, steht wohl außer Frage.«
»Vollständig«, sagte der Präfekt, »zweimal schon habe ich ihm, scheinbar von Straßenräubern, auflauern und ihn vor meinen Augen durchsuchen lassen.«
»Diese Mühe hätten Sie sich sparen können«, sagte Dupin. »D. ist doch kein Narr und muß also derartige Überfälle vorausgesehen haben.«
»Ein Narr ist er gerade nicht, aber ein Dichter«, meinte G., »und als solcher meiner Meinung nach von einem Narren nicht gar so sehr verschieden.«

»Das stimmt«, sagte Dupin nach einem langen und nachdenklichen Zug aus seiner Meerschaumpfeife, »obwohl ich selbst manchen Knittelvers verbrochen habe.«

»Teilen Sie uns doch die näheren Umstände Ihrer Nachforschungen mit!« sagte ich.

»Nun also, wir nahmen uns Zeit und suchten überall. Ich habe in derlei Dingen eine lange Erfahrung. Ich nahm das ganze Gebäude vor, ein Zimmer nach dem anderen, und widmete jedem einzelnen die Nächte einer ganzen Woche. Zuerst durchsuchten wir die Möbel jedes Zimmers. Wir öffneten jedes erdenkliche Schubfach, und Sie können sich denken, daß für einen gut geschulten Polizisten kein Geheimfach oder sonstiges Versteck existiert. Jeder Mann, dem bei einer Haussuchung ein Geheimfach entgeht, ist ein Tölpel. Die Sache ist so einfach. Bei einem Schrank ist doch stets ein ganz genau bestimmter Umfang, ein bestimmter Raum in Betracht zu ziehen. Wir stellen die genauesten Berechnungen an. Nicht der Bruchteil eines Millimeters konnte uns entgehen.

Nach den Schranken nahmen wir die Stühle vor. Die Polster wurden mit den langen, feinen Nadeln, die Sie wohl schon bei mir gesehen haben, untersucht. Von den Tischen hoben wir die Platten ab.«

»Wozu das?«

»Manchmal entfernt die Person, die einen Gegenstand verbergen will, die Platte des Tisches oder eines ähnlich gestalteten Gegenstandes, höhlt das Bein aus, legt den betreffenden Gegenstand in der Höhlung nieder und befestigt die Platte wieder. Die Bretter und Pfosten von Bettstellen werden auch oft ähnlich gebraucht.«

»Aber könnte man eine solche Höhlung nicht durch Klopfen entdecken?« fragte ich.

»Absolut nicht, wenn man nach dem Hineinlegen des Gegenstandes die Aushöhlung mit Watte gefüllt hat. Überdies mußten wir in unserem Fall jedes Geräusch nach Möglichkeit vermeiden.«

»Aber Sie konnten doch nicht sämtliche Möbel auseinandernehmen oder in Stücke zerbrechen, in denen man möglicherweise einen Brief hätte verstekken können. Ein solch kleines Schriftstück kann man so fest zusammenrollen, daß es in Gestalt und Umfang kaum von einer Stricknadel abweicht, und einen solchen Körper könnte man mit Bequemlichkeit zum Beispiel in die Leiste eines Stuhles einlegen. Sie werden doch nicht alle Stühle zerlegt haben?«

»Keineswegs – wir machten es noch gründlicher, wir untersuchten die Leisten jedes Stuhles im Hause, ja, sogar die einzelnen Teile jeder Art von Möbel mit einem stark vergrößernden Mikroskop. Wären irgendwo die Spuren einer vor kurzem vorgenommenen Veränderung sichtbar gewesen, so wäre uns dies gewiß nicht entgangen. Ein einziges Körnchen Sägemehl zum Beispiel, das der Bohrer hätte zurücklassen können, wäre in der Größe eines Apfels sichtbar gewesen. Die geringste Ungenauigkeit bei dem erneuten Leimen, das unbedeutendste Klaffen in dem Gefüge hätte unfehlbar zur Entdeckung geführt.«

»Sie untersuchten natürlich auch die Spiegel, die Dielen, das Eßgeschirr und durchstöberten Betten, Bettzeug ebenso wie auch Vorhänge und Teppiche?«

»Selbstverständlich, und als wir mit jedem Möbelteilchen fertig waren, untersuchten wir das Haus selbst. Wir teilten seine ganze Oberfläche in Abteilungen, die wir mit Zahlen bezeichneten, damit wir keine übergingen. Dann durchforschten wir jeden Quadratzoll des Hauses mit dem Mikroskop und untersuchten schließlich auch die beiden Nebenhäuser in derselben Weise.«

»Auch die beiden Nebenhäuser?« rief ich aus. »Welch unendliche Mühe müssen Sie gehabt haben!«

»Die hatten wir allerdings, aber die ausgesetzte Belohnung ist auch enorm.«

»Haben Sie auch den Grund und Boden der Häuser untersucht?«

»Der Boden war überall mit Ziegelsteinen gepflastert und machte uns verhältnismäßig wenig Mühe. Wir untersuchten das Moos zwischen den einzelnen Steinen und fanden es überall unberührt.«

»Sie durchforschten auch D.'s Papiere und die Bücher seiner Bibliothek?«

»Gewiß! Wir öffneten jedes Päckchen, jedes Heftchen; wir begnügten uns nicht damit, nach der Art einiger Polizeibeamten, ein Buch einfach zu schütteln, sondern wendeten jedes Blatt einzeln um. Die Dicke eines jeden Buchdeckels maßen wir auf das genaueste ab und unterwarfen ihn der peinlichsten mikroskopischen Untersuchung. Es ist vollständig ausgeschlossen, daß einer der Einbände neuerdings aufgeschnitten und wieder zusammengefügt worden ist – diese Tatsache hätte uns auf keinen Fall entgehen können. Etwa fünf oder sechs Bände, die eben vom Buchbinder gekommen waren, durchsuchten wir sorgfältig mit unseren Nadeln.«

»Haben Sie auch den Fußboden unter den Teppichen durchforscht?«

»Aber selbstverständlich, wir nahmen jeden Teppich auf und untersuchten die Dielen mit dem Mikroskop.«

»Auch die Tapeten an den Wänden?« »Ja.«

»Besichtigten Sie auch die Keller?«

»Ebenfalls.«

»Dann müssen Sie sich also verrechnet haben«, sagte ich, »und der Brief befindet sich nicht im Hause des Ministers.«

»Ich fürchte, Sie haben recht«, sagte der Präfekt. »Und nun, Dupin, was würden Sie mir raten zu tun?«

»Noch einmal eine gründliche Haussuchung vorzunehmen.«
»Das ist vollständig nutzlos«, sagte G., »so gewiß ich weiß, daß ich lebe, so gewiß befindet sich der Brief nicht in diesem Haus.«
»Einen besseren Rat kann ich Ihnen nicht geben«, sagte Dupin. »Sie haben doch gewiß eine genaue Beschreibung des Briefes?«
»O ja!« Hier zog der Präfekt ein Notizbuch hervor und las uns eine ausführliche Beschreibung der inneren und vor allem der äußeren Beschaffenheit des Briefes vor. Als er damit fertig war, verabschiedete er sich so niedergeschlagen, wie ich den guten Mann noch nie gesehen hatte.
Etwa einen Monat später besuchte er uns wieder und fand uns fast in der gleichen Situation wie das vorige Mal. Wir boten ihm eine Pfeife und einen Stuhl an und begannen eine alltägliche Unterhaltung. Endlich fragte ich:
»Nun, G., wie steht es denn mit dem gestohlenen Brief? Ich glaube, Sie haben sich wohl überzeugt, daß sich der Minister nicht so leicht überlisten läßt!«
»Der Teufel soll ihn holen – ja! Ich habe die Untersuchung auf Dupins Vorschlag wieder aufgenommen, aber es war verlorene Mühe, wie ich vorausgesehen hatte.«
»Wie hoch, sagten Sie, war die ausgesetzte Belohnung?« fragte Dupin.
»Nun, sie war sehr hoch – es war eine sehr großzügige Belohnung, ich möchte die Summe nicht gern nennen, aber soviel will ich Ihnen sagen, daß ich jedem, der mir den Brief aushändigt, gern eine Anweisung auf fünfzigtausend Francs ausstellen würde. Die Sache wird von Tag zu Tag wichtiger, erst kürzlich ist die Belohnung verdoppelt worden. Aber selbst wenn man sie verdreifachte, könnte ich nicht mehr tun, als ich tue und getan habe.«
»Nun«, sagte Dupin gedehnt zwischen langen Zügen aus seiner Meerschaumpfeife, »ich glaube wirklich – lieber G. – Sie haben in dieser Sache – noch nicht – das Äußerste getan. Sie könnten – noch manches in Betracht ziehen – meine ich.«
»Was denn? – Wieso? –«
»Nun – paff, paff – Sie könnten – paff, paff – in der Sache Rat einholen – paff, paff, paff. – Kennen Sie die Geschichte, die man sich von Doktor Abernethy erzählt?«
»Nein! Hole der Geier Ihren Abernethy!«
»Das kann er ja meinetwegen tun. Aber eines Tages kam ein reicher Geizhals auf die Idee, diesem Abernethy einen ärztlichen Rat abzulisten. Er nahm ihn in einer Privatgesellschaft beiseite und erzählte ihm seinen Fall, als handele es sich um den einer fingierten dritten Person.
›Nehmen wir an‹, sagte der Geizhals, ›seine Symptome seien diese und jene, was würden Sie ihm raten, zu nehmen, Herr Doktor?‹

›Nehmen?‹ sagte Abernethy, ›nun, ich würde ihm raten, unbedingt einen Arzt zu nehmen.‹«

»Aber«, meinte der Präfekt, ein wenig aus der Fassung gebracht, »ich bin sehr gern bereit, Rat einzuholen und auch dafür zu bezahlen. Ich würde wirklich jedem, der mir in dieser Sache Hilfe leistet, fünfzigtausend Francs zahlen.«

»Wenn das der Fall ist«, sagte Dupin, indem er eine Schublade öffnete und ein Scheckbuch herausholte, »können Sie mir einen Wechsel über den erwähnten Betrag ausstellen. Wenn Sie unterschrieben haben, werde ich Ihnen den Brief aushändigen.«

Ich war verblüfft, der Präfekt wie vom Donner gerührt. Einige Minuten lang saß er sprachlos und unbeweglich und blickte meinen Freund mit offenem Munde und starren Augen, die aus ihren Höhlen treten wollten, ungläubig an. Dann, als er ein wenig zu sich zu kommen schien, ergriff er eine Feder und füllte, oftmals innehaltend und vor sich hinstarrend, einen Wechsel über fünfzigtausend Francs aus und reichte ihn über den Tisch hinweg meinem Freund. Dieser prüfte ihn sorgfältig und steckte ihn in seine Brieftasche; dann schloß er seinen Schreibtisch auf, entnahm diesem einen Brief und überreichte ihn dem Präfekten. Der Beamte ergriff ihn mit wahrer Ekstase, öffnete ihn mit zitternder Hand, überflog mit raschem Blick den Inhalt, stolperte, stürzte dann zur Tür und eilte ohne weitere Umstände zum Haus hinaus – ohne auch nur ein Wort gesprochen zu haben, seit ihn Dupin aufgefordert hatte, den Wechsel zu unterzeichnen.

Als er uns verlassen hatte, gab mir mein Freund einige Erklärungen.

»Die Pariser Polizei«, sagte er, »ist in mancher Hinsicht sehr tüchtig. Sie ist beharrlich, scharfsinnig, listig und besitzt auf den Gebieten, auf denen sie zu arbeiten hat, durchaus gründliche Kenntnisse. Als uns G. erzählte, daß er in der Wohnung des Ministers Haussuchung abgehalten habe, war ich vollständig überzeugt, daß es so gründlich und unübertrefflich gewissenhaft geschehen sei, wie es einem Menschen nur immer möglich ist – d.h. gründlich und gewissenhaft, soweit er eben die Durchsuchung ausdehnte.«

»Soweit er die Durchsuchung ausdehnte?« fragte ich.

»Ja!« antwortete Dupin. »Die Maßregeln, die er ergriff, waren nicht nur die besten ihrer Art, sie wurden auch vollkommen gut durchgeführt. Wäre der Brief innerhalb des Bereiches seiner Untersuchungen versteckt gewesen, man hätte ihn unter allen Umständen gefunden.«

Ich lachte bloß, er schien jedoch vollständig im Ernst zu reden.

»Die Maßregeln also«, fuhr er fort, waren in ihrer Art gut und waren auch gut angewandt; der Fehler bestand jedoch darin, daß sie auf diesen Mann und diesen Fall nicht anwendbar waren. Der Präfekt verfährt mit einer gewissen

Anzahl scharfsinniger Hilfsmittel wie mit einem Prokrustesbett, dem er alle seine Pläne gewaltsam anpaßt. Aber er befindet sich fortwährend im Irrtum, da er stets für den Fall, um den es sich gerade handelt, zu tiefsinnig oder zu oberflächlich vorgeht. Ich glaube, mancher Schulknabe ist ein besserer Denker als er. Ich kannte einen achtjährigen kleinen Kerl, dessen Erfolge bei dem Spiel ›gerade oder ungerade‹ die allgemeine Aufmerksamkeit erregten. Dieses Spiel ist sehr einfach und wird mit Schussern oder Murmeln gespielt. Einer der Spieler verbirgt eine Anzahl der Steinchen in seiner Hand und fragt den Partner, ob ihre Zahl eine gerade oder ungerade sei. Wenn derselbe richtig rät, gewinnt er eins, im anderen Falle verliert er eins. Der Knabe, von dem ich sprach, gewann alle Schusser, über die seine Mitschüler verfügten. Natürlich ging er beim Raten von einem bestimmten Grundsatz aus, und dieser beruhte auf bloßer Beobachtung und der Berechnung des Scharfsinns seiner Gegner. War sein Gegner zum Beispiel ein Dummkopf, der ihn mit geschlossener Hand fragte: ›gerade oder ungerade?‹ und er hatte ›ungerade‹ gesagt und verloren, so gewann er doch beim zweiten Male, denn er sagte sich: ›Der Tölpel hatte beim ersten Male ›gerade‹ in der Hand und sein Scharfsinn reicht gerade aus, ihn jetzt ›ungerade‹ nehmen zu lassen. Ich werde also ungerade sagen.‹ Er tut es und gewinnt. Bei einem Gegner von etwas höherer Intelligenz hätte er so argumentiert: ›Der Junge hat gesehen, daß ich beim ersten Male ›ungerade‹ geraten habe. Zuerst wird er, wie der erste Partner, eine einfache Abwechslung von ›gerade‹ und ›ungerade‹ eintreten lassen wollen. Dann wird er sich besinnen und dieses Vorgehen für zu durchsichtig halten. So behält er also ›gerade‹ bei und ich muß ›gerade‹ raten.‹ Er tut es und gewinnt. Worin besteht mithin die Methode des Nachdenkens bei diesem Knaben, den seine Kameraden ›einen glücklichen Spieler‹ nannten?«

»In nichts weiter«, sagte ich, »als darin, daß er sich mit seinem Geist vollständig in den seines Partners hineinversetzte.«

»So ist es«, bestätigte Dupin, »und als ich den Knaben fragte, wie er es anstelle, um sich möglichst sicher in die Denkweise eines anderen hineinzuversetzen, erhielt ich folgende Antwort: ›Wenn ich herausfinden will, wie klug oder wie dumm, wie gut oder wie böse jemand ist oder was er gerade denkt, so ahme ich genau seinen Gesichtsausdruck nach und warte ab, was für Gedanken oder Gefühle daraufhin in meinem Kopf oder meinem Herzen aufsteigen, um sich mit jenem Ausdruck zu decken.‹ Auf dieser Antwort des Schulknaben ist all die anspruchsvolle Weisheit aufgebaut, die man Rochefoucauld, La Bruyère, Macchiavelli oder Campanella zugeschrieben hat.«

»Und dieses Identifizieren des Verstandes des Denkenden mit dem seines Gegners«, sagte ich, »hängt also, wenn ich Sie recht verstehe, von der

Genauigkeit ab, mit welcher der Geist des Gegners abgemessen wird.«

»Was die praktische Verwertung anbetrifft, so hängt es allerdings hiervon ab«, erwiderte Dupin, »und der Präfekt und seine Untergebenen irren so häufig, weil sie versäumen, sich mit ihrem Gegner zu identifizieren und seinen Verstand entweder gar nicht oder falsch abschätzen. Sie haben eine ganz bestimmte Vorstellung von Scharfsinn und wenn sie irgend etwas Verstecktes suchen, so tun sie es da, wo sie selbst es verborgen haben würden. Sie haben ja darin recht, daß ihr Scharfsinn den der großen Masse getreu repräsentiert, aber wenn die Schlauheit eines Verbrechers von dem Charakter der ihrigen verschieden ist, werden sie natürlich überlistet. Dies ist immer der Fall, wenn der Gegner an Verstand überlegen ist, und sehr häufig, wenn er geistig unter ihnen steht. Sie kennen keinen Unterschied im Prinzip des Verfahrens; wenn sie durch außergewöhnliche Dringlichkeit oder eine besonders hohe Belohnung angespornt werden, so erweitern oder übertreiben sie höchstens ihre alte Methode in der Praxis, ohne an dem Prinzip nur das geringste zu ändern. Was ist zum Beispiel in diesem Falle des D. getan worden, um die Methode des Verfahrens zu ändern? Was soll all dies Bohren, Durchsuchen und Klopfen, dies Besichtigen mit dem Mikroskop, all dies Einteilen des Gebäudes in numerierte Quadratzölle? Es ist nichts anderes als eine Übertreibung der Anwendung des einen Prinzips, der einen Durchforschungsmethode, die auf dem begrenzten Begriff von menschlichem Scharfsinn gegründet ist, an den sich der Präfekt nun einmal während der langen Ausübung seiner Tätigkeit gewöhnt hat. Sehen Sie nicht deutlich, daß er es als gewiß angenommen hat, daß alle Menschen, die einen Brief verstecken wollen, diesen, wenn auch nicht gerade in ein Loch, das sie in ein Stuhlbein gebohrt haben, so doch in irgend einen verborgenen Winkel legen, daß sie also demselben Gedankengange folgen, der einen Menschen veranlassen würde, einen Brief in ein Bohrloch im Stuhlbein zu verstecken? Und sehen Sie nicht auch ein, daß solche ausgeklügelten Verstecke nur bei gewöhnlichen Gelegenheiten anwendbar sind und nur von Menschen mit mittelmäßigem Verstand benutzt werden? Denn immer, wenn etwas versteckt worden ist, kann man fast mit Sicherheit annehmen, daß es in der einen, erwähnten, ausgeklügelten Weise geschah. Die Auffindung hängt also durchaus nicht von dem Scharfsinn des Suchenden ab, sondern von seiner Sorgfalt, Geduld und Beharrlichkeit. Ist der Fall wichtig oder ist eine hohe Belohnung auf die Entdeckung ausgesetzt, was in den Augen der Polizei dasselbe ist, so haben die eben erwähnten Eigenschaften noch nie ihren Dienst versagt. Jetzt werden sie verstehen, was ich meinte, als ich die Vermutung aussprach, daß der Brief ohne Zweifel entdeckt worden wäre, wenn er sich innerhalb des Bereiches der polizeilichen Nachforschungen befunden hätte – mit anderen Worten, wenn das Prinzip des Verbergens sich mit einem der Prinzipien der Nachforschungen gedeckt hätte. Der Präfekt ist jedoch gründlich hinters Licht geführt worden, und der letzte Grund seiner Niederlage liegt in der Annahme, daß der Minister ein Narr sei, weil er einigen Ruf als Dichter hat. Der Präfekt behauptet nun, daß alle Narren Dichter sind, und macht sich nur eines logischen Fehlers schuldig, wenn er zurückschließt, daß alle Dichter Narren seien.«

»Aber ist der Minister wirklich ein Dichter?« fragte ich. »Soviel ich weiß, hat er noch einen Bruder, beide haben einen Ruf als Schriftsteller. Der Minister hat, glaube ich, eine gelehrte Abhandlung über die Differentialrechnung geschrieben. Er ist ein Mathematiker und kein Dichter.«

»Da irren Sie sich, ich kenne ihn gut, er ist beides. Nur als Mathematiker und Dichter hat er alles so geschickt berechnen können; wäre er nur Mathematiker gewesen, ich bin sicher, der Brief wäre in die Hände des Präfekten gefallen.«

»Diese Ansichten überraschen mich«, entgegnete ich, »denn sie widersprechen vollständig der allgemeinen Überzeugung der Menschen. Sie wollen doch nicht die wohlüberlegten Ideen ganzer Jahrhunderte für falsch erklären? Der mathematische Verstand wird doch seit langem als der Verstand ›par excellence‹ angesehen.«

»Man kann darauf wetten«, sagte Dupin, indem er eine Stelle aus Chamfort anführte, »daß jede öffentlich Meinung, jede hergebrachte Überlieferung eine Dummheit ist, denn sie hat der großen Menge zugesagt. Ich versichere Ihnen, die Mathematiker haben nach Kräften dazu beigetragen, den allgemeinen Irrtum, auf den Sie anspielen, zu verbreiten, und der darum nicht weniger ein Irrtum ist, weil er als eine Wahrheit verkündet wurde. Mit einer Kunst, die einer besseren Sache würdig gewesen wäre, haben sie zum Beispiel den Ausdruck Analyse in Beziehung zu algebraischen Berechnungen gebracht. Die Franzosen sind die Urheber dieses sonderbaren Irrtums, aber wenn ein Ausdruck von irgendwelcher Bedeutung ist, wenn die Worte ihren Wert aus ihrer Anwendungen herleiten, dann bedeutet Analyse doch ebensowenig Algebra, wie im Leiteinischen ›ambitus‹ Ehrgeiz, ›religio‹ Religion oder ›homines honesti‹ eine Anzahl Ehrenmänner heißt.«

»Ich werde noch sehen müssen, daß Sie mit den Pariser Algebraisten in Streit geraten«, sagte ich »aber fahren Sie nur fort.«

»Ich bestreite die Anwendbarkeit und somit den Wert einer Vernunft, die in einer anderen Form als der abstrakt logischen gepflegt wird. Ich bestreite vor allem die Vernunft, die aus mathematischen Studien hervorgagangen ist. Die Mathematik ist die Wissenschaft von Form und Masse; mathematische Schlußfolgerung ist nur auf Beobachtung von Form und Masse gegründete

Logik. Der große Irrtum liegt in der Annahme, daß selbst die Wahrheiten der sogenannten reinen Algebra abstrakte oder allgemeine Wahrheiten seien. Dieser Irrtum ist so ungeheuer, daß man sich über die Bereitwilligkeit, mit der er aufgenommen wurde, nicht genug verwundern kann. Mathematische Grundwahrheiten sind nicht allgemeine Grundwahrheiten. Was in bezug auf das Verhältnis der Erscheinungen zu Form und Masse wahr ist, ist zum Beispiel oft gänzlich falsch in Dingen der Moral. Und in der Mathematik selbst ist es auch gewöhnlich ganz unwahr, daß die Summe aller Teile dem Ganzen gleich sei. In der Chemie ist dieser Grundsatz ebenfalls falsch. Es gibt noch zahlreiche andere mathematische Wahrzeichen, die nur innerhalb der Grenzen ihrer Beziehungen Wahrheiten sind. Aber der Mathematiker schließt gewohnheitsmäßig aus seinen Endwahrheiten, als ob sie, wie die Welt im allgemeinen auch wirklich annimmt, von absolut allgemeiner Anwendbarkeit seien. Bryant erwähnt in seiner hochgelehrten Mythologie eine ähnliche Quelle des Irrtums, indem er sagt, daß wir, obwohl wir an die heidnischen Fabeln nicht glauben, uns doch fortwährend vergessen und Schlüsse aus ihnen ziehen, als wären sie tatsächlich Wirklichkeiten.
Die Algebraisten jedoch, die selbt Heiden sind, glauben an die heidnischen Fabeln und ziehen ihre Folgerungen weniger aus Gedächtnisschwäche, als aus einer unbegreiflichen kleinen Denkstörung. Kurz , ich habe nie einen bloßen Mathematiker gefunden, dessen Behauptungen man, wenn sie sich nicht auf seine Wurzeln und Gleichungen bezogen, Glauben schenken konnte – keinen, dem es im Geheimen nicht Dogma gewesen wäre, daß $x^2 + px$ absolut und unbedingt gleich q wäre. Wenn es Sie interessiert, so sagen Sie nur einmal einem Herren, daß sie einen Fall für möglich hielten, in dem $x^2 + px$ nicht gleich q wäre, und wenn der Betreffende Sie verstanden hat, so verziehen Sie sich möglichst schnell aus seinem Bereich, denn ohne Zweifel wird er Anstalten machen, Sie zu prügeln.
Ich will damit sagen,« fuhr Dupin fort, während ich mich begnügte, über seine letzten Bemerkungen zu lachen, »daß der Präfekt niemals in die Lage gekommen sein würde, mir den Wechsel ausstellen zu müssen, wenn der Minister nichts weiter als ein bloßer Mathematiker wäre. Ich hingegen wußte, daß er beides war, Mathematiker und Dichter, und deshalb paßte ich meine Maßregeln diesen beiden Fähigkeiten an und zog auch die besonderen Umstände, die ihn zum Verstecken bewogen, genügend in Betracht. Ich wußte, daß er ein Hofmann und ein kühner Intrigant ist, und mußte mir sagen, daß ein solcher Mann die Praxis polizeilicher Nachforschungen kennt. Höchstwahrscheinlich würde er sich darauf gefaßt machen – und die Ereignisse haben gezeigt, daß er es tat –, überfallen zu werden. Ebenso mußte er der geheimen Nachforschungen in seinem Haus gewärtig sein.

Seine wiederholte nächtliche Abwesenheit vom Hause, die der Präfekt als so günstig für seine Sache hinstellte, hielt ich für nichts anderes als eine geschickte List, um der Polizei Zeit zum Durchsuchen des Hauses zu gewähren und sie zu der Überzeugung zu bringen, daß sich der Brief nicht in der Wohnung befinde. Ich war mir auch klar bewußt, daß der ganze Gedankengang, den ich Ihnen hier mit einiger Mühe auseinandergesetzt habe, und von dem die Polizei unabänderlich bei ihren Nachforschungen ausgeht, sich dem Geiste des Ministers ganz dargestellt hat. Das mußte ihn bestimmen, alle die gewöhnlichen Versteckarten als unsichere zu verschmähen.

Dieser Mann, sagte ich mir, ist viel zu klug, um nicht einzusehen, daß das komplizierteste Versteck, der verborgenste Winkel so offen vor den Augen, den Sonden, den Bohrern und Mikroskopen der Polizei daläge wie seine gewöhnlichen Empfangszimmer. Ich sah schließlich ein, daß er aus natürlichen Gründen zum einfachsten Versteck genötigt sein würde, selbst wenn er nicht aus freier Wahl auf diesen Ausweg verfiele. Sie erinnern sich vielleicht des krampfhaften Lachens des Präfekten, als ich bei seinem ersten Besuch bemerkte, das Geheimnis verwirre ihn möglicherweise nur deshalb so sehr, weil seine Lösung so außerordentlich einfach sei.«

»Ja«, sagte ich, »ich erinnere mich seiner übergroßen Heiterkeit sehr wohl. Ich dachte schon, er würde einen Lachkrampf bekommen.«

»Die sinnliche Welt«, fuhr Dupin fort, »ist reich an genauen Analogien zu der übersinnlichen; und so bekommt das rhetorische Dogma, daß Metapher oder Gleichnis sowohl ein Argument bekräftigen, wie eine Beschreibung verschönern können, einen Anschein von Wahrheit. Das Gesetz von der Schwungkraft scheint zum Beispiel in der Physik und in der Metaphysik dasselbe zu sein. Aus der Physik wissen wir, daß ein großer Körper schwerer in Bewegung zu setzen ist als ein kleiner, und daß die folgende Bewegung im Verhältnis zu der Schwierigkeit steht. Ebenso wahr ist es, daß Geister von größerer Auffassungskraft, die kräftiger, beständiger und bedeutungsvoller in ihren Bewegungen sind als solche geringeren Grades, doch weniger leicht bewegt und auf den ersten Stufen des Fortschrittes verlegener, zaghafter sind. Im übrigen: haben Sie jemals bemerkt, welche Schilder über den Türen der Läden am meisten die Aufmerksamkeit auf sich lenken?«

»Ich habe nie darüber nachgedacht«, antwortete ich.

»Es gibt ein Rätselspiel, das man auf einer Landkarte spielt«, fuhr er fort. »Der eine Spieler gibt dem anderen auf, ein bestimmtes Wort aufzusuchen – den Namen einer Stadt, eines Flusses, eines Staates, eines Reiches – kurz, irgendein Wort, das auf der buntscheckigen, kreuz und quer beschriebenen Karte steht. Ein Anfänger in dem Spiel wird seinen Gegner stets dadurch zu verwirren suchen, daß er ihn die am kleinsten geschriebenen Namen suchen läßt; der geübtere Spieler wählt solche Worte aus, die sich in großen Buchstaben von einem Ende der Karte zum anderen ziehen. Diese entgehen nämlich, gerade wie die mit übermäßig großen Buchstaben beschriebenen Schilder und Anschläge, leicht der Beobachtung, weil sie gar zu deutlich sind. Dieses physische Übersehen ist einem moralischen genau analog, bei welchem der Verstand gerade die Anzeichen, die zu aufdringlich, zu greifbar sind, unbemerkt vorübergehen läßt. Aber dies ist ein Punkt, der, wie es scheint, etwas über den Horizont des Präfekten hinausgeht oder vielleicht etwas darunter steht. Er hat es nie für wahrscheinlich oder auch nur für möglich gehalten, daß der Minister den Brief direkt unter jedermanns Nase hingelegt hat, um eben jedermann davon abzuhalten, ihn zu bemerken.

Je mehr ich über den kühnen, wagemutigen und scharfen Verstand D.'s nachdachte und über die Tatsache, daß er das Dokument immer bei der Hand haben mußte, wenn es überhaupt seinen Zweck erfüllen sollte – wenn ich mich an den unzweifelhaften Beweis erinnerte, den die Nachforschungen des Präfekten erbracht hatten, daß das Schriftstück innerhalb der Grenzen des gewöhnlichen Forschungsgebietes dieses würdigen Beamten nicht verborgen war, um so mehr überzeugte ich mich davon, daß der Minister zu dem sinnreichen, klugen Mittel gegriffen habe, überhaupt nicht den Versuch zu machen, den Brief zu verstecken. Ganz erfüllt von diesem Gedanken, versah ich mich mit meiner grünen Brille und sprach eines schönen Morgens wie zufällig in der Wohnung D.'s vor. Ich traf ihn zu Hause, er gähnte, räkelte sich, vertändelte die Zeit und gab, wie gewöhnlich, vor, sich tödlich zu langweilen. Er ist vielleicht der energischste Mensch, den die Welt jetzt besitzt, doch nur dann, wenn ihn niemand sieht.

Um in ein harmloses Gespräch mit ihm zu kommen, klagte ich über meine schwachen Augen und bejammerte die Notwendigkeit, die grüne Brille tragen zu müssen, unter deren Schutz ich vorsichtig und gründlich im ganzen Zimmer umherspähte, während ich mich anscheinend nur für die Unterhaltung mit meinem Gastgeber interessierte.

Mit ganz besonderer Aufmerksamkeit betrachtete ich den großen Schreibtisch, an dem er saß. Auf diesem lagen verschiedene Briefe und andere Schriften, auch ein oder zwei Musikinstrumente und ein paar Bücher. Doch bemerkte ich nach langer, sorgfältiger Prüfung nichts, was besonderen Argwohn erregt hätte.

Schließlich fielen meine schweifenden Blicke auf einen abgenutzten Kartenhalter von durchbrochenem Pappdeckel, der an einem schmutzigen blauen Bändchen von einem kleinen Messingknopf gerade mitten über dem Kaminsims herabbaumelte. In diesem Kartenhalter, der drei bis vier Abteilungen hatte, lagen fünf oder sechs Visitenkarten und ein einzelner Brief, der ziemlich beschmutzt und zerknittert schien. Er war fast ganz mitten durchgerissen, als habe man zuerst die Absicht gehabt, ihn als wertlos zu zerreißen, und sich erst später anders besonnen. Der Brief hatte ein großes schwarzes Siegel, auf das der Buchstabe D sehr deutlich aufgedrückt war. Er war mit zierlicher Damenhandschrift an den Minister selbst adressiert. Nachlässig, ja, scheinbar fast verächtlich schien er in das oberste Fach des Kartenhalters gesteckt worden zu sein.

Kaum hatte ich diesen Brief erblickt, so wußte ich, es war der gesuchte. Allerdings war sein Äußeres von dem Brief, dessen genaue Beschreibung uns der Präfekt vorgelesen hatte, vollständig verschieden. Hier war das Siegel groß und schwarz und trug den Buchstaben D, dort war es klein und rot und zeigte das Wappen der Herzoglich S.schen Familie. Hier war die Adresse klein, von Damenhand geschrieben und trug den Namen des Ministers, dort war der Brief an eine königliche Person mit großen und entschiedenen Buchstaben adressiert; bloß die Größe des Schriftstückes stimmte überein. Aber gerade diese gänzliche, auffallende Verschiedenheit, der schmutzige, zerrissene und zerknitterte Zustand des Briefes, welcher der Ordnungsliebe D.'s so sehr widersprach und den Beschauer nur zu deutlich von der Wertlosigkeit des Gegenstandes überzeugen sollte, alles dies, sowie die allen Blicken exponierte Lage des Papiers, die so wohl zu meinen Schlüssen stimmte – alles dies mußte verdächtig erscheinen.

Ich dehnte meinen Besuch so lange wie möglich aus, und während ich den Minister über einen Gegenstand, der ihn, wie ich wußte, stets interessierte und anregte, lebhaft unterhielt, wandte ich in Wirklichkeit mein ganzes Augenmerk auf den Brief. Ich prägte mir sein Aussehen und die Art, wie er im Halter steckte, genau ein und machte zum Schluß noch eine Entdeckung, die mir auch den kleinsten Zweifel, der mir vielleicht noch geblieben war, zerstreute. Als ich die Ränder des Papiers genau betrachtete, bemerkte ich, daß diese fester als nötig zusammengepreßt erschienen. Sie zeigten das gebrochene Aussehen eines steifen Papiers, das schon einmal gefaltet, mit dem Falzbein geglättet und nun in umgekehrter Richtung wieder in die alten Falten gelegt worden ist. Diese Entdeckung genügte mir. Es war mir klar, daß man den Brief wie einen Handschuh umgewendet und mit anderer Adresse und anderem Siegel versehen hatte. Ich empfahl mich darauf bei dem Minister und ging, ließ jedoch meine goldene Schnupftabakdose auf dem Tisch stehen.

Am nächsten Morgen besuchte ich den Minister, um meine Dose abzuholen. Wir kamen bald wieder auf unsere Unterhaltung von gestern zurück. Plötzlich jedoch ertönte dicht unter den Fenstern der Ministerwohnung ein Pistolenschuß, dem das wilde Geschrei und die verworrenen Rufe einer er-

schreckten Volksmenge folgten. D. eilte an ein Fenster, öffnete es und blickte hinaus. Ich schritt schnell auf den Kartenhalter zu, nahm den Brief heraus, steckte ihn in meine Tasche und ersetzte ihn durch einen anderen von genau demselben Aussehen, den ich zu Hause sorgfältig hergestellt hatte. Die Chiffre D hatte ich leicht durch ein aus Brot geformtes Siegel nachahmen können.

Der Auftritt auf der Straße war durch das tolle Benehmen eines Mannes verursacht worden, der eine Flinte mitten unter einer Menge von Frauen und Kindern abgefeuert hatte. Es stellte sich jedoch heraus, daß die Waffe nicht scharf geladen war, und man ließ den Mann als einen Trunkenbold oder einen Wahnsinnigen laufen. Als er seiner Wege gegangen war, kam D. von dem Fenster zurück, an das ich ihm, gleich nachdem ich den Brief ergriffen hatte, gefolgt war. Bald darauf verabschiedete ich mich von ihm. Der angeblich Wahnsinnige war ein von mir bezahlter Mensch.«

»Aber welchen Zweck hatte es«, fragte ich, »den Brief durch ein Faksimile zu ersetzen? Wäre es nicht besser gewesen, ihn gleich beim ersten Besuch offen zu ergreifen und mit ihm davonzugehen?«

»D. ist ein Mann«, erwiderte Dupin, »dem alles zuzutrauen ist, und außerdem verfügt er jederzeit über Leute, die seinen Befehlen blindlings gehorchen. Hätte ich den verwegenen Schritt getan, zu dem Sie mir da jetzt raten, so hätte ich die Wohnung des Ministers vielleicht nicht lebendig verlassen, und die guten Pariser würden nie wieder etwas von mir gehört haben. Doch bestimmte mich noch etwas anderes zu dem heimlichen Vorgehen. Sie kennen meine politischen Überzeugungen: Ich handelte als der Anhänger der betreffenden hohen Dame. Achtzehn Monate lang hatte der Minister sie in der Gewalt. Jetzt hat sie ihn in der ihrigen, denn da er nicht weiß, daß sich der Brief nicht mehr in seinem Besitze befindet, wird er fortfahren, sich so zu benehmen, als besitze er ihn noch. Auf diese Weise wird er selbst an seiner politischen Vernichtung arbeiten. Sein Sturz wird ein ebenso ungeschickter wie plötzlicher sein. Man mag so viel man will über das facilis descensus Averni reden, aber bei jeder Art von Emporkommen gilt, was die Catalani vom Singen sagte: es ist viel leichter hinaufzukommen als hinunter. In unserem Falle habe ich keine Teilnahme, kein Mitgefühl für den Stürzenden. Er ist ein monstrum horrendum, ein genialer Mensch ohne Grundsätze. Ich muß jedoch gestehen, daß ich sehr gern seine Gedanken lesen möchte, wenn ihm diejenige, die der Präfekt eine ›gewisse Person‹ nennt, Trotz bietet und er sich genötigt sieht, den Brief zu öffnen, den ich in dem Kartenhalter versteckt habe.«

»Wieso? Schrieben Sie etwas Besonderes hinein?«

»Natürlich – es schien mir nicht recht zu sein, das Innere ganz unbeschrieben zu lassen, – das hätte ja wie Beleidigung ausgesehen. D. spielte mir einstmals in Wien einen bösen Streich, und ich versprach scherzhaft, ihm diesen zu vergelten. Deshalb wollte ich es ihm nicht ersparen, die Person, die ihn so überlistet hatte, kennenzulernen. Er kennt meine Handschrift sehr gut, deshalb schrieb ich mitten auf das weiße Blatt die Worte:

›– – – Un dessin si funeste
S'il n'est digne d'Atrée, est digne des Thyeste.‹
Sie stehen in Crébillons ›Atrée‹.«

Edgar Allan Poe

Die Morde in der Rue Morgue

Gerade jene Veranlagung des Geistes, die man als die analytische bezeichnet, ist an sich besonders schwer zu analysieren. Wir können sie nur in ihren Wirkungen erkennen und schätzen. Wir wissen unter anderem, daß sie für den Glücklichen, der sie in ungewöhnlichem Grad besitzt, eine Quelle lebhaftesten Vergnügens bedeutet. Wie der Starke sich seiner körperlichen Fähigkeiten freut, wie er sich an Spielen ergötzt, die seine Muskeln in Tätigkeit setzen, so rühmt der Analytiker die Regsamkeit seines entwirrenden Geistes. Mit Lust erfüllt ihn auch die banalste Beschäftigung, die seiner Begabung Stoff darbietet. Er liebt Rätselfragen, Anagramme, Hieroglyphen und zeigt in seinen Lösungen dieser Aufgaben einen Grad von Scharfsinn, der dem gewöhnlichen Verständnis übernatürlich erscheint. Seine Ergebnisse, die ganz allein durch die reinste Methodik herbeigeführt werden, haben in Wahrheit den vollkommenen Anschein des Intuitiven.

Ich glaube, daß die Beschäftigung mit der Mathematik die Fähigkeit des Wiederauflösens beträchtlich stärkt; namentlich gilt das vom höchsten Zweig dieser Wissenschaft, den man ungerechterweise und wegen seiner rückblikkenden Methode par excellence als Analyse bezeichnet. Aber berechnen heißt noch nicht analysieren. Ein Schachspieler zum Beispiel tut das eine, ohne sich ums andere zu kümmern. Infolgedessen wird das Schachspiel in seinen Wirkungen auf den geistigen Charakter ganz falsch verstanden. Ich will hier keine Abhandlung schreiben, sondern nur eine etwas ungewöhnliche Geschichte durch ein paar willkürliche Bemerkungen einleiten; ich will die Gelegenheit wahrnehmen, um zu behaupten, daß die höchsten Fähigkeiten des reflektierenden Intellekts durch das unscheinbare Damespiel entschiedener und nützlicher in Anspruch genommen werden als durch all die Nichtigkeit des Schachs. In letzterem hält man, da die Figuren verschiedene und oftmals bizarre Züge von wechselndem und wandelbarem Wert zu machen haben, das Verwickelte für tiefsinnig – kein ganz seltener Irrtum. Hier wird die Aufmerksamkeit gewaltig in Anspruch genommen. Läßt sie einen Augenblick nach, so kann eine Schlappe oder sogar die Niederlage erfolgen. Da die möglichen Züge nicht nur mannigfaltig, sondern auch vielfach verflochten sind, vervielfältigt sich die Wahrscheinlichkeit für solche Versehen, und in neun von zehn Fällen siegt nicht der scharfsinnige Spieler, sondern jener, der sich am besten konzentrieren kann. In dem einfacheren Damespiel dagegen wird der Sieg durch größeren Scharfsinn erfochten.

Analytische Fähigkeiten dürfen nicht mit bloßer Klugheit verwechselt werden; der Analytiker ist immer klug, der Kluge aber oft unfähig, zu analysieren. Die aufbauende oder verbindende Geisteskraft, in der sich die Klugheit offenbart (die Phrenologen haben ihr, ich glaube irrtümlicherweise, ein besonderes Organ zugeschrieben, da sie in ihr eine ursprüngliche Fähigkeit erblicken), ist oft bei solchen beobachtet worden, deren Verstand an das Idiotische streifte. Der Unterschied zwischen Klugheit und analytischer Begabung ist viel größer als der zwischen Phantasie und Einbildungskraft, aber im Charakter diesem analog. In der Tat wird man finden, daß die bloß Gescheiten immer zu Einbildungen neigen, während die wahrhaft Phantasievollen stets analytisch veranlagt sind.

Die folgende Erzählung wird dem Leser einigermaßen als ein Kommentar zu den eben aufgestellten Behauptungen erscheinen.

Als ich mich im Frühjahr und einem Teil des Sommers 18.. in Paris aufhielt, lernte ich dort Monsieur C. Auguste Dupin kennen. Dieser noch jugendliche Mann stammte aus einer sehr guten, in der Tat aus einer berühmten Familie; aber durch die verschiedensten unglücklichen Zufälle war er so arm geworden, daß die Energie seines Wesens zusammenbrach und er aufgehört hatte, sich um die Welt zu kümmern oder der Wiederherstellung seines Vermögens nachzustreben. Die Rücksicht seiner Gläubiger ließ ihm noch einen kleinen Überrest des väterlichen Erbteils, und mit Hilfe strenger Sparsamkeit vermochte er mit den Zinsen dieser Summe die notwendigsten Bedürfnisse zu befriedigen, ohne daß er nach den Überflüssigkeiten des Lebens Verlangen trug. Sein einziger Luxus waren Bücher, und die sind in Paris leicht zu haben.

Wir trafen uns zum erstenmal in einer schäbigen Buchhandlung in der Rue Montmartre, und der Umstand, daß wir beide zufällig dasselbe höchst seltene und höchst merkwürdige Werk suchten, brachte uns gegenseitig näher.

Wir begegneten einander zu wiederholten Malen. Ich interessierte mich lebhaft für die kleine Familiengeschichte, die er mir mit jener Offenherzigkeit erzählte, mit der ein Franzose von seinen eigenen Angelegenheiten spricht. Auch wunderte ich mich über seine ungeheure Belesenheit, und vor allem belebte die wilde Glut, die lebensvolle Frische seiner Phantasie immer wieder das Feuer meiner Seele. Bei den Absichten, die ich damals in Paris verfolgte, schien mir der Umgang mit einem solchen Manne geradezu unschätzbar, und da meine weltlichen Umstände etwas angenehmer waren als die seinen, erlaubte ich mir (nachdem ich ihm meine Gesinnung offen gestanden und wir beschlossen hatten, eine gemeinsame Wohnung zu beziehen), auf meine Kosten ein altes, zerfallenes, groteskes Haus, das auf Grund eines Aberglaubens, dem wir niemals nachforschten, seit langem verlassen war, zu mieten und in einem Geschmack einzurichten, der dem phantastischen Trübsinn unserer gemeinsamen Stimmung entsprach; es trauerte in einem öden Teil des Faubourg Saint Germain seinem Einsturz entgegen.

Hätte man in der Gesellschaft von der Lebensweise gehört, die wir an diesem Ort führten, so hätte man uns für Irre gehalten – für harmlose Irre allerdings. Unsere Abgeschlossenheit war vollkommen. Wir ließen keine Besucher vor. Allerdings hatte ich unseren Zufluchtsort mit Sorgfalt vor meinen früheren Bekannten geheimgehalten, und schon seit vielen Jahren war Dupin von den Parisern vergessen. So lebten wir nur für uns allein.

Es gehörte zu den Marotten (wie anders soll ich es bezeichnen) meines Freundes, daß er in die Nacht um ihrer selbst willen verliebt war, und dieser Bizarrerie stimmte ich, wie allem anderen, willig zu; denn ich ergab mich vollständig seinen wunderlichen Einfällen. Die dunkle Gottheit mochte zwar nicht immer bei uns verweilen, aber wir konnten uns ihre Gegenwart vortäuschen. Beim ersten Morgengrauen schlossen wir all die schweren Jalousien unseres alten Bauwerks; dann zündeten wir ein paar Kerzen an, die einen starken Wohlgeruch verbreiteten, dabei aber nur den mattesten und geisterhaftesten Schein verbreiteten. Bei ihrem Schimmer versenkten wir unsere Seelen in Träume, schrieben, lasen oder sprachen, bis uns die Uhr die Ankunft der echten Dunkelheit verkündete. Dann begaben wir uns Arm in Arm auf die Straße, setzten die Gespräche des Tages fort oder wanderten weithin bis tief in die Nacht hinein, indem wir unter den wirren Lichtern und Schatten der volkreichen Stadt jene unbegrenzte geistige Anregung suchten, die ruhiges Beobachten zu bieten vermag.

Bei solchen Gelegenheiten konnte ich an Dupin eine besondere analytische Fähigkeit wahrnehmen und bewundern, die ich allerdings bei seiner reichen Gedankenwelt hätte voraussetzen dürfen. Auch schien er sie mit lebhaftem Vergnügen auszuüben, und wenn er auch nicht gerade damit prahlte, gestand er mir doch ohne Zögern, daß er an solchen Übungen große Freude habe. Er rühmte sich mir gegenüber mit einem leisen, kichernden Lachen, daß für ihn die meisten Menschen ein Fenster in ihrer Brust trügen, und alsbald bewies er durch überraschende Proben seine Kenntnis meines Innenlebens.

In solchen Augenblicken war sein Wesen kühl und trocken; seine Augen waren ohne Ausdruck, während seine Stimme, sonst ein volltönender Tenor, sich zu einem Diskant erhob, der ohne die Ruhe und vollkommene Deutlichkeit seiner Sprache etwas gereizt geklungen hätte. Wenn ich ihn in solcher Verfassung beobachtete, mußte ich oft an die alte Philosophie vom Zwei-Seelen-System denken und amüsierte mich mit der Vorstellung eines doppelten Dupins, eines schöpferischen und eines zerlegenden.

Nach allem, was ich bisher gesagt habe, lasse man sich aber nicht zu der Annahme verleiten, ich wolle ein Geheimnis auskramen oder einen Roman erzählen. Nein, was ich von dem Franzosen berichte, ist nur das Ergebnis einer überreizten, vielleicht krankhaften Intelligenz. Doch wird die Eigentümlichkeit seiner Bemerkungen, die er bei solchen Gelegenheiten machte, am besten durch ein Beispiel zu schildern sein.

Eines Nachts schlenderten wir eine lange, schmutzige Straße entlang, sie lag in der Nähe des Palais Royal. Beide waren wir in Gedanken vertieft und hatten vielleicht seit einer Viertelstunde keine Silbe gesprochen. Plötzlich sagte Dupin unvermittelt: »'s ist wahr, er ist ein ziemlich kleiner Bursche und würde besser für das Theatre des Varietés passen.«

»Zweifellos«, erwiderte ich unbedenklich, ohne in meinem versonnenen Zustand sogleich zu bemerken, auf wie außergewöhnliche Weise der Sprecher sich in meine Gedanken hineinversetzt hatte. Gleich darauf sammelte ich mich wieder und war aufs äußerste erstaunt. »Dupin«, sagte ich ernst, »das ist mehr, als ich begreifen kann. Ich zögere nicht, einzugestehen, daß ich verblüfft bin und kaum meinen Sinnen zu trauen vermag. Wie war es möglich, daß Sie wußten, ich dächte an...« Hier machte ich eine Pause, um ganz sicher zu sein, daß er wirklich wußte, an wen ich dachte.

»An Chantilly«, sagte er. »Warum halten Sie inne? Sie sagten eben zu sich selber, daß seine winzige Gestalt ihn für das Trauerspiel ungeeignet macht.«

Gerade das war der Gegenstand meiner Gedanken gewesen. Chantilly war ein ehemaliger Schuster der Rue Denis, der, vom Theaterteufel besessen, sich in der Rolle des Xerxes in Crébillons gleichnamiger Tragödie versucht hatte, um für seine Mühe nur Hohn und Spott zu ernten.

»Nennen Sie um Gottes willen die Methode«, rief ich, »– falls es eine solche Methode gibt –, die es Ihnen ermöglicht hat, meine Seele derart zu erforschen.« In der Tat war ich noch mehr überrascht, als ich zugegeben hätte.

»Es war der Obsthändler«, erwiderte mein Freund, »der Sie zu dem Schluß brachte, daß der Sohlenausbesserer nicht hoch genug gewachsen sei für Xerxes et id genus omne.«

»Der Obsthändler! Sie setzen mich in Erstaunen; ich kenne gar keinen solchen Menschen.«

»Der Mann, der Sie anrempelte, als wir diese Straße betraten – es dürfte etwa fünfzehn Minuten her sein.«

Jetzt entsann ich mich in der Tat des Umstandes, daß ein Obsthändler, der auf dem Kopf einen großen Korb Äpfel trug, mich aus Versehen beinahe über den Haufen gerannt hätte, als wir aus der Rue C. in die Straße eingebogen waren, in der wir uns jetzt befanden; aber was das mit Chantilly zu tun hatte, das überstieg meine Fassungskraft.

Dupin war frei von jeglicher Scharlatanerie.

»Ich will es Ihnen erklären«, sagte er, »und damit Sie besser begreifen, wollen wir Ihre Gedanken zurückverfolgen von dem Augenblick an, als ich mit Ihnen sprach, bis zu dem Rencontre mit besagtem Obsthändler. Die Hauptglieder der Kette sind: Chantilly, Orion, Dr. Nichols, Epikur, Stereotomie, Pflastersteine, der Obsthändler.«

Wenige Menschen nur dürfte es geben, die nicht einmal zu irgendeiner Zeit ihres Lebens versucht hätten, die Schritte, durch die ihre Gedanken zu bestimmten Schlüssen gelangt sind, zurückzuverfolgen.

Es ist eine fesselnde Beschäftigung, und anfangs staunt man über die ungeheure Distanz und Zusammenhanglosigkeit zwischen dem Ausgangspunkt und dem Ziel. Wie groß war also mein Erstaunen, als ich die Worte des Franzosen vernahm und erkennen mußte, daß er die Wahrheit gesprochen hatte. Er fuhr fort:

»Wir hatten, entsinne ich mich recht, von Pferden gesprochen, als wir eben im Begriff waren, die Rue C. zu verlassen. Wie wir dann in diese Gasse einbogen, stürzte ein Obsthändler eilig an uns vorbei und stieß Sie gegen einen Haufen Pflastersteine, die dort bereitlagen, wo die Straße ausgebessert wird. Sie traten auf einen losen Stein, glitten aus, verrenkten sich ein wenig das Fußgelenk, wurden sichtlich ärgerlich oder mißgestimmt, murmelten ein paar Worte, wandten sich nach dem Haufen um und gingen dann schweigend weiter. Ich beachtete Ihr Verhalten nicht sonderlich; aber Beobachten ist mir in letzter Zeit zu einer Art Zwang geworden. Sie blieben mit den Augen am Boden haften und betrachteten mit gereiztem Ausdruck die Löcher und Spalten des Pflasters (woran ich erkannte, daß Sie noch mit den Steinen beschäftigt waren), bis wir die schmale Lamartinegasse erreichten, die versuchsweise mit übergreifenden Holzblöcken gepflastert ist. Hier erhellte sich Ihre Miene, Ihre Lippen bewegten sich, und ich konnte nicht daran zweifeln, daß Sie das Wort ›Stereotomie‹ murmelten – eine prätentiöse Bezeichnung für diese Art der Pflasterung. Ich wußte, daß Sie nicht an Stereotomie denken konnten, ohne sich gleichzeitig an die Atome und mithin an die Theorien Epikurs zu erinnern, und da ich kürzlich bei einer Besprechung dieses Gegenstandes zu Ihnen gesagt hatte, wie seltsam die unsicheren Vermutungen jenes erlauchten Griechen durch die Nebular-Kosmogonie bestätigt worden sind (was zu wenig anerkannt wird) – ahnte ich, daß Sie es nicht würden vermeiden können, Ihre Augen auf den großen Nebelfleck im Orion zu richten, ja, ich nahm das als ganz gewiß an. Und das taten Sie denn auch, und ich erkannte, daß ich Ihrem Gedankengang richtig gefolgt war.

Aber in jenem bitteren Ausfall auf Chantilly gestern im ›Musée‹ machte der Kritiker einige niederträchtige Anspielungen auf den Namenswechsel des Schusters beim Besteigen des Kothurn, in Anlehnung an einen lateinischen Vers, über den wir uns oft unterhalten haben. Ich meine die Zeile:

Perdidit antiquum litera prima sonum

Ich hatte Ihnen gesagt, daß sich diese Zeile auf Orion beziehe, den man früher Urion schrieb, und infolge einer bissigen Bemerkung, mit der diese Erklärung gewürzt war, zweifelte ich nicht daran, daß Sie sie im Gedächtnis behalten hatten. Es war danach klar, daß Sie die Vorstellungen ›Orion‹ und ›Chantilly‹ kombinieren würden. Daß Sie es taten, bewies Ihr flüchtiges Lächeln. Sie gedachten der Abschlachtung des unseligen Schusters. Bis dahin hatten Sie sich nachlässig gehalten; jetzt aber richteten Sie sich zu voller Höhe auf. Da war ich sicher, daß Ihnen die winzige Gestalt Chantillys vor die Augen trat. An diesem Punkt unterbrach ich Ihre Gedanken – und zwar mit der Bemerkung, daß der kleine Kerl besser für das Theatre des Varieté passe.«

Nicht lange danach durchblätterten wir eine Abendausgabe der »Gazette des Tribunaux«, als folgende Notiz unsere Aufmerksamkeit auf sich lenkte:

»Sensationeller Mord! – Diesen Morgen gegen drei Uhr wurden die Bewohner des Quartier St. Roch durch eine Reihe entsetzlicher Schreie geweckt, die offenbar aus dem vierten Stockwerk eines in der Rue Morgue liegenden Hauses drangen, das, soviel man weiß, ausschließlich von einer Madame L'Espanaye und ihrer Tochter, Mademoiselle L'Camille Espanaye, bewohnt wird. Nach einer Verzögerung, die durch die vergeblichen Bemühungen, den Eintritt auf die gewohnte Art zu erlangen, entstand, wurde das Haustor mit einer Brechstange geöffnet; und acht oder zehn Nachbarn drangen, begleitet von zwei Gendarmen, ein. Inzwischen hatten die Schreie aufgehört; aber man unterschied, während die Leute die erste Treppenflucht hinaufstürmten, zwei oder mehrere rauhe Stimmen, die sich zornig zu streiten schienen; sie schienen aus dem oberen Stock des Hauses zu kommen. Als man den zweiten Stock erreicht hatte, verstummte auch dieser Lärm, und alles blieb vollkommen ruhig. Die Gesellschaft verteilte sich und eilte von Zimmer zu Zimmer. Als man ein großes Hinterzimmer des vierten Stockwerks erreicht hatte (die Tür war versperrt, der Schlüssel steckte innen und man mußte sie aufbrechen), bot sich ein Anblick, der alle Anwesenden nicht weniger mit Entsetzen denn mit Erstaunen erfüllte.

Das Zimmer war in der furchtbarsten Unordnung – die Möbel waren zertrümmert und nach allen Richtungen durcheinandergeworfen. Es war nur eine Bettstatt da, und von dieser war das Bett entfernt und in die Mitte des Raumes geschleudert worden. Auf einem Stuhl lag ein Rasiermesser, triefend vor Blut. Im Kamin lagen zwei oder drei lange und dichte Büschel grauen, menschlichen Haares, ebenfalls mit Blut besudelt und offenbar samt den Wurzeln herausgerissen. Auf dem Fußboden fand man vier Napoleons, einen Ohrring mit einem Topas, drei kleinere aus métal d'Alger und zwei Beutel, die beinahe viertausend Franken in Gold enthielten. Die Schubladen des Schreibtisches, der in der einen Ecke stand, waren aufgerissen und offenbar beraubt worden, obwohl sie noch vielerlei Gegenstände enthielten. Ein kleiner, eiserner Kasten wurde unter den Betten (nicht unter der Bettstatt) hervorgezogen. Er war offen, und der Schlüssel steckte noch. Er enthielt nichts außer ein paar alten Briefen und anderen Papieren ohne Bedeutung.

Von Madame L'Espanaye war keine Spur zu erblicken; als man aber in der Herdasche eine ungewöhnliche Menge Ruß entdeckte, durchsuchte man den Kamin und zog (entsetzlich zu sagen) mit dem Kopf nach unten den Leichnam ihrer Tochter hervor. Er war in dieser Stellung durch die enge Öffnung ziemlich weit hinaufgezwängt worden. Der Körper war noch warm. Man untersuchte ihn und fand viele Hautabschürfungen, die ohne Zweifel von der Gewalt, mit welcher er hinaufgestoßen und wieder herausgezogen worden war, herrührten. Im Gesicht zeigten sich viele scharfe Kratzer und am Hals bläuliche Flecken und tiefe Spuren von Fingernägeln, als sei die Verstorbene zu Tode gewürgt worden.

Nach einer gründlichen Durchsuchung des ganzen Gebäudes, die keine weitere Entdeckung brachte, begaben sich die Leute in einen kleinen gepflasterten Hof auf der Rückseite; dort lag der Leichnam der alten Dame, und ihr Hals war so tief durchschnitten, daß bei einem Versuch, sie emporzuheben, der Kopf herabfiel. Kopf und Körper waren grauenhaft verstümmelt; letzterer hatte kaum noch etwas Menschliches an sich.

Für die Aufklärung dieses fürchterlichen Verbrechens hat sich, wie wir annehmen müssen, noch nicht der geringste Anhaltspunkt ergeben.«

Die Zeitung des nächsten Tages brachte noch folgende Einzelheiten: »Das Drama in der Rue Morgue. Im Zusammenhang mit dieser ganz ungewöhnlichen und entsetzlichen Affäre (das Wort affaire hat in Frankreich noch nicht den leichtfertigen Sinn wie bei uns) sind viele Personen verhört worden, aber es kam nichts zutage, das irgendwie Licht in die dunklen Vorgänge bringen könnte. Wir geben nachstehend den Inhalt der wichtigsten Zeugenaussagen:

›Pauline Dubourg, Wäscherin, kennt beide Verstorbenen seit drei Jahren, da sie während dieser Zeit für sie gewaschen hat. Die alte Dame und ihre Tochter schienen sich gut zu vertragen und waren einander sehr zugetan. Sie zahlten pünktlich. Die Zeugin weiß nichts über ihr Einkommen und ihre Lebensweise. Glaubt, daß Madame vom Wahrsagen lebte. Stand im Rufe, Geld zurückgelegt zu haben. Traf niemals jemand im Hause, wenn sie Wäsche abholte oder brachte. Ist sicher, daß beide Damen keinen Dienstboten hatten. In keinem Teil des Hauses, außer im vierten Stock, befanden sich irgendwelche Möbel.‹

›Pierre Moreau, Tabakhändler, gibt an, daß er seit vier Jahren kleine Mengen Schnupf- und Rauchtabak an Madame L'Espanaye verkauft habe. Ist in der Nachbarschaft geboren und hat immer hier gelebt. Die Verstorbenen hatten sechs Jahre in dem Haus gewohnt. Es gehörte früher einem Juwelier, der die oberen Zimmer an einzelne Parteien vermietete. Madame L. war Eigentümerin des Hauses. War unzufrieden über den Mißbrauch, den ihr Pächter mit ihrem Hause trieb, zog selbst hinein und wünschte, es allein zu bewohnen. Die alte Dame war recht kindisch gewesen. Der Zeuge hat die Tochter in fünf, sechs Jahren etwa fünf- oder sechsmal gesehen. Sie lebten sehr zurückgezogen; man hielt sie für reich. Die Nachbarn erzählten, daß Madame L. wahrsage; er glaube es aber nicht. Sah niemals einen Menschen hineingehen außer der alten Dame und ihrer Tochter; ein- oder zweimal kam ein Lastträger, etwa acht- oder zehnmal der Arzt.‹

Viele andere Nachbarn sagten im gleichen Sinne aus. Niemand sollte im Haus verkehrt haben. Man wußte von keinem lebenden Verwandten oder Bekannten der beiden Damen. Die Jalousien der vorderen Fenster standen nur selten offen. Die rückwärtigen waren stets geschlossen, mit Ausnahme des großen Hinterzimmers im vierten Stock. Das Haus war solide gebaut und nicht sehr alt.

›Isidore Musèt, Gendarm, sagte aus, daß er gegen drei Uhr früh zum Hause gerufen worden sei, wo er zwanzig bis dreißig Menschen fand, die sich Eingang zu verschaffen suchten. Er brach das Haustor mit dem Bajonett, nicht mit einer Brechstange, auf. Es war nicht sehr schwer zu öffnen, da es ein Flügeltor war und weder oben noch unten verriegelt. Die Schreie hielten an, bis das Tor erbrochen war, und hörten dann plötzlich auf. Es schienen die Schreie eines oder mehrerer Menschen zu sein, die sich in tödlicher Angst und Qual befanden; die Schreie waren laut und langgezogen, nicht kurz und rasch hervorgestoßen. Der Zeuge ging treppauf voran. Auf dem ersten Absatz angekommen, vernahm er zwei Stimmen in lautem und zornigem Streit; die eine Stimme war schroff, die andere viel schriller – eine höchst sonderbare Stimme. Ein paar Worte der ersten Stimme konnte er verstehen; es war die eines Franzosen. Sicher nicht die einer Frau. Er unterschied die Worte ›sacre‹ und ›diable‹.

Die schrille Stimme gehörte einem Ausländer. Er kann nicht bestimmt sagen, ob sie weiblich oder männlich war. Verstand die Worte nicht, glaubt aber, es sei Spanisch gewesen. Der Zustand des Zimmers und der Leichen wird vom Zeugen so geschildert, wie wir es gestern berichteten.‹

›Henri Duval, ein Nachbar, Silberschmied, sagt aus, daß er der Gruppe angehörte, die zuerst in das Haus eindrang. Bestätigt im allgemeinen die Aussage Musèts. Nach dem gewaltsamen Eindringen versperrten sie wieder das Tor, um die Volksmenge, die trotz der späten Nachtstunde rasch zusammengelaufen war, zurückzuhalten. Die schrille Stimme hält der Zeuge für die eines Italieners. Gewiß war es kein Franzose. Kann nicht sicher sagen, daß es

die Stimme eines männlichen Individuums war. Vielleicht die einer Frau. Versteht kein Italienisch. Konnte die Worte nicht unterscheiden, hält aber wegen der Betonung den Sprecher mit Sicherheit für einen Italiener. Kannte Madame L. und ihre Tochter. Hat sich oft mit beiden unterhalten. Ist überzeugt, daß die schrille Stimme keiner der Verstorbenen gehörte.‹

›Odenheimer, Restaurateur. Dieser Zeuge hat sich freiwillig gemeldet. Kann nicht Französisch, wird durch einen Dolmetscher befragt. Stammt aus Amsterdam. Ging gerade am Haus vorbei, als die Schreie ertönten. Sie hielten einige Minuten an, wahrscheinlich zehn. Sie waren laut und lang, höchst entsetzlich und herzzerreißend. Er drang mit in das Haus ein. Bestätigt die früheren Aussagen in jedem Punkt bis auf einen. Ist sich nämlich sicher, daß die schrille Stimme die eines Mannes war – und zwar eines Franzosen. Konnte die Worte nicht unterscheiden. Sie waren laut, rasch, ungleich, offenbar in Angst und Zorn zugleich gesprochen. Die Stimme war heiser – nicht so sehr schrill als heiser. Schrill könnte er sie nicht nennen. Die schroffe Stimme sagte wiederholt »sacré‹, ›diable‹ und einmal ›mon Dieu‹.‹

›Jules Mignaud, von der Firma Mignaud et Fils, Rue Deloraine. Ist der ältere Mignaud. Madame L'Espanaye war wohlhabend. Hatte vor acht Jahren ein Konto in seiner Bank eröffnet. Es mochte im Frühling 18.. gewesen sein. Pflegte häufig kleinere Summen zu deponieren. Hatte bis drei Tage vor ihrem Tode nichts abgehoben; an diesem Tag hob sie persönlich viertausend Franken ab. Die Summe wurde in Gold ausgezahlt und durch einen Angestellten zu ihr nach Hause geschickt.‹

›Adolphe le Bon, Angestellter bei Mignaud et Fils, sagt aus, daß er am genannten Tag um die Mittagszeit Madame L. nach ihrer Wohnung begleitete, die viertausend Franken trug er in zwei Beuteln bei sich. Als die Tür geöffnet wurde, erschien Mademoiselle L. und nahm ihm den einen Beutel ab; den anderen nahm ihm die alte Dame aus den Händen. Dann empfahl er sich und ging. Er sah niemand auf der Straße. Es ist eine Nebengasse, die sehr einsam liegt.‹

›William Bird, Schneider, sagt aus, daß er einer von denen war, die in das Haus drangen. Er ist Engländer. Hat zwei Jahre in Paris gelebt. War einer der ersten auf der Treppe. Hörte die streitenden Stimmen. Die schroffe war die eines Franzosen. Verstand mehrere Worte, kann sich aber nicht mehr an alle erinnern. Hörte deutlich ›sacré‹ und ›mon Dieu‹. Es gab in diesem Augenblick ein Geräusch, als ob mehrere Personen miteinander kämpften; es war ein Scharren, ein Schlürfen. Die schrille Stimme war sehr laut, lauter als die barsche. Ganz gewiß war es nicht die Stimme eines Engländers. Wahrscheinlich die Stimme eines Deutschen. Vielleicht war es eine weibliche Stimme. Er versteht kein Deutsch.‹

Vier der obengenannten Zeugen wurden nochmals befragt; sie sagten aus, daß die Tür des Zimmers, in dem man den Leichnam von Mademoiselle L'Espanaye fand, versperrt gewesen sei. Alles war still – kein Stöhnen oder sonstiges Geräusch. Man erbrach die Tür und sah keinen Menschen. Die Fensterläden des vorderen wie des rückwärtigen Zimmers waren herabgelassen und fest von innen verschlossen. Eine Tür zwischen beiden Zimmer war zu, aber nicht versperrt. Die Tür vom vorderen Zimmer zum Korridor war zugesperrt, der Schlüssel steckte innen. Eine Kammer auf der Vorderseite des Hauses im vierten Stock stand offen, die Tür war angelehnt. Dieser Raum war mit alten Betten, Kisten und ähnlichem vollgestopft. Alles wurde sorgsam ausgeräumt und durchsucht. Jeder Zollbreit des Hauses wurde durchstöbert. Schornsteinkehrer mußten in die Kamine steigen. Das Haus ist vierstöckig, mit Mansarden. Eine Falltür im Dachboden war fest zugenagelt; sie schien seit Jahren nicht geöffnet worden zu sein. Der Zeitabstand zwischen dem Vernehmen der zankenden Stimmen und dem Aufbrechen der Zimmertür wird unterschiedlich angegeben. Nach einigen betrug er drei, nach anderen bis zu fünf Minuten.
›Alfonzo Garcia, Unternehmer, gibt an, daß er in der Rue Morgue wohnt. Ist in Spanien geboren. War einer von der Gruppe, die das Haus betrat. Ist nervös und fürchtet sich vor den Folgen der Aufregung. Hörte die streitenden Stimmen, weshalb er nicht die Treppen hinaufging. Die schroffe Stimme gehörte einem Franzosen. Konnte kein Wort verstehen. Die schrille Stimme war die eines Engländers, daran sei nicht zu zweifeln. Er verstehe nicht Englisch, kenne jedoch den Tonfall.‹
›Alberto Montani, Zuckerbäcker, sagt aus, daß er als einer der ersten die Treppe erstieg. Er hörte die fraglichen Stimmen. Die barsche Stimme war die eines Franzosen. Unterschied mehrere Worte. Der Sprechende schien jemandem Vorwürfe zu machen, antwortete, konnte Montani nicht verstehen. Sie sprach rasch und ungleichmäßig. War wohl die Stimme eines Russen. Er bestätigt die allgemeinen Aussagen. Ist Italiener. Hat noch niemals mit einem Russen gesprochen.‹
Nunmehr geben mehrere Zeugen, die nochmals befragt wurden, an, daß die Kamine sämtlicher Zimmer zu eng waren, um ein menschliches Wesen durchzulassen. Unter Kaminkehrern seien zylinderförmige Besen, wie sie von Schornsteinfegern verwendet werden, zu verstehen. Mit diesen wurde jeder Aufzug im Hause abgesucht. Es gibt keine Hintertreppe, auf der jemand entflohen sein könnte, während die Leute vorn die Treppe hinaufstürmten. Der Leichnam von Mademoiselle L'Espanaye war so fest in den Kamin eingeklemmt, daß erst die vereinten Kräfte von vier oder fünf Männern ihn herausziehen konnten.

›Paul Dumas, Arzt, sagt aus, daß er gegen Tagesanbruch gerufen wurde, die Toten zu besichtigen. Sie lagen beide auf der Matratze des Bettes in dem Zimmer, wo Mademoiselle L. gefunden wurde. Die Leiche der jungen Dame zeigte viele Quetschungen und Hautabschürfungen. Die Tatsache, daß sie den Kamin hinaufgezwängt worden war, genügt, um diese Erscheinungen zu erklären. Der Hals war stark verletzt. Gleich unter dem Kinn waren mehrere tiefe Kratzwunden sowie eine Anzahl blaugelblicher Flecken, offenbar Fingereindrücke. Das Gesicht war entsetzlich verfärbt, die Augäpfel traten weit hervor. Die Zunge war zum Teil durchgebissen. Über der Magengrube fand sich eine große wunde Stelle, offenbar vom Druck eines Knies. Nach der Ansicht von Dr. Dumas ist Mademoiselle L'Espanaye von einer oder mehreren Personen zu Tode gewürgt worden. Der Leichnam der Mutter war schauderhaft verstümmelt. Alle Knochen des rechten Beines und des rechten Armes waren mehr oder weniger zerschmettert. Die linke Tibia weitgehend zersplittert, ebenso sämtliche Rippen auf der linken Seite. Der ganze Körper war fürchterlich zerschunden und verfärbt. Wie die Verletzungen beigebracht wurden, sei unmöglich zu erklären. Eine schwere Holzkeule oder eine starke Eisenstange oder ein Stuhl, irgendeine große, schwere und stumpfe Waffe hätte in den Händen eines sehr kräftigen Mannes solche Wirkungen hervorbringen können. Eine Frau hätte das unter keinen Umständen vermocht. Der Kopf der Verstorbenen war, als der Zeuge ihn sah, völlig vom Körper getrennt und ebenfalls gräßlich zertrümmert. Die Kehle war mit einem sehr scharfen Werkzeug, wahrscheinlich einem Rasiermesser, durchschnitten worden.‹

›Alexandre Etienne, Wundarzt, wurde gleichzeitig mit Monsieur Dumas zur Besichtigung der Leichen gerufen. Bestätigt die Aussage und die Anschauungen von Monsieur Dumas.‹

Es kam dann nichts Wichtiges mehr zutage, obwohl noch mehrere Leute vernommen wurden. Ein so rätselhafter und in allen seinen Einzelheiten so unerklärlicher Mord ist noch nie in Paris begangen worden – falls es sich überhaupt um einen Mord handeln sollte. Die Polizei ist völlig ratlos, was bei solchen Begebenheiten nicht eben häufig der Fall ist. Doch ist diesmal nicht der mindeste Schatten einer Spur sichtbar.«

Die Abendausgabe des Blattes teilte den Lesern mit, daß im Quartier St. Roch noch immer die größte Aufregung herrsche; daß man den Schauplatz der Tat nochmals sorgfältig untersucht habe, daß neue Vernehmungen stattgefunden hätten, aber alles ohne Ergebnis. Eine Nachschrift meldete jedoch, daß Adolphe le Bon verhaftet und eingesperrt worden sei; obgleich außer den bereits erwähnten Tatsachen nichts Belastendes gegen ihn vorzuliegen scheine.

Dupin schien sich für den Verlauf dieser Affäre in auffallender Weise zu interessieren – zumindest schloß ich das aus seinem Benehmen, denn er enthielt sich jeder Äußerung. Erst als Le Bons Verhaftung gemeldet wurde, fragte er mich, wie ich über den Doppelmord dächte.

Ich konnte nur mit ganz Paris der Meinung sein, daß es sich um ein unergründliches Geheimnis handle. Ich sah keine Möglichkeit, dem Mörder auf die Spur zu kommen.

»Wir dürfen die Mittel«, sagte Dupin, »nicht nach dieser rein äußerlichen Untersuchung beurteilen. Die Pariser Polizei, deren Scharfsinn so sehr gepriesen wird, ist routiniert, aber nicht mehr als das. In ihrem Vorgehen ist keine Methode; sie besitzt nur die Methode des Augenblicks. Sie prunkt gewaltig mit ihren Maßnahmen; aber oftmals entsprechen diese so wenig dem Gegenstand, daß man an Monsieur Jourdain erinnert wird, der sich seinen Schlafrock bringen läßt, ›damit er die Musik besser hören könne‹. Ihre Erfolge sind oft überraschend, aber zumeist lassen sie sich auf Fleiß und Betriebsamkeit zurückführen. Sobald diese Eigenschaften nicht ausreichen, versagt ihr System. Da war zum Beispiel Vidocq, der ein tüchtiger Rater und überhaupt ein zielbewußter Mann war. Aber ihm fehlte die Erziehung zum Denken, so ließ er sich beständig eben infolge der verbohrten Beharrlichkeit in die Irre führen. Er hielt den Gegenstand zu nahe vors Auge und verstellte sich selbst den Blick. Er sah vielleicht ein oder zwei Punkte mit ungewöhnlicher Klarheit, aber dabei verlor er die Angelegenheit als Ganzes aus den Augen. So kann man in der Tat zuviel Profundität besitzen. Die Wahrheit sitzt nicht immer auf dem Grund einer Zisterne. Vielmehr glaube ich, daß sie sich in der Regel, was die wichtigeren Kenntnisse anbelangt, mehr an der Oberfläche befindet. Die Tiefe liegt in den Tälern, in denen wir sie suchen, nicht auf den Berggipfeln, wo man sie wähnt. Ursprung und Art solcher Irrtümer lassen sich leicht bei der Betrachtung der Himmelskörper erkennen. Auf einen Stern sollte man nur einen raschen Blick werfen, ihn von der Seite betrachten, indem man ihm die äußeren Teile der Netzhaut zuwendet (denn diese sind empfindlicher für schwache Lichteindrücke), das heißt, den Stern deutlich sehen, seinen Glanz am besten abschätzen können – und dieser Glanz wird um so trüber, je mehr wir unsere volle Sicht auf ihn wenden. Dann freilich fallen mehr Strahlen auf das Auge, aber bei der zuerst geschilderten Methode verfeinert sich die Aufnahmefähigkeit. Unangebrachte ›Tiefe‹ verwirrt und schwächt unser Denken; Venus selbst verschwindet vom Firmament, wenn man sie mit zuviel Ausdauer und Konzentration, zu unmittelbar betrachtet.

Ehe wir uns nun eine Ansicht über diese Mordsache bilden, wollen wir selbst eine kleine Untersuchung anstellen. Die Nachforschungen werden uns Spaß machen (ich fand den Ausdruck in dieser Anwendung sonderbar, sagte aber nichts), und außerdem hat mir Le Bon einmal einen Dienst erwiesen, für den ich ihm Dank weiß. Wir wollen den Schauplatz mit unseren eigenen Augen betrachten. Ich kenne G..., den Polizeipräfekten, und werde ohne Schwierigkeiten Zutritt erlangen.«

Wir erhielten die nötige Erlaubnis und begaben uns sogleich in die Rue Morgue. Es ist eine jener elenden Verbindungsstraßen zwischen der Rue Richelieu und der Rue St. Roch. Wir erreichten sie am späten Nachmittag, da dieses Viertel von dem unseren sehr weit entfernt ist. Bald fanden wir das Haus; denn es standen noch viele Leute auf der gegenüberliegenden Seite der Gasse und starrten in zweckloser Neugier zu den geschlossenen Fensterläden hinauf. Es war ein gewöhnliches Pariser Haus, mit einem Torweg, neben dem sich jener gläserne Verschlag mit Schiebefenster, die Loge de concierge, befindet. Bevor wir es betraten, schritten wir die Gasse hinauf, bogen in ein Seitengäßchen ein und gingen dann rückwärts an dem Gebäude entlang. Währenddessen betrachtete Dupin die ganze Umgebung und das Haus selbst mit Sorgfalt und Aufmerksamkeit, die mir ein wenig übertrieben vorkamen. Wir kehrten um, erreichten wieder die Vorderfront, klingelten, zeigten unsere Beglaubigung vor und wurden von dem wachhabenden Polizisten eingelassen. Wir stiegen die Treppe hinauf und betraten das Zimmer, in welchem man den Leichnam von Mademoiselle L. gefunden hatte und wo die beiden Verstorbenen noch lagen. Wie üblich hatte man die Unordnung im Raum belassen. Ich sah nichts, was die »Gazette des Tribunaux« nicht schon mitgeteilt hatte. Dupin untersuchte alles, sogar die Leichen der Opfer. Dann beschauten wir uns die anderen Zimmer und den Hof in Begleitung eines Gendarmen. Die Untersuchung nahm uns bis zum Abend in Anspruch; dann verließen wir das Haus. Auf dem Heimweg trat mein Freund für einen Augenblick in das Bureau einer Tageszeitung.

Ich sagte schon, daß mein Freund mancherlei Schrullen hatte und daß »je les ménageais«; für diese Redensart gibt es kein Äqivalent in unserer Sprache! Diesmal befiel ihn die Laune, jedes Gespräch über den Mord von der Hand zu weisen. Erst am nächsten Mittag fragte er mich plötzlich, ob ich am Schauplatz jener Greueltat etwas Besonderes bemerkt hätte.

Die Art, in der er das Wort »Besonderes« betonte, verursachte mir ein Schaudern – ich wußte nicht recht warum.

»Nein, nichts Besonderes«, sagte ich, »wenigstens nichts, was wir nicht schon in der Zeitung gelesen haben.«

»Die Gazette«, erwiderte er, »hat, wie ich befürchten muß, das ungewöhnlich Grauenhafte der Angelegenheit nicht erfaßt. Aber lassen wir die müßigen Vermutungen der Presse beiseite. Es scheint, daß man dieses Geheimnis aus dem Grund für unlösbar hält, der gerade die Lösung erleichtern müßte – nämlich weil es so outrierte Züge trägt. Was die Polizei verwirrt macht, das ist das scheinbare Fehlen eines Motivs, nicht für den Mord selbst, sondern für die Scheußlichkeit des Mordes. Auch weiß ich nicht, wie sie die streitenden Stimmen mit der Tatsache in Einklang bringen soll, daß oben nur der Leichnam vom Mademoiselle L'Espanaye gefunden wurde, und daß es ferner keine Möglichkeit zur Flucht gab, welche die die Treppe hinaufgehenden Leute nicht hätten beobachten können. Die seltsame Unordnung des Zimmers, der kopfabwärts in den Kamin hinaufgestoßene Leichnam, die gräßliche Verstümmelung des Körpers der alten Dame – diese Erwägungen mit den eben genannten sowie andere, die ich nicht zu erwähnen brauche, haben den vielgerühmten Scharfsinn der Regierungsbeamten irregeführt und so ihre geistigen Fähigkeiten lahmgelegt. Sie verfielen in den groben, aber weit verbreiteten Irrtum, das Ungewöhnliche mit dem Abstrusen zu verwechseln. Aber gerade diese Abweichungen vom Alltäglichen sind es eben, die dem Verstand, soweit dies überhaupt möglich ist, den einzig möglichen Weg zur Wahrheit weisen. Bei Untersuchungen wie der unsrigen sollte man weniger fragen, was ›sich ereignet‹ hat, als vielmehr ›was ist geschehen, das sich noch nie zuvor ereignete‹. Tatsächlich steht die Leichtigkeit, mit der ich die Lösung dieses Rätsels finden werde – oder bereits gefunden habe – in direktem Verhältnis zu der vermeintlichen Unlösbarkeit in den Augen der Polizei.«

Ich starrte meinen Freund in stummer Verwunderung an.

»Ich erwarte jetzt«, fuhr er fort, indem er nach der Wohnungstür blickte, »ich erwarte jetzt eine Person, die zwar die Metzeleien nicht selbst begangen hat, jedoch in gewissem Grade in die Sache verwickelt sein muß. Wahrscheinlich trägt er an den gräßlichen Umständen des Verbrechens keine Schuld. Ich hoffe, daß ich mit dieser Vermutung recht behalten werde; denn darauf gründet sich meine Zuversicht, das gesamte Rätsel zu lösen. Ich erwarte den Besuch des Mannes jeden Augenblick. Es kann sein, daß er ausbleibt, aber die Wahrscheinlichkeit ist, daß er kommt. In diesem Falle wird man ihn festhalten müssen. Hier sind Pistolen, und wir beide wissen sie ja zu gebrauchen, wenn es die Gelegenheit erfordert.«

Ich nahm die Pistolen, ohne recht zu wissen, was ich tat, oder zu glauben, was ich hörte, während Dupin wie im Selbstgespräch weiterredete. Ich habe schon von seinem abstrakten Gebaren bei solchen Anlässen gesprochen. Seine Worte waren zwar an mich gerichtet, aber seine Stimme hatte, obwohl nicht sehr laut, den Tonfall, den man für gewöhnlich nur bei großen Entfernungen braucht. Seine ausdruckslosen Augen starrten an die Wand.

»Daß die streitenden Stimmen«, sagte er, »den Frauen selbst nicht gehören konnten, hat die Beweisaufnahme hinreichend erwiesen. Daher brauchen wir gar nicht die Möglichkeit ins Auge zu fassen, daß die alte Dame erst ihre Tochter ermordet und dann sich selbst das Leben genommen haben könnte. Ich erwähne das nur um der Methode willen; denn Madame L. würde nie die Kraft besessen haben, den Leichnam ihrer Tochter dergestalt in den Kamin hinaufzustoßen, und die Art ihrer eigenen Verletzungen schließt jeden Gedanken an Selbstmord völlig aus. Daher muß ein Dritter diesen Mord begangen haben, und die Stimmen dieser Dritten waren es, die man streiten hörte. Ich will hier nicht alle Zeugenaussagen dieser Stimmen durchgehen, sondern nur darauf hinweisen, was daran besonders auffällig war. Ist Ihnen nichts Eigentümliches aufgefallen?«

Ich bemerkte, daß, während alle Zeugen darin einig waren, daß die schroffe Stimme einem Franzosen gehört haben müsse, ihre Meinungen über die schrille, oder, wie sie einer nannte, die grobe Stimme beträchtlich voneinander abwichen.

»Das betrifft die Aussagen selbst«, sagte Dupin, »aber nicht das Eigentümliche an ihnen. Sie haben nichts Auffälliges wahrgenommen, und doch war etwas zu bemerken. Die Zeugen waren, wie sie sagten, sich über die schroffe Stimme einig; hier herrschte Einstimmigkeit. Aber das Besondere liegt nicht darin, daß sie über die schrille Stimme verschieden aussagten, vielmehr darin, daß ein Italiener, ein Engländer, ein Spanier, ein Holländer und ein Franzose sie zu schildern versuchten und daß jeder die Stimme eines Ausländers zu hören glaubte. Jeder war gewiß, daß es nicht die Stimme eines Landsmannes war. Jeder vergleicht sie mit der Stimme eines Menschen, dessen Sprache er nicht versteht. Der Franzose hält sie für die Stimme eines Spaniers, und er hätte einzelne Worte unterscheiden können, wenn er mit dem Spanischen vertraut wäre. Der Holländer meint, einen Franzosen gehört zu haben; aber wir lesen, daß dieser Zeuge durch einen Dolmetscher befragt werden mußte, da er nicht Französisch kann. Der Engländer hält sie für die Stimme eines Deutschen, aber er ›versteht kein Deutsch‹. Der Spanier ist gewiß, daß es ein Engländer gewesen sei, aber er urteilt nach dem Tonfall, da er keine Kenntnisse des Englischen besitzt. Der Italiener glaubt, die Stimme sei Russisch, aber er hat niemals mit einem Russen gesprochen. Ein zweiter Franzose weicht vom ersten ab und ist ganz sicher, daß es sich um einen Italiener handle; da er aber die Sprache nicht kennt, überzeugt ihn der ›Tonfall‹ wie zuvor den Spanier. Nun, wie seltsam und ungewöhnlich muß doch in Wahrheit diese Stimme gewesen sein, über die in so verschiedener Weise ausgesagt werden konnte, in deren Klang fünf Angehörige maßgeblicher europäischer Nationen keinen vertrauten Laut zu entdeckten vermochten. Sie werden sagen, daß es die Stimme eines Asiaten, eines Afrikaners gewesen sein könnte. Nun, weder Asiaten noch Afrikaner sind in Paris häufig; aber, ohne die Möglichkeit leugnen zu wollen, möchte ich Ihre Aufmerksamkeit auf drei Punkte lenken. Der eine Zeuge nennt die Stimme ›eher grob als schrill‹. Zwei andere sprechen von ›raschen und ungleichmäßigen Tönen‹. Daß Worte oder wortähnliche Lautbildungen zu unterscheiden waren, wird von keinem der Zeugen angegeben.

Ich weiß nicht«, fuhr Dupin fort, »was für einen Eindruck ich bis jetzt auf Ihr Verständnis gemacht habe; doch zögere ich nicht, zu behaupten, daß schon aus diesem Teil der Aussage (in Anbetracht der groben und der schrillen Stimme) verläßliche Schlußfolgerungen gezogen werden können, die einen Verdacht begründen, der dem Fortgang in der Untersuchung richtungweisend sein sollte. Ich sagte, ›verläßliche Schlußfolgerungen‹, aber das drückt noch nicht hinreichend deutlich aus, was ich meine. Ich gedachte zu sagen, daß diese Schlußfolgerungen die einzig richtigen sind, und daß sich der erwähnte Verdacht als einziges Ergebnis unmittelbar auf sie gründet. Was für ein Verdacht es ist, das will ich jetzt noch nicht sagen. Beachten Sie, daß er mir stark genug erschien, um meinen Nachforschungen in jenem Zimmer eine bestimmte Form, eine gewisse Richtung zu geben.

Versetzen wir uns jetzt im Geiste in dieses Zimmer. Was suchen wir dort zuerst? Den Ausgang, den die Mörder zur Flucht gefunden haben müssen. Wir beide glauben doch sicherlich nicht an übernatürliche Ereignisse. Madame und Mademoiselle L'Espanaye wurden nicht von Gespenstern ermordet. Die Täter waren körperlicher Natur und entwischten auf natürliche Weise. Aber wie? Zum Glück gibt es nur eine Methode, die Sache zu betrachten, und die muß uns zu einer gültigen Entscheidung verhelfen. Untersuchen wir einzeln die Möglichkeiten, aus dem Haus zu entkommen. Es ist klar, daß sich die Mörder in dem Zimmer, wo Mademoiselle L. gefunden wurde, oder wenigstens nebenan befanden, als die Leute die Stiegen heraufkamen. Nur von diesen zwei Räumen also müssen die Ausgänge festgestellt werden. Die Polizei hat Fußböden, Decke und Mauerwerk der Wände aufreißen lassen. Kein geheimer Ausgang wäre ihrer Wachsamkeit entgangen. Trotzdem mißtraute ich ihrem Scharfblick und sah selber nach. Es gab wirklich keine geheimen Ausgänge. Die Türen, die auf den Gang führten, waren beide fest geschlossen und von innen versperrt. Wenden wir uns nun den Kaminen zu. Diese sind zwar acht bis zehn Fuß über der Feuerstelle und von üblicher Weite, könnten aber weiter oben kaum den Körper einer größeren Katze durchlassen. Da die Möglichkeit einer Flucht auf den eben genannten Wegen als absolut unmöglich feststeht, bleiben uns nur noch die Fenster. Durch die Fenster des Vorderzimmers konnte niemand entfliehen, ohne von der Menge auf der Gasse gesehen zu werden. Also müssen die Mörder die rückwärtigen

Fenster benutzt haben. Nun, da wir zu diesem Schluß auf so unzweideutige Weise gelangt sind, wollen wir uns als Denker nicht durch scheinbare Unmöglichkeiten abschrecken lassen. Wir haben nur zu beweisen, daß diese anscheinende Unmöglichkeit in Wirklichkeit gar nicht so unmöglich ist.

Das Zimmer hat zwei Fenster. Eines davon ist, nicht durch Möbel verstellt, vollkommen sichtbar, vom anderen ist die untere Hälfte durch das Kopfende der plumpen Bettstatt verborgen, die dicht daran gerückt ist. Das erstere fand ich von innen fest verschlossen. Es widerstand der äußersten Kraft jener Leute, die es zu öffnen versuchten. In seiner Umrahmung war auf der linken Seite ein großes Bohrloch, und in diesem steckte fast bis zum Kopf ein sehr dicker Nagel. Ein ähnlicher Nagel zeigte sich bei einer Untersuchung des anderen Fensters, und ein kräftiger Versuch, es zu heben, war gleichfalls erfolglos. Nun war die Polizei vollkommen überzeugt, daß auf dieser Seite niemand das Zimmer verlassen haben könnte. Und darum hielt man es für überflüssig, die Nägel herauszuziehen und die Fenster zu öffnen.

Meine eigene Untersuchung war um einiges sorgfältiger, und zwar aus dem eben angegebenen Grund: weil gerade hier bewiesen werden mußte, daß sich die anscheinende Unmöglichkeit widerlegen lassen mußte.

Ich schloß nun a posteriori folgendermaßen:

Die Mörder entflohen durch eines dieser Fenster. Somit konnten sie die Schiebefenster nicht wieder so von innen befestigen, wie sie vorgefunden wurden – eine Folgerung, welche – da sehr naheliegend – die Polizei von weiteren Bemühungen zurückhielt. Dennoch waren die Rahmen verriegelt. Also mußten sie sich von selbst schließen.

Das war eine unentrinnbare Konsequenz. Ich trat an das freistehende Fenster, zog den Nagel mit einiger Mühe heraus und versuchte, den Schieberahmen zu heben. Er widerstand, wie ich vorausgesehen hatte, allen meinen Anstrengungen. Ich wußte jetzt, daß eine verborgene Feder da sein müsse, und dieser Gedanke überzeugte mich von der Richtigkeit meiner Vermutungen, obwohl die Sache mit den Nägeln noch rätselhaft genug erschien. Sorgfältiges Suchen brachte mich bald auf die geheime Feder; ich drückte darauf und, mit meiner Entdeckung zufrieden, zog ich den Rahmen nicht erst in die Höhe.

Ich brachte den Nagel in seine vorige Lage zurück und betrachtete ihn genau. Es konnte jemand durch das Fenster entfliehen, aber er konnte den Nagel nicht wieder an seine Stelle bringen. Das war klar, und schränkte wiederum das Feld meiner Nachforschungen ein. Die Mörder mußten also durch das andere Fenster entwischt sein. Waren nun die Federn an beiden Fenstern die gleichen, und dies schien wahrscheinlich, so mußte der Unterschied in den Nägeln liegen, oder sie mußten wenigstens auf verschiedene Art befestigt sein. Ich stieg auf die Bettmatratze und betrachtete aufmerksam das zweite Fenster. Dann fuhr ich mit der Hand hinter das Bett, entdeckte die Feder und setzte sie in Bewegung. Die Feder entsprach, wie ich angenommen hatte, ihrem Gegenstück vollkommen. Nun sah ich mir den Nagel an. Er war ebenso dick wie der andere und scheinbar in gleicher Weise eingeschlagen, nämlich fast bis zum Kopf.

Sie werden vielleicht glauben, daß mich das verblüffte, aber dann haben Sie die Natur meiner Folgerungen nicht richtig verstanden. Um einen Jagdausdruck zu gebrauchen, ich hatte die Fährte nicht einen Augenblick verloren. Die Kette zeigte nirgends ein fehlendes Glied. Ich war dem Geheimnis bis zum letzten Resultat gefolgt, und dieses war der Nagel. Er glich, sagte ich schon, vollständig seinem Widerpart am anderen Fenster; aber diese Tatsache (so schlüssig sie auch scheinen mochte) war von absoluter Nichtigkeit vor der Erwägung, daß hier an diesem Punkt die Spur endete. Mit diesem Nagel, sagte ich mir, muß etwas nicht in Ordnung sein. Ich berührte ihn und hielt den Kopf mit etwa einem Viertel Zoll des Stiftes in den Fingern. Der Rest des Stiftes steckte in dem Bohrloch, worin er abgebrochen war. Der Bruch war schon alt (denn es war Rost an den Rändern) und war offenbar durch einen Hammerschlag herbeigeführt worden, der den Teil in den unteren Schieberahmen eingetrieben hatte. Nun setzte ich den oberen Teil des Nagels wieder in die Höhlung, aus der ich ihn herausgenommen hatte, und er glich wieder völlig einem ganzen Nagel – der Bruch war unsichtbar. Ich drückte die Feder und schob das Fenster samt dem Kopf des Nagels ein paar Zoll in die Höhe. Ich schloß das Fenster, und wieder schien die Ähnlichkeit mit einem ganzen Nagel vollkommen.

So weit nun hatte das Rätsel alles Rätselhafte verloren. Der Mörder war durch das Fenster über dem Bett entkommen. Von selbst zugefallen (oder vielleicht absichtlich geschlossen), war die Feder eingeschnappt, und die Polizei hatte die Befestigung dieser Feder mit der des Nagels verwechselt, so daß eine weitere Untersuchung für unnötig befunden wurde.

Die nächste Frage war: Wie gelangte er hinunter? Unser Gang um das Haus hatte mir in diesem Punkt Gewißheit verschafft. Etwa fünfeinhalb Fuß vom Fensterrahmen läuft ein Blitzableiter. Von dieser Stange aus das Fenster zu erreichen, geschweige denn einzusteigen, das wäre ganz unmöglich gewesen. Aber es fiel mir auf, daß die Fensterläden im vierten Stock von jener Art waren, welche die Pariser Zimmerleute ›ferrades‹ nennen; sie werden heutzutage selten verwendet, man sieht sie jedoch häufig an sehr alten Bürgerhäusern in Lyon und Bordeaux. Sie gleichen einer gewöhnlichen Tür (einer einteiligen, nicht einer Flügeltür), nur daß die obere Hälfte durchbrochen oder aus offenem Gitterwerk ist, was den Händen eine vortreffliche Stütze

bietet. In unserem Fall sind diese Läden volle dreieinhalb Fuß breit. Als wir sie von unten sahen, waren beide halb offen, das heißt, sie standen im rechten Winkel von der Hausmauer ab. Wahrscheinlich wird die Polizei so gut wie ich selbst die Rückseite des Gebäudes untersucht haben; wenn sie aber diese ›ferrades‹ in perspektivischer Verkürzung betrachtet hat (und das muß der Fall gewesen sein), dann hat sie diese große Breite an sich gar nicht bemerkt oder wenigstens nicht gebührend in Betracht gezogen. In der Tat war sie überzeugt, daß hier ein Entkommen unmöglich gewesen sei, und ihre Prüfung fiel nur ganz oberflächlich aus. Mir hingegen war klar, daß der Laden des Fensters hinter dem Bett, wenn er zurückgeschlagen an der Mauer lag, nur zwei Fuß vom Blitzableiter entfernt war. Für mich stand fest, daß bei ungewöhnlicher Entfaltung von Gewandtheit und Mut ein Einsteigen durch das Fenster vom Blitzableiter aus durchaus möglich sein könnte. War ein Räuber einmal bis auf zweieinhalb Fuß herangekommen, so hätte er an dem Gitterwerk einen sicheren Griff finden können; ließ er dann den Blitzableiter los und stemmte seine Füße gegen die Hauswand, so hätte er mit einem kühnen Sprung den Laden herumschwingen und, wenn das Fenster nur offenstand, sich sogar ins Zimmer schwingen können.
Bitte, behalten Sie im Sinn, daß ich von einem sehr ungewöhnlichen Grad von Gewandtheit gesprochen habe, ohne den der Erfolg bei einem so tollkühnen und schwierigen Unternehmen nicht denkbar wäre. Ich möchte Ihnen zunächst beweisen, daß die Sache überhaupt möglich war; zweitens und hauptsächlich aber möchte ich Ihr Verständnis für den ganz außerordentlichen, fast übernatürlichen Charakter dieser Behendigkeit wecken, mit der allein die Sache nur ausgeführt werden konnte.
Sie werden ohne Zweifel erwidern, wie ein Jurist wohl sagen würde, zur Stützung meiner Beweisführung die hier erforderliche Behendigkeit eher zu unterschätzen als auf ihrer vollen Würdigung zu bestehen. Das mag im Rechtsverfahren üblich sein, die Vernunft denkt anders. Mein letztes Ziel ist allein die Wahrheit. Augenblicklich möchte ich Sie dahinführen, diese sehr ungewöhnliche Behendigkeit, von der ich eben gesprochen habe, in Verbindung zu bringen mit jener sonderbaren, schrillen (oder groben) und ungleichmäßigen Stimme, über deren Nationalität keine zwei Menschen einer Meinung waren und in deren Äußerungen keine Spur von einer Silbenbildung wahrgenommen werden konnte.«
Bei diesen Worten glitt mir eine undeutliche und schemenhafte Vorstellung von dem, was Dupin meinen mochte, durch den Sinn. Ich fühlte mich an der Schwelle des Begreifens, ohne jedoch schon verstehen zu können, wie man zuweilen am Rande der Rückerinnerung schwebt, ohne sich schließlich erinnern zu können.

Mein Freund setzte seine Rede fort.

»Sie sehen nun«, sagte er, »daß ich die Untersuchung von der Möglichkeit der Flucht zur Möglichkeit des Eindringens verlagert habe. Ich wollte Ihnen den Gedanken nahelegen, daß beides auf gleiche Art und am gleichen Ort ausgeführt wurde. Wenden wir uns nun dem Innern des Zimmers zu. Überblicken wir hier alle Erscheinungen. Die Schubladen der Kommode, sagte man, sind ausgeplündert worden, obwohl sich noch allerlei Gegenstände darin befanden. Diese Schlußfolgerung ist absurd. Nichts als ein bloßes Raten, und noch dazu auf ungeschickte Weise. Woher sollen wir denn wissen, daß die Schubladen außer den vorgefundenen Sachen noch etwas anderes enthielten? Die beiden Damen lebten in größter Zurückgezogenheit, empfingen keine Besuche, gingen selten aus, brauchten ihre Kleidung sicher nicht allzuviel zu wechseln. Was man fand, war mindestens von so guter Qualität, als es eben bei diesen Frauen zu erwarten war. Wenn ein Dieb etwas genommen hat, warum nahm er nicht alles, warum nicht das Beste? Warum ließ er viertausend Franken im Stich, um sich mit einem Bündel Wäsche zu begnügen? Das Gold blieb liegen. Fast die ganze Summe, die der Bankier, Monsieur Mignaud, erwähnt hat, wurde in den Beuteln auf dem Fußboden gefunden. Befreien Sie sich daher bitte von der irrigen Annahme eines Motives zur Tat, die in den Köpfen der Polizei dadurch entstanden ist, daß nach den Zeugenaussagen das Geld am Haustor abgeliefert wurde. Zehnmal merkwürdigere Übereinstimmungen (als etwa die zwischen der Ablieferung des Geldes und der drei Tage danach erfolgten Ermordung der Empfängerinnen) begegnen uns in jeder Stunde unseres Daseins, ohne daß wir ihnen die geringste Bedeutung schenken. Das Zusammentreffen von Umständen bildet überhaupt ein großes Hindernis für alle, die sich bemühen, nachzudenken, ohne mit der Theorie der Möglichkeiten vertraut zu sein, der die erhabensten Gegenstände menschlicher Forschung die ruhmreichste Aufklärung verdanken. Fehlte im vorliegenden Fall das Gold, so wäre seine Ablieferung vor drei Tagen vielleicht mehr als ein blinder Zufall gewesen. Dies hätte unsere Vorstellung eines Motivs bedeutend unterstützt. Wenn wir aber unter den tatsächlichen Umständen das Gold als das Motiv der Gewalttat betrachten sollen, dann müssen wir auch annehmen, daß der Täter ein solch wankelmütiger Idiot war, daß er Gold und Motiv zugleich im Stich ließ.

Halten wir nun die Punkte fest, auf die ich aufmerksam gemacht habe: die seltsame Stimme, die ungewöhnliche Behendigkeit und das überraschende Fehlen eines Motivs für einen so grauenhaften Mord, und werfen wir einen Blick auf die Metzelei selbst. Durch die Kraft der Hände wird eine Frau erdrosselt und mit dem Kopf nach unten in einen Kamin hinaufgestoßen. Gewöhnliche Mörder pflegen anders vorzugehen. Jedenfalls verfahren sie anders mit den Opfern. In diesem Hinaufstoßen des Leichnams in den Kamin liegt, wie Sie zugeben werden, etwas außerordentlich Outriertes, etwas, das wir mit unseren Vorstellungen von menschlicher Handlungsweise auch dann nicht vereinigen können, wenn wir uns unter den Tätern die verworfensten Menschen vorstellen. Und dann, wie ungeheuer muß die Kraft gewesen sein, die den Körper eine solche Öffnung hinauftreiben konnte, daß es der vereinten Anstrengungen mehrerer Personen bedurfte, um ihn wieder herunterzuholen.

Beachten wir jetzt andere Spuren der Anwendung höchst wunderbarer Leibeskräfte. In der Herdasche lagen Strähnen, sehr dichte Strähnen grauen Menschenhaares. Sie waren mit den Wurzeln herausgerissen worden. Sie wissen, daß es großer Stärke bedarf, um zwanzig bis dreißig Haare auf diese Art herauszureißen. Sie sahen diese Haarsträhnen ebensogut wie ich. An ihren Wurzeln (ein gräßlicher Anblick) klebte in Klümpchen das Fleisch der Kopfhaut: ein sicherer Beweis für die gewaltige Kraft, mit der vielleicht eine halbe Million Haare zugleich entwurzelt wurden. Der Hals der alten Dame war nicht nur durchschnitten, der Kopf war richtig vom Rumpf getrennt, und das Werkzeug war bloß ein Rasiermesser. Bedenken Sie auch die brutale Wildheit der Tat. Von den Quetschungen am Körper der alten Dame rede ich gar nicht. Dumas und sein würdiger Gehilfe, Monsieur Etienne, haben verkündet, daß sie durch ein stumpfes Werkzeug verursacht wurden, und soweit haben die Herren auch ganz recht. Das stumpfe Werkzeug war offenbar das Steinpflaster des Hofes, auf das die Unglückliche aus dem Fenster hinter dem Bett gefallen war. Dieser Gedanke entging der Polizei trotz seiner einleuchtenden Selbstverständlichkeit aus demselben Grund, mit der ihr die Breite der Fensterläden entging – weil nämlich die Sache mit den Nägeln ihr Begriffsvermögen gegen die Möglichkeit verschlossen hatte, daß die Fenster überhaupt aufgemacht worden sein könnten.

Betrachten wir nun im Einklang mit allen diesen Dingen die sonderbare Unordnung des Zimmers richtig, so haben wir folgende Vorstellungen aneinandergereiht: eine erstaunliche Behendigkeit, eine brutale Wildheit, ein Morden und Schlachten ohne Motiv, eine Groteskerie des Grauenhaften, die nichts Menschliches mehr an sich hat, und eine Stimme, deren Tonfall den Angehörigen verschiedener Nationen fremd erscheint und jeder deutlichen oder verständlichen Silbenbildung entbehrt. Was ist nun das Ergebnis? Welchen Eindruck habe ich auf Ihre Einbildungskraft gemacht?«

Ein Schauder überlief mich, als Dupin diese Frage stellte. »Ein Irrer«, sagte ich, »hat diese Tat vollbracht, ein tobsüchtiger Wüterich, der aus einer benachbarten Maison de Santé entflohen ist.«

»In mehr als einer Hinsicht«, erwiderte er, »ist Ihre Idee gar nicht so übel.

Aber die Stimmen der Wahnsinnigen gleichen selbst in den wildesten Wutanfällen niemals jener besonderen Stimme, die man auf der Treppe vernahm. Auch Irre gehören doch irgendeiner Nationalität an, und ihre Sprache besitzt, wären die Worte auch noch so unzusammenhängend, immerhin die Fähigkeit der Silbenbildung. Überdies sehen die Haare eines Wahnsinnigen nicht gerade so aus wie diese hier in meiner Hand. Ich habe dieses kleine Büschel den krampfhaft geschlossenen Fingern der Madame L'Espanaye entwunden. Sagen Sie mir, wie es Ihnen vorkommt.«

»Dupin«, sagte ich ganz entgeistert, »das ist ein ganz ungewöhnliches Haar; das ist kein menschliches Haar.«

»Das habe ich auch nicht behauptet«, sagte er; »aber ich möchte, daß Sie diese kleine Zeichnung ansehen, bevor wir diesen Punkt entscheiden. Es ist eine genaue Nachbildung dessen, was ein Teil der Zeugenaussagen als ›dunkle Quetschwunden und tiefe Kratzer von Fingernägeln an dem Hals von Madame L'Espanaye‹ und von den Messrs. Dumas und Etienne als eine ›Reihe gelbblauer Flecken, offenbar als Abdruck von Fingern‹ beschrieben worden ist.

Sie werden erkennen«, fuhr mein Freund fort, indem er das Papier auf dem Tisch ausbreitete, »daß diese Zeichnung eine Vorstellung eines festen und harten Griffs vermittelt. Von einem Abgleiten bemerkt man nichts. Jeder Finger behielt, vielleicht bis zum Tod des Opfers, die fürchterliche Kraft, mit der er sich zuerst eingekrallt hatte. Versuchen Sie nun, Ihre Finger gleichzeitig in die betreffenden Eindrücke zu legen, wie sie hingezeichnet sind.«

Ich versuchte dies jedoch vergeblich.

»Vielleicht prüfen wir die Sache nicht richtig«, sagte er. »Das Papier liegt flach, aber der Hals des Menschen hat die Form eines Zylinders. Hier ist ein Holzscheit, das ungefähr den Umfang des Halses hat. Wickeln Sie die Zeichnung um den Klotz und wiederholen Sie den Versuch.«

Ich tat es; aber die Schwierigkeit war noch einleuchtender als zuvor. »Das hier«, sagte ich, »sind nicht die Spuren einer menschlichen Hand.«

»Lesen Sie jetzt«, sagte Dupin, »diese Stelle aus Cuvier.«

Es war eine ausführliche anatomische und allgemeine Beschreibung des großen rotbraunen Orang-Utans der ostindischen Inseln. Die riesige Gestalt, die erstaunliche Kraft und Behendigkeit, die furchtbare Wildheit sowie der Nachahmungstrieb dieser Säugetiere sind hinreichend bekannt. Ich begriff mit einem Male all das Grauenvolle dieses Mordes.

»Die Beschreibung der Finger«, sagte ich, als ich das Buch weglegte, »stimmt vollkommen mit dieser Zeichnung überein. Ich sehe, daß kein Tier außer einem Orang-Utan der hier erwähnten Gattung die Eindrücke so verursacht haben kann, wie Sie sie gezeichnet haben. Dieses Büschel gelbroten Haars entspricht auch ganz der Beschreibung des Haares jener Bestie bei Cuvier. Dennoch kann ich die Einzelheiten dieses furchtbaren Geheimnisses noch nicht recht erfassen. Überdies hörte man zwei Stimmen, die sich zu streiten schienen, und die eine davon gehörte unzweifelhaft einem Franzosen.«

»Sehr wahr! Und Sie entsinnen sich gewiß noch eines Ausdrucks, den die Aussagen der Zeugen fast einstimmig dieser Stimme in den Mund legten: ›mon Dieu‹. Sie sind richtig von einem der Zeugen (dem Zuckerbäcker Montani) als ein Ausruf des Vorwurfs oder des Zuredens bezeichnet worden. Auf diese zwei Worte nun habe ich hauptsächlich meine Hoffnung, das Rätsel vollständig lösen zu können, gegründet. Ein Franzose war Mitwisser des Mordes. Es ist möglich, ja, sogar mehr als wahrscheinlich, daß er selber der Teilnahme an den blutigen Vorgängen nicht schuldig war. Der Orang-Utan kann ihm entflohen sein. Er kann ihn bis zu jenem Zimmer verfolgt haben; doch unter den erregenden Umständen, die dann eintraten, konnte er ihn nicht wieder einfangen. Das Tier läuft immer noch frei herum. Ich will diesen Vermutungen nicht weiter nachgehen, denn ich habe kein Recht, sie anders zu nennen, da die vagen Ideengebilde, auf die sie sich gründen, zu wenig Tiefe haben, um meinem eigenen Intellekt annehmbar zu sein, und ich nicht imstande wäre, sie einem anderen verständlich zu machen. Wir wollen sie also Mutmaßungen nennen und als solche behandeln. Wenn der fragliche Franzose wirklich, wie ich annehme, an dieser Greueltat unschuldig ist, wird dieses Inserat, daß ich gestern auf dem Heimweg in der Expedition von ›Le Monde‹ (ein Blatt, das die Interessen der Schiffahrt vertritt und viel von Seeleuten gelesen wird) aufgegeben habe, veranlassen, uns aufzusuchen.

Er reichte mir die Zeitung, und ich las folgendes:

Eingefangen

wurde im Bois de Bologne, am frühen Morgen des… (am Morgen des Mordes) ein sehr großer, lohfarbener Orang-Utan der Gattung Borneo. Der Besitzer (von dem bekannt ist, daß er Matrose auf einem maltesischen Schiff ist) kann das Tier zurückerhalten unter der Voraussetzung, daß er dessen Identität nachweist und die geringen Kosten für das Einfangen und den Unterhalt zurückerstattet. Anfragen unter: Faubourg, St. Germain, …Rue Nr., im dritten Stockwerk.

»Wie war es möglich«, fragte ich ihn, »zu wissen, daß der Mann Matrose ist und auf einem maltesischen Schiff fährt?«

»Ich wußte es nicht«, erwiderte er, »und ich bin meiner Sache durchaus nicht sicher. Aber hier ist ein kleines Stückchen Band, das, nach seinem fettigen Aussehen dazu gedient haben kann, das Haar zu einem jener langen Zöpfe zusammenzubinden, wie sie bei Seeleuten so beliebt sind. Außerdem verstehen, außer Matrosen, nur wenige Leute einen solchen Knoten zu flechten,

der gerade für Malteser eigentümlich ist. Ich habe das Band am Fuße des Blitzableiters aufgehoben. Es konnte keiner der beiden Verstorbenen gehört haben. Sollte ich nun aus dem Band mit Unrecht die Folgerung gezogen haben, daß der Franzose zur Mannschaft eines Malteser Schiffes gehört, so habe ich doch durch die Behauptung in meinem Inserat keinen Schaden angerichtet. Irre ich mich, so wird er denken, daß mich irgendein Umstand, der ihn nicht weiter interessieren dürfte, fehlgeleitet hat. Sollte ich aber recht haben, so ist viel gewonnen. Da er von dem Mord weiß, auch wenn er unschuldig daran ist, so wird der Franzose natürlich zögern, auf das Inserat zu antworten und den Orang-Utan zurückverlangen. Er wird sich also denken: ich bin arm, ich bin unschuldig; mein Orang-Utan hat großen Wert – für einen Menschen in meinen Verhältnissen bedeutet er ein Vermögen – warum sollte ich ihn aus törichter Furcht einbüßen? Er ist dort, ich kann ihn leicht wiederhaben. Man hat ihn im Bois de Bologne gefunden, weit entfernt vom Schauplatz der Mordtaten. Wie könnte man jemals annehmen, daß ein vernunftloses Tier diese Taten begangen hat? Die Polizei ist ratlos; sie hat nicht die geringste Spur entdeckt. Sollte sie das Tier aufspüren, so wäre es doch unmöglich, nachzuweisen, daß ich Mitwisser des Mordes bin und mich aufgrund dessen in eine Schuld zu verwickeln. Vor allem aber, man weiß von mir. Der Inserent bezeichnet mich als den Besitzer des Tieres. Ich weiß nicht recht, was ihm schon alles bekannt sein mag. Wenn ich ein so wertvolles Eigentum, von dem man weiß, daß es mir gehört, nicht zurückverlange, so würde mindestens auf das Tier ein Verdacht fallen. Es wäre unklug von mir, die Aufmerksamkeit auf mich oder auf das Tier zu lenken. Ich werde mich auf diese Anzeige hin melden, den Orang-Utan abholen und ihn gut verwahren, bis die Sache in Vergessenheit geraten ist.«
In diesem Augenblick hörten wir Schritte auf der Treppe.
»Halten Sie Ihre Pistolen bereit«, sagte Dupin, »aber gebrauchen oder zeigen Sie sie nicht, bevor ich Ihnen ein Zeichen gebe.«
Die Eingangstür des Hauses war offen gelassen worden; jemand war eingetreten, ohne zu klingeln und war ein paar Stufen hinaufgegangen. Aber plötzlich hörten wir ihn wieder hinabsteigen, Dupin stürzte zur Tür, als wir ihn wieder hinaufkommen hörten. Er kehrte nicht zum zweiten Male um, sondern näherte sich entschlossen und klopfte an unsere Zimmertür.
»Herein«, sagte Dupin in heiterem und aufmunterndem Ton.
Ein Mann trat ein. Offenbar ein Matrose, ein großer, starker, muskulös aussehender Mann mit einem gewissen Ausdruck von Verwegenheit, der keineswegs gegen ihn einnahm. Sein von der Sonne verbranntes Gesicht war mehr als zur Hälfte von einem Schnurr- und Backenbart verdeckt. Er hatte einen dicken Eichenknüppel; schien aber sonst ohne Waffen zu sein. Er

machte eine linkische Verbeugung, bot uns einen »guten Abend« in einem Französisch, dessen Akzent an Neufchatel denken ließ, aber dennoch hinreichend Pariserisch klang.
»Setzen Sie sich, mein Freund«, sagte Dupin. »Ich vermute, Sie sind wegen des Orang-Utan gekommen. Wahrhaftig, ich beneide Sie fast um seinen Besitz; ein prachtvolles, gewiß auch sehr kostbares Tier. Wie alt mag er jetzt sein?«
Der Matrose schöpfte tief Atem, als hätte man ihm eine bedrückende Last von den Schultern genommen, und antwortete dann mit fester Stimme:
»Ich kann es Ihnen nicht genau sagen, aber mehr als vier bis fünf Jahre wird er nicht alt sein. Haben Sie ihn hier?«
»O nein, wir hatten keine Unterkunft für ihn. Er ist in einem Reitstall in der Nähe der Rue Dubourg untergebracht. Morgen früh können Sie ihn haben. Natürlich können Sie sich als Eigentümer legitimieren?«
»Gewiß, Monsieur.«
»Ich werde mich ungern von ihm trennen«, sagte Dupin.
»Sie sollen soviel Mühe nicht umsonst gehabt haben, Monsieur«, sagte der Fremde. »Das kann man nicht verlangen. Will gerne eine Belohnung für die Auffindung des Tieres zahlen – versteht sich, natürlich in vernünftigen Grenzen.«

»Gut«, erwiderte mein Freund, »das ist nur recht und billig. Lassen Sie mich nachdenken! Ich fordere als Belohnung... daß Sie mir, soweit in Ihrer Macht, über diese Morde in der Rue Morgue alle Auskunft geben.«
Dupin sagte diese Worte sehr leise und mit der größten Ruhe. Mit ganz derselben Gelassenheit schritt er dann zur Tür, verschloß sie und steckte den Schlüssel in seine Tasche. Dann zog er eine Pistole aus dem Rock und legte sie ohne die geringste Hast auf den Tisch.
Das Gesicht des Seemanns lief rot an, als sei er am Ersticken. Er richtete sich auf und packte seinen Knüppel; gleich darauf aber fiel er in seinen Stuhl zurück, heftig zitternd und bleich wie der Tod. Er sprach kein Wort. Ich bedauerte ihn von ganzem Herzen.
»Guter Freund«, sagte Dupin wohlwollend, »Sie beunruhigen sich in der Tat ohne jeden Grund; nein, wirklich, wir planen nichts Schlimmes gegen Sie. Als Ehrenmann und Franzose versichere ich Ihnen, daß nichts gegen Sie unternommen wird. Ich weiß sehr wohl, daß Sie an den Greueltaten in der Rue Morgue keine Schuld haben. Doch will ich nicht leugnen, daß Sie in gewissem Maße darin verwickelt sind. Aus meinen Äußerungen können Sie, müssen Sie bereits erkannt haben, daß ich mich in dieser Sache zu unterrichten verstanden habe, mit Mitteln, von denen Sie sich nichts träumen lassen. Nun steht die Angelegenheit so. Sie haben nichts getan, was Sie hätten

vermeiden können, sicherlich nichts, was Sie mit Schuld belastet. Sie haben nicht einmal etwas gestohlen oder geraubt, obwohl Sie doch straflos hätten rauben oder stehlen können. Sie haben nichts zu verheimlichen. Sie brauchen nichts zu verschweigen. Andrerseits verpflichtet Sie Ihr Ehrgefühl, alles zu gestehen, was Ihnen bekannt ist. Ein Unschuldiger sitzt gegenwärtig im Gefängnis unter der Anklage des Verbrechens, dessen Täter Sie angeben können.«

Der Matrose hatte, während Dupin sprach, seine Geistesgegenwart weitgehend wiedergewonnen; doch die ursprüngliche Verwegenheit war völlig dahin.

»Gott helfe mir denn!« sagte er nach kurzer Pause; »ich will Ihnen alles mitteilen, was ich von der Angelegenheit weiß; aber ich erwarte nicht, daß Sie auch nur die Hälfte davon glauben werden; ich müßte ein Narr sein, wenn ich das für möglich hielte. Dennoch bin ich unschuldig, und ich will meine Seele erleichtern, sollte es mich auch den Hals kosten.«

Was er nun berichtete, war im wesentlichen das Folgende:

Er hatte vor kurzem eine Seereise nach dem Indischen Archipel gemacht. Ein Teil der Mannschaft, der er sich anschloß, landete auf Borneo und begab sich zum Vergnügen ins Innere. Er fing zusammen mit einem Kameraden den Orang-Utan. Der Kamerad starb, und der Affe gehörte nunmehr ihm allein. Nach großen Mühen, verursacht von der unbezähmbaren Wildheit seines Gefangenen auf der Heimreise, gelang es ihm endlich, das Tier in seiner eigenen Wohnung in Paris sicher unterzubringen, wo er es, um nicht die unerfreuliche Neugierde der Nachbarn auf sich zu lenken, sorgsam unter Verschluß hielt, bis es sich von einer an Bord durch einen Splitter erzeugten Wunde erholt haben würde. Nachher wollte er es verkaufen.

In der Nacht, oder vielmehr am Morgen der Mordtat, kehrte er von einer Seemannszecherei heim und fand das Tier in seinem eigenen Schlafzimmer, in das es aus der angrenzenden Kammer, wo es gut verwahrt schien, ausgebrochen war. Der Affe saß vor einem Spiegel, völlig eingeseift, das Rasiermesser in der Hand, mit der Absicht, sich zu rasieren, so wie er es ohne Zweifel zuvor durch das Schlüsselloch bei seinem Herrn beobachtet hatte. Entsetzt vom Anblick einer so gefährlichen Waffe im Besitz eines so unbändigen Tieres, das zudem wohl noch damit umzugehen wußte, war der Mann zunächst völlig ratlos, was er tun sollte. Doch war er daran gewöhnt, das Tier selbst in seinen wildesten Ausbrüchen durch den Gebrauch einer Peitsche zu beruhigen, und auch jetzt griff er zu diesem Mittel. Kaum hatte jedoch der Orang-Utan die Peitsche gesehen, als er blitzschnell durch die Tür des Zimmers, die Treppe hinunter und von dort durch ein Fenster, das unglücklicherweise offenstand, auf die Straße sprang.

Verzweifelt eilte ihm der Franzose nach; der Affe hielt das Rasiermesser noch in der Hand, blieb zuweilen stehen, um sich nach seinem Verfolger umzudrehen und ihm Grimassen zu schneiden, bis dieser ihn fast erreicht hatte. Dann jagte er weiter. So dauerte die Hetze geraume Zeit. Die Straßen lagen in tiefster Stille, da es gegen drei Uhr morgens war. In einer engen Gasse an der Rückseite der Rue Morgue wurde seine Aufmerksamkeit durch ein Licht angezogen, welches aus dem offenen Fenster von Madame L'Espanayes Zimmer im vierten Stockwerk des Hauses schimmerte. Er stürzte auf das Haus zu, bemerkte den Blitzableiter, kletterte mit fabelhafter Behendigkeit daran empor, packte, im vierten Stockwerk angekommen, den Fensterladen, der breit an der Mauer anlag, und schwang sich mit seiner Hilfe direkt auf das Kopfende des Bettes. Alles das nahm weniger als eine Minute in Anspruch. Als der Orang-Utan in das Zimmer einbrach, flog der Laden wieder an seine Stelle zurück.

Der Matrose hatte sich alles gleichzeitig erleichtert und bestürzt angesehen! Er hoffte jetzt nicht ohne Grund, das Tier wieder in seine Gewalt zu bekommen, da es kaum aus der selbstgewählten Falle entrinnen konnte, ohne wieder den Blitzableiter zu benutzen, und beim Abstieg eingefangen werden konnte. Andererseits bedachte er mit großer Unruhe, was der Affe im Hause wohl alles anstellen mochte. Dieser Gedanke bewog den Mann, dem Flüchtling auch weiter zu folgen. Die Ersteigung des Blitzableiters ist, namentlich für einen Matrosen, nicht allzu schwierig; aber als er auf der Höhe des Fensters, das ziemlich weit zu seiner Linken lag, angelangt war, konnte er seinen Weg nicht fortsetzen. Alles, was er tun konnte, war, sich so weit hinüberzubeugen, um einen Blick in das Innere des Zimmers zu werfen. Aber bei diesem Anblick wäre er vor Entsetzen fast in die Tiefe gestürzt. Jetzt gellten auch jene grauenvollen Schreie durch die Nacht, jene Schreie, durch die alle Bewohner der Rue Morgue aus ihrem Schlummer gerissen wurden. Madame L'Espanaye und ihre Tochter, beide im Nachtgewand, waren offenbar damit beschäftigt gewesen, einige Papiere in der schon erwähnten eisernen Kassette zu ordnen, welche in die Mitte des Raumes gerückt worden war. Sie stand offen, und der Inhalt lag daneben auf dem Fußboden. Die Opfer mußten mit dem Rücken zum Fenster gesessen haben, und, da zwischen dem Eindringen des Tieres und dem Geschrei einige Zeit verging, hatten sie es offenbar nicht sofort bemerkt. Das Anschlagen des Fensterladens hatten sie wohl dem Wind zugeschrieben.

Als der Matrose in das Zimmer blickte, hatte das riesige Tier Madame L'Espanaye bei den Haaren gepackt (diese waren aufgelöst, da sie sie eben gekämmt hatte) und schwang das Rasiermesser vor ihrem Gesicht mit den Bewegungen eines Barbiers. Die Tochter lag bewegungslos hingestreckt; sie war ohnmächtig geworden. Das Schreien und Sträuben der alten Dame (während ihr das Haar vom Kopf gerissen wurde) hatte die vermutlich friedlichen Absichten des Orang-Utan in fürchterliche Wut verwandelt. Mit einem energischen Streich seines kräftigen Armes trennte er ihr fast den Kopf vom Rumpfe. Der Anblick des Blutes steigerte seine Wut zur Raserei. Zähnefletschend und mit funkelnden Augen warf er sich auf den Körper des Mädchens und grub seine fürchterlichen Krallen in ihren Hals und lockerte den Griff nicht, bis sie tot war. In diesem Moment fielen seine wilden und unstet flackernden Blicke auf das Kopfende des Bettes, über dem das Gesicht seines Herrn, starr vor Entsetzen, sichtbar war. Die Wut des Tieres, das ohne Zweifel die gefürchtete Peitsche noch in Erinnerung hatte, verwandelte sich unverzüglich in Furcht. Im Bewußtsein, Strafe verdient zu haben, strebte es offenbar danach, seine Taten irgendwie zu verbergen; so sprang denn der Orang-Utan in höchster Aufregung im Zimmer umher, warf Möbel um, zerbrach einige und schleifte die Betten von der Matratze. Schließlich ergriff er den Leichnam der Tochter und stieß ihn den Kamin hinauf, so wie er später gefunden wurde; dann nahm er die Leiche der alten Dame und schleuderte sie kopfüber aus dem Fenster.

Als der Affe sich mit seiner verstümmelten Bürde dem Fenster näherte, fuhr der Seemann entsetzt gegen den Blitzableiter, kam, mehr fallend als gleitend, unten an und eilte sogleich nach Hause, voller Furcht vor den Folgen dieser Metzelei, und in seinem Schrecken alle Sorge um das Schicksal des Orang-Utans hinter sich lassend. Was die Leute auf der Treppe gehört hatten, waren die Ausrufe des Entsetzens und Grauens des Franzosen, vermischt mit dem boshaften Gekreische des Untiers.

Ich habe nur noch wenig hinzuzufügen. Der Orang-Utan muß gerade vor dem Aufbrechen der Wohnungstür über den Blitzableiter geflohen sein. Beim Hinaussteigen muß er das Fenster geschlossen haben. Er wurde von dem Besitzer selbst wieder eingefangen und für eine hohe Summe an den Jardin des Plantes verkauft.

Le Bon ließ man natürlich sofort frei, als wir (mit einigen Erklärungen Dupins) den Hergang geschildert hatten. Der Polizeipräfekt konnte, bei allem Wohlwollen, das er meinem Freund entgegenbrachte, seine Unzufriedenheit über die Wendung der Dinge nicht verbergen und erging sich in sarkastischen Bemerkungen über Leute, die sich um Dinge kümmern, die sie nichts angehen. »Lassen wir ihn reden«, sagte Dupin, der es nicht der Mühe wert fand, eine Antwort zu geben. »Lassen wir ihn schwatzen! Er will nur sein Gewissen beruhigen! Mir genügt es, daß ich ihn auf seinem eigentlichen Gebiet besiegt habe. Übrigens ist die Tatsache, daß er bei der Lösung des Rätsels versagt hat, keineswegs das Wunder, für das er es selbst hält. Denn unser Freund, der Präfekt, ist zu schlau, um tief sein zu können. Seine Weisheit hat kein Knochengerüst. Sie ist ganz Kopf und ohne Körper, wie die Bilder der Göttin Laverna – oder höchstens hat sie Kopf und Schultern wie ein Stockfisch. Aber im großen und ganzen ist er doch ein guter Kerl. Und ich schätze in besonders wegen seiner täuschenden Meisterschaft im ›caut‹, der ihm seinen Ruf, ein Genie an Scharfsinn zu sein, eingetragen hat. Ich meine seine Vorliebe* ›de nier ce qui est, et d'expliquer ce qui n'est pas‹, wie es in Rousseaus ›Nouvelle Héloise‹ einmal heißt.«

Edgar Allan Poe

* Das Vorhandene zu leugnen und das Nichtvorhandene zu erklären.

Der gestohlene weiße Elefant

I

Die folgende merkwürdige Geschichte wurde mir von einem Manne erzählt, den ich zufällig auf der Eisenbahn kennenlernte. Er war ein alter Herr von mehr als siebzig Jahren, dessen gutmütiges Gesicht und aufrichtiges Wesen jedem seiner Worte den unverkennbaren Stempel der Wahrhaftigkeit aufdrückte. Er sagte:

Sie wissen, welche Verehrung der königliche weiße Elefant von Siam bei der Bevölkerung jenes Landes genießt. Sie wissen, daß er den Königen geweiht ist, daß nur Könige ihn besitzen dürfen und daß er in einer Hinsicht selbst den Königen überlegen ist, indem er nicht bloß geehrt, sondern auch angebetet wird. Nun gut; als sich vor fünf Jahren Streitigkeiten über die Grenzlinie zwischen Britisch-Indien und Siam erhoben, stellte sich alsbald heraus, daß Siam unrecht hatte. So wurde denn die Sache rasch und zur Zufriedenheit des Vertreters von England geregelt. Teils zum Zeichen seiner Dankbarkeit, teils auch wohl, um jede noch etwa vorhandene Spur von Mißstimmung auf englischer Seite zu verwischen, beabsichtigte der König von Siam der Königin Viktoria ein Geschenk zu senden – nach orientalischen Begriffen der einzig sichere Weg, einen Feind zu beschwichtigen. Dieses Geschenk sollte nicht nur ein königliches, sondern auch in jeder Beziehung einzig sein. Was konnte sich dazu besser eignen, als ein weißer Elefant? Da ich eine angesehene Stellung im indischen Zivildienst einnahm, wurde ich der Ehre gewürdigt, Ihrer Majestät das Geschenk zu überbringen. Man rüstete für mich und meine Dienerschaft nebst den Wärtern des Elefanten ein Schiff aus. Ich gelangte zur gehörigen Zeit im Hafen von New York an und brachte meinen königlichen Schutzbefohlenen in einem prächtigen Quartier zu Jersey City unter. Wir mußten notgedrungen einige Zeit rasten, bevor wir die Reise fortsetzten, denn die Kräfte des Tieres verlangten Schonung.

Vierzehn Tage lang ging alles gut – dann begannen meine Nöte. Der weiße Elefant war gestohlen worden! Man hatte mich mitten in der Nacht geweckt und von dem entsetzlichen Verlust benachrichtigt. Ich war einige Augenblikke außer mir vor Schreck und Angst; dann wurde ich ruhiger und sammelte meine fünf Sinne. Ich sah bald, welchen Weg ich einzuschlagen hatte – für einen vernünftigen Menschen konnte es in der Tat nur einen geben. Trotz der späten Stunde eilte ich sogleich nach New York und ließ mich von einem Schutzmann nach dem Hauptquartier der Geheimpolizei führen. Ich langte noch zur rechten Zeit an, gerade als der Chef, der berühmte Inspektor Blunt, im Begriff war, nach Hause zu gehen. Er war ein Mann von mittlerer Größe und gedrungenem Körperbau. Schon sein Anblick flößte mir Hoffnung und Vertrauen ein. Wenn er in tiefes Nachdenken versunken war, hatte er eine Art, die Brauen zusammenzuziehen und sich mit dem Zeigefinger nachdenklich auf die Stirn zu klopfen, die mich sofort überzeugte, es mit keiner gewöhnlichen Persönlichkeit zu tun zu haben. Ich trug ihm meine Sache vor: sie brachte ihn nicht im geringsten aus der Fassung; ja – machte sichtlich nicht mehr Eindruck auf seine eherne Selbstbeherrschung, als wenn es sich um einen gestohlenen Hund handelte. Er wies mir einen Sitz an und sagte ruhig: »Bitte lassen Sie mich ein wenig nachdenken.«

Indem er das sagte, setzte er sich an seinen Schreibtisch und stützte den Kopf auf die Hand. Einige Schreiber arbeiteten am andern Ende des Zimmers; das Kratzen ihrer Federn war das einzige Geräusch, das ich während der nächsten sechs oder sieben Minuten hörte. Mittlerweile blieb der Inspektor in tiefe Gedanken versunken; endlich erhob er das Haupt, und in den festen Zügen seines Gesichts lag etwas, was mir anzeigte, daß sein Gehirn seine Schuldigkeit getan habe und daß sein Plan fertig sei. Er sprach – seine Stimme war leise und eindringlich –:

»Kein gewöhnlicher Fall das! Jeder Schritt muß vorsichtig geschehen; jeder Schritt muß sicher gemacht werden, bevor der nächste gewagt wird. Und die Sache muß verschwiegen bleiben – tiefes, unverbrüchliches Geheimnis. Sprechen Sie mit niemand darüber, nicht einmal mit den Reportern; ich will dafür sorgen, daß sie nur erfahren und berichten, was meinen Zwecken dient.« Er schellte; ein Jüngling erschien. »Alarich, sagen Sie den Reportern, sie sollen vorläufig dableiben.« Der Jüngling verschwand. »Und nun zur Sache – und das systematisch. In meinem Beruf kann man es zu nichts bringen ohne strenge und genaue Methode.«

Er ergriff eine Feder und legte sich einen Bogen Papier zurecht. »Nun! – der Name des Elefanten?«

»Hassan Ben Ali Ben Selim Abdallah Mohamed Moisé Alhammal Jamtsetjejeebhoy Dhulepp Sultan Ebu Bhudpoor.«

»Sehr gut. Rufname?«

»Jumbo.«

»Sehr gut. Geburtsort?«

»Die Hauptstadt von Siam.«

»Eltern lebend?«

»Nein – tot.«

»Hatten sie noch andere Nachkommenschaft?«

»Nein, er war der einzige Sohn.«

»Gut! diese Personalien genügen für diese Rubrik. Und nun, bitte, beschreiben Sie den Elefanten und lassen Sie keine Einzelheit aus, sei sie auch noch so unbedeutend – d.h. unbedeutend von Ihrem Gesichtspunkt aus. Für Leute meines Berufs gibt es keine unbedeutenden Einzelheiten.«

Ich beschrieb und er schrieb nieder; als ich zu Ende war, sagte er:

»Hören Sie zu und berichtigen Sie mich, wenn ich einen Fehler gemacht habe.«

Er las wie folgt:

»Höhe 19 Fuß; Länge von der Stirn bis zum Schwanzansatz 26 Fuß; Länge des Rüssels 16 Fuß; Länge des Schwanzes 6 Fuß; Totallänge einschließlich Rüssel und Schwanz 48 Fuß; Länge der Stoßzähne 9½ Fuß; Ohren, im Verhältnis zu diesen Dimensionen; Fußspur gleicht der Spur eines Fasses, das man im Schnee aufrecht stellt; Farbe des Elefanten ein schmutziges Weiß; hat in jedem Ohr ein Loch von der Größe eines Tellers zum Einhängen von Schmucksachen; besitzt in hohem Grade die Gewohnheit, Gaffer mit Wasser zu bespritzen und mit seinem Rüssel nicht nur Leute, mit denen er bekannt ist, sondern selbst Fremde zu mißhandeln; er hat eine Narbe unter der Achselhöhle, hinkt ein wenig auf dem rechten Hinterbein und hatte, als er gestohlen wurde, auf dem Rücken einen Turm mit Sitzen für fünfzehn Personen und eine Satteldecke aus Goldbrokat von der Größe eines gewöhnlichen Teppichs.«

Das Signalement war tadellos; der Inspektor schellte, händigte Alarich die Beschreibung ein und sagte:

»Lassen Sie sogleich fünfzigtausend Exemplare von diesem Signalement drucken und per Bahn an alle Polizeiämter und Pfandleiher in Nordamerika versenden.« Alarich zog sich zurück. »So, damit wären wir fertig. Nun muß ich eine Photographie des gestohlenen Eigentums haben.«

Ich gab ihm eine; er betrachtete sie kritisch und sagte:

»Sie muß genügen, da wir keine bessere haben; aber er hat den Rüssel aufgerollt und in den Mund gesteckt. Das ist schade, denn es kann leicht irreführen, weil er natürlich den Rüssel für gewöhnlich nicht so trägt.« Er schellte.

»Alarich, lassen Sie sogleich fünfzigtausend Abdrücke dieser Photographie anfertigen und mit dem Signalement versenden.«

Alarich ging, um seine Befehle zu vollziehen. Der Inspektor sagte:

»Man wird natürlich eine Belohnung aussetzen müssen. Wie hoch meinen Sie?«

»Welche Summe würden Sie mir raten?«

»Vorerst würde ich sagen – nun, fünfundzwanzigtausend Dollar. Es ist eine verwickelte und schwierige Arbeit; es gibt tausend Gelegenheiten zum Entkommen und zum Verbergen. Diese Diebe haben überall Freunde und Helfershelfer.« – –

»Lieber Himmel, wissen Sie denn, wer sie sind?«

Das kluge Gesicht, geübt im Verbergen der Gedanken und Gefühle, verriet mir nicht das mindeste, ebensowenig die vollkommen ruhig geäußerte Erwiderung:

»Lassen Sie's gut sein! Vielleicht weiß ich's, vielleicht auch nicht. Wir gewinnen gewöhnlich einen ziemlich deutlichen Hinweis auf die Täter aus der Art und Weise, wie sie zu Werk gehen und aus der Größe ihres Raubes. Wir haben es hier nicht mit einem Taschendieb oder Uhrenabzwicker zu tun, darauf können Sie Gift nehmen – dieser Gegenstand wurde von keinem Anfänger ›aufgehoben‹. Aber, was ich sagen wollte, in Anbetracht der vielen

Reisen, die gemacht werden müssen, und des Eifers, mit dem die Diebe ihre Spuren verwischen werden, mögen fünfundzwanzigtausend Dollar fast zu wenig sein; doch kann man immerhin damit anfangen.«
So einigten wir uns denn über diese Summe für den Anfang. Dann sagte der Inspektor, dem nichts entging, was nur irgendwie als Fingerzeig dienen konnte:
»Es gibt in der Polizeigeschichte Fälle, die beweisen, daß Verbrecher durch Eigentümlichkeiten in ihrer Geschmacksrichtung entdeckt worden sind. Sagen Sie, was frißt Ihr Elefant, und wieviel?«
»Was er frißt? – einfach alles! Er frißt einen Menschen, er frißt eine Bibel – er frißt alles, was zwischen Mensch und Bibel liegt.«
»Gut, wirklich sehr gut, aber zu allgemein. Ich brauche Details – Details haben in unserem Berufe allein Wert. Also, die Menschen betreffend: wie viele davon wird er, wenn sie frisch sind, zu einer Mahlzeit oder – sagen wir – während eines Tages verzehren?«
»Er wird keinen großen Unterschied machen, ob frisch oder nicht; und ich denke, daß fünf Menschen eine gewöhnliche Mahlzeit für ihn sind.«
»Sehr gut – fünf Menschen; wir wollen das notieren. Welche Rassen hat er am liebsten?«
»In dieser Beziehung ist er nicht sehr wählerisch. Er zieht Bekannte vor, hat aber keinerlei Voreingenommenheit gegen Fremde.«
»Sehr gut – nun zu den Bibeln. Wie viele Bibeln würde er zu einer Mahlzeit brauchen?«

»Eine ganze Auflage.«
»Das ist kaum genau genug. Meinen Sie die gewöhnliche Oktavbibel oder die illustrierte Familienbibel?«
»Ich glaube nicht, daß ihm an den Illustrationen viel liegen würde – d.h. er wird sie nicht höher schätzen als einfachen Druck.«
»Sie haben mich nicht recht verstanden. Es kommt auf das Gewicht an. Die gewöhnliche Oktavbibel wiegt etwa zwei und ein halbes Pfund, während die Großquartbibel mit den Illustrationen von Doré zehn bis zwölf Pfund wiegt. Wieviel Dorébibeln würde er wohl auf einmal verzehren?«
»Man sieht, daß Sie den Elefanten nicht kennen, sonst würden Sie nicht fragen. Er frißt ganz einfach soviel, als man ihm gibt.«
»Gut, drücken Sie es in Dollar und Cent aus; wir müssen uns bestimmt fassen. Die Dorébibel kostet hundert Dollar pro Exemplar, in Juchtenleder gebunden...«
»Er würde für etwa fünfzigtausend Dollar brauchen – sagen wir, eine Auflage von fünfhundert Exemplaren.«
»So, das ist genauer; ich will's notieren. Also, er frißt gerne Menschen und Bibeln – das hätten wir! Was frißt er sonst? Ich brauche Details.«
»Hat er keine Bibeln, so frißt er Backsteine; hat er keine Backsteine, so frißt er Flaschen; hat er keine Flaschen, so frißt er Kleider; hat er keine Kleider, so frißt er Katzen; hat er keine Katzen, so frißt er Austern; er frißt ferner Schinken, Zucker, Pasteten, Kartoffeln, Kleie, Heu, Hafer und besonders Reis, denn damit wurde er hauptsächlich aufgezogen.«
»Sehr gut. – Gewöhnliche Menge zu einer Mahlzeit?«
»Nun, so zwischen sieben und acht Zentner.«
»Und er säuft – –«
»Alles, was flüssig ist: Milch, Wasser, Schnaps, Sirup, Kastoröl, Kampfergeist, Karbolsäure – es ist unnütz, auf Einzelheiten einzugehen; was Ihnen Flüssiges einfällt, notieren Sie getrost.«
»Sehr gut. Quantität?«
»Notieren Sie acht bis fünfundzwanzig Hektoliter – sein Durst schwankt, sein Appetit wenig.«
»Das sind alles sehr bemerkenswerte Anhaltspunkte, und sehr dienlich zu seiner Aufspürung.«
Er schellte.
»Alarich, senden Sie Kapitän Burns herein.«
Burns erschien; Inspektor Blunt enthüllte ihm die ganze Angelegenheit Punkt für Punkt. Dann sagte er in der klaren, entschiedenen Weise eines Mannes, der sich seinen Plan genau vorgezeichnet hat und ans Befehlen gewöhnt ist:

»Kapitän Burns, weisen Sie die Detektivpolizisten Jones, Davis, Halsen, Bates und Hackett an, den Elefanten aufzuspüren.«
»Sehr wohl, Sir.«
»Weisen Sie die Detektivpolizisten Moses, Dakin, Murphy, Rogers, Tupper, Higgins und Bartholomey an, die Diebe aufzuspüren.«
»Sehr wohl, Sir.«
»Senden Sie eine starke Wache – eine Wache von dreißig auserlesenen Leuten mit einer Ablösung von dreißig Mann – an den Ort, wo der Elefant gestohlen wurde; sie sollen dort scharfe Wache halten Tag und Nacht und niemand – Reporter ausgenommen – ohne schriftliche Ermächtigung von mir in die Nähe kommen lassen.«
»Sehr wohl, Sir.«
»Verteilen Sie Detektive in gewöhnlicher Kleidung auf den Bahnhöfen, Dampfschiffen und Landungsdepots und auf allen Wegen, die aus Jersey City führen, mit dem Befehl, alle verdächtigen Personen zu durchsuchen.«
»Sehr wohl, Sir.«
»Versehen Sie alle diese Leute mit der Photographie und dem Signalement des Elefanten und instruieren Sie dieselben, alle Züge und abgehenden Fahrzeuge genau zu visitieren.«
»Sehr wohl, Sir.«
»Wenn der Elefant gefunden werden sollte, so ergreife man ihn und benachrichtige mich telegrafisch.«
»Sehr wohl, Sir.«
»Lassen Sie mich sogleich benachrichtigen, wenn eine Spur gefunden werden sollte – Fußspuren oder dergleichen.«
»Sehr wohl, Sir.«
»Erlassen Sie einen Befehl an die Hafenpolizei, fleißig am Ufer zu patroullieren.«
»Sehr wohl, Sir.«
»Senden Sie Detektive in gewöhnlicher Kleidung mit allen Bahnzügen ab – nördlich bis Kanada, westlich bis Ohio, südlich bis Washington.«
»Sehr wohl, Sir.«
»Stellen Sie Sachverständige in allen Telegrafenämtern auf; dieselben sollen auf alle Telegramme achten und sich die chiffrierten Depeschen entziffern lassen.«
»Sehr wohl, Sir.«
»Lassen Sie dieses alles mit der äußersten Heimlichkeit ausführen – hören Sie, mit der undurchdringlichsten Heimlichkeit.«
»Sehr wohl, Sir.«
»Rapportieren Sie mir pünktlich zur gewöhnlichen Stunde.«

»Sehr wohl, Sir.«
»Nun können Sie gehen!«
»Sehr wohl, Sir« – und fort war er.
Inspektor Blunt war einen Augenblick still und nachdenklich, dann ließ das Feuer in seinen Augen nach und verlosch. Hierauf wandte er sich zu mir und sagte in ruhigem Ton:
»Ich rühme mich nicht gern, es ist das nicht meine Sache; aber wir werden den Elefanten finden.«
»Ich schüttelte ihm warm die Hand und dankte ihm – der Dank kam von Herzen. Je mehr ich von dem Manne gesehen hatte, desto mehr schätzte und bewunderte ich ihn, desto mehr staunte ich über die mysteriösen Wunder seines Berufs. Dann trennten wir uns für die Nacht und ich ging nach Hause – mit viel leichterem Herzen als ich gekommen war.

II

Am nächsten Morgen stand alles haarklein in den Zeitungen, sogar mit Zusätzen – bestehend aus Detektiv A.'s, Detektiv B.'s und Detektiv N. N.'s ›Theorie‹ in Bezug auf die Ausführung des Diebstahls, auf die Person der Diebe und auf die Richtung, in der sie mit ihrer Beute entflohen waren. Es waren elf solcher Theorien zu lesen, welche alle Möglichkeiten erschöpften, ein Beweis, was für verständige Denker die Geheimpolizisten sind. Nicht zwei von den elf Theorien stimmten überein oder glichen sich auch nur halbwegs, außer in einem einzigen auffallenden Punkt, in dem alle elf Theorien einander gleich waren. Obgleich nämlich die Rückwand des Gebäudes herausgerissen und die einzige Türe verschlossen geblieben war, stellten alle elf Theorien die Behauptung auf, daß der Elefant nicht durch jene Bresche, sondern auf irgendeinem andern (noch unentdeckten) Wege entfernt worden sei, und daß die Diebe jene Öffung nur gemacht hätten, um die Polizei irrezuführen. Daran würde ich oder irgendein anderer Laie vielleicht nie gedacht haben, die Detektive aber hatten den Umstand auch nicht einen Augenblick verkannt. So war das einzige Moment, hinter dem ich kein Geheimnis vermutet hatte, gerade dasjenige, worin ich am weitesten fehlgegangen war. Alle elf Theorien nannten die vermutlichen Diebe, keine zwei aber dieselben; die Totalsumme der verdächtigen Personen war siebenunddreißig. Die verschiedenen Zeitungen schlossen alle mit der wichtigsten Ansicht von allen – der des Inspektors Blunt. Dieselbe lautete im Auszug wie folgt:
»Der Chef weiß, wer die zwei Haupttäter sind – nämlich Brick Duffy und der ›rote‹ McFadden. Zehn Tage vor der Ausführung des Diebstahls wußte er

bereits, daß derselbe versucht werden würde, und hat sich in aller Stille darangemacht, diese zwei notorischen Spitzbuben zu verfolgen; unglücklicherweise aber ging in der fraglichen Nacht ihre Spur verloren, und ehe man sie wieder auffinden konnte, war der Vogel – das heißt der Elefant – ausgeflogen.

Duffy und McFadden sind die verwegensten Schurken in der ganzen Verbrecherzunft; der Chef hat Grund zu der Annahme, daß sie die Männer sind, die letzten Winter in einer bitterkalten Nacht den Ofen aus der Polizeiwache stahlen, infolgedessen sich vor Tagesanbruch der Chef und sämtliche Geheimpolizisten in ärztlicher Behandlung befanden; – einige wegen erfrorener Füße, andere wegen erfrorener Hände und anderer Körperteile.«

Als ich die erste Hälfte dieser Theorie las, war ich mehr als je erstaunt über den wunderbaren Scharfsinn des seltenen Mannes: er sah nicht nur alles Gegenwärtige mit klaren Augen, auch das Zukünftige entschleierte sich vor seinem Blicke. Ich begab mich alsbald in sein Büro und sagte ihm, ich bedauere nur, daß er jene Spitzbuben nicht habe festnehmen lassen, wodurch das ganze Unheil verhütet worden wäre; aber seine Antwort war kurz und bündig:

»Es ist nicht unseres Amtes, das Verbrechen zu verhindern, sondern es zu bestrafen. Das können wir aber erst, nachdem es begangen worden ist.«

Ich bemerkte, daß die Heimlichkeit, mit der wir zu Werk gegangen, durch die Zeitungen verletzt worden sei, nicht nur alle Tatsächlichkeiten, sondern auch alle unsere Anhaltspunkte und Absichten seien enthüllt und selbst alle verdächtigen Personen namhaft gemacht worden – letztere würden sich jetzt ohne Zweifel maskieren oder ihre geheimen Schlupfwinkel aufsuchen.

»Sie sollen's nur!« sagte der Inspektor. »Sie werden bald merken, daß, wenn ich es auf sie abgesehen habe, meine Hand auf sie niederfallen wird, so unfehlbar wie die Hand des Schicksals. Was die Zeitungen anbelangt, so müssen wir mit ihnen rechnen: Ruhm, Reputation, fortwährende öffentliche Erwähnung – sind des Geheimpolizisten täglich Brot. Er muß seine Entdekkungen veröffentlichen, sonst glaubt man, daß er keine macht; er muß seine Theorie veröffentlichen, es gibt nichts Seltsameres und Überraschenderes, als die Theorie eines Polizisten, und nichts trägt ihm so viel Bewunderung und Hochachtung ein; wir müssen unsere Pläne veröffentlichen, denn die Zeitungen bestehen darauf, und wir können es ihnen nicht abschlagen, ohne sie zu beleidigen. Wir müssen dem Publikum zeigen, was wir tun, damit es nicht glaubt, daß wir nichts tun. Es ist viel angenehmer, wenn eine Zeitung schreibt: ›Inspektor Blunts geniale und ungewöhnliche Theorie lautet wie folgt‹, als wenn sie einen unfreundlichen oder – was noch schlimmer – sarkastischen Artikel bringt.«

»Ich verkenne das Zwingende dieser Gründe nicht. – In einem Teil Ihrer Bemerkungen in den Morgenzeitungen fiel mir auf, daß Sie mit Ihrer Ansicht über einen gewissen untergeordneten Punkt zurückhielten.«

»Ja, das tun wir stets; es macht immer Effekt. Übrigens hatte ich mir über jenen Punkt eine Ansicht noch gar nicht gebildet.«

Ich deponierte bei dem Inspektor eine beträchtliche Geldsumme zur Bestreitung der laufenden Ausgaben und setzte mich dann nieder, um auf Nachrichten zu warten; jeden Augenblick konnten Telegramme einlaufen. Inzwischen blätterte ich die Zeitungen und unser Zirkularsignalement nochmals durch und entdeckte, daß anscheinend unsere 25 000 Dollar Belohnung nur für Detektivpolizisten ausgesetzt waren. Ich war der Meinung gewesen, jeder solle sie bekommen, der den Elefanten auffinden würde. Der Inspektor klärte mich auf:

»Meine Geheimen werden den Elefanten auffinden, die Belohnung muß daher an die rechte Adresse gelangen. Wenn andere Leute das Tier fänden, so wäre das nur dadurch möglich, daß sie die Polizisten ausspionieren und aus Kenntnissen und Beobachtungen der Polizisten, welche sie sich zu eigen gemacht, Vorteil ziehen; an der Berechtigung der Polizei zu der Belohnung, könnte das nichts ändern. Eine solche Belohnung ist dazu da, die Männer, welche dieser Art von Arbeit ihre Zeit und ihren ausgebildeten Scharfsinn widmen, anzuspornen, nicht aber dem ersten besten in den Schoß zu fallen, der zufällig einen Fang gemacht hat.«

Das war sicher nur recht und billig. Auf einmal begann der Telegrafenapparat in der Ecke zu ticken, das Resultat war folgende Depesche:

»Flower-Station, New York: 7.30 Vorm.

Fand eine Reihe tiefer Spuren, die über eine benachbarte Farm führen. Folgte ihnen eine halbe Stunde östlich ohne Resultat; der Elefant ging wahrscheinlich westlich. Werde ihm jetzt in jener Richtung nachspüren.

Darley, Detektiv.«

»Darley ist einer unserer tüchtigsten Polizisten«, sagte der Inspektor. »Wir werden bald mehr von ihm hören.«

Telegramm Nr. 2 kam.

»Barkers, New Jersey: 7.40 Vorm.

Eben angekommen. Glasfabrik hier während der Nacht erbrochen und 800 Flaschen entwendet. Wasser in größerer Menge erst fünf Meilen von hier zu haben. Werde dahin aufbrechen. Elefant wahrscheinlich durstig. Flaschen waren leer.

Baker, Detektiv.«

»Auch das ist vielversprechend«, sagte der Inspektor. »Ich sagte Ihnen, seine Begierden würden keine schlechten Fingerzeige sein.«
Weitere Telegramme:

»Taylorville, Long Island: 8.15 Vorm.
Ein Heuschober in der Nähe verschwand während der Nacht – wahrscheinlich aufgefressen. Fand eine Spur und verfolge sie eilig.
Hubbard, Detektiv.«

»Was er für Sprünge macht!« sagte der Inspektor. »Ich wußte, daß wir ein schwieriges Stück Arbeit vor uns hätten; aber wir werden ihn deshalb doch kriegen.«

»Flower-Station, New York: 9 Vorm.
Verfolgte die Spuren über eine Stunde westlich – sind groß, tief und ausgezackt. Bin eben einem Farmer begegnet, der sagte, es seien keine Elefantenfußstapfen; sagt, es seien Löcher von den Bäumchen, die er letzten Winter aus dem gefrorenen Grunde ausgrub. Ich bitte um Verhaltungsbefehle bezüglich weiterer Schritte.
Darley, Detektiv.«

»Aha, ein Helfershelfer der Diebe! Die Sache wird ernst!« sagte der Inspektor und diktierte folgendes Telegramm an Darley:
»Verhaften Sie den Mann und zwingen Sie ihn, seine Komplizen zu nennen. Verfolgen Sie die Spuren weiter – bis zum Stillen Ozean, wenn's sein muß.

Inspektor Blunt

Nächstes Telegramm:

»Covey-Point, Pennsylvania: 8.45 Vorm.

Büro der Gasanstalt hier während der Nacht erbrochen und die unbezahlten Gasrechnungen von drei Monaten gestohlen. Fand eine Spur und verfolge sie.

Murphy, Detektiv.«

»Himmel!« rief der Inspektor; »sollte er Gasrechnungen verzehren?«
»Wahrscheinlich aus Dummheit.« –
Darauf kam nachstehendes aufregendes Telegramm:

»Ironville, New York: 9.30 Vorm.

Soeben angekommen. Stadt in Aufregung. Elefant kam hier durch, früh 5 Uhr. Einige sagen, er ging östlich, andere sagen westlich, einige nördlich, andere südlich – keiner aber weiß etwas Genaueres zu berichten. Er tötete ein Pferd; ich verschaffte mir ein Stück davon – für alle Fälle. Tötete es mit seinem Rüssel; schließe aus der Wunde, daß er von links schlug. Aus der Lage des Pferdes schließe ich, daß der Elefant nordwärts, die Berkley-Bahn entlang reiste. Hat 4½ Stunden Vorsprung; folge aber sogleich seiner Spur.

Hawes, Detektiv.«

Ich konnte meine Freude nicht zurückhalten. Der Inspektor blieb so ruhig wie eine Statue. Er schellte gelassen.
»Alarich, senden Sie Kapitän Burns zu mir.«
Burns erschien.
»Wieviel Mann sind reisefertig?«
»Sechsundneunzig, Sir.«
»Senden Sie dieselben sogleich nach Norden; sie sollen sich längs der Berkley-Bahnlinie nördlich von Ironville konzentrieren.«
»Sehr wohl, Sir.«
»Sie sollen ihre Bewegungen mit der äußersten Heimlichkeit ausführen. Sobald andere von den Leuten frei werden, sollen sie sich fertig machen!«
»Sehr wohl, Sir.«
»Sie können gehen.«

»Sehr wohl, Sir.«
Gleich darauf kam ein weiteres Telegramm:

»Sage-Corners, New York: 10.30 Vorm.

Eben angelangt. Elefant kam 8.15 hier durch. Alle bis auf einen Polizisten entkamen aus der Stadt. Elefant wollte anscheinend nicht nach dem Polizisten, sondern nach einem Laternenpfahl schlagen, traf aber beide. Verschaffte mir ein Stück von dem Polizisten, um es für alle Fälle zu behalten.

Stumm, Detektiv.«

»Der Elefant hat sich also gegen Westen gewendet«, sagte der Inspektor. »Es wird ihm aber nichts helfen, denn meine Leute sind über die ganze Gegend zerstreut.«
Das nächste Telegramm besagte:

»Glovers: 11.15.

Eben angelangt. Stadt verlassen, ausgenommen von Kranken und Greisen. Elefant kam durch vor dreiviertel Stunden. Die Anti-Mäßigkeits-Massen-Versammlung tagte; er steckte seinen Rüssel durchs Fenster hinein und spritzte alles voll Zisternenwasser. Einige schluckten das Wasser – starben seitdem; mehrere ertranken. Detektivs Croß und O'Schaugnessy passierten die Stadt, gingen aber südlich und verfehlten so den Elefanten. Ganze Gegend auf viele Stunden im Umkreis voll Entsetzen – Leute fliehen aus ihrer Heimat. Allenthalben stoßen sie auf den Elefanten; viele werden getötet.

Brant, Detektiv.«

Ich hielt kaum meine Tränen zurück, so traurig stimmte mich dieses Gemetzel, der Inspektor aber sagte nur:
»Sie sehen, wir umringen ihn. Er fühlt unsere Nähe; er hat sich wieder gegen Osten gewendet.«
Es harrten unserer bereits neue beängstigende Nachrichten. Der Telegraf meldete:

»Hoganport: 12.19 Nachm.

Eben angelangt. Elefant kam vor einer halben Stunde hier durch, jähen Schrecken verbreitend; wütete durch die Straßen; zwei Arbeiter gingen vorüber – tötete den einen, der andere entkam. Bedauern allgemein.

O'Flaherty, Detektiv.«

»Nun ist er mitten unter meinen Leuten«, sagte der Inspektor. »Jetzt ist kein Entrinnen für ihn möglich!«

Eine Anzahl anderer Telegramme lief dazwischen ein von Detektiven, die über New Jersey und Pennsylvanien zerstreut waren. Aus zerstörten Fabriken, Scheunen und Sonntagsschulbibliotheken wiesen sie die Spur des Elefanten mit an Sicherheit grenzenden Ausdrücken nach.
Der Inspektor sagte:
»Ich wollte, ich könnte mit ihnen verkehren und sie nach Norden dirigieren, aber das ist unmöglich. Ein ›Geheimer‹ geht nur dann zum Telegrafenamt, wenn er seinen Bericht absendet; man weiß nie, wo man ihn fassen kann.«
Nun kam folgende Depesche:

»Bridgeport, Connecticut: 12.15 Nachm.
Barnum* bietet 4000 Dollar jährlich für ausschließliches Recht, Elefant als wandernde Reklame zu benützen, von jetzt an bis ihn Detektive auffinden. Will Zirkusplakate auf ihn kleben. Verlangt umgehende Antwort.
Boggs, Detektiv.«

»Das ist doch zu lächerlich!« rief ich aus.
»Ja freilich«, sagte der Inspektor. »Herr Barnum, der sich für so gewitzt hält, kennt mich offenbar nicht – aber ich kenne ihn.«
Dann diktierte er folgende Antwortdepesche:
»Herrn Barnums Anerbieten abgelehnt. Entweder 7000 Dollar oder nichts.
Inspektor Blunt.«

»So. Wir werden nicht lange auf Antwort zu warten brauchen. Herr Barnum ist nicht zu Hause; er ist gewöhnlich auf dem Telegrafenamt, wenn es einen Handel gilt. Vor drei Uhr –«
»Abgemacht. – P.S. Barnum.«

So unterbrach der tickende Telegrafenapparat. Ehe ich mir einen Vers machen konnte auf diesen ungewöhnlichen Zwischenfall, leitete folgende Depesche meine Gedanken in ein anderes und sehr betrübendes Fahrwasser:

»Bolivia, New York: 12.50 Nachm.
Elefant kam hier an aus dem Süden und passierte den Wald um 11.50, er sprengte einen daherkommenden Leichenzug auseinander und verminderte die Leidtragenden um zwei. Bürger feuerten einige Schüsse aus einem kleinen Böller auf ihn ab und flohen dann. Detektiv Burke und ich langten zehn Minuten später aus dem Norden an, hielten aber ein paar Vertiefungen fälschlich für Fußstapfen und verloren so ziemlich viel Zeit; endlich aber

* Barnum, der bekannte Schaubudenbesitzer und Meister in der Kunst der Reklame.

kamen wir auf die rechte Spur und verfolgten sie bis zu den Wäldern. Wir krochen nun auf Händen und Knieen vorwärts, verfolgten die Spur mit scharfem Auge und gelangten so ins Gebüsch. Burke war voraus. Unglücklicherweise hatte das Tier angehalten, um auszuruhen; Burke, der, auf die Spur erpicht, die Augen auf den Boden geheftet hatte, stieß plötzlich, ehe er der Nähe des Elefanten gewahr wurde, gegen dessen Hinterbeine. Burke sprang sogleich auf die Füße, ergriff den Schwanz und rief freudig aus: ›ich beanspruche die Be – – ‹, kam aber nicht weiter, denn ein einziger Schlag mit dem mächtigen Rüssel streckte den braven Burschen tot nieder. Ich floh zurück, aber der Elefant wandte sich um und verfolgte mich bis an den Rand des Gehölzes in schrecklicher Eile; ich wäre unrettbar verloren gewesen, wenn nicht zufällig der Rest des Leichenzuges dem Tier in den Weg gekommen wäre und seine Aufmerksamkeit abgelenkt hätte. Erfahre soeben, daß von jenem Leichenzug nichts mehr vorhanden ist; schadet nichts, Stoff genug für andere vorhanden. Elefant mittlerweile wieder verschwunden.

Mulrooney, Detektiv.«

Wir hörten keine weiteren Neuigkeiten außer von den eifrigen und zuverlässigen Detektiven, die über New Jersey, Pennsylvanien, Delaware und Virginia zerstreut waren – sie folgten alle frischen und vielversprechenden Spuren – bis kurz nach 2 Uhr nachmittags folgendes Telegramm ankam:

»Baxter-Centre: 2.15 Nachm.

Elefant hier gewesen, über und über mit Zirkusplakaten beklebt; zerstreute ein Methodisten-Revivalmeeting* und erschlug und verletzte viele, die eben im Begriffe waren, ein besseres Leben anzufangen. Bürger pferchten ihn ein und stellten eine Wache auf. Als Detektiv Brown und ich ankamen, betraten wir die Umzäunung und schritten zur Feststellung der Identität des Elefanten an Hand der Photographie und des Signalements. Alle Zeichen stimmten genau, ausgenommen eines, das wir nicht sehen konnten – die Narbe unter der Achselhöhle. Um sich darüber zu vergewissern, kroch Brown unter das Tier, – er lag im nächsten Augenblick mit zerschmetterter Hirnschale am Boden. Alle flohen, so auch der Elefant, der mit viel Effekt nach rechts und links um sich schlug. Entkam, ließ aber starke Blutspuren von Böllerschußwunden zurück. Wiederauffindung gewiß. Brach südwärts durch einen dichten Wald; ich ihm unverzüglich nach.

Brent, Detektiv.«

---

* Religiöse Versammlung von Wanderpredigern, meist auf offenem Felde abgehalten.

Dies war das letzte Telegramm. Gegen Abend sank ein Nebel auf alles herab – so dicht, daß man auf drei Schritte Entfernung nicht das geringste unterscheiden konnte. Er hielt die ganze Nacht über an. Die Dampfboote und selbst die Omnibusse mußten ihre Fahrt einstellen.

III

Am nächsten Morgen waren die Zeitungen ebenso voll von Theorien wie am vorhergehenden; sie brachten ausführlich alle uns bekannten tragischen Ereignisse, dazu noch eine Menge weiterer telegrafischer Berichte, die sie von ihren Korrespondenten erhalten hatten. Spalte auf Spalte begegnete ich herzzerreißenden Artikelüberschriften. Der Grundton derselben war stets derselbe; etwa wie folgt:

»Der weiße Elefant ist los! Er schreitet weiter auf seinem verhängnisvollen Marsch! Ganze Ortschaften verlassen von den entsetzten Einwohnern! Furcht und Schrecken gehen vor ihm her, Tod und Verwüstung folgen ihm. Diesen nach die Detektive. Scheunen verwüstet. Werkstätten beraubt. Ernten verzehrt. Öffentliche Versammlungen gesprengt, begleitet von Blutszenen, die nicht zu beschreiben sind! Berichte von vierunddreißig der ausgezeichnetsten Detektivpolizisten! Bericht des Inspektors Blunt!«

»Ah!« rief Inspektor Blunt, der Erregung nahe; »das ist prächtig! Das ist die größte Leistung, die je eine polizeiliche Organisation vollbracht hat. Die Welt wird davon sprechen.«

Für mich aber gab es keine Freude; mir war zumute, als ob ich alle diese blutigen Verbrechen begangen hätte und der Elefant mein unverantwortliches Werkzeug wäre. Und wie die Unfallliste angewachsen war! In einem Orte hatte er sich in »eine Wahl gemischt und fünf Agitatoren getötet«. Er hatte dieser Tat die Vernichtung zweier armer Teufel folgen lassen – armer O'Donohue, armer Mc Flannigan! – die »erst am Tage vorher in der Heimat der Unterdrückten aller Länder eine Zuflucht gefunden hatten und im Begriffe waren, zum erstenmale das kostbare Recht amerikanischer Bürger an der Urne auszuüben, als sie niedergeschmettert wurden von der mitleidslosen Hand der Geißel Siams.« An einem anderen Ort hatte er »einen verrückten Sensationsprediger niedergerannt, der eben für die nächste Saison seine heroischen Angriffe auf den Tanz, das Theater und ähnliches Teufelswerk vorbereitete.« In einem dritten Orte hatte er »einen Blitzableiteragenten erschlagen.« Und so ging die Liste weiter und wurde immer blutiger und herzerreißender. Sechzig Personen hatte er getötet, zweihundertundvierzig verwundet. Alle Berichte legten vollgültiges Zeugnis ab von der Tätigkeit und dem hingebenden Eifer der Detektive, und alle schlossen mit der Bemerkung, daß »dreimalhunderttausend Bürger und vier Detektive das schreckliche Wesen sahen, sowie daß er zwei von letzteren ums Leben brachte.«

Nur mit Angst hörte ich von neuem das Ticken des Telegrafenapparates; es regnete förmlich Depeschen, aber glücklicherweise rechtfertigte ihr Inhalt meine Befürchtungen nicht. Es stellte sich bald heraus, daß jede Spur des

Elefanten verloren war: der Nebel hatte es ihm ermöglicht, sich unbemerkt ein gutes Versteck zu suchen. Telegramme von Punkten, die lächerlich weit entfernt waren, berichteten, daß man zu der und der Stunde eine ungeheure trübe Masse durch den Nebel habe schimmern sehen! es sei das »unzweifelhaft der Elefant gewesen!« Diese trübe ungeheure Masse hatte man in New Haven, in New Jersey, in Pennsylvania, im Staate New York, in Brooklyn und sogar in der City von New York selbst gesehen! Immer aber war die trübe ungeheure Masse rasch wieder verschwunden, ohne eine Spur zu hinterlassen. Jeder von den Hunderten über diese ungeheure Landstrecke zerstreuten Detektiven sandte stündlich seinen Rapport, und jeder hatte eine Spur, verfolgte sie und war dem Elefanten dicht auf den Fersen.

Aber der Tag verging ohne weiteres Resultat. Ebenso der nächste Tag. Der dritte desgleichen.

Die Zeitungsberichte mit ihren nichtssagenden Tatsachen, ihren Spuren, die zu nichts führten, und ihren blendenden, sinnverwirrenden Theorien fingen an langweilig zu werden.

Auf den Rat des Inspektors verdoppelte ich die Belohnung.

Vier weitere eintönige Tage folgten; dann kam ein schwerer Schlag für die armen geplagten Detektive – die Zeitungen lehnten es ab, ihre Konjekturen zu drucken, und sagten kühl: Laßt uns in Ruhe.

Vierzehn Tage nach dem Verschwinden des Elefanten erhöhte ich auf des Inspektors Rat die Belohnung auf 75000 Dollar. Es war das eine große Summe; aber ich wollte lieber mein ganzes Vermögen opfern, als mein Ansehen bei der Regierung einbüßen. Jetzt, da die Detektive in Nöten waren, begannen die Zeitungen über sie herzufallen und die beißendsten Sarkasmen gegen sie zu schleudern. Das war Futter für die Bänkelsänger! Sie kostümierten sich als Detektive und führten auf der Bühne die Jagd nach dem verlorenen Elefanten auf. Die Karrikaturenzeichner entwarfen Skizzen von Detektiven, die das Land mit Feldstechern absuchten, während der Elefant hinter ihrem Rücken ihnen Äpfel aus den Taschen holte, und machten das Wappenzeichen der Detektive – ein weitgeöffnetes Auge mit der Devise: »Wir schlafen nie« – auf alle mögliche Weise lächerlich. Die Luft war geschwängert mit Sarkasmen.

Aber einen Mann gab es, der bei alledem ruhig, gelassen und unerschüttert blieb – es war jenes eichenfeste Herz, der Inspektor Blunt. Sein kühnes Auge senkte sich nie, seine heitere Zuversicht wankte nie; er wiederholte nur: »Laßt sie spotten; wer zuletzt lacht, lacht am besten.«

Meine Bewunderung für den Mann grenzte an Vergötterung. Ich war stets an seiner Seite. Sein Büro war ein qualvoller Aufenthalt für mich geworden und wurde es täglich mehr; doch solange er es dort aushalten konnte, war auch

ich entschlossen zu bleiben – solange als irgend möglich. So kam ich denn regelmäßig und blieb – zu jedermanns Verwunderung. Es war mir oft, als müsse ich davonlaufen; wenn ich dann aber in jenes ruhige und anscheinend leidenschaftslose Antlitz blickte, hielt ich wieder stand.
Etwa drei Wochen nach dem Verschwinden des Elefanten war ich eines Morgens eben im Begriff zu sagen: ich werde die Segel streichen und mich zurückziehen müssen, als der große Detektiv diesen feigen Gedanken wieder zurückscheuchte, indem er einen neuen meisterhaften Schachzug vorschlug – nämlich, mit den Dieben einen Kompromiß zu schließen. Die Fruchtbarkeit der Erfindungsgabe dieses Mannes überstieg alles, was ich je erlebt, und das will etwas sagen, war ich doch mit den auserlesensten Geistern der Welt in Berührung gekommen. Er sagte, er sei der besten Zuversicht, daß er für 100000 Dollar einen Kompromiß schließen und den Elefanten wieder erlangen könne. Ich sagte, ich würde am Ende die Summe auftreiben können; aber was sollte mit den armen Detektiven werden, die so wacker gearbeitet hatten?
Er entgegnete:
»Bei Kompromissen bekommen sie stets die Hälfte.«
Das beseitigte meinen einzigen Einwand, und so schrieb denn der Inspektor zwei Noten wie folgt:
»Werte Frau, – Ihr Gatte kann sich viel Geld machen (und das ganz ohne Gefahr vor dem Strafgesetz), wenn er sich sogleich bei mir einfinden will.

Chef Blunt.«

Von diesen beiden Noten sandte er die eine durch seinen vertrauten Boten an die ›wohlgeborene Frau‹ Brick Duffys, die andere an die ›wohlgeborene Frau‹ des roten Mc Fadden.
Innerhalb einer Stunde kamen folgende beiliegende Antworten zurück.
»Sie alter Narr! Brick Duffy ist gestorben, schon vor zwei Jahren.

Bridget Mahoney.«

»Chef-Nachteule, – der rote Mc Fadden ist gehängt worden und im Himmel seit achtzehn Monaten. Jeder Esel außer einem Detektiv weiß das.

Mary O'Hooligan.«

»Ich hatte das lange vermutet«, sagte der Inspektor; »es beweist mir nur die nie irrende Schärfe meines Instinkts.«
Sobald ein Mittel sich als erfolglos erwies, war er nie um ein anderes verlegen. Er schrieb sogleich ein Inserat für die Morgenblätter, von dem ich eine Abschrift aufbewahre –
»A. – xwblv. 142 N. Tjnd – fz 328 wmgl. Ozpo, –; 2 m! ogw. Mum.«

»Lebt der Dieb noch«, erklärte mir der Inspektor, »so wird ihn das sicher an den gewöhnlichen Rendezvousplatz bringen.« Es sei dies ein Platz, wo alle geschäftlichen Angelegenheiten zwischen Detektiven und Verbrechern abgemacht werden. Die gesuchte Begegnung solle in der nächsten Nacht um zwölf Uhr stattfinden. Bis dahin war nichts zu tun; ich verließ also ohne Verzug und dankbaren Herzens das Büro.

Um elf Uhr in der nächsten Nacht legte ich 100000 Dollar in die Hände des Inspektors, und gleich darauf verabschiedete er sich, die heldenmütige alte ungetrübte Zuversicht in seinen Augen. Eine fast unerträglich lange Stunde schlich zu Ende, da hörte ich seinen willkommenen Tritt, erhob mich keuchend und wankte ihm entgegen. Wie seine schönen Augen im Triumph glänzten! Er sagte –:

»Wir haben einen Vergleich geschlossen! Die Spötter werden morgen ein anderes Lied singen! Folgen Sie mir!«

Er ergriff eine brennende Kerze und schritt voran, hinab in das ungeheure gewölbte Erdgeschoß, wo fortwährend sechzig Detektive schliefen und wo jetzt etwa zwanzig Karten spielten, um sich die Zeit zu vertreiben. Ich folgte ihm auf den Fersen. Er schritt rasch hinab an das düstere, ferne Ende des Platzes, und in dem Augenblick, da ich in der dicken Stickluft ohnmächtig umsank, strauchelte und fiel er über die ausgestreckten Gliedmaßen eines mächtigen Körpers und ich hörte ihn gerade noch beim Hinfallen ausrufen:

»Unser edler Beruf ist gerechtfertigt. Hier ist Ihr Elefant!«

Ich wurde in das Büro hinaufgetragen und mit Karbolsäure wieder zum Bewußtsein gebracht. Die ganze Detektivmannschaft schwärmte herein, und es folgte eine Siegesfeier, wie ich noch keine erlebt hatte. Die Reporter wurden geholt, der Champagner floß in Strömen, Toasts wurden ausgebracht, die Händedrücke und Beglückwünschungen waren enthusiastisch und wollten kein Ende nehmen. Der Chef war natürlich der Held des Tages, und sein Glück war so vollständig und es war mit so viel Ausdauer, Würde und Bravour verdient worden, daß es mich beglückte, Zeuge desselben zu sein, obgleich ich dastand als ein heimatloser Bettler; – denn mein unschätzbarer Schutzbefohlener war tot und ich meine Stellung im Dienste meines Vaterlandes los, weil ich unmöglich den üblen Schein, als habe ich das in mich gesetzte hohe Vertrauen durch eine sorglose Ausführung meines Auftrags getäuscht, von mir abzuwenden vermochte. Manches beredte Auge bezeugte seine hohe Bewunderung für den Chef, und manches Detektives Stimme murmelte: »Seht ihn an, den König der Profession – gebt ihm nur die Spur von einer Spur, – und es bleibt nichts vor ihm verborgen.« Die Teilung der 50000 Dollar machte viel Vergnügen; als sie vollzogen war, hielt der Chef, während er seinen Anteil in die Tasche steckte, eine kleine Rede, in der er

sagte: »Genießt das Geld, denn ihr habt es verdient; und mehr als das – ihr habt unserem schönen Beruf unsterblichen Ruhm erworben.«
Ein Telegramm langte an, folgenden Inhalts: –

»Monroe, Michigan: 10. – Nachm.
Zum erstenmal seit drei Wochen erreichte ich eben ein Telegrafenamt. Folgte jenen Fußstapfen zu Pferde durch die Wälder, etwa zweihundert Meilen bis hierher; sie werden täglich stärker, größer und frischer. Quälen Sie sich nicht unnötig ab – ehe acht Tage verflossen sind, habe ich den Elefanten – auf mein Wort!

Darley, Detektiv.«

Der Chef brachte drei Hochrufe aus auf »Darley, einen der feinsten Köpfe unter der Mannschaft«, in welche sämtliche Anwesende begeistert einstimmten; dann ließ er an Darley telegraphieren, er möge heimkehren und seinen Anteil an der Belohnung in Empfang nehmen.
So endete jene wunderbare Episode von dem gestohlenen Elefanten. Die Zeitungen waren am nächsten Tage wieder voll Anerkennung – mit einer nichtssagenden Ausnahme. Ein Blatt schrieb nämlich: »Groß ist der Detektiv! Er mag im Auffinden eines kleinen Gegenstandes, wie es ein verlorener Elefant ist, ein wenig langsam sein – er mag ihn drei Wochen lang den ganzen Tag verfolgen und des Nachts neben seinem verwesenden Kadaver schlafen, aber er wird ihn endlich finden, – sobald er nur den Mann, der den Elefanten verloren hat, dahin bringt, ihm den Platz zu zeigen.«
Der arme Hassan war auf ewig für mich verloren. Die Böllerschüsse hatten ihn tödlich verwundet. Er war im Nebel an jenen düsteren Platz gekrochen; und dort, umgeben von seinen Feinden und fortwährend in Gefahr entdeckt zu werden, war er dahingeschwunden vor Hunger und Leiden, bis der Tod ihn erlöste.
Der Kompromiß kostete mich 100000 Dollar; meine Auslagen für die Detektive betrugen weitere 42000 Dollar; ich bewarb mich nie wieder um eine Anstellung im Dienste meiner Regierung; ich bin ein ruinierter Mann und ein unsteter Wanderer auf Erden – aber meine Bewunderung für jenen Mann, den ich für den größten Geheimpolizisten halte, welchen die Welt hervorgebracht hat, bleibt unvermindert bis auf diesen Tag und wird so bleiben bis an mein seliges Ende.

Mark Twain

(Der Verleger kann nicht umhin, zur Ehrenrettung der Geheimpolizisten auf die genialen Taten derselben, wie sie in den Kriminal- und Detektivromanen von Green, Hawthorne, Lynch und Doyle zum glänzenden Ausdruck kommen, zu verweisen.)

Statt eines Nachwortes

Der Mord als eine schöne Kunst betrachtet

Erster Teil

1

Der Leser lernt einen Mann von krankhafter Tugend kennen

Die meisten von uns, die Bücher lesen, haben vielleicht schon einmal etwas vom Höllenfeuerklub[1], einer Gesellschaft zur Förderung des Lasters, gehört, die im vorigen Jahrhundert von Sir Francis Dashwood und anderen gegründet wurde.

Auch in Brighton, glaube ich, entstand eine Gesellschaft zur Beseitigung der Tugend. Diese Gesellschaft wurde zwar ihrerseits wieder beseitigt, aber leider existiert in London eine weitere, von noch abscheulicherer Natur. Man mag sie ihrer Tendenz nach eine Gesellschaft zur Förderung des Mordes nennen, aber mit dem ihr eigenen vornehmen Euphemismus bezeichnet sie sich als eine Gesellschaft von Mordkennern. Die Mitglieder bekennen sich zu ihrem Interesse am Totschlag, wollen Amateure und Dilettanten in den verschiedenen Arten des Blutvergießens, kurz: Mord-Liebhaber sein. Jede einschlägige Greueltat, die von den Polizeiberichten Europas ans Licht gebracht wird, besprechen und kritisieren sie wie etwa ein Bild, eine Skulptur oder ein anderes Kunstwerk. Aber ich brauche mich nicht mit dem Versuch aufzuhalten, den Geist ihrer Betätigung mit meinen Worten zu schildern. Der Leser wird diesen viel besser in einer der monatlichen Vorlesungen aus dem letzten Jahr erkennen, die mir trotz aller Vorsichtsmaßnahmen, mit denen sie ihre Verhandlungen vor der Öffentlichkeit geheimhalten, per Zufall in die Hände gefallen ist. Die Veröffentlichung dieser Vorlesung wird ihnen eine Warnung sein, und das soll sie auch sein. Ich möchte sie nämlich durch den Appell an die öffentliche Meinung lieber in aller Stille zum Aufgeben zwingen als durch die Bloßstellung von Namen, die unvermeidlich wäre, wenn ich mich an Bow Street wende. Zu diesem letzten Mittel möchte ich erst dann meine Zuflucht nehmen, wenn meine Warnung ungehört verhallen sollte. Denn mein ganzes moralisches Empfinden empört sich dagegen, solche Dinge in einem christlichen Lande zu dulden. Hat doch schon zu Zeiten des antiken Heidentums der christliche Autor Lactantius[2] die Duldung des Mordes – ich meine die gräßlichen Schauspiele in den römischen Arenen – als eine himmelschreiende Schande für die öffentliche Moral empfunden. Mit seinen Worten, die eigens auf das von mir angeschnittene Thema gemünzt zu sein scheinen, will ich schließen:

– »Quid tam horrible«, sagt er, »tam tetrum, quam hominis trucidatio? Ideo severissimis legibus vita nostra munitur; ideo bella execrabilia sunt. Invenit tamen consuetudo quatenus homicidium sine bello ac sine legibus faciat; et hoc sibi voluptas quod scelus vindicavit. Quod, si interesse homicidio sceleris conscientia est, et eidem facinori spectator obstrictus est cui et admissor, ergo et in his gladiatorum caedibus non minus cruore profunditur qui spectat quam ille qui facit: nec potest esse immunis a sanguine qui voluit effundi; aut videri non interfecisse qui interfectori et favit et praemiun postulavit.«

»Was ist so scheußlich«, sagte Lactantius, »so verabscheuenswürdig und empörend wie der Mord an einem menschlichen Wesen? Deshalb gewährleisten die strengsten Gesetze bei uns die Sicherheit des Lebens, und deshalb gilt uns der Krieg als ein Fluch. Und doch hat die Gewohnheit Wege gefunden, um Mordtaten in Friedenszeiten ohne Furcht vor den Gesetzen zu verüben; und das Verbrechen zollt dem Vergnügen seinen Tribut.«

Das mag die Gesellschaft der Herren Mordkünstler sich gesagt sein lassen und besonders den Sinn des folgenden Satzes beherzigen, der mir so schwerwiegend erscheint, daß ich es versuchen möchte, ihn ebenfalls in unserer Sprache hier wiederzugeben.

»Wenn unsere bloße Anwesenheit bei einem Morde unser Einverständnis bekundet und der Zuschauer wie der Täter in dasselbe Verbrechen verwickelt ist, so folgt daraus, daß die Hand des Zuschauers nicht minder blutbefleckt ist als die Hand desjenigen, der den tödlichen Streich führt. Wer das Blutvergießen billigt, ist selbst nicht rein vom Blut, und der ist mitschuldig, der dem Mörder Beifall klatscht und Belohnung für ihn verlangt.«

Wenn nun auch meines Wissens die Londoner Mordliebhaber noch nie des »praemia postulavit« beschuldigt worden sind, obwohl ihre Neigungen und Bestrebungen unzweideutig nach dieser Richtung zielen, so liegt jedoch das »interfectori favit« schon im Titel jener Gesellschaft und in jeder Zeile nachstehender Abhandlung.

X. Y. Z.

Der Höllenfeuerklub

2

Die Vorlesung

Meine Herren: – Mir ist von Ihrem Komitee der schwierige Auftrag zuteil geworden, Ihnen die Williams-Vorlesung »Der Mord als eine schöne Kunst betrachtet« zu halten. Noch vor drei, vier Jahrhunderten hätte dieses Thema keine sonderlichen Schwierigkeiten geboten, da jene Kunst noch wenig entwickelt war und nur einzelne große Vorbilder gezeitigt hatte. In unserem Zeitalter jedoch, in welchem Meisterstücke von erfahrener Hand vollendet worden sind, muß auch die kritische Würdigung dieser Taten ein entsprechendes Niveau haben, denn Praxis und Theorie sollen pari passu vorwärtsschreiten. Man beginnt allmählich einzusehen, daß zur künstlerischen Vollendung einer Mordtat doch etwas mehr gehört als zwei Dummköpfe, einer, der tötet, und einer, der getötet wird, ein Messer, eine Brieftasche und eine dunkle Gasse. Formgebung, meine Herren, Sinn für Gruppierung und Beleuchtung, poetisches Empfinden und Zartgefühl werden heute zu einer solchen Tat verlangt. Williams[3] hat für den idealen Mord Maßstäbe gesetzt und mir damit meine Aufgabe wesentlich erschwert. Wie Aischylos oder Milton die Dichtkunst, wie Michelangelo die Malerei, so hat er seine Kunst zu gewaltiger Erhabenheit emporgeführt und, wie Wordsworth es einmal ausgedrückt hat, »selbst den Geschmack geschaffen, mit dem er genossen sein will«. Die Geschichte dieser Kunst darzustellen und ihre Grundsätze kritisch zu beleuchten, bleibt nun dem Kenner und Richter vorbehalten, der sich vom Gepräge der Herren Richter in Seiner Majestät Schwurgericht allerdings wesentlich unterscheidet.

Bevor ich jedoch meine eigentlichen Darlegungen beginne, möchte ich mich zunächst mit einigen Worten gegen gewisse Spießer wenden, welche die Bestrebungen unserer Vereinigung als unmoralisch brandmarken wollen. Unmoralisch! Meine Herren, Jupiter steh' mir bei! Was wollen diese Leute eigentlich? Ich bin gewiß der erste, der für Tugend und Moral usw. eintritt, und ich gehe so weit zu behaupten – komme, was wolle –, daß eine Mordtat ein ungehöriges Benehmen darstellt – höchst ungehörig! – und daß derjenige, der sich eines solchen Verbrechens schuldig macht, weder seiner Denkweise noch seinen Grundsätzen nach zu den einwandfreien Charakteren gehört. Es liegt mir ebenfalls völlig fern, ihm etwa dadurch in die Hände zu arbeiten, daß ich ihm den Schlupfwinkel seines Opfers verrate, wie ein großer deutscher Moralphilosoph[4] dies allen Ernstes von jedem rechtschaffenden Menschen verlangt; ja, ich würde für seine Ergreifung sogar einen Schilling und sechs Pence opfern, also achtzehn Pence mehr als die größten Moralphiloso-

Dashwood, als Mönch verkleidet, huldigt der Venus

phen bisher dafür übrig gehabt haben. Im übrigen aber hat jedes Ding zwei Seiten. Den Mord z.B. kann man von seiner moralischen Seite betrachten, wie dies gewöhnlich von der Kanzel herab und im Old Bailey geschieht, und diese ist – ich muß es gestehen – seine schwache Seite, oder man kann ihn ästhetisch würdigen, wie die Deutschen es nennen würden, d.h. mit Rücksicht auf den künstlerischen Geschmack.
Um meine Darlegungen wirksam zu illustrieren, möchte ich mich auf drei berühmte Autoritäten berufen, nämlich S.T. Coleridge, Aristoteles und den Chirurgen Howship.
Lassen Sie mich mit S.T. Coleridge beginnen: Vor vielen Jahren saß ich eines Abends mit ihm beim Tee in Berners Street, die, obwohl sie so kurz ist, schon

so vielen genialen Naturen befruchtende Anregungen geboten hat. Ich war nicht der einzige Gast, und außer in allerhand leiblichen Genüssen wie Tee und Toast schwelgte unsere kleine Gesellschaft in den geistvollen Abhandlungen über Plotinus aus Coleridges klassischem Munde. Plötzlich erscholl der Ruf: »Feuer! Feuer!« und mit größter Geschwindigkeit stürzten wir alle – Meister und Schüler – auf die Straße, um uns das Schauspiel anzusehen. Der Brand war bei einem Klavierfabrikanten in der Oxford Street ausgebrochen, und da er sich zu einer bedeutenden Feuersbrunst auszuwachsen versprach, bedauerte ich lebhaft, daß anderweitige Verpflichtungen mich aus unserem kleinen Kreise abriefen, noch ehe das Ereignis ein kritisches Stadium erreicht hatte. Als ich nach einigen Tagen wieder mit meinem platonischen Gastfreund zusammentraf, erkundigte ich mich nach dem Verlauf des Schauspiels, das so vielversprechend begonnen hatte. »Ach«, sagte er, »es wurde so schnell gelöscht, daß wir uns alle geärgert haben.« Nun wird wohl niemand daran zweifeln, daß Coleridge, obwohl er zu aktiver Ausübung christlicher Tugend zu dick und bequem ist, dennoch entschieden zu den guten Christen zu rechnen ist. Niemand wird ihn einer Brandstiftung für fähig halten oder ihm zutrauen, daß er jenem armen Kerl und seinen Klavieren (die meisten davon sicherlich mit besonders vielen Tasten) irgend etwas Böses wünschen könnte. Ich möchte im Gegenteil meinen Kopf dafür zum Pfande setzen, daß Coleridge sich im Notfall selbst an die Spritze gestellt und aus Leibeskräften löschen geholfen hätte, was ihm bei seiner Korpulenz gewiß nicht leicht gefallen wäre. In diesem Falle jedoch kam es auf eine derartige Hilfsbereitschaft gar nicht an. Sobald die Feuerspritzen an der Brandstätte erschienen, mochte die Versicherungsgesellschaft den Standpunkt der Moral vertreten, Coleridge, der um des interessanten Schauspiels willen seinen Tee hatte stehen lassen, war vollkommen im Recht, wenn er sich enttäuscht fühlte, als die erhoffte Augenweide seinen Erwartungen nicht entsprach. Und ich behaupte, daß unter den vorhin geschilderten Umständen auch der ehrenwerteste Mann berechtigt war, die Feuersbrunst als geistigen Leckerbissen zu genießen und sie wie irgendein anderes Schaustück, das im Publikum zuerst große Erwartungen erregte, später aber nicht erfüllte, auszuzischen. Noch auf weitere Autoritäten kann ich mich berufen: im fünften Buch seiner »Metaphysik« (wenn ich nicht irre) schildert Stagiras großer Sohn einen »vollendeten Dieb«[5], und in seiner Arbeit über Verdauungsstörungen hat der Chirurg Howship[4] keine Bedenken, von einem »schönen Geschwür« zu sprechen. Nun wird wohl niemand behaupten, daß ein Dieb als solcher dem Aristoteles als vollkommener Charakter gegolten hätte, oder daß Mr. Howship vor einem Geschwür tatsächlich in Begeisterung geraten wäre. Aristoteles war ein so lauterer Charakter, daß er sich nicht damit begnügte, seine moralischen Grundsätze in dem Oktavbändchen der Nikomachischen Ethik niederzulegen, sondern ein weiteres systematisches Werk schrieb, die sogenannte »Magna moralia« oder Große Ethik. Wer aber ethische Grundsätze irgendwelcher Art aufstellt, kann nicht gleichzeitig einen Dieb per se bewundern. Ähnlich liegt die Sache bei Mr. Howship, der doch auf alle Geschwüre der Grafschaft Middlesex Jagd macht, ohne sich durch ihre Reize verführen zu lassen. Es ist aber trotzdem nicht zu leugnen, daß sowohl ein Dieb als ein Geschwür, so verabscheuungswürdig sie an sich sein mögen, es doch in ihrer Art zum höchsten Grad der Vollkommenheit bringen können. Es ist richtig, daß beide Unvollkommenheiten sind, aber da die Unvollkommenheit ihr Wesen ausmacht, besteht ihre Vollkommenheit eben in dem Grad ihrer Unvollkommenheit. Spartam nactus es, hanc exorna. Ein Dieb wie Autolycus oder der weiland berühmte George Barrington[6] und ein phagozytierendes Geschwür[7], die alle Entwicklungsstadien durchlaufen, können das Ideal ihrer Gattung genausogut verkörpern wie z. B. eine Moosrose auf dem Weg von der Knospe zur vollendeten Blüte oder, auf dem Gebiet menschlicher Entwicklung, eine mit allen Reizen ihres Geschlechts ausgestattete, voll erblühte junge Frau. So kann man sich also nicht nur ein ideales Tintenfaß vorstellen, wie es Coleridge in seinem berühmten Briefwechsel mit Blackwood tut, obwohl an einem Tintenfaß ohnehin nicht viel auszusetzen ist, da man es an sich schon eine lobenswerte Sache und ein nützliches Mitglied der Gesellschaft nennen kann – auch bei der unvollkommensten Sache der Welt gibt es ein Stadium höchster Vollendung oder einen Idealzustand.

Verzeihen Sie diese philosophischen Abschweifungen, meine Herren, ich schreite sofort zur Nutzanwendung. Wenn eine Mordtat sich erst in der Zukunft abspielen wird, noch nicht geschehen ist, auch nicht im Begriff ist zu geschehen, sondern erst geschehen wird, und ein Gerücht davon zu unseren Ohren kommt, so ist es selbstverständlich unsere Pflicht und Schuldigkeit, uns voll und ganz auf den Standpunkt der Moral zu stellen. Setzen wir aber einmal den Fall, die Tat sei schon geschehen, oder, wie jener harte Molossus aus der »Medea« es ausdrückt, wir ständen also vor einem fait accompli und könnten sagen »Es ist vollbracht«; nehmen wir an, das arme Opfer habe ausgelitten und der schurkische Täter sei spurlos verschwunden; nehmen wir ferner an, wir hätten bei seiner Verfolgung – obwohl ohne jeden Erfolg – unser möglichstes geleistet, »abiit, evasit, excessit, erupit« usw. – was könnte man dann noch mehr von uns verlangen?

Der Moral ist vollauf Genüge getan, jetzt können auch Geschmack und Kunstsinn zu ihrem Recht kommen. Es handelt sich ja fraglos um eine sehr traurige Angelegenheit, allein daran vermögen wir doch nichts zu ändern.

Deshalb wollen wir uns bemühen, ihr die beste Seite abzugewinnen, und, da für die Moral nun einmal nichts dabei herausschaut, ihr vom ästhetischen Standpunkte aus beizukommen suchen. Das ist die Logik der Vernunft, und was folgt daraus? Wenn die Tränen getrocknet sind, machen wir vielleicht zu unserer Genugtuung die Entdeckung, daß eine Tat, die, unter moralischem Gesichtswinkel betrachtet, empörend und durch nichts zu rechtfertigen ist, für die Anforderungen des guten Geschmacks dennoch äußerst verdienstvoll sein kann. So ist alle Welt zufriedengestellt, und das alte Sprichwort, daß in jedem Unglück etwas Gutes zu finden sei, bewahrheitet sich aufs neue, denn jetzt kommt auch der Liebhaber, der – solange die Moral im Spiele war – sauertöpfisch und verdrossen dreinschaute, auf seine Kosten, und die gute Laune trägt den Sieg davon. Der Tugend ist Genüge getan, jetzt kommen Liebhaberei und Kunstsinn an die Reihe. Und in diesem Sinne, meine Herren, möchte ich Sie im Geiste von Kain bis Thurtell geleiten. In andächtiger Bewunderung lassen Sie uns Hand in Hand jene Galerie großer Morde durchwandern, wobei ich mich bemühen werde, die lohnendsten Beispiele Ihrer Betrachtung besonders zu empfehlen.

Der erste Mord ist uns wohl bekannt. Als Erfinder des Mordes und Begründer jener Kunst muß Kain ein Genie ersten Ranges gewesen sein – wie überhaupt alle Kains, denn ein Kain erfand z. B. das Fernrohr oder etwas Ähnliches. Wie groß aber auch das Genie und die Erfindungsgabe des Künstlers gewesen sein mag, man darf nicht vergessen, daß die Kunst selbst noch in den Kinderschuhen steckte, und muß diese Tatsache bei einer Kritik jener ersten Kunsterzeugnisse stets in Betracht ziehen. Sogar die Erfindung des Fernrohrs würde heutzutage in Sheffield wenig geschätzt werden, und deshalb ist es auch keine Herabsetzung, wenn ich von Kain (Kain senior nämlich) behaupte, daß seine Technik nur so là-là gewesen ist. Milton scheint freilich anderer Ansicht gewesen zu sein; seine Art der Schilderung läßt vermuten, daß es sich bei Kains Tat um seinen Lieblingsmord handelt, denn er bemüht sich sichtlich um anschauliche Wirkung:

> Worüber jener innerlich ergrimmt
> Und mit dem Hirten hadernd einen Stein
> Auf dessen Zwechfell warf, so daß der Schlag
> Das Leben endete. Der andere fiel
> Und seufzte todesbleich der Seele Hauch
> Mit Blutesströmen aus. *Paradise Lost, XI*

Über diese Stelle äußert sich der Maler Richardson, der einen scharfen Blick für alles Wirkungsvolle hat, in seinen *Notes on Paradise Lost* auf Seite 497 folgendermaßen:

»Man nimmt gewöhnlich an, daß Kain seinen Bruder mit einem großen Stein erschlagen habe. Auch Milton schließt sich dieser Meinung an, gibt uns in seiner Schilderung aber gleichzeitig die Vorstellung einer klaffenden Wunde.« Das war an dieser Stelle eine sehr glückliche Ergänzung, denn ohne diesen belebenden, warmen, blutvollen Farbton hätte der Vorgang bei einer so primitiven Tatwaffe gar zu sehr nach nacktem Urmenschentum ausgesehen, und die Tat hätte ebensogut, ohne Vorkenntnisse, ohne Überlegung, von einem Polyphem mit einem Hammelknochen begangen werden können. Was mich anbetrifft, so gefällt mir jener Zusatz Miltons besonders deshalb so gut, weil er mir beweist, daß der Verfasser in die Reihen der Unsrigen gehört. Unübertroffen ist Shakespeare, dessen Schilderungen der ermordeten Duncan, Banquo usw., vor allem aber das unglaublich fein ausgeführte Miniaturbild des ermodeten Gloucester in *Heinrich VI.* die Wahrheit meiner Behauptung deutlich beweisen.

Nach ihrer Erfindung schlummerte die Mordkunst leider ohne nennenswerte Verbesserung Jahrhunderte hindurch, und ich kann bis lange nach dem Eintritt der christlichen Ära alle Mörder, religiöse sowohl als profane, getrost überspringen, da sie der Erwähnung nicht wert sind. Auch Griechenland hat – selbst zur Zeit des Perikles – keinen Mörder hervorgebracht, wenigstens keinen, der zur Entwicklung der Mordkunst auch nur das geringste beigetragen hätte; und Rom besaß zu wenig geistige Selbstständigkeit, um aus sich heraus etwas leisten zu können, worin sein großes Vorbild versagte. Nicht einmal sprachlich war es imstande, den Begriff »Mord« angemessen wiederzugeben. »Der Mann wurde ermordet« heißt auf Lateinisch nur »interfectus est« oder »interemptus est«, wodurch lediglich die Tatsache des Meuchelmordes gekennzeichnet ist; das Kirchenlatein des Mittelalters sah sich daher genötigt, ein neues Wort zu prägen, wozu das klassische Zeitalter niemals fähig gewesen wäre. »Murdratus est« heißt es in der sublimeren Ausdrucksweise aus gotischer Zeit. Inzwischen pflegte die jüdische Schule die spärlichen Überlieferungen jener Kunst und übermittelte sie der abendländischen Welt. Auch im Mittelalter hat die jüdische Schule stets recht achtbare Leistungen gezeitigt, wie der Fall Hugo von Lincolns beweist, den sogar Chaucer der Erwähnung wert findet, da er ihn in seinen *Canterbury Tales* der Äbtissin bei Darstellung einer ähnlichen Kunstleistung in den Mund legt.[10] Um aber noch einmal auf das klassische Altertum zurückzukommen, so bin ich fest davon überzeugt, daß Catilina, Claudius und Konsorten erstklassige Künstler abgegeben hätten, und daß Ciceros Musterhaftigkeit, die sein Vaterland der einzigen Gelegenheit beraubte, sich in dieser Hinsicht auszuzeichenen, aufs tiefste zu bedauern ist. Zum Opfer eines Mordes hätte sich übrigens niemand besser geeignet als er. Stellen Sie sich nur einmal sein Schreckensgeheul vor, wenn er Cethegus unter seinem Bette entdeckt hätte. O Jemine! Ich glaube, ihm wäre das »utile« hier lieber gewesen als das »honestum«, und er hätte sich eher in einem Abtritt oder sogar in eine Kloake verkrochen, als daß er dem kühnen Künstler beherzt entgegengetreten wäre.

Wir kommen jetzt zum finsteren Mittelalter, womit wir, um genau zu sein, besonders das zehnte Jahrhundert meinen, das gewissermaßen als Meridianlinie zwischen dem vorhergehenden und dem folgenden zu bezeichnen ist, die in tiefe Nacht getaucht sind. Diese Zeit – etwa von 888 bis 1111 – muß der Entfaltung der Mordkunst ebenso günstig gewesen sein wie etwa dem Fortschritt in der Kirchenarchitektur, der Glasmalerei usw. Und in der Tat erwuchs gegen Ausgang dieser Periode unserer Kunst ein hervorragender Vertreter in der Gestalt des »Alten vom Berge«. Er war ohne Frage ein leuchtender Stern, und ich brauche Sie wohl kaum daran zu erinnern, daß der Ausdruck »assassin« von ihm abstammt.[11] Er war ein so begeisterter Anhänger seiner Kunst, daß er sogar einmal, als sein eigenes Leben von einem seiner Lieblingsassassinen bedroht wurde, vom Talent seines Zöglings trotz des mißglückten Anschlags so entzückt war, daß er ihn auf der Stelle zum Herzog mit Erbfolgeberechtigung in der weiblichen Linie ernannte und ihm eine dreifache lebenslängliche Rente aussetzte. Der Meuchelmord ist ein Kunstzweig, der besondere Beachtung verdient, und es ist daher nicht ausgeschlossen, daß ich ihm einmal eine besondere Vorlesung widme. Inzwischen möchte ich nur bemerken, wie seltsam es ist, daß dieser Kunstzweig nur in periodischen Abständen erblüht. Er ist nicht mit einem Landregen, sondern vielmehr mit einem Gewitterregen zu vergleichen. Unser Zeitalter kann sich allerdings einiger schöner Meisterwerke dieser Kunstart rühmen, beispielsweise der Affäre Bellinghams mit dem Ministerpräsident Perceval; ferner ist der Fall des Herzogs von Berry im Pariser Opernhaus und der des Marschalls Bessières in Avignon erwähnenswert.[12] Vor zweieinhalb Jahrhunderten konnte man sogar von einer Hochflut derartiger Taten sprechen; ich erinnere Sie nur an das bekannte Siebengestirn: die Ermordung Wilhelms I. von Oranien, der drei französischen Heinriche, nämlich des Herzogs Heinrich von Guise, der nach dem Thron von Frankreich strebte, Heinrichs III., des letzten Fürsten aus dem Hause Valois, der damals jenen Thron innehatte, und schließlich Heinrichs IV., seines Schwagers, der ihm als erster Herrscher der bourbonischen Linie in der Königswürde folgte. Kaum achtzehn Jahre später fand der fünfte Mord statt, nämlich der des Herzogs von Buckingham, (der in den von Sir Henry Ellis im Britischen Museum veröffentlichten Briefen ausgezeichnet geschildert ist), sechstens kam dann der Mord Gustav Adolfs und siebentes derjenige Wallensteins hinzu. Was für ein herrliches

Siebengestirn, das umsomehr unsere Bewunderung verdient, als diese glänzende Konstellation künstlerischer Offenbarungen drei gekrönte Häupter, drei Mitglieder von Fürstenhäusern und eine andere hochgestellte Persönlichkeit einschließt und das alles in dem verhältnismäßig kurzen Zeitraum von 1588 bis 1635. Die Ermordung des Königs von Schweden wird übrigens von verschiedenen Schriftstellern, wie z. B. Harte, angezweifelt; doch sind sie im Irrtum – er wurde tatsächlich ermordet. Und zwar halte ich diesen Mord für einzig in seiner Art, denn er wurde am hellichten Tage auf dem Schlachtfelde verübt – ein Zug künstlerischer Eigenart, wie wir ihn in keinem anderen derartigen Kunstwerk mehr wiederfinden. Den Plan zu einem Meuchelmord, der sozusagen in Parenthese in das gewaltige Schauspiel des Schlachtgemetzels eingefügt ist, auf eigene Rechnung zu fassen, das gleicht beinahe Hamlets scharfsinnigem Einfall einer Tragödie in der Tragödie. In der Tat bieten alle diese Morde dem gewiegten Kenner einen hohen ästhetischen Genuß und können wohl als Musterbeispiele, als Modellstücke ihrer Gattung betrachtet werden, von denen es heißt:

»Nocturna versate manu, versate diurna –« besonders »nocturna«.

Daß die Ermordeten gerade Fürsten und Staatsmänner waren, ist nicht weiter verwunderlich, wenn man die Umwälzungen bedenkt, die ihr Tod in den meisten Fällen mit sich bringt. Außerdem macht gerade ihre hervorragende Stellung sie denjenigen Mordkünstlern, die für große szenische Wirkungen Sinn haben, als Zielobjekt besonders geeignet. Mich setzt eine andere Klasse von Morden, die seit Beginn des 17. Jahrhunderts vorherrschen, weit mehr in Erstaunen, nämlich die Ermordung von Philosophen. Denn, meine Herren, es ist Tatsache, daß in den letzten beiden Jahrhunderten jeder Philosoph von einiger Bedeutung entweder tatsächlich ermordet worden oder zum mindesten doch nahe daran gewesen ist. Ja, man kann sogar sagen: hat sich gegen einen Mann, der sich selbst zu den Philosophen zählt, niemals eine Mörderhand erhoben, so ist das ein untrüglicher Beweis für den Unwert seiner Philosophie. Besonders gegen die Philosophie John Lockes ist es ein schlagendes Argument – falls überhaupt noch eins vonnöten ist –, daß, obwohl er zweiundsiebzig Jahre alt wurde, sich niemand fand, der ihm die Kehle abschnitt. Da jene Philosophenmorde wenig bekannt, dabei aber in den meisten Fällen recht geschickt geplant und ausgeführt worden sind, so will ich bei diesem Kapitel ein wenig länger verweilen und Ihnen mitteilen, was ich selber darüber in Erfahrung bringen konnte. Der erste große Philosoph des 17. Jahrhunderts (wenn wir von Bacon und Galilei absehen) war Descartes; und wenn man je von einem Manne sagen konnte, daß er fast um Haaresbreite sein Leben unter Mörderhänden ausgehaucht hätte, so war dies bei ihm ganz gewiß der Fall. Der von Baillet in *Vie de M. Des Cartes*, tom. I,

S. 102 – 103, berichtete Sachverhalt war folgender. Im Jahre 1621 – als Descartes etwa 26 Jahre alt sein mochte – reiste er seiner Gewohnheit nach wieder einmal umher (denn er war so ruhelos wie eine Hyäne) und kam damals auch entweder bei Glückstadt oder bei Hamburg an die Elbe, wo er sich nach Ostfriesland einschiffte. Was er dort eigentlich wollte, hat man niemals herausbekommen, vielleicht wußte er es selbst nicht, denn in Emden änderte er plötzlich seine Reiseroute und beschloß, nach Westfriesland zu segeln. Da er nicht warten wollte, mietete er selbst eine Barke mit ein paar Seeleuten, machte jedoch kaum, daß er in See gestochen war, die erfreuliche Entdeckung, daß er sich inmitten einer Mörderbande befand. Seine Mannschaft bestand laut Baillet aus »des scélérats«, Galgenstricken, nicht etwa aus Mordliebhabern, wie wir es sind, meine Herren, sondern gewerbsmäßigen Mordgesellen, die nur auf die Gelegenheit lauerten, ihm die Kehle abzuschneiden. Die Geschichte ist zu amüsant, um mit ein paar Worten abgetan zu werden; ich will sie Ihnen daher in der wortgetreuen Übertragung des französischen Urtextes mitteilen: »Herr Descartes war nur von einem Diener begleitet, mit dem er Französisch zu sprechen pflegte. Die Seeleute hielten ihn jedoch nicht für einen reisenden Kavalier, sondern vielmehr für einen ausländischen Kaufmann und glaubten daher, daß er viel Geld bei sich haben müsse. Aus diesem Grunde kamen sie zu einem für seine Börse nicht gerade vorteilhaften Entschluß. Zwischen Land- und Seeräubern besteht nur der wichtige Unterschied, daß die ersteren unbeschadet ihrer eigenen Sicherheit imstande sind, das Leben ihrer Opfer zu schonen, während die letzteren nicht gut einen Beraubten an Land setzen können, ohne sich selbst aufs schwerste zu gefährden. Descartes' Mannschaft beschloß denn auch, jedes derartige Risiko zu vermeiden, umso mehr, als die Leute bemerkten, daß er ein in der Umgegend unbekannter Ausländer war, nach dem höchstwahrscheinlich niemand fragen würde, falls er spurlos verschwinden sollte (quand il viendroit à manquer).« Stellen Sie sich vor, meine Herren, wie jene Friesenhunde über das Schicksal eines Philosophen beraten, als handle es sich um ein beliebiges, für irgendeinen Schiffsmakler bestimmtes Faß Rum. »Er war, wie sie bemerkt hatten, ruhig und geduldig, und da sie aus seinem Benehmen und der Höflichkeit, mit der er sie behandelte, schlossen, daß er nur ein grüner Junge ohne Rang und Rückhalt sei, so meinten sie, leichtes Spiel mit ihm zu haben. Sie scheuten sich nicht im geringsten, über ihre Mordpläne in seiner Gegenwart zu verhandeln, denn sie glaubten ihn nur der einen Sprache mächtig, in der sie ihn mit seinem Diener sprechen hörten. Das Resultat ihrer Beratungen war schließlich, daß sie ihn ermorden, den Leichnam in die See werfen und die Beute teilen wollten.«

Entschuldigen Sie meine Heiterkeit, meine Herren, aber jedesmal, wenn ich an die Sache denke, kann ich nicht umhin, über zweierlei Dinge herzlich zu lachen. Erstlich, wenn ich mir den panischen Schrecken Descartes' vorstelle (oder den Bammel, wie es in Eton heißt), als er so mit eigenen Ohren die Szenenfolge seines Todes und Begräbnisses, seiner Erbfolge und Nachlaßverwaltung entwickeln hörte. In noch höherem Maße aber belustigt mich der Gedanke, daß wir – falls den friesischen Spitzbuben damals ihr Plan geglückt wäre – heute keine cartesianische Philosophie hätten, und wo wären wir ohne sie, betrachtet man nur einmal die Menge von Büchern in ihrem Gefolge – das ist einfach nicht auszudenken.

Fahren wir indessen fort: trotz seines enormen Bammels ließ Descartes sich nicht verblüffen und brachte den anti-cartesianischen Schurken das Fürchten bei. »Als er merkte«, erzählt Baillet, »daß es sich nicht etwa nur um einen schlechten Witz handelte, sprang er mit einem heftigen Ruck auf und donnerte den Schurken in ihrer eigenen Sprache ins Gesicht, er werde ihnen auf der Stelle den Degen durch den Leib rennen, wenn sie es sich einfallen ließen, auch nur die Hand gegen ihn zu erheben.« Nun wäre es für jene nichtswürdigen Schufte doch entschieden eine höchst unverdiente Ehre gewesen, der Reihe nach wie Lerchen auf einen cartesianischen Degen gespießt zu werden. Daher freue ich mich, daß Descartes es nicht nötig hatte, dem Galgen Konkurrenz zu machen und seine Drohung in die Tat umzusetzen, zumal er mit einer aufgespießten Mannschaft wohl niemals den Hafen erreicht hätte und auf ewig in der Zuidersee hätte kreuzen müssen, wo ihn Seeleute vielleicht für den Fliegenden Holländer auf der Heimreise gehalten hätten. »Descartes' entschlossene Haltung«, fährt sein Biograph fort, »wirkte bei den feigen Hunden wahrhaft Wunder. Sie waren so bestürzt und verblüfft, daß sie nicht mehr zu mucksen wagten und ihn mit größter Unterwürfigkeit heil und unversehrt an seinem Bestimmungsort an Land setzten.«

Wir könnten uns vielleicht vorstellen, meine Herren, daß – jenem berühmten Worte Caesars an seinen Fährmann entsprechend: »Caesarem vehis et fortunas ejus« –Descartes zu jenen Elenden hätte sagen können: »Wie dürft ihr Hunde mir die Gurgel abschneiden; ihr habt Descartes und seine Philosophie an Bord!« In diesem Falle hätte ich allerdings für sein Leben keinen Pfifferling gegeben. Etwas Ähnliches wird von einem deutschen Kaiser erzählt, der, als man ihm bei einer Kanonade riet, aus der Schußlinie zu gehen, erwiderte: »Pah, wann hätte jemals eine Kanonenkugel einen Kaiser getötet?« Was einen Kaiser anbetrifft, so bin ich allerdings nicht so genau orientiert, daß aber eine weit geringfügigere Ursache einem Philosophen das Lebenslicht ausgeblasen hat – das weiß ich, denn der nächste große Philosoph Europas, Spinoza, ist unzweifelhaft einem Mordanschlag zum Opfer gefallen.

Zwar ist die allgemein verbreitete Ansicht, er sei in seinem Bett gestorben, mir wohl bekannt, und ich will sie auch nicht einmal ohne weiteres als irrig bezeichnen; ermordet aber wurde er trotz alledem, wie ein im Jahre 1731 in Brüssel veröffentlichtes Buch untrüglich beweist. Es ist betitelt *La Vie de Spinoza* von Jean Colerus und enthält eine Fülle von Anmerkungen aus der ungedruckten Biographie eines seiner Freunde. Spinoza starb am 21. Februar 1677, kaum vierundvierzig Jahre alt, was an sich schon verdächtig genug erscheint und durch eine jener handschriftlichen Biographie entnommene Äußerung, »daß er wahrscheinlich keines ganz natürlichen Todes gestorben«, noch viel verdächtiger wird. Als Bewohner eines naßkalten Seefahrerlandes wie Holland mag man ihn vielleicht für einen Freund des Grogs, namentlich des eben erfundenen Punsches[13] halten, dem war jedoch keineswegs so, denn Jean Colerus nennt ihn »im Essen und Trinken außerordentlich mäßig«. Und obwohl über seine Mandragora- und Opiumsucht allerlei abenteuerliche Gerüchte in Umlauf waren, weist seine Apothekerrechnung dennoch keinen einzigen derartigen Posten auf. Wie kann nun aber ein so mäßiger und nüchterner Mensch im Alter von vierundvierzig Jahren eines natürlichen Todes sterben? Hören wir, was sein Biograph uns darüber zu berichten weiß: »Am Sonntag, den 21. Februar, kam Spinoza vor Beginn des Gottesdienstes die Treppe herab und sprach mit dem Hausbesitzer und seiner Frau«. Daraus geht also zweifellos hervor, daß der Philosoph um diese Zeit – etwa zehn Uhr morgens – noch wohl und munter war. Er scheint jedoch »einen Amsterdamer Arzt konsultiert zu haben, den ich«, sagt sein Biograph, »nur mit den beiden Buchstaben L. M. bezeichnen will.« Dieser L. M. hatte Spinozas Hausgenossen die Weisung erteilt, »einen alten Hahn« zu kaufen und sofort zu kochen, damit der Philosoph zu Mittag einen Teller Fleischbrühe genießen könnte. Das geschah denn auch, und nachdem seine Wirtsleute aus der Kirche zurückgekehrt waren, genoß Spinoza mit gutem Appetit auch ein Stück von dem alten Hahn.

»Nachmittags blieb L. M. mit Spinoza allein, da die übrigen Hausbewohner wieder zur Kirche gegangen waren. Bei ihrer Rückkehr erfuhren sie zu ihrer größten Bestürzung, daß Spinoza gegen drei Uhr nachmittags in Gegenwart des Arztes verschieden sei. Noch an demselben Abend kehrte L. M. mit dem Nachtboot nach Amsterdam zurück, ohne sich weiterhin auch nur im mindesten um den Verstorbenen zu kümmern.« Auch nach der Begleichung seiner eigenen geringen Forderung fragte er nicht, denn »ohne Zweifel konnte er umso leichter darauf verzichten, als er sich selbst schon in den Besitz eines Dukaten, einer kleinen Menge Silbergeldes und eines Messers mit silbernem Griff gesetzt hatte und mit seiner Beute das Weite gesucht hatte.« Daß er aus Geldgier an Spinoza zum Mörder geworden, liegt nach den Umständen klar auf der Hand. Da man keinerlei Blutspuren fand, muß er den schwachen, gebrechlichen Philosophen zu Boden geworfen und mit Kissen erstickt haben, nachdem der arme Mann sich schon an seiner teuflischen Mahlzeit halb erwürgt hatte. Denn man kann sich ja denken, in welchem Zustand der Erschöpfung der Ärmste sich befunden haben muß, nachdem er jenen »alten«, also wahrscheinlich aus dem vorigen Jahrhundert stammenden Hahn zerkaut hatte. Daß er L. M. keinen energischen Widerstand entgegensetzen konnte, ist ohne weiteres erklärlich. Wer war aber nun eigentlich L. M.? Lindley Murray kann es unmöglich gewesen sein; ich sah ihn nämlich im Jahre 1825 in York; außerdem halte ich ihn einer derartigen Tat auch nicht für fähig, zum mindesten nicht einem Kollegen gegenüber. Denn es ist Ihnen doch wohl ohne Zweifel bekannt, meine Herren, saß Spinoza eine sehr beachtenswerte hebräische Grammatik geschrieben hat. Warum Hobbes nicht ermordet worden ist, konnte ich nie begreifen. Die Mordfachleute des 17. Jahrhunderts haben sich da eine grobe Unterlassungssünde zuschulden kommen lassen, denn, abgesehen von seiner Magerkeit, eignete er sich in jeder Hinsicht hervorragend zum Mordobjekt. Er war nämlich ein wohlhabender Mann und besaß (das ist der Witz) nicht einmal eine Berechtigung zur Verteidigung seines Lebens, denn er selbst hatte jenen Lehrsatz aufgestellt, nach dem höchste Gewalt zugleich höchstes Recht sei, und demnach wäre es schwärzester Verrat, sich gegen das Ermodet-Werden zu sträuben, wenn ein überlegener Mörder auf den Plan tritt. Trotzdem er nun – wie ich schon erwähnte – zu meiner Verwunderung nicht ermordet worden ist, gereicht es mir gewissermaßen zum Trost, daß er – wie er selbst erzählt – wenigstens dreimal ziemlich nahe daran war, ermordet zu werden. Zum ersten Mal im Frühling 1640, als er – seiner eigenen Aussage nach – ein kleines Manuskript über das Verhalten des Königs gegen das Parlament zirkulieren ließ. Dieses Manuskript ist später nie wieder zum Vorschein gekommen, Hobbes aber meint, daß es ihn in die größte Lebensgefahr gebracht hätte, »wenn das Parlament nicht (im Mai) von Sr. Majestät wieder aufgelöst worden wäre«. Im November desselben Jahres jedoch trat das lange Parlament zusammen, und Hobbes, der jetzt zum zweiten Male für sein Leben zitterte, entwich schleunigst nach Frankreich. Seine Furcht grenzt beinahe an den Verfolgungswahn John Dennis', der das Weite suchte, weil er sich einbildete, Ludwig XIV. würde mit der Königin Anna nur dann Frieden schließen, wenn sie sich bereit erklärte, ihn – Dennis nämlich – den französischen Rachegelüsten zu opfern. In Frankreich fühlte Hobbes sich zehn Jahre lang sicher, bis er, um sich bei Cromwell beliebt zu machen, seinen Leviathan veröffentlichte. Von diesem Zeitpunkt an schwebte der alte Feigling wieder in tausend Ängsten und fühlte, wenn er an das Schicksal der

Parlamentsabgeordneten im Haag und in Madrid dachte, den Degen der Royalisten beständig an seiner Kehle. »Tum«, sagte er in seinem lateinischen Kauderwelsch, –

»Tum venit in mentem mihi Dorislaus et Ascham; Tanquam proscripto terror ubique aderat.«[14]

Und stehenden Fußes eilte er nach England zurück. Nun verdient allerdings ein Mensch, der ein Machwerk wie den »Leviathan« zu veröffentlichen wagte, eine gehörige Tracht Prügel und eine doppelte und dreifache noch dazu für einen so elenden Pentameter wie den auf »terror ubique aderat« auslautenden. Außer einem derartigen Denkzettel aber hätte niemand ihm ein Leid zugefügt; die ganze Geschichte läuft also auf reine Angabe hinaus. Denn in einem von Schmähungen strotzenden Brief an einen »Gelehrten« (den Mathematiker Wallis nämlich) gibt Hobbes wieder eine ganz andere Darstellung der Sachlage und behauptet (p. 8), er sei in sein Vaterland zurückgeflüchtet, weil »der französiche Klerus ihm seiner Religion wegen nach dem Leben trachtete«. Das wäre allerdings ein Hauptspaß gewesen, solch einen Narren wegen seiner »Religion« zum Scheiterhaufen geschleppt zu sehen! Ob nun Angabe oder nicht – jedenfalls ist Hobbes tatsächlich bis an sein Lebensende die Furcht vor einem gewaltsamen Tode nicht losgeworden. Den besten Beweis dafür bildet die Geschichte, die ich Ihnen sogleich erzählen werde, und die zwar keinem authentischen Text entstammt, allein – wie Coleridge sagt – so gut wie authentisch ist, denn sie ist einem gänzlich vergessenen Buche entnommen. Der Titel dieses zehn Jahre vor Hobbes' Tod anonym veröffentlichten Werkes lautet: The Creed of Mr. Hobbes Examined: in a Conference between him and a student in Divinity. Der Verfasser ist Tenison, der dreißig Jahre später Tillotson auf dem Erzbischofsstuhl von Canterbury ablöste, und die einleitende Anekdote, von der ich sprach, hat folgenden Wortlaut: »Ein gewisser Geistlicher« (ohne Zweifel Tenison selbst) »unternahm jährlich eine vierwöchige Erholungsreise nach verschiedenen Teilen der Insel. Auf einer dieser Reisen (1670) besuchte er – zum Teil durch Hobbes' Beschreibung angeregt – den Peak of Derbyshire. Da er sich gerade in der Nähe von Buxton befand, kehrte er in diesem Orte ein und traf an der Tür des Gasthauses mit einer Reisegesellschaft zusammen, die sich eben aus den Sätteln schwang. Unter den Herren entpuppte sich ein langer Dünner als kein Geringerer denn Mr. Hobbes selbst, der wohl von Chatsworth herübergeritten sein mochte. Natürlich hat ein auf Sehenswürdigkeiten erpichter Tourist nichts Eiligeres zu tun, als sich schleunigst an solch eine Berühmtheit heranzupirschen, und da zwei von Mr. Hobbes'

Reisegefährten ganz plötzlich abgerufen wurden, so hatte Tenison auch die beste Gelegenheit, Leviathan ganz für sich allein zu genießen und, solange er noch in Buxton blieb, allabendlich mit ihm zu zechen. Anfänglich zeigte Hobbes sich ziemlich zugeknöpft, denn er wollte von der Geistlichkeit nicht viel wissen; allmählich jedoch taute er auf, wurde sogar recht heiter und mitteilsam und verabredete mit seinem neuen Bekannten ein gemeinsames Bad. Wie Tenison es fertig bekam, in demselben Wasser wie Leviathan zu baden, kann ich mir nicht erklären, doch plätscherten die beiden wie zwei Delphine umher, obgleich Hobbes schon so alt und verwittert gewesen sein mußte wie die Felsen von Derbyshire.

Und »wenn sie sich vom Schwimmen und Tauchen ein wenig erholten, plauderten sie über die Bäder der Alten, den Ursprung der Quellen und ähnliche Themata. Nach einer Stunde verließen sie das Bad, rieben sich trocken, kleideten sich an und setzten sich in Erwartung der landesüblichen Abendmahlzeit nieder, wobei es ihnen, gleich den Deipnosophisten, mehr auf ihr philosophisches Gespräch als aufs Zechen ankam. In dieser löblichen Absicht wurden sie jedoch durch einen unter den gewöhnlichen Gästen ausbrechenden Streit gestört, der Mr. Hobbes in die größte Bestürzung versetzte, obwohl er sich ziemlich »weit vom Schuß befand.« Und was halten Sie wohl für die Ursache seiner Bestürzung, meine Herren? »Zweifellos seine unparteiische, dem Greise und Philosophen wohl anstehende Friedensliebe«, werden Sie mir erwidern. Aber hören Sie nur weiter – : »Ganz fassungslos murmelte er in halblautem, ängstlichem Ton mehrmals vor sich hin, auch Sextus Roscius[15] sei nach dem Abendessen in der Nähe der palatinischen Bäder ermordet worden. Sein sonderbares Benehmen mußte jedem unbefangenen Zuschauer unwillkürlich Ciceros treffende Bemerkung über den Atheisten Epikur ins Gedächtnis zurückrufen, der nichts auf der Welt so sehr fürchtete wie das, was er am tiefsten verachtete, nämlich den Tod und die Götter.« Also nur, weil es gerade Abendbrotzeit war und er sich in der Nähe eines Bades befand, fürchtete Mr. Hobbes, er müsse das Schicksal des Sextus Roscius teilen. Er müsse ermordet werden, weil Sextus Roscius unter ähnlichen Umständen ermordet worden war. Da haben wir die Logik eines Mannes, der immer nur von Mord und Totschlag träumte. Da haben wir den Leviathan, der nicht mehr nur vor den Dolchen englischer Royalisten oder französischer Kleriker zittert, sondern den schon ein Wirtshausstreit zwischen ein paar biederen Bauerntrampeln aus Derbyshire aus der Fassung bringt, während jene guten Leute sich ihrerseits vor der dürren Vogelscheuche aus dem vorigen Jahrhundert zu Tode gefürchtet hätten.

Malebranche wurde, wie Sie mit Vergnügen hören werden, wirklich ermordet. Der Name des Mörders ist uns wohl vertraut – es war der Bischof

Berkeley. Auch die Geschichte dieses Mordes ist allgemein bekannt, obwohl noch niemand sie bisher ins rechte Licht gesetzt hat. Als junger Mann kam Berkeley nach Paris und besuchte auch den Pater Malebranche, den er in seiner Zelle mit Kochen beschäftigt fand. Köche pflegen ein genus irritabile zu haben, Schriftsteller erst recht: Malebranche war Koch und Schriftsteller in einer Person, daher kam es zwischen ihm und seinem Besucher bald zu Meinungsverschiedenheiten. Der alte, schon ziemlich erhitzte Pater wurde immer hitziger, seine kulinarischen und metaphysischen Diätfehler schlugen ihm auf die Leber – er mußte sich zu Bett legen und starb. Das ist die gewöhnliche Leseart der Geschichte, durch die jedoch »das Ohr des Reichs schmählich getäuscht« ward. Die Sache wurde zwar mit Rücksicht auf Berkeley, den – wie Pope richtig bemerkt – »jede Tugend schmückte«, totgeschwiegen, doch es ist erwiesen, daß Berkeley, von dem giftigen, alten Franzosen bis aufs Blut gereizt, handgreiflich wurde. In der ersten Runde ging Malebranche zu Boden, schon war er ganz kleinlaut und hätte sicherlich aufgegeben, wenn Berkeley, der jetzt in Harnisch geraten war, nicht von ihm verlangt hätte, seine Lehre von den »Zufälligen Ursachen« zu widerrufen. Das war der Eitelkeit des Alten denn doch zuviel – er widerrief nicht und fiel als Opfer irischen Ungestüms und seiner eigenen Halsstarrigkeit.

Da Leibnitz dem alten Malebranche in jeder Beziehung weit überlegen war, so müßte man eigentlich a fortiori annehmen, daß er ermordet wurde, was jedoch nicht zutrifft. Ich glaube beinahe, er selbst hat sich deshalb immer ein wenig zurückgesetzt gefühlt, anders kann ich mir wenigstens sein Verhalten in seinen letzten Lebensjahren, als er gierig große Summen Goldes in seinem Haus in Wien hortete, nicht erklären. Nachgelassene Briefe bezeugen nämlich, daß er dort in ständiger Angst um sein Leben schwebte. Nun wäre es ihm freilich ein leichtes gewesen, durch Entfernung der Geldsummen aus seinem Hause die Gefahr zu beseitigen, allein das ließ sein Ehrgeiz, einmal das Ziel eines Attentats zu werden, nicht zu. Ein englischer Schulmeister Birminghamer* Fabrikats, Dr. Parr, war später unter ähnlichen Umständen mehr um sein eigenes Wohl besorgt. Er besaß eine Menge Gold- und Silberbestecks, daß er im Schlafzimmer seines Hauses in Hatton aufbewahrte. Als seine Angst, ermordet zu werden, mit jedem Tag wuchs (er wußte, daß er unterliegen würde, und der Gedanke hatte auch nicht den geringsten Reiz für ihn), vertraute er seinen Schatz kurz entschlossen dem Hufschmied von Hatton an.

Denn ohne Zweifel war – wenigstens seiner Ansicht nach – die Ermordung eines Schmiedes für das salus reipublicae weniger nachteilig als die eines

* Da Birmingham den Beinamen »toy-shop of Europe«, d. h. »Europas Kramladen« führt, ein Ausdruck der Geringschätzung und der Minderwertigkeit. Anm. d. Übers.

Pädagogen. Freilich habe ich das oft bestreiten hören, und es scheint mir jetzt allenthalben die Meinung verbreitet, daß ein gutes Hufeisen mehr wert ist als anderthalb Spitalpredigten.

Während Leibniz sich halb zu Tode fürchtete, daß er ermordet werden könnte, und halb zu Tode ärgerte, daß er nicht ermordet wurde, ist Kant, der sonst in dieser Hinsicht keinen Ehrgeiz hegte, ebenso wie Descartes nur mit knapper Not einem gewaltsamen Tode entgangen. So wahllos wirft Fortuna ihre Lose! Der Fall wird in einer anonymen Biographie des großen Philosophen berichtet. Aus Gesundheitsrücksichten pflegte Kant alle Tage sechs Meilen auf der Landstraße zu wandern. Ein Mann, der seine eigenen Gründe zum Begehen eines Mordes hatte, erfuhr davon und lauerte dem allzeit pünktlichen Philosophen am dritten Meilenstein hinter Königsberg auf. Um Haaresbreite wäre Kant ein toter Mann gewesen. Daß dieses Verbrechen nicht zur Ausführung kam, lag an dem zartbesaiteten oder, wie Mrs. Quickly sagen würde, verbohrten Moralempfinden des Mörders. In der Erwägung, daß ein Kind in seinem jungen Leben weniger Sünden auf sich geladen haben dürfte als ein alter Professor, gab er im kritischen Augenblick die Ermordung Kants auf und tötete bald danach ein fünfjähriges Kind. Dies ist die in Deutschland verbreitete Auffassung: meiner Ansicht nach war der Mörder jedoch ein Kunstliebhaber, dem ein alter, dürrer, ausgemergelter Metaphysiker kein sonderlich geeignetes Objekt zur Entfaltung seiner künstlerischen Begabung zu sein schien. Für das Auge hätte die Tat nichts geboten, denn mumienhafter als zu seinen Lebzeiten konnte der Mann auch schließlich im Tode nicht aussehen.

Während ich so den Spuren des Zusammenhanges zwischen der Philosophie und unserer Kunst nachgegangen bin, meine Herren, nähere ich mich allmählich unserem eigenen Zeitalter. Da es sich aber von dem vorhergehenden durch nichts unterscheidet, das siebzehnte, achtzehnte und das bisher verflossene Stück des neunzehnten Jahrhunderts vielmehr im Zusammenhange das augusteische Zeitalter des Mordes bilden, erübrigt es sich, Ihnen unsere Epoche besonders zu charakterisieren. Das hervorragendste Werk des siebzehnten Jahrhunderts, das meinen uneingeschränkten Beifall findet, ist fraglos Sir Edmundbury Godfreys[16] Ermordung. Der erhabene Zug des Geheimnisvollen, den in dieser oder jener Form eigentlich jeder scharfsinnig durchdachte Mordanschlag in sich tragen sollte, ist hier großartig ausgeprägt; denn der Schleier des Geheimnisses ist auf den heutigen Tag noch nicht gelüftet. Den Verdacht der Täterschaft auf die Papisten zu wälzen, hieße das Kunstwerk genauso schädigen, wie es bei einigen berühmten Gemälden Correggios durch die Hand professioneller Restauratoren passiert ist, und jene Tat gar in die jeder künstlerischen Beseelung entbehrende Klasse der politischen

Morde zu verweisen, würde der vollständigen Vernichtung ihres Wertes gleichkommen. Ich richte daher an die geehrten Anwesenden die dringende Mahnung, derartigen Auslegungen mit aller Energie entgegenzutreten. Sie entbehren tatsächlich jeder Begründung und entspringen lediglich protestantischem Fanatismus. Denn Sir Edmundbury hatte sich beim Londoner Gerichtshof weder durch besondere Härte gegen die Papisten hervorgetan, noch den Eiferern nachgegeben, die gegen einzelne Persönlichkeiten die ganze Strenge des Gesetzes in Anwendung bringen wollten; er war überhaupt mit allen Religionsgemeinschaften gut ausgekommen. Die von tropfenden Wachskerzen herrührenden Flecke auf der Kleidung des Leichnams, als man ihn in einem Straßengraben entdeckte, ließen auf die Mittäterschaft der an Queen's Chapel amtierenden papistischen Priester schließen, aber entweder handelte es sich dabei um einen Täuschungsversuch, der den Verdacht auf die Papisten wälzen sollte, oder die ganze Wachstropfengeschichte war lediglich eine Erfindung des Bischofs Burnett, von dem die Herzogin von Portsmouth zu behaupten pflegte, er sei der größte Schwindler und Aufschneider des siebzehnten Jahrhunderts.

Es bleibt mir noch hinzuzufügen, daß das Zeitalter Sir Edmundburys an Morden, wenigstens an künstlerisch ausgeführten, nur eine geringe Anzahl aufzuweisen hatte, was man vielleicht dem Mangel an aufgeklärten Gönnern zuschreiben muß. Sint Maecenates, non deerunt, Flacce, Marones.[17] Aus Grants *Observations on the Bills of Mortality* (4. Ausg., Oxford, 1665) entnehme ich, daß von 229250 Personen, die im siebzehnten Jahrhundert während eines Zeitraumes von zwanzig Jahren in London starben, nur sechsundachtzig, also ungefähr 4 3/10 im Jahr, ermordet wurden, eine Zahl, die wirklich zu klein ist, um eine Akademie darauf zu gründen, meine Herren. Sicherlich könnten wir bei einer so geringen Quantität wenigstens eine erstklassige Qualität beanspruchen; jedoch bin ich der Meinung, daß der größte Künstler dieses Jahrhunderts nicht an den besten des folgenden heranreicht. Denn so anerkennenswert der Fall Sir Edmundbury Godfreys auch sein mag (und wahrlich, niemand kann seinen Wert besser würdigen als ich), so möchte ich ihn mit dem der Mrs. Ruscombe in Bristol doch nicht gleichstellen, weder was die Originalität des Plans noch die Kühnheit und Großartigkeit der Ausführung anbelangt. Die Ermordung dieser guten Dame fand im Anfang der Regierung Georgs III. statt, unter dem bekanntlich die schönen Künste überhaupt in hoher Blüte standen. Weder Mrs. Ruscombe selbst noch ihr Dienstmädchen, mit dem sie in College Green ein stilles, zurückgezogenes Leben führte, hätten ohne den großen Künstler, von dessen Taten ich Ihnen berichten will, auch nur die leiseste Anwartschaft gehabt, geschichtliche Berühmtheit zu erlangen. Eines schönen Vormittags –

ganz Bristol war geschäftig auf den Beinen – schöpften die Nachbarn Verdacht, drangen gewaltsam in das Haus ein und fanden Mrs. Ruscombe ermordet in ihrem Schlafzimmer, das Dienstmädchen desgleichen auf der Treppe. Es war ungefähr um die Mittagszeit, und zwei Stunden früher hatte man Herrin und Dienerin noch lebend gesehen. Soweit ich mich entsinne, fand das Ereignis im Jahre 1764 statt; es sind seitdem also mehr denn sechzig Jahre verflossen, und noch immer ist der Künstler unentdeckt. Die Nachwelt verdächtigt einen Bäcker und einen Schornsteinfeger. Doch hier irrt die Nachwelt. Ein Neuling hätte nie den verwegenen Plan gefaßt, am hellichten Tag mitten in der Großstadt einen Mord zu begehen. Seien Sie versichert, meine Herren, nicht irgendein simpler Bäcker oder namenloser Schornsteinfeger hat diese Tat vollbracht. Ich weiß, wer es war. (Hier erhob sich in der Versammlung ein allgemeines Murmeln, das zuletzt zu stürmischem Beifall anschwoll, worauf der Vortragende unter tiefem Erröten mit nachdrücklichem Ernst fortfuhr:) Um Gottes willen, meine Herren, verstehen Sie mich nicht falsch! Ich bin es nicht etwa selber gewesen. Sie überschätzen mein bescheidenes Talent, und ich bin nicht eitel genug, um mir ein derartiges Meisterwerk anzumaßen. An einen Fall wie den der Mrs. Ruscombe reichen meine Fähigkeiten bei weitem nicht heran. Durch einen berühmten Chirurgen, der bei der Sektion des Mörders zugegen gewesen, erfuhr ich, wer der Täter war. In einem Privatmuseum, das jener Arzt sich zu Berufszwecken angelegt hatte, stand in einer Ecke der Abguß eines auffallend schön gebauten Mannes. »Was Sie dort sehen, ist der Abguß des berühmten Straßenräubers von Lancashire«, erklärte der Doktor. »Er zog seinem Pferd wollene Strümpfe an, damit das Klappern der Hufe auf der gepflasterten Allee, die zum Stalle führte, ihn nicht den Nachbarn verriete, so daß es ihm gelang, eine Zeitlang seine wahre Tätigkeit zu verheimlichen. Als er wegen Straßenraubs hingerichtet wurde, studierte ich gerade bei Cruickshank. Da der Körper des Mannes so ungewöhnlich schön war, wurden weder Mühe noch Kosten gescheut, möglichst schnell seiner habhaft zu werden. Dank dem liebenswürdigen Entgegenkommen des Untersheriffs wurde er unmittelbar nach der Hinrichtung auf einen Wagen geladen, so daß er, als er bei Cruickshank anlangte, noch nicht ganz tot war und Mr. – »damals noch ein junger Student, die Ehre hatte, ihm den Gnadenstoß zu geben und so dem Willen des Gesetzes Genüge zu tun«.

Die kleine Anekdote, aus der man entnehmen könnte, daß alle im Anatomiesaal Anwesenden Kunstliebhaber in unserem Sinne waren, interessierte mich sehr. Ich erzählte sie eines Tages einer Dame aus Lancashire, die mir darauf mitteilte, daß sie in der Nähe jenes Räubers gewohnt habe. Auch entsann sie sich noch zweier Umstände, deren Verknüpfung ihn in den Augen der

Nachbarschaft zum Mörder Mrs. Ruscombes stempelte. Der erste war seine vierzehntägige Abwesenheit zur Zeit des Mordes, der andere, daß bald darauf die Gegend mit Dollars überschwemmt wurde, und es war stadtbekannt, daß Mrs. Ruscombe ungefähr zweitausend gehortet hatte.

Sei nun der Künstler, wer er wolle, die Tat selbst bleibt ein dauerndes Denkmal seines Genies. So ehrfurchtgebietend war der Eindruck, den die Macht künstlerischer Gestaltungskraft in diesem Morde hinterließ, daß sich (wie mir im Jahre 1810 erzählt wurde) bis dahin noch kein Mieter für Mrs. Ruscombes Haus gefunden hatte.

Wenn ich nun auch in derartig begeisterter Form das Lob des Falles Ruscombe singe, so dürfen Sie deshalb keineswegs glauben, daß ich den Wert der zahlreichen anderen verdienstvollen, im Laufe dieses Jahrhunderts vollbrachten Werke unterschätze. Solchen Fällen allerdings wie denjenigen Miß Blands[18] oder des Kapitäns Donnellan und Sir Theophilus Boughtons[19] werde ich nun und nimmer auch nur das geringste Lob zollen.

Pfui über diese Giftmischer!

Weshalb können sie nicht die bewährte, ehrliche Methode des Halsabschneidens beibehalten, anstatt solche abscheulichen Neuerungen aus Italien einzuführen? Verglichen mit dem echten Kunstwerk schätze ich diese Giftmorde nicht höher ein als etwa eine Wachspuppe neben einer Marmorstatue oder einen lithographierten Druck neben einem schonen Volpato. Doch, abgesehen von diesen Pfuschereien, bleiben noch viele ausgezeichnete Werke von reinstem Stil übrig, zu deren Autorschaft sich jeder ohne Scham bekennen dürfte, wie es der ehrliche Kunstkenner zugeben wird. Ich betone, der ehrliche Kunstkenner, weil in diesen Fällen zu vieles berücksichtigt werden muß. Kein Künstler kann genau wissen, ob er imstande sein wird, seine sorgfältig ausgearbeitete Idee durchzuführen. Unliebsame Störungen können dazwischentreten. Die Leute wollen sich nicht ruhig den Hals abschneiden lassen; sie rennen davon, beißen und schlagen um sich.

Während die Porträtmaler über zuviel stumpfe Ausdruckslosigkeit in den Zügen ihrer Modelle zu klagen pflegen, wird dem Künstler unserer Richtung sein Werk durch zu große Lebhaftigkeit des Objekts erschwert. Wie störend aber auch für den Künstler die unangenehme Beigabe des Mordes, eben jene Erregung des Objekts, sein mag, so dürfen wir doch nicht außer acht lassen, daß sie dazu dient, schlummernde Talente ans Tageslicht zu bringen und dadurch der Welt im allgemeinen zu nützen. Jeremy Taylor spricht voll Bewunderung von den außergewöhnlichen Sprüngen, welche im Zustande der Todesangst ausgeführt werden. Ein charakteristisches Beispiel hierfür haben wir bei dem kürzlich passierten Fall der M'Keans. Der Junge übersprang eine Höhe, die er bis an sein Lebensende nicht mehr erreichen wird.

Hervorgerufen durch eine Panik, welche das Erscheinen unserer Künstler begleitet, entwickeln sich die glänzendsten Talente im Boxen oder in turnerischen Übungen – Talente, deren Licht ihren Besitzern und deren Bekannten wohl für immer unter einem Scheffel verborgen geblieben wäre. Ein Fall, von dem ich in Deutschland gehört habe, illustriert diesen Sachverhalt sehr anschaulich.

Als ich eines Tages in der Umgebung von München spazierenritt, begegnete ich einem bemerkenswerten Liebhaber unserer Kunst, dessen Namen ich aus begreiflichen Gründen verschweigen werde. Der zahmen Freuden bloßer Kunstliebhaberei überdrüssig (dies sind seine eigenen Worte) hatte er sich in der löblichen Absicht, sich ein wenig praktisch zu betätigen, nach dem Kontinent begeben und zu jenem Zweck Deutschland erwählt, weil er die Polizei dort für schwerfälliger hielt als in andern europäischen Ländern. Sein Debüt als ausübender Künstler fand in Mannheim statt, und da er wußte, daß ich ein Kunstfreund war wie er, weihte er mich offenherzig in alle Einzelheiten seines Erstlingswerkes ein. »Mir gegenüber wohnte ein Bäcker, der als Geizhals verschrien war und ganz allein lebte«, erzählte er. »Ob sein teigiges Mondgesicht es mir angetan hatte oder etwas anderes, kann ich nicht sagen – genug, er reizte mich, und in mir reifte der Entschluß, an seiner Gurgel, die er dazu noch in geradezu herausfordernder Weise stets entblößt trug, meine Tätigkeit zu beginnen. Meinen Beobachtungen nach pflegte er regelmäßig Punkt acht Uhr seine Läden zu schließen. Eines Abends drängte ich mich bei dieser Gelegenheit nach ihm ins Haus, verschloß die Tür und teilte ihm mit der größten Liebenswürdigkeit mein Vorhaben mit, wobei ich ihm riet, keinen Widerstand zu leisten, um uns nicht gegenseitig Unannehmlichkeiten zu bereiten. Doch als ich nun mein Handwerkszeug hervorzog, geriet der Bäcker, den meine erste Ankündigung förmlich gelähmt zu haben schien, in wahnsinnige Aufregung. »Ich will aber nicht ermordet werden«, kreischte er, »weshalb soll ich meinen kostbaren Hals verlieren?« »Weshalb?« erwiderte ich. »Wenn aus keinem andern Grunde, dann aus dem – daß Sie Alaun ins Brot backen. Doch ganz egal, ob Alaun oder nicht (ich wollte jedem Streit über diesen Punkt von vornherein die Spitze abbrechen), ich bin nämlich Mordvirtuose und darauf aus, mich in den Feinheiten meines Fachs zu vervollkommnen. In Ihren feisten Hals habe ich mich richtig verliebt und will an ihm meine Kunst erproben.« – »So?« sagte er. »Dann wollen wir doch mal sehen, ob Sie auch von dieser Kunst etwas verstehen.«

Damit nahm er Boxerstellung ein. Mir erschien der Gedanke, mit ihm zu boxen, direkt lächerlich. Allerdings hatte sich ein Londoner Bäcker im Ring ausgezeichnet und wurde unter dem Titel »Der Semmelmeister« weit und breit bekannt. Doch war jener ein junger Mann mit unverbrauchten Kräften, während dieser einem wandelnden Federbett glich, fünfzig Jahre alt und gänzlich »außer Form« war. Trotzdem ging er mir, der ich doch ein erstklassiger Boxer bin, so ernsthaft zu Leibe, daß es manchmal wirklich schien, als ob sich das Blatt wenden und ich, der Kunstliebhaber, von dem Schuft von Bäcker ermordet werden sollte. Was für eine Situation! Zartfühlende Gemüter werden meine Besorgnis nachempfinden können. Wie ernst es um mich stand, geht daraus hervor, daß bei den ersten dreizehn Runden der Bäcker tatsächlich im Vorteil war. In der vierzehnten bekam ich einen Schlag aufs rechte Auge, daß es sofort zuschwoll, und das war, glaube ich, meine Rettung, denn meine Wut steigerte sich jetzt dermaßen, daß ich in der nächsten und den drei folgenden Runden jedesmal den Bäcker zu Fall brachte.

Neunzehnte Runde. Keuchend und offensichtlich stark mitgenommen rappelte sich mein Gegner wieder auf. Seine abgezirkelten Schwinger hatten ihm in den letzten vier Runden nichts eingebracht. Immerhin konterte er einen meiner in seine leichenblasse Visage gezielten Hiebe so geschickt, daß ich ausrutschte und hinfiel.

Zwanzigste Runde. Ich sah mir den Bäcker an und schämte mich, daß so ein formloser Teigklumpen mir so viel zu schaffen machte. Wütend stürzte ich mich auf ihn und versetzte ihm ein paar derbe Hiebe. Es kam zum Handgemenge, wir fielen beide auf den Boden – der Bäcker zuunterst – jeder hätte zehn zu drei für den Freund der schönen Kunst gewettet.

Einundzwanzigste Runde. Der Bäcker sprang mit überraschender Beweglichkeit auf. Trotzdem er in Schweiß gebadet war, gebrauchte er wirklich seine Fäuste mit bewundernswürdiger Wucht; doch hatte er jetzt den Geschmack an unserm Wettkampf verloren, in ihm wirkte nur noch die Todesangst. Lange konnte er's also nicht mehr machen. Wir gingen zum Nahkampf über, wobei ich stark im Vorteil war. Mehrmals gab ich ihm, um ihn zu reizen, etwas auf seinen pickeligen Rüssel, und hatte Erfolg.

Während der nächsten drei Runden stolperte der Semmelmeister umher wie eine Kuh auf dem Eise. In der vierundzwanzigsten flüsterte ich ihm ein paar Worte ins Ohr, worauf er umfiel wie ein Klotz; der kalte Schweiß stand ihm auf dem Gesicht, und ich hatte ihm doch nur im Vertrauen meine Ansicht darüber mitgeteilt, wie hoch eine Lebensversicherungsgesellschaft wohl den Wert seiner Kehle einschätzen würde. In den nächsten beiden Runden hatte ich leichtes Spiel, und als ich die siebenundzwanzigste ausrief, lag er da und rührte kein Glied mehr.«

»Man darf demnach wohl annehmen, daß Sie Ihren Zweck erreichten?« fragte ich den Kunstliebhaber. »Ganz recht«, erwiderte er sanft, »und was mich dabei noch mit besonderer Befriedigung erfüllte, war der Umstand, daß ich gleichzeitig zwei Fliegen mit einer Klappe schlug.« Er wollte damit andeuten, daß er den Bäcker sowohl im Kampf besiegt als auch ermordet hatte.

Mir wollte diese Logik durchaus nicht einleuchten. Es schien mir vielmehr, als ob er mit zwei Klappen eine einzige Fliege geschlagen hätte, da er genötigt gewesen war, seinem Opfer erst mit der Faust und dann mit dem Werkzeug zu Leibe zu rücken. Aber die Logik beiseite – die Moral der Geschichte ist gut, denn sie beweist, daß die Aussicht, ermordet zu werden, außerordentlich beflügelnd auf verborgene Talente wirkt. Ein kurzatmiger, schwerfälliger, zum Schlaganfall neigender Mannheimer Bäcker hatte mit diesem Ansporn siebenundzwanzig Runden gegen einen englischen Meisterschaftsboxer durchgestanden. Bis zu solcher Vollendung hatte sich sein Naturtalent durch den genialen Auftritt seines Mörders gesteigert.

Wenn man solche Sachen erfährt, meine Herren, sollte man vielleicht doch versuchen, die Strenge, mit der die meisten Menschen den Mord verdammen, etwas zu mildern. Dem Urteil der großen Menge nach könnte man wirklich glauben, daß alle Nachteile und Unbequemlichkeiten nur auf der Seite derer lägen, die ermordet werden, und daß daher das einzig Erstrebenswerte wäre, nicht ermordet zu werden. Umsichtige Menschen denken jedoch anders. So äußerte sich z.B. Jeremy Taylor: »Sicherlich ist es ein geringeres Übel, zeitlich gesehen, durch ein scharfes Schwert als durch ein heftiges Fieber umzukommen, und die Axt (er hätte noch hinzufügen können: der Hammer des Schiffszimmermanns und das Brecheisen) verursachen weniger Schmerzen als ein Blasenkrampf.« Sehr richtig! Der Bischof spricht wahrhaftig wie ein Weiser und Kunstliebhaber, der er, meiner Überzeugung nach, auch wirklich gewesen. Ebenso war ein anderer großer Philosoph, Mark Aurel, in diesem Punkt über die Vorurteile der Menge erhaben. Er erklärte es »für eine der edelsten Funktionen der Vernunft, zu wissen, ob es Zeit ist, aus der Welt zu gehen oder nicht« (so im dritten Buch von Collers' Übersetzung). Wahrlich, der Mann, der es unternimmt, die Leute in diesem wenig verbreiteten Zweig der Wissenschaft gratis und noch dazu auf eigene, nicht geringe Gefahr hin zu unterrichten, muß ein Menschenfreund sondergleichen sein. Doch ich gebe dieses alles nur künftigen Moralisten zu bedenken; denn vorläufig bin ich noch der Meinung, daß sehr wenige Morde aus philanthropischen oder patriotischen Gründen geschehen, und kann nur wiederholen, was ich schon einmal gesagt habe, nämlich, daß die Mehrzahl der Mörder höchst minderwertige Charaktere sind.

Die Mordtaten Williams, die genialsten und in ihrer Art vollkommensten, die je begangen wurden, erlauben es nicht, daß man sie nur nebenbei erwähnt. Es würde einer ganzen Vorlesung, ja, eines Zyklus von Vorlesungen bedürfen, um ihre Größe ganz auszuleuchten. Aber einen merkwürdigen, mit jenem Fall verknüpften Umstand, aus dem hervorgeht, daß die Sonne des Genies das Auge des Gesetzes total zu blenden vermochte, will ich hier erwähnen.

Sie alle werden sich erinnern, daß die Instrumente mit denen er sein erstes großes Werk (die Ermordung der Marrs) ausführte, ein Holzhammer und ein Messer waren. Der Hammer gehörte einem alten Schweden, John Peterson mit Namen, und war mit dessen Anfangsbuchstaben gezeichnet. Williams hatte ihn im Marrschen Haus zurückgelassen, wo er in die Hände des Gerichts fiel. Wäre nun dieser Umstand, meine Herren, der unmittelbar zur Verhaftung Williams' führte, früher veröffentlicht worden, so hätte sein zweites großes Werk, die Ermordung der Williamsons, die genau zwölf Tage später erfolgte, nie stattfinden können.

Doch das Gericht hielt diese Tatsache zwölf Tage lang geheim, bis das zweite Werk vollbracht war, und erst nachher, anscheinend in der Empfindung, daß Williams nun genug für seinen Ruhm getan, der jetzt durch Zwischenfälle nicht mehr geschmälert werden konnte, veröffentlichte es den Fund des gekennzeichneten Holzhammers.

Wie ich mich zu Mr. Thurtells Fall[20] äußern soll, weiß ich nicht recht. Selbstverständlich achte ich meinen Vorgänger im Präsidium dieser Gesellschaft sehr hoch, auch gebe ich zu, daß seine Vorlesungen stets einwandfrei waren. Doch so geistreich er als Redner war, glaube ich, daß seine erste Leistung als Künstler in der Tat stark überschätzt worden ist. Ich selbst habe mich anfangs auch von der allgemeinen Begeisterung hinreißen lassen. Am Morgen nach dem Bekanntwerden des Mordes war die Versammlung der Kunstliebhaber so stark besucht, wie nie mehr seit Williams' Tagen. Alte,

Die Ermordung Mrs. Williamsons, 1811

bettlägerige Kenner, die sonst nur verdrießlich höhnten und jammerten, daß »rein nichts mehr geschähe«, humpelten in den Klub, und solche Heiterkeit, solchen Ausdruck froher Zufriedenheit auf allen Mienen habe ich selten gesehen. In allen Ecken beglückwünschte man sich händeschüttelnd und verabredete sich für den Abend. Man hörte nur Ausrufe des Triumphes, wie–: »Na, was sagen Sie dazu?« »Sind Sie nun zufrieden?«
»Ja, so etwas lobe ich mir!« Da, mitten in all dem Aufruhr, verstummten wir plötzlich, als der alte Zyniker L. S. mit seinem Holzbein und seinem gewöhnlichen sauertöpfischen Gesicht hereinstampfte, wobei er fortwährend vor sich hinbrummte: »Reinstes Plagiat! Niederträchtiges Plagiat von Ideen, auf die ich ihn gebracht habe! Und was für ein Stil! So hart wie Albrecht Dürers und so roh wie Füsslis!« Viele hielten dies für einen Ausdruck von Eifersucht und bissiger Veranlagung; doch ich muß gestehen, daß, nachdem das Feuer der Begeisterung verraucht war, scharfsinnige Kritiker in Thurtells Stil ebenfalls ein gewisses »*falsetto*« entdeckten. Naturgemäß mußte der Umstand, daß Thurtell Mitglied unseres Klubs war, unser Urteil günstig beeinflussen; auch erregte seine Person die Phantasie der Masse, so daß er bei der Bevölkerung Londons eine vorübergehende Volkstümlichkeit genoß, die seiner Anmaßung nicht gut bekam, denn *opinionum commenta delet dies, naturae iudicia confirmat*. Es existiert jedoch noch ein unvollendeter Plan Thurtells zur Ermordung eines Mannes mit einem Paar Hanteln, dem ich

meine höchste Bewunderung zolle. Diese Skizze, die niemals ausgeführt wurde, übertrifft, meiner Meinung nach, in jeder Beziehung sein Hauptwerk, doch kann ich mit den Kunstkennern, die das Bruchstückhafte des Entwurfs beklagen, nicht übereinstimmen, denn die von originellen Künstlern kühn hingeworfenen Umrisse und Bruchstücke tragen meistens den Stempel frischer Ursprünglichkeit, der bei genauer Ausführung der Einzelheiten leicht wieder schwindet.

Der Fall M'Kean überragt, meines Erachtens, bei weitem die vielgerühmte Leistung Thurtells; er ist tatsächlich über jedes Lob erhaben und den unsterblichen Werken Williams' innerlich so verwandt wie die Äneide der Ilias.

Jetzt ist es wohl an der Zeit, daß ich Ihnen ein paar Grundregeln des Mordes, nicht als Anweisung für Ihre praktische Arbeit, sondern zur Schärfung Ihres Urteilsvermögens an die Hand gebe. Den alten Weibern und der großen Masse der Zeitungsleser gefällt schlechterdings alles, vorausgesetzt, daß nur recht viel Blut dabei fließt. Doch der denkende Mensch verlangt etwas mehr. So wollen wir denn erstens von der Person sprechen, die sich für die Zwecke des Mörders am besten eignet, zweitens von der Örtlichkeit, drittens von dem Zeitpunkt und andern Nebenumständen.

Was nun die Person betrifft, so ist es klar, daß das Opfer ein guter Mensch sein soll, denn wenn er es nicht ist, liegt die Gefahr nahe, daß er selbst Mordabsichten hegen könnte. Derartige Konkurrenzkampfe, die sehr reizvoll sein können, wenn es nichts Besseres gibt, können den Ansprüchen strenger Kritik jedoch nicht standhalten. Ich will keine Namen nennen, aber ich könnte genug Fälle aufzählen, wo in einer finsteren Gasse jemand ermordet worden ist, und auf den ersten Blick schien alles eindeutig. Bei genauerem Hinsehen wäre man aber dahintergekommen, daß jene Ermordeten selbst die Absicht hatten, ihre Mörder zu überfallen, zu berauben und, wenn möglich, auch niederzumachen. Wenn das aber der Fall ist, dann ade künstlerische Vollendung der Mordtaten! Denn der Endzweck der Mordkunst ist doch ganz derselbe wie derjenige einer Tragödie in aristotelischem Sinne, nämlich: die Menschenherzen durch Furcht und Mitleid zu läutern. Furcht mag nun freilich auch bei jenen Mordtaten mit im Spiele sein, allein wie soll man Mitleid empfinden, wenn ein Tiger den anderen zerfleischt?

Ebenso klar liegt auf der Hand, daß das Opfer eines Mordes keine im öffentlichen Leben stehende Persönlichkeit sein darf. Ein erfahrener Mordkünstler würde z. B. niemals versucht haben, Abraham Newland[21] zu ermorden, denn jedermann las den Namen dieses Mannes so oft, ohne ihn selbst jemals zu Gesicht zu bekommen, daß er für das große Publikum schon geradezu ein abstrakter Begriff geworden war. Ich erinnere mich z. B., daß man mich einmal, als ich gesprächsweise erwähnte, ich hätte in einem Kaffee-

John Thurtell wird öffentlich hingerichtet, 1811

hause mit Abraham Newland zusammen gespeist, höchst mißtrauisch ansah, als ob ich behauptete, mit Prester John Billard gespielt oder mit dem Papste einen Ehrenhandel ausgetragen zu haben. Letzterer gehört übrigens gleichfalls in die Kategorie der zu einem Mordopfer gänzlich ungeeigneten Persönlichkeiten. Bei seiner Allgegenwart als Vater der Christenheit hört man nämlich beständig von ihm, sieht ihn aber so selten wie den Kuckuck, und die Vermutung, daß er vielen Menschen auch schon zu solch einer abstrakten Idee geworden, entbehrt daher nicht einer gewissen Berechtigung. Etwas anderes freilich ist es, wenn eine im öffentlichen Leben stehende Person für ihre raffinierten Dîners bekannt ist. In diesem Falle ist wohl jeder davon überzeugt, daß man es nicht mit einem abstrakten Begriff zu tun hat, und es stände der Ermordung dieser Persönlichkeit daher nichts im Wege. Allerdings würde ein solcher Mord in die Klasse der Meuchelmorde fallen, von denen ich bisher noch nicht gesprochen habe.

Drittens: Das auserkorene Opfer muß vollkommen gesund sein; es ist höchst barbarisch, eine kranke Person zu ermorden, die dem Angriff des Mörders nicht gewachsen ist. Aus disem Grunde darf man z. B. keinen über fünfundzwanzig Jahre alten Schneider wählen; von diesem Alter an leiden nämlich die meisten bereits an schlechter Verdauung. Will man sich aber trotzdem die Jagd in diesen Revieren nicht versagen, so muß man zum Ausgleich nach guter, alter Regel wenigstens eine Potenz von Neun, also achtzehn oder siebenundzwanzig oder sechsunddreißig zur Strecke bringen. Gerade in dieser liebevollen Rücksichtnahme auf das Wohlbefinden kranker Personen erkennt man die veredelnde und verfeinernde Wirkung echter Kunst. Die breite Masse ist im allgemeinen sehr blutdürstig und verlangt von einem

Morde nichts weiter als möglichst ausgiebiges Blutvergießen. Eine Schau in grellen Farben ist alles, was sie will. Der Geschmack des gewiegten Kenners ist dagegen weit anspruchsvoller, und seine Kunst, wie jede freie, mit Meisterschaft betriebene Kunst, führt schließlich zu wahrer Herzensbildung, denn

»Ingenuas didicisse fideliter artes
Emollit mores, nec sinit esse feros.«

Ein philosophisch veranlagter Freund unserer Sache, der durch seine Menschenfreundlichkeit und Nächstenliebe allgemein bekannt ist, verlangt auch, daß zur Erhöhung des künstlerischen Pathos der Ermordete eine Schar hilfloser, unversorgter Kinder hinterlassen müsse – zweifellos eine sehr feine Nuance, auf der ich jedoch nicht allzu streng bestehen möchte. Zwar gebe ich zu, daß die Erfüllung dieser Forderung fraglos höchste künstlerische Vollendung bedeutet, wenn jedoch das vom Künstler erwählte Objekt in moralischer und gesundheitlicher Beziehung vollkommen einwandfrei zu nennen ist, möchte ich einer derartigen Beschränkung des künstlerischen Betätigungsfeldes nicht das Wort reden.
So viel über die Person des Opfers. Was nun Zeit, Ort und Werkzeug der Tat anbetrifft, so wäre darüber noch sehr vieles zu sagen, wozu es mir hier leider an Raum mangelt. Der gesunde Menschenverstand hat bei solchen Taten gewöhnlich Nacht und Verborgenheit bevorzugt, doch ist man mitunter auch von dieser Regel abgewichen, und zwar mit ausgezeichnetem Erfolge. Im Hinblick auf die Zeit ist beispielsweise der Fall Ruscombe, den ich bereits erwähnte, eine jener hervorragenden Ausnahmen; und was Zeit und Ort anbetrifft, so finden wir in den Annalen von Edinburgh (1805) einen Ausnahmefall, der seinerzeit jedem Kind in Edinburgh bekannt, seitdem jedoch durch englische Amateure in unverantwortlicher Weise seines wohlverdienten Ruhmes beraubt worden ist. Der Fall, den ich meine, betrifft einen Kassenboten, der einen Sack mit Geld bei sich hatte und am hellichten Tage an einer Ecke von High Street, einer der belebtesten Straßen Europas, ermordet wurde. Sein Mörder ist bis heute nicht entdeckt worden.[22]

»Sed fugit interea, fugit irreparabile tempus,
Singula dum capti circumvectamur amore.«

Und nun meine Herren, lassen Sie mich zum Schluß noch einmal feierlich beteuern, daß ich selbst nicht den geringsten Anspruch darauf erhebe, zu den Kunstbeflissenen gerechnet zu werden. Den einzigen Mord, den ich je verübt habe, beging ich im Jahre 1801 an einem Kater, und sogar diese bescheidene Kunstübung nahm einen ganz anderen Ausgang, als ich eigentlich beabsichtigt hatte. Was ich vorhatte, war blanker Mord. *»Semper ego auditor tantum?«* sagte ich mir, *»nunquamne reponam?«* Und so machte ich mich denn um ein Uhr in einer dunklen Nacht auf die Suche nach dem Kater, mit dem ganzen *»animus«* und der teuflischen Physiognomie eines Mörders. Ich fand mein Opfer gerade im Begriff, die Speisekammer zu plündern, und das gab der Sache natürlich sofort ein anderes Gesicht. Denn es waren schlechte Zeiten damals, so daß manch ein ehrlicher Christenmensch sich mit Kartoffelbrot oder Reisbrot behelfen mußte, und da sollte man es ruhig mit ansehen, wie der Kater in dem guten Weizenbrot hauste? Nein, in diesem Augenblick war es patriotische Pflicht, ihn zu töten, und während ich den funkelnden Stahl auf ihn zückte, kam ich mir vor wie Brutus an der Spitze der Freunde des Vaterlands, und als ich ihn durchbohrte,

»Da rief ich laut des Tullius Namen aus
Und huldigte dem Vater seines Landes.«

Seit jener Zeit verschloß ich alle Mordgedanken, die ich etwa noch gegen bejahrte Schafe, überfällige Hühner und ähnliches »Niederwild« hegen mochte, in meiner tiefsten Brust, und gar bis zur weidgerechten Pirsch auf Hochwild hat mein Ehrgeiz sich nie verstiegen. Nein, meine Herren, mit den Worten des Horaz

»Fungar vice cotis, acutum
Reddere quae ferrum valet, exsors ipsa secandi.«

Thomas de Quincey

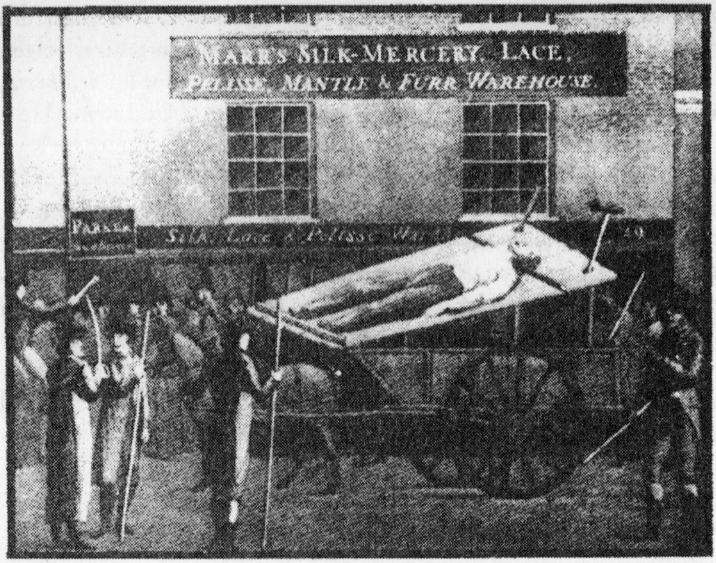

Anmerkungen des englischen Herausgebers*

1 Brüderschaften, die unter dem provozierenden Namen »Höllenfeuerklubs« auf dem Prinzip ostentativer Verachtung und Verspottung der herrschenden Moral und Religion fußten und dabei – wie allgemein angenommen wurde – in gotteslästerlichen Orgien schwelgten, entstanden Anfang des 18. Jahrhunderts und verbreiteten sich während der nächsten 50 bis 60 Jahre wie eine Epidemie über ganz England. Einer dieser Clubs, die De Quincey in seinen Werken erwähnt, war die berüchtigte Brüderschaft der Franziskanermönche, auch Medmenham-Klub genannt, weil er seine Zusammenkünfte im Medmenhamhause zu Buckinghamshire, einem ehemaligen Zisterzienserkloster abhielt. Zu den bekanntesten Mitgliedern dieses Klubs gehörten der Baronet Sir Francis Dashwood (seit 1763 Lord Le Despencer genannt) und John Wilkes; doch auch der Dichter Churchill, die unbekannteren Schriftsteller Lloyd und Whithead sowie Sir John Dashwood, King Bubb Doddington und andere hatten sich dem Klub angeschlossen.

2 Christlich-römischer Schriftsteller des vierten Jahrhunderts.

3 John Williams, der Londoner Mörder von 1811.

4 Kant – der seine Forderung unbedingter Wahrhaftigkeit so weit trieb, daß er verlangte, man müsse sogar dem Mörder den Zufluchtsort seines schuldlo-

* David Masson: Thomas de Quincey, Collected Writings Band XIII, London 1897

sen Opfers verraten, falls man danach gefragt würde, selbst wenn man bestimmt wisse, daß dadurch der Mord zur Ausführung komme. Und damit man nicht etwa auf den Gedanken käme, diese These sei ihm vielleicht im Eifer des Disputierens entschlüpft, bestätigte er sie später einem berühmten französischen Schriftsteller gegenüber in vollem Ernst und mit seinen Begründungen.

5 Die Stelle befindet sich im 4. Buch, Kapitel 16, und hat folgenden Wortlaut: – »Unter einem vollendeten Arzt oder einem vollendeten Musiker versteht man solche Leute, die sämtliche Fertigkeiten ihres Berufes in vollkommener Weise beherrschen. Mit demselben Rechte also kann man auf dem Gebiet des Lasters von vollendeten Schmarotzern und vollendeten Dieben sprechen.«

6 George Waldorn alias Barrington, der bekannteste Gentleman-Taschendieb seiner Zeit, wurde im Jahre 1790 nach Botany-Bay deportiert und starb dort 1804 in einem ehrenwerten Beruf als ein gebesserter Mensch.

7 »Phagozytierend«, aus dem Griechischen für »fressend« oder »verzehrend«, wird von den Ärzten für die Bezeichnung von gewissen Geschwüren gebraucht.

8 Die Stelle steht im zweiten Teil (3. Akt) von *Heinrich VI.* und ist in doppelter Hinsicht bemerkenswert: erstens wegen ihrer absoluten Naturtreue, obwohl der Dichter nur poetische Wirkungen zu erzielen beabsichtigte; zweitens aber wegen der unerbittlichen Bestimmtheit, mit der sie das anfangs nur leise raunende Gerücht, der mächtige Fürst und hochstehende Staatsmann sei keines natürlichen Todes gestorben, bestätigt.

9 Das Wort »Mord« kam (obwohl seine Wurzel gleichzeitig in dem lateinischen »*mori* – sterben« oder »*mors-mortis* – Tod« und in dem Sanskritworte »*mri* – sterben« zu suchen ist, erst im Mittelalter auf dem Umwege über das Gotische in das Kirchenlatein und damit in alle romanischen Idiome Europas. »*Wasuh than sa haitana Barabbas mith thaim mith imma drobyandam gabundans, thaici in auhyodan maurthr gatawidedun*« heißt es im Markusevangelium XV, 7 der gotischen Bibelübertragung des Ulfilas; und obwohl wir hier eine Schriftprobe der Donaugoten aus dem Jahre 360 vor uns haben, läßt sich die Sprachverwandtschaft dieser Bibelstelle mit dem betreffenden Abschnitt der englischen Bibel nicht leugnen.

10 Chaucers Erzählung der Äbtissin in seinen *Canterbury Tales* schildert das Schicksal eines kleinen Christenknaben in einer asiatischen Stadt, den die Juden ermordet haben sollten, weil er auf seinem Schulwege immer die christliche Hymne »*O Alma Redemptoris Mater*« zu singen pflegte. Die Äbtissin schließt ihre Erzählung mit dem Hinweis auf die gleichartige englische Legende von dem jungen »Hugh of Lincoln«, den aus ähnlichen Grün-

den ein paar Juden am Kreuze zu Tode gemartert haben sollen. Der zeitgenössische Geschichtsschreiber Matthew Paris, der dieses Ereignis als wirklich geschehen berichtet, verlegt es in das Jahr 1255 und fügt hinzu, daß im folgenden Jahre eine Anzahl Juden wegen jenes Verbrechens in London hingerichtet wurden.

11 Der Name »Der Alte vom Berge« – auf Arabisch *Sheikh-al-jibal,* Fürst der Berge – war nicht etwa die Bezeichnung für eine Einzelperson, sondern vielmehr der Titel einer Reihe von Häuptlingen, die von 1090 bis 1258 über eine kriegerische, fanatische mohammedanische Sekte herrschten. Diese nannten sich die »Assassinen« und war über ganz Persien und Syrien verbreitet, hatte aber in gewissen Gebirgszügen ihre Hauptquartiere. Obgleich nun kein Zweifel darüber besteht, daß die Worte *assassin* und *assassination* als Bezeichnungen für Meuchelmord – und zwar besonders durch Erdolchen – sich auf die berüchtigten Gebräuche jener alten persischen und syrischen Sekte bezieht, so steht doch die Etymologie des Namens *Assassinen* selbst noch keineswegs fest. Skeat erklärt ihn einfach durch das arabische »*hashishin*«, Haschischtrinker, und stützt sich dabei auf die Tatsache oder Vermutung, daß die Abgesandten des Alten vom Berge sich auf ihren Mordzügen mit Haschisch oder indischem Hanf zu berauschen pflegten.

12 Spencer Perceval, dessen Amtszeit als Premier 1809 begann, wurde am 11. Mai 1812 im Foyer des Unterhauses von einem bankrotten Kaufmann aus Liverpool namens John Bellingham durch einen Pistolenschuß getötet. Der Herzog von Berry war der zweite Sohn des Grafen von Artois, der Ludwigs XVIII. gesetzlicher Thronerbe war und ihm unter dem Namen Karl X. auf dem französischen Throne folgte. Nach dem Tode seines älteren Bruders, des Herzogs von Orléans, wäre er seines Vaters Nachfolger geworden. Am Sonntag, den 13. Februar 1820, wurde er jedoch beim Verlassen des Pariser Opernhauses, als er seiner Gemahlin gerade in den Wagen half, von einem fanatischen Republikaner erdolcht. Jean-Baptiste Bessiéres, geboren 1768, einer von Napoleons fähigsten Generalen, im Jahre 1804 zum Marschall und 1809 zum Herzog von Istrien ernannt, fiel am 1. Mai 1813, am Tage vor der Schlacht bei Lützen, in einem Scharmützel mit den Deutschen durch eine verirrte Kugel. De Quincey hat ihn hier mit einem anderen napoleonischen General, Guillaume Marie Anne Brune, verwechselt, der, 1763 geboren, 1804 zum Marschall ernannt, am 2. August 1815 nach Napoleons Niederlage bei Waterloo in Avignon von einer aufgebrachten Volksmenge ermordet wurde.

13 »D. 1. Juni 1675. – Heute habe ich drei Glas Punsch getrunken (ein mir ganz neues Getränk)«, sagt der Rev. Mr. Henry Teonge in seinem von C. Knight veröffentlichten Tagebuch. Und in einer Fußnote wird auf Fryers

Travels to the East Indies, 1672, Bezug genommen, worin der Verfasser von »jenem entnervenden Getränk« spricht, das den Namen »paunch« (der hindustanische Ausdruck für »fünf«) trägt, weil es aus fünf Ingredienzien zusammengesetzt ist. In dieser Art der Zubereitung schienen die Mediziner es »Diapente« zu nennen, während es – nur aus vier Bestandteilen hergestellt – die Bezeichnung »Diatessaron« führte. Dieser ehrwürdige Name mag es dem Rev. Mr. Teonge auch wohl empfohlen haben.

14 »Dann gedachte ich an Dorislaus und Ascham, und bleiche Furcht überkam mich, als sei ich geächtet.« Das Zitat stammt aus Hobbes' in Elegieform geschriebener Selbstbiographie, die im Dezember 1679, ungefähr 3 Wochen nach seinem Tode, veröffentlicht wurde. – Dr. Isaac Dorislaus, ein in England naturalisierter Holländer, der bei der Gerichtsverhandlung gegen Karl I. als Vertreter der Anklage fungiert hatte, wurde als erster Gesandter der englischen Republik nach dem Haag geschickt, dort aber gleich nach seiner Ankunft (am 3. Mai 1649) von verbannten Royalisten in seinem Gasthause ermordet. Anthony Ascham, republikanischer Gesandter in Madrid, hatte im folgenden Jahre ein ähnliches Schicksal, denn auch er wurde von royalistisch gesinnten englischen Flüchtlingen am 27. Mai 1650 ermordet.

15 Sextus Roscius, ein begüterter Bürger aus Amerika, der oft Rom besuchte, wurde dort, als er gerade von einem Gastmahl zurückkehrte, in der Nähe der Palatinischen Bäder ermordet. Die beiden Mörder, seine eigenen Verwandten, klagten, um den Verdacht von sich abzuwälzen und sein Vermögen in ihren Besitz zu bringen, seinen Sohn, der gleichfalls den Namen Sextus Roscius führte, des Vatermordes an. Die Verteidigung dieses Jünglings war Ciceros erste rednerische Leistung vor Gericht. Ihr Erfolg war der Freispruch des Angeklagten.

16 Am 17. Oktober 1678 fand man in einem Graben am Fuße des nördlich von London gelegenen Primrose Hill den von einem Degen durchbohrten Körper eines Ermordeten, dessen Gesicht durch Verletzungen entstellt war und der am Halse Strangulationsmale aufwies. Es stellte sich heraus, daß der Tote ein Richter aus Westminster, Sir Edmundbury Godfrey, war, der in Green's Lane, im Stadtviertel Strand, wohnte und seit mehreren Tagen vermißt wurde. Man schloß aus den Umständen, daß er in London in der Gegend des Strand erdrosselt und seine Leiche nach dem Fundort geschleppt worden sei. Da nun ein merkwürdiger Zufall wollte, daß der Ermordete gerade der Richter war, vor dem Titus Oates am 27. des vorhergehenden Monats seine erste Zeugenaussage über die große papistische, sowohl London wie überhaupt den ganzen Staat aufs schwerste gefährdende Verschwörung gemacht hatte, so bezeichnete das Gerücht augenblicklich die Katholiken als Urheber des Mordes.

17 In freier Übersetzung lautet der Vers etwa: »Wenn es nur genug Mäzene gäbe, würde es an Vergils nicht fehlen.«

18 Es handelt sich hier um Mary Blandy, die am 6. April 1752 hingerichtet wurde, weil sie ihren Vater, einen angesehenen Anwalt in Henley-on-Thames, mit einem Pulver, das ihr nichtsnutziger Liebhaber ihr besorgt hatte, vergiftet hatte.

19 Captain Donnellan und Sir Theodosius (nicht Theophilus) Boughton bilden ein und denselben Fall – in dem Donnellan der Mörder und Boughton das Opfer war. Jener, ein abgedankter Militär, hatte im Jahre 1777 die einzige Schwester des Sir Theodosius, eines jungen Edelmannes aus Warwickshire, geheiratet. Da ihr, falls der Bruder starb, dessen Besitztümer zufielen, vergiftete Donnellan seinen Schwager bei einem Aufenthalt in dessen Hause dadurch, daß er ihm heimlich »Lorbeerwasser« in seine Arznei goß. Nach der gerichtlichen Verhandlung im März 1781 wurde Donnellan am 2. April des nämlichen Jahres in Warwick gehenkt.

20 Am Freitag, den 24. Oktober 1823, vernahm etwa um acht Uhr abends ein Farmer in Butlers Green, einer im südlichen Hertfordshire gelegenen Ortschaft auf dem Gills-Hill Lane genannten in der Nähe vorüberführenden Landwege das Rollen eines Gefährtes »und kurz darauf den Knall einer Pistole, dem lautes Stöhnen folgte«. Zwei Arbeiter, die am folgenden Morgen die Pistole unter der Hecke am Wegsaum fanden, meldeten, daß sie bei Tagesanbruch zwei Personen an der betreffenden Stelle beobachtet hätten, die nach etwas suchten. Nachdem die Beobachtung der beiden Arbeiter noch von anderer Seite bestätigt worden war, suchte man zwei oder drei Tage später einen mehrere Meilen entfernten morastigen Teich ab und fand dort eine mit Steinen beschwerte Leiche, deren Beine zusammengeschnürt waren und deren Kopf mit durchschnittener Kehle und zertrümmertem Schädel in einem Sack steckte. Der Tote wurde, wie man schon vermutet hatte, als William Weare, ein leidenschaftlicher Spieler, identifiziert, der in Lyon's Inn in einer Seitenstraße des Strand in London logierte.

Als Anstifter des Mordes verhaftete man den Besitzer einer Spielhölle in Manchester Buildings, Westminster, namens John Thurtell, der einer achtbaren Norwicher Familie entstammte. Außer ihm selbst wurden noch zwei seiner Freunde in Haft genommen: ein gewisser Joseph Hunt, der Sänger und gleichzeitig Inhaber eines Kaffeehauses in London war, und William Probert, ein ehemaliger Weinhändler, der Bankrott gemacht und sich nach Hertfordshire zurückgezogen hatte, wo er in einem Häuschen, das in der Nähe des Tatorts lag, zur Miete wohnte. Die Geschworenen in Hertford, die über Thurtell als Haupttäter, und Hunt und Probert als Helfershelfer zu Gericht saßen, verurteilten die beiden ersteren zum Tode, während Probert in seiner Eigenschaft als Kronzeuge mit dem Leben davonkam. Doch nur bei Thurtell wurde der Urteilsspruch am 8. Januar 1824 in Hertford vollstreckt. Noch nie hatte ein Mörder am Galgen geendet, der sich so viel Ruhm und Volkstümlichkeit wie Thurtell erworben; und zwar nicht allein durch die Begleitumstände des Verbrechens und die damit verknüpften Legenden, sondern auch durch seine eindrucksvolle Verteidigungsrede vor Gericht und sein von Schließern und Wärtern bezeugtes Benehmen im Gefängnis unter dem Schatten des Todesurteils. Am merkwürdigsten ist aber die literarische Berühmtheit, zu der Thurtell und der Mord in Hertfordshire vom Jahre 1824 gelangten. In einer zeitgenössischen, Theodor Hook zugeschriebenen volkstümlichen Ballade finden wir einen gedrängten Auszug der Tatsachen in folgenden unsterblichen Versen:

They cut his throat from ear to ear;
His brains they battered in:
His name was Mr. William Weare,
He dwelt in Lyons Inn.

21 Abraham Newland (Hauptkassierer der Bank von England, gestorben im Jahre 1807) ist heute vergessen. Zu der Zeit jedoch, als dieser Text geschrieben wurde (1827), war von allen englischen Namen der seine wohl der populärste, denn man las ihn auf allen großen und kleinen Banknoten, und ein Vierteljahrhundert hindurch (ganz besonders während der Französischen Revolution) bildete er geradezu das Merkmal höchster Sicherheit im Papiergeldverkehr.

22 Hätte De Quincey die Edinburgher Verhältnisse im Jahre 1827 besser gekannt, so wäre seine Anspielung auf jenen berüchtigten Mord bei weitem nicht so flüchtig gewesen. Die näheren Umstände des Verbrechens, die uns Robert Chambers in seinen *Traditions of Edinburgh* berichtet, sind folgende: Am 13. November 1806 fand man gegen fünf Uhr abends in Tweeddale Court, einem engen Gäßchen abseits der High Street, das auf einen Hof führte, der den Zugang zu den Hauptgebäuden der British Linen Company's Bank bildete, die Leiche William Begbies, eines Kassenboten, der am Nachmittag jenes Tages wie gewöhnlich eine größere Geldsumme – in diesem Fall 4392 Pfund in Banknoten – aus der Filiale in Leith an das Edinburgher Hauptgeschäft abzuliefern hatte. Kurz nachdem er von der Hauptstraße her im trüben Zwielicht des späten Novembernachmittags die Gasse betreten hatte, wurde er von einem Dolchstoß mitten ins Herz getroffen. Bis ans Heft war die Mordwaffe, die noch im Körper des Ermordeten steckte, dem Unglücklichen in die Brust gedrungen. Die breite, dünne Klinge hatte eine

scharf zugeschliffene Spitze, und das Heft war mit einem weichen Papierbausch umwickelt, um der Hand des Mörders mehr Halt zu geben und ihn vor dem emporspritzenden Blut zu schützen. Die Banknoten fehlten. Diese Umstände bewiesen, daß der Mord sorgfältig geplant worden war. Die Verfolgung des Verbrechers wurde sofort aufgenommen, man setzte auf die Ergreifung des Mörders Belohnungen aus und nahm auch mehrfach Verhaftungen verdächtiger Persönlichkeiten vor. Allein alles, was man herausbekommen konnte, war, daß ein unbekannter Mann den Kassenboten von Leith aus auf Schritt und Tritt verfolgt habe, während andere wieder beobachtet haben wollten, wie ein Mann von Tweeddale Court quer über die High Street gelaufen und in einem nach Leith herunterführenden Gäßchen auf der anderen Seite der Straße verschwunden sei. Monate waren darüber vergangen, und noch immer hatte man keine Spur von dem Mörder entdeckt, da fand am 10. August 1807 ein Arbeiter auf einem augenblicklich unbewohnten Grundstück in der nördlichen Umgebung der Stadt einen Teil der geraubten Summe zufällig in einer Maueröffnung. Der Mörder hatte nur die geringwertigen Banknoten behalten und die auf höhere Summen lautenden im Betrage von ungefähr 3000 Pfund Sterling in jenes Loch gestopft. Auch diese Entdeckung brachte die Angelegenheit um keinen Schritt weiter; Jahre vergingen, und wenn auch hier und da einmal die öffentliche Meinung diesen oder jenen hartnäckig mit ihrem Verdacht verfolgte, so wurde doch der Mord Begbies allmählich zur Legende. Noch heutzutage, wo auch der Mörder – und wäre er steinalt geworden – schon manches Jahr im Grabe ruhen muß, erinnern sich die Passanten von Tweeddale Court jenes entsetzlichen Ereignisses, und die Wendung »Begbie-Mord« gilt in Edinburgh als bezeichnend für jede unaufgeklärte, mysteriöse Angelegenheit.*

---

*Aus: Thomas de Quincey, Der Opiumesser, Abdruckerlaubnis mit freundlicher Genehmigung des S. Fischer Verlages, Frankfurt

Autorenverzeichnis

Jules Amédée Barbey d'Aurevilly
✻ 2. November 1808 in Saint-Sauveur-le Vicomte
† 23. April 1889 in Paris

William Wilkie Collins
✻ 8. Januar 1824 in London
† 23. August 1889 in London

Charles Dickens
✻ 7. Februar 1812 in Landport bei Portsea
† 9. Juni 1870 in Gadskill bei Chatham-Rochester

Fjodor Michailowitsch Dostojewski
✻ 11. November 1821 in Moskau
† 9. Februar 1881 in Petersburg

Arthur Conan Doyle
✻ 22. Mai 1859 in Edinburgh
† 7. Juli 1930 in Crowborough (Sussex)

Friedrich Halm (eigentlich Eligius Freiherr von Münch-Bellinghausen)
✻ 2. April 1806 in Krakau
† 22. Mai 1871 in Wien

Jens Peter Jacobsen
✻ 7. April 1847 in Thisted (Jütland)
† 30. April 1885 in Thisted (Jütland)

Michail Jurjewitsch Lermontow
✻ 15. Oktober 1814 in Moskau
† 27. Juli 1841 in Pjatigorsk (Kaukasus)

Nikolaj Semjonowitsch Leskow
✻ 16. Februar 1831 in Gorochowo (Gouv. Orjol)
† 15. März 1895 in Petersburg

Guy de Maupassant
✻ 5. August 1850 in Schloß Miromesnil (Seine-Inférieure)
† 7. Juli 1893 in Passy bei Paris

François Gayot de Pitaval
✻ 1673 in Lyon
† 1743 in Lyon

Edgar Allan Poe
✻ 19. Januar 1809 in Boston (Massachusetts)
† 7. Oktober 1849 in Baltimore (Maryland)

Thomas de Quincey
✻ 15. August 1785 in Manchester
† 8. Dezember 1859 in Edinburgh

Christian Heinrich Spieß
✻ 4. April 1755 in Helbigsdorf bei Freiberg (Sachsen)
† 17. August 1799 in Schloß Bezdiekau (Böhmen)

Robert Louis Stevenson
✻ 3. November 1850 in Edinburgh
† 3. Dezember 1894 in Haus Vailima bei Apia (Samoa)

Jodocus Donatus Hubertus Temme
✻ 22. Oktober 1798 in Lette (Kreis Wiedenbrück)
† 14. November 1881 in Zürich

Iwan Sergejewitsch Turgenjew
✻ 9. November 1818 in Orjol
† 3. September 1883 in Bougival bei Paris

Mark Twain (eigentlich Samuel Langhorne Clemens)
✻ 30. November 1835 in Florida (Missouri)
† 21. April 1910 in Redding (Connecticut)

François Eugéne Vidocq
✻ 23. Juli 1775 in Arras
† 28. April 1857 in Paris (oder Brüssel)

Oscar Wilde
✻ 16. Oktober 1854 in Dublin
† 30. November 1900 in Paris

Inhaltsverzeichnis

Dänemark

Deutschland

England

Frankreich

Rußland

Vereinigte Staaten von Amerika

Statt eines Nachwortes

In gleicher Ausstattung erschienen:

Die schönsten Räubergeschichten

Wilde Gesellen, edle Räuber, verwegene Wildschützen

Spannung, Abenteuer und schauerliche Verbrechen kennzeichnen den Lebensweg der berühmt-berüchtigten Räuber vom Mittelalter bis ins 19. Jahrhundert. Zwar wird der „edle Räuberhauptmann" in der Vorstellungswelt der Romantik zum Retter der Armen und Notleidenden, aber die Berichte über den Schinderhannes oder den bairischen Hiasl zeigen, daß diese Vorstellungen von der Wirklichkeit meilenweit entfernt sind.
Insgesamt enthält der Band eine Mischung aus wahren und erdichteten Geschichten um bekannte und weniger bekannte Räuber, die durch die zahlreichen Illustrationen noch ihren besonderen Reiz erhalten.

Die schönsten Gespenstergeschichten

Geister, Spuk und andere merkwürdige Erscheinungen

Zu allen Zeiten haben Gespenster- und Spukerscheinungen die Menschen fasziniert. Selbst dem Unerschrockensten, Aufgeklärtesten unter uns läuft ein Schauer über den Rücken, wenn er liest, wie plötzlich eine weiße, körperlose Gestalt in der Dunkelheit erscheint. Unerklärlich und geheimnisvoll sind diese Phänomene aus einer anderen Welt, die Befehle geben, Botschaften aus dem Jenseits übermitteln und Schrecken und Grauen verbreiten.
Der Bogen der Verfasser spannt sich von Edgar Allan Poe, dem Meister des Grauens, über Mark Twain, de Maupassant, Alexander Puschkin bis hin zu E. T. A. Hoffmann.